한국재벌과 개인적 경영자본주의

한국재벌과 개인적 경영자본주의

김 동 운 지음

혜안

지은이의 말

본 연구는 대규모사기업집단 또는 재벌을 '개인화된 다원적 경영구조', '개인적 경영자본주의'라는 관점에서 분석하였다. 소유와 경영이 총수 가족에 의해 어느 정도로, 어떤 방식으로 '개인화'되어 있는지, 그리고 경영조직은 어떤 모습이며 얼마나 '다원적이고 계층화(hierarchy)'되어 있는지를 살펴보는 데 중점을 두었다.

분석은 두 가지 방향으로 이루어졌다. 한 가지 방향은 재벌 전반에 관한 추세 파악이다. 1987년 대규모기업집단이 지정되기 시작한 이후 2007년까지 30대 사기업집단에 속한 적이 있는 75개 집단에 대해 동일인 및 그룹회장, 내부지분율, 계열회사 수 등 세 가지 지표를 추적하였다. 다른 한 가지 방향은 개별 재벌의 사례연구이다. 1987~2007년 사이 5대 사기업집단에 속한 적이 있는 11개 집단 중 가장 중심이 되는 삼성, LG, SK, 현대자동차 등 4개 집단에 대해 1997년 IMF외환위기 이후 소유 및 경영구조 그리고 총수 가족의 참여 패턴에 어떤 변화가 일어났는지를 집중 분석하였다.

30대 재벌 그리고 4대 재벌 모두가 매우 개인화되어 있으며, 더구나 외환위기 이후의 재벌개혁에도 불구하고 '개인화' 경향은 더욱 강화되고 있음을 확인할 수 있었다. 또, 글로벌경제 하의 변화무쌍한 기업환경 속에서 재벌들은 새로운 사업영역으로 속속 진출하고 있으며, 이에 상응하여 업무부서와 조직은 더욱 다양해지고 더욱 유기적으로 연결되어 잘 짜여진 위계구조를 형성하고 있음도 확인할 수 있었다.

재벌의 소유경영구조가 한편으로는 '개인적인 구조'가 보다 강화되는 방향으로, 다른 한편으로는 '다기능, 다원적 구조'가 보다 강화되는 쪽으로 진행되고 있는 것이다. 재벌의 '개인화된 다원적 경영구조', 이로 인해 나타나는 한국경제의 '개인적 경영자본주의'적 성격은 더욱 선명해지고 있다.

학술발표회에서 유익한 지적을 해 주신 논평자들, 학술지 논문 심사과정에서 따끔한 질책을 아끼지 않으신 심사위원들, 그리고 연구를 하는 동안 여러 가지로 도움을 주신 다른 많은 분들께 더욱 열심히 하겠다는 말로 인사드린다. 출판을 흔쾌히 허락해 주신 혜안의 오일주 사장님 그리고 편집과정을 도맡아 챙겨주신 김현숙 편집장님께 특별히 감사드린다. 이 연구는 2005학년도 동의대학교 교내연구비(2005AA054)의 지원으로 완성되었다.

이 조그마한 결실을 결혼 20주년을 기념하여 아내 미경에게 전하고 싶다. 항상 든든한 버팀목이 되어주시는 부모님과 장모님께는 만수무강하시기를 기원하며, 긴 입시터널에서 막 벗어난 딸 명선과 그 터널에 막 들어선 아들 한선에게는 각각 축하와 격려의 말을 보낸다.

또 하나의 '未完의 章'을 마감하면서 '학문의 길'을 새삼 곱씹어본다. 초심은 변하지 않았는지, 올바른 길을 걸어 왔는지, 나아갈 방향은 제대로 잡고 있는지…. '精神一到 何事不成', 'Where there's a will, there's a way.' 성현들의 말씀에 다시 한 번 고개를 숙인다.

2007년9월25일 화요일
연구실 창문 너머로
뒷산 중턱에서 환하게 웃고 있는 한가위 보름달과
대화하면서
김 동 운

차 례

그림 차례

표 차례

제1부 서론 :

한국재벌과 개인적 경영자본주의, 1987~2007년

제1장 한국재벌과 개인적 경영자본주의

1. 한국재벌의 개인화된 다원적 경영구조

한국재벌 지배구조의 본질은 소유권과 경영권이 특정 가족에 전적으로 통합되어 있다는 점이다. 가족구성원들은 한 재벌 내의 많은 계열회사들을 일일이 소유하지는 않는다. 대신, 독자적으로 또는 비영리법인이나 계열회사 임원들과 협력하여 주요 계열회사 특히 상장회사에 지배적 지분을 가지며, 그런 다음 이 중심계열회사들(core subsidiaries)이 독자적으로 또는 다른 계열회사들과 협력하여 나머지 상장, 비상장회사들에 지배적 지분을 갖는 지주회사(holding company) 또는 유사지주회사(quasi-holding company)의 역할을 하게 된다. 이런 과정을 통해 특정 가족이 결과적으로 계열회사 모두의 소유권을 지배하게 되고 그에 따르는 경영권을 획득하게 되는 것이다.

소유에 참여하는 가족구성원들의 관계는 광범위하며 그들의 수는 수십, 수백 명에 이른다. 또 개개인의 지분 크기는 큰 편차를 보이는 중에서도 일부 구성원들이 큰 지분을 갖는 것이 보통이다. 이에 비해, 경영에 참여하는 가족구성원들은 큰 지분을 갖는 동일인/그룹회장과 그의 남자 형제, 남자 2세에 주로 국한된다. 이 중심가족구성원들(core family members)이 중심계열회사와 다른 주요 계열회사들의 경영을 장악하며, 일군의 전문경영인들과 함께 혹은 중심전문경영인들(core professional managers)을 통하여 나머지 계열회사들의 경영을 통제하게 된다.

기업사연구의 권위자인 미국의 챈들러(Alfred D. Chandler Jr.)는 그의 저서 *Scale and Scope : The Dynamics of Industrial Capitalism*(1990)에서 1) 18세기 중엽 이후 면방직업을 중심으로 산업혁명을 주도한 영국, 2) 1861~1865년의 남북전쟁 이후 산업화를 본격화하면서 세계경제의 주역으로 부상한 미국, 그리고 3) 19세기 후반 중화학공업을 중심으로 제2의 산업혁명을 일으킨 독일 등 선진 3개 국가에서의 현대적 산업기업의 생성 과정을 추적하면서 각국의 자본주의 성격을 다음과 같이 규정하였다. 즉, 1) 기업의 경영진에 가족구성원들이 광범위하게 그리고 지속적으로 남아 있는 영국경제는 개인적 자본주의(personal capitalism), 2) 현대적인 중층적 경영구조 하에서 전문경영인들이 주도하는 기업들이 자유롭게 경쟁한 미국경제는 경쟁적 경영자본주의(competitive managerial capitalism), 그리고 3) 전문경영인들이 주도하는 기업들 간에 합종연횡이 빈번하게 일어난 독일경제는 협조적 경영자본주의(cooperative managerial capitalism)라고 명명하였다. (특히 이 저서의 요약부분인 'Chapter 1. The Modern Industrial Enterprise'(pp.3~13) 참조)

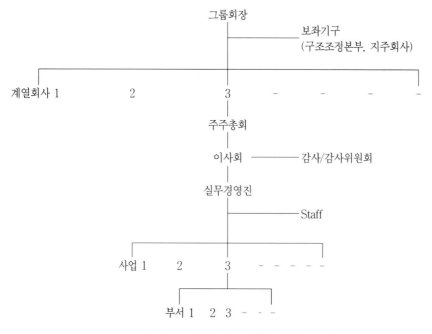

<그림 1.1> 한국재벌의 개인화된 다원적 경영구조

한국재벌에서의 가족전통의 강인함, 즉 특정 가족에 의한 소유권과 경영권의 동시적이고 완전한 장악은 한국경제가 개인적 자본주의임을 보여주는 명백한 증거이다. 그런 한편으로, 한국재벌에는 미국식 경영자본주의적 요소도 매우 큰 정도로 포함되어 있다. 따라서, 한국경제는 영국, 미국, 독일경제와는 다른 제4의 자본주의 경제질서, 즉 '개인적 경영자본주의'(personal and managerial capitalism)를 형성하고 있는 것으로 볼 수 있다. 한국재벌의 경영구조가 '개인화된 다원적 경영구조'(personalized M-form)라는 독특한 모습을 띄고 있는 점이 무엇보다 중요하다. 즉, 형식적으로는 다기능, 다원적 구조(decentralized, multidivisional structure : M-form)이면서 실질적으로는 개인적 구조(entrepreneurial structure : P-form)이다(<그림 1.1>, <표 1.1> 참조).

<표 1.1> 선진국 경영구조의 발전 과정

(A) 개인적 구조 (entrepreneurial structure : P-form) :

영국산업혁명 이후 처음 형성된 조직형태이다. 사업이나 기업의 규모는 크지 않으며 소유자가 직접 경영을 담당하는 경우이다. 회계, 구매, 판매 담당 등 스태프를 따로 두기도 하지만, 소유자 개인 혹은 파트너들이 일상적인 업무에서 장기목표 설정에 이르는 모든 경영 사항을 직접 관리하는 것이 특징이다.

(B) 다기능, 일원적 구조 (functionally departmentalized, unitary structure : U-form) :

19세기 후반에 이르러 사업의 규모나 영역이 확대되면서 나타난 구조이다. 사업내용은 상품별 혹은 지역별로 나뉘고 담당책임자가 배치된다. 각 사업내용은 이사회와 실무경영진의 직접 지휘를 받으며 기능별 부서(자금, 구매, 인사, 판매 등)가 보좌한다.

(C) 다기능, 다원적 구조 (decentralized, multidivisional structure : M-form) :

20세기 초 사업의 규모나 영역이 더욱 확대, 심화되면서 다기능,다원적 구조가 대규모 기업들 사이에 확산되기 시작하였다. 각 사업이나 지역은 각자의 기능별 부서를 갖는 개별기업화되어 독자적인 경영을 하며, 최고경영진(이사회, 실무경영진)은 자체 스태프의 도움을 받아 각 사업/지역의 관리감독, 장기계획 수립, 자원의 확보/배분 등의 거시적인 역할을 수행한다.

주 : P-form은 일반적으로 쓰이는 학술용어는 아니며, U-form, M-form에 대응하여 필자가 임의로 붙인 용어이다. 이들 세 가지 형태의 경영구조 외에 지주회사체제의 H-form(holding company with controlling interests in a number of subsidiaries)이 있다.
출처 : Schmitz(1993), pp.37~40 ; Wilson(1995), pp.10~15.

한 재벌에는 다양한 업종에 관련된 수십 개의 계열회사들이 있으며, 각 계열회사는 법적인 지배기구(주주총회, 이사회, 감사 또는 감사위원회)와 일군의 전문경영인들에 의해 주도되는 특유의 업무조직을 가지고 있다. 각 계열회사 업무조직은 회사의 성격, 규모, 연륜 등에 따라 다양한 모습을 가지게 마련인데, 대부분의 경우는 다기능, 다원적 구조(M-form) 또는 다기능, 일원적 구조(U-form)를 가지고 있는 것으로 보이며, 일부는 개인적 구조(P-form)에 가까운 경우도 있다.

이 계열회사들은 최종적으로는 그룹회장 또는 그룹총수로 불리는 비합법적 기구에 의해 장악된다. 특정가족 구성원인 한 명의 지배적 기업가(dominant entrepreneur)가 특수관계인들(친족, 비영리법인, 임원, 계열회사)과 소유 및 경영에서 은밀한 관계를 설정함으로써 소유자경영(owner-control)을 행사하는 것이다. 결국, 수십 개의 법적인 단위 지배기구와 업무조직은 총수를 정점으로 하는 하나의 단선, 하향식 위계구조를 형성하게 되며, 이로써 형성되는 최종적인 경영구조는 외형적으로는 중층적인 다기능, 다원적 구조이면서 실질적으로는 개인적 구조인 '개인화된 다원적 경영구조'이다.

<표 1.2> 김대중정부 출범 초기의 재벌개혁, 1998년1월~2000년8월

(A) 1998년1월13일

김대중 대통령 당선자는 5대 재벌 회장들과 만나 재벌개혁 5대 원칙에 합의하였는데 다섯 번째 원칙은 '지배주주 및 경영진의 책임강화'였다.

(B) 1998년12월7일

제6차 정재계간담회에서 채택된 5대그룹 구조조정추진 합의문에는 정부의 정책 목표가 보다 뚜렷하게 제시되었다.

1) 5대 그룹은 과거처럼 선단식 경영과 계열사 간 내부지원을 통한 외형성장을 추구하기보다는 각 계열기업이 독립된 경영체제를 갖추면서 경쟁력의 상승효과를 추구해 나가는 투명한 협력구조로 전환되어야 한다(전문 5항).

2) 5대 그룹은 소속 계열사에 대해 투명성과 책임성이 보장된 독립경영체제를 지향한다(실천사항 1항).

3) 각 그룹은 이사회 중심의 경영체제로 전환하고 사외이사 및 감사제도를 실질적으로 운영하며 주주의 권익이 우선 고려될 수 있는 선진화한 경영지배구조를 정착시킨다(실천사항 4항).

(C) 1999년8월25일

대통령 주재로 열린 정재계간담회는 소위 '5+3원칙'을 채택하였다.

1) 5원칙은 1998년1월13일에 합의된 것이다 :

   a) 기업경영의 투명성 제고

   b) 상호지급보증의 해소

   c) 재무구조의 획기적 개선

   d) 핵심부문의 설정과 중소기업과의 협력 관계 강화

   e) 지배주주 및 경영진의 책임 강화.

2) 3원칙은 새로 추가된 내용이다 :

   a) 산업자본의 금융지배 방지

   b) 순환출자와 부당내부거래 차단

   c) 변칙상속-증여 차단.

3) 7개항의 합의문 1항은 '대기업 구조개혁 5대원칙의 연내 마무리'이며, 2항은 '기업지배구조의 개선'을 위한 다음 두 가지 내용을 담고 있다 :

   a) 기업경영의 투명성 제고를 위해 <기업지배구조모범규준>을 조속히 마련, 재계는 이를 성실히 준수, 정부는 관련 법과 제도 정비.

   b) 금융기관은 채권자로서 뿐 아니라 기관투자가로서 기업경영 감시 책임과 건전한 기업의 육성 역할을 이행.

(D) 2000년8월21일

경제장관들과 경제5단체장들이 모여 1998년1월13일의 5원칙 이행 상황 점검 등을 위한 실무 협의기구 구성에 합의하였다.

출처 :『조선일보』1998.1.14, 12.8, 1999.8.26, 2000.8.22.

이러한 관행은 1997년 IMF외환위기 이후 정부와 업계의 다양한 노력에도 불구하고 여전히 지속되고 있다(<표 1.2>). 적지 않은 표면적인 변화가 일어나고 있는 중에서도 특정 가족이 전 계열회사에 대해 소유권과 경영권을 동시에 장악하는 현상은 약화될 기미를 보이지 않고 있으며 오히려 강화되는 조짐마저 보이고 있는 실정이다. 2000년 봄에 일어난 현대그룹에서의 '왕자의 난', 그리고 2005년 여름에 있었던 두산그룹에서의 '제2의 왕자의 난'에서는 가족구성원들끼리 그룹회장직을 주거니 빼앗거니 하는 믿어지지 않는 일이 벌어졌었다. 또, 2006년 4월의 현대자동차그룹 정몽구 회장의 구속과 2007년 5월의 한화그룹 김승연 회장의 구속은 곧 두 그룹 전체의 경영공백으로 이어졌었다. 한국재벌의 지배구조가 얼마나 개인적인지, 그 개인화된 지배구조가 얼마나 건재한지를 보여주는 대표적인 예들이다.

2. 책의 구성 및 주요 내용

본서에서는 한국재벌의 개인화된 다원적 경영구조의 모습을 두 가지 방향으로 확인하면서 한국경제의 개인적 경영자본주의적 성격을 부각시키려고 한다. 먼저 1987~2007년 사이 30대 대규모사기업집단을 대상으로 재벌 전체의 주요 동향을 개관하며(제2부 제3~6장), 그런 다음 1998~2005년 사이의 4대 재벌(삼성, LG, SK, 현대자동차)을 심층 분석한다(제3~5부 제7~16장).

(1) 재벌 전체의 주요 동향 : 30대 대규모사기업집단, 1987~2007년

재벌 전체의 주요 동향 중에서는 동일인 및 그룹회장(제4장), 내부지분율(제5장), 계열회사 수(제6장) 등 세 가지 측면을 살펴본다. 한국재벌의 '개인화된 다원적 지배구조'와 관련하여, 앞의 두 측면이 각각 경영과 소유에서의 '개인화'된 성격을 잘 보여준다면, 세 번째 측면은 '다원적'인 모습을 보여주는 한 지표이다.

1) 동일인(대주주 또는 오너)과 그룹회장은 개인화된 다원적 지배구조의 정점에 있다. 전자는 소유의 정점에, 후자는 경영의 정점에 있다. 가족구성원들 중 가장 핵심적인 인물들이 차지하며, 그럼으로써 특정 가족이 소유와 경영을 동시에 장악하고 그에 따르는 소유자경영을 행사하게 된다.

2) 동일인은 '특수관계인'으로 불리는 주주들을 규합하여 은밀한 금전관계를 맺음으로써 한 재벌 내의 모든 계열회사들에 대한 소유권을 장악하게 된다. 이들이 보유하는 지분이 '내부지분율'이다. 이 지분은 회사의 최고의결기구인 주주총회에서 의결권 행사로 이어지게 되

어 경영권도 자연스럽게 장악하게 된다.

3) 한편, 계열회사 수는 대체적으로 많고 그 수는 증가하는 추세를 보이고 있다. 이 계열회사들은 결국에는 동일인 및 그룹회장의 지배를 받는 '하나의 복합기업'을 형성하므로, 그 구성 회사의 수가 많고 증가한다는 것은 복합기업의 지배구조가 매우 다원적이고 그런 성격이 강화되고 있다는 것을 말해준다.

동일인 및 그룹회장의 면면이 그대로이고, 내부지분율이 높은 수준으로 유지되거나 오히려 늘어났으며, 계열회사 수의 증가로 문어발식 확장이 지속되어 오고 있음을 1987년 이후 2007년까지의 30대 대규모사기업집단 분석을 통해 추적하기로 한다.

(2) 4대 재벌 심층 분석 : 삼성, LG, SK, 현대자동차, 1998～2005년

두 번째의 분석방향은 주요 재벌에서의 현황 파악이다. 개인적인 요소가 소유 및 경영에서 어떤 형태로 어느 정도로 지속되고 있는지, 그리고 경영구조는 어떤 모습이며 어느 정도로 다원적인지가 주된 관심사다.

1997년 IMF외환위기 이후 한국재벌의 변화하는 모습을 파악하기 위해 1998～2005년의 시기를 택하였으며, 4개년도(1998, 2000, 2003, 2005년)를 기준년도로 설정하였다. 1987～2007년 사이 5대 대규모사기업집단에 속한 집단은 11개(대우, 롯데, 삼성, 쌍용, SK, LG, KT, POSCO, 한진, 현대, 현대자동차)이며, 이 중 삼성, LG, SK, 현대자동차 등 4개 집단을 분석 대상으로 하였다. 삼성과 LG는 줄곧 5대 집단에 속하였으며, SK는 1991년 이후, 그리고 현대자동차는 기존의 현대로부터 분리된 2001년 이후 계속해서 5위권이었다.

이 4개 재벌의 계열회사들 중 중요성이 있다고 판단되는 회사 32개(삼성 8개, LG 10개, SK 8개, 현대자동차 6개)를 선택하였으며, 이 32개 회사의 4개 기준년도에서의 109개 경영구조(삼성 29개, LG 31개, SK 28개, 현대자동차 21개)를 분석하였다. 분석된 내용은 크게 5가지로 한국재벌의 '개인화된 다원적 경영구조'의 모습을 잘 보여 준다고 판단되는 측면들이다.

1) 주주총회 또는 지분−해당 회사를 누가, 어느 정도 소유하고 있는지 소유권의 행방을 말해 주는 정보이다. '동일인/그룹회장 가족의 소유권 장악 여부와 정도'를 파악하는 것이 주된 목적이며, 이를 위해 '최대주주 및 특수관계인' 관련 내용을 조사하였다.

2) 이사회 및 감사−해당 회사를 누가, 어느 정도 경영하고 있는지 경영권의 행방을 말해 주는 정보이다. '동일인/그룹회장 가족의 경영권 장악 여부와 정도'를 파악하는 것이 주된 목적이다. 이를 위해 이사회 및 감사의 구성과 성격에 관련된 여러 사항들을 살피면서 특히 가족구성원의 누가 어떤 직책을 가지고 있는지에 주목하였다.

3) 집행임원 및 직원－경영권의 행방과 관련된 또 다른 정보이며, 다른 한편으로는 경영구조의 규모와 성격을 짐작하게 하는 단서이다.

4) 업무부서－경영구조의 규모와 성격을 말해 주는 보다 자세한 정보로서 '다원적 경영구조의 성립 여부와 정도'를 파악하는 것이 주된 목적이다. 회사마다 독특하게 조직되어 있는 업무부서들을 3가지 측면에서 일반화하였다 : 첫째, 지원, 생산, 영업, 기술/연구개발 등 4개 분야로 분류 ; 둘째, 각 분야에 속하는 부서들을 상위－중위－하위의 단계적 체계(hierarchy)로 배치 ; 셋째, 각 부서의 수와 이름.

5) 출자 계열회사에 대한 지분－해당 회사가 어떤 다른 계열회사에 어느 정도의 지분을 가지고 있는지를 조사하였다. 이 정보는 '최대주주 및 특수관계인' 정보와 밀접한 관련이 있으며, 그룹 전체의 출자구조와 성격을 말해 준다.

이 5개 항목과 관련된 32개 회사의 109개 경영구조를 먼저 데이터베이스(제5부)로 만들었다. 이를 기초로 제4부 제9~12장(제9장 삼성, 제10장 LG, 제11장 SK, 제12장 현대자동차)에서 각 그룹별로 다음 4개 측면에 관련된 특징들을 추출하면서 '개인화된 다원적 경영구조'의 정도와 성격을 분석하였다. 특히, 동일인/그룹회장 가족구성원들의 소유 및 경영에의 참여 정도와 유형 그리고 지속성을 밝히려고 노력하였다.

1) 그룹회장 가족의 소유 및 경영 참여
2) 소유구조
3) 경영구조－의결 및 감독기구
4) 경영구조－실무경영진 및 업무조직

제8장에서는 이들 4개 그룹별 특징들을 요약, 정리하였고, 그 앞 제7장에서는 제9~12장의 분석틀을 상세하게 소개하였다. 이러한 심층 분석을 통해, 제1부에서 제시한 한국경제의 개인적 경영자본주의적 성격에 대한 구체적이면서 중요한 증거를 제시하려고 하였다.

심층 분석을 바탕으로 한국재벌의 '개인화된 다원적 경영구조'의 모습을 정리하면 다음과 같다. 먼저 '다원적'인 측면을 보면, 계열회사의 성격, 규모, 시기, 연륜 등에 따라 차이가 있기는 하지만, 대체적으로 시간의 흐름에 따라 조직이 점점 다기화하고 세련되게 정비되어 현대적인 다기능, 다원적 구조에 가까운 형태로 발전해 가는 경향이 있다. 본부, 부문, 총괄, 사업부 등의 상위조직이 있고, 그 아래에 담당, 실, 그룹, 팀 등의 중위 또는 하위조직들이 업무를 기능적으로 분담하고 있다. 여기에 수백 명에서 수만 명에 이르는 직원들이 적절히 배치된다.

이러한 방대한 조직과 인원은 최고경영진이 지휘하고 관리하는데, 여기에 '개인적'인 요소들이 강하게 배어 있다. 실무경영진은 수십 명에서 수백 명에 이르며, 경영지원실, 기획실, 사장실 등의 스태프 조직이 구성되어 있다. 그룹회장 자신 또는 가족구성원들은 많은 경우 회장, 부회장, 사장, 부사장 등 최고위경영자로서 경영에 직접 관여한다. 상장회사에서 상근임원으로 활동하는 경우가 대부분이며, 일부 가족구성원들은 상장/비상장회사에 비상근직책을 다수 가지기도 한다.

최고의사결정기구인 이사회는 소수의 등기이사로 구성된다. 1998년 사외이사가 처음 이사회에 등장하였으며, 이후 그 수가 점차 증가하여 사외이사가 전체 이사의 절반 또는 그 이상인 회사가 상당수에 이르고 있다. 사내이사의 대부분은 상근이며 일부는 비상근이다. 비상근 사내이사의 수는 급격히 줄어들고 있다. 그룹회장 가족구성원들은 많은 경우 주요 상장회사의 대표이사이며, 상장/비상장회사의 비상근이사직도 다수 가지고 있다. 등기이사인 가족구성원은 대부분 최고위경영자이기도 하여, 최고의사결정과정과 그 의사의 실천과정 모두를 장악한다.

사외이사가 등장하면서 대부분의 상장회사 그리고 일부 비상장회사의 이사회 산하에 사회이사후보추천위원회와 감사위원회가 설치되었다. 전자는 사내이사와 사외이사 동수로, 후자는 사외이사로만 구성되는 것이 보통이다. 추천위원인 사내이사 중 1명 이상은 최고위경영자직책(회장, 부회장, 사장, 부사장)을 가지고 있는 대표이사이며, 이들은 그룹회장 자신 또는 가족구성원들이거나 그룹회장과 밀접한 관계가 있는 핵심전문경영인들이다.

각 계열회사의 법적인 최고 기구인 주주총회는 최대주주 및 특수관계인들에 의해 지배된다. 대부분의 최대주주는 계열회사이며, 일부는 친족과 비영리법인이다. 최대주주 및 특수관계인 지분은 10% 미만에서 100%에 이르는 다양한 수치를 보이며, 상장회사에서의 지분은 낮고 비상장회사에서의 지분은 매우 높은 것이 보통이다. 많은 경우 최대주주 및 특수관계인 수는 많지 않으며, 동일인 및 그룹회장은 이들과의 협조를 통해 주주총회를 사실상 장악하게 된다.

삼성의 이건희, LG의 구본무, SK의 최태원, 현대자동차의 정몽구 등 특정가족 구성원인 한 명의 지배적 기업가는 최대주주 및 특수관계인들과의 은밀한 소유 및 경영관계를 설정함으로써 개개 계열회사 뿐 아니라 전체 계열회사에 대해 소유자경영권을 행사하게 된다. 이들은 1998년 이후 정부의 권유에 의해 설치되었다가 점차 비합법적 기구로 변질된 구조조정본부를 통해 이전의 영향력을 계속 행사하였다.

결국, 수십 개의 계열회사와 각각의 법적인 단위 경영조직은 그룹회장을 정점으로 하는 하나의 단선, 하향식 위계구조를 형성하게 되며, 이 거대한 하나의 '복합'회사의 외형적인 경영구조는 고도로 발달된 중층적인 다기능, 다원적 구조의 형태를 확연하게 가진다.

이러한 한국재벌의 개인화된 다원적 경영구조에서 문제가 되는 것은 '개인적'인 요소이다. 총수와 그 가족구성원들이 극히 적은 지분을 가지면서도, 순환출자 또는 중층적인 얽힘 소유관계 등의 수단을 통해 전체 계열회사에 대해 비합법적, 비정상적으로 영향력을 행사하고 있는 것이다.

이를 시정하기 위해 도입된 것이 사외이사제와 순수지주회사제인데, 성공적이지 못한 실정이다. 등기이사 중 사외이사의 수가 많아졌고 감사위원회는 전원 사외이사로 구성되는 등 외형적으로는 사외이사제가 정착되어 가고 있다. 하지만, 사외이사후보추천위원회의 사내이사인 위원이 그룹회장이나 그 가족구성원 또는 측근 전문경영인들이어서, 사외이사의 선출 과정이 독립적이지 못하고 그렇게 선출된 사외이사는 독자적인 활동을 하지 못하고 있다. 전국경제인연합회, 증권거래소, 기업지배구조개선지원센터 등에서 최근 몇 년 사이에 실시한 각종 설문조사의 결과는 "재벌 측에서는 사외이사를 터부시하고 있고 사외이사는 스스로 자신의 위치를 확고하게 설정하지 못하고 있음"을 여실히 보여주고 있다.

순수지주회사체제는 LG그룹이 처음 도입하였다. 소유관계는 단순화되어, 지주회사인 (주)LG가 각 자회사를 개별적, 단선적으로 지배하게 되었다. 즉, 자회사의 경영은 자체의 이사회와 실무경영진이 담당하고, 지주회사는 자회사의 주주총회를 통해서 또는 자회사 이사회 이사 일부를 선임함으로써 영향력을 행사하도록 되었다. 한편, (주)LG의 대표이사회장인 구본무는 지주회사의 경영만을 담당하게끔 되었다. 하지만, 구본무의 영향력은 지주회사체제 이전과 다르지 않게 각 자회사에 직접적으로 미치고 있으며, 여전히 '그룹회장'으로 불리고 있다. 이전의 구조조정본부는 해체되어 순수지주회사의 각 부서로 형태 전환을 하였고, 정도경영태스크포스팀이라는 막강한 자회사 감독 조직이 새로 만들어졌다. 보다 강화된 보좌기구를 통해 구본무는 LG전자, LG화학을 비롯한 모든 자회사들의 경영을 직접 챙기고 있는 것이 현실이다.

최근 들어 많은 재벌들에서 2, 3, 4세들이 대거 최고경영진에 합류하고 있으며, 글로벌경제라는 기업 환경 속에서 재벌들은 새로운 사업영역에 속속 진출하고 있다. 경영구조가 한편으로는 개인적인 구조가 보다 강화되는 쪽으로, 다른 한편으로는 다기능, 다원적 구조가 보다 강화되는 쪽으로 진행되고 있는 것이다. 한국재벌의 개인적인 다원적 경영구조, 이로 인해 나타나는 한국경제의 개인적 경영자본주의적 성격은 더욱 선명해지고 있다.

제2장 '개인화된' 한국재벌 : 현대와 두산의 경우

한국재벌에서 소유권과 경영권이 특정 가족에 집중되어 있다는 사실은 현대그룹(기업집단 순위 : 1987~2000년 1위, 2001년 2위, 2002년 8위, 2003~2007년 11~17위)의 그룹회장 임명 과정에서 명쾌하게 드러난다. 특히, 새 천년 첫 봄 세간을 떠들썩하게 만들었던 소위 '왕자의 난'은 한국재벌의 경영지배구조가 얼마나 '개인적'인지를 극명하게 보여주었다.

한편, 2005년에는 두산그룹(기업집단 순위 : 1987~2007년 11~15위)에서 '제2의 왕자의 난' 또는 '형제의 난'이 일어나 한국사회를 또 한바탕 소용돌이로 몰아넣었다. 그룹회장직을 쉽사리 빼앗고 주고 하는 모습은 한국재벌의 개인화된 지배구조가 조금도 나아지지 않았다는 것을 여실히 보여주었다.

1. 현대그룹 '왕자의 난', 2000년

(1) 1987년2월 창업주 정주영은 그룹회장직을 셋째 동생인 정세영에게 물려주었다.

"86년 말 정주영 회장[은] 2, 3년 안에 정세영을 그룹회장으로 앉히[겠다고 발표했다]. 당시 정회장은, 정세영씨가 그룹회장이 된다 하더라도 그룹사장단회의를 주재하고 대외적으로 그룹을 대표하는 성격의 회장이라고 못박으면서, 자신은 신규투자에 계속 관여하겠다고 밝히기도 하였다.

그와 같은 정회장의 구상에 따라 정세영씨는 87년2월 제2대 그룹회장에 취임한 것이다. [이에 대해] 재계에서는 당초부터 과도기적 체제로 보는 이들이 많았다. 정주영은 앞으로 10년간은 현 체제가 계속될 것이라고 밝혔다. 그러나, [1991년 현재도] 현대그룹의 대권은 결국 정주영 회장의 2세가 맡게 될 것으로 보는 견해가 있다.

정주영 회장은 그룹의 대권 승계와 관련 주목할 만한 말을 했다. '내가 완전히 물러나면 현대에선 그룹회장이 사라질 것이다. 어느 한 사람에게 그룹 대권을 몽땅 넘기지는 않겠다. 1인 후계자란 없다. 각각의 능력과 성격에 맞게 전문경영체제를 구축할 것이다.'"

1996년1월 정주영은 그룹회장직을 '갑자기' 둘째 아들 정몽구에게 물려주었다. 자신은 그룹명예회장, 다섯째 아들 정몽헌은 그룹부회장이 되었다. 이 세 사람이 그룹을 이끌어갔는데, 정주영이 '실질적인' 그룹총수였다.

"Even though he has retired from any official positions at the mighty industrial group he founded, Chung Ju-Yung is still pulling the strings at Hyundai from the shadows.

That was clear at a simple ceremony on Jan. 3 [1996] at Hyundai's Seoul headquarters. As about 200 senior executives looked on, the current chairman and young brother [Chung Se-Yung] of the 80-year-old 'Big Chung' abruptly handed the reins of management over to the founder's [second oldest] son, Chung Mong-Ku.

Big Chung, a stern disciplinarian who kept his intentions secret until just one week before the ceremony, 'wanted to see an orderly transfer of the ownership and management before he passes from the scene'…."

1998년1월에는 다섯째 아들 정몽헌이 '갑자기' 또 다른 회장이 되면서 공동회장체제가 되었다.

"정몽헌 현대그룹 부회장의 회장 승진은 [1998년1월]13일 오전 정주영 명예회장의 지시에 의해 전격적으로 이뤄졌다. 정몽구 회장은 김대중당선자와 4대 그룹 총수의 만남이 끝난 뒤인 점심 때야 정몽헌 회장의 승진 사실을 보고받은 것으로 확인됐다. 정 명예회장은 지난 6~11일 싱가포르 방문 중 정몽헌 회장 승진을 결심한 것으로 전해졌다."

한편, 정주영은 1998년3월 경영 일선에 복귀하였다.

"현대그룹은 [1998년2월]25일, '정주영 명예회장이 오는 3월21일 현대건설 주주총회에서 대표이사에 취임한다'고 발표했다.

현대는 또 그룹종합기획실을 해체하는 대신, 계열사 간 구조조정작업을 맡을 대체기구(비상경영기획단)를 설립, 정 명예회장이 대표이사로 취임하는 현대건설에 두기로 했다.

재계에선 정 명예회장의 친위부대로서 그룹을 총괄해 온 종합기획실의 해체에 따른 새로운 지배시스템의 구축이라는 분석이 유력하다. 정 명예회장이 최대지배주주인 현대건설은 현대전자 등 주력 계열사들 지분을 가장 많이 가지고 있다. 또, 현대자동차의 최대주주인 현대중공업도 정 명예회장이 가장 많은 지분을 소유하고 있다.

이에 따라, 정 명예회장은 현대건설의 대표이사직을 통해 합법적으로 전 계열사를 통제할 수 있는 권한을 갖게 된다."

(2) 두 그룹공동회장 사이의 '왕자의 난'은 2000년 3월에 일어났다. 결과는 동생 정몽헌이

형 정몽구를 퇴진시키고 단독회장체제를 구축하는 것으로 끝이 났다. 2000년5월에는 정주영이 동일인에서 물러나고 정몽헌이 동일인이 되었고, 이로써 2001년 초의 '30대 대규모기업집단' 명단에서 처음 정몽헌이 동일인으로 등장하였다.

사건의 발단은 2000년3월14일 정몽헌의 측근인 이익치가 현대증권회장에서 고려산업개발 회장으로 전보된 것이었다. 외국 출장 중인 정몽헌 회장과 상의 없이 정몽구 회장이 결정한 인사였다. 정몽구의 주력회사인 현대자동차를 받쳐 줄 확실한 돈줄 현대증권을 확보하기 위해 새 회장에 정몽구 측근인 노정익 현대캐피탈 부사장을 앉힌 것이다.

3월24일 귀국한 정몽헌은 아버지를 '알현'한 뒤 김재수 그룹구조조정위원회 위원장으로 하여금 '이익치, 노정익의 원 위치'와 '정몽구의 그룹경영자협의회의장직(=그룹회장직) 파면'을 발표하게 하였다.

이에 맞서, 3월26일 정순원 현대자동차 기획조정실 부사장은 '정몽구 회장이 그룹경영자협의회의장직에 복귀했다'고 발표했다. 증거로 정주영의 사인이 담긴 다음의 서류(현대경영전략팀 작성)를 제시하였다.

> "최근 일련의 그룹인사를 다음과 같이 최종적으로 마무리 짓고 인사원칙을 정하여 집행코자 합니다. 재가하여 주시기 바랍니다.
> 1. 현대경영자협의회회장 정몽구 유임 (2000.3.24일자 명령 취소) 2000.3.26 끝.
> 2. 인사원칙 − 품의 : 현대경영자협의회회장, 최종 결재 : 정주영 명예회장님,
>   발표 : 현대경영자협의회회장의 통보에 의거 각 해당사가 발표. 2000.3.26 끝."

같은 날, 정몽헌측의 그룹구조조정위원회와 PR사업부는 정몽구측의 발표는 사실이 아니라고 반박하였다. 명예회장에게 정몽구측의 증거서류를 보여준 결과, "명예회장이 그런 서류에 서명한 적이 없다며 x표를 하고 다시 서명하였다"고 발표하였다.

3월27일 정주영은 두 아들을 대동하고 현대경영자협의회 회의에 참석하여 '정몽헌 단독체제'를 선언하였다.

> "발표(3월24일의 정몽구 파면 발표)한 것이 회사의 이익을 위해서 또 국내적으로 다행이기 때문에 잘 했다고 생각합니다. 여기에 경영자협의회의장을 정몽헌 단독으로 합니다.
> 그것을 여러분들께서 의아하게 생각하시는 모양인데 정몽구 회장은 자동차, 현대자동차 또는 기아자동차 일이 바쁘기 때문에 정몽헌 회장이 단독으로 경영자협의회 의장을 한다고 하더라도 아무 잘못이 없다고 생각합니다. 그리고 그 배후에 제가 있기 때문에 중요한 일은 다 저와 의논할 것이니까 아무 걱정 안 해도 된다고 믿고 있습니다."

3월31일 정몽헌 그룹회장은 '현대 21세기 발전 전략'을 발표하였다. 왕자의 난을 무마하려는 듯 기업지배구조 개선이 주된 내용이었다. 하지만, 계열사를 대표하고 계열사 간의 업무 조정을 위해 그룹회장직은 유지한다고 하였다. 또, 사장들의 모임인 경영자협의회는 해체하지만, 업무 조정을 위해 "명칭이 무엇이 되든 관련사 간 회의는 계속될 것"이라고 단언하였다.

1. 기업경영을 명실공히 이사회 중심으로 한다.
2. 최고의사결정기구인 경영자협의회는 즉시 해체한다.
3. 구조조정위원회는 계열분리 등 구조조정업무가 끝나는 대로 조기 해체한다.
4. 정씨 3부자는 이사로 등재된 다음의 회사 경영에만 참여한다.
   a. 정주영 — 현대중공업(이사), 현대건설(대표이사명예회장), 현대아산(이사).
   b. 정몽헌 — 현대건설(대표이사회장), 현대전자(대표이사회장), 현대종합상사(이사),
      현대엘리베이터(이사), 현대정보기술(이사), 현대아산(이사).
   c. 정몽구 — 현대자동차(대표이사회장), 기아자동차(대표이사회장),
      현대정공(대표이사회장), 현대석유화학(이사), 현대캐피탈(이사).

5월25일 정주영 명예회장은 자신이 가지고 있던 지분을 대폭 정리하여 현대그룹의 '동일인'에서 공식적으로 물러났다. 현대건설(4.49% 지분, 1999년 말 현재), 현대중공업(11.56%), 현대상선(3.23%) 등 3개 회사를 실질적인 지주회사로 하여 다른 계열회사들을 장악해 왔는데, 이들 지분의 대부분을 매각한 것이다. 대신, 현대자동차의 지분을 매입하여 최대주주가 되었다.

1. 현대건설 지분 4.1%를 정몽헌에게 매각 (정몽헌 지분은 3.7%에서 7.8%로 증가)
2. 현대중공업 지분 11.1%를 현대상선에 매각
   (현대상선 지분은 0.5%에서 12.5%로 증가, 정몽준의 지분은 8.1%)
3. 현대상선 지분 2.7%를 현대건설에 매각 (현대건설 지분은 12.6%에서 23.8%로 증가)
4. 현대자동차에 대한 현대중공업의 지분 6.8% 매입 (정주영 지분은 0.1%에서 6.9%로 증가,
   2.1% 추가 매입 예정, 현대정공 지분은 7.8%, 정몽구 지분은 4.0%).

하지만, 이러한 지분정리는 정명예회장이 '진정으로 퇴진'하려는 의도와는 상관이 없었다. 현대자동차를 그룹에서 분리시키는 과정에서 현대중공업의 현대자동차에 대한 지분이 가장 큰 걸림돌이었으며, 시장에서의 매각이나 다른 계열사에 의한 매입이 여의치 않은 상황에서 나온 조치였다.

5월31일 정주영은 갑자기 '3부자 동반 퇴진'을 선언하였다. 4월말부터 현대그룹은 현대건

설의 유동성위기로 어려움을 겪어왔는데 그 타개책의 일환이었다. 흑자를 내고 있던 현대자동차의 정몽구는 이를 거부하였으나, 정몽헌은 6월1일자로 다음과 같은 자필사직서를 공표하였다.

"그 간 현대그룹을 창업하시고 일궈오신 정주영 명예회장님께서 정몽구 회장과 저와 함께 경영일선에서 물러나겠다고 발표하셨습니다.

어제 명예회장님께서는 어느 아버지가 똑똑한 아들에게 경영권을 물려주고 싶지 않겠느냐고 여러 차례 말씀하시면서 이제 시대 흐름과 여건이 각 기업들이 전문경영인체제로 운영해야 한다는 뜻을 강조하셨습니다.

저는 오늘 그 뜻을 따라 현대건설대표이사, 현대전자산업대표이사 및 현대종합상사, 현대엘리베이트, 현대정보기술, 현대자동차이사직을 사직하고 저에게 주어진 남북경협 관련 사업에만 전념토록 하겠습니다. 앞으로 전문경영인들이 운영하는 현대가 지속적으로 발전될 수 있도록 여러분들이 도와주시기 바랍니다."

하지만, 12월20일 정몽헌 현대아산이사회회장은 "자구노력을 위한 강력한 의사 결정을 위해 현대건설이사회회장 자격으로 경영에 복귀하겠다"고 밝혔다. 신용등급이 투기등급(BB+)인 현대건설의 자금난을 해결하기에는 전문경영인들이 역부족이고 자신이 직접 나서야 한다는 것이었다. '3부자 퇴진'을 무색하게 하면서 결국 정주영−정몽헌체제로 되돌아 간 것이다.

(3) 2001년3월 정주영은 사망하였다. 그리고 명실공히 '정몽헌단독체제'가 확립되었다. 하지만, 이후 현대그룹 계열회사들이 다수 분리되어 새로운 그룹을 형성하였으며 이에 따라 그룹의 규모는 축소되어갔다. 대신 정몽구가 이끄는 현대자동차그룹이 5대 재벌에 진입하면서 현대그룹의 맥을 이어가는 형국으로 바뀌었다. 2003년10월 정몽헌이 자살하면서 현대그룹의 위상은 더욱 추락하였다. 동일인과 그룹회장은 부인 현정은이 이어받았다.

(『조선일보』 1998.1.14, 2.26, 2000.3.24, 3.25, 3.27, 3.28, 4.1, 5.26, 6.2, 12.21 ; 『주간조선』 2000.4.6 ; 『중앙이코노미스트』 2000.4.4 ; *Business Week* (22 January 1996) ; 백승열(1991), 313∼328면).

2. 두산그룹 '제2의 왕자의 난', 2005년

(1) 2005년4월25일 오너일가 6형제가 모처럼 한자리에 모였다. 그룹연수원인 'DLI(Doosan Leadership Institute)−연강원' 개관식에서였다. 어머니를 가운데 두고 첫째(박용곤), 둘째(박용오), 셋째(박용성) 아들은 오른쪽에, 그리고 넷째(박용현), 다섯째(박용만), 여섯째(박용욱) 아

들은 왼쪽에 나란히 서서 아버지(연강 박두병)를 기리는 연수원의 문을 연 것이다.

박용오 그룹회장은 같은 날 같은 장소에서 그룹사장단회의를 열고 인재의 중요성을 강조하였다 : "공부하지 않는 자는 두산을 이끌어 갈 자격이 없다. 기업성장의 근간은 사람이기 때문에 우수 인재의 채용 뿐 아니라 직원을 글로벌화 된 인재로 성장, 육성시키기 위해 모든 지원을 아끼지 않겠다."

하지만, '공부하는 자, 우수인재, 글로벌화 된 인재'의 기준은 정작 오너일가 자신들과는 상관없는 것이었다. 맏형인 박용곤(그룹명예회장)을 좌장으로 하는 형제회의 또는 가족회의에서 가족구성원들의 소유 및 경영 참여가 자유자재로 이루어져 왔기 때문이다. '제2의 왕자의 난' 또는 '형제의 난'에서 드러난 이전투구의 모습은 이를 잘 보여주었다.

(2) 연수원 개관 이후 석 달이 채 안 된 2005년7월18일 박용오가 갑자기 그룹회장에서 물러났다. 대신 바로 아래 동생인 박용성이 새 회장으로 추대되었다. 이 결정은 전날 가족회의에서 전격적으로 이루어졌다.

7월17일 일요일 박용곤은 갑자기 가족회의를 소집했다. 박용성(두산중공업 회장)은 제주도에 있다가 급히 올라왔으며, 박용만((주)두산 부회장)을 비롯한 다른 13명의 친인척 경영자들도 (주)두산 본사 33층 회의실에 집결하였다. 그러나, 박용오((주)두산 회장, 두산산업개발 회장)는 참석하지 않았다. 박용곤은 박용성에게 '회장을 맡으라'고 했고, 박용성은 '가족의 뜻에 따르겠다'고 답했다. 다른 참석자들은 박용곤의 결정을 그대로 받아들였다. 그것으로 그룹회장의 파면과 임명은 결정되었다.

교체의 이유는 박용성이 '글로벌화 된 인재'라는 때문이었다. 국제올림픽위원회(IOC) 위원, 국제유도연맹(IJF) 회장, 국제상업회의소(ICC) 회장 등으로 활동하면서 국제감각을 갖추었다는 것이다. 박용곤은 박용오에게 "취임(1996년)한 지 10년이 되었고 은퇴할 시기가 되었으니 금년(2005년) 말로 그룹회장직에서 은퇴하라"고 종용해 왔으며, "글로벌마인드나 일에 대한 열정 면에서 용성이가 경영인으로서 더 낫다"는 말을 주위에 여러 차례 해 온 터였다. 회장에 추대된 뒤 다시 제주도로 내려간 박용성은 형제들 간의 경영권 승계를 '사우디왕가 방식'으로 비유하면서 자신의 회장 임명을 합리화하였다. 박용오는 (주)두산 명예회장이라는 직함을 얻었다.

7월20일 박용오가 '박용성 두산그룹 회장과 박용만 그룹부회장의 비자금 조성 혐의'라는 제목의 진정서를 검찰에 제출하면서 사태는 새로운 국면으로 접어들었다. 지난 20년 동안 위장 계열회사를 통해 1,700억원의 비자금을 조성했다는 것이다. 다음날(21일) 기자회견에서 박용오는 이렇게 주장하였다.

"박용성 회장과 박용만 부회장 등은 그 동안 수천억원의 비자금을 유용하고 해외 밀반출을

해온 것이 나에게 적발되자, 둘이서 공모해 일방적으로 나를 회장직에서 내몰았다. 박용성 회
장의 그룹회장 승계는 원천 무효다."

7월21일 늦은 밤 박용곤은 (주)두산 본사에서 긴급 사장단회의를 열고 '박용오는 두산그룹
에 대한 반역자다, 오늘부터 내 동생이 아니다'라고 선언하였다. 다음날(22일)에는 박용오를
경영에서 완전히 쫓아내버렸다. 오전 일찍 (주)두산과 두산산업개발의 이사회가 소집되어 박
용오의 대표이사회장직을 만장일치로 박탈한 것이다. 박용오의 둘째 아들 박중원(두산산업
개발 상무)도 해임시켰다.

박용성 그룹회장은 형의 투서에 대해 "두산산업개발의 경영권을 탈취하려는 자신의 의도
가 통하지 않자 그룹을 흠집 내려는 물귀신작전"이라고 맞받아쳤다. 2004년 중반 박용오는
두산산업개발(전 두산건설 ; 2005년1월24일 대표이사회장 취임)을 그룹에서 분리해 자신에게
줄 것을 요구했던 것으로 알려졌다. 2002년3월 큰 아들(박경원)이 두산건설 상무직을 버리고
독립했는데, 이후 어려움에 처하게 되자 이를 돕는 과정에서 박용오의 그룹 내 지분은 줄어
들었다. 또 둘째 아들(박중원)의 지분은 제자리걸음인 가운데 박용성의 자녀 지분은 크게 증
가하면서 박용오는 "용성, 용만 측이 나를 따돌리고 회사 전체를 접수하려 한다"는 생각까지
가지게 되었다. 상황은 악화되어 2004년 말 박용성측에서는 "박용오측이 두산산업개발에 대
해 적대적 M&A를 시도했다"는 의문을 제기하기에 이르렀다. 그룹회장이 바뀌기 하루 전(7
월17일) 박용곤의 장남 박정원((주)두산 사장)을 두산산업개발 부회장에 임명했던 것도 이의
연장선상에서 이루어졌다. 박용오의 요구는 가족회의에서 일언지하에 거절되었다. 그의 지
분이 0.7%밖에 되지 않았고, 무엇보다 두산산업개발의 장악은 그룹 전체의 장악으로 이어지
게끔 지분구조가 형성되어 있었기 때문이었다(두산산업개발(22.8%) → (주)두산(41.5%) → 두
산중공업(30.08%) → 두산산업개발).

8월8일에는 박용성이 공격자세로 나왔다. 두산산업개발의 분식회계 사실을 공표한 것이
다. 회사 '공시'를 통해 밝힌 내용은 "1995~2001년 사이 2,797억원의 매출을 과다계상하였으
며 이 금액을 2005년 결산에 전액 반영하여 해소하겠다"는 것이었다. 이 시기는 박용오가 그
룹회장(1996~2005년)을 하던 시기와 맞물려 있으며, 따라서 그에 대한 공격을 한 것이나 다
름없었다.

8월10일에는 박용오가 반격에 나섰다. 1999년 두산산업개발의 경영권 유지를 위해 오너일
가 28명이 은행에서 빌린 293억원의 5년치 이자 138억원을 불법 조성한 비자금으로 갚았다
고 폭로한 것이다. 11일에는 비자금 관련 자료를 추가로 검찰에 제출하였다. 이를 계기로 서
울중앙지검의 수사(7월25일 시작)는 본격화되었으며 10월21일에는 박용성을 소환하여 조사
하였다.

11월4일 박용성은 긴급 사장단회의를 소집하고 "사회적으로 물의를 일으킨데 대해 책임을 지고 국내의 모든 공직에서 물러난다"면서 그룹회장직을 전격 사퇴하였다. 박용만 그룹부회장도 함께 물러났다. 19일에는 '지배구조개선 로드맵'이 발표되었는데, 그룹회장직을 폐지하고 대신 모회사인 (주)두산을 3년 이내에 지주회사로 전환하여 그룹을 지주회사체제로 개편한다는 것이었다. 당분간은 비상경영위원회(위원장 유병택 (주)두산 대표이사부회장)가 그룹회장을 대신해 경영을 챙기는 것으로 하였다.

11월10일 서울중앙지검은 관련자 14명을 특정경제범죄가중처벌법상 횡령배임혐의로 불구속기소하였다. 10년 간 326억원(재판과정에서 286억원으로 조정됨)의 비자금이 조성되어 오너일가의 개인용도로 쓰였고 두산산업개발은 3년 간 2,838억원의 분식회계를 한 것으로 밝혀졌다.

2006년2월3일 서울중앙지법은 다음과 같이 선고하였다 : 박용오, 박용성－(징역) 3년, (집행유예) 5년, (벌금) 80억원씩 ; 박용만－3년, 4년, 40억원 ; 박용욱(이생그룹 회장)－2년6월, 4년 ; 나머지 임원 10명－개인별로 8월~2년6월, 2~4년. 7월21일에는 서울고법이 피고인과 검사의 항소를 모두 기각하였으며, 양측 모두 상고하지 않음으로써 2월의 선고 내용이 그대로 확정되었다. 집행유예 선고에 대해 서울중앙지법은 다음과 같이 밝혔다.

"이들은 수년간 비자금을 조성해 대주주의 생활자금과 세금으로 사용하고 분식회계를 지시해 두산그룹의 신용도와 국가신용도를 훼손했다. 죄질이 매우 무겁고 이에 상응하는 엄중한 처벌이 요구된다. 그러나 피해액이 매우 크지만 대출금과 이자가 변제되었고, 회사구조조정에 기여했으며 경영일선에서 물러난 점과 잘못을 뉘우치는 점 등을 감안했다."

하지만, 2007년 초 박용성은 경영복귀 의사를 강하게 드러냈다.

"내가 은퇴한 것도 아니고 주식 한 주도 팔지 않았는데 할 수 있는 역할은 분명 있을 것이다. 주주인데 아무것도 안 한다는 것도 말이 안 되지 않느냐."

그는 동생(박용만)과 함께 2월에 사면, 복권되었고, 3월16일 경영일선으로 돌아왔다. 주주총회에서 두산중공업의 등기이사 겸 이사회의장으로 선임된 것이다. 2005년11월4일 그룹회장에서 물러난 지 1년7개월만이다. '박용곤－박용성체제'가 다시 가동되기 시작한 것이다.

한편, 박용만은 두산인프라코어 대표이사 부회장직을 유지하고 있었고, 2월12일에는 박용현(전 서울대 교수)이 두산산업개발의 대표이사로 선임되어 경영과 처음으로 인연을 맺었다. 그는 오너일가가 운영하는 연강재단의 이사장(2005년11월14일 취임)이기도 하였다.

『조선일보』 2005.1.25, 4.26, 7.19, 7.20, 7.22, 7.23, 7.25, 8.9, 8.11, 8.12, 8.13, 10.21, 11.5,

11.11, 11.15, 2006.1.20, 2.9, 3.18, 7.22, 2007.2.14, 2.24, 3.17).

(3) (* 아래 글은 필자가 기고한 『조선일보』(2005.7.26) 독자칼럼 '두산그룹의 또 다른 왕자의 난'의 원고 내용이다.)

2005년7월 제2의 왕자의 난이 두산그룹에서 일어나고 있다. 2000년3월 현대그룹에서 벌어졌던 원조 왕자의 난은 前無한 일이었고 後無할 줄 알았는데, 한국재벌의 고질병이 다시 도지고 있으니 참으로 아연실색하지 않을 수 없다.

이번 사건은 막 시작되었다. 7월18일 그룹회장에 박용성이 임명되었고, 21일 둘째 형 박용오는 회장직을 탈취당했다고 반박하면서 동생을 비자금 조성 혐의로 검찰에 투서하였다. 하루 뒤 박용성은 모든 것이 형의 음모고 모함이라며 비난하고 나섰다.

5년 전에는 2주일 만에 결말이 났다. 3월14일 정몽구 그룹공동회장이 현대증권회장에 자기 사람인 노정익을 앉혔고, 24일 외국에서 돌아온 정몽헌 공동회장은 자기 사람인 이익치를 원위치시키는 한편 형을 회장직에서 물러나게 하였다. 26일 정몽구는 아버지 정주영의 재가를 받았다며 회장직 복귀를 선언하였고, 정몽헌은 그런 재가는 없었다고 반박하였다. 결국, 27일 정주영은 정몽헌 단독체제를 선언하였다.

현대의 경우는 정주영이라는 워낙 막강한 인물이 있어서 사건이 빨리 수습될 수 있었다. 양상이 많이 다른 두산의 경우는 내부적으로는 이미 결말이 났지만, 검찰의 수사 내용이나 결과에 따라서는 박용성이 회장직을 유지하기 어렵게 될지 모른다. 사회적으로 명망을 얻고 있는 형이 자신보다 더 명망을 얻고 있는 동생을 그런 식으로 까발린다는 것은 분명 여사일이 아니다.

형을 가족과 그룹으로부터 쫓아낸 상태에서 비자금 의혹을 받으면서 아무 일 없었던 양 자리를 지킨다면 사람들이 선뜻 이해할 수 있을까? 박용성은 일단 그룹회장에서 물러나는 것이 옳다고 본다. 그리고 '동일인'인 박용곤 그룹명예회장은 제2의 정수창을 영입해서 사태가 원만하게 수습되도록 해야 한다.

정수창은 박두병이 사망한 후 장남 박용곤이 경영수업을 쌓는 동안 1973년부터 1981년까지 두산그룹을 이끌었던 존경받는 전문경영인이었다. 1991년 페놀사건이 발생했을 때 박용곤은 스스로 그룹회장직에서 물러났고 정수창으로 하여금 2년 동안 그룹을 이끌게 하였다. 이번 경우에는 박용성 그리고 박용만이 비리 의혹을 받고 있기 때문에 상당 기간 회장직에서 배제하는 것이 그룹을 살리는 길이라 생각된다.

사실, 문제의 핵심은 '누가' 그룹회장이 되느냐에 있지 않다. 두산과 현대 사건의 관전 포인트는, 첫째 '그룹회장'은 법적으로 인정되지 않는 임의직책이라는 것, 둘째 그럼에도 불구하고 실세지배기구로서 계열회사들의 합법적인 지배기구 위에 군림한다는 것, 그리고 셋째 그 직책을 특정가족이 자신의 전유물인 양 좌지우지한다는 것이다.

이 세 가지는 한국재벌의 오랜 고질병이었다. IMF외환위기 이후의 구조조정과정에서 치유 대상 제1호가 바로 이 병이었으며, 그리하여 사외이사를 중심으로 하는 이사회 기능의 회복 등의 처방이 제시되어져 왔다.

그런데, 한동안 뜸했던 '그룹회장'이란 용어가 언제부턴가 되살아났고, 이제는 언론에, 인구에 당당히 회자되고 있다. 더구나, 최근 공정거래위원회에서 상세히 밝힌 내부지분율, 친인척지분율, 순환출자, 의결권승수 등의 지표에서 보듯 회장가족의 소유에의 참여 정도나 내용은 개선되지 않고 있으며, 2세, 3세들의 경영 참여는 가속화되고 있는 실정이다.

한국재벌의 '개인화된 지배구조'는 IMF사태 이후의 표면적인 변화에도 불구하고 은밀하게 유지, 강화되어 왔으며, 이로 인해 한국경제는 '개인적 경영자본주의'라는 독특한 경제질서로 고착화되어 가고 있다. 제3, 제4의 왕자의 난이 발생할 개연성이 상존해 있는 상황에서 시장으로부터의 긍정적인 평가를 기대하기는 어렵다. 법적, 제도적 견제장치만으로는 역부족일 수밖에 없다. 재벌가족의 자제와 근신이 절실히 요구된다.

박용곤은 20년 전 이렇게 말한 적이 있다. "그룹회장은 그룹의 전체 흐름에 대한 방향만을 제시할 따름이다. 두산의 어떤 서류에도 내 도장을 찍지 않는다. 계열사 사장이 그 기업에 대해 책임을 지고, 그 기업의 구성원 모두가 책임을 느끼면서 자기 일을 한다. 두산의 영원함은 그들 한명 한명에 의해서 이루어지는 것이라 할 수 있다. 나는 꼭 내 아들에게 물려줄 생각은 없다. 아들에게 자격이 있다면 그렇게 할 것이다. 하지만, 그 아들을 총수로 키우고 있지는 않다." 이 말을 상기하면서 이번 일을 빨리 수습하고 두산그룹과 한국재벌의 미래에 대해 고심해 주길 당부한다.

제2부

30대 대규모사기업집단과 개인화된 다원적 경영구조, 1987~2007년

제3장 30대 대규모사기업집단

1. 대규모기업집단 지정 기준의 변화, 1987~2007년

대규모기업집단은 공정거래제도가 도입된(1981년) 지 6년이 지난 1987년부터 지정되었다. 출자총액 제한, 상호출자 금지 등을 통해 경제력 집중을 억제한다는 취지에서였다. 그 동안 지정 기준이 다섯 차례(1987년, 1993년, 2002년, 2005년, 2007년) 바뀌었다.

(1) 1987년 기준

1987년 대규모기업집단이 처음 지정되었을 때의 기준은 '자산 총액 4천억원 이상'이었다.

1) 독점규제 및 공정거래에 관한 법률 (1986년12월31일 개정)
제7조의 3 ① (상호출자의 금지 등) 일정 규모 이상의 자산총액 등 대통령령으로 정하는 기준에 해당하는 기업집단(이하 "대규모기업집단"이라 한다).

2) 독점규제 및 공정거래에 관한 법률시행령 (1987년4월1일 개정)
제15조 (대규모기업집단의 범위) 법 제7조의 3 제1항에서 규정한 "대규모기업집단"이라 함은 당해 기업집단에 속하는 회사들의 대규모기업집단 지정 직전 사업년도의 대차대조표 상의 자산총액(금융업 또는 보험업을 영위하는 회사의 경우에는 자본총액 또는 자본금 중 큰 금액)의 합계액이 4천억원 이상인 기업집단을 말한다.

(2) 1993년 기준

1993년부터는 지정 기준이 '자산총액 순위 1~30위'로 바뀌었는데, 계열회사 사이의 채무보증제한제도가 도입되면서 '대규모기업집단'이 '채무보증제한대규모기업집단'으로 재차 규정되었다. 1995년부터는 자산 순위가 30위 이내이더라도 주식 소유의 분산 및 재무구조가 우량한 '소유분산우량기업집단'은 대규모기업집단에서 제외되었는데, 이 예외 규정은 4년 뒤에 없어졌다. 1997년에는 계열회사의 범위가 '국내 회사'로 명시적으로 규정되었다.

1) 법률 (1990년1월13일, 1992년12월8일 개정)

제9조 ① (상호출자의 금지 등) 일정 규모 이상의 자산총액 등 대통령령이 정하는 기준에 해당하는 기업집단(이하 "대규모기업집단"이라 한다).

제10조의 2 ① (계열회사에 대한 채무보증의 제한) 대규모기업집단 중 대통령령이 정하는 기준에 해당되는 기업집단(이하 "채무보증제한대규모기업집단"이라 한다).

2) 법률시행령 (1993년2월20일 개정)

제17조 ① (대규모기업집단 및 채무보증제한대규모기업집단의 범위) 법 제9조 제1항의 규정에 의한 대규모기업집단은 당해 기업집단에 속하는 회사들의 대규모기업집단 지정 직전 사업년도의 대차대조표 상의 자산총액(금융 및 보험업을 영위하는 회사의 경우에는 자본총액 또는 자본금 중 큰 금액으로 하며, 새로 설립된 회사로서 직전 사업년도의 대차대조표가 없는 경우에는 지정일 현재의 납입자본금으로 한다)의 합계액의 순위가 1위부터 30위까지인 기업집단으로 한다.

제17조 ② 법 제10조의 2 제1항의 규정에 의한 채무보증제한대규모기업집단은 제1항의 규정에 의한 대규모기업집단으로 한다.

(3) 2002년 기준

2002년부터는 '대규모기업집단'이라는 용어가 없어지고 대신 '상호출자제한기업집단'이라는 용어로 대체되었다. 또, 2001년4월1일 출자총액제한제도가 재도입된 이후 '출자총액제한기업집단'이 별도로 인식되었다. '채무보증제한대규모기업집단'은 '채무보증제한기업집단'으로 명칭이 바뀌었으며 종전의 대규모기업집단 범위가 그대로 적용되었다.

이에 따라, 2002년부터는 '상호출자, 채무보증제한기업집단'과 '출자총액제한기업집단'의 두 유형이 지정되고 있다. 기준은 각각 '자산총액 2조원 이상과 5조원 이상'이다. 따라서, 전자에 속하는 기업집단 중 일부는 후자에도 속하게 되어, 실질적으로는 '상호출자, 채무보증제한기업집단'과 '상호출자, 채무보증, 출자총액제한기업집단'의 두 부류가 지정되는 셈이다.

한편, 종전 대규모기업집단 지정 대상에서 제외되었던 '정부투자기관이 동일인인 경우의 기업집단'이 예외 규정에서 삭제됨으로써 상호출자제한기업집단 지정 대상에 포함되었으며, 동시에 출자총액제한기업집단 지정 대상에도 포함되었다.

1) 법률 (2002년1월26일 개정)

제9조 ① (상호출자의 금지 등) 일정 규모 이상의 자산총액 등 대통령령이 정하는 기준에 해당되어 제14조 제1항의 규정에 따라 지정된 기업집단(이하 "상호출자제한기업집단"이라 한다).

제10조 ① (출자총액의 제한) 자산총액, 재무구조 등이 대통령령이 정하는 기준에 해당되어 제14조 제1항의 규정에 따라 지정된 기업집단(이하 "출자총액제한기업집단"이라 한다).

제10조의 2 ① (계열회사에 대한 채무보증의 금지) 일정 규모 이상의 자산총액 등 대통령령이 정하는 기준에 해당되어 제14조 제1항의 규정에 따라 지정된 기업집단(이하 "채무보증제한기업집단"이라 한다).

제14조 ① (상호출자제한기업집단 등의 지정 등) 공정거래위원회는 대통령령이 정하는 바에 의하여 상호출자제한기업집단, 출자총액제한기업집단 및 채무보증제한기업집단(이하 "상호출자제한기업집단 등"이라 한다)을 지정하고…

2) 법률시행령 (2002년4월1일 개정)

제17조 ① (상호출자제한기업집단 등의 범위) 법 제9조 제1항의 규정에 의한 상호출자제한기업집단은 당해 기업집단에 속하는 국내회사들의 상호출자제한기업집단 지정 직전 사업년도의 대차대조표 상의 자산총액[금융업 또는 보험업을 영위하는 회사의 경우에는 자본총액 또는 자본금 중 큰 금액으로 하며, 새로 설립된 회사로서 직전 사업년도의 대차대조표가 없는 경우에는 지정일 현재의 납입자본금으로 한다]의 합계액이 2조원 이상인 기업집단으로 한다.

제17조 ② 법 제10조 제1항의 규정에 의한 출자총액제한기업집단은 당해 기업집단이 속하는 국내회사들의 출자총액제한기업집단 지정 직전 사업년도의 대차대조표 상의 자산총액의 합계액이 5조원 이상인 기업집단으로 한다.

제17조 ④ 법 제10조의 2 제1항의 규정에 의한 채무보증제한기업집단은 제1항의 규정에 의한 상호출자제한기업집단으로 한다.

(4) 2005년 기준

2005년부터는 '상호출자, 채무보증제한기업집단'과 '출자총액제한기업집단'의 지정 기준이 각각 '자산총액 2조원 이상과 6조원 이상'이었다. 전자의 기준은 그대로이고 후자의 기준이 이전의 '5조원 이상'에서 상향 조정되었다.

1) 법률 (2004년12월31일 개정)

제9조 ① (상호출자의 금지 등) 일정 규모 이상의 자산총액 등 대통령령이 정하는 기준에

해당되어 제14조 제1항의 규정에 따라 지정된 기업집단(이하 "상호출자제한기업집단"이라 한다).

제10조 ① (출자총액의 제한) 자산총액, 재무구조, 계열회사의 수 및 소유지배구조 등이 대통령령이 정하는 기준에 해당되어 제14조 제1항의 규정에 따라 지정된 기업집단(이하 "출자총액제한기업집단"이라 한다).

제10조의 2 ① (계열회사에 대한 채무보증의 금지) 일정 규모 이상의 자산총액 등 대통령령이 정하는 기준에 해당되어 제14조 제1항의 규정에 따라 지정된 기업집단(이하 "채무보증제한기업집단"이라 한다).

제14조 ① (상호출자제한기업집단 등의 지정 등) 공정거래위원회는 대통령령이 정하는 바에 의하여 상호출자제한기업집단, 출자총액제한기업집단 및 채무보증제한기업집단(이하 "상호출자제한기업집단 등"이라 한다)을 지정하고…

2) 법률시행령 (2005년3월31일 개정)

제17조 ① (상호출자제한기업집단 등의 범위) 법 제9조 제1항의 규정에 의한 상호출자제한기업집단은 당해 기업집단에 속하는 국내회사들의 상호출자제한기업집단 지정 직전 사업년도의 대차대조표 상의 자산총액[금융업 또는 보험업을 영위하는 회사의 경우에는 자본총액 또는 자본금 중 큰 금액으로 하며, 새로 설립된 회사로서 직전 사업년도의 대차대조표가 없는 경우에는 지정일 현재의 납입자본금으로 한다]의 합계액이 2조원 이상인 기업집단으로 한다.

제17조 ② 법 제10조 제1항의 규정에 의한 출자총액제한기업집단은 당해 기업집단이 속하는 국내회사들의 출자총액제한기업집단 지정 직전 사업년도의 대차대조표 상의 자산총액의 합계액이 6조원 이상인 기업집단으로 한다.

제17조 ⑤ 법 제10조의 2 제1항의 규정에 의한 채무보증제한기업집단은 제1항의 규정에 의한 상호출자제한기업집단으로 한다.

(5) 2007년 기준

2007년부터는 '상호출자, 채무보증제한기업집단'과 '출자총액제한기업집단'의 지정 기준이 각각 '자산총액 2조원 이상과 10조원 이상'이었다. 전자의 기준은 그대로이고 후자의 기준이 이전의 '6조원 이상'에서 상향 조정되었다.

1) 법률 (2007년4월13일 개정)

제9조 ① (상호출자의 금지 등) 일정 규모 이상의 자산총액 등 대통령령이 정하는 기준에

해당되어 제14조 제1항의 규정에 따라 지정된 기업집단(이하 "상호출자제한기업집단"이라 한다).

제10조 ① (출자총액의 제한) 동일한 기업집단에 속하는 국내회사들의 자산총액의 합계액이 10조원 이상인 기업집단(이하 "출자총액제한기업집단"이라 한다).

제10조 ⑧ 재무구조, 계열회사의 수 및 소유지배구조 등이 대통령령이 정하는 기준에 해당하는 기업집단은 출자총액제한기업집단으로부터 제외한다.

제10조의 2 ① (계열회사에 대한 채무보증의 금지) 일정 규모 이상의 자산총액 등 대통령령이 정하는 기준에 해당되어 제14조 제1항의 규정에 따라 지정된 기업집단(이하 "채무보증제한기업집단"이라 한다).

제14조 ① (상호출자제한기업집단 등의 지정 등) 공정거래위원회는 대통령령이 정하는 바에 의하여 상호출자제한기업집단, 출자총액제한기업집단 및 채무보증제한기업집단(이하 "상호출자제한기업집단 등"이라 한다)을 지정하고…

2) 법률시행령 (2007년7월13일 개정)

제17조 ① (상호출자제한기업집단 등의 범위) 법 제9조 제1항의 규정에 의한 상호출자제한기업집단은 당해 기업집단에 속하는 국내회사들의 상호출자제한기업집단 지정 직전 사업년도의 대차대조표 상의 자산총액[금융업 또는 보험업을 영위하는 회사의 경우에는 자본총액 또는 자본금 중 큰 금액으로 하며, 새로 설립된 회사로서 직전 사업년도의 대차대조표가 없는 경우에는 지정일 현재의 납입자본금으로 한다]의 합계액이 2조원 이상인 기업집단으로 한다.

제17조 ② 법 제10조 제8항에서 "대통령령이 정하는 기준에 해당하는 기업집단"이란 다음 각 호의 어느 하나에 해당하는 기업집단을 말한다.

제17조 ⑤ 법 제10조의 2 제1항의 규정에 의한 채무보증제한기업집단은 제1항의 규정에 의한 상호출자제한기업집단으로 한다.

2. 30대 대규모사기업집단

1987년 지정된 대규모기업집단(자산총액 4천억원 이상)은 32개였다. 이후 이 숫자는 40개(1988년), 43개(1989년), 53개(1990년)로 매년 조금씩 늘어났으며 1991년에는 거의 두 배(61개)가 되었다. 1992년에는 78개였다. 1993년부터 2001년까지는 30대 대규모기업집단만 지정되었다.

2002년에는 상호출자, 채무보증제한기업집단(자산총액 2조원 이상)이 43개 지정되었으며,

이 중 자산총액이 5조원 이상인 19개는 출자총액제한기업집단으로 추가 지정되었다. 이 43
개 중에는 '정부투자기관이 동일인인 경우의 기업집단'이 9개 포함되어 있다 : 농업기반공사
(이후 한국농촌공사), 담배인삼공사, 대한주택공사, 한국가스공사, 한국도로공사, 한국수자원
공사, 한국전력공사, 한국토지공사, KT(이전 한국전기통신공사).

2003~2004년에는 상호출자, 채무보증제한기업집단이 각각 49개(출자총액제한기업집단
17개), 51개(18개) 지정되었으며, 공기업집단은 각각 7개, 6개 포함되었다. 위에서 열거한 9개
중 먼저 KT와 담배인삼공사(KT&G로 상호 변경)가 민영화되었으며, 이듬해 한국수자원공사
는 지정 기준 미달로 제외되었다.

2005년에는 상호출자, 채무보증제한기업집단 55개(출자총액제한기업집단 11개) 중 공기업
은 7개이며, 2004년의 6개(농업기반공사, 대한주택공사, 한국가스공사, 한국도로공사, 한국전
력공사, 한국토지공사)에 한국철도공사가 추가되었다. 2006~2007년에는 이 7개 공기업집단
이 상호출자, 채무보증제한기업집단 59개, 62개(출자총액제한기업집단 14개, 11개) 중에 계속
포함되었다. 농업기반공사는 2005년 말 한국농촌공사로 이름이 바뀌었다.

본 저서에서는 2001년까지의 일관성을 그 이후에도 유지하기 위하여 공기업집단을 제외
한 30대 '대규모사기업집단'을 분석 대상으로 하였다. 1987~2007년 사이 30대 집단에 한번
이상 속한 집단은 모두 75개이다(<표 3.1, 3.2>). 이 중 13개는 그룹 명칭이 도중에 바뀌었
다 : 1) 한일합섬 → 한일(1988년) ; 2) 고려합섬 → 고합(1993) ; 3) 한국화약 → 한화(1993) ; 4)
럭키금성 → LG(1995) ; 5) 동아건설 → 동아(1997) ; 6) 미원 → 대상(1997) ; 7) 선경 →
SK(1998) ; 8) 제일제당 → CJ(2003) ; 9) 포항제철 → POSCO(2003) ; 10) 금호 → 금호아시아나
(2004) ; 11) 대우자동차 → GM대우(2004) ; 12) LG전선 → LS전선(2005) ; 13) 현대정유 → 현
대오일뱅크(2005).

한편, 제외된 공기업집단의 관련 연도와 순위는 다음과 같다.

1) 한국전력공사 :	1(2002)	1(2003)	1(2004)	2(2005)	2(2006)	2(2007)
2) 한국도로공사 :	7	7	6	6	6	8
3) 대한주택공사 :	12	11	11	10	8	6
4) 한국토지공사 :	11	12	13	14	13	11
5) 한국가스공사 :	18	18	16	17	19	20
6) 한국농촌공사 :	29	28	31	34	33	33
7) 한국철도공사 :				19	16	18
8) KT :	6					
9) 한국수자원공사 :	17	16				
10) 담배인삼공사 :	30					

<표 3.1> 30대 대규모사기업집단, 1987~2007년 : (1) 연도별 순위

순위	1987	1988	1989	1990	1991	1992
1	현대	현대	현대	현대	현대	현대
2	대우	대우	대우	대우	럭키금성	삼성
3	삼성	럭키금성	럭키금성	럭키금성	대우	대우
4	럭키금성	삼성	삼성	삼성	삼성	럭키금성
5	쌍용	한진	포항제철	한진	선경	선경
6	한진	쌍용	한진	선경	한진	한진
7	선경	선경	선경	쌍용	쌍용	쌍용
8	한국화약	한국화약	쌍용	롯데	한국화약	기아
9	대림	롯데	롯데	기아	기아	한국화약
10	롯데	기아	한국화약	한국화약	롯데	롯데
11	동아건설	대림	기아	대림	대림	금호
12	한일합섬	동아건설	대림	한일	금호	대림
13	기아	한일	한일	동아건설	동아건설	두산
14	두산	효성	동아건설	두산	두산	동아건설
15	범양상선	두산	두산	효성	한일	한일
16	효성	삼미	효성	금호	효성	효성
17	동국제강	동국제강	금호	삼미	삼미	삼미
18	삼미	범양상선	동국제강	동국제강	동국제강	동국제강
19	한양	코오롱	삼미	*극동정유	*극동정유	한라
20	극동건설	금호	코오롱	코오롱	극동건설	코오롱
21	코오롱	한양	*극동정유	극동건설	동양	동양
22	금호	극동건설	범양상선	동부	코오롱	*극동정유
23	동부	동부	동부	한라	한라	동부
24	고려합섬	우성	극동건설	우성건설	동부	극동건설
25	한보	고려합섬	통일	통일	우성건설	우성건설
26	해태	*극동정유	해태	범양상선	한양	한양
27	미원	해태	우성	고려합섬	통일	고려합섬
28	*대한조선공사	통일	고려합섬	미원	고려합섬	진로
29	*라이프	미원	미원	태평양화학	해태	해태
30	삼환	한라	한양	한양	동원	벽산

순위	1993	1994	1995	1996	1997	1998
1	현대	현대	현대	현대	현대	현대
2	삼성	대우	삼성	삼성	삼성	삼성
3	대우	삼성	대우	LG	LG	대우
4	럭키금성	럭키금성	LG	대우	대우	LG
5	선경	선경	선경	선경	선경	SK
6	한진	한진	쌍용	쌍용	쌍용	한진
7	쌍용	쌍용	한진	한진	한진	쌍용
8	기아	기아	기아	기아	기아	한화
9	한화	한화	한화	한화	한화	금호
10	롯데	롯데	롯데	롯데	롯데	동아
11	금호	금호	금호	금호	금호	롯데
12	대림	대림	두산	두산	한라	한라
13	두산	두산	대림	대림	동아	대림
14	동아건설	동아건설	동아건설	한보	두산	두산
15	한일	효성	한라	동아건설	대림	한솔
16	효성	한일	동국제강	한라	한솔	효성
17	동국제강	한라	효성	효성	효성	고합
18	삼미	동국제강	한보	동국제강	동국제강	코오롱
19	한라	삼미	동양	진로	진로	동국제강
20	한양	동양	한일	코오롱	코오롱	동부
21	동양	코오롱	코오롱	동양	고합	아남
22	코오롱	진로	고합	한솔	동부	진로
23	진로	고합	진로	동부	동양	동양
24	동부	우성건설	해태	고합	해태	해태
25	고합	동부	삼미	해태	뉴코아	신호
26	극동건설	해태	동부	삼미	아남	대상
27	우성건설	극동건설	우성건설	한일	한일	뉴코아
28	해태	한보	극동건설	극동건설	거평	거평
29	벽산	미원	벽산	뉴코아	대상	강원산업
30	미원	벽산	미원	벽산	신호	새한

순위	1999	2000	2001	2002	2003	2004
1	현대	현대	삼성	삼성	삼성	삼성
2	대우	삼성	현대	LG	LG	LG
3	삼성	LG	LG	SK	SK	현대자동차
4	LG	SK	SK	현대자동차	현대자동차	SK
5	SK	한진	현대자동차	한진	KT	KT
6	한진	롯데	한진	포항제철	한진	한진
7	쌍용	(주)대우	포항제철	롯데	롯데	롯데
8	한화	금호	롯데	현대	POSCO	POSCO
9	금호	한화	금호	금호	한화	한화
10	롯데	쌍용	한화	현대중공업	현대중공업	현대중공업
11	동아	한솔	두산	한화	현대	금호아시아나
12	한솔	두산	쌍용	두산	금호	두산
13	두산	현대정유	현대정유	동부	두산	동부
14	대림	동아	한솔	현대정유	동부	현대
15	동국제강	동국제강	동부	효성	효성	대우건설
16	동부	효성	대림	대림	신세계	신세계
17	한라	대림	동양	코오롱	대림	LG전선
18	고합	S-Oil	효성	제일제당	CJ	CJ
19	효성	동부	제일제당	동국제강	동양	동양
20	코오롱	코오롱	코오롱	하나로통신	코오롱	대림
21	동양	동양	동국제강	한솔	KT&G	효성
22	진로	고합	현대산업개발	신세계	하나로통신	동국제강
23	아남	제일제당	하나로통신	동양	동국제강	GM대우
24	해태	대우전자	신세계	현대백화점	현대백화점	코오롱
25	새한	현대산업개발	영풍	현대산업개발	한솔	KT&G
26	강원산업	아남	현대백화점	영풍	대우조선해양	대우조선해양
27	대상	새한	동양화학	대상	대우자동차	현대백화점
28	제일제당	진로	대우전자	동원	현대산업개발	KCC
29	신호	신세계	태광	태광산업	영풍	하나로통신
30	삼양	영풍	고합	KCC	KCC	한솔

순위	2005	2006	2007
1	삼성	삼성	삼성
2	현대자동차	현대자동차	현대자동차
3	LG	SK	SK
4	SK	LG	LG
5	롯데	롯데	롯데
6	KT	POSCO	POSCO
7	POSCO	KT	KT
8	한진	GS	GS
9	GS	한진	금호아시아나
10	한화	현대중공업	한진
11	현대중공업	한화	현대중공업
12	금호아시아나	두산	한화
13	두산	금호아시아나	두산
14	동부	하이닉스	하이닉스
15	현대	동부	신세계
16	신세계	현대	LS
17	GM대우	신세계	현대
18	CJ	CJ	동부
19	LS	LS	CJ
20	동국제강	대림	대림
21	대림	GM대우	GM대우
22	대우건설	하이트맥주	대우조선해양
23	대우조선해양	대우건설	현대건설
24	동양	동국제강	STX
25	효성	대우조선해양	동국제강
26	코오롱	STX	이랜드
27	KT&G	동양	현대백화점
28	STX	KT&G	코오롱
29	현대백화점	효성	동양
30	현대오일뱅크	현대오일뱅크	KCC

주 : 1) 4월 현재 ; 2002~2007년−공기업집단 제외 ; 밑줄 친 집단−동일인이 '기업'인 집단
　　　(* 대한조선공사, 라이프, 극동정유−동일인이 확인 안 됨).
　　2) 지정된 집단의 수 : 1987년(32개), 1988(40), 1989(43), 1990(53), 1991(61), 1992(78),
　　　　　1993~2001(30), 2002(34), 2003(42), 2004(45), 2005(48), 2006(52), 2007(55).
출처 : <부록표 6.1>, 공정거래위원회 홈페이지 자료.

<표 3.2> 30대 대규모사기업집단, 1987~2007년 : (2) 집단별 순위

집단	87	88	89	90	91	92	93	94	95	96	97	98	99	00	01	02	03	04	05	06	07
강원산업												29	26								
거평											28	28									
고합	24	25	28	27	28	27	25	23	22	24	21	17	18	22	30						
극동건설	20	22	24	21	20	24	26	27	28	28											
극동정유		26	21	19	19	22															
금호아시아나	22	20	17	16	12	11	11	11	11	11	11	9	9	8	9	9	12	11	12	13	9
기아	13	10	11	9	9	8	8	8	8	8	8										
뉴코아										29	25	27									
동국제강	17	17	18	18	18	18	17	18	16	18	18	19	15	15	21	19	23	22	20	24	25
동부	23	23	23	22	24	23	24	25	26	23	22	20	16	19	15	13	14	13	14	15	18
동아	11	12	14	13	13	14	14	14	14	15	13	10	11	14							
동양					21	21	21	20	19	21	23	23	21	21	17	23	19	19	24	27	29
동양화학															27						
동원					30										28						
두산	14	15	15	14	14	13	13	13	12	12	14	14	13	12	11	12	13	12	13	12	13
대림	9	11	12	11	11	12	12	12	13	13	15	13	14	17	16	16	17	20	21	20	20
대상	27	29	29	28		30	29	30		29	26	27			27						
대우	2	2	2	2	3	3	3	2	3	4	4	3	2								
(주)대우														7							
대우건설																		15	22	23	
대우전자														24	28						
대우조선해양																	26	26	23	25	22
대한조선공사	28																				
라이프	29																				
롯데	10	9	9	8	10	10	10	10	10	10	10	11	10	6	8	7	7	7	5	5	5
범양상선	15	18	22	26																	
벽산						30	29	30	29	30											
삼미	18	16	19	17	17	17	18	19	25	26											
삼성	3	4	4	4	4	2	2	3	2	2	2	2	3	2	1	1	1	1	1	1	1
삼양													30								
삼환기업	30																				
쌍용	5	6	8	7	7	7	7	7	6	6	6	7	7	10	12						
CJ													28	23	19	18	18	18	18	18	19
신세계														29	24	22	16	16	16	17	15
신호										30	25	29									
새한												30	25	27							
아남											26	21	23	26							
영풍														30	25	26	29				
우성건설		24	27	24	25	25	27	24	27												
이랜드																					26

집단	87	88	89	90	91	92	93	94	95	96	97	98	99	00	01	02	03	04	05	06	07
S-Oil														18							
SK	7	7	7	6	5	5	5	5	5	5	5	5	5	4	4	3	3	4	4	3	3
STX																			28	26	24
LG	4	3	3	3	2	4	4	4	4	3	3	4	4	3	3	2	2	2	3	4	4
LS																		17	19	19	16
GM대우																	27	23	17	21	21
GS																			9	8	8
진로						28	23	22	23	19	19	22	22	28							
코오롱	21	19	20	20	22	20	22	21	21	20	20	18	20	20	20	17	20	24	26		28
KCC																30	30	28			30
KT																	5	5	6	7	7
KT&G																	21	25	27	28	
통일			28	25	25	27															
태광산업															29	29					
태평양화학				29																	
POSCO			5												7	6	8	8	7	6	6
하나로통신															23	20	22	29			
하이닉스																				14	14
하이트맥주																				22	
한라		30		23	23	19	19	17	15	16	12	12	17								
한보	25							28	18	14											
한솔										22	16	15	12	11	14	21	25	30			
한양	19	21	30	30	26	26	20														
한일	12	13	13	12	15	15	15	16	20	27	27										
한진	6	5	6	5	6	6	6	6	7	7	7	6	6	5	6	5	6	6	8	9	10
한화	8	8	10	10	8	9	9	9	9	9	9	8	8	9	10	11	9	9	10	11	12
현대	1	1	1	1	1	1	1	1	1	1	1	1	1	1	2	8	11	14	15	16	17
현대건설																					23
현대백화점															26	24	24	27	29		27
현대산업개발														25	22	25	28				
현대자동차															5	4	4	3	2	2	2
현대오일뱅크														13	13	14			30	30	
현대중공업																10	10	10	11	10	11
효성	16	14	16	15	16	16	16	15	17	17	17	16	19	16	18	15	15	21	25	29	
해태	26	27	26		29	29	28	26	24	25	24	24	24								

주 : 집단이름은 해당 연도 또는 2007년 현재.
출처 : <표 3.1>.

3. 주요 법 규정, 1980~2005년

대규모사기업집단 또는 재벌이 한국경제에서 차지하는 비중과 영향력은 매우 크며, 지나친 경제력 집중과 그로 인한 부정적인 효과를 억제하기 위해 대규모기업집단 지정 제도가 시행되어져 오고 있다. 이에 따라, <독점규제 및 공정거래에 관한 법률>(이하 법률) 및 <독점규제 및 공정거래에 관한 법률시행령>(이하 법률시행령)에는 동일인, 내부지분율, 계열회사 등을 포함하는 주요 사항들이 자세하게 규정되어 있다. (밑줄은 필자의 표시임)

A) <독점규제 및 공정거래에 관한 법률> :

제정 1980.12.31

개정 1986.12.31 1990.1.13 1992.12.8 1994.12.22 1996.12.30 1998.2.24

　　　1999.2.5 1999.12.28 2001.1.16 2002.1.26 2004.12.31

B) <독점규제 및 공정거래에 관한 법률시행령> :

제정 1981.4.1

개정 1984.7.21 1987.4.1 1990.4.14 1993.2.20 1995.4.1 1997.3.31 1998.4.1 1999.3.31

　　　1999.12.31 2000.4.1 2001.3.27 2001.7.24 2002.4.1 2004.4.1 2005.3.31

(1) 1980년 법률과 1981년 법률시행령

1) 법률 (1980년12월31일 제정, 법률 제3320호)

(제2조 (정의))

③ 이 법에서 임원이라 함은 이사, 대표이사, 업무집행을 하는 무한책임사원, 감사나 이에 준하는 자 또는 지배인 등 본점이나 지점의 영업 전반을 총괄적으로 처리할 수 있는 상업사용인을 말한다.

(제7조 (기업결합의 제한))

① 대통령령이 정하는 기준에 해당하는 회사(제1호의 규정에 의하여 다른 회사의 주식을 취득 또는 소유하는 경우에는 회사 이외의 자를 포함한다)는 직접 또는 그 회사가 대통령령이 정하는 범위의 주식(출자지분을 포함한다. 이하 같다)을 보유하거나 사실상 사업내용을 지배하는 회사(이하 계열회사라 한다)를 통하여 일정한 거래분야에 있어서 경쟁을 실질적으로 제한하는 다음 각호의 1에 해당하는 행위(이하 기업결합이라 한다)를 하여서는 아니된다.

2) 법률시행령 (1981년4월1일 제정, 대통령령 제10267호)

(제12조 (기업결합의 제한대상))

① 법 제7조 제1항에서 대통령령이 정하는 기준에 해당하는 회사라 함은 납입자본금이 10

억원 이상이거나 총자산이 50억원 이상인 회사를 말한다. 다만, 정부투자기관예산회계법시행령 제1조의 정부투자기관 중 회사를 제외한다.

② 법 제7조 제1항에서 회사 이외의 자라 함은 개인, 비영리법인, 조합 또는 단체를 말한다.

(제13조 (계열회사의 범위))

① 법 제7조 제1항에서 대통령령이 정하는 범위의 주식(출자지분을 포함한다. 이하 같다)을 보유하는 회사라 함은 제12조 제1항의 회사(이하 당해회사라 한다) 또는 당해회사의 발행주식 총수의 100분의 30이상을 보유하고 있는 주주(이하 출자자라 한다)가 각각 또는 합하여 다른 회사의 발행주식 총수의 100분의 30이상을 보유한 경우에 그 다른 회사를 말한다.

② 제1항의 경우에 당해회사 또는 그 출자자와 다음 각호의 1에 해당하는 관계에 있는 자는 그 관계되는 당해회사 또는 출자자와 동일인으로 본다.

  1. 친족관계에 있는 자
  2. 당해회사 또는 출자자의 사용인(출자자가 영리법인인 경우에는 임원에 한하고, 비영리법인인 경우에는 임원 및 설립자에 한한다)
  3. 출자자 또는 그와 친족관계에 있는 자가 이사의 과반수이거나 출연금의 100분의 50이상을 출연하고 그 중 1인이 설립자로 되어있는 비영리법인, 조합 또는 단체
  4. 당해회사나 출자자가 각각 합하여 발행주식 총수의 100분의 30이상을 출자하고 있는 다른 회사

③ 법 제7조 제1항에서 사실상 사업내용을 지배하는 회사라 함은 다음 각호의 1에 해당하는 회사를 말한다.

  1. 당해회사가 그 임원을 다른 회사에 겸임시키거나 파견한 경우에 그 다른 회사
  2. 당해회사가 다른 회사로부터 그 다른 회사의 주된 사업 및 영업활동 또는 거래의 주된 부분을 수임 받아 행하는 경우에 그 다른 회사
  3. 당해회사가 다른 회사에게 그 다른 회사의 자기자본금을 초과하여 자금을 대여하거나 채무보증을 한 경우에 그 다른 회사

  (2) 1986년 법률과 1987년 법률시행령

  1) 법률 (1986년12월31일 개정, 법률 제3875호)

(제2조 (정의))

② 이 법에서 기업집단이라 함은 동일인이 다음 각호의 구분에 따라 대통령령이 정하는 기준에 의하여 사실상 그 사업내용을 지배하는 회사(제1항에 규정한 사업외의 사업을 영위하는 회사를 포함한다)의 집단을 말한다.

1. 동일인이 회사인 경우 그 동일인과 그 동일인이 지배하는 하나이상의 회사의 집단
2. 동일인이 회사가 아닌 경우 그 동일인이 지배하는 2이상의 회사의 집단

③ 이 법에서 계열회사라 함은 2이상의 회사가 동일한 기업집단에 속하는 경우에 이들 회사는 서로 상대방의 계열회사라 한다.

⑤ 이 법에서 임원이라 함은 이사, 대표이사, 업무집행을 하는 무한책임사원, 감사나 이에 준하는 자 또는 지배인 등 본점이나 지점의 영업 전반을 총괄적으로 처리할 수 있는 상업사용인을 말한다.

(제7조 (기업결합의 제한))

① 자본금 또는 자산총액 규모가 대통령령이 정하는 기준에 해당하는 회사(제1호의 규정에 의하여 다른 회사의 주식을 취득 또는 소유하는 경우에는 회사 외의 자를 포함한다)는 직접 또는 계열회사나 당해회사와 대통령령으로 정하는 특수한 관계에 있는 자(이하 특수관계인이라 한다)를 통하여 일정한 거래분야에 있어서 경쟁을 실질적으로 제한하는 다음 각호의 1에 해당하는 행위(이하 기업결합이라 한다)를 하여서는 아니된다.

2) 법률시행령 (1987년4월1일 개정, 대통령령 제12120호)

(제2조의 2 (기업집단의 범위))

법 제2조 제2항에서 동일인이 대통령령이 정하는 기준에 의하여 사실상 그 사업내용을 지배하는 회사라 함은 동일인이 단독으로 또는 다음 각호의 1에 해당하는 관계에 있는 자와 합하여 당해회사의 발행주식(지분을 포함한다. 이하 같다) 총수의 100분의 30이상을 소유하고 있는 회사(다만, 최다출자자인 경우에 한한다)이거나 기타 당해회사의 경영에 직접 참여하고 있거나 임원의 임면 등 당해회사의 경영에 대하여 영향력을 행사하고 있다고 인정되는 회사를 말한다.

1. 배우자, 8촌 이내의 혈족, 4촌 이내의 인척. 다만, 주식 또는 재산의 소유관계에 비추어 당해회사의 사업내용을 지배한다고 인정할 수 없는 경우에는 그러하지 아니하다.
2. 동일인 및 동일인과 제1호의 관계에 있는 자가 임원의 과반수이거나 출연금의 100분의 50이상을 출연하였거나 그 중 1인이 설립자로 되어 있는 비영리법인, 조합 또는 단체
3. 동일인 또는 제1호 및 제2호에 규정한 자가 합하여 발행주식 총수의 100분의 30이상을 소유하고 있는 회사
4. 동일인, 제2호 및 제3호에 규정한 자의 사용인(법인인 경우 임원, 자연인인 경우 상업사용인, 고용계약에 의한 피용인 및 자연인의 금전이나 재산에 의하여 생계를 유지하는 자를 말한다)

(제12조 (기업결합의 제한 대상))

① 법 제7조 제1항에서 대통령령이 정하는 기준에 해당하는 회사라 함은 납입자본금이 10억원이상이거나 총자산이 50억원이상인 회사를 말한다. 다만, 정부투자기관관리기본법 제2조의 정부투자기관 중 회사를 제외한다.

② 법 제7조 제1항에서 회사외의 자라 함은 자연인, 비영리법인, 조합 또는 단체를 말한다.

(제12조의 2 (특수관계인의 범위))

법 제7조 제1항에서 당해회사의 특수관계인이라 함은 다음의 각호의 1에 해당하는 자로서 회사외의 자를 말한다.

  1. 법 제2조 제2항의 규정에 의하여 당해회사의 사업내용을 사실상 지배하는 자

  2. 제1호에 규정된 자와 제2조의 2 각호의 1에 해당하는 관계에 있는 자

  (3) 1996년 법률과 1997년 법률시행령

 1) 법률 (1996년12월30일 개정, 법률 제5235호)

(제2조 (정의))

  2. 기업집단이라 함은 동일인이 다음 각목의 구분에 따라 대통령령이 정하는 기준에 의하여 사실상 그 사업내용을 지배하는 회사(제1호에 규정한 사업외의 사업을 영위하는 회사를 포함한다)의 집단을 말한다.

    가. 동일인이 회사인 경우 그 동일인과 그 동일인이 지배하는 하나이상의 회사의 집단

    나. 동일인이 회사가 아닌 경우 그 동일인이 지배하는 2이상의 회사의 집단

  3. 계열회사라 함은 2이상의 회사가 동일한 기업집단에 속하는 경우에 이들 회사는 서로 상대방의 계열회사라 한다.

  5. 임원이라 함은 이사, 대표이사, 업무집행을 하는 무한책임사원, 감사나 이에 준하는 자 또는 지배인 등 본점이나 지점의 영업 전반을 총괄적으로 처리할 수 있는 상업사용인을 말한다.

(제7조 (기업결합의 제한))

① 누구든지 직접 또는 대통령령이 정하는 특수한 관계에 있는 자(이하 특수관계인이라 한다)를 통하여 다음 각 호의 1에 해당하는 행위(이하 기업결합이라 한다)로서 일정한 거래분야에서 경쟁을 실질적으로 제한하는 행위를 하여서는 아니된다.

 2) 법률시행령 (1997년3월31일 개정, 대통령령 제15328호)

(제3조 (기업집단의 범위))

법 제2조(정의) 제2호에서 대통령이 정하는 기준에 의하여 사실상 그 사업내용을 지배하는 회사라 함은 다음 각 호의 1에 해당하는 회사를 말한다.

1. 동일인이 단독으로 또는 다음 각목의 1에 해당하는 자(이하 동일인관련자라 한다)와 합하여 당해회사의 발행 주식(지분을 포함하며, 상법 제370조(의결권 없는 주식)의 규정에 의한 의결권 없는 주식을 제외한다. 이하 같다) 총수의 100분의 30이상을 소유하는 경우로서 최다출자자인 회사.

   가. 배우자, 8촌 이내의 혈족, 4촌 이내의 인척(이하 친족이라 한다)

   나. 동일인이 단독으로 또는 동일인관련자와 합하여 최다출연자가 되거나 동일인 및 동일인관련자 중 1인이 설립자인 비영리법인 또는 단체(법인격이 없는 사단 또는 재단을 말한다. 이하 같다)

   다. 동일인이 직접 또는 동일인관련자를 통하여 임원의 구성이나 사업운용 등에 대하여 지배적인 영향력을 행사하고 있는 비영리법인 또는 단체

   라. 동일인이 이 호 또는 제2호의 규정에 의하여 사실상 사업내용을 지배하는 회사

   마. 동일인 및 동일인과 나목 내지 라목의 관계에 해당하는 자의 사용인(법인인 경우에는 임원, 개인인 경우에는 상업사용인 및 고용계약에 의한 피용인을 말한다)

2. 다음 각목의 1에 해당하는 회사로서 당해회사의 경영에 대하여 상당한 영향력을 행사하고 있다고 인정되는 회사.

   가. 동일인이 다른 주요 주주와의 계약 또는 합의에 의하여 대표이사를 임면하거나 임원의 100분의 50이상을 선임하거나 선임할 수 있는 회사

   나. 동일인이 직접 또는 동일인관련자를 통하여 당해회사의 조직 변경 또는 신규사업에의 투자 등 주요 의사결정이나 업무집행에 지배적인 영향력을 행사하고 있는 회사

   다. 동일인이 지배하는 회사(동일인이 회사인 경우에는 동일인을 포함한다. 이하 이 목에서 같다)와 당해회사 간에 다음의 1에 해당하는 인사교류가 있는 회사

   (1) 동일인이 지배하는 회사와 당해회사 간에 임원의 겸임이 있는 경우

   (2) 동일인이 지배하는 회사의 임직원이 당해회사의 임원으로 임명되었다가 동일인이 지배하는 회사로 복직하는 경우(동일인이 지배하는 회사 중 당초의 회사가 아닌 회사로 복직하는 경우를 포함한다)

   (3) 당해회사의 임원이 동일인이 지배하는 회사의 임직원으로 임명되었다가 당해회사 또는 당해회사의 계열회사로 복직하는 경우

   라. 통상적인 범위를 초과하여 동일인 또는 동일인관련자와 자금, 자산, 상품, 용역

등의 거래를 하고 있거나 채무보증을 하거나 채무보증을 받고 있는 회사, 기타 당해회사가 동일인의 기업집단의 계열회사로 인정될 수 있는 영업상의 표시행위를 하는 등 사회통념상 경제적 동일체로 인정되는 회사

(제11조 (특수관계인의 범위))

법 제7조(기업결합의 제한) 제1항의 본문에서 대통령령이 정하는 특수한 관계에 있는 자라 함은 회사 또는 회사 외의 자와 다음 각 호의 1에 해당하는 자를 말한다.

 1. 당해회사를 사실상 지배하고 있는 자

 2. 동일인관련자. 다만, 제3조의2(기업집단으로부터의 제외) 제1항의 규정에 의하여 동일인관련자로부터 분리된 자를 제외한다.

 3. 경영을 지배하려는 공동의 목적을 가지고 당해 기업결합에 참여하는 자

 (4) 2004년 법률과 2005년 법률시행령

1) 법률 (2004년12월31일 개정, 법률 제7315호)

(제2조 (정의))

 2. 기업집단이라 함은 동일인이 다음 각목의 구분에 따라 대통령령이 정하는 기준에 의하여 사실상 그 사업내용을 지배하는 회사의 집단을 말한다.

  가. 동일인이 회사인 경우 그 동일인과 그 동일인이 지배하는 하나이상의 회사의 집단

  나. 동일인이 회사가 아닌 경우 그 동일인이 지배하는 2이상의 회사의 집단

 3. 계열회사라 함은 2이상의 회사가 동일한 기업집단에 속하는 경우에 이들 회사는 서로 상대방의 계열회사라 한다.

 5. 임원이라 함은 이사, 대표이사, 업무집행을 하는 무한책임사원, 감사나 이에 준하는 자 또는 지배인 등 본점이나 지점의 영업 전반을 총괄적으로 처리할 수 있는 상업사용인을 말한다.

(제7조 (기업결합의 제한))

 ① 누구든지 직접 또는 대통령령이 정하는 특수한 관계에 있는 자(이하 특수관계인이라 한다)를 통하여 다음 각 호의 1에 해당하는 행위(이하 기업결합이라 한다)로서 일정한 거래분야에서 경쟁을 실질적으로 제한하는 다음 행위를 하여서는 아니된다.

 2) 법률시행령 (2005년3월31일 개정, 대통령령 제18768호)

(제3조 (기업집단의 범위))

법 제2조(정의) 제2호에서 대통령령이 정하는 기준에 의하여 사실상 그 사업내용을 지배하

는 회사라 함은 다음 각호의 1에 해당하는 회사를 말한다.

1. 동일인이 단독으로 또는 다음 각목의 1에 해당하는 자(이하 동일인관련자라 한다)와
   합하여 당해회사의 발행주식[상법 제370조(의결권 없는 주식)의 규정에 의한 의결권
   없는 주식을 제외한다. 이하 이 조, 제3조의 2, 제17조의 5 및 제18조에서 같다] 총수
   의 100분의 30이상을 소유하는 경우로서 최다출자자인 회사.

   가. 배우자, 8촌 이내의 혈족, 4촌 이내의 인척(이하 친족이라 한다)

   나. 동일인이 단독으로 또는 동일인관련자와 합하여 총출연금액의 100분의 30이상
   을 출연한 경우로서 최다출연자가 되거나 동일인 및 동일인관련자 중 1인이 설
   립자인 비영리법인 또는 단체(법인격이 없는 사단 또는 재단을 말한다. 이하 같
   다)

   다. 동일인이 직접 또는 동일인관련자를 통하여 임원의 구성이나 사업운용 등에 대
   하여 지배적인 영향력을 행사하고 있는 비영리법인 또는 단체

   라. 동일인이 이 호 또는 제2호의 규정에 의하여 사실상 사업내용을 지배하는 회사

   마. 동일인 및 동일인과 나목 내지 라목의 관계에 해당하는 자의 사용인(법인인 경우
   에는 임원, 개인인 경우에는 상업사용인 및 고용계약에 의한 피용인을 말한다)

2. 다음 각목의 1에 해당하는 회사로서 당해회사의 경영에 대하여 상당한 영향력을 행
   사하고 있다고 인정되는 회사.

   가. 동일인이 다른 주요 주주와의 계약 또는 합의에 의하여 대표이사를 임면하거나
   임원의 100분의 50이상을 선임하거나 선임할 수 있는 회사

   나. 동일인이 직접 또는 동일인관련자를 통하여 당해회사의 조직 변경 또는 신규사
   업에의 투자 등 주요 의사결정이나 업무집행에 지배적인 영향력을 행사하고 있
   는 회사

   다. 동일인이 지배하는 회사(동일인이 회사인 경우에는 동일인을 포함한다. 이하 이
   목에서 같다)와 당해회사 간에 다음의 1에 해당하는 인사 교류가 있는 회사

   (1) 동일인이 지배하는 회사와 당해회사 간에 임원의 겸임이 있는 경우

   (2) 동일인이 지배하는 회사의 임직원이 당해회사의 임원으로 임명되었다가 동
   일인이 지배하는 회사로 복직하는 경우(동일인이 지배하는 회사 중 당초의
   회사가 아닌 회사로 복직하는 경우를 포함한다)

   (3) 당해회사의 임원이 동일인이 지배하는 회사의 임직원으로 임명되었다가 당
   해회사 또는 당해회사의 계열회사로 복직하는 경우

   라. 통상적인 범위를 초과하여 동일인 또는 동일인관련자와 자금, 자산, 상품, 용역
   등의 거래를 하고 있거나 채무보증을 하거나 채무보증을 받고 있는 회사, 기타

당해회사가 동일인의 기업집단의 계열회사로 인정될 수 있는 영업상의 표시행위를 하는 등 사회통념상 경제적 동일체로 인정되는 회사

(제11조 (특수관계인의 범위))

법 제7조(기업결합의 제한) 제1항의 본문에서 대통령령이 정하는 특수한 관계에 있는 자라 함은 회사 또는 회사 외의 자와 다음 각 호의 1에 해당하는 자를 말한다.

1. 당해회사를 사실상 지배하고 있는 자
2. 동일인관련자. 다만, 제3조의2(기업집단으로부터의 제외) 제1항의 규정에 의하여 동일인관련자로부터 분리된 자를 제외한다.
3. 경영을 지배하려는 공동의 목적을 가지고 당해 기업결합에 참여하는 자.

제4장 동일인 및 그룹회장

한국재벌의 개인화된 다원적 지배구조의 정점에 있는 이가 동일인과 그룹회장이다. 전자는 소유의 정점에, 후자는 경영의 정점에 있다. 동일인은 보통은 대주주 또는 오너로 불리는데 법(독점규제 및 공정거래에 관한 법률 및 법률시행령)이 인식하는 합법적 공식직책이다. 반면 그룹회장은 관행적으로 불리는 비합법적 임의직책이다. 어느 경우든 가족구성원들 중 가장 핵심적인 인물이 차지한다. 한 인물이 두 직책을 모두 차지하는 경우가 대부분이며 두 인물이 각각의 직책을 나누어 가지기도 한다. 후자의 경우도 거의 대부분은 가족구성원들이다. 결국, 특정가족이 동일인과 그룹회장 신분 모두를 가지면서 소유와 경영을 동시에 장악하고 그에 따르는 소유자경영을 행사하게 된다.

1. 30대 대규모사기업집단의 동일인, 1993~2007년

공정거래위원회에서 제공하는 동일인 관련 정보는 1987년 이후의 것이 모두 망라되어 있지 못하다. 1987~1992년 사이에는 2개 집단(기아 1990~1992년, 범양상선 1990년)을 제외하고는 정보가 없으며, 1993년 이후에는 2개 연도(1998, 2000년)의 정보가 없다. 이용가능한 정보를 중심으로 30대 대규모사기업집단 동일인들의 면면을 살펴보면 다음과 같은 특징이 나타난다.

동일인 신분은 대부분은 '자연인'이지만 '기업'인 집단도 적지 않다. 기업이 동일인인 집단은 1993년 이후 1997년까지는 1개(기아) 뿐이었으나 2001년부터는 매년 3~8개씩이나 되었다. 1987년 이후 30대 대규모사기업집단에 1번 이상 속한 집단은 모두 75개인데 이 중 정보가 없는 3개를 제외한 72개 집단의 85명/개 동일인을 중심으로 보다 자세한 내용을 살펴보자(<표 4.1, 4.2>).

(1) 72개 집단 중 56개의 동일인은 68명의 '자연인'이며, 다른 15개 집단의 동일인은 각각 1개씩의 '기업'이다. 나머지 1개 집단(고합)에는 특이하게도 두 유형의 동일인이 모두 관련되어 있는데, 오랫동안(1987~2000년) 동일인이 자연인(장치혁)이다가 기업((주)고합, 2001년)으

로 바뀌었다.

  (2) 68명의 '자연인'이 동일인인 56개 집단은 세 부류로 나눌 수 있다. 1) 대다수(45개)에서
는 각각 1명씩의 자연인이 창업자 또는 후계자로서 혼자 동일인 신분을 가졌다. 2) 다른 10
개 집단에서는 동일인이 2명씩인데, 9개 집단(동국제강, 대림, 대상, 영풍, SK, LG, 코오롱, 한
진, 현대백화점)에서는 아버지에서 아들로, 그리고 1개 집단(금호아시아나)에서는 형에서 동
생으로 동일인 신분이 계승되었다. 3) 나머지 1개(현대)에서는 드물게도 아버지, 아들, 아들
부인이 차례로 동일인이 되었다.

  동일인이 2명 혹은 3명인 11개 집단의 동일인 23명의 나이를 살펴보면 한 가지 흥미있는
사실이 발견된다. 즉, 동일인 신분은 매우 늦은 나이까지 보유하고 있으며 후계자는 비교적
늦은 나이에 그 신분을 물려받는다는 것이다. <표 4.2>에 있는 동일인 관련 년도 중 後代에
속하는 동일인의 시작년도를 기준으로 나이를 계산하면 다음과 같다.

  1) 현대 : 정주영(1915년생, 86세 ; 2001년 기준),
        정몽헌(1948년생, 53세 ; 2001년 기준), 현정은(1955년생, 49세 ; 2004년 기준).
  2) 금호아시아나(2006년 기준) : 박성용(1932년, 74세), 박삼구(1945년, 61세).
  3) 동국제강(2001년) : 장상태(1927년, 74세), 장세주(1953년, 48세).
  4) 대림(1996년) : 이재준(1918년, 78세), 이준용(1939년, 57세).
  5) 대상(1994년) : 임대홍(1920년, 74세), 임창욱(1949년, 45세).
  6) 영풍(2003년) : 장병희(1909년, 94세), 장형진(1946년, 57세).
  7) SK(1999년) : 최종현(1929년, 70세), 최태원(1960년, 39세).
  8) LG(1996년) : 구자경(1925년, 71세), 구본무(1945년, 51세).
  9) 코오롱(2007년) : 이동찬(1922년, 85세), 이웅열(1956년, 51세).
  10) 한진(2003년) : 조중훈(1920년, 83세), 조양호(1949년, 54세).
  11) 현대백화점(2007년) : 정몽근(1942년, 65세), 정지선(1972년, 35세).

  23명 중 前代에 속하는 11명이 동일인 신분을 물려줄 때의 나이는 70~80대가 대부분이
다 : 90대 1명(영풍 장병희), 80대 3명(현대 정주영, 코오롱 이동찬, 한진 조중훈), 70대 6명(대
림 이재준, 금호아시아나 박성용, 동국제강 장상태, 대상 임대홍, LG 구자경, SK 최종현) 그
리고 60대 1명(현대백화점 정몽근).

  한편, 後代에 속하는 12명이 동일인 신분을 물려받았을 때의 나이는 40대 후반 이후가 대
부분이다 : 60대 1명(금호아시아나 박삼구), 50대 6명(대림 이준용, 영풍 장형진, 한진 조양호,
현대 정몽헌, LG 구본무, 코오롱 이웅열), 40대 후반 3명(현대 현정은, 동국제강 장세주, 대상
임창욱), 그리고 30대 후반 2명(SK 최태원, 현대백화점 정지선). 현대백화점의 정지선은 아버
지 정몽근이 2006년12월 건강상의 이유로 명예회장으로 물러나면서 35세의 이른 나이에 동

일인 신분을 물려받았고, SK의 최태원은 아버지 최종현이 사망하면서 39세의 나이에 동일인이 되었다.

(3) 자연인이 동일인인 56개 집단의 68명을 다른 각도에서 살펴보면, 이 중 15개 집단, 19명은 3개의 그룹으로 나뉘어 각각 친인척관계가 있다.

  1) 삼성(이건희)과 CJ(이재현), 신세계(이명희), 새한(이재관), 한솔(이인희) :
    창업주 이병철의 3남4녀 중 이건희는 3남, 이인희는 1녀(이건희 누나), 이명희는 4녀(동생) ; 이재현은 1남 이맹희의 아들, 이재관은 2남 이창희의 아들.
  2) LG(구자경, 구본무)와 LS(구태회), GS(허창수) :
    공동 창업주 구인회의 6남4녀 중 구자경은 1남 ; 구자경의 4남2녀 중 구본무는 1남 ; 구인회의 6형제 중 구인회는 가장 큰 형, 구태회는 셋째 동생 ; LG 공동 창업주 허만정(구인회의 장인 허만식의 6촌)의 8남 중 허준구는 3남, 허준구의 5남 중 허창수는 1남.
  3) 현대자동차(정몽구)와 KCC(정상영), 한라(정인영), 현대(정주영, 정몽헌, 현정은), 현대백화점(정몽근, 정지선), 현대산업개발(정세영), 현대중공업(정몽준) :
    창업주 정주영의 8남1녀 중 정몽구는 2남, 정몽근은 3남, 정몽헌은 5남, 정몽준은 6남 ; 현정은은 정몽헌 부인 ; 정몽근의 2남 중 정지선은 1남 ; 정주영의 7형제(6남1녀) 중 정주영은 가장 큰 형, 정인영은 첫째 남동생, 정세영은 셋째 남동생, 정상영은 다섯째 남동생.

(4) '기업'이 동일인인 집단은 모두 15개이다. 이 중 2개(기아, 범양상선)는 2000년 이전의 집단이고 나머지 13개는 2000년 이후에 나타난 신흥집단들이다. 이 13개 집단 중 5개((주)대우, 대우건설, 대우전자, 대우조선해양, GM대우)는 대우그룹의 전 계열회사가, 3개(하이닉스, 현대건설, 현대오일뱅크)는 현대그룹의 전 계열회사가, 그리고 1개(S-Oil)는 쌍용그룹의 전 계열회사가 중심이 되어 새롭게 형성된 집단이다. 나머지 4개(KT, KT&G, POSCO, 하나로통신)에서는 공기업이 민영화된 회사가 중심이다.

(5) 1997년의 IMF외환위기 이후 적지 않은 재벌들이 해체되기는 하였지만 주요 재벌들의 면면은 크게 달라지지 않았다. 자연인이 동일인인 56개 집단 중에는 특정가족이 소유를 장악하고 있는 전통 있는 재벌들이 다수 포함되어 있으며, 일부는 해체된 반면 일부는 이들을 대신해 신흥재벌로서 그 공백을 메우고 있다.

(김동운 외(2005), 338~411면 ; 서울신문사 산업부(2005), 12~13, 152~153, 324~327면).

<표 4.1> 30대 대규모사기업집단의 동일인 : (1) 유형, 1993~2007년

(1) 연도별 동일인 유형

유형	1993	1994	1995	1996	1997	1999	2001	2002	2003	2004	2005	2006	2007
자연인	29	29	29	29	29	30	25	27	24	23	23	22	24
기업	1	1	1	1	1	-	5	3	6	7	7	8	6

(2) 30대 집단에 속한 75개 집단에서의 85명 동일인 유형

동일인 유형	집단(개)	동일인(명)	집단 이름
1. 자연인	(56)	(68)	
(1) 1명 : 창업자 또는 후계자	45	45	
2명	10	20	
아버지 → 아들	9	18	동국제강, 대림, 대상, 영풍, SK, LG, 코오롱, 한진, 현대백화점
형 → 남동생	1	2	금호아시아나
3명 : 아버지 → 아들 → 아들 부인	1	3	현대
(2) 가족관계가 없는 경우	41	49	
가족관계가 있는 경우 :	15	19	
이건희 가족	5	5	삼성, CJ, 신세계, 새한, 한솔
구본무 가족	3	4	LG, LS, GS
정몽구 가족	7	10	현대자동차, KCC, 한라, 현대, 현대백화점, 현대산업개발, 현대중공업
2. 기업	(15)	(15)	
1987-1999년	2	2	기아자동차, 범양상선
2000-2007년	13	13	
구 대우그룹 계열회사	5	5	(주)대우, 대우건설, 대우전자, 대우조선해양, GM대우
구 현대그룹 계열회사	3	3	하이닉스, 현대건설, 현대오일뱅크
구 쌍용그룹 계열회사	1	1	S-Oil
민영화된 회사	4	4	KT, KT&G, POSCO, 하나로통신
3. 자연인 → 기업	(1)	(2)	고합
4. 정보 없음	(3)	(-)	극동정유, 대한조선공사, 라이프

출처 : <표 4.2>, 공정거래위원회 홈페이지 자료.

<표 4.2> 30대 대규모사기업집단의 동일인 : (2) 유형별, 집단별 이름/명칭, 1993~2007년

1. 자연인 (56개 집단 68명)

집단	동일인 (년도)	30대 집단에 속한 년도
현대	정주영, 정몽헌, 현정은 (93-97,99 ; 01-03 ; 04-07)	87-07
금호아시아나	박성용, 박삼구 (93-97,99,01-05 ; 06-07)	87-07
동국제강	장상태, 장세주 (93-97,99 ; 01-07)	87-07
대림	이재준, 이준용 (93-95 ; 96-97,99,01-07)	87-07
대상	임대홍, 임창욱 (93 ; 94-95,97,99,02)	87-90,93-95,97-99,02
영풍	장병희, 장형진 (01-02 ; 03)	00-03
SK	최종현, 최태원 (93-97 ; 99,01-07)	87-07
LG	구자경, 구본무 (93-95 ; 96-97,99,01-07)	87-07
코오롱	이동찬, 이웅열 (93-97,99,01-05 ; 07)	87-05,07
한진	조중훈, 조양호 (93-97,99,01-02 ; 03-07)	87-07
현대백화점	정몽근, 정지선 (01-05 ; 07)	01-05,07
강원산업	정인욱 (99)	98-99
거평	나승렬 (97)	97-98
극동건설	김용산 (93-96)	87-96
뉴코아	김의철 (96-97)	96-98
동부	김준기 (93-97,99,01-07)	87-07
동아	최원석 (93-97,99)	87-00
동양	현재현 (93-97,99,01-07)	91-07
동양화학	이회림 (01)	01
동원	김재철 (02)	91,02
두산	박용곤 (93-97,99,01-07)	87-07
대우	김우중 (93-97,99)	87-99
롯데	신격호 (93-97,99,01-07)	87-07
벽산	김인득 (93-96)	92-96
삼미	김현철 (93-96)	87-96
삼성	이건희 (93-97,99,01-07)	87-07
삼양	김상하 (99)	99
삼환기업	최종환 (87)	87
쌍용	김석원 (93-97,99,01)	87-01
CJ	이재현 (99,01-07)	99-07
신세계	이명희 (01-07)	00-07
신호	이순국 (97,99)	97-99
새한	이재관 (99)	98-00
아남	김향수 (97,99)	97-00
우성건설	최주호 (93-95)	88-95
STX	강덕수 (05-07)	05-07
LS	구태회 (04-07)	04-07
이랜드	박성수 (07)	07
GS	허창수 (05-07)	05-07
진로	장진호 (93-97,99)	92-00
KCC	정상영 (02-04,07)	02-04,07

통일	문선명 (88-91)	88-91
태광산업	이식진 (01-02)	01-02
태평양화학	서성환 (90)	90
하이트맥주	박문덕 (06)	06
한라	정인영 (93-97,99)	88,90-99
한보	정태수 (94-96)	87,94-96
한솔	이인희 (96-97,99,01-04)	96-04
한양	배종렬 (93)	87-93
한일	김중원 (93-97)	87-97
한화	김승연 (93-97,99,01-07)	87-07
현대산업개발	정세영 (01-03)	00-03
현대자동차	정몽구 (01-07)	01-07
현대중공업	정몽준 (02-07)	02-07
효성	조석래 (93-97,99,01-06)	87-06
해태	박건배 (93-97,99)	87-89,91-99

2. 기업 (15개 집단 15개)

기아	기아자동차(주) (90-97)	87-97
(주)대우	United Bank of Switzerland AG (00)	00
대우건설	(주)대우건설 (04-06)	04-06
대우전자	대우전자(주) (01)	00-01
대우조선해양	대우조선해양(주) (03-07)	03-07
범양상선	범양상선(주) (90)	87-90
S-Oil	Aramco Overseas Co., B.V. (00)	00
GM대우	대우자동차(주), GM대우오토앤테크놀로지(주), (03 ; 04-07)	03-07
KT	(주)KT (03-07)	03-07
KT&G	(주)KT&G (03-06)	03-06
POSCO	(주)포항제철, (주)POSCO (01 ; 02-07)	89,01-07
하나로통신	하나로통신(주) (01-04)	01-04
하이닉스	(주)하이닉스반도체 (06-07)	06-07
현대건설	현대건설(주) (07)	07
현대오일뱅크	현대정유(주), 현대오일뱅크(주) (01-02 ; 05-06)	00-02,05-06

3. 자연인 → 기업 (1개 집단 2명/개)

| 고합 | 장치혁, (주)고합 (93-97,99 ; 01) | 87-01 |

4. 정보 없음 (3개 집단)

극동정유	?	88-92
대한조선공사	?	87
라이프	?	87

주 : 집단 이름은 해당 년도 또는 2007년 현재 ; 1987~1992, 1998, 2000년의 동일인 정보 없음
   (1990~1992년 기아, 1990년 범양상선 제외).
출처 : 공정거래위원회 홈페이지 자료 ; 삼환기업, 통일, 태평양화학－중앙일보경제2부(1997), 21~30,
   103~111, 231~240면 ; (주)대우－『제37기 사업보고서』(2000) ; S-Oil－『제26기 사업보고서』
   (2000).

2. 10대 대규모사기업집단의 동일인 및 그룹회장, 창업년도~2007년

동일인의 대부분은 그룹회장직을 동시에 수행한다. 그룹회장은 비합법적 임의직책이어서 공정거래위원회 자료에는 관련 정보가 없지만, 2차 문헌을 통해 상당정도로 파악은 가능하다. 1987년 이후 2007년까지 10대 대규모사기업집단에 속한 적이 있는 19개 집단에 대해 창업 이후의 동일인과 그룹회장 면면을 살펴보자. 이 19개 집단은 세 부류로 나눌 수 있다 : 1) 동일인과 그룹회장에 2명 이상의 가족구성원이 관련된 10개 집단 ; 2) 1명만이 관련된 5개 집단 ; 3) 동일인이 기업인 4개 집단(<표 4.3, 4.4>).

(1) 기업이 동일인인 4개 집단 중 기아에서는 김선홍이 그룹회장으로서 큰 영향력을 행사했던 반면, 다른 3개(KT, POSCO, (주)대우)에서는 그룹회장이라는 직책이 명시적으로 부각되지 않았다.

(2) 1명이 관련된 5개 집단 중에서는, 동일인과 그룹회장을 1명이 겸하고 있는 집단이 4개이고 동일인만 있는 집단이 1개이다.

현대자동차와 GS는 각각 현대와 LG로부터 분리된 집단이다. 정몽구는 현대에서 그룹회장(1996~1999)을 한 적이 있으며, 허창수는 LG그룹 시절 나중에 GS로 분리된 계열회사들의 소유와 경영에 깊숙이 개입하였다. 따라서, 이 두 사람은 공식적으로는 현대자동차와 GS의 창업주이지만 실질적으로는 현대(2대)와 LG(3대)의 후계자로 볼 수 있다.

현대중공업 역시 현대에서 분리된 경우이며, 정몽준은 동일인 신분만 가지고 있다. 그는 현대그룹 시절 경영에는 관여하지 않았는데, 현대중공업에서도 경영일선에 나서지 않고 있으며 그룹회장을 따로 두지도 않고 있다. 정몽구처럼, 정몽준도 창업주와 후계자의 양면성을 가지고 있다.

다른 2개 집단(롯데, 대우)에서는 각각 신격호와 김우중이 창업주로서 소유와 경영 모두를 장악하였다.

(3) 동일인과 그룹회장에 2명 이상이 관련된 10개 집단에서의 두드러진 특징은 '경영승계 우선, 소유승계 다음'의 패턴이다. 즉, 처음에는 두 신분을 한 사람이 모두 가지고 있다가 그룹회장직을 먼저 물려주고 좀 더 시간이 지난 뒤 동일인 신분도 물려주어 결국 두 신분을 후계자 한 사람이 모두 가지게 된다는 것이다. 이 패턴은 5개 집단(현대, 금호아시아나, LG, 동아, 대림)에서는 그대로, 그리고 3개 집단(한진, 쌍용, SK)에서는 약간 다른 형태로 나타났다. 나머지 2개 집단(삼성, 한화)에서는 동시승계가 이루어졌다.

1) 현대의 정주영은 1946년 창업 이후 40년 동안 경영일선에 있었으며 1987년 동생(정세영)에게 그룹회장직을 물려주었다. 1996년에는 둘째 아들(정몽구)이, 그리고 1998년에는 다섯

째 아들(정몽헌)도 회장이 되었다. 2000년에는 정몽헌 단독체제로 바뀌었고 그는 같은 해 동일인 신분도 계승하였다. 정주영은 1987년 이후 2001년3월 세상을 떠나기 몇 개월 전까지 13년 동안 동일인 신분을 유지하였으며 그룹명예회장으로서 실질적인 영향력을 행사하였다. 정몽헌은 동일인 겸 그룹회장직을 동시에 가진 지 3년 만인 2003년 자살하였으며, 부인(현정은)이 두 직책을 모두 이어 받았다.

2) 금호아시아나에서는 창업주 박인천이 1984년 사망하면서 큰 아들(박성용)이 후계자가 되었다. 박성용은 1996년 회장직을 바로 아래 동생(박정구)에게 물려주었으며, 2002년 박정구가 사망하면서 다시 둘째 동생(박삼구)에게 물려주었다. 2005년5월 박성용이 사망하면서 결국 동일인 신분도 회장(박삼구)에게로 넘어갔다.

3) LG에서는 창업주 구인회가 1969년 말 사망하면서 이듬해 1월 큰 아들(구자경)이 그룹회장에 취임하였다. 구자경은 1995년 큰 아들(구본무)에게 경영권을 물려주었으며, 이듬해에는 소유권도 물려주었다.

4) 동아 창업주 최준문은 1977년 경영권을 큰 아들(최원석)에게 물려주었으며, 소유권은 사망(1985년) 때까지 가지고 있었던 것으로 보인다.

5) 대림의 창업주 이재준은 1993년 아들(이준용)에게 경영권을 물려주었으며, 2년 뒤 사망하면서 소유권도 자연스럽게 아들이 물려받았다.

6) 한진의 조중훈은 창업 이후 줄곧 경영에 관여하다가 1999년4월 그룹명예회장으로서 일선에서 물러났다. 하지만, 그룹회장은 따로 임명하지 않고 4명의 아들이 그룹 업무를 4개로 나누어 경영을 하도록 하였다. 그러다가 2002년 조중훈이 사망하면서 큰 아들(조양호)이 동일인 겸 그룹회장으로 자리매김하였다.

7) 쌍용에서는 창업주 김성곤이 1975년 사망하면서 큰 아들(김석원)이 경영승계를 하였으며, 1995년 국회의원에 당선되면서 김석원은 그룹회장직을 동생(김석준)에게 이양하였다. 1998년2월 김석원은 국회의원직을 사임하고 경영일선에 복귀하였는데, 그룹회장직은 되찾지 않고 주력기업(쌍용양회) 회장직만 맡았으며 그룹의 동일인 신분을 계속 유지하면서 실질적인 영향력을 행사하였다.

8) SK에서는 창업주 최종건이 1973년 사망하면서 동생(최종현)이 경영을 담당하였다. 1998년 최종현이 사망했을 때 동일인 신분은 큰 아들(최태원, 38세)이 물려받았지만, 경영권을 이어받기에는 이른 것으로 판단되어 전문경영인인 손길승이 대신 그룹회장직을 수행하기로 결정되었다. 6년 뒤인 2004년 회장직은 결국 동일인 최태원에게로 넘어왔다.

9) 삼성에서는 창업주 이병철이 1987년11월 사망하면서 셋째 아들(이건희)이 바로 후계자가 되었다.

10) 한화에서는 창업주 김종희가 1981년7월 사망하면서 큰 아들(김승연)이 바로 후계자가

되었다.

경영승계가 먼저 이루어지고 소유승계가 나중에 이루어지면서 두 가지 특징이 나타났다. 하나는 동일인 신분에 비해 그룹회장직에 보다 많은 가족구성원들이 관련되는 경우가 적지 않다는 것이다. 현대에서는 그룹회장을 5명이 번갈아가면서 맡은 반면 동일인은 3명이었다. 금호아시아나(4명, 3명), SK(4명, 3명), 쌍용(3명, 2명)에서도 그룹회장직에 더 많은 사람들이 관련되었다. LG(3명), 동아(2명), 대림(2명), 한진(2명), 삼성(2명), 한화(2명)에서는 관련된 사람 수가 같았다.

다른 한 가지 관련된 특징은 '그룹회장직을 승계할 때의 나이'가 '동일인 신분을 승계할 때의 나이'보다 적은 경우가 빈번하다는 것이다. 현대 정몽헌(50세, 53세), 금호아시아나 박삼구(57세, 61세), LG 구본무(50세, 51세), 동아 최원석(34세, 42세), 대림 이준용(54세, 57세) 등이 이에 해당되며, 쌍용 김석준(42세)은 1995년 그룹회장직을 먼저 계승하였다. 현대 현정은(49세), 한진 조양호(54세), 삼성 이건희(46세), 쌍용 김석원(30세), 한화 김승연(29세) 등은 두 직책을 같이 물려받았으며, SK 최태원(44세, 39세)은 예외적으로 동일인 신분을 먼저 승계한 경우이다.

앞에서 '동일인 신분은 매우 늦은 나이까지 보유하며 후계자는 비교적 늦은 나이에 그 신분을 물려받는다'는 점을 나이 분포를 통해 살펴보았는데, 이제 1987년 이전의 인물까지 포함하여 다시 한 번 확인해 보자. 10개 집단과 관련된 사람들의 '동일인 및 그룹회장 신분의 이양/승계 나이'는 다음과 같다(<표 4.4> 참조).

1) 현대 : 정주영(1915~2001.3), 정세영(1928~), 정몽구(1938~), 정몽헌(1948~2003.10),
     현정은(1955~)
   동일인 - 1. 정주영(2000년 85세), 2. 정몽헌(2001년 53세, 2003년 55세),
        3. 현정은(2004년 49세)
   그룹회장 - 1. 정주영(1986년 71세), 2. 정세영(1987년 59세, 1995년 67세),
        3. 정몽구(1996년 58세, 1999년 61세),
        4. 정몽헌(1998년 50세, 2003년 55세), 5. 현정은(2004년 49세).
2) 금호아시아나 : 박인천(1901~1984.6), 박성용(1932~2005.5), 박정구(1937~), 박삼구(1945~)
   동일인 - 1. 박인천(1984년 83세), 2. 박성용(1984년 52세, 2005년 73세),
        3. 박삼구(2006년 61세)
   회 장 - 1. 박인천(1984년 83세), 2. 박성용(1984년 52세, 1996년 64세),
        3. 박정구(1996년 59세, 2002년 65세), 4. 박삼구(2002년 57세).
3) LG : 구인회(1907~1969), 구자경(1925~), 구본무(1945~)
   동일인 - 1. 구인회(1969년 62세), 2. 구자경(1970년 45세, 1995년 70세),

               3. 구본무(1996년 51세)

       회　장- 1. 구인회(1969년 62세), 2. 구자경(1970년 45세, 1995년 70세),

               3. 구본무(1995년 50세).

   4) 동아 : 최준문(1920~1985.6), 최원석(1943~)

     동일인- 1. 최준문(1985년 65세), 2. 최원석(1985년 42세)

      회　장- 1. 최준문(1977년 57세), 2. 최원석(1977년 34세).

   5) 대림 : 이재준(1918~1995), 이준용(1939~)

     동일인- 1. 이재준(1995년 77세), 2. 이준용(1996년 57세)

      회　장- 1. 이재준(1993년 75세), 2. 이준용(1993년 54세).

   6) 한진 : 조중훈(1920~2002), 조양호(1949~)

     동일인- 1. 조중훈(2002년 82세), 2. 조양호(2003년 54세)

      회　장- 1. 조중훈(1999년 79세), 2. 조양호(2003년 54세).

   7) 쌍용 : 김성곤(1912~1975.2), 김석원(1945~), 김석준(1953~)

     동일인- 1. 김성곤(1975년 63세), 2. 김석원(1975년 30세)

      회　장- 1. 김성곤(1975년 63세), 2. 김석원(1975년 30세, 1994년 49세),

               3. 김석준(1995년 42세).

   8) SK : 최종건(1926~1973), 최종현(1929~1998.8), 최태원(1960~)

     동일인- 1. 최종건(1973년 47세), 2. 최종현(1973년 44세, 1998년 69세),

               3. 최태원(1999년 39세)

      회　장- 1. 최종건(1973년 47세), 2. 최종현(1973년 44세, 1998년 69세),

               3. 최태원(2004년 44세).

   9) 삼성 : 이병철(1910~1987.11), 이건희(1942~)

     동일인/회장- 이병철(1987년 77세), 이건희(1988년 46세).

  10) 한화 : 김종희(1922~1981.7), 김승연(1952~)

     동일인/회장- 김종희(1981년 59세), 김승연(1981년 29세).

첫째, '동일신 신분을 물려줄 때의 나이'를 보면, 모두 24명의 동일인 중 前代(1대 또는 2 대)에 속하는 13명의 나이는 대부분 60대 이상이다 : 80대 3명(현대 정주영, 금호아시아나 박 인천, 한진 조중훈), 70대 4명(대림 이재준, 삼성 이병철, 금호아시아나 박성용, LG 구자경), 60대 4명(SK 최종현, 동아 최준문, LG 구인회, 쌍용 김성곤), 50대 후반 1명(한화 김종희) 그 리고 40대 후반 1명(SK 최종건). 이 중 11명은 사망할 때까지 그리고 1명(정주영)은 사망 몇 개월 전까지 동일인이었다. 1명(구자경)은 건강한 상태에서 동일인 신분을 물려준 예외적인 경우이다.

한편, 後代(2대 또는 3대)에 속하는 11명이 동일인 신분을 물려받았을 때의 나이는 40대 이상이 대부분이다 : 60대 1명(금호아시아나 박삼구), 50대 4명(대림 이준용, 한진 조양호, 현대 정몽헌, LG 구본무), 40대 3명(현대 현정은, 삼성 이건희, 동아 최원석), 30대 2명(SK 최태원, 쌍용 김석원), 그리고 20대 1명(한화 김승연).

둘째, 그룹회장직과 관련된 나이도 비슷한 패턴을 보이고 있다. 前代에 속하는 동일인 13명은 모두 그룹회장도 하였는데, 8명은 두 직책을 동시에 물려준 반면 5명은 그룹회장직을 먼저 물려주었다. 이 5명 중 2명(조중훈 3년, 이재준 2년)은 조금 먼저, 그리고 3명(정주영 14년, 박성용 9년, 최준문 8년)은 일찌감치 경영권을 물려주었다. 따라서 이들 13명이 그룹회장직을 물려줄 때의 나이는 동일인 신분을 물려줄 때의 나이보다는 대체적으로 적다. 하지만, 전자의 나이도 매우 늦은 편이어서 60대 이상이, 동일인 신분의 경우에서와 비슷하게 10명이나 된다 : 80대 1명(박인천), 70대 5명(조중훈, 이병철, 이재준, 정주영, 구자경), 60대 4명(최종현, 박성용, 구인회, 김성곤), 50대 후반 2명(김종희, 최준문) 그리고 40대 후반 1명(최종건).

동일인 중 後代에 속하는 11명 역시 그룹회장도 하였는데, 1명(최원석 8년)은 일찍, 4명(박삼구 4년, 정몽헌 3년, 이준용 3년, 구본무 1년)은 몇 년 먼저, 그리고 1명(최태원 5년)은 몇 년 늦게 시작하였다. 나머지 5명(이건희, 현정은, 조양호, 김석원, 김승연)은 두 직책을 동시에 물려받았다. 이들 11명과 그룹회장직만 수행했던 4명(현대 정세영과 정몽구, 금호아시아나 박정구, 쌍용 김석준 ; SK 손길승은 제외) 등 15명이 회장직을 물려받았을 때의 나이는 50대 8명(정세영, 박정구, 정몽구, 박삼구, 이준용, 조양호, 정몽헌, 구본무), 40대 4명(현정은, 이건희, 최태원, 김석준), 30대 2명(최원석, 김석원), 20대 후반 1명(김승연) 등이었다.

(김동운 외(2005), 338~411면 ; 백승열(1991) ; 서울신문사 산업부(2005) ; 중앙일보 경제2부(1996) ; 파이낸셜뉴스신문 산업부(2004)).

<표 4.3> 10대 대규모사기업집단에 1번 이상 속한 19개 집단의 순위, 1987~2007년

(1) 5대 집단에 1번 이상 속한 11개 집단

집단	87	88	89	90	91	92	93	94	95	96	97	98	99	00	01	02	03	04	05	06	07
대우	2	2	2	2	3	3	3	2	3	4	4	3	2								
롯데	10	9	9	8	10	10	10	10	10	10	10	11	10	6	8	7	7	7	5	5	5
삼성	3	4	4	4	4	2	2	3	2	2	2	2	3	2	1	1	1	1	1	1	1
쌍용	5	6	8	7	7	7	7	7	6	6	6	7	7	10	12						
SK	7	7	7	6	5	5	5	5	5	5	5	5	5	4	4	3	3	4	4	3	3
LG	4	3	3	3	2	4	4	4	3	3	3	4	4	3	3	2	2	2	3	4	4
KT																	5	5	6	7	7
POSCO			5												7	6	8	8	7	6	6
한진	6	5	6	5	6	6	6	6	7	7	7	6	6	5	6	5	6	6	8	9	10
현대	1	1	1	1	1	1	1	1	1	1	1	1	1	1	2	8	11	14	15	16	17
현대자동차															5	4	4	3	2	2	2

(2) 6~10대 집단에 1번 이상 속한 8개 집단

집단	87	88	89	90	91	92	93	94	95	96	97	98	99	00	01	02	03	04	05	06	07
금호아시아나	22	20	17	16	12	11	11	11	11	11	11	9	9	8	9	9	12	11	12	13	9
기아	13	10	11	9	9	8	8	8	8	8	8										
동아	11	12	14	13	13	14	14	14	14	15	13	10	11	14							
대림	9	11	12	11	11	12	12	12	13	13	15	13	14	17	16	16	17	20	21	20	20
(주)대우													7								
GS																			9	8	8
한화	8	8	10	10	8	9	9	9	9	9	9	8	8	9	10	11	9	9	10	11	12
현대중공업															10	10	10	11	10	11	

출처 : <표 3.2>.

<표 4.4> 10대 대규모사기업집단에 속한 19개 집단의 동일인과 그룹회장, 창업년도~2007년

(1) 2명 이상이 관련된 10개 집단

집단	동일인	그룹회장	연도(집단 순위)
현대	1. 정주영(1대)	1. 정주영(1대)	1946-86
	정주영	2. 정세영(1대)	1987-95(1)
	정주영	3. 정몽구(2대)	1996-97(1)
	정주영	4. 정몽구, 정몽헌(2대)	1998-99(1)
	정주영	(4) 정몽헌	2000(1)
	2. 정몽헌(2대)	정몽헌	2001(2), 02(8), 03(11)
	3. 현정은(2대)	5. 현정은(2대)	2004-07(14-17)
금호아시아나	1. 박인천(1대)	1. 박인천(1대)	1946-84
	2. 박성용(2대)	2. 박성용(2대)	1984-86,
			1987-96(11-22)
	박성용	3. 박정구(2대)	1996-2002(8-11)
	박성용	4. 박삼구(2대)	2002-05(9-12)
	3. 박삼구(2대)	박삼구	2006(13), 07(9)

LG	1. 구인회(1대)	1. 구인회(1대)	1947-69
	2. 구자경(2대)	2. 구자경(2대)	1970-86,
			1987-95(2-4)
	구자경	3. 구본무(3대)	1995(4)
	3. 구본무(3대)	구본무	1996-2007(2-4)
동아	1. 최준문(1대)	1. 최준문(1대)	1945-77
	최준문	2. 최원석(2대)	1977-85
	2. 최원석(2대)	최원석	1986,
			1987-97/99-2000(11-15), 1998(10)
대림	1. 이재준(1대)	1. 이재준(1대)	1939-86,
			1987(9), 88-93(11-12)
	이재준	2. 이준용(2대)	1993-95(12-13)
	2. 이준용(2대)	이준용	1996-2007(12-21)
한진	1. 조중훈(1대)	1. 조중훈(1대)	1945-86,
			1987/89/91-99(6-7), 1988/90(5)
	조중훈	–	2000/02(5), 2001(6)
	2. 조양호(2대)	2. 조양호(2대)	2003-07(6-10)
쌍용	1. 김성곤(1대)	1. 김성곤(1대)	1939-75
	2. 김석원(2대)	2. 김석원(2대)	1975-86,
			1987(5), 88-94(6-8)
	김석원	3. 김석준(2대)	1995-2000(6-10), 01(12)
SK	1. 최종건(1대)	1. 최종건(1대)	1953-73
	2. 최종현(1대)	2. 최종현(1대)	1973-86,
			1987-90(6-7), 91-98(5)
	3. 최태원(2대)	3. 손길승(–)	1999-2004(3-5)
	최태원	4. 최태원(2대)	2004-07(3-4)
삼성	1. 이병철(1대)	1. 이병철(1대)	1938-86,
			1987(3)
	2. 이건희(2대)	2. 이건희(2대)	1988-2007(1-4)
한화	1. 김종희(1대)	1. 김종희(1대)	1952-81
	2. 김승연(2대)	2. 김승연(2대)	1981-86,
			1987-2001/03-05(8-10),
			02/06-07(11-12)

(2) 1명이 관련된 5개 집단

집단	동일인	그룹회장	연도(집단 순위)
롯데	신격호	신격호	1967-86,
			1987-97/99-2004(7-10),
			1998(11), 2005-07(5)
대우	김우중	김우중	1967-86,
			1987-99(2-4)
현대자동차	정몽구	정몽구	2001-07(2-5)
GS	허창수	허창수	2005-07(8-9)
현대중공업	정몽준	–	2002-04/06(10), 05/07(11)

(3) 기업이 동일인인 4개 집단

집단	동일인	그룹회장	연도(집단 순위)
기아	기아자동차(주)	김선홍	1987/89(11-13), 88/90-97(8-10)
KT	(주)KT	-	2003-04(5), 05-07(6-7)
POSCO	(주)포항제철	-	1989(5), 2001(7)
	(주)POSCO	-	2002-07(6-8)
(주)대우	UBS	-	2000(7)

주 : 1) 동일인은 1981년 제정된 『독점규제 및 공정거래에 관한 법률시행령』(제13조 제2항)에서 처음
인식되기 시작하였다. 1987년 이전의 동일인 관련 정보는 입수하기가 쉽지 않으며, 여기서는
그룹회장이 동일인을 겸한 것으로 간주하였다. UBS=United Bank of Switzerland.
2) 일부 그룹의 창업년도는 명확하지 않으며, 이 경우 창업주가 본격적인 사업을 시작한 년도
를 창업년도로 간주하였다.
출처 : <표 4.2> ; 공정거래위원회 홈페이지 자료 ; 백승열(1991) ; 중앙일보경제2부(1996) ; 금호아시아
나-『조선일보』 2005.11.30, 2006.4.6 ; 한진-『조선일보』 2005.10.19, 12.29, 2006.11.27.

3. 그룹회장 보좌기구

그룹회장의 경영권 행사를 보좌하는 것이 실세의결기구와 실세실무기구이다. 1998년 초
김대중정부에 의해 재벌개혁이 본격화되기 전에는 두 기구가 이원화되어 있었고 기구의 명
칭과 조직이 그룹마다 상당한 차이가 있었다. 하지만, 이후 실세의결기구는 없어지거나 유명
무실해졌으며, 실세실무기구는 '구조조정본부'로 일원화되면서 보다 강력한 조직으로 자리잡
았다. 최근에는 순수지주회사가 새로운 그룹회장 보좌기구로 등장하고 있다.

(1) 1998년 이전

1) 현대그룹의 사장단운영위원회는 1987년7월1일에 설치되었다(<표 4.5>, <부록표 4.1>).
1997년 현재 운영위원회는 7명의 위원(의장 포함)과 1명의 간사(종합기획실장)로 구성되어
있다 : a) 의장-정몽구(그룹회장) ; b) 위원-정몽헌(그룹부회장), 정몽규(현대자동차 대표이
사회장), 박세용(종합기획실장, 현대종합상사 대표이사회장, 현대상선 대표이사사장), 김정국
(현대중공업 대표이사사장), 이내흔(현대건설 대표이사사장), 이익치(현대증권 대표이사사
장) ; c) 간사-박세용.
그룹의 최고심의기구로서 그야말로 알짜배기 사항들을 심의하였다 : a) 그룹의 년 및 중장
기 사업계획, b) 신규사업 및 신규설비투자, c) 회사의 인수, 합병, 해산 및 영업 양수도, d) 그
룹 중요기업의 공개, e) 주요 자산의 처분, f) 임금인상 등 인사의 기본정책 수립과 중요 임원
의 인사, g) 그룹사 간 이해 조정, h) 기타 의장이 필요하다고 인정하는 사항 등. 계열회사는
위원회의 결정사항을 즉시 집행해야 하며 집행 결과는 간사가 의장에게 보고하도록 되어 있

<표 4.5> 그룹회장 보좌기구 : 실세의결기구와 실세실무기구, 1998년 이전(A)과 이후(B)

집단	실세의결기구	실세실무기구
현대	A 사장단운영위원회 / 사장단회의 B 현대경영자문위원회 / 현대경영자협의회	종합기획실 현대건설 현대경영전략팀
삼성	A 그룹운영위원회 B 구조조정위원회	회장비서실 구조조정본부, 삼성전자 회장실
대우	A 그룹운영위원회 – 회장단간담회	그룹기획조정실 – 회장비서실
LG	A 그룹회의체	

출처 : 『현대그룹 50년사』, 611, 814~815, 1059면 ; 『삼성 60년사』, 58~59, 297~298면 ; 『조선일보』 1998.1.7, 4.5 ; 서울경제신문 산업부(1995), 167~168면 ; 중앙일보 경제2부(1996), 54, 100~101면.

었다.

한편, 사장단회의는 전 계열사 사장들이 참여하는 의례적인 기구인 것으로 보인다. 실무기구인 종합기획실은 1996년7월 현재 6개 팀(전략기획, 인재개발, 재무, 경영분석, 경영지원, 투자기획)으로 구성되어 있으며, 운영위원회 위원 겸 간사인 박세용의 지휘 하에 있었다.

2) 삼성그룹의 실세의결기구인 그룹운영위원회는 소그룹장들(1997년 현재 5명)로 구성되었다. 그룹회장이 참석하지 않는 것이 특징이다(1996년 말 현재). 그룹의 진로 및 방침, 사업구조 전략, 사회사업 등의 공익활동, 국제화, 전략, 재무, 인사, 감사, 홍보 등 핵심사항들을 관장하면서 '관점통합형 경영'을 수행하였다.

회장비서실은 1959년5월1일에 설치되었으며, 회장을 보좌하고 그룹 공동으로 추진해야 할 일들을 지원, 조정, 관리하는 임무를 가지고 있었다. 이건희 회장이 취임하면서(1987년11월) 조직이 기능별 스태프조직(기획조사, 인사, 재무, 금융, 홍보, 감사, 기술)과 특수조직(운영팀)으로 구성된 매트릭스형태로 재편되었다. 비서실은 1995년 초에는 11개 팀, 180명 인원으로 10대 재벌 중 최대 규모를 자랑하였으며, 재계의 청와대 비서실로 통할 정도로 막강한 영향력을 행사하였다. 1998년4월 현재 5개 팀(인사, 재무, 기획홍보, 경영지원, 비서)에서 102명이 일하였다. 또, 비서실에는 일명 '삼성 정보수집 task force팀'도 소속되어 있었는데, 청와대, 정당, 검찰, 경찰, 관공서 등을 상대로 인맥을 형성하고 정보를 수집 분석하는 임무를 수행하였다.

3) 대우그룹의 최고의결기구는 1994년까지는 그룹운영위원회였다. 그런데 1995년2월 김우중회장이 제2의 창업을 표방하면서 자율경영을 더욱 공고히 한다는 뜻에서 회장단간담회로 대체하였다. 1996년 현재 그룹회장과 9명의 주요 계열회사 임원이 그 구성원이다. 이전의 운영위원회는 회장이 직접 주재한 반면 간담회에는 참석하지 않았다.

운영위원회를 보좌하던 그룹기획조정실(1994년 말 현재 8개 팀, 86명 인원)도 1995년2월 회장비서실로 대체되었다. 비서실사장은 사장간담회의 간사였다. 1998년1월 현재의 인원은

90여 명(사장급 2명 포함)이며, 회장 관련 순수 비서일, 투자사업 등을 결정하는 전략기획, 자금 등을 담당하는 경영관리, 문화 및 홍보 등의 업무를 담당하였다.

4) LG그룹의 최고의결기구는 '그룹회의체'로 불리는 회장 자문 조직이었다(<부록표 4.2>). 경영정책을 담당하는 그룹정책위원회와 감사위원회, 그리고 인사정책을 담당하는 사장평가위원회와 인사자문위원회 등 4개의 위원회로 구성되었다. 위원은 모두 그룹회장이 임명하였으며, 감사위원회 위원은 각 CU(사업문화단위)의 감사들 중에서 선임되었다.

(2) 1998년 이후 : 구조조정본부

1) 1998년4월 이후 정부의 재벌개혁정책에 따라 그룹기획조정실이나 회장실을 대신하여 구조조정본부가 '구조조정을 하기 위해 한시적으로' 설립되었다. 하지만, 구조조정 이상의 일을 하면서 상설화되었으며 '신종' 실세실무기구로 자리잡았다(<표 4.6, 4.7>).

구조조정본부가 전면에 부각되면서 각 그룹의 실세의결기구는 무기력해졌다. 구조조정본부는 남아있으면서 경영자협의회는 '즉시 해체'된 현대의 경우가 그 단적인 예이다. 그러나, '명칭이 무엇이 되든 관련사 간 회의는 지속될 것'이라는 정몽헌 회장의 말은 그룹회장이 존재하는 한 실세의결기구는 실세실무기구와 더불어 회장과 함께 할 수밖에 없음을 암시하였다.

전국경제인연합회 관계자들은 다음과 같은 입장을 보였다 : "그룹체제가 현실적으로 존재하는데 구조조정본부를 없애라는 것은 경영 현실을 도외시한 것이다. 장기경영전략을 세우고 계열사 간 포트폴리오 관리를 하는 것은 필수기능이기 때문에 지금의 구조조정본부 기능을 할 조직은 필요하다. 앞으로 지주회사가 설립되어 구조조정본부를 흡수할 때까지는 그룹 조직으로 계속 남아있을 것으로 보인다."

<표 4.6> 구조조정본부 : (1) 규모, 1998~2004년

집단	인원	존폐 여부
삼성	80여 명(1998~2000.8) 80여 명(5개 팀, 2002.1) 100여 명(7개 팀, 2002.2~2003.3)	2004년7월 현재까지 유지
한진	17여 명(2개 팀, 2003.3)	2004년7월 현재까지 유지
LG	62명(1998.4) 51명(1999) 42명(2000) 50여 명(5개 팀, 2002.3~2003.3)	2003년3월 폐지
SK	90여 명(1998) 30여 명(2000.8) 40여 명(3개 팀, 2002.3) 40여 명(2개 팀, 2003.3)	2003년6월 폐지

| 현대 | 90명(1998)
42명(1999년 말)
25명(2000.9)
13명(2003.10) | 2003년10월 현재 유지,
곧 폐지 예정 |
| 현대자동차 | 10여 명(1개 팀, 2003.3) | 구조조정본부 사실상 존재하지 않음 |

출처 :『매일경제』 2003.3.26 ;『조선일보』 1998.4.5, 4.10, 1999.10.19, 2000.4.21, 4.22, 8.14, 8.31, 9.1,
2002.3.4, 2003.11.25, 2004.5.4.

<표 4.7> 구조조정본부 : (2) 조직, 2002년3월

집단	조직	비고
삼성	이학수 본부장 비서팀(김준 상무) 재무팀(김인주 부사장) 인사팀(노인식 전무) 경영진단팀(박근희 전무) 홍보팀(이순동 부사장) 기획팀(장충기 전무) 법무팀(김용철 전무)	2002년2월 개편 - 인원 100여 명 개편 이전 - 80여 명 5개 팀(비서, 재무, 인사, 경영진 단, 기획홍보) 본부장 2003년3월 현재 이학수 사장 2004년5월 현재 김인주 사장
LG	강유식 본부장 사업조정팀(이종석 부사장) 인사지원팀(이병남 부사장) 경영지원팀(김영찬 부사장) 재무개선팀(조석제 상무) 홍보팀(정상국 상무)	2002년3월 개편 - 인원 50여 명 개편 이전 - 3개 팀(사업조정, 경영지원, 재무개선) 본부장 2003년3월 현재 강유식 부회장
SK	김창근 본부장 사업구조조정팀(이창규 상무) 재무구조조정팀(조기행 상무) 인력팀(정철길 상무)	2003년3월 현재 40여 명 2개 팀 본부장 김창근 사장
한화	구조조정팀, 경영지원팀, 홍보팀	

주 : 본부장-한진(2003년3월 현재) 구조조정위원회 김종선 사장, 현대자동차(2003년3월 현재) 정순원
기획총괄본부장, 현대(2003년10월 현재) 김재수 사장.

출처 :『매일경제』 2003.3.26 ;『조선일보』 2002.3.4.

2000년4월20일에는 전국경제인연합회 회장단이 정부가 기업지배구조에 더 이상 간섭하지
말 것을 촉구하였다 : a) 최근 1~2년 사이 기업의 지배구조와 관련하여 많은 제도적 장치가
마련되었다. 더 이상의 구체적인 간섭은 바람직하지 않다 ; b) 구조조정본부의 역할과 기능
이 명확하게 구분되어 있지 않는 상황에서 '월권행위' 운운하는 일은 무의미하다. 어차피 기
업전략과 인력문제를 관할해야 할 기구는 필요하다.

바로 다음날 정부는 다음과 같은 입장을 천명하였다 : a) 재벌의 구조조정본부처럼 법률적
근거가 없으면서 사실상 계열사 간 기업지배를 뒷받침하기 위한 조직은 명칭에 관계없이 존
치가 바람직하지 않다(재경부 ; 정부의 공식 입장) ; b) 구조조정본부가 과거의 기조실 행태를
계속할 경우 시장의 심판을 받을 것이다(이헌재 재경부장관) ; c) 재계가 선단식 경영에서 탈
피해 전문 핵심업종 중심으로 가는 것이 중요하다. 구조조정본부도 필요하지만 구조조정, 전
문화라는 역할을 넘어서 과거 기조실, 비서실 역할을 하는 것은 곤란하다. 재벌의 기업경영

관행과 구조조정본부를 통한 그룹 통치 등에 대한 질적 개혁이 불가피하다(이기호 청와대경제수석).

공정거래위원회는 다음 두 가지를 구조조정 이상의 월권행위로 지목하였다. '구조조정본부가 선단식 경영수단으로 악용되고 있다'는 것이 정부의 기본 시각이었다 : a) 특정계열사의 주식, 전환사채의 고가 매입 등 계열사 간 직간접적 자금지원을 지시하거나 유상증자 참여 물량을 배정하는 행위 ; b) 주주총회를 무시하고 계열사사장단이나 임원 인사를 하는 인사권 행사.

2) 구조조정본부의 수명은 애당초 정확히 정해지지 않았으며, 정부의 재벌개혁이 완료됨과 동시에 해체한다는 정도로만 되어 있었다. 하지만, 재벌개혁/구조조정이 지연되면서 구조조정본부의 수명은 연장되었으며, 각 그룹은 그 같은 조직이 결합제무제표의 작성, 출자총액제한제도 부활, 계열분리 작업 등과 관련하여 절대 필요하다고 역설하면서 해체 시한을 최대한 늦추었다.

2000년3월31일의 회견에서 현대의 정몽헌 그룹회장은 '구조조정위원회를 계열분리 등 구조조정이 끝나는 대로 조기해체하겠다'고 하였다. 정몽구를 회장으로 하는 자동차소그룹(10개 계열회사)은 2000년9월1일 공식 분리되었지만, 정몽준이 관할할 현대중공업그룹(2개 계열회사)의 분리는 2002년6월말까지, 그리고 정몽헌이 관할하는 23개 계열회사의 건설, 전자, 금융/서비스 소그룹들로의 분리는 2002년7월 이후로 각각 예정되어 있었다.

삼성은 일단 2002년 말까지를 구조조정본부의 존속시한으로 보았으며, LG와 SK는 '기업이나 정부 모두가 구조조정본부의 필요성을 느끼고 있어 당분간 존속될 가능성이 높다'고 판단하였다. 그러면서 정부의 해체 요구에 인원을 계속 줄이면서 '일단 해산'하는 모습을 보였는데, 결국 삼성은 구조조정본부를 더 강화하였고 LG와 SK는 이 기구를 폐지하였다. 하지만, 뒤의 두 그룹은 구조조정본부를 대신하는 새로운 기구를 만들었다.

2001년 이후 대규모기업집단 1위를 고수하고 있는 삼성에서는 초창기부터 많은 인력이 투입되었으며, 2003년3월 현재 구조조정본부의 규모(7개 팀 100여 명)가 5대 재벌 중에서는 가장 컸다. 2004년5월에는 그룹 최고의사결정기구인 구조조정위원회(신규사업, 대규모 투자 등 논의)의 멤버가 6명에서 11명으로 대폭 늘어났다. 새 멤버 중에는 김인주 구조조정본부장이 포함되었으며, 기존의 멤버 중에는 이학수 구조조정본부 부회장이 포함되어 있었다.

현대의 경우 2003년10월 현정은이 그룹 지주회사격인 현대엘리베이트 회장에 취임하여 '실질적인 그룹회장'이 되면서 구조조정본부를 곧 해체한다는 방침을 정하였다. 계열회사를 13개에서 5개(현대엘리베이트, 현대상선, 현대아산, 현대택배, 현대증권)로 재편하고 독자경영을 하게 한다는 것이었다. 본부의 인원은 출범 당시에는 90명으로 5대 재벌 중 최대 규모였지만, 순위가 1위에서 밀려나 2위가 된 2001년 초까지는 20명 정도로 축소되었고 이후 더욱 줄었다.

한편, SK는 SK글로벌(SK에너지판매, SK상사, SK유통이 합병되어 2000년7월 생김)의 분식회계사건을 계기로 2003년6월 구조조정본부를 없앴다. 출범 당시에는 본부 인원이 90여 명으로 현대와 함께 최대 규모였는데 이후 절반 이하로 줄어든 상태였다. 하지만, 그룹 지주회사격인 SK(주)에 '투자회사관리실'을 신설하여 계열회사들의 관리, 감독을 담당하도록 하였다. 기존의 사장실과 함께 대표이사회장(최태원)−부회장−사장을 보좌하였다. 최태원은 SK(주)의 최대주주인 SKC&C(8.63%)의 최대주주이자 이사이기도 하였다.

결국, 1998년 이전의 본부경영기획실(<부록표 4.3, 4.4> 참조)이 구조조정본부로 변신했던 것처럼 또 한 번의 변신이 일어난 셈인데, 지주회사격인 계열회사의 경영조직 안으로 잠복했다는 특징을 보이고 있다. 최태원의 영향력은 투자회사관리실을 통해 예전처럼 행사되었음에 틀림없으며, 그에 따라 SK(주)의 실질적인 지주회사로서의 역할도 강화된 것으로 보인다.

(3) 1998년 이후 : 지주회사

1) 이러한 변신의 정체는 LG의 경우에서 확연히 볼 수 있다. 2003년3월 순수지주회사인 (주)LG의 출범을 계기로 구조조정본부(2003년 현재 50여 명 5개 팀−사업조정, 인사지원, 경영지원, 재무개선, 홍보)는 해체되었다. 하지만, (주)LG는 5개 부문(사업개발, 경영관리, 인사, 재경, 경영지원)의 조직으로 구성되었으며 구조조정본부 조직의 많은 부분을 계승하였다. 인원도 본부 인력을 대부분 포함하는 50여 명이었다. 한편, 계열회사 감시기능을 수행할 정도 경영테스크포스팀이 별도로 신설되었다. LG그룹의 지주회사체제는 2001년4월 화학부문 지주회사인 (주)LGCI가 생기면서 이미 시작되었으며, 이후 2005년4월에 이르기까지 4년여에 걸쳐 성공적으로 마무리되었다(자세한 내용은 제10장 제5절 참조).

지주회사 LG의 출범은 임의조직이었던 실세지배기구가 공식기구로 자리잡은 것을 의미한다. LG의 대표이사회장 겸 이사회의장이 새로운 그룹회장, LG의 이사회가 새로운 실세의결기구, 그리고 LG의 5개 부서가 새로운 실세실무기구가 된 것이다. 구본무는 LG의 소유 및 경영 모두를 장악함으로써 LG의 자회사와 손자회사들을 떳떳하게 지배하게 되었다. 지주회사가 생기기 이전에 비해 그룹 지배시스템은 바뀌었지만 실질적인 영향력의 행사 내용은 전혀 바뀌지 않았다.

2) 2006년 초에는 두산그룹이 그룹회장직 폐지와 함께 지주회사체제로의 전환을 전격 발표하였다. 2007년부터 (주)두산을 지주회사부문과 사업회사부문으로 분리 운영하며 2009년까지 지주회사로 완전히 개편한다는 것이다. 박용성 그룹회장은 2005년11월4일 물러났으며 회장직은 두 달 이상 공석 상태였다. 그는 4개월 전인 7월18일 형(박용오)을 대신해 그룹회

장이 되었는데, 이 과정에서 형이 불만을 품고 '동생이 비자금을 조성한 의혹이 있다'며 검찰에 투서하는 일이 벌어졌다. 검찰 조사 결과 두 사람과 다른 가족들의 비자금 조성은 사실로 밝혀졌으며 이에 대한 여론의 비난이 쏟아졌다(자세한 내용은 제2장 제2절 참조). 새로운 지배구조로의 전환은 이러한 상황에서 나온 고육지책이었다.

2006년1월19일 발표된 '지배구조 개선 로드맵'의 구체적인 내용은 상반기 중에 확정된 후 2007년부터 본격적으로 실행에 옮겨지는 것으로 예정되었다. '3년 내 지주회사체제로의 전환'을 목표로 우선 다음 사항들을 추진하기로 하였다.

  a) (주)두산을 지주회사부문과 사업회사부문으로 분리 운영하고 외국인을 포함하여 글로벌 역량을 갖춘 인사를 CEO로 영입한다.
  b) 이사회의 독립성을 보장하고 이사회 산하에 실질적인 다양한 위원회를 운영한다. 특히, 사외이사후보추천위원회와 신설되는 내부거래위원회를 사외이사로만 구성하며 감사위원회를 활성화한다.
  c) 소액주주들이 의결권을 용이하게 행사할 수 있도록 서면투표제를 도입한다.
  d) 선진화된 회계방식을 도입하여 회계의 투명성을 높이며 회계기준과 내부거래원칙을 재정비하고 이의 준수 여부를 감독한다. 또, 분기별 실적 발표 및 기업설명회를 통하여 경영활동을 공개한다.
  e) 준법감시인(compliance officer)제도를 도입하여 투명성 제고방안과 새로운 지배구조의 이행을 점검하게 한다.

2006년에는 부채비율 요건을 맞추기 위하여 강력한 구조조정을 단행하였으며, 그 일환으로 사내 식품파트인 '종가집 김치'를 매각하고 '버거킹'과 'KFC'를 독립법인화하였다. 그 결과 부채비율이 2003년 말의 362%에서 2006년 말에는 294%로 낮아졌다.

3) 2007년에는 금호아시아나그룹과 SK그룹이 잇달아 지주회사체제로의 전환을 결정하였다. 금호아시아나는 금호산업과 금호석유화학 등 2개의 지주회사를 중심으로 그룹을 재편하기로 하였다. 전자는 건설, 운송, 레져 관련 회사들을, 후자는 화학, 타이어, 금융 관련 회사들을 관리하게 된다. 금호산업(대주주 지분 20.72%, 2007년4월18일 현재)과 금호석유화학(40.03%)의 자회사는 각각 6개씩으로 예정되었다 : a) 금호리조트(지분 100%), 금호터미널(100%), 한국복합물류(47.8%), 서울고속버스터미널(33.2%), 아시아나항공(31.5%), 대우건설(18.5%) ; b) 피앤비화학(77.85%), 금호렌트카(76.63%), 금호미쓰이화학(50%), 금호폴리켐(50%), 금호타이어(34.19%), 금호생명(23.83%). 금호산업은 2007년4월30일 지주회사로의 전환을 신고할 예정이었으며, 금호석유화학의 신고 여부와 시기는 아직 미정이다. 지주회사로 등록되면 2007년1월1일 출범한 것으로 소급 적용된다.

SK는 'SK(주) 단일체제'를 구상 중이다. SK(주)를 2007년7월1일 지주회사인 SK(주)와 자회사인 SK에너지로 분할한 후, 2009년6월까지 현재의 출자관계를 완전히 해소하여 '지주회사 ─7개 자회사─27개 손자회사 체제'를 갖출 예정이다. SK(주)의 자회사 7개는 다음과 같다 : SK해운(지분 72%, 2007년4월11일 현재), K-POWER(65%), SK E&S(51%), SKC(44%), SK네트웍스(41%), SK텔레콤(22%), SK에너지(17%). 현재의 SK(주)를 분할하는 두 회사의 이름은 애당초 'SK홀딩스'와 'SK에너지화학'으로 하기로 하였으나 4월30일 이사회에서 'SK(주)'와 'SK에너지'로 최종 결정되었다.

4) 두산, 금호아시아나 그리고 SK가 공통적으로 내세우는 '변신의 변(辯)'은 한결같다. 지분·지배구조의 투명성 확보, 자회사의 독립경영체제 구축, 보다 안정적인 재무구조 정착, 기업·주주가치 제고 등이다. 일반적으로 지적되는 지주회사체제의 장점들이다. 변신에 성공할지, 장점들이 얼마나 실현될지는 두고 볼 일이지만, 이들이 지주회사체제로의 전환이라는 쉽지 않은 길을 택하게 된 데에는 LG그룹의 '성공사례'가 적지 않은 힘이 되었을 것으로 짐작된다.

지주회사가 한국에서 새로운 민주적인 지배구조로 자리 잡기는 아직 시기상조인 것으로 보인다. 개인화된 경영지배구조라는 한국재벌의 본질이 변하려면 보다 긴 시간 속에서 보다 다양한 형태의 지배구조가 실험되어야 할지 모른다. LG그룹에서 구본무체제가 오히려 강화된 것으로 확인되었고, 두산, 금호아시아나, SK 등에서도 '동일인(박용곤, 박삼구, 최태원)을 중심으로 하는 가족구성원들의 소유 및 경영 장악'이라는 대전제 하에 지배구조의 외형적인 변화만을 꾀하고 있는 실정이다. 사실, 대부분의 주요 재벌들은 지주회사체제를 선호하지 않고 있으며, 중층적이고 순환적인 소유구조와 그룹회장체제의 틀 속에서 개인화된 경영지배구조를 유지하고 있다. 한국에서의 '지주회사 실험'은 아직 초기 단계이며 신지배구조로의 정착 여부는 미지수이다.

(두산그룹홈페이지(www.doosan.com) ;『조선일보』 2007.3.16, 4.12, 4.19, 5.1 ; 김동운, 'LG그룹 지주회사체제의 성립과정과 의의',『경영사학』 22-1(2007)).

<부록표 4.1> 현대그룹 사장단운영위원회 설치 규정, 1997년

제1조 (목적)

　　이 규정은 현대그룹(이하 '그룹'이라 한다)의 최고심의기구인 현대그룹 사장단운영위원회(이하 '운영위원회'라 한다)의 조직 및 운영에 관한 사항을 정함을 목적으로 한다.

제2조 (구성)

　　1) 운영위원회는 그룹회장인 의장과 의장이 임명한 운영위원으로 구성한다.

　　2) 그룹종합기획실장은 운영위원회의 간사가 된다.

　　3) 의장의 유고 시에는 의장이 운영위원 중 미리 정하여 놓은 순위에 의하여 그 임무를 대행한다.

제3조 (소집)

　　1) 운영위원회는 정기회의와 임시회의로 구분한다.

　　2) 정기회의는 매월 1, 3주 월요일(사장단회의 종료 후)에 함을 원칙으로 한다.

　　3) 임시회의는 의장의 필요에 따라 수시로 소집할 수 있다.

제4조 (심의사항)

　　1) 운영위원회는 그룹의 다음 사항을 심의한다.

　　　　a) 그룹의 년 및 중장기 사업계획에 관한 사항

　　　　b) 신규사업 및 신규설비투자에 관한 사항

　　　　c) 회사의 인수, 합병, 해산 및 영업 양수도에 관한 사항

　　　　d) 그룹 중요기업의 공개에 관한 사항

　　　　e) 주요 자산의 처분에 관한 사항

　　　　f) 임금 인상 등 인사의 기본정책 수립과 중요 임원의 인사에 관한 사항

　　　　g) 그룹사 간 이해의 조정이 필요한 사항

　　　　h) 기타 의장이 필요하다고 인정하는 사항

　　2) 그룹사는 전항의 심의사항에 관한 관계 자료를 사전에 운영위원회 간사에게 제출하여야 하며, 간사는 필요한 경우 회의자료를 작성하여 의장 및 운영위원에게 배포하여야 한다.

제5조 (심의결정사항의 집행)

　　1) 운영위원회에서 심의 결정된 사항은 그룹 내 모든 회사가 즉시 집행하여야 한다.

　　2) 회장은 동 결정사항을 사장단회의나 기타 개별적으로 발표 및 지시를 하고, 종합기획실장은 그 집행 결과를 회장에게 보고하여야 한다.

　　출처 :『현대그룹 50년사』, 815면.

<부록표 4.2> LG그룹 경영헌장, 1997년

전 문

　　LG는 인간 존중의 경영에 의해 고객을 위한 가치를 창조함으로써 사회에 공헌하고 주주에 대한 책임을 다한다.

　　LG는 합리적인 사업 확대를 도모하고 자유시장경제 하에서 고객에게 배우며 고객에게 도움을 주고 고객과 함께 발전한다. 또한 인간이야말로 가치의 원천이라는 신념을 공유하고 상호 신뢰관계를

바탕으로 개인의 창의와 자율을 존중하는 조직 운영과 적극적인 인재 육성을 도모한다.

개인은 능력계발과 기술 연마에 힘써 각자의 사명을 달성한다. 이러한 노력을 쌓아 LG는 세계의 일류 기업집단으로서 영속적으로 발전한다.

제1조 (그룹)

1) 그룹은 사업문화단위(이하 CU라 함)를 주체로 해서 회장을 중심으로 경영이념을 공유하고 자율경영을 실천하는 기업집단이다. 중앙집중에 의한 일원적 통합을 지향하지 않고 사업마다 서로 다른 문화를 허용하여 각 CU가 독립적으로 발전하도록 한다.

2) 그룹은 상호 자본관계를 가지며 그룹의 비전과 브랜드를 공유한다. 그룹은 CU, 회장, 그룹회의체 및 회장직할조직으로 구성된다. 각 구성 주체는 서로 독자성을 존중하고 신뢰하며 가치를 창조함으로써 상호 공헌한다.

3) 각 CU는 그룹에 소속함으로써 사업경영에 관한 탁월한 전체관 및 식견과 실천 능력을 향수하는 한편, 그룹 비전의 실현과 그룹 브랜드의 유지, 발전을 위하여 필요한 역할을 담당할 의무를 진다.

4) 그룹은 지구시민으로서의 자각과 시야를 가지고 기업활동을 통하여 자유경제체제를 유지, 발전시키고 지역사회에 공헌하며 환경 보전에 노력한다.

제2조 (그룹 비전)

21세기를 향한 비전으로서 그룹은 세 가지 방향으로 사업을 전개한다.

1) 제조업에서는 고객과의 관계 강화를 추구하며, 소비자와 밀착된 사업을 과감하게 전개한다.

2) 3차 산업에서는 풍요한 생활의 창조를 목표로 정보, 금융, 유통, 개발사업을 본격화하고 시장에서의 선도적 위치를 확립한다.

3) 사업의 국제 전개에 있어서는 세계 주요 시장에서 토착화(Insider화)한다.

제3조 (Culture Unit = CU)

1) 사업의 자율적 운영을 실천하는 경영체는 동일한 사업문화를 가지고 공통의 경영시스템 하에서 효과적 운영이 가능한 경영단위로 하며, 이를 사업문화단위라 한다.

2) 각 CU는 그 문화에 근거한 사업의 전문성을 깊이 하고 시장의 리더를 지향한다. 사업문화의 계승을 위하여 인재의 내부 육성을 기본으로 한다.

3) CU장은 주주총회의 결의에 근거하여 경영에 관한 모든 권한을 가지고 목표 설정, 사업 범위 및 조직, 경영자원의 조달과 배분을 자율적으로 결정한다. CU장은 경영의 최고책임자로서 사업에 관한 모든 책임을 지고 CU 비전의 책정과 실현, 후계자 육성, 수익의 확보와 그 향상에 진력한다.

4) 각 CU는 대등하며 CU 간 거래는 시장가격 원칙을 기본으로 한다. CU 간의 사업 중복이나 협력 등 조정이 필요한 사항은 상호 자율성과 신뢰에 바탕을 두고 협의하여 해결함을 기본으로 한다. CU의 협력기업에 대해서도 시장가격을 기초로 한 공정거래를 원칙으로 하여 공존공영을 지향한다.

5) 각 CU가 사업을 전개하는 과정에서 이질적인 사업문화를 확립할 필요가 있고 경영의 건전성이 유지될 경우에는 새로운 CU를 설치할 수 있으며 필요에 따라 통합하거나 폐지할 수 있다.

제4조 (회장)

회장은 그룹 가치의 상징으로서 CU가 자율적으로 발전할 수 있는 기반 구축과 그룹비전의 달성을 사명으로 한다.

1) 회장은 그룹의 이념과 비전을 확립하고 이를 대내외에 홍보함으로써 그룹 전체가 공유하도록 한다. 또한, CU장과의 대화를 통하여 CU별 비전의 확립과 실현을 촉진한다.

2) 회장은 CU장이 추천하는 인사안을 최종 승인하며, 비전을 공유하고 실현하는데 적합한 CU장과 그 후계자를 선임하고 공정하게 평가하여 적절한 동기 부여를 한다.

3) 회장은 CU가 필요로 하는 전문경영서비스를 제공함으로써 각 CU의 자율경영에 의한 발전을 지원하고 보완한다.

제5조 (그룹회의체)

회장의 자문기구로서 경영정책에 대해서는 그룹정책위원회와 감사위원회를, 인사정책에 대해서는 사장평가위원회와 인사자문위원회를 구성하여 운영한다. 각 위원회는 다각적이고 전문적인 검토와 공정성을 확보함으로써 회장의 판단을 돕고 회장의 활동 부담을 경감시키는 것을 목적으로 한다.

1) 그룹정책위원회는 회장이 임명하는 위원으로 구성하고, 그룹의 비전 및 정책과 회장직할조직의 운영방침에 관한 과제의 토의를 사명으로 한다.

2) 사장평가위원회는 회장이 임명하는 위원으로 구성하여, CU장의 업적을 평가하고 향후의 활동방침에 대하여 조언하는 것을 사명으로 한다. 사장평가위원회는 각 위원별로 담당 CU의 주요 인사와의 면담과 재무보고를 근거로 하여, 사업과제 달성, 후계자 육성, 경영실적 등을 중심으로 CU장을 평가하고 동기 부여안을 작성한다.

3) 인사자문위원회는 회장이 임명하는 위원으로 구성하고, 각 CU의 CU장 후계자 후보의 선발과 육성안을 심의하여 회장에게 보고하는 것을 사명으로 한다. 인사자문위원회는 각 CU장의 추천인사안을 접수하여 각 위원별로 담당 CU의 주요 인사와의 정기적인 집중면담과 인사자료를 기초로 다각적으로 심의하고 검토한다.

4) 감사위원회는 각 CU의 감사 중에서 회장이 선임한 감사위원으로 구성하고, 그룹의 감사방침과 감사내용을 토의한다. 감사위원은 CU의 자기책임체제 확립에 의한 주주의 보호를 사명으로 한다. 이를 위해서, 감사위원은 이사회에 참석하고 경영 동향을 파악하며, 각 사 감사부서나 공인회계사가 실시하는 업무감사 및 회계감사를 감독하여 감사보고서를 작성하고 의견을 제시한다.

제6조 (CU회의체)

CU 내 회의체로서, 경영정책에 대해서는 이사회를, 인사정책에 대해서는 인재개발위원회를 구성하여 운영한다. 양 회의체는 다각적이고 전문적인 검토와 공정성을 확보함으로써 CU장의 자율경영 확립과 경영책임 수행을 보좌한다.

1) 이사회는 상법의 규정에 따라 구성되는 CU의 최고의사결정기구로서, CU의 사회적 사명과 중요 경영안건을 심의한다. 이사회에는 그룹 대표가 참석하여 그룹의 기본방침을 반영하고 감사위원인 감사가 참석한다.

2) 인재개발위원회는 경영자 인재 육성에 관해 CU장을 지원하고 다각적인 인사정보의 파악과 경력관리계획에 대하여 심의하고 장기전략에 따른 인재 육성을 도모한다.

제7조 (회장직할조직)

1) 회장직할조직은 '자율경영확립을 위한 가치창조'를 이념으로 공유한다.

2) 회장직할조직은 회장실, 비서실, 감사실 그리고 경영서비스를 제공하는 조직으로 구성되고, 각 조직마다 명확한 사명에 바탕을 두어 독자적으로 운영한다. 회장직할조직은 넓은 시야와 전문능력을 확보하여, 회장, 그룹회의체 및 CU에 대하여 과제 해결을 위한 조언과 지원 서비스를 제공한다.

3) 회장직할조직의 운영방침, 예산, 업적에 관해서는 그룹정책위원회의 심의를 거쳐 회장이 승인한다.

4) 회장직할조직 내의 사원에 대해서는 각 CU와 인사교류를 하며, 특히 전문직에 대해서는 독자 채용 및 내부 육성경로를 설치한다.

5) 각 조직장의 평가는 사장평가위원회에서, 임원의 선임과 평가는 인사자문위원회에서 심의하고 회장이 승인한다. 사원의 인사는 각 조직의 인재개발위원회에서 심의한다.

출처 : 『LG 50년사』 부록, 94면.

<부록표 4.3> 선경그룹 운영위원회 규정, 1993년

제1조 (설치 목적)

선경 관계회사(이하 '관계회사'라 한다)의 종합적인 운영에 관한 기본방침의 협의와 회장의 경영 의사결정을 보좌하기 위하여 운영위원회(이하 '위원회'라 칭한다)를 둔다.

제2조 (구성)

위원회의 위원은 회장과 회장이 임명하는 관계회사의 임원으로 구성한다.

제3조 (관계회사 및 투자회사의 정의)

1) 이 규정에 의한 관계회사라 함은 다음의 회사를 말한다.

주식회사선경인더스트리, 주식회사SKC, 선경건설주식회사, 유공해운주식회사, 선경증권주식회사, 주식회사워커힐, 주식회사선경유통, 대한텔레콤주식회사, 서해개발주식회사

단, 투자회사 중 관계회사에 준하는 대우를 할 수 있는 회사는 위원회에서 정한다.

2) 1항에서 정한 관계회사에서 출자한 회사 중 경영지배권을 행사할 수 있는 회사를 투자회사라 한다.

제4조 (의장)

1) 위원회의 의장은 회장이 된다.

2) 의장의 유고 시 의장이 지명한 위원이 대행한다.

제5조 (회의 소집)

1) 위원회는 의장이 소집한다.

2) 위원회는 정기회의와 임시회의로 구분한다.

3) 정기회의는 매월 제3주 화요일에 개최함을 원칙으로 하고, 의장의 필요에 따라 임시회의를 소집할 수 있다. 단, 개최일이 휴일일 경우에는 그 주의 목요일로 한다.

제6조 (소집 통지)

의장은 최소한 회의 1일 전에 회의 시간, 장소, 의안을 각 위원에게 통지하여야 한다.

단, 긴급한 사유가 있을 경우에는 예외로 한다.

제7조 (의안의 제안)

    1) 위원회에 부의할 의안은 회장, 운영위원 및 경영기획실장이 제안한다.

    2) 의안은 회의 3일 전에 이를 사무국에 접수시켜야 한다. 단, 긴급한 사항은 예외로 한다.

제8조 (협의 및 보고 사항)

    1) 위원회에서 협의할 사항은 다음과 같다.

        a) 관계회사의 종합적인 경영기본방침, b) 관계회사의 공통의 중요사항,

        c) 관계회사 간의 중요 협조사항, d) 경영기획실 예산 및 사업계획,

        e) 홍보실 예산 및 사업계획, f) 경영기획실 및 홍보실 운영규정 개발

    2) 관계회사는 다음의 사항을 위원회에 보고하여야 한다.

        a) 전년도 결산내용 및 신년도 사업계획, b) 상반기 결산내용, c) 신규사업에의 투자,

        d) 임원 인사, e) 중요한 조직의 개편, f) 중요한 제도(규정)의 시행,

        g) 중요한 재산의 취득과 처분, h) 증자, 주식의 변동, 사채 발행, 차관 도입,

        i) 기타 관계회사에 영향을 미치는 중요사항

    3) 위원회에서 협의 또는 보고된 사항 중 관계회사에 중요한 영향을 미치는 사항은 회장의 별도 지시를 받는다.

제9조 (의사록)

    1) 사무국은 위원회의 의사록을 작성, 비치한다.

    2) 위원회에서 협의 또는 보고된 사항 중 필요한 사항은 사무국을 통하여 해당사에 문서로서 통보한다. 단, 기밀엄수 상 문제가 있을 경우에는 예외로 한다.

제10조 (의견의 진술)

    경영기획실장은 위원회에 참석하여 필요한 경우 의견을 진술할 수 있다.

제11조 (사무국)

    위원회의 사무국은 경영기획실로 한다.

출처 : 『선경 40년사』, 1107~1108면.

<부록표 4.4> 선경그룹 본부 경영기획실 운영규정, 1993년

제1조 (목적)

    이 규정은 본부 경영기획실(이하 '기획실'이라 한다)의 운영에 관한 기본적인 사항에 관하여 정함을 목적으로 한다.

제2조 (지위)

    기획실은 회장의 전속기구로서 선경 관계회사(이하 '관계회사'라 한다)로부터 독립하여 그 기능을 수행하며, 편의상 주식회사선경인더스터리에 소속케 한다.

제3조 (대외관계)

    기획실은 기능을 수행할 경우, 관계회사에 대하여는 '경영기획실'로, 대외에 대하여는 '주식회사 선경인더스터리'의 명의로 행한다.

제4조 (기능)

    기획실은 관계회사로부터 독립된 기구로서, 관계회사가 SKMS에 입각하여 효율적인 경영을 하도록 회장과 운영위원회를 보좌하는 기능을 가지며 이는 다음과 같다.

1) 관계회사의 경영관리 전 분야에 관하여

    a) 경영관리실태의 정확한 파악 및 개선책의 연구개발

    b) 경영관리방안에 관한 연구개발

2) 선경인의 자세가 투철한 경영자 양성, 3) 관계회사의 장기경영계획 수립 및 조정

4) 인력 및 조직 개발, 5) 조사연구(정책시책, 경제동향, 업계조사, 법규조사)

6) 경영위원회에서 정한 관계회사의 공통업무 수행

    a) 연수원 운영, b) 여신관리,

    c) Corporate Planning Group(이하 C.P.Group) 운영에 관한 주요사항 관장,

    d) 지역경영기획실이 없는 대외지역의 경영기획실 기능 수행, e) 기타 주요사항

7) 경영기법의 개발, 8) 경영위원회 사무국 업무, 9) 회장의 특명사항

제5조 (기구)

기획실에는 국외 각 지역별 경영기획실, C.P.Group, 인력관리위원회, R&D위원회, 그리고 5개 부와 부 단위 Super Excellent 추진팀을 두고, 특정 업무를 위하여 임시조직을 둘 수 있다.

제6조 (직제)

1) 기획실에는 실장, 부장, 담당을 둔다. 단, 필요에 따라 약간의 임원을 둘 수 있다.

    a) 실장 : 기획실에는 실장을 두고 관계회사의 임원 중에서 회장이 임명한다. 실장은 회장을 보좌하며 기획실의 상시업무를 통할한다.

    b) 부장 : 각 부에는 부장을 두고 관계회사의 10급 및 9급 사원으로 보함을 원칙으로 하며, 필요에 따라 8급 사원으로 보할 수 있다. 10급 및 9급 사원에게는 소속사의 부장과 동일한 대우를 한다. 단, 인사권과 예산권은 제외한다. 8급 및 7급 사원에게는 소속사의 과장과 동일한 대우를 한다.

2) 기획실에는 특정업무의 처리 또는 실의 자문에 응하게 하기 위하여 전문위원과 고문을 둘 수 있으며 필요에 따라 전문위원회를 구성할 수 있다.

3) 전문위원회의 운영에 관한 사항은 위원회별 운영규정 등이 정하는 바에 의한다.

제7조 (경영개발위원)

관계회사 임원을 기획실 활동에 참여시켜 본인의 경영자질 향상과 기획실 기능의 원활한 수행을 도모하게 함으로써 회장의 경영방침이 관계회사에 철저히 반영되게 하기 위하여 기획실에 '경영개발위원'을 둔다.

1) 임면 : a) 경영개발위원은 회장이 임명한다.

        b) 경영개발위원의 임기는 1년 이상을 원칙으로 한다.

2) 임무 : 경영개발위원은 다음의 임무를 수행한다.

    a) 회장의 경영방침을 관계회사 임직원에게 확인한다.

    b) 기획실의 업무가 원활히 수행되도록 한다.

    c) 경영관리의 정적 요소와 동적 요소 중 기획실에서 위촉하는 1개 부문 이상에 관하여 연구개발한다.

    d) 기획실장의 요청이 있을 경우에는 기획실의 특수업무 수행에 참여한다.

3) 근무 : 경영개발위원은 기획실에 비상근으로 근무한다.

제8조 (업무분장)

기획실은 회장의 임무가 원활히 수행될 수 있도록 회장을 보좌하며 각 부별 업무내용은 다음과 같다. 단, 회장의 임무 및 기획실 운영요령은 별도로 운영한다.

1) 1부

   a) 인사관리방안에 관한 연구개발, b) 조직관리방안에 관한 연구개발,

   c) 의욕관리방안에 관한 연구개발, d) 정보관리방안에 관한 연구개발,

   e) 관리역량관리방안에 관한 연구개발, f) Coordination관리방안에 관한 연구개발,

   g) Communication관리방안에 관한 연구개발, h) 인력개발 및 인재관리,

   i) 교육훈련의 기본방침 수립 및 연수원 운영, j) 인력관리위원회의 사무국 업무,

   k) 경영관리실태 조사, 분석 (a-g의 부문별), l) 회장의 특명사항

2) 2부

   a) 관계회사의 장기경영계획 수립 및 조정, b) 기획관리방안에 관한 연구개발,

   c) 연구개발관리방안에 관한 연구개발, d) 안전관리방안에 관한 연구개발,

   e) 신규사업의 조사연구, f) 관계회사의 업종 조사 및 전망 파악,

   g) 정책시책, 경제동향, 업계조사, 법규조사 등 정보 수집, 분석,

   h) 공업소유권 종합관리 및 조정, i) C.P.Group의 사무국 업무,

   j) R&D위원회의 사무국 업무, k) 경영관리실태 조사, 분석 (b-d의 부문별),

   l) 회장의 특명사항

3) 3부

   a) 재무관리방안에 관한 연구개발, b) 관계회사의 여신관리,

   c) 장기 재무구조의 개선방안 연구, d) 경영평가제도의 연구개발,

   e) 금융정책 및 경제시책의 조사, 분석, f) 경제력집중 규제에 대한 대응책 강구,

   g) 관계회사의 사업계획 및 예산의 검토, 조정, h) 세법 및 조세정책의 조사 분석,

   i) 타기업의 재무상태 및 경영성과 조사, 분석, j) 경영관리실태의 종합,

   k) 경영관리실태 조사, 분석 (a-c의 부문별), l) 회장의 특명사항

4) 4부

   a) 마케팅관리방안에 관한 연구개발, b) 생산관리방안에 관한 연구개발,

   c) 구매관리방안에 관한 연구개발, d) PR관리방안에 관한 연구개발,

   e) 경영관리실태 조사, 분석 (a-d의 부문별), f) 회장의 특명사항

5) 5부

   a) 경영기본방침의 정립 및 확산, b) 선경인의 자세관리방안에 관한 연구개발,

   c) 실원의 자질향상관리방안에 관한 연구개발, d) 선경새마을운동의 기본방향 설정,

   e) 운영위원회의 사무국 업무, f) 기획실의 사무국 업무,

   g) 경영관리실태 조사, 분석 (b-d의 부문별),

   h) 지역경영기획실이 없는 국외지역의 경영기획실 사무국 업무,

   i) 회장의 특명사항

6) Super Excellent 추진팀

   a) Super Excellent 추진에 관한 기본방침의 수립

   b) 관계회사의 Super Excellent 추진 실태의 파악 및 지원

c) Super Excellent 추진에 관한 그룹 사무국의 역할

d) SKMS의 실천방안 개발

제9조 (충원)

1) 기획실의 실원은 관계회사의 임직원 중에서 파견된 요원으로 충원한다.

2) 기획실 요원은 실장이 제청하여 회장이 결정한다. 단, 실장은 회장의 결정 전에 관련 회사의 승인을 득한다.

3) 실원의 소속은 기획실 파견근무 전의 관계 각 사로 함을 원칙으로 한다.

4) 필요에 따라 관계회사의 임직원 외 기획실이 직접 신규 채용할 수 있다. 단, 소속은 관계회사와 협의하여 정한다.

제10조 (인사관리)

1) 실장은 실원에 대한 인사관리를 하고, 관계 각 사에 대하여 인사제청권을 갖는다.

2) 관계 각 사는 실원에 대한 실장의 인사제청에 대하여 우선적으로 조치하여야 한다.

단, 여기서 인사제청사항은 실원에 대한 지정 승진, 승급, 관계회사와의 전환배치 등을 말한다.

제11조 (연수원)

1) 관계회사의 경영자 양성과 경영관리능력 개발을 위한 교육훈련을 계획 실시하기 위하여 1부 소속으로 연수원을 둔다.

2) 연수원에는 담당책임자 및 적정의 담당을 둔다.

3) 연수원은 다음과 같은 업무를 수행한다.

a) 관계회사의 경영자의 경영관리능력 개발을 위한 교육훈련의 계획수립,

b) 교육훈련의 과정, 교재 및 방법의 연구개발, c) 교육훈련의 실시 및 평가,

d) 교육훈련의 사전, 사후 관리, e) 연수원 운영 및 기타 관리에 관한 제사항

4) 연수원 운영의 체계화와 능률화를 기하기 위하여 실장의 전결사항으로 연수원 운영에 필요한 사항을 내규로서 정할 수 있다.

제12조 (C.P.Group)

1) 해외에서 신규사업의 기회를 포착하고, 관계회사의 신규 또는 해외 진출을 촉진시키기 위한 전진기지로서의 역할을 수행할 목적으로 기획실에 C.P.Group을 둘 수 있다.

2) C.P.Group의 경영은 C.P.Group 관리규정이 정하는 바에 의한다.

제13조 (지역별 경영기획실)

1) 해외 각 지역에서 선경의 모든 사업활동이 안정과 성장을 지속적으로 이룰 수 있도록 인도하기 위하여 필요 시 각 지역에 경영기획실을 설치, 운영할 수 있다.

2) 지역별 경영기획실의 운영은 각 지역 경영기획실 운영규정이 정하는 바에 의한다.

3) 지역별 경영기획실은 다음과 같은 기능을 갖는다.

a) SKMS를 그 지역에 맞도록 개발하여 확산시킨다.

b) 그 지역 내에 있는 그룹 내 관계회사의 경영활동 단위에 대한 경영활동 실태를 조사, 분석한다.

제14조 (협조)

관계회사는 기획실의 업무 수행을 위한 필요사항에 대하여 적극 협조하여야 한다.

제15조 (기밀엄수)

기획실 실원은 업무수행 상 취득한 관계회사에 관한 일절의 기밀사항을 엄수하여야 한다.

제16조 (예산 편성 및 집행)

    1) 기획실은 업무수행에 필요한 경비에 대하여 자체 예산을 가지며, 이는 운영위원회의 승인을 얻어 편성하고 실장의 책임 하에 집행한다.

    2) 경비 부담은 운영위원회에서 정하는 분담 기준에 따라 관계회사에서 분담한다. 단, 관계회사의 개별적인 경비는 당해사의 부담으로 한다.

제17조 (기획실 내규 제정) 실장은 기획실의 업무를 원활히 하기 위하여 실장 전결사항으로 실의 업무 수행에 관한 내규를 제정할 수 있다.

출처 : 『선경 40년사』, 1111~1115면.

제5장 내부지분율

소유의 정점에 있는 동일인은 '특수관계인'으로 불리는 주주들을 규합하여 은밀한 금전관계를 맺으며, 이로써 한 재벌 내의 모든 계열회사들에 대한 소유권을 장악하게 된다. 이들이 보유하는 주식이 전체 주식에서 차지하는 비율이 '내부지분율'이다. 이 지분은 회사의 최고 의결기구인 주주총회에서 의결권 행사로 이어지게 되며, 그 결과 동일인 또는 그 가족구성원이 경영권도 자연스럽게 장악하게 된다.

증권거래법에 따라 회사가 매년 제출하는 『사업보고서』의 '주식에 관한 사항'에는 '최대주주 및 그 특수관계인의 주식소유 현황'이 나와 있는데, 회사마다 그리고 년도에 따라 차이가 있긴 하지만 모두 여섯 부류의 주주가 특수관계인으로 등장한다. 즉, 친족, 비영리법인, 임원, 계열회사, 자기주식 그리고 자사주펀드 등이 그것이다.

한편, 공정거래위원회는 개개 재벌 전체에서의 내부지분율을 정리해 발표하고 있는데 현재 1989~2007년 관련 수치가 나와 있다. 여기에는 시기에 따라 다소 다르기는 하지만, 동일인, 특수관계인, 계열회사 등 세 부류로 나눔으로써 '특수관계인'의 범위를 좁게 규정하고 있다. 1989년에는 동일인과 특수관계인 지분이 합산되었다가 1990년부터는 분리되어 세 가지 수치가 계산되었다. 1995년부터는 계열회사 지분에서 자기주식이 분리되어 네 가지 종류의 수치가 2003년까지 발표되었다. 2004년부터는 자기주식 항목이 계열회사 지분에 도로 합산되었으며, 대신 특수관계인 지분이 친족과 기타 동일인관련자 지분으로 나뉘어 제시되고 있다.

여기서는 공정거래위원회 자료를 중심으로 그 수치의 변화를 살펴보려고 한다. 두 가지 종류의 내부지분율을 계산하였다. 하나는 5대, 10대 그리고 30대 대규모사기업집단의 지분율(이하 '집단지분율')이고, 다른 하나는 이 집단 중 동일인이 '기업'인 집단을 제외한 집단의 지분율(이하 '재벌지분율')이다. 후자 즉 동일인이 '자연인'인 집단은 보통 말하는 '재벌'에 해당한다. '기업'이 동일인인 집단은 2000년부터 다수 등장하기 시작하였으며, 고려 중인 1989~2007년 기간 전체에 대해 주로 11~30위권에 속하였다. 5대 집단의 경우는 3개년도(1989, 2003~2004년)에 1개 집단씩만 포함되어 있는 반면, 10대와 30대 집단에는 2개년도(1989~1989년)를 제외하고는 각각 1~2개씩 그리고 1~8개씩 포함되어 있다.

집단지분율과 재벌지분율은 수치는 서로 다르지만 겹치는 수치가 적지 않고 변화의 추세는 크게 다르지 않다. 아래에서는 집단지분율을 중심으로 재벌지분율을 비교하면서 내부지분율의 4가지 측면을 살펴본다 : 1) 총지분율, 2) 동일인 지분율, 3) 특수관계인 지분율, 4) 계열회사 지분율. 가장 큰 특징은, 총지분율 자체가 매우 크며 이 중에서 계열회사 지분율의 비중이 절대적이라는 점이다.

1. 총지분율

총지분율이 50% 내외로 매우 높게 유지되고 있는 점이 무엇보다 중요하다(<표 5.1>). 5대 집단은 43.5~54.4%(재벌 45.2~54.4%), 10대 집단은 39.6~53.3%(재벌 40.6~52.3%), 그리고 30대 집단은 42.7~56.7%(재벌 42.7~57.0%)의 분포를 보이고 있다. 집단에 비해 재벌에서 상대적으로 좀 더 높은 수치를 나타내고 있다.

지분율 수치는 세 부류의 집단과 재벌 모두에서 거의 비슷한 변화 패턴을 보이고 있다. 즉, '1991년까지 상승 → 1997년까지 하락 → 1999년까지 급상승 → 2000년 급하락 → 이후 상승' 추세다.

```
A) 집단 :  5대－52.1(91년)   ↓45.2(97)   ↑54.4(99)   ↓46.3(00)   ↑50.0~51.3%(05-7)
          10대－45.1        ↓39.6        ↑47.8        ↓43.3        ↑52.7~53.3%(03-4)
          30대－45.7        ↓43.0        ↑50.5        ↓43.4        ↑50.5~56.7%(02-4)


B) 재벌 :  5대－52.1         ↓45.2        ↑54.4        ↓46.3        ↑50.0~51.3%(05-7)
          10대－46.6        ↓40.6        ↑47.8        ↓47.1        ↑50.0~52.3%(06-7)
          30대－46.6        ↓44.5(98)    ↑50.5        ↓44.9        ↑50.7~57.0%(01-7).
```

즉, 1) 1991년까지 상승했다가, 2) 이후 조금씩 감소하는 추세를 보여 IMF외환위기가 발생한 1997년 초(30대 집단 중 재벌은 1998년 초)에는 최저치를 나타냈다. 3) 이후 2년 동안 갑작스럽게 증가세로 돌아서 2년 뒤인 1999년에는 수치가 1997년에 비해 집단은 7.5~9.2%p 그리고 재벌은 6~9.2%p나 상승하였으며, 4) 다시 2000년에는 집단에서 4.5~8.1%p 그리고 재벌에서 0.7~8.1%p나 빠지는 상황으로 돌변했다. 5) 그러던 것이 2001년부터는 다시 상승하는 추세를 보여 수치가 50%이상으로 올라갔다.

외환위기 이후 재벌개혁이 주요 정책으로 시행되어져 오고 있지만 '소유집중 현상'은 전혀 완화되지 않았으며 오히려 강화되고 있음을 알 수 있다. 1997년 초까지는 오히려 감소하는 추세였는데, 이후 3년 간 급상승과 급하락의 혼선이 있다가 2001년부터는 상승세로 돌아선 것이다. 특히, 30대 집단과 재벌은 2001~2002년 이후 그리고 5대 집단과 재벌은 2005년 이후 50% 이상의 수치를 보이고 있다. 1997년 이전 30대 집단의 최고치는 47.1%(재벌은 48.1%)였으며, 5대 집단과 재벌에서는 1990~1992년에 수치가 50%를 넘어선 적이 있었다.

<표 5.1> 총지분율, 1989~2007년(%) : 5대, 10대, 30대 대규모사기업집단 vs. 집단 중 재벌

1. 대규모사기업집단

	1989 1999	1990 2000	1991 2001	1992 2002	1993 2003	1994 2004	1995 2005	1996 2006	1997 2007	1998
5대	43.5 54.4	50.4 46.3	52.1 47.3	51.8 47.8	49.0 48.8	48.2 48.6	48.4 50.0	48.1 51.3	45.2 50.0	47.9
10대	43.0 47.8	44.3 43.3	45.1 49.9	44.2 48.5	41.0 53.3	39.9 52.7	39.6 –	39.9 –	39.6 –	44.1
30대	47.1 50.5	45.7 43.4	45.7 45.0	44.3 50.5	43.4 54.1	42.7 56.7	43.3 –	44.1 –	43.0 –	44.5

2. 대규모사기업집단 중 재벌

(5대)	49.2 54.4	50.4 46.3	52.1 47.3	51.8 47.8	49.0 49.1	48.2 47.2	48.4 50.0	48.1 51.3	45.2 50.0	47.9
(10대)	45.5 47.8	45.3 47.1	46.6 47.2	45.8 45.8	43.1 49.0	41.8 47.5	41.6 49.0	41.5 52.3	40.6 50.0	44.1
(30대)	48.1 50.5	46.0 44.9	46.6 50.7	45.1 53.1	42.9 51.7	42.7 53.1	44.7 54.3	45.7 52.9	45.2 57.0	44.5

출처 : <표 5.5, 5.6>.

2. 동일인, 특수관계인, 계열회사 지분율

(1) 동일인 지분율

동일인지분율은 '기업'이 동일인인 집단과 '자연인'이 동일인인 집단 사이에 큰 차이가 있다(<표 5.2>). 대체로 전자의 수치가 매우 큰 반면 후자의 수치는 매우 작다. 이에 따라 5대, 10대, 30대 집단 사이에, 그리고 집단지분율과 재벌지분율 사이에 서로 다른 추세를 보이고 있다.

A) 집단 : 5대−6.3(90년) ↓ 1.4(01)   ↑ 10.3~10.8(03-4) ↓ 1.1%(05-7)
　　　　　 10대−7.3　　　 ↓ 1.5(00)   ↑ 14.7~15.0%(03-4)
　　　　　 30대−9.6　　　 ↓ 1.5(00)   ↑ 15.4~18.1%(03-4)

B) 재벌 : 5대−6.3　　　 ↓ 1.4(01)   ↑ 1.7(02)　　　　　 ↓ 1.1%(05-7)

10대－5.6   ↓ 1.5(01)   ↑ 2.2%(06)

30대－8.8   ↓ 2.0(99)   ↑ 4.2(02)   ↓ 2.8%(07).

　5대 집단의 경우, 2003~2004년에 기업이 동일인인 집단(5위 KT 46.1, 49.3%)이 각각 1개씩 포함되어 있어 집단지분율은 10.3~10.8%인 반면 재벌지분율은 1.3~1.2%였다. 이 2개년도를 제외하면 동일인지분율은 지속적으로 하락하는 추세를 보이고 있다.

　10대와 30대 집단의 경우는 기업이 동일인인 집단이 매년, 특히 2000년 이후 여러 개 씩 포함되어 집단지분율과 재벌지분율 수치가 서로 다르고 변화의 방향도 서로 다르다. 1) 집단지분율은 1990년 이후 점차 감소하여 2000년 최저치를 기록하였으며 이후 급상승 추세를 보이고 있다. 2) 재벌지분율도 점차 감소하여 1999~2001년에 최저치를 기록한 점은 앞의 경우와 비슷한데 이후의 변화가 다르다. 즉, 10대 집단 중의 재벌은 소폭 상승한 반면, 30대 집단 중의 재벌은 2002년까지 소폭 상승했다가 다시 소폭 하락하는 모습을 보이고 있다. 하지만, 전체적으로 보면 동일인 관련 재벌지분율은 1997년 외환위기 이전에 비해 이후에는 확연하게 줄어들었다.

<표 5.2> 동일인 지분율, 1989~2007년(%) : 5대, 10대, 30대 대규모사기업집단 vs. 집단 중 재벌

1. 대규모사기업집단									
	1989	1990	1991	1992	1993	1994	1995	1996	1997	1998
	1999	2000	2001	2002	2003	2004	2005	2006	2007	
5대	–	6.3	5.7	5.1	5.0	4.2	4.0	3.8	3.3	3.0
	2.0	1.5	1.4	1.7	10.3	10.8	1.1	1.1	1.1	
10대	–	7.3	6.9	6.2	6.0	3.9	5.2	5.4	4.9	3.5
	2.3	1.5	7.2	7.5	14.7	15.0	–	–	–	
30대	–	9.6	9.5	7.7	4.1	4.2	4.9	4.8	3.7	3.1
	2.0	1.5	3.3	6.0	15.4	18.1	–	–	–	
2. 대규모사기업집단 중 재벌									
(5대)	–	6.3	5.7	5.1	5.0	4.2	4.0	3.8	3.3	3.0
	2.0	1.5	1.4	1.7	1.3	1.2	1.1	1.1	1.1	
(10대)	–	5.6	5.5	4.9	4.7	4.3	3.9	3.7	3.2	3.5
	2.3	1.6	1.5	1.9	1.9	1.9	1.8	2.2	1.6	
(30대)	–	8.8	8.6	6.9	6.5	6.6	7.5	6.4	5.0	3.1
	2.0	3.1	3.6	4.2	3.7	3.2	2.9	2.9	2.8	

출처 : <표 5.5, 5.6>.

(2) 특수관계인 지분율

　특수관계인 지분율은 집단지분율과 재벌지분율 사이에 큰 차이는 없지만, 전반적으로 후자가 좀 더 큰 편이다(<표 5.3>). 기업이 동일인인 집단에서는 특수관계인이 대부분 임원인데 반해, 자연인이 동일인인 집단에서는 비영리법인, 친족, 임원 등으로 더 다양하기 때문이다. 하지만, 변화의 방향은 '1999~2001년까지 하락 → 이후 상승−하락이 반복되는 가운데 대체로 상승 추세'로 거의 비슷하다. 다만, 후반기의 상승 정도에 차이가 있다.

A) 집단 : 5대 − 10.9(90년) ↓ 1.5(01) ↑ 3.4%(07)
　　　　　10대 − 8.2 ↓ 2.6(00) ↑ 4.6%(04)
　　　　　30대 − 9.8 ↓ 2.3(01) ↑ 6.3%(04)

B) 재벌 : 5대 − 10.9 ↓ 1.5(01) ↑ 3.4%(07)
　　　　　10대 − 7.9 ↓ 2.5(01) ↑ 6.8(06) ↓ 5.9%(07)
　　　　　30대 − 8.6 ↓ 3.4(99) ↑ 8.0(04-5) ↓ 6.5%(07).

<표 5.3> 특수관계인 지분율, 1989~2007년(%) : 5대, 10대, 30대 대규모사기업집단 vs. 집단 중 재벌

1. 대규모사기업집단										
	1989	1990	1991	1992	1993	1994	1995	1996	1997	1998
	1999	2000	2001	2002	2003	2004	2005	2006	2007	
5대	–	10.9	9.3	9.0	6.9	5.6	5.7	5.6	5.3	4.2
	2.5	3.6	1.5	3.1	1.8	1.1/1.7	1.5/0.9	1.7/1.1	1.7/1.7	
10대	–	8.2	8.4	8.2	5.6	4.6	4.7	4.6	4.6	4.3
	3.5	2.6	2.7	2.7	2.5	1.6/3.0	–	–	–	
30대	–	9.8	8.0	8.0	6.2	5.5	5.6	5.5	4.8	4.8
	3.4	3.0	2.3	4.7	4.2	3.0/3.3	–	–	–	
2. 대규모사기업집단 중 재벌										
(5대)	–	10.9	9.3	9.0	6.9	5.6	5.7	5.6	5.3	4.2
	2.5	3.6	1.5	3.1	2.2	1.4/1.8	1.5/0.9	1.7/1.1	1.7/1.7	
(10대)	–	7.9	8.4	8.1	6.2	5.1	5.2	5.1	5.1	4.3
	3.5	2.7	2.5	2.6	2.9	2.0/3.3	4.3/2.0	4.0/2.8	3.8/2.1	
(30대)	–	8.6	8.2	8.0	7.2	6.6	7.1	7.3	5.9	4.8
	3.4	5.1	5.3	5.1	5.1	3.9/4.1	4.4/3.6	4.3/3.5	3.7/2.8	

출처 : <표 5.5, 5.6>.

(3) 계열회사 지분율

동일인 지분율과 특수관계인 지분율은 수치가 크지 않으며, 따라서 전체 내부지분율에서 차지하는 비중 역시 크지 않다. 대신 계열회사 지분율(자기주식 포함)의 비중이 절대적이다 (<표 5.4>). 5대 집단의 경우, 집단지분율 43.5~54.4% 중에서 29.2~49.9%, 그리고 재벌지분율 45.2~54.4% 중에서 33.2~49.9%가 각각 계열회사 몫이다. 10대와 30대 집단의 경우에도 계열회사의 비중이 크기는 마찬가지이다 : 10대−집단지분율 39.6~53.3% 중에서 28.8~42.0%, 재벌지분율 40.6~52.3% 중에서 31.8~44.3% ; 30대−집단지분율 42.7~56.7% 중에서

26.3~45.2%, 재벌지분율 42.7~57.0% 중에서 28.6~47.8%.

앞에서 보았듯이 1) 총지분율은 상승 추세, 2) 동일인 지분율 중 재벌지분율은 감소 추세, 그리고 3) 특수관계인 지분율은 상승 추세였다. 이에 비해, 계열회사 지분율은 상승－하락이 반복되는 가운데 대체적으로 상승 추세다. 다만, 10대와 30대 집단의 경우 1999년 이후 감소하고 있으나 이전보다는 높은 수치를 보이고 있다.

A) 집단 : 5대－29.2(89년)   ↑ 49.9(99)   ↓ 35.0(04)   ↑ 47.3%(06)

　　　　　10대－28.8(90)   ↑ 42.0(99)   ↓ 33.1%(04)

　　　　　30대－26.3(90)   ↑ 45.2(99)   ↓ 32.4%(04)

B) 재벌 : 5대－33.2(90)   ↑ 49.9(99)   ↓ 41.2(00)   ↑ 47.3%(06)

　　　　　10대－31.8(90)   ↑ 43.2(01)   → 43.3%(06)

　　　　　30대－28.6(90)   ↑ 45.2(99)   ↓ 36.8(00)   ↑ 47.8%(07).

결국, 소유집중 과정에 계열회사의 역할이 절대적이고 또 강화되고 있음을 알 수 있다. 특히, 재벌지분율이 집단지분율보다 대체적으로 큰데, 이는 소유권 장악을 위해 자연인인 동일인 즉 오너가 보다 적극적으로 계열회사를 활용한다는 의미다.

<표 5.4> 계열회사 지분율, 1989~2007년(%) : 5대, 10대, 30대 대규모사기업집단 vs. 집단 중 재벌

1. 대규모사기업집단										
	1989	1990	1991	1992	1993	1994	1995	1996	1997	1998
	1999	2000	2001	2002	2003	2004	2005	2006	2007	
5대	29.2	33.2	37.1	37.6	37.2	38.4	38.7	38.7	36.6	40.7
	49.9	41.2	44.3	43.1	36.8	35.0	46.5	47.3	45.6	
10대	29.1	28.8	29.8	29.9	29.4	31.5	29.7	29.9	30.1	36.4
	42.0	39.3	40.1	38.3	36.1	33.1	-	-	-	
30대	28.2	26.3	28.2	28.6	33.1	33.1	32.8	33.8	34.5	36.6
	45.2	38.9	39.4	39.8	34.6	32.4	-	-	-	
2. 대규모사기업집단 중 재벌										
(5대)	35.6	33.2	37.1	37.6	37.2	38.4	38.7	38.7	36.6	40.7
	49.9	41.2	44.3	43.1	45.5	42.9	46.5	47.3	45.6	
(10대)	31.9	31.8	32.8	32.8	32.3	32.4	32.5	32.6	32.3	36.4
	42.0	42.7	43.2	41.2	44.3	40.3	41.0	43.3	42.5	
(30대)	30.4	28.6	29.7	30.2	29.1	29.4	30.1	32.0	34.3	36.6
	45.2	36.8	41.8	43.8	42.9	41.8	43.4	42.2	47.8	

출처 : <표 5.5, 5.6>.

<표 5.5> 내부지분율, 1989~2007년(%) - 동일인(a), 특수관계인(b)[친족(b1)/기타 동일인관련자(b2)], 계열회사(c), 자기주식(d) : (1) 5대, 10대, 30대 대규모사기업집단

1. 5대 집단

	1989 1999	1990 2000	1991 2001	1992 2002	1993 2003	1994 2004	1995 2005	1996 2006	1997 2007	1998
(a)	– 2.0	6.3 1.5	5.7 1.4	5.1 1.7	5.0 10.3	4.2 10.8	4.0 1.1	3.8 1.1	3.3 1.1	3.0
(b)	– 2.5	10.9 3.6	9.3 1.5	9.0 3.1	6.9 1.8	5.6 1.1/1.7	5.7 1.5/0.9	5.6 1.7/1.1	5.3 1.7/1.7	4.2
(c)	29.2 48.9	33.2 38.5	37.1 39.2	37.6 39.5	37.2 34.6	38.4 35.0	38.4 46.5	38.3 47.3	35.9 45.6	39.6
(d)	– 1.0	 2.7	 5.1	 3.6	 2.2	 	0.3 –	0.4 	0.7 	1.1
a+b	14.3 4.5	17.2 5.1	15.0 2.9	14.1 4.8	11.9 12.1	9.8 13.6	9.7 3.5	9.4 3.9	8.6 4.5	7.2
c+d	29.2 49.9	33.2 41.2	37.1 44.3	37.6 43.1	37.2 36.8	38.4 35.0	38.7 46.5	38.7 47.3	36.6 45.6	40.7
a+b+c+d	43.5 54.4	50.4 46.3	52.1 47.3	51.8 47.8	49.0 48.8	48.2 48.6	48.4 50.0	48.1 51.3	45.2 50.0	47.9

2. 10대 집단

	1989 1999	1990 2000	1991 2001	1992 2002	1993 2003	1994 2004	1995 2005	1996 2006	1997 2007	1998
(a)	– 2.3	7.3 1.5	6.9 7.2	6.2 7.5	6.0 14.7	3.9 15.0	5.2 –	5.4 –	4.9 –	3.5
(b)	– 3.5	8.2 2.6	8.4 2.7	8.2 2.7	5.6 2.5	4.6 1.6/3.0	4.7 –	4.6 –	4.6 –	4.3
(c)	29.1 40.7	28.8 37.7	29.8 35.5	29.9 32.8	29.4 32.8	31.5 33.1	29.3 –	29.4 –	29.3 –	35.4
(d)	– 1.3	 1.6	 4.6	 5.5	 3.3	 	0.4 –	0.5 	0.8 	1.0
a+b	14.0 5.8	15.5 4.1	15.3 9.9	14.4 10.2	11.6 17.2	8.5 19.6	9.9 –	10.0 –	9.5 –	7.8
c+d	29.1 42.0	28.8 39.3	29.8 40.1	29.9 38.3	29.4 36.1	31.5 33.1	29.7 –	29.9 –	30.1 –	36.4
a+b+c+d	43.0 47.8	44.3 43.3	45.1 49.9	44.2 48.5	41.0 53.3	39.9 52.7	39.6 –	39.9 –	39.6 –	44.1

3. 30대 집단

	1989 1999	1990 2000	1991 2001	1992 2002	1993 2003	1994 2004	1995 2005	1996 2006	1997 2007	1998
(a)	– 2.0	9.6 1.5	9.5 3.3	7.7 6.0	4.1 15.4	4.2 18.1	4.9 –	4.8 –	3.7 –	3.1
(b)	– 3.4	9.8 3.0	8.0 2.3	8.0 4.7	6.2 4.2	5.5 3.0/3.3	5.6 –	5.5 –	4.8 –	4.8
(c)	28.2 44.1	26.3 36.6	28.2 35.2	28.6 35.8	33.1 31.3	33.1 32.4	32.4 –	33.3 –	33.7 –	35.7
(d)	– 1.1	 2.3	 4.2	 4.0	 3.3	 	0.4 –	0.5 	0.8 	0.9

a+b	18.9	19.4	17.5	15.7	10.3	9.7	10.6	10.3	8.5	7.9
	5.4	4.5	5.6	10.7	19.6	24.4	–	–	–	
c+d	28.2	26.3	28.2	28.6	33.1	33.1	32.8	33.8	34.5	36.6
	45.2	38.9	39.4	39.8	34.6	32.4	–	–	–	
a+b+c+d	47.1	45.7	45.7	44.3	43.4	42.7	43.3	44.1	43.0	44.5
	50.5	43.4	45.0	50.5	54.1	56.7	–	–	–	

주 : 1) 2002~2007년 – 공기업집단 제외.
2) 1993~2001년의 1~30위 수치는 '공정거래위원회 홈페이지 자료'의 수치임 ; 1996, 2000~ 2001년 수치는 소수점 이하 둘째자리 반올림, 총합은 각 지분의 합과 다를 수 있음.
3) 5대, 10대, 1989~1992, 2002~2007년의 30대 집단 수치(a, b, c, d, (a+b+c+d))는 <부록표 5.1>에서 계산함 ; (a+b)는 따로 계산한 a와 b의 합이며, (c+d)는 c와 d의 합임. 따라서, (a+b) 와 (c+d)의 합은 (a+b+c+d)와 다를 수 있음.
4) 2005~2007년은 동일인이 '기업'인 집단 관련 정보 없음 :
    a) 2005년 – 1~10위 중 2개(6,7위), 1~30위 중 7개(6,7,17,22,23,27,30위).
    b) 2006년 – 1~10위 중 2개(6,7위), 1~30위 중 8개(6,7,14,20,23,25,28,30위).
    c) 2007년 – 1~10위 중 2개(6,7위), 1~30위 중 6개(6,7,14,21,22,23위).
출처 : <부록표 5.1>.

<표 5.6> 내부지분율, 1989~2007년(%) – 동일인(a), 특수관계인(b)[친족(b1)/기타 동일인관련자(b2)], 계열회사(c), 자기주식(d) : (2) 5대, 10대, 30대 대규모사기업집단 중 재벌

1. 5대 집단

| | (1989) | 1990 | 1991 | 1992 | 1993 | 1994 | 1995 | 1996 | 1997 | 1998 |
	1999	2000	2001	2002	(2003	2004)	2005	2006	2007	
(a)	–	6.3	5.7	5.1	5.0	4.2	4.0	3.8	3.3	3.0
	2.0	1.5	1.4	1.7	1.3	1.2	1.1	1.1	1.1	
(b)	–	10.9	9.3	9.0	6.9	5.6	5.7	5.6	5.3	4.2
	2.5	3.6	1.5	3.1	2.2	1.4/1.8	1.5/0.9	1.7/1.1	1.7/1.7	
(c)	35.6	33.2	37.1	37.6	37.2	38.4	38.4	38.3	35.9	39.6
	48.9	38.5	39.2	39.5	42.8	42.9	46.5	47.3	45.6	
(d)	–						0.3	0.4	0.7	1.1
	1.0	2.7	5.1	3.6	2.7		–			
a+b	13.7	17.2	15.0	14.1	11.9	9.8	9.7	9.4	8.6	7.2
	4.5	5.1	2.9	4.8	3.5	4.4	3.5	3.9	4.5	
c+d	35.6	33.2	37.1	37.6	37.2	38.4	38.7	38.7	36.6	40.7
	49.9	41.2	44.3	43.1	45.5	42.9	46.5	47.3	45.6	
a+b+c+d	49.2	50.4	52.1	51.8	49.0	48.2	48.4	48.1	45.2	47.9
	54.4	46.3	47.3	47.8	49.1	47.2	50.0	51.3	50.0	

2. 10대 집단

| | (1989 | 1990 | 1991 | 1992 | 1993 | 1994 | 1995 | 1996 | 1997) | 1998 |
	1999	(2000	2001	2002	2003	2004	2005	2006	2007)	
(a)	–	5.6	5.5	4.9	4.7	4.3	3.9	3.7	3.2	3.5
	2.3	1.6	1.5	1.9	1.9	1.9	1.8	2.2	1.6	
(b)	–	7.9	8.4	8.1	6.2	5.1	5.2	5.1	5.1	4.3
	3.5	2.7	2.5	2.6	2.9	2.0/3.3	4.3/2.0	4.0/2.8	3.8/2.1	

(c)	31.9	31.8	32.8	32.8	32.3	32.4	32.1	32.1	31.5	35.4
	40.7	40.9	38.6	35.6	40.2	40.3	41.0	43.3	42.5	
(d)	–						0.4	0.5	0.8	1.0
	1.3	1.8	4.6	5.6	4.1		–			
a+b	13.6	13.5	13.9	13.0	10.9	9.4	9.1	8.8	8.3	7.8
	5.8	4.3	4.0	4.5	4.8	7.2	8.1	9.0	7.5	
c+d	31.9	31.8	32.8	32.8	32.3	32.4	32.5	32.6	32.3	36.4
	42.0	42.7	43.2	41.2	44.3	40.3	41.0	43.3	42.5	
a+b+c+d	45.5	45.3	46.6	45.8	43.1	41.8	41.6	41.5	40.6	44.1
	47.8	47.1	47.2	45.8	49.0	47.5	49.0	52.3	50.0	

3. 30대 집단

	(1989)	1990	1991	1992	1993	1994	1995	1996	(1997)	1998
	1999	(2000)	2001	2002	2003	2004	2005	2006	(2007)	
(a)	–	8.8	8.6	6.9	6.5	6.6	7.5	6.4	5.0	3.1
	2.0	3.1	3.6	4.2	3.7	3.2	2.9	2.9	2.8	
(b)	–	8.6	8.2	8.0	7.2	6.6	7.1	7.3	5.9	4.8
	3.4	5.1	5.3	5.1	5.1	3.9/4.1	4.4/3.6	4.3/3.5	3.7/2.8	
(c)	30.4	28.6	29.7	30.2	29.1	29.4	29.5	31.4	33.4	35.7
	44.1	34.2	37.7	39.5	38.8	41.8	43.4	42.2	47.8	
(d)	–						0.6	0.6	0.9	0.9
	1.1	2.6	4.1	4.3	4.1		–			
a+b	17.6	17.4	16.8	14.9	13.7	13.2	14.6	13.7	10.9	7.9
	5.4	8.2	8.9	9.3	8.8	11.2	10.9	10.7	9.3	
c+d	30.4	28.6	29.7	30.2	29.1	29.4	30.1	32.0	34.3	36.6
	45.2	36.8	41.8	43.8	42.9	41.8	43.4	42.2	47.8	
a+b+c+d	48.1	46.0	46.6	45.1	42.9	42.7	44.7	45.7	45.2	44.5
	50.5	44.9	50.7	53.1	51.7	53.1	54.3	52.9	57.0	

주 : 1) 괄호 안의 년도는 <표 5.5>에서의 수치와 다른 수치의 년도임.

2) 동일인이 '기업'이거나 확인되지 않은 집단(1개, 극동정유)을 제외한 수치이며, 제외된 집단 수와 순위는 다음과 같다.

a) 1989년-(4개) 5/11,21,22.   b) 1990년-(3개) 9/19,26.

c) 1991년-(2개) 9/19.   d) 1992년-(2개) 8/22.

e) 1993~1997년-(1개) 8.   f) 1998~1999-제외된 집단 없음.

g) 2000년-(4개) 7/13,18,24.   h) 2001년-(5개) 7/13,23,28,30.

i) 2002년-(3개) 6/14,20.   j) 2003년-(6개) 5/8,21,22,26,27.

k) 2004년-(7개) 5/8/15,23,25,26,29.   l) 2005년-(7개) 6,7/17,22,23,27,30.

m) 2006년-(8개) 6,7/14,21,23,25,28,30.   n) 2007년-(6개) 6,7/14,21,22,23.

3) <표 5.5>의 주 참조.

출처 : <부록표 5.1>.

3. 자료 : 년도별, 순위별, 집단별 내부지분율

부록표에는 모두 5종류의 자료가 제시되어져 있다.

(1) <부록표 5.1>은 년도별, 순위별로 각 집단의 내부지분율을 정리하였다. 지분율의 종류는 모두 7가지이다 : 총지분율(A), 동일인 지분율(a), 특수관계인 지분율(b)[친족 지분율(b1), 기타 동일인관련자 지분율(b2)], 계열회사 지분율(c), 그리고 자기주식 지분율(d). 이 중 년도별로 관련된 지분율 유형은 다음과 같다.

   1) 1989년 : 3종류 지분율－총지분율(A), 동일인 및 특수관계인(a+b), 계열회사(c)
   2) 1990~1994년 : 4종류－총지분율(A), 동일인(a), 특수관계인(b), 계열회사(c)
   3) 1995~2003년 : 5종류－총지분율(A), 동일인(a), 특수관계인(b), 계열회사(c), 자기주식(d)
   4) 2004~2007년 : 5종류－총지분율(A), 동일인(a), 친족(b1), 기타 동일인관련자(b2), 계열회사(c)

'기업'이 동일인인 집단은 밑줄로 표시되어 있으며, 이 집단의 년도별 수는 다음과 같다 : 1989년(3개), 1990년(2개), 1991~1997년(1개), 1998~1999년(0개), 2000년(4개), 2001년(5개), 2002년(3개), 2003년(6개), 2004~2005년(7개), 2006년(8개), 그리고 2007년(6개). 이 중에서 2005~2007년의 집단 관련 자료는 없다.

(2) 다른 4개의 부록표에는 집단별 내부지분율이 정리되어 있다. 내부지분율 정보는 1989~2007년 기간에 대해서만 있는데, 집단의 명단은 1987~2007년 사이의 75개를 제시하였다. 이는 제2부에서의 분석이 기본적으로 '1987~2007년'을 대상으로 하는 것이어서 일관성을 유지하기 위함이다. 따라서, 1987년에 관련된 3개 집단(대한조선공사, 라이프, 삼환기업)은 이름만 표시되어 있으며, 1989~2007년 사이의 72개 집단 내부지분율 정보가 제시되어져 있다.

   1) <부록표 5.2> : 총지분율
   2) <부록표 5.3> : 동일인 지분율(a), 특수관계인 지분율(b)[친족 지분율(b1),
                          기타 동일인관련자 지분율(b2)]
                          1989년－동일인 및 특수관계인(a+b)
                          1990~2003년－동일인(a), 특수관계인(b), 동일인 및 특수관계인(a+b)
                          2004~2007년－동일인(a), 친족(b1), 기타 동일인관련자(b2),
                                 동일인, 친족 및 기타 동일인관련자(a+b1+b2)
   3) <부록표 5.4> : 계열회사 지분율(c), 자기주식 지분율(d)
                          1989~1994년－계열회사 및 자기주식(c+d)
                          1995~2003년－계열회사(c), 자기주식(d), 계열회사 및 자기주식(c+d)
                          2004~2007년－계열회사 및 자기주식(c+d)

4) <부록표 5.5> : 동일인 지분율(a), 특수관계인 지분율(b)[친족 지분율(b1),
　　　　　　　　　기타 동일인관련자 지분율(b2)], 계열회사 지분율(c),
　　　　　　　　　자기주식 지분율(d), 동일인 및 특수관계인(a+b),
　　　　　　　　　계열회사 및 자기주식(c+d), 총지분율(a+b+c+d).

<부록표 5.1> 30대 대규모사기업집단의 내부지분율, 1989~2007년(%) :

동일인(a), 특수관계인(b) [친족(b1)/기타 동일인관련자(b2)], 계열회사(c), 자기주식(d)

순위	1989	((a+b)/c)	1990	(a/b/c)	1991	(a/b/c)
1	현대	69.0 (27.9/41.1)	현대	66.6 (9.2/18.4/38.9)	현대	67.8 (10.0/17.5/40.3)
2	대우	43.8 (8.9/34.9)	대우	48.3 (6.8/ 3.5/38.0)	럭키	38.3 (0.2/ 7.4/30.6)
3	럭키	33.8 (9.8/24.0)	럭키	33.5 (0.1/ 7.4/25.9)	대우	50.4 (6.2/ 3.6/40.6)
4	삼성	50.3 (8.0/42.3)	삼성	50.4 (2.6/ 5.4/42.4)	삼성	53.2 (2.8/ 5.7/44.7)
5	포항	20.6 (16.9/ 3.7)	한진	53.0 (12.8/19.8/20.4)	선경	50.6 (9.4/12.1/29.1)
6	한진	53.0 (30.1/22.9)	선경	48.6 (9.3/ 9.9/29.4)	한진	52.0 (11.0/16.7/24.3)
7	선경	46.1 (15.5/30.6)	쌍용	42.3 (3.1/ 0.5/38.7)	쌍용	42.0 (3.2/ 4.4/34.4)
8	쌍용	51.3 (9.0/42.3)	롯데	23.4 (0.9/ 2.2/20.4)	한국	41.4 (5.4/ 5.1/30.8)
9	롯데	19.8 (2.7/17.1)	기아	35.6 (22.0/11.0/ 2.6)	기아	31.7 (19.7/ 8.9/ 3.1)
10	한국	42.4 (10.6/31.8)	한국	41.3 (5.7/ 4.0/31.6)	롯데	23.6 (0.9/ 2.7/20.0)
11	기아	39.4 (11.3/28.1)	대림	38.5 (0.1/ 6.9/31.5)	대림	39.2 (0.1/ 7.5/31.6)
12	대림	53.5 (16.7/36.9)	한일	56.8 (7.0/10.7/39.1)	금호	38.0 (1.0/ 3.4/33.7)
13	한일	64.3 (19.9/44.4)	동건	43.7 (13.5/13.6/16.7)	동건	41.4 (12.4/14.5/14.6)
14	동건	43.3 (28.4/14.9)	두산	56.3 (2.9/11.6/41.8)	두산	56.6 (3.1/13.0/40.5)
15	두산	58.2 (16.4/41.8)	효성	44.0 (14.2/ 1.3/28.5)	한일	58.5 (6.9/ 8.7/42.9)
16	효성	38.8 (10.4/28.4)	금호	34.4 (1.0/ 3.4/29.9)	효성	43.7 (14.0/ 1.5/28.2)
17	금호	65.0 (35.1/29.9)	삼미	43.4 (5.7/ 9.1/28.6)	삼미	41.6 (6.4/ 8.5/26.7)
18	동국	53.2 (23.5/29.7)	동국	50.3 (4.1/14.4/31.8)	동국	56.5 (4.0/16.0/36.6)
19	삼미	49.4 (19.1/30.3)	* 극정	40.0 (22.9/ 5.8/11.3)	* 극정	35.8 (22.9/ 2.0/10.9)
20	코오	47.8 (13.0/34.8)	코오	44.8 (3.8/ 6.9/34.1)	극건	19.9 (2.1/ 3.5/14.3)
21	* 극정	50.9 (37.6/13.3)	극건	25.5 (2.0/ 3.4/20.1)	동양	34.9 (1.5/ 8.7/24.8)
22	범양	51.4 (42.3/ 9.1)	동부	48.4 (13.7/ 3.9/30.7)	코오	47.3 (3.6/ 8.8/34.9)
23	동부	42.4 (17.9/24.5)	한라	65.7 (29.5/ 9.7/26.5)	한라	62.8 (27.0/ 9.3/26.5)
24	극건	41.5 (4.2/37.3)	우성	66.6 (6.0/17.7/42.9)	동부	42.2 (15.0/ 4.8/22.5)
25	통일	48.3 (47.8/ 0.5)	통일	49.9 (40.7/ 8.8/ 0.4)	우성	69.2 (6.4/15.9/46.9)
26	해태	38.1 (7.2/30.8)	범양	53.5 (6.3/44.3/ 2.9)	한양	43.9 (29.1/ 9.2/ 5.6)
27	우성	64.4 (12.2/52.2)	고려	42.3 (3.4/ 2.8/36.1)	통일	55.9 (46.0/ 9.8/ 0.1)
28	고려	49.9 (7.6/42.3)	미원	38.9 (2.4/18.8/17.8)	고려	46.8 (2.9/ 3.0/40.9)
29	미원	37.4 (20.6/16.8)	태평	40.7 (7.8/ 8.2/24.7)	해태	40.2 (4.5/ 4.4/31.3)
30	한양	44.3 (35.9/ 8.4)	한양	44.4 (29.1/ 9.8/ 5.6)	동원	46.6 (6.6/ 4.6/35.4)

순위	1992	(a/b/c)	1993	(a/b/c)	1994	(a/b/c)
1	현대	65.7 (7.9/18.1/39.7)	현대	57.8 (5.6/16.5/35.7)	현대	61.3 (3.7/13.1/44.5)
2	삼성	58.3 (2.2/ 5.1/50.9)	삼성	52.9 (2.1/ 3.0/47.8)	대우	42.4 (4.0/ 2.5/35.9)
3	대우	48.8 (4.6/ 5.3/38.9)	대우	46.9 (4.5/ 2.6/39.8)	삼성	48.9 (1.8/ 2.1/45.0)
4	럭키	39.7 (0.2/ 7.2/32.3)	럭키	38.8 (0.2/ 5.1/33.6)	럭키	37.7 (0.1/ 5.3/32.3)
5	선경	46.5 (10.7/ 9.5/26.3)	선경	48.6 (12.5/ 7.1/29.0)	선경	50.9 (11.5/ 5.1/34.3)
6	한진	51.6 (10.1/16.4/25.0)	한진	46.6 (9.8/13.4/23.4)	한진	43.9 (9.6/12.1/22.2)
7	쌍용	37.7 (2.7/ 3.7/31.3)	쌍용	36.7 (2.6/ 3.0/31.2)	쌍용	33.8 (3.2/ 1.6/29.0)
8	<u>기아</u>	29.9 (17.9/ 8.7/ 3.3)	<u>기아</u>	21.4 (18.2/ 0.2/ 3.1)	<u>기아</u>	22.7 (/ 0.2/22.5)
9	한국	41.1 (4.6/ 5.4/31.1)	한화	36.8 (4.0/ 2.1/30.7)	한화	33.8 (3.9/ 1.6/28.3)
10	롯데	22.9 (0.9/ 2.5/19.6)	롯데	23.2 (0.8/ 2.7/19.6)	롯데	23.8 (0.8/ 2.5/20.5)
11	금호	41.9 (0.8/ 2.7/38.4)	금호	41.9 (0.7/ 1.9/39.3)	금호	42.5 (0.6/ 1.8/40.0)
12	대림	39.3 (0.3/ 7.3/31.7)	대림	36.0 (0.3/ 7.5/28.2)	대림	36.5 (0.3/ 8.5/27.7)
13	두산	47.3 (2.7/11.1/33.5)	두산	42.0 (2.6/10.5/29.0)	두산	51.3 (3.1/12.7/35.6)
14	동건	38.4 (12.2/10.7/15.5)	동건	38.4 (13.1/10.3/15.1)	동건	36.0 (12.4/11.0/12.6)
15	한일	54.7 (7.0/ 7.8/39.9)	한일	49.4 (7.0/ 7.3/35.1)	효성	41.7 (13.0/ 1.5/27.2)
16	효성	43.5 (14.0/ 1.4/28.2)	효성	42.6 (13.8/ 1.7/27.1)	한일	49.0 (6.8/ 7.7/34.5)
17	삼미	41.1 (6.2/ 8.2/26.7)	동국	49.3 (4.0/11.6/33.7)	한라	58.6 (26.0/ 6.4/26.2)
18	동국	53.2 (4.0/12.7/36.6)	삼미	42.1 (7.4/ 8.0/26.7)	동국	53.0 (3.6/10.3/39.2)
19	한라	63.9 (30.5/ 7.9/25.5)	한라	61.7 (28.2/ 8.8/24.7)	삼미	40.0 (6.6/ 8.0/25.3)
20	코오	43.9 (3.2/ 9.1/31.6)	한양	45.2 (29.1/10.5/ 5.6)	동양	43.5 (1.3/ 5.1/37.1)
21	동양	35.2 (1.4/ 7.7/26.2)	동양	36.7 (1.4/ 5.9/29.4)	코오	39.7 (2.1/ 6.3/31.3)
22	* 극정	37.2 (20.9/ 6.3/10.0)	코오	41.2 (2.8/ 7.1/31.3)	진로	41.0 (5.2/ 5.6/30.2)
23	동부	42.0 (13.4/ 4.8/23.8)	진로	47.4 (4.3/ 9.0/34.1)	고합	43.6 (2.9/ 1.5/39.3)
24	극건	19.8 (1.5/ 4.2/14.1)	동부	42.1 (12.0/ 3.6/26.5)	우성	59.2 (5.6/14.4/39.2)
25	우성	75.4 (6.9/17.3/51.2)	고합	41.4 (3.6/ 1.5/36.3)	동부	40.5 (11.3/ 3.6/25.6)
26	한양	43.9 (29.1/ 9.2/ 5.6)	극건	18.9 (1.6/ 3.6/13.7)	해태	31.8 (3.8/ 1.2/26.9)
27	고려	50.5 (2.9/ 3.5/44.2)	우성	63.0 (5.8/16.0/41.2)	극건	18.8 (1.5/ 4.2/13.1)
28	진로	36.9 (5.0/ 9.6/22.3)	해태	35.2 (3.8/ 1.5/29.9)	한보	51.4 (35.6/15.7/ 0.1)
29	해태	39.2 (4.0/ 3.2/32.0)	벽산	38.3 (3.5/12.0/22.8)	미원	46.6 (9.0/ 7.3/30.3)
30	벽산	39.4 (3.6/12.6/23.2)	미원	41.7 (1.8/16.0/24.0)	벽산	36.1 (3.3/12.6/20.2)

순위	1995	(a/b/c/d)	1996	(a/b/c/d)	1997	(a/b/c/d)
1	현대	60.4 (3.7/12.1/44.6/0.0)	현대	61.4 (3.9/11.5/45.8/0.2)	현대	56.2 (3.3/10.5/41.6/0.8)
2	삼성	49.3 (1.5/ 1.3/46.2/0.3)	삼성	49.0 (1.2/ 1.8/45.7/0.3)	삼성	46.7 (1.0/ 2.6/42.5/0.7)
3	대우	41.4 (3.9/ 2.8/34.6/0.1)	LG	39.9 (0.4/ 5.6/33.2/0.8)	LG	40.1 (0.3/ 5.1/34.0/0.7)
4	LG	39.7 (0.1/ 5.6/33.0/0.9)	대우	41.7 (3.8/ 2.6/34.9/0.5)	대우	38.3 (3.5/ 2.6/31.2/1.0)
5	선경	51.2 (10.9/ 6.5/33.5/0.3)	선경	48.6 (9.7/ 6.4/32.1/0.4)	선경	44.7 (8.4/ 5.7/30.1/0.4)
6	쌍용	33.1 (2.9/ 1.3/28.9/0.0)	쌍용	37.0 (2.7/ 1.0/32.7/0.6)	쌍용	42.0 (2.6/ 1.0/37.5/0.9)
7	한진	40.3 (7.5/12.6/18.2/2.0)	한진	41.2 (7.0/12.3/20.1/1.8)	한진	41.4 (4.4/14.3/20.3/2.4)
8	기아	21.9 (17.1/ 0.4/ 4.2/0.2)	기아	25.6 (20.7/ 0.3/ 4.4/0.2)	기아	30.6 (20.5/ 0.3/ 9.6/0.2)
9	한화	36.7 (3.6/ 1.8/31.2/0.1)	한화	32.8 (4.0/ 2.5/26.2/0.2)	한화	33.0 (4.1/ 1.8/26.7/0.4)
10	롯데	22.3 (0.8/ 2.5/18.8/0.2)	롯데	22.2 (1.0/ 2.4/18.8/0.0)	롯데	22.8 (1.0/ 2.4/19.4/0.0)
11	금호	40.3 (0.6/ 1.8/37.7/0.1)	금호	41.9 (0.6/ 1.7/39.4/0.2)	금호	40.1 (0.5/ 1.6/37.8/0.3)
12	두산	51.6 (2.8/11.2/37.0/0.6)	두산	49.0 (2.9/10.9/34.7/0.5)	한라	49.5 (0.6/18.1/30.5/0.3)
13	대림	37.6 (0.3/ 8.6/28.3/0.3)	대림	33.9 (2.4/ 6.7/24.6/0.3)	동아	54.2 (6.9/ 5.1/42.2/0.0)
14	동건	40.1 (10.7/ 9.0/20.0/0.4)	한보	85.4 (53.2/27.4/ 4.9/0.0)	두산	49.7 (2.5/10.9/35.9/0.5)
15	한라	57.8 (23.2/ 7.4/27.3/0.0)	동건	42.4 (9.2/ 7.3/25.8/0.0)	대림	34.2 (2.4/ 6.4/25.1/0.3)
16	동국	46.6 (4.2/11.3/31.1/0.1)	한라	55.6 (0.7/21.7/32.8/0.3)	한솔	37.3 (1.0/ 2.7/33.2/0.5)
17	효성	43.6 (12.1/ 1.5/29.3/0.7)	효성	44.0 (12.0/ 1.9/29.5/0.7)	효성	44.9 (9.8/ 3.8/30.7/0.6)
18	한보	88.3 (57.1/31.1/ 0.0/0.0)	동국	50.3 (4.1/10.9/32.4/3.0)	동국	51.0 (4.7/10.9/32.5/3.0)
19	동양	46.1 (1.5/ 4.8/38.2/1.7)	진로	45.6 (12.4/ 2.7/29.9/0.6)	진로	45.8 (14.1/ 2.5/28.3/1.0)
20	한일	43.1 (8.3/ 7.4/26.9/0.5)	코오	49.7 (1.7/ 8.9/38.0/1.1)	코오	45.1 (1.8/ 5.9/36.5/1.0)
21	코오	47.6 (1.8/ 9.3/35.5/1.0)	동양	53.1 (1.3/ 3.9/46.5/1.3)	고합	39.4 (4.9/ 3.7/30.8/0.1)
22	고합	46.7 (3.4/ 2.4/40.7/0.2)	한솔	54.3 (2.1/ 5.8/45.3/1.0)	동부	47.8 (5.4/ 7.4/33.2/1.7)
23	진로	47.2 (11.3/ 3.8/31.7/0.4)	동부	43.8 (7.4/ 5.5/30.5/0.4)	동양	50.1 (1.2/ 3.6/44.0/1.3)
24	해태	34.0 (3.8/ 1.1/28.7/0.4)	고합	46.1 (5.8/ 4.2/36.0/0.1)	해태	30.9 (3.0/ 0.9/24.9/2.2)
25	삼미	30.9 (6.5/ 7.1/17.2/0.0)	해태	30.5 (2.6/ 0.8/26.6/0.5)	뉴코	98.7 (15.8/20.6/62.3/0.0)
26	동부	40.4 (11.2/ 3.9/24.9/0.4)	삼미	28.4 (6.0/ 6.6/15.7/0.0)	아남	42.0 (3.0/ 6.8/32.0/0.3)
27	우성	62.6 (7.4/14.9/37.6/2.6)	한일	36.3 (10.4/ 0.7/25.2/0.0)	한일	37.4 (10.5/ 0.7/25.2/1.0)
28	극건	25.0 (1.6/ 4.4/16.2/2.8)	극건	26.5 (1.7/ 4.6/17.5/2.7)	거평	59.0 (12.1/ 5.4/41.5/0.1)
29	벽산	41.3 (2.9/11.9/26.2/0.3)	뉴코	99.4 (12.9/22.7/63.8/0.0)	대상	52.5 (8.8/ 6.9/36.2/0.6)
30	미원	49.8 (12.1/ 6.1/30.9/0.8)	벽산	36.2 (3.6/11.1/21.2/0.3)	신호	36.9 (8.4/ 1.5/23.3/3.7)

순위	1998	(a/b/c/d)	1999	(a/b/c/d)	2000	(a/b/c/d)
1	현대	53.7 (2.8/ 8.4/41.7/0.8)	현대	56.4 (1.1/ 4.2/50.5/0.5)	현대	43.2 (0.9/ 2.9/36.0/3.4)
2	삼성	44.6 (1.0/ 1.9/40.8/0.9)	대우	54.1 (3.9/ 1.7/47.5/0.9)	삼성	44.5 (0.6/ 1.2/41.4/1.3)
3	대우	41.0 (4.9/ 2.3/32.9/0.9)	삼성	42.5 (0.7/ 1.3/39.2/1.4)	LG	43.1 (0.4/ 4.2/36.2/2.3)
4	LG	41.9 (0.3/ 5.0/36.3/0.3)	LG	52.4 (0.3/ 3.4/48.0/0.6)	SK	57.2 (3.1/ 1.2/51.6/1.3)
5	SK	58.4 (6.0/ 3.6/46.3/2.5)	SK	66.8 (4.2/ 2.1/59.1/1.4)	한진	43.3 (2.3/ 8.4/27.3/5.4)
6	한진	42.2 (5.4/12.1/22.7/2.0)	한진	40.8 (4.4/12.1/22.0/2.2)	롯데	31.2 (0.9/ 4.3/26.1/0.0)
7	쌍용	36.3 (3.1/ 1.2/30.4/1.6)	쌍용	50.9 (3.5/ 2.1/44.1/1.2)	(주)대우	9.6 (0.0/ 0.9/ 8.7/0.0)
8	한화	28.4 (3.7/ 1.1/23.4/0.2)	한화	34.5 (4.1/ 1.2/27.0/2.3)	금호	70.8 (0.3/ 1.1/68.6/0.8)
9	금호	40.7 (0.8/ 2.9/36.5/0.4)	금호	51.0 (0.3/ 1.7/46.3/2.7)	한화	45.7 (3.4/ 0.8/40.1/1.5)
10	동아	54.2 (6.7/ 4.8/42.4/0.3)	롯데	28.8 (0.9/ 4.9/23.0/0.0)	쌍용	44.7 (2.9/ 0.6/40.8/0.4)
11	롯데	24.8 (0.9/ 2.5/21.4/0.0)	동아	55.1 (1.8/ 1.4/50.1/1.9)	한솔	23.6 (0.4/ 3.2/20.0/0.1)
12	한라	48.3 (0.7/16.9/29.5/1.2)	한솔	25.1 (0.5/ 1.7/22.7/0.2)	두산	55.6 (0.5/10.3/44.2/0.5)
13	대림	35.0 (2.5/ 6.0/26.2/0.3)	두산	57.2 (0.9/12.3/39.2/4.9)	현정	4.9 (0.0/ 1.0/ 3.6/0.3)
14	두산	50.5 (2.6/ 9.8/36.1/1.9)	대림	35.1 (2.0/ 4.3/28.8/0.0)	동아	23.3 (0.0/ 1.5/19.5/2.3)
15	한솔	32.4 (1.0/ 3.7/27.3/0.4)	동국	37.5 (3.9/ 8.2/25.3/0.1)	동국	31.7 (5.0/10.6/16.0/0.1)
16	효성	40.2 (9.6/ 3.3/26.7/0.7)	동부	63.9 (3.3/ 4.5/55.2/0.9)	효성	39.8 (6.9/ 9.1/19.0/4.8)
17	고합	39.5 (3.6/ 2.8/32.5/0.7)	한라	36.6 (0.4/16.2/16.5/3.5)	대림	51.0 (3.8/ 4.2/27.6/15.4)
18	코오	40.8 (1.7/ 5.9/32.2/0.9)	고합	24.6 (1.6/ 0.9/14.6/7.4)	S-Oil	38.1 (0.0/ 0.2/ 6.6/31.3)
19	동국	57.8 (4.0/10.0/41.4/2.4)	효성	58.3 (8.6/ 3.3/24.7/21.7)	동부	57.5 (7.9/ 7.5/37.2/4.9)
20	동부	53.0 (4.8/ 6.0/40.8/1.4)	코오	37.8 (1.7/ 4.8/30.2/1.1)	코오	45.9 (0.9/ 3.1/40.2/1.7)
21	아남	30.7 (2.8/ 5.8/21.8/0.3)	동양	52.5 (1.1/ 2.9/48.1/0.4)	동양	45.7 (1.0/ 2.2/42.3/0.2)
22	진로	44.6 (14.1/ 1.5/29.1/0.0)	진로	78.8 (5.6/ 1.1/72.1/0.0)	고합	26.0 (0.0/ 2.1/11.9/11.9)
23	동양	52.1 (1.3/ 3.4/46.2/1.2)	아남	29.0 (2.7/ 6.2/19.9/0.2)	제일	52.0 (9.9/ 0.3/40.9/0.9)
24	해태	32.4 (3.0/ 1.0/26.4/2.1)	해태	52.2 (4.0/ 3.0/44.9/0.3)	대전	5.1 (0.0/ 1.9/ 3.2/0.0)
25	신호	32.4 (7.7/ 1.3/22.7/0.7)	새한	51.1 (6.0/ 7.8/37.3/0.0)	현산	30.4 (7.6/11.3/11.0/0.5)
26	대상	65.6 (12.7/ 9.5/40.7/2.6)	강원	64.2 (0.7/ 9.9/53.6/0.0)	아남	18.0 (1.2/ 3.7/13.1/0.1)
27	뉴코	97.6 (10.3/30.4/56.9/0.0)	대상	83.9 (19.6/10.0/43.7/10.5)	새한	39.1 (4.7/ 5.4/29.1/0.0)
28	거평	54.5 (5.9/13.9/34.6/0.1)	제일	54.9 (9.6/ 0.5/43.3/1.4)	진로	85.6 (6.1/ 0.9/72.1/6.4)
29	강원	65.8 (0.6/10.9/54.4/0.0)	신호	32.7 (6.8/ 0.5/23.3/2.1)	신세	56.4 (8.9/17.7/29.8/0.0)
30	새한	50.9 (5.8/10.7/34.4/0.0)	삼양	57.6 (0.9/11.9/42.5/2.4)	영풍	62.3 (0.1/13.5/48.0/0.9)

순위	2001	(a/b/c/d)	2002	(a/b/c/d)	2003	(a/b/c/d)
1	삼성	42.5 (0.5/ 1.6/37.2/3.3)	삼성	42.3 (0.5/ 1.5/38.0/2.2)	삼성	42.8 (0.4/ 1.6/38.1/2.7)
2	현대	42.5 (2.0/ 1.0/33.5/6.1)	LG	45.6 (0.6/ 4.9/36.1/4.0)	LG	45.4 (0.9/ 6.5/34.1/3.9)
3	LG	47.0 (0.5/ 4.0/35.9/6.6)	SK	56.8 (2.5/ 0.7/51.6/2.0)	SK	58.0 (1.4/ 0.7/52.9/3.0)
4	SK	59.3 (2.1/ 0.7/54.1/2.4)	현자	47.8 (2.5/ 0.1/42.2/3.0)	현자	50.0 (2.6/ 0.1/46.0/1.3)
5	현자	45.0 (2.1/ 0.1/35.8/7.1)	한진	46.6 (2.2/ 8.3/29.6/6.6)	KT	47.8 (46.1/ 0.0/ 1.7/0.0)
6	한진	46.0 (2.2/ 8.4/28.5/7.0)	포항	72.4 (58.0/ 3.0/ 7.5/4.0)	한진	45.1 (2.8/ 8.4/29.3/4.7)
7	포항	74.3 (57.8/ 4.4/ 7.3/4.8)	롯데	32.7 (0.7/ 4.3/27.7/0.0)	롯데	48.9 (0.5/ 4.0/44.5/0.0)
8	롯데	32.2(0.8/ 4.3/27.1/0.0)	현대	33.4 (1.0/ 0.6/26.2/5.5)	POSCO	93.0 (85.6/ 1.8/ 5.4/0.2)
9	금호	55.6 (0.5/ 1.6/49.4/4.1)	금호	57.7 (0.4/ 1.6/49.1/6.6)	한화	40.6 (1.3/ 0.3/37.8/1.2)
10	한화	54.8 (3.2/ 0.8/46.1/4.6)	현중	49.3 (7.0/ 1.5/20.0/20.8)	현중	61.4 (5.3/ 1.6/38.9/15.7)
11	두산	51.3 (0.4/ 6.3/41.9/2.7)	한화	54.1 (3.0/ 0.8/46.0/4.4)	현대	32.6 (1.1/ 0.5/26.0/5.0)
12	쌍용	39.2 (2.6/ 0.5/35.9/0.3)	두산	58.4 (0.4/ 6.2/42.6/9.2)	금호	59.6 (0.5/ 2.9/50.4/5.8)
13	현정	4.9 (3.5/ 1.0/ 0.0/0.3)	동부	51.5 (8.6/ 2.4/38.9/1.6)	두산	62.0 (0.4/ 6.4/44.7/10.5)
14	한솔	40.0 (0.3/ 2.6/37.1/0.0)	현정	3.6 (3.5/ 0.0/ 0.0/0.1)	동부	45.4 (4.9/ 2.6/36.9/1.0)
15	동부	55.4 (9.3/ 2.7/41.8/1.7)	효성	45.1 (7.2/11.2/22.4/4.3)	효성	46.4 (7.6/12.5/22.2/4.1)
16	대림	46.4 (3.4/ 2.5/26.7/13.8)	대림	58.2 (4.9/ 3.2/44.7/5.4)	신세	61.6 (6.0/ 9.2/46.4/0.0)
17	동양	51.5 (1.3/ 2.0/47.7/0.6)	코오	60.1 (0.8/ 3.6/54.6/1.1)	대림	58.0 (5.0/ 2.9/44.7/5.5)
18	효성	45.9 (7.7/10.1/23.3/4.8)	제일	54.1 (9.2/ 1.1/43.1/0.7)	CJ	54.0 (8.6/ 1.0/44.1/0.3)
19	제일	52.0 (8.8/ 1.2/41.7/0.3)	동국	42.0 (9.3/10.5/ 9.5/12.7)	동양	54.5 (1.9/ 2.0/48.3/2.3)
20	코오	53.2 (0.8/ 3.0/47.2/2.2)	하나	3.5 (3.2/ 0.0/ 0.2/0.0)	코오	57.8 (0.8/ 3.7/52.3/1.1)
21	동국	48.4 (9.8/11.4/10.8/16.4)	한솔	70.1 (0.5/ 1.4/68.1/0.0)	KT&G	100 (100/ 0.0/ 0.0/0.0)
22	현산	35.5 (7.3/11.5/10.8/6.0)	신세	62.3 (6.1/ 9.5/46.0/0.7)	하나	37.3 (36.0/ 0.0/ 1.3/0.0)
23	하나	1.2 (1.1/ 0.2/ 0.0/0.0)	동양	58.7 (1.9/ 2.2/52.5/2.1)	동국	56.7 (9.3/ 9.8/17.9/19.8)
24	신세	56.4 (1.3/19.2/34.4/1.5)	현백	53.2 (12.1/ 1.4/35.1/4.5)	현백	56.6 (10.2/ 2.8/43.2/0.3)
25	영풍	64.4 (0.1/13.1/49.9/1.3)	현산	35.4 (6.9/10.6/12.2/5.7)	한솔	53.9 (1.0/ 4.1/48.8/0.0)
26	현백	57.2 (13.7/ 1.6/36.3/5.6)	영풍	60.0 (0.1/13.6/46.0/0.3)	대해	100 (100/ 0.0/ 0.0/0.0)
27	동화	64.8 (2.8/ 4.5/53.5/4.1)	대상	70.6 (7.6/ 9.2/51.7/2.0)	대자	4.8 (4.8/ 0.0/ 0.0/0.0)
28	대전	6.0 (0.0/ 0.0/ 4.4/1.6)	동원	48.7 (3.2/ 4.4/36.8/4.2)	현산	32.9 (6.9/10.9/ 9.2/6.0)
29	태광	82.2 (6.8/18.9/55.5/1.1)	태광	75.7 (6.1/17.4/51.2/1.0)	영풍	58.0 (2.5/12.2/42.8/0.4)
30	고합	23.4 (10.8/ 2.2/ 0.0/10.4)	KCC	64.4 (8.9/ 6.4/43.0/6.1)	KCC	59.2 (6.6/16.3/32.4/3.9)

순위	2004	(a/b1/b2/c)	2005	(a/b1/b2/c)	2006	(a/b1/b2/c)
1	삼성	41.5 (0.4/ 0.9/ 2.3/37.8)	삼성	52.6 (0.3/ 0.6/ 2.0/49.8)	삼성	51.6 (0.3/ 0.6/ 2.3/48.5)
2	LG	42.7 (0.8/ 3.9/ 3.4/34.6)	현자	53.5 (2.8/ 0.6/ 1.1/49.0)	현자	47.9 (2.9/ 1.1/ 1.3/42.7)
3	현자	52.5 (2.9/ 0.3/ 0.4/49.0)	LG	40.3 (1.2/ 3.7/ 0.4/35.1)	SK	62.9 (0.7/ 0.3/ 1.5/60.3)
4	SK	52.0 (0.7/ 0.3/ 1.0/50.0)	SK	51.3 (1.0/ 0.5/ 1.0/48.9)	LG	37.8 (1.2/ 4.0/ 0.5/32.2)
5	KT	54.4 (49.3/ 0.0/ 1.6/ 3.6)	롯데	52.3 (0.2/ 2.0/ 0.1/50.0)	롯데	56.2 (0.3/ 2.7/ 0.1/53.2)
6	한진	43.9 (2.9/ 7.1/10.2/23.7)	KT	-	POSCO	-
7	롯데	51.5 (0.4/ 2.6/ 0.1/48.4)	POSCO	-	KT	-
8	POSCO	92.8 (85.6/ 0.0/ 2.0/ 5.2)	한진	43.2 (3.2/ 6.2/10.2/23.6)	GS	58.8 (3.4/19.4/ 0.5/35.5)
9	한화	41.1 (1.8/ 0.3/ 1.2/37.7)	GS	57.3 (3.7/20.1/ 0.6/32.9)	한진	44.8 (3.9/ 3.5/ 7.9/29.4)
10	현중	54.7 (5.0/ 0.6/ 8.0/41.1)	한화	41.7 (2.0/ 0.6/ 0.8/38.3)	현중	58.3 (5.0/ 0.6/ 8.3/44.5)
11	금아	54.1 (0.5/ 2.8/ 3.2/47.6)	현중	57.4 (5.0/ 0.6/ 8.0/43.9)	한화	42.4 (1.9/ 0.6/ 0.8/39.0)
12	두산	66.7 (0.3/ 4.6/ 9.1/52.7)	금아	53.1 (0.5/ 3.8/ 1.2/47.5)	두산	61.3 (0.2/ 3.0/13.9/44.1)
13	동부	45.8 (5.6/ 1.8/ 2.5/36.0)	두산	69.8 (0.3/ 4.9/20.5/44.2)	금아	53.2 (0.6/ 4.0/ 1.3/47.3)
14	현대	30.6 (0.5/ 0.9/ 6.7/22.4)	동부	46.3 (4.5/ 2.2/ 2.9/36.6)	하이	-
15	대건	40.2 (40.0/ 0.0/ 0.0/ 0.1)	현대	20.3 (0.7/ 1.4/ 1.8/16.4)	동부	58.4 (5.9/ 4.9/ 5.6/42.1)
16	신세	61.5 (6.0/ 8.4/ 0.6/46.6)	신세	64.1 (5.3/ 7.6/ 0.3/50.8)	현대	21.6 (0.8/ 1.4/ 2.5/17.0)
17	LG전	46.7 (0.0/10.0/ 4.8/31.9)	GM대	-	신세	63.5 (5.3/ 8.8/ 0.4/49.1)
18	CJ	56.9 (7.9/ 0.2/ 1.4/47.5)	CJ	59.9 (6.8/ 0.2/ 1.4/51.4)	CJ	58.6 (5.7/ 1.3/ 1.3/50.3)
19	동양	58.6 (1.7/ 1.7/ 2.4/52.8)	LS	51.2 (0.1/ 9.7/ 3.4/37.9)	LS	51.6 (0.1/ 9.5/ 3.3/38.6)
20	대림	61.9 (4.6/ 1.4/11.0/44.9)	동국	67.7 (7.3/ 6.3/15.7/38.4)	대림	54.5 (4.5/ 2.5/ 1.4/46.1)
21	효성	47.8 (7.6/13.3/ 4.7/22.1)	대림	54.9 (4.9/ 1.8/ 1.5/46.8)	GM대	-
22	동국	60.7 (7.1/ 6.1/15.4/32.1)	대건	-	하맥	42.8 (1.4/ 0.2/ 0.4/40.8)
23	GM대	0.0 (0.0/ 0.0/ 0.0/ 0.0)	대해	-	대건	-
24	코오	68.1 (0.8/ 3.4/ 3.8/60.1)	동양	67.1 (1.8/ 1.9/ 2.8/60.6)	동국	66.0 (7.7/ 6.7/16.5/35.2)
25	KT&G	99.8 (98.8/ 0.0/ 0.1/ 0.9)	효성	53.7 (7.3/16.6/ 4.6/25.2)	대해	-
26	대해	100 (100/ 0.0/ 0.0/ 0.0)	코오	70.7 (0.9/ 3.3/ 2.1/64.5)	STX	54.8 (2.7/ 0.6/ 1.6/49.8)
27	현백	56.3 (9.8/ 2.5/ 0.3/43.6)	KT&G	-	동양	63.3 (2.1/ 2.1/ 1.9/57.3)
28	KCC	67.7 (5.1/14.3/ 2.7/45.7)	STX	62.0 (2.2/ 0.0/ 1.2/58.7)	KT&G	-
29	하나	94.4 (94.4/ 0.0/ 0.0/ 0.0)	현백	59.4 (4.4/ 6.5/ 0.3/48.1)	효성	52.7 (7.0/16.6/ 4.4/24.8)
30	한솔	57.1 (1.1/ 2.8/ 0.1/53.1)	현오	-	현오	-

순위	2007	(a/b1/b2/c)
1	삼성	44.4 (0.3/ 0.5/ 2.7/40.9)
2	현자	45.7 (2.8/ 1.1/ 1.3/40.6)
3	SK	66.4 (0.8/ 0.7/ 3.5/61.4)
4	LG	38.0 (1.2/ 3.6/ 0.8/32.4)
5	롯데	55.7 (0.3/ 2.5/ 0.1/52.8)
6	POSCO	–
7	KT	–
8	GS	57.7 (3.0/17.0/ 0.5/37.1)
9	금아	47.4 (0.3/ 2.2/ 0.8/44.1)
10	한진	44.4 (4.0/ 2.8/ 7.2/30.5)
11	현중	60.0 (5.0/ 0.6/10.0/44.5)
12	한화	44.6 (1.9/ 0.7/ 1.0/41.1)
13	두산	62.3 (0.2/ 3.4/13.4/45.4)
14	하이	–
15	신세	88.6 (1.5/ 2.2/ 0.1/84.9)
16	LS	67.6 (0.1/ 6.1/ 2.7/58.7)
17	현대	25.9 (1.4/ 0.8/ 2.3/21.3)
18	동부	60.4 (5.8/ 5.2/ 5.8/43.6)
19	CJ	71.1 (4.4/ 1.6/ 2.0/63.1)
20	대림	53.8 (4.4/ 2.3/ 1.8/45.3)
21	GM대	–
22	대해	–
23	현건	–
24	STX	54.6 (2.8/ 1.1/ 1.3/49.5)
25	동국	53.7 (9.6/ 8.0/ 1.0/35.1)
26	이랜	71.7 (2.9/ 0.6/ 4.1/64.1)
27	현백	61.0 (4.7/ 4.5/ 0.7/51.2)
28	코오	64.0 (3.0/ 0.9/ 2.0/58.1)
29	동양	61.3 (1.9/ 1.9/ 1.4/56.1)
30	KCC	68.4 (4.1/18.3/ 0.8/45.2)

주 : 1) 밑줄 친 집단-동일인이 '기업'인 집단 ; *극동정유-동일인이 확인 안 됨.
   2) 기아 1994년 '동일인 지분'-계열회사 지분에 포함.
   3) 1996, 2002~2007년-소수점 이하 둘째자리 반올림함, 총합은 각 지분의 합과 다를 수 있음.
   4) 2000~2001년-소수점 이하 둘째자리 반올림함, 총합은 각 지분의 합과 다를 수 있음, 출처
      에는 a와 (a+b)만 있으며 b는 [(a+b)-a]임.
   5) 2005년-6, 7, 17, 22, 23, 27, 30위 관련 정보 없음 ; 2006년-6, 7, 14, 21, 23, 25, 28, 30위 관
      련 정보 없음 ; 2007년-6, 7, 14, 21, 22, 23위 관련 정보 없음.
   6) 기업집단 이름의 약자 : GM대(GM대우), LG전(LG전선), 강원(강원산업), 고려(고려합섬), 극건
      (극동건설), 극정(극동정유), 금아(금호아시아나), 뉴코(뉴코아), 동건(동아건설), 동국(동국제강),
      동화(동양화학), 대건(대우건설), 대공(대한조선공사), 대자(대우자동차), 대전(대우전자), 대해
      (대우조선해양), 라이(라이프), 럭키(럭키금성), 범양(범양상선), 삼환(삼환기업), 신세(신세계),
      우성(우성건설), 이랜(이랜드), 제일(제일제당), 코오(코오롱), 태광(태광산업), 태평(태평양화학),
      포항(포항제철), 하나(하나로통신), 하맥(하이트맥주), 하이(하이닉스), 한국(한국화약), 한합(한
      일합섬), 현건(현대건설), 현백(현대백화점), 현산(현대산업개발), 현오(현대오일뱅크), 현자(현대
      자동차), 현정(현대정유), 현중(현대중공업).
출처 : 공정거래위원회 홈페이지 자료.

<부록표 5.2> 30대 대규모사기업집단의 집단별 내부지분율, 1989~2007년(%) : (1) 총지분율

집단	1989 / 1999	1990 / 2000	1991 / 2001	1992 / 2002	1993 / 2003	1994 / 2004	1995 / 2005	1996 / 2006	1997 / 2007	1998
강원산업	–									65.8
	64.2									–
거평									59.0	54.5
									–	
고합	49.9	42.3	46.8	50.5	41.4	43.6	46.7	46.1	39.4	39.5
	24.6	26.0	23.4							
극동건설	41.5	25.5	19.9	19.8	18.9	18.8	25.0	26.5		
	–									
극동정유	50.9	40.0	35.8	37.2						
	–									
금호아시아나	65.0	34.4	38.0	41.9	41.9	42.5	40.3	41.9	40.1	40.7
	51.0	70.8	55.6	57.7	59.6	54.1	53.1	53.2	47.4	
기아	39.4	35.6	31.7	29.9	21.4	22.7	21.9	25.6	30.6	
	–									
뉴코아								99.4	98.7	97.6
								–		
동국제강	53.2	50.3	56.5	53.2	49.3	53.0	46.6	50.3	51.0	57.8
	37.5	31.7	48.4	42.0	56.7	60.7	67.7	66.0	53.7	
동부	42.4	48.4	42.2	42.0	42.1	40.5	40.4	43.8	47.8	53.0
	63.9	57.5	55.4	51.5	45.4	45.8	46.3	58.4	60.4	
동아	43.3	43.7	41.4	38.4	38.4	36.0	40.1	42.4	54.2	54.2
	55.1	23.3								
동양			34.9	35.2	36.7	43.5	46.1	53.1	50.1	52.1
	52.5	45.7	51.5	58.7	54.5	58.6	67.1	63.3	61.3	
동양화학			–							
			64.8							
동원			46.6	–						
			–	48.7						
두산	58.2	56.3	56.6	47.3	42.0	51.3	51.6	49.0	49.7	50.5
	57.2	55.6	51.3	58.4	62.0	66.7	69.8	61.3	62.3	
대림	53.5	38.5	39.2	39.3	36.0	36.5	37.6	33.9	34.2	35.0
	35.1	51.0	46.4	58.2	58.0	61.9	54.9	54.5	53.8	
대상	37.4	38.9			41.7	46.6	49.8		52.5	65.6
	83.9			70.6						
대우	43.8	48.3	50.4	48.8	46.9	42.4	41.4	41.7	38.3	41.0
	54.1									
(주)대우			–							
		9.6								
대우건설							–			
						40.2	?	?		

| | 1989 | 1990 | 1991 | 1992 | 1993 | 1994 | 1995 | 1996 | 1997 | 1998 |
	1999	2000	2001	2002	2003	2004	2005	2006	2007	
대우전자			–							
		5.1	6.0							
대우조선해양					–					
					100	100	?	?	?	
(대한조선공사)										
(라이프)										
롯데	19.8	23.4	23.6	22.9	23.2	23.8	22.3	22.2	22.8	24.8
	28.8	31.2	32.2	32.7	48.9	51.5	52.3	56.2	55.7	
범양상선	51.4	53.5								
	–									
벽산				39.4	38.3	36.1	41.3	36.2		
				–						
삼미	49.4	43.4	41.6	41.1	42.1	40.0	30.9	28.4		
	–									
삼성	50.3	50.4	53.2	58.3	52.9	48.9	49.3	49.0	46.7	44.6
	42.5	44.5	42.5	42.3	42.8	41.5	52.6	51.6	44.4	
삼양	–									
	57.6									
(삼환기업)										
쌍용	51.3	42.3	42.0	37.7	36.7	33.8	33.1	37.0	42.0	36.3
	50.9	44.7	39.2							
CJ	–									
	54.9	52.0	52.0	54.1	54.0	56.9	59.9	58.6	71.1	
신세계			–							
		56.4	56.4	62.3	61.6	61.5	64.1	63.5	88.6	
신호	–								36.9	32.4
	32.7								–	
새한	–									50.9
	51.1	39.1							–	
아남	–								42.0	30.7
	29.0	18.0							–	
영풍			–							
		62.3	64.4	60.0	58.0					
우성건설	64.4	66.6	69.2	75.4	63.0	59.2	62.6			
이랜드									–	
									71.7	

	1989	1990	1991	1992	1993	1994	1995	1996	1997	1998
	1999	2000	2001	2002	2003	2004	2005	2006	2007	
S-Oil		–								
		38.1								
SK	46.1	48.6	50.6	46.5	48.6	50.9	51.2	48.6	44.7	58.4
	66.8	57.2	59.3	56.8	58.0	52.0	51.3	62.9	66.4	
STX							–			
							62.0	54.8	54.6	
LG	33.8	33.5	38.3	39.7	38.8	37.7	39.7	39.9	40.1	41.9
	52.4	43.1	47.0	45.6	45.4	42.7	40.3	37.8	38.0	
LS						–				
						46.7	51.2	51.6	67.6	
GM대우					–					
					4.8	0	?	?	?	
GS							–			
							57.3	58.8	57.7	
진로	–			36.9	47.4	41.0	47.2	45.6	45.8	44.6
	78.8	85.6		–						
코오롱	47.8	44.8	47.3	43.9	41.2	39.7	47.6	49.7	45.1	40.8
	37.8	45.9	53.2	60.1	57.8	68.1	70.7		64.0	
KCC					–					
					64.4	59.2	67.7		68.4	
KT					–					
					47.8	54.4	?	?	?	
KT&G					–					
					100	99.8	?	?		
통일	48.3	49.9	55.9							
	–									
태광산업			–							
			82.2	75.7						
태평양화학		40.7								
POSCO	20.6		–							
	–		74.3	72.4	93.0	92.8	?	?	?	
하나로통신			–							
			1.2	3.5	37.3	94.4				
하이닉스								–		
								?	?	
하이트맥주								–		
								42.8		
한라	–	65.7	62.8	63.9	61.7	58.6	57.8	55.6	49.5	48.3
	36.6	–								

	1989 1999	1990 2000	1991 2001	1992 2002	1993 2003	1994 2004	1995 2005	1996 2006	1997 2007	1998
한보						51.4	88.3	85.4		
						–				
한솔	–							54.3	37.3	32.4
	25.1	23.6	40.0	70.1	53.9	57.1				–
한양	44.3	44.4	43.9	43.9	45.2					
	–									
한일	64.3	56.8	58.5	54.7	49.4	49.0	43.1	36.3	37.4	
	–									
한진	53.0	53.0	52.0	51.6	46.6	43.9	40.3	41.2	41.4	42.2
	40.8	43.3	46.0	46.6	45.1	43.9	43.2	44.8	44.4	
한화	42.4	41.3	41.4	41.1	36.8	33.8	36.7	32.8	33.0	28.4
	34.5	45.7	54.8	54.1	40.6	41.1	41.7	42.4	44.6	
현대	69.0	66.6	67.8	65.7	57.8	61.3	60.4	61.4	56.2	53.7
	56.4	43.2	42.5	33.4	32.6	30.6	20.3	21.6	25.9	
현대건설									–	
									?	
현대백화점			–							
			57.2	53.2	56.6	56.3	59.4		61.0	
현대산업개발		–								
		30.4	35.5	35.4	32.9					
현대자동차			–							
			45.0	47.8	50.0	52.5	53.5	47.9	45.7	
현대오일뱅크		–								
		4.9	4.9	3.6			?	?		
현대중공업			–							
			49.3	61.4	54.7	57.4	58.3	60.0		
효성	38.8	44.0	43.7	43.5	42.6	41.7	43.6	44.0	44.9	40.2
	58.3	39.8	45.9	45.1	46.4	47.8	53.7	52.7		
해태	38.1		40.2	39.2	35.2	31.8	34.0	30.5	30.9	32.4
	52.2									

주 : 집단이름은 해당 년도 또는 2007년 현재 ; 집단은 1987~2007년 사이의 집단임.
출처 : <부록표 5.1>.

<부록표 5.3> 30대 대규모사기업집단의 집단별 내부지분율, 1989~2007년(%) :
(2) 동일인(a), 특수관계인(b)[친족(b1)/기타 동일인관련자(b2)]

| | 1989 | 1990 | 1991 | 1992 | 1993 | 1994 | 1995 | 1996 | 1997 | 1998 |
	1999	2000	2001	2002	2003	2004	2005	2006	2007	
강원산업 (a)	-									0.6
	0.7									-
(b)	-									10.9
	9.9									-
(a+b)	-									11.5
	10.6									-
거평									12.1	5.9
									5.4	13.9
									17.5	19.8
고합	-	3.4	2.9	2.9	3.6	2.9	3.4	5.8	4.9	3.6
	1.6	0	10.8							
	-	2.8	3.0	3.5	1.5	1.5	2.4	4.2	3.7	2.8
	0.9	2.1	2.2							
	7.6	6.2	5.9	6.4	5.1	4.4	5.8	10.0	8.6	6.4
	2.5	2.1	13.0							
극동건설		2.0	2.1	1.5	1.6	1.5	1.6	1.7		
	-									
		3.4	3.5	4.2	3.6	4.2	4.4	4.6		
	4.2	5.4	5.6	5.7	5.2	5.7	6.0	6.3		
	-									
극동정유		22.9	22.9	20.9						
	-									
		5.8	2.0	6.3						
	-									
	37.6	28.7	24.9	27.2						
	-									
금호아시아나	-	1.0	1.0	0.8	0.7	0.6	0.6	0.6	0.5	0.8
	0.3	0.3	0.5	0.4	0.5	0.5	0.5	0.6	0.3	
	-	3.4	3.4	2.7	1.9	1.8	1.8	1.7	1.6	2.9
	1.7	1.1	1.6	1.6	2.9	2.8/3.2	3.8/1.2	4.0/1.3	2.2/0.8	
	35.1	4.4	4.4	3.5	2.6	2.4	2.4	2.3	2.1	3.7
	2.0	1.4	2.1	2.0	3.4	6.5	5.5	5.9	3.3	
기아		22.0	19.7	17.9	18.2	-	17.1	20.7	20.5	
	-									
		11.0	8.9	8.7	0.2	0.2	0.4	0.3	0.3	
	11.3	33.0	28.6	26.6	18.4	0.2	17.5	21.0	20.8	
	-									
뉴코아							12.9	15.8	10.3	
	-									
							22.7	20.6	30.4	
							35.6	36.4	40.7	
	-									

| | 1989 | 1990 | 1991 | 1992 | 1993 | 1994 | 1995 | 1996 | 1997 | 1998 |
	1999	2000	2001	2002	2003	2004	2005	2006	2007	
동국제강 (a)	–	4.1	4.0	4.0	4.0	3.6	4.2	4.1	4.7	4.0
	3.9	5.0	9.8	9.3	9.3	7.1	7.3	7.7	9.6	
(b)	–	14.4	16.0	12.7	11.6	10.3	11.3	10.9	10.9	10.0
	8.2	10.6	11.4	10.5	9.8	6.1/15.4	6.3/15.7	6.7/16.5	8.0/1.0	
(a+b)	23.5	18.5	20.0	16.7	15.6	13.9	15.5	15.0	15.6	14.0
	12.1	15.6	21.2	19.8	19.1	28.6	29.3	30.9	18.6	
동부	–	13.7	15.0	13.4	12.0	11.3	11.2	7.4	5.4	4.8
	3.3	7.9	9.3	8.6	4.9	5.6	4.5	5.9	5.8	
	–	3.9	4.8	4.8	3.6	3.6	3.9	5.5	7.4	6.0
	4.5	7.5	2.7	2.4	2.6	1.8/2.5	2.2/2.9	4.9/5.6	5.2/5.8	
	17.9	17.6	19.8	18.2	15.6	14.9	15.1	12.9	12.8	10.8
	7.8	15.4	12.0	11.0	7.5	9.9	9.6	16.4	16.8	
동아	–	13.5	12.4	12.2	13.1	12.4	10.7	9.2	6.9	6.7
	1.8	0								
	–	13.6	14.5	10.7	10.3	11.0	9.0	7.3	5.1	4.8
	1.4	1.5								
	28.4	27.1	26.9	22.9	23.4	23.4	19.7	16.5	12.0	11.5
	3.2	1.5								
동양			1.5	1.4	1.4	1.3	1.5	1.3	1.2	1.3
	1.1	1.0	1.3	1.9	1.9	1.7	1.8	2.1	1.9	
			8.7	7.7	5.9	5.1	4.8	3.9	3.6	3.4
	2.9	2.2	2.0	2.2	2.0	1.7/2.4	1.9/2.8	2.1/1.9	1.9/1.4	
			10.2	9.1	7.3	6.4	6.3	5.2	4.8	4.7
	4.0	3.2	3.3	4.1	3.9	5.8	6.5	6.1	5.2	
동양화학			–							
			2.8							
			–							
			4.5							
			–							
			7.3							
동원			6.6	–						
				3.2						
			4.6	–						
				4.4						
			11.2	–						
				7.6						
두산	–	2.9	3.1	2.7	2.6	3.1	2.8	2.9	2.5	2.6
	0.9	0.5	0.4	0.4	0.4	0.3	0.3	0.2	0.2	
	–	11.6	13.0	11.1	10.5	12.7	11.2	10.9	10.9	9.8
	12.3	10.3	6.3	6.2	6.4	4.6/9.1	4.9/20.5	3.0/13.9	3.4/13.4	
	16.4	14.5	16.1	13.8	13.1	15.8	14.0	13.8	13.4	12.4
	13.2	10.8	6.7	6.6	6.8	14.0	25.7	17.1	17.0	
대림	–	0.1	0.1	0.3	0.3	0.3	0.3	2.4	2.4	2.5
	2.0	3.8	3.4	4.9	5.0	4.6	4.9	4.5	4.4	
	–	6.9	7.5	7.3	7.5	8.5	8.6	6.7	6.4	6.0
	4.3	4.2	2.5	3.2	2.9	1.4/11.0	1.8/1.5	2.5/1.4	2.3/1.8	
	16.7	7.0	7.6	7.6	7.8	8.8	8.9	9.1	8.8	8.5
	6.3	8.0	5.9	8.1	7.9	17.0	8.2	8.4	8.5	

	1989	1990	1991	1992	1993	1994	1995	1996	1997	1998
	1999	2000	2001	2002	2003	2004	2005	2006	2007	
대상 (a)	–	2.4			1.8	9.0	12.1		8.8	12.7
	19.6			7.6						
(b)	–	18.8			16.0	7.3	6.1		6.9	9.5
	10.0			9.2						
(a+b)	20.6	21.2			17.8	16.3	18.2		15.7	22.2
	29.6			16.8						
대우	–	6.8	6.2	4.6	4.5	4.0	3.9	3.8	3.5	4.9
	3.9									
	–	3.5	3.6	5.3	2.6	2.5	2.8	2.6	2.6	2.3
	1.7									
	8.9	10.3	9.8	9.9	7.1	6.5	6.7	6.4	6.1	7.2
	5.6									
(주)대우		–								
		0								
		–								
		0.9								
		–								
		0.9								
대우건설						–				
						40.0	?	?		
						–				
						0/0	?	?		
						–				
						40.0	?	?		
대우전자		–								
		0	0							
		–								
		1.9	0							
		–								
		1.9	0							
대우조선해양					–					
					100	100	?	?	?	
					–					
					0	0/0	?	?	?	
					–					
					100	100	?	?	?	
(대한조선공사)										
(라이프)										
롯데	–	0.9	0.9	0.9	0.8	0.8	0.8	1.0	1.0	0.9
	0.9	0.9	0.8	0.7	0.5	0.4	0.2	0.3	0.3	
	–	2.2	2.7	2.5	2.7	2.5	2.5	2.4	2.4	2.5
	4.9	4.3	4.3	4.3	4.0	2.6/0.1	2.0/0.1	2.7/0.1	2.5/0.1	
	2.7	3.1	3.6	3.4	3.5	3.3	3.3	3.4	3.4	3.4
	5.8	5.2	5.1	5.0	4.5	3.1	2.3	3.1	2.9	

| | 1989 | 1990 | 1991 | 1992 | 1993 | 1994 | 1995 | 1996 | 1997 | 1998 |
	1999	2000	2001	2002	2003	2004	2005	2006	2007	
범양상선 (a)		6.3								
		–								
(b)		44.3								
		–								
(a+b)	42.3	50.6								
	–									
벽산				3.6	3.5	3.3	2.9	3.6		
				–						
				12.6	12.0	12.6	11.9	11.1		
				16.2	15.5	15.9	14.8	14.7		
삼미		5.7	6.4	6.2	7.4	6.6	6.5	6.0		
		–								
		9.1	8.5	8.2	8.0	8.0	7.1	6.6		
	19.1	14.8	14.9	14.4	15.4	14.6	13.6	12.6		
	–									
삼성	–	2.6	2.8	2.2	2.1	1.8	1.5	1.2	1.0	1.0
	0.7	0.6	0.5	0.5	0.4	0.4	0.3	0.3	0.3	
	–	5.4	5.7	5.1	3.0	2.1	1.3	1.8	2.6	1.9
	1.3	1.2	1.6	1.5	1.6	0.9/2.3	0.6/2.0	0.6/2.3	0.5/2.7	
	8.0	8.0	8.5	7.3	5.1	3.9	2.8	3.0	3.6	2.9
	2.0	1.8	2.1	2.0	2.0	3.6	2.9	3.2	3.5	
삼양	–									
	0.9									
	–									
	11.9									
	–									
	12.8									
(삼환기업)										
쌍용	–	3.1	3.2	2.7	2.6	3.2	2.9	2.7	2.6	3.1
	3.5	2.9	2.6							
	–	0.5	4.4	3.7	3.0	1.6	1.3	1.0	1.0	1.2
	2.1	0.6	0.5							
	9.0	3.6	7.6	6.4	5.6	4.8	4.2	3.7	3.6	4.3
	5.6	3.5	3.1							
CJ	–									
	9.6	9.9	8.8	9.2	8.6	7.9	6.8	5.7	4.4	
	–									
	0.5	0.3	1.2	1.1	1.0	0.2/1.4	0.2/1.4	1.3/1.3	1.6/2.0	
	–									
	10.1	10.2	10.0	10.3	9.6	9.5	8.4	8.3	8.0	
신세계	–									
		8.9	1.3	6.1	6.0	6.0	5.3	5.3	1.5	
		17.7	19.2	9.5	9.2	8.4/0.6	7.6/0.3	8.8/0.4	2.2/0.1	
	–									
		26.6	20.5	15.6	15.2	15.0	13.2	14.5	3.8	

| | | 1989 | 1990 | 1991 | 1992 | 1993 | 1994 | 1995 | 1996 | 1997 | 1998 |
		1999	2000	2001	2002	2003	2004	2005	2006	2007	
신호	(a)	–								8.4	7.7
		6.8								–	
	(b)	–								1.5	1.3
		0.5								–	
	(a+b)	–								9.9	9.0
		7.3								–	
새한		–									5.8
		6.0	4.7								–
		–									10.7
		7.8	5.4								–
		–									16.5
		13.8	10.1								–
아남		–								3.0	2.8
		2.7	1.2								–
		–								6.8	5.8
		6.2	3.7								–
		–								9.8	8.6
		8.9	4.9							–	
영풍		–									
			0.1	0.1	0.1	2.5					
		–									
			13.5	13.1	13.6	12.2					
		–									
			13.6	13.2	13.7	14.7					
우성건설			6.0	6.4	6.9	5.8	5.6	7.4			
		–									
			17.7	15.9	17.3	16.0	14.4	14.9			
		12.2	23.7	22.3	24.2	21.8	20.0	22.3			
		–									
이랜드										–	
										2.9	
										–	
										0.6/4.1	
										7.6	
S-Oil			–								
			0								
			–								
			0.2								
			–								
			0.2								
SK		–	9.3	9.4	10.7	12.5	11.5	10.9	9.7	8.4	6.0
		4.2	3.1	2.1	2.5	1.4	0.7	1.0	0.7	0.8	
		–	9.9	12.1	9.5	7.1	5.1	6.5	6.4	5.7	3.6
		2.1	1.2	0.7	0.7	0.7	0.3/1.0	0.5/1.0	0.3/1.5	0.7/3.5	
		15.5	19.2	21.5	20.2	19.6	16.6	17.4	16.1	14.1	9.6
		6.3	4.3	2.8	3.2	2.1	2.0	2.5	2.5	5.0	

		1989 1999	1990 2000	1991 2001	1992 2002	1993 2003	1994 2004	1995 2005	1996 2006	1997 2007	1998
STX	(a)							–			
								2.2	2.7	2.8	
	(b)							–			
								0/1.2	0.6/1.6	1.1/1.3	
	(a+b)							–			
								3.4	4.9	5.2	
LG		–	0.1	0.2	0.2	0.2	0.1	0.1	0.4	0.3	0.3
		0.3	0.4	0.5	0.6	0.9	0.8	1.2	1.2	1.2	
		–	7.4	7.4	7.2	5.1	5.3	5.6	5.6	5.1	5.0
		3.4	4.2	4.0	4.9	6.5	3.9/3.4	3.7/0.4	4.0/0.5	3.6/0.8	
		9.8	7.5	7.6	7.4	5.3	5.4	5.7	6.0	5.4	5.3
		3.7	4.6	4.5	5.5	7.4	8.1	5.3	5.7	5.6	
LS							–				
							0	0.1	0.1	0.1	
							–				
							10.0/4.8	9.7/3.4	9.5/3.3	6.1/2.7	
							–				
							14.8	13.2	12.9	8.9	
GM대우						–					
						4.8	0	?	?	?	
						–					
						0	0/0	?	?	?	
						–					
						4.8	0	?	?	?	
GS								–			
								3.7	3.4	3.0	
								–			
								20.1/0.6	19.4/0.5	17.0/0.5	
								–			
								24.4	23.3	20.5	
진로		–			5.0	4.3	5.2	11.3	12.4	14.1	14.1
		5.6	6.1								
		–			9.6	9.0	5.6	3.8	2.7	2.5	1.5
		1.1	0.9								
		–			14.6	13.3	10.8	15.1	15.1	16.6	15.6
		6.7	7.0								
코오롱		–	3.8	3.6	3.2	2.8	2.1	1.8	1.7	1.8	1.7
		1.7	0.9	0.8	0.8	0.8	0.8	0.9		3.0	
		–	6.9	8.8	9.1	7.1	6.3	9.3	8.9	5.9	5.9
		4.8	3.1	3.0	3.6	3.7	3.4/3.8	3.3/2.1		0.9/2.0	
		13.0	10.7	12.4	12.3	9.9	8.4	11.1	10.6	7.7	7.6
		6.5	4.0	3.8	4.4	4.5	8.0	6.3		5.9	
KCC						–					
						8.9	6.6	5.1		4.1	
						–					
						6.4	16.3	14.3/2.7		18.3/0.8	
						–					
						15.3	22.9	22.1		23.2	

	1989	1990	1991	1992	1993	1994	1995	1996	1997	1998
	1999	2000	2001	2002	2003	2004	2005	2006	2007	
KT (a)					–					
					46.1	49.3	?	?	?	
(b)					–					
					0	0/1.6	?	?	?	
(a+b)					–					
					46.1	50.9	?	?	?	
KT&G (a)					–					
					100	98.8	?	?		
(b)					–					
					0	0/0.1	?	?		
(a+b)					–					
					100	98.9	?	?		
통일 (a)		40.7	46.0							
		–								
(b)		8.8	9.8							
		–								
(a+b)	47.8	49.5	55.8							
	–									
태광산업 (a)			–							
			6.8	6.1						
(b)			–							
			18.9	17.4						
(a+b)			–							
			25.7	23.5						
태평양화학 (a)			7.8							
			–							
(b)			8.2							
			–							
(a+b)			16.0							
			–							
POSCO (a)			–							
			57.8	58.0	85.6	85.6	?	?	?	
(b)			–							
			4.4	3.0	1.8	0/2.0	?	?	?	
(a+b)	16.9		–							
	–		62.2	61.0	87.4	87.6	?	?	?	
하나로통신 (a)					–					
			1.1	3.2	36.0	94.4				
(b)					–					
			0.2	0	0	0/0				
(a+b)					–					
			1.3	3.2	36.0	94.4				
하이닉스 (a)								–		
								?	?	
(b)								–		
								?	?	
(a+b)								–		
								?	?	

	1989 / 1999	1990 / 2000	1991 / 2001	1992 / 2002	1993 / 2003	1994 / 2004	1995 / 2005	1996 / 2006	1997 / 2007	1998
하이트맥주 (a)								–		
								1.4		
(b)								–		
								0.2/0.4		
(a+b)								–		
								2.0		
한라	–	29.5	27.0	30.5	28.2	26.0	23.2	0.7	0.6	0.7
	0.4	9.7	9.3	7.9	8.8	6.4	7.4	21.7	18.1	16.9
	–	39.2	36.3	38.4	37.0	32.4	30.6	22.4	18.7	17.6
	16.6									
한보					35.6	57.1	53.2			
					–					
					15.7	31.1	27.4			
					51.3	88.2	80.6			
					–					
한솔	–							2.1	1.0	1.0
	0.5	0.4	0.3	0.5	1.0	1.1				
	–							5.8	2.7	3.7
	1.7	3.2	2.6	1.4	4.1	2.8/0.1				
	–							7.9	3.7	4.7
	2.2	3.6	2.9	1.9	5.1	4.0				
한양		29.1	29.1	29.1	29.1					
	–									
		9.8	9.2	9.2	10.5					
	–									
	35.9	38.9	38.3	38.3	39.6					
	–									
한일		7.0	6.9	7.0	7.0	6.8	8.3	10.4	10.5	
	–									
		10.7	8.7	7.8	7.3	7.7	7.4	0.7	0.7	
	–									
	19.9	17.7	15.6	14.8	14.3	14.5	15.7	11.1	11.2	
	–									
한진	–	12.8	11.0	10.1	9.8	9.6	7.5	7.0	4.4	5.4
	4.4	2.3	2.2	2.2	2.8	2.9	3.2	3.9	4.0	
	–	19.8	16.7	16.4	13.4	12.1	12.6	12.3	14.3	12.1
	12.1	8.4	8.4	8.3	8.4	7.1/10.2	6.2/10.2	3.5/7.9	2.8/7.2	
	30.1	32.6	27.7	26.5	23.2	21.7	20.1	19.3	18.7	17.5
	16.5	10.7	10.6	10.5	11.2	20.2	19.6	15.3	14.0	
한화	–	5.7	5.4	4.6	4.0	3.9	3.6	4.0	4.1	3.7
	4.1	3.4	3.2	3.0	1.3	1.8	2.0	1.9	1.9	
	–	4.0	5.1	5.4	2.1	1.6	1.8	2.5	1.8	1.1
	1.2	0.8	0.8	0.8	0.3	0.3/1.2	0.6/0.8	0.6/0.8	0.7/1.0	
	10.6	9.7	10.5	10.0	6.1	5.5	5.4	6.5	5.9	4.8
	5.3	4.2	4.0	3.8	1.6	3.3	3.4	3.3	3.6	

		1989 / 1999	1990 / 2000	1991 / 2001	1992 / 2002	1993 / 2003	1994 / 2004	1995 / 2005	1996 / 2006	1997 / 2007	1998
현대	(a)	–	9.2	10.0	7.9	5.6	3.7	3.7	3.9	3.3	2.8
		1.1	0.9	2.0	1.0	1.1	0.5	0.7	0.8	1.4	
	(b)	–	18.4	17.5	18.1	16.5	13.1	12.1	11.5	10.5	8.4
		4.2	2.9	1.0	0.6	0.5	0.9/6.7	1.4/1.8	1.4/2.5	0.8/2.3	
	(a+b)	27.9	27.6	27.5	26.0	22.1	16.8	15.8	15.4	13.8	11.2
		5.3	3.8	3.0	1.6	1.6	8.1	3.9	4.7	4.5	
현대건설										–	
										?	
										–	
										?	
										–	
										?	
현대백화점				–							
				13.7	12.1	10.2	9.8	4.4		4.7	
				–							
				1.6	1.4	2.8	2.5/0.3	6.5/0.3		4.5/0.7	
				15.3	13.5	13.0	12.6	11.2		9.9	
현대산업개발			–								
			7.6	7.3	6.9	6.9					
			11.3	11.5	10.6	10.9					
			–								
			18.9	18.8	17.5	17.8					
현대자동차				–							
				2.1	2.5	2.6	2.9	2.8	2.9	2.8	
				0.1	0.1	0.1	0.3/0.4	0.6/1.1	1.1/1.3	1.1/1.3	
				2.2	2.6	2.7	3.6	4.5	5.3	5.2	
현대오일뱅크			–								
			0	3.5	3.5			?	?		
			–								
			1.0	1.0	0			?	?		
			–								
			1.0	4.5	3.5			?	?		
현대중공업					–						
					7.0	5.3	5.0	5.0	5.0	5.0	
					–						
					1.5	1.6	0.6/8.0	0.6/8.0	0.6/8.3	0.6/10.0	
					8.5	6.9	13.6	13.6	13.9	15.6	
효성		–	14.2	14.0	14.0	13.8	13.0	12.1	12.0	9.8	9.6
		8.6	6.9	7.7	7.2	7.6	7.6	7.3	7.0		
		–	1.3	1.5	1.4	1.7	1.5	1.5	1.9	3.8	3.3
		3.3	9.1	10.1	11.2	12.5	13.3/4.7	16.6/4.6	16.6/4.4		
		10.4	15.5	15.5	15.4	15.5	14.5	13.6	13.9	13.6	12.9
		11.9	16.0	17.8	18.4	20.1	25.6	28.5	28.0		

		1989 1999	1990 2000	1991 2001	1992 2002	1993 2003	1994 2004	1995 2005	1996 2006	1997 2007	1998
해태	(a)	– 4.0		4.5	4.0	3.8	3.8	3.8	2.6	3.0	3.0
	(b)	– 3.0		4.4	3.2	1.5	1.2	1.1	0.8	0.9	1.0
	(a+b)	7.2 7.0		8.9	7.2	5.3	5.0	4.9	3.4	3.9	4.0

주 : 1) (a+b)는 a와 b를 합한 수치임. 출처에는 일부 (a+b) 수치가 따로 계산되어 있으며, 이 표에서
  의 수치와 다소 다를 수 있음.
  2) 1989년 – 우리사주조합 지분율 포함, 기아와 범양상선은 동일인(기아자동차, 범양상선) 지분율
  포함 안 된 것으로 보임.
  3) 2000~2001년 – 출처에 동일인지분율 그리고 동일인지분율과 특수관계인지분율의 합 있음,
  특수관계인지분율은 뒤 수치에서 앞 수치를 뺀 것임.
출처 : <부록표 5.1>.

<부록표 5.4> 30대 대규모사기업집단의 집단별 내부지분율, 1989~2007년(%) : (3) 계열회사(c), 자기주식(d)

집단	구분	1989 1999	1990 2000	1991 2001	1992 2002	1993 2003	1994 2004	1995 2005	1996 2006	1997 2007	1998
강원산업	(c)	- 53.6									54.4
	(d)	- 0									0
	(c+d)	- 53.6									54.4
거평		 -								41.5	34.6
		 -								0.1	0.1
		 -								41.6	34.7
고합		- 14.6	 11.9	 0				40.7	36.0	30.8	32.5
		- 7.4	 11.9	 10.4				0.2	0.1	0.1	0.7
		42.3 22.0	36.1 23.8	40.9 10.4	44.2	36.3	39.3	40.9	36.1	30.9	33.2
극동건설		 -						16.2	17.5		
		 -						2.8	2.7		
		37.3 -	20.1	14.3	14.1	13.7	13.1	19.0	20.2		
극동정유		- -									
		 13.3	 11.3	 10.9	 10.0						
금호아시아나		- 46.3	 68.6	 49.4	 49.1	 50.4		37.7	39.4	37.8	36.5
		- 2.7	 0.8	 4.1	 6.6	 5.8		0.1 -	0.2	0.3	0.4
		29.9 49.0	29.9 69.4	33.7 53.5	38.4 55.7	39.3 56.2	40.0 47.6	37.8 47.5	39.6 47.3	38.1 44.1	36.9
기아		 -						4.2	4.4	9.6	
								0.2	0.2	0.2	
		28.1 -	2.6	3.1	3.3	3.1	22.5	4.4	4.6	9.8	
뉴코아		 -							63.8	62.3	56.9
		 -							0	0	0
		 -							63.8	62.3	56.9

	1989 1999	1990 2000	1991 2001	1992 2002	1993 2003	1994 2004	1995 2005	1996 2006	1997 2007	1998
동국제강 (c)	–						31.1	32.4	32.5	41.4
	25.3	16.0	10.8	9.5	17.9					
(d)	–						0.1	3.0	3.0	2.4
	0.1	0.1	16.4	12.7	19.8					
(c+d)	29.7	31.8	36.6	36.6	33.7	39.2	31.2	35.4	35.5	43.8
	25.4	16.1	27.2	22.2	37.7	32.1	38.4	35.2	35.1	
동부	–						24.9	30.5	33.2	40.8
	55.2	37.2	41.8	38.9	36.9					
	–						0.4	0.4	1.7	1.4
	0.9	4.9	1.7	1.6	1.0					
	24.5	30.7	22.5	23.8	26.5	25.6	25.3	30.9	34.9	42.2
	56.1	42.1	43.5	40.5	37.9	36.0	36.6	42.1	43.6	
동아	–						20.0	25.8	42.2	42.4
	50.1	19.5								
	–						0.4	0	0	0.3
	1.9	2.3								
	14.9	16.7	14.6	15.5	15.1	12.6	20.4	25.8	42.2	42.7
	52.0	21.8								
동양	–						38.2	46.5	44.0	46.2
	48.1	42.3	47.7	52.5	48.3					
	–						1.7	1.3	1.3	1.2
	0.4	0.2	0.6	2.1	2.3					
			24.8	26.2	29.4	37.1	39.9	47.8	45.3	47.4
	48.5	42.5	48.3	54.6	50.6	52.8	60.6	57.3	56.1	
동양화학			–							
			53.5							
			–							
			4.1							
			–							
			57.6							
동원				–						
				36.8						
				–						
				4.2						
			35.4	–						
				41.0						
두산	–						37.0	34.7	35.9	36.1
	39.2	44.2	41.9	42.6	44.7					
	–						0.6	0.5	0.5	1.9
	4.9	0.5	2.7	9.2	10.5					
	41.8	41.8	40.5	33.5	29.0	35.6	37.6	35.2	36.4	38.0
	44.1	44.7	44.6	51.8	55.2	52.7	44.2	44.1	45.4	
대림	–						28.3	24.6	25.1	26.2
	28.8	27.6	26.7	44.7	44.7					
	–						0.3	0.3	0.3	0.3
	0	15.4	13.8	5.4	5.5					
	36.9	31.5	31.6	31.7	28.2	27.7	28.6	24.9	25.4	26.5
	28.8	43.0	40.5	50.1	50.2	44.9	46.8	46.1	45.3	

		1989 / 1999	1990 / 2000	1991 / 2001	1992 / 2002	1993 / 2003	1994 / 2004	1995 / 2005	1996 / 2006	1997 / 2007	1998
대상	(c)	–						30.9		36.2	40.7
		43.7			51.7						
	(d)	–						0.8		0.6	2.6
		10.5			2.0						
	(c+d)	16.8	17.8			24.0	30.3	31.7		36.8	43.3
		54.2			53.7						
대우		–						34.6	34.9	31.2	32.9
		47.5									
		–						0.1	0.5	1.0	0.9
		0.9									
		34.9	38.0	40.6	38.9	39.8	35.9	34.7	35.4	32.2	33.8
		48.4									
(주)대우			–								
			8.7								
			–								
			0								
			–								
			8.7								
대우건설							–				
							–				
							0.1	?	?		
대우전자			–								
			3.2	4.4							
			–								
			0	1.6							
			–								
			3.2	6.0							
대우조선해양						–					
						0					
						–					
						0					
						–					
						0	0	?	?	?	
(대한조선공사)											
(라이프)											
롯데		–						18.8	18.8	19.4	21.4
		23.0	26.1	27.1	27.7	44.5					
		–						0.2	0	0	0
		0	0	0	0	0					
		17.1	20.4	20.0	19.6	19.6	20.5	19.0	18.8	19.4	21.4
		23.0	26.1	27.1	27.7	44.5	48.4	50.0	53.2	52.8	

		1989 1999	1990 2000	1991 2001	1992 2002	1993 2003	1994 2004	1995 2005	1996 2006	1997 2007	1998
범양상선	(c)	–									
	(d)	–									
	(c+d)	9.1 –	2.9								
벽산								26.2	21.2		
								0.3	0.3		
								–			
					23.2	22.8	20.2	26.5	21.5		
삼미								17.2	15.7		
								–			
								0	0		
		30.3	28.6	26.7	26.7	26.7	25.3	17.2	15.7		
삼성		–						46.2	45.7	42.5	40.8
		39.2	41.4	37.2	38.0	38.1					
		–						0.3	0.3	0.7	0.9
		1.4	1.3	3.3	2.2	2.7					
		42.3	42.4	44.7	50.9	47.8	45.0	46.5	46.0	43.2	41.7
		40.6	42.7	40.5	40.2	40.8	37.8	49.8	48.5	40.9	
삼양		–									
		42.5									
		–									
		2.4									
		–									
		44.9									
(삼환기업)											
쌍용		–						28.9	32.7	37.5	30.4
		44.1	40.8	35.9							
		–						0	0.6	0.9	1.6
		1.2	0.4	0.3							
		42.3	38.7	34.4	31.3	31.2	29.0	28.9	33.3	38.4	32.0
		45.3	41.2	36.2							
CJ		–									
		43.3	40.9	41.7	43.1	44.1					
		1.4	0.9	0.3	0.7	0.3					
		44.7	41.8	42.0	43.8	44.4	47.5	51.4	50.3	63.1	
신세계			–								
			29.8	34.4	46.0	46.4					
			–								
			0	1.5	0.7	0					
			–								
			29.8	35.9	46.7	46.4	46.6	50.8	49.1	84.9	

		1989 / 1999	1990 / 2000	1991 / 2001	1992 / 2002	1993 / 2003	1994 / 2004	1995 / 2005	1996 / 2006	1997 / 2007	1998
신호	(c)	– / 23.3								23.3 /	22.7
	(d)	– / 2.1								3.7 /	0.7
	(c+d)	– / 25.4								27.0 /	23.4
새한		– / 37.3	29.1								34.4
		– / 0	0								0
		– / 37.3	29.1								34.4
아남		– / 19.9	13.1							32.0 /	21.8
		– / 0.2	0.1							0.3 /	0.3
		– / 20.1	13.2							32.3 /	22.1
영풍		– /	48.0	49.9	46.0	42.8					
		– /	0.9	1.3	0.3	0.4					
		– /	48.9	51.2	46.3	43.2					
우성건설								37.6 / –			
								2.6 /			
		52.2 / –	42.9	46.9	51.2	41.2	39.2	40.2			
이랜드										– /	
										– /	
										/ 64.1	
S-Oil			– / 6.6								
			– / 31.3								
			– / 37.9								
SK		– / 59.1	51.6	54.1	51.6	52.9		33.5 /	32.1 /	30.1 /	46.3
		– / 1.4	1.3	2.4	2.0	3.0		0.3 /	0.4 /	0.4 /	2.5
		30.6 / 60.5	29.4 / 52.9	29.1 / 56.5	26.3 / 53.6	29.0 / 55.9	34.3 / 50.0	33.8 / 48.9	32.5 / 60.3	30.5 / 61.4	48.8
STX								– /			
								/ 58.7	49.8	49.5	

		1989	1990	1991	1992	1993	1994	1995	1996	1997	1998
		1999	2000	2001	2002	2003	2004	2005	2006	2007	
LG	(c)	–						33.0	33.2	34.0	36.3
		48.0	36.2	35.9	36.1	34.1					
	(d)	–						0.9	0.8	0.7	0.3
		0.6	2.3	6.6	4.0	3.9					
	(c+d)	24.0	25.9	30.6	32.3	33.6	32.3	33.9	34.0	34.7	36.6
		48.6	38.5	42.5	40.1	38.0	34.6	35.1	32.2	32.4	
LS							–				
							–				
							–				
							31.9	37.9	38.6	58.7	
GM대우					–						
					0						
					–						
					0						
					–						
					0		0	?	?	?	
GS					–						
					–						
					–						
								32.9	35.5	37.1	
진로			–					31.7	29.9	28.3	29.1
		72.1	72.1								
			–					0.4	0.6	1.0	0
		0	6.4								
		–			22.3	34.1	30.2	32.1	30.5	29.3	29.1
		72.1	78.5								
코오롱			–					35.5	38.0	36.5	32.2
		30.2	40.2	47.2	54.6	52.3					
			–					1.0	1.1	1.0	0.9
		1.1	1.7	2.2	1.1	1.1					
		34.8	34.1	34.9	31.6	31.3	31.3	36.5	39.1	37.5	33.1
		31.3	41.9	49.4	55.7	53.4	60.1	64.5		58.1	
KCC					–						
					43.0	32.4					
					–						
					6.1	3.9					
					–						
					49.1	36.3	45.7			45.2	
KT					–						
					1.7						
					–						
					0						
					–						
					1.7	3.6		?	?	?	
KT&G					–						
					0						
					–						
					0						
					–						
					0	0.9		?	?		

		1989	1990	1991	1992	1993	1994	1995	1996	1997	1998
		1999	2000	2001	2002	2003	2004	2005	2006	2007	
통일	(c)	–									
	(d)	–									
	(c+d)	0.5	0.4	0.1							
태광산업				–							
				55.5	51.2						
				–							
				1.1	1.0						
				–							
				56.6	52.2						
태평양화학						–					
						–					
			24.7								
POSCO				–							
				7.3	7.5	5.4					
				–							
				4.8	4.0	0.2					
		3.7									
		–		12.1	11.5	5.6	5.2	?	?	?	
하나로통신				–							
				0	0.2	1.3					
				0	0	0					
				–							
				0	0.2	1.3	0				
하이닉스									–		
									–		
									–		
									?	?	
하이트맥주									–		
									–		
									–		
									40.8		
한라		–						27.3	32.8	30.5	29.5
		16.5									
		–						0	0.3	0.3	1.2
		3.5									
		–	26.5	26.5	25.5	24.7	26.2	27.3	33.1	30.8	30.7
		20.0									
한보								0	4.9		
								–			
								0	0		
								–			
							0.1	0	4.9		
								–			

		1989	1990	1991	1992	1993	1994	1995	1996	1997	1998
		1999	2000	2001	2002	2003	2004	2005	2006	2007	
한솔	(c)	–							45.3	33.2	27.3
		22.7	20.0	37.1	68.1	48.8					
	(d)	–							1.0	0.5	0.4
		0.2	0.1	0	0	0					
	(c+d)	–							46.3	33.7	27.7
		22.9	20.1	37.1	68.1	48.8	53.1				
한양		–									
		–									
		8.4	5.6	5.6	5.6	5.6					
한일								26.9	25.2	25.2	
								0.5	0	1.0	
		–									
		44.4	39.1	42.9	39.9	35.1	34.5	27.4	25.2	26.2	
한진		–						18.2	20.1	20.3	22.7
		22.0	27.3	28.5	29.6	29.3					
		–						2.0	1.8	2.4	2.0
		2.2	5.4	7.0	6.6	4.7					
		22.9	20.4	24.3	25.0	23.4	22.2	20.2	21.9	22.7	24.7
		24.2	32.7	35.5	36.2	34.0	23.7	23.6	29.4	30.5	
한화		–						31.2	26.2	26.7	23.4
		27.0	40.1	46.1	46.0	37.8					
		–						0.1	0.2	0.4	0.2
		2.3	1.5	4.6	4.4	1.2					
		31.8	31.6	30.8	31.1	30.7	28.3	31.3	26.4	27.1	23.6
		29.3	41.6	50.7	50.4	39.0	37.7	38.3	39.0	41.1	
현대		–						44.6	45.8	41.6	41.7
		50.5	36.0	33.5	26.2	26.0					
		–						0	0.2	0.8	0.8
		0.5	3.4	6.1	5.5	5.0					
		41.1	38.9	40.3	39.7	35.7	44.5	44.6	46.0	42.4	42.5
		51.0	39.4	39.6	31.7	31.0	22.4	16.4	17.0	21.3	
현대건설										–	
										–	
										–	
										?	
현대백화점				–							
				36.3	35.1	43.2					
				–							
				5.6	4.5	0.3					
				–							
				41.9	39.6	43.5	43.6	48.1		51.2	
현대산업개발		–									
		11.0	10.8	12.2	9.2						
		–									
		0.5	6.0	5.7	6.0						
		–									
		11.5	16.8	17.9	15.2						

	1989 1999	1990 2000	1991 2001	1992 2002	1993 2003	1994 2004	1995 2005	1996 2006	1997 2007	1998
현대자동차 (c)			–							
			35.8	42.2	46.0					
(d)			–							
			7.1	3.0	1.3					
(c+d)			–							
			42.9	45.2	47.3	49.0	49.0	42.7	40.6	
현대오일 뱅크		–								
		3.6	0	0						
		0.3	0.3	0.1						
		3.9	0.3	0.1			?	?		
현대중공업				–						
				20.0	38.9					
				–						
				20.8	15.7					
				–						
				40.8	54.6	41.1	43.9	44.5	44.5	
효성	–						29.3	29.5	30.7	26.7
	24.7	19.0	23.3	22.4	22.2					
	–						0.7	0.7	0.6	0.7
	21.7	4.8	4.8	4.3	4.1					
	28.4	28.5	28.2	28.2	27.1	27.2	30.0	30.2	31.3	27.4
	46.4	23.8	28.1	26.7	26.3	22.1	25.2	24.8		
해태	–						28.7	26.6	24.9	26.4
	44.9									
	–						0.4	0.5	2.2	2.1
	0.3									
	30.8		31.3	32.0	29.9	26.9	29.1	27.1	27.1	28.5
	45.2									

주 : 1) (c+d)는 c와 d를 합한 수치임. 출처에는 일부 (c+d) 수치가 따로 계산되어 있으며, 이 표에서의 수치와 다소 다를 수 있음.

　　2) 1989년 기아, 범양상선－동일인(기아자동차, 범양상선) 지분율 포함된 것으로 보임 ; 1994~1997년 기아－동일인(기아자동차) 지분율 포함됨.

　　3) 자기주식 : 1995~2003년에는 관련 수치 있음 ; 1989~1994, 2004~2007년에는 관련 수치 없으며 계열회사지분율에 포함된 것으로 보임, 1989년에는 계열회사지분율에 포함되어 있다고 명시되어 있으며 다른 년도에는 그런 표시가 없음.

출처 : <부록표 5.1>.

<부록표 5.5> 30대 대규모사기업집단의 집단별 내부지분율, 1989~2007년(%) :
　　　　　(4) 동일인(a), 특수관계인(b)[친족(b1)/기타 동일인관련자(b2)], 계열회사(c), 자기주식(d)

| | | 1989 | 1990 | 1991 | 1992 | 1993 | 1994 | 1995 | 1996 | 1997 | 1998 |
		1999	2000	2001	2002	2003	2004	2005	2006	2007	
강원산업	(a)	-									0.6
		0.7									-
	(b)	-									10.9
		9.9									-
	(c)	-									54.4
		53.6									-
	(d)	-									0
		0									-
	(a+b)	-									11.5
		10.6									-
	(c+d)	-									54.4
		53.6									-
	(a+b+c+d)	-									65.8
		64.2									-
거평										12.1	5.9
											-
										5.4	13.9
											-
										41.5	34.6
											-
										0.1	0.1
											-
										17.5	19.8
											-
										41.6	34.7
											-
										59.0	54.5
고합		-	3.4	2.9	2.9	3.6	2.9	3.4	5.8	4.9	3.6
		1.6	0	10.8							
		-	2.8	3.0	3.5	1.5	1.5	2.4	4.2	3.7	2.8
		0.9	2.1	2.2							
		-						40.7	36.0	30.8	32.5
		14.6	11.9	0							
		-						0.2	0.1	0.1	0.7
		7.4	11.9	10.4							
		7.6	6.2	5.9	6.4	5.1	4.4	5.8	10.0	8.6	6.4
		2.5	2.1	13.0							
		42.3	36.1	40.9	44.2	36.3	39.3	40.9	36.1	30.9	33.2
		22.0	23.8	10.4							
		49.9	42.3	46.8	50.5	41.4	43.6	46.7	46.1	39.4	39.5
		24.6	26.0	23.4							

	1989 1999	1990 2000	1991 2001	1992 2002	1993 2003	1994 2004	1995 2005	1996 2006	1997 2007	1998
극동건설 (a)		2.0	2.1	1.5	1.6	1.5	1.6	1.7		
	−									
(b)		3.4	3.5	4.2	3.6	4.2	4.4	4.6		
	−									
(c)							16.2	17.5		
							−			
(d)							2.8	2.7		
							−			
(a+b)	4.2	5.4	5.6	5.7	5.2	5.7	6.0	6.3		
	−									
(c+d)	37.3	20.1	14.3	14.1	13.7	13.1	19.0	20.2		
	−									
(a+b+c+d)	41.5	25.5	19.9	19.8	18.9	18.8	25.0	26.5		
	−									
극동정유		22.9	22.9	20.9						
	−									
		5.8	2.0	6.3						
	−									
	−									
	−									
	37.6	28.7	24.9	27.2						
	−									
	13.3	11.3	10.9	10.0						
	50.9	40.0	35.8	37.2						
	−									
금호 아시아나	−	1.0	1.0	0.8	0.7	0.6	0.6	0.6	0.5	0.8
	0.3	0.3	0.5	0.4	0.5	0.5	0.5	0.6	0.3	
	−	3.4	3.4	2.7	1.9	1.8	1.8	1.7	1.6	2.9
	1.7	1.1	1.6	1.6	2.9	2.8/3.2	3.8/1.2	4.0/1.3	2.2/0.8	
	−						37.7	39.4	37.8	36.5
	46.3	68.6	49.4	49.1	50.4					
	−						0.1	0.2	0.3	0.4
	2.7	0.8	4.1	6.6	5.8					
	35.1	4.4	4.4	3.5	2.6	2.4	2.4	2.3	2.1	3.7
	2.0	1.4	2.1	2.0	3.4	6.5	5.5	5.9	3.3	
	29.9	29.9	33.7	38.4	39.3	40.0	37.8	39.6	38.1	36.9
	49.0	69.4	53.5	55.7	56.2	47.6	47.5	47.3	44.1	
	65.0	34.4	38.0	41.9	41.9	42.5	40.3	41.9	40.1	40.7
	51.0	70.8	55.6	57.7	59.6	54.1	53.1	53.2	47.4	

| | | 1989 | 1990 | 1991 | 1992 | 1993 | 1994 | 1995 | 1996 | 1997 | 1998 |
		1999	2000	2001	2002	2003	2004	2005	2006	2007	
기아	(a)		22.0	19.7	17.9	18.2	–	17.1	20.7	20.5	
			–								
	(b)		11.0	8.9	8.7	0.2	0.2	0.4	0.3	0.3	
			–								
	(c)							4.2	4.4	9.6	
								–			
	(d)							0.2	0.2	0.2	
								–			
	(a+b)	11.3	33.0	28.6	26.6	18.4	0.2	17.5	21.0	20.8	
		–									
	(c+d)	28.1	2.6	3.1	3.3	3.1	22.5	4.4	4.6	9.8	
		–									
	(a+b+c+d)	39.4	35.6	31.7	29.9	21.4	22.7	21.9	25.6	30.6	
		–									
뉴코아									12.9	15.8	10.3
									–		
									22.7	20.6	30.4
									–		
									63.8	62.3	56.9
									–		
									0	0	0
									–		
									35.6	36.4	40.7
									–		
									63.8	62.3	56.9
									–		
									99.4	98.7	97.6
									–		
동국제강		–	4.1	4.0	4.0	4.0	3.6	4.2	4.1	4.7	4.0
		3.9	5.0	9.8	9.3	9.3	7.1	7.3	7.7	9.6	
		–	14.4	16.0	12.7	11.6	10.3	11.3	10.9	10.9	10.0
		8.2	10.6	11.4	10.5	9.8	6.1/15.4	6.3/15.7	6.7/16.5	8.0/1.0	
		–						31.1	32.4	32.5	41.4
		25.3	16.0	10.8	9.5	17.9					
		–						0.1	3.0	3.0	2.4
		0.1	0.1	16.4	12.7	19.8					
		23.5	18.5	20.0	16.7	15.6	13.9	15.5	15.0	15.6	14.0
		12.1	15.6	21.2	19.8	19.1	28.6	29.3	30.9	18.6	
		29.7	31.8	36.6	36.6	33.7	39.2	31.2	35.4	35.5	43.8
		25.4	16.1	27.2	22.2	37.7	32.1	38.4	35.2	35.1	
		53.2	50.3	56.5	53.2	49.3	53.0	46.6	50.3	51.0	57.8
		37.5	31.7	48.4	42.0	56.7	60.7	67.7	66.0	53.7	

집단	항목	1989 / 1999	1990 / 2000	1991 / 2001	1992 / 2002	1993 / 2003	1994 / 2004	1995 / 2005	1996 / 2006	1997 / 2007	1998
동부	(a)	–	13.7	15.0	13.4	12.0	11.3	11.2	7.4	5.4	4.8
		3.3	7.9	9.3	8.6	4.9	5.6	4.5	5.9	5.8	
	(b)	–	3.9	4.8	4.8	3.6	3.6	3.9	5.5	7.4	6.0
		4.5	7.5	2.7	2.4	2.6	1.8/2.5	2.2/2.9	4.9/5.6	5.2/5.8	
	(c)	–						24.9	30.5	33.2	40.8
		55.2	37.2	41.8	38.9	36.9					
	(d)	–						0.4	0.4	1.7	1.4
		0.9	4.9	1.7	1.6	1.0					
	(a+b)	17.9	17.6	19.8	18.2	15.6	14.9	15.1	12.9	12.8	10.8
		7.8	15.4	12.0	11.0	7.5	9.9	9.6	16.4	16.8	
	(c+d)	24.5	30.7	22.5	23.8	26.5	25.6	25.3	30.9	34.9	42.2
		56.1	42.1	43.5	40.5	37.9	36.0	36.6	42.1	43.6	
	(a+b+c+d)	42.4	48.4	42.2	42.0	42.1	40.5	40.4	43.8	47.8	53.0
		63.9	57.5	55.4	51.5	45.4	45.8	46.3	58.4	60.4	
동아		–	13.5	12.4	12.2	13.1	12.4	10.7	9.2	6.9	6.7
		1.8	0								
		–	13.6	14.5	10.7	10.3	11.0	9.0	7.3	5.1	4.8
		1.4	1.5								
		–						20.0	25.8	42.2	42.4
		50.1	19.5								
		–						0.4	0	0	0.3
		1.9	2.3								
		28.4	27.1	26.9	22.9	23.4	23.4	19.7	16.5	12.0	11.5
		3.2	1.5								
		14.9	16.7	14.6	15.5	15.1	12.6	20.4	25.8	42.2	42.7
		52.0	21.8								
		43.3	43.7	41.4	38.4	38.4	36.0	40.1	42.4	54.2	54.2
		55.1	23.3								
동양				1.5	1.4	1.4	1.3	1.5	1.3	1.2	1.3
		1.1	1.0	1.3	1.9	1.9	1.7	1.8	2.1	1.9	
				8.7	7.7	5.9	5.1	4.8	3.9	3.6	3.4
		2.9	2.2	2.0	2.2	2.0	1.7/2.4	1.9/2.8	2.1/1.9	1.9/1.4	
		–						38.2	46.5	44.0	46.2
		48.1	42.3	47.7	52.5	48.3					
		–						1.7	1.3	1.3	1.2
		0.4	0.2	0.6	2.1	2.3					
				10.2	9.1	7.3	6.4	6.3	5.2	4.8	4.7
		4.0	3.2	3.3	4.1	3.9	5.8	6.5	6.1	5.2	
				24.8	26.2	29.4	37.1	39.9	47.8	45.3	47.4
		48.5	42.5	48.3	54.6	50.6	52.8	60.6	57.3	56.1	
				34.9	35.2	36.7	43.5	46.1	53.1	50.1	52.1
		52.5	45.7	51.5	58.7	54.5	58.6	67.1	63.3	61.3	

	1989	1990	1991	1992	1993	1994	1995	1996	1997	1998
	1999	2000	2001	2002	2003	2004	2005	2006	2007	
동양화학 (a)			–							
			2.8							
(b)			–							
			4.5							
(c)			–							
			53.5							
(d)			–							
			4.1							
(a+b)			–							
			7.3							
(c+d)			–							
			57.6							
(a+b+c+d)			–							
			64.8							
동원			6.6	–						
			–	3.2						
			4.6	–						
			–	4.4						
				–						
				36.8						
				–						
				4.2						
			11.2	–						
			–	7.6						
			35.4	–						
			–	41.0						
			46.6	–						
			–	48.7						
두산	–	2.9	3.1	2.7	2.6	3.1	2.8	2.9	2.5	2.6
	0.9	0.5	0.4	0.4	0.4	0.3	0.3	0.2	0.2	
	–	11.6	13.0	11.1	10.5	12.7	11.2	10.9	10.9	9.8
	12.3	10.3	6.3	6.2	6.4	4.6/9.1	4.9/20.5	3.0/13.9	3.4/13.4	
	–						37.0	34.7	35.9	36.1
	39.2	44.2	41.9	42.6	44.7					
	–						0.6	0.5	0.5	1.9
	4.9	0.5	2.7	9.2	10.5					
	16.4	14.5	16.1	13.8	13.1	15.8	14.0	13.8	13.4	12.4
	13.2	10.8	6.7	6.6	6.8	14.0	25.7	17.1	17.0	
	41.8	41.8	40.5	33.5	29.0	35.6	37.6	35.2	36.4	38.0
	44.1	44.7	44.6	51.8	55.2	52.7	44.2	44.1	45.4	
	58.2	56.3	56.6	47.3	42.0	51.3	51.6	49.0	49.7	50.5
	57.2	55.6	51.3	58.4	62.0	66.7	69.8	61.3	62.3	

		1989 / 1999	1990 / 2000	1991 / 2001	1992 / 2002	1993 / 2003	1994 / 2004	1995 / 2005	1996 / 2006	1997 / 2007	1998
대림	(a)	–	0.1	0.1	0.3	0.3	0.3	0.3	2.4	2.4	2.5
		2.0	3.8	3.4	4.9	5.0	4.6	4.9	4.5	4.4	
	(b)	–	6.9	7.5	7.3	7.5	8.5	8.6	6.7	6.4	6.0
		4.3	4.2	2.5	3.2	2.9	1.4/11.0	1.8/1.5	2.5/1.4	2.3/1.8	
	(c)	–						28.3	24.6	25.1	26.2
		28.8	27.6	26.7	44.7	44.7					
	(d)	–						0.3	0.3	0.3	0.3
		0	15.4	13.8	5.4	5.5					
	(a+b)	16.7	7.0	7.6	7.6	7.8	8.8	8.9	9.1	8.8	8.5
		6.3	8.0	5.9	8.1	7.9	17.0	8.2	8.4	8.5	
	(c+d)	36.9	31.5	31.6	31.7	28.2	27.7	28.6	24.9	25.4	26.5
		28.8	43.0	40.5	50.1	50.2	44.9	46.8	46.1	45.3	
	(a+b+c+d)	53.5	38.5	39.2	39.3	36.0	36.5	37.6	33.9	34.2	35.0
		35.1	51.0	46.4	58.2	58.0	61.9	54.9	54.5	53.8	
대상		–	2.4			1.8	9.0	12.1		8.8	12.7
		19.6			7.6						
		–	18.8			16.0	7.3	6.1		6.9	9.5
		10.0			9.2						
		–						30.9		36.2	40.7
		43.7			51.7						
		–						0.8		0.6	2.6
		10.5			2.0						
		20.6	21.2			17.8	16.3	18.2		15.7	22.2
		29.6			16.8						
		16.8	17.8			24.0	30.3	31.7		36.8	43.3
		54.2			53.7						
		37.4	38.9			41.7	46.6	49.8		52.5	65.6
		83.9			70.6						
대우		–	6.8	6.2	4.6	4.5	4.0	3.9	3.8	3.5	4.9
		3.9									
		–	3.5	3.6	5.3	2.6	2.5	2.8	2.6	2.6	2.3
		1.7									
		–						34.6	34.9	31.2	32.9
		47.5									
		–						0.1	0.5	1.0	0.9
		0.9									
		8.9	10.3	9.8	9.9	7.1	6.5	6.7	6.4	6.1	7.2
		5.6									
		34.9	38.0	40.6	38.9	39.8	35.9	34.7	35.4	32.2	33.8
		48.4									
		43.8	48.3	50.4	48.8	46.9	42.4	41.4	41.7	38.3	41.0
		54.1									

| | | 1989 | 1990 | 1991 | 1992 | 1993 | 1994 | 1995 | 1996 | 1997 | 1998 |
		1999	2000	2001	2002	2003	2004	2005	2006	2007	
(주)대우	(a)		–								
			0								
	(b)		–								
			0.9								
	(c)		–								
			8.7								
	(d)		–								
			0								
	(a+b)		–								
			0.9								
	(c+d)		–								
			8.7								
	(a+b+c+d)		–								
			9.6								
대우건설							–				
							40.0	?	?		
							–				
							0/0	?	?		
							–				
							–				
							–				
							40.0	?	?		
							–				
							0.1	?	?		
							–				
							40.2	?	?		
대우전자			–								
			0	0							
			–								
			1.9	0							
			–								
			3.2	4.4							
			–								
			0	1.6							
			–								
			1.9	0							
			–								
			3.2	6.0							
			–								
			5.1	6.0							

	1989	1990	1991	1992	1993	1994	1995	1996	1997	1998
	1999	2000	2001	2002	2003	2004	2005	2006	2007	
대우 (a) 조선해양					–					
					100	100	?	?	?	
(b)					–					
					0	0/0	?	?	?	
(c)					–					
					0					
(d)					–					
					0					
(a+b)					–					
					100	100	?	?	?	
(c+d)					–					
					0	0	?	?	?	
(a+b+c+d)					–					
					100	100	?	?	?	
(대한조선공사)										
(라이프)										
롯데	–	0.9	0.9	0.9	0.8	0.8	0.8	1.0	1.0	0.9
	0.9	0.9	0.8	0.7	0.5	0.4	0.2	0.3	0.3	
	–	2.2	2.7	2.5	2.7	2.5	2.5	2.4	2.4	2.5
	4.9	4.3	4.3	4.3	4.0	2.6/0.1	2.0/0.1	2.7/0.1	2.5/0.1	
	–						18.8	18.8	19.4	21.4
	23.0	26.1	27.1	27.7	44.5					
	–						0.2	0	0	0
	0	0	0	0	0					
	2.7	3.1	3.6	3.4	3.5	3.3	3.3	3.4	3.4	3.4
	5.8	5.2	5.1	5.0	4.5	3.1	2.3	3.1	2.9	
	17.1	20.4	20.0	19.6	19.6	20.5	19.0	18.8	19.4	21.4
	23.0	26.1	27.1	27.7	44.5	48.4	50.0	53.2	52.8	
	19.8	23.4	23.6	22.9	23.2	23.8	22.3	22.2	22.8	24.8
	28.8	31.2	32.2	32.7	48.9	51.5	52.3	56.2	55.7	
범양상선		6.3								
	–									
		44.3								
	–									
	–									
	42.3	50.6								
	–									
	9.1	2.9								
	–									
	51.4	53.5								

		1989 / 1999	1990 / 2000	1991 / 2001	1992 / 2002	1993 / 2003	1994 / 2004	1995 / 2005	1996 / 2006	1997 / 2007	1998
벽산	(a)				3.6 / –	3.5	3.3	2.9	3.6		
	(b)				12.6 / –	12.0	12.6	11.9	11.1		
	(c)							26.2 / –	21.2		
	(d)							0.3 / –	0.3		
	(a+b)				16.2 / –	15.5	15.9	14.8	14.7		
	(c+d)				23.2 / –	22.8	20.2	26.5	21.5		
	(a+b+c+d)				39.4 / –	38.3	36.1	41.3	36.2		
삼미			5.7 / –	6.4	6.2	7.4	6.6	6.5	6.0		
			9.1 / –	8.5	8.2	8.0	8.0	7.1	6.6		
								17.2 / –	15.7		
								0	0		
		19.1 / –	14.8	14.9	14.4	15.4	14.6	13.6	12.6		
		30.3 / –	28.6	26.7	26.7	26.7	25.3	17.2	15.7		
		49.4 / –	43.4	41.6	41.1	42.1	40.0	30.9	28.4		
삼성		– / 0.7	2.6 / 0.6	2.8 / 0.5	2.2 / 0.5	2.1 / 0.4	1.8 / 0.4	1.5 / 0.3	1.2 / 0.3	1.0 / 0.3	1.0
		– / 1.3	5.4 / 1.2	5.7 / 1.6	5.1 / 1.5	3.0 / 1.6	2.1 / 0.9/2.3	1.3 / 0.6/2.0	1.8 / 0.6/2.3	2.6 / 0.5/2.7	1.9
		– / 39.2	41.4	37.2	38.0	38.1		46.2	45.7	42.5	40.8
		– / 1.4	1.3	3.3	2.2	2.7		0.3	0.3	0.7	0.9
		8.0 / 2.0	8.0 / 1.8	8.5 / 2.1	7.3 / 2.0	5.1 / 2.0	3.9 / 3.6	2.8 / 2.9	3.0 / 3.2	3.6 / 3.5	2.9
		42.3 / 40.6	42.4 / 42.7	44.7 / 40.5	50.9 / 40.2	47.8 / 40.8	45.0 / 37.8	46.5 / 49.8	46.0 / 48.5	43.2 / 40.9	41.7
		50.3 / 42.5	50.4 / 44.5	53.2 / 42.5	58.3 / 42.3	52.9 / 42.8	48.9 / 41.5	49.3 / 52.6	49.0 / 51.6	46.7 / 44.4	44.6

		1989 / 1999	1990 / 2000	1991 / 2001	1992 / 2002	1993 / 2003	1994 / 2004	1995 / 2005	1996 / 2006	1997 / 2007	1998
삼양	(a)	– / 0.9									
	(b)	– / 11.9									
	(c)	– / 42.5									
	(d)	– / 2.4									
	(a+b)	– / 12.8									
	(c+d)	– / 44.9									
	(a+b+c+d)	– / 57.6									
(삼환기업)											
쌍용		– / 3.5	3.1 / 2.9	3.2 / 2.6	2.7	2.6	3.2	2.9	2.7	2.6	3.1
		– / 2.1	0.5 / 0.6	4.4 / 0.5	3.7	3.0	1.6	1.3	1.0	1.0	1.2
		– / 44.1	40.8	35.9				28.9	32.7	37.5	30.4
		– / 1.2	0.4	0.3				0	0.6	0.9	1.6
		9.0 / 5.6	3.6 / 3.5	7.6 / 3.1	6.4	5.6	4.8	4.2	3.7	3.6	4.3
		42.3 / 45.3	38.7 / 41.2	34.4 / 36.2	31.3	31.2	29.0	28.9	33.3	38.4	32.0
		51.3 / 50.9	42.3 / 44.7	42.0 / 39.2	37.7	36.7	33.8	33.1	37.0	42.0	36.3
CJ		– / 9.6	9.9	8.8	9.2	8.6	7.9	6.8	5.7	4.4	
		– / 0.5	0.3	1.2	1.1	1.0	0.2/1.4	0.2/1.4	1.3/1.3	1.6/2.0	
		– / 43.3	40.9	41.7	43.1	44.1					
		– / 1.4	0.9	0.3	0.7	0.3					
		– / 10.1	10.2	10.0	10.3	9.6	9.5	8.4	8.3	8.0	
		– / 44.7	41.8	42.0	43.8	44.4	47.5	51.4	50.3	63.1	
		– / 54.9	52.0	52.0	54.1	54.0	56.9	59.9	58.6	71.1	

		1989/1999	1990/2000	1991/2001	1992/2002	1993/2003	1994/2004	1995/2005	1996/2006	1997/2007	1998
신세계	(a)		–								
			8.9	1.3	6.1	6.0	6.0	5.3	5.3	1.5	
	(b)		–								
			17.7	19.2	9.5	9.2	8.4/0.6	7.6/0.3	8.8/0.4	2.2/0.1	
	(c)		–								
			29.8	34.4	46.0	46.4					
	(d)		–								
			0	1.5	0.7	0					
	(a+b)		–								
			26.6	20.5	15.6	15.2	15.0	13.2	14.5	3.8	
	(c+d)		–								
			29.8	35.9	46.7	46.4	46.6	50.8	49.1	84.9	
	(a+b+c+d)		–								
			56.4	56.4	62.3	61.6	61.5	64.1	63.5	88.6	
신호		–								8.4	7.7
		6.8									
		–								1.5	1.3
		0.5									
		–								23.3	22.7
		23.3									
		–								3.7	0.7
		2.1									
		–								9.9	9.0
		7.3									
		–								27.0	23.4
		25.4									
		–								36.9	32.4
		32.7									
새한		–									5.8
		6.0	4.7								
		–									10.7
		7.8	5.4								
		–									34.4
		37.3	29.1								
		–									0
		0	0								
		–									16.5
		13.8	10.1								
		–									34.4
		37.3	29.1								
		–									50.9
		51.1	39.1								

기업집단		1989 / 1999	1990 / 2000	1991 / 2001	1992 / 2002	1993 / 2003	1994 / 2004	1995 / 2005	1996 / 2006	1997 / 2007	1998
아남	(a)	-								3.0	2.8
		2.7	1.2								
	(b)	-								6.8	5.8
		6.2	3.7								
	(c)	-								32.0	21.8
		19.9	13.1								
	(d)	-								0.3	0.3
		0.2	0.1								
	(a+b)	-								9.8	8.6
		8.9	4.9								
	(c+d)	-								32.3	22.1
		20.1	13.2								
	(a+b+c+d)	-								42.0	30.7
		29.0	18.0								
영풍			-	0.1	0.1	0.1	2.5				
			-	13.5	13.1	13.6	12.2				
			-	48.0	49.9	46.0	42.8				
				0.9	1.3	0.3	0.4				
			-	13.6	13.2	13.7	14.7				
			-	48.9	51.2	46.3	43.2				
			-	62.3	64.4	60.0	58.0				
우성건설			6.0	6.4	6.9	5.8	5.6	7.4			
			17.7	15.9	17.3	16.0	14.4	14.9			
			-					37.6			
			-					2.6			
			-								
		12.2	23.7	22.3	24.2	21.8	20.0	22.3			
		52.2	42.9	46.9	51.2	41.2	39.2	40.2			
		64.4	66.6	69.2	75.4	63.0	59.2	62.6			

| | | 1989 | 1990 | 1991 | 1992 | 1993 | 1994 | 1995 | 1996 | 1997 | 1998 |
		1999	2000	2001	2002	2003	2004	2005	2006	2007	
이랜드	(a)									–	
										2.9	
	(b)									–	
										0.6/4.1	
	(c)									–	
	(d)									–	
	(a+b)									–	
										7.6	
	(c+d)									–	
										64.1	
	(a+b+c+d)									–	
										71.7	
S-Oil			–								
			0								
			–								
			0.2								
			–								
			6.6								
			–								
			31.3								
			–								
			0.2								
			–								
			37.9								
			–								
			38.1								
SK		–	9.3	9.4	10.7	12.5	11.5	10.9	9.7	8.4	6.0
		4.2	3.1	2.1	2.5	1.4	0.7	1.0	0.7	0.8	
		–	9.9	12.1	9.5	7.1	5.1	6.5	6.4	5.7	3.6
		2.1	1.2	0.7	0.7	0.7	0.3/1.0	0.5/1.0	0.3/1.5	0.7/3.5	
		–						33.5	32.1	30.1	46.3
		59.1	51.6	54.1	51.6	52.9					
		–						0.3	0.4	0.4	2.5
		1.4	1.3	2.4	2.0	3.0					
		15.5	19.2	21.5	20.2	19.6	16.6	17.4	16.1	14.1	9.6
		6.3	4.3	2.8	3.2	2.1	2.0	2.5	2.5	5.0	
		30.6	29.4	29.1	26.3	29.0	34.3	33.8	32.5	30.5	48.8
		60.5	52.9	56.5	53.6	55.9	50.0	48.9	60.3	61.4	
		46.1	48.6	50.6	46.5	48.6	50.9	51.2	48.6	44.7	58.4
		66.8	57.2	59.3	56.8	58.0	52.0	51.3	62.9	66.4	

| | | 1989 | 1990 | 1991 | 1992 | 1993 | 1994 | 1995 | 1996 | 1997 | 1998 |
		1999	2000	2001	2002	2003	2004	2005	2006	2007	
STX	(a)						–				
								2.2	2.7	2.8	
	(b)						–				
								0/1.2	0.6/1.6	1.1/1.3	
	(c)						–				
	(d)						–				
	(a+b)						–				
								3.4	4.9	5.2	
	(c+d)						–				
								58.7	49.8	49.5	
	(a+b+c+d)						–				
								62.0	54.8	54.6	
LG		–	0.1	0.2	0.2	0.2	0.1	0.1	0.4	0.3	0.3
		0.3	0.4	0.5	0.6	0.9	0.8	1.2	1.2	1.2	
		–	7.4	7.4	7.2	5.1	5.3	5.6	5.6	5.1	5.0
		3.4	4.2	4.0	4.9	6.5	3.9/3.4	3.7/0.4	4.0/0.5	3.6/0.8	
		–						33.0	33.2	34.0	36.3
		48.0	36.2	35.9	36.1	34.1					
		–						0.9	0.8	0.7	0.3
		0.6	2.3	6.6	4.0	3.9					
		9.8	7.5	7.6	7.4	5.3	5.4	5.7	6.0	5.4	5.3
		3.7	4.6	4.5	5.5	7.4	8.1	5.3	5.7	5.6	
		24.0	25.9	30.6	32.3	33.6	32.3	33.9	34.0	34.7	36.6
		48.6	38.5	42.5	40.1	38.0	34.6	35.1	32.2	32.4	
		33.8	33.5	38.3	39.7	38.8	37.7	39.7	39.9	40.1	41.9
		52.4	43.1	47.0	45.6	45.4	42.7	40.3	37.8	38.0	
LS							–				
							0	0.1	0.1	0.1	
							–				
							10.0/4.8	9.7/3.4	9.5/3.3	6.1/2.7	
							–				
							–				
							–				
							14.8	13.2	12.9	8.9	
							–				
							31.9	37.9	38.6	58.7	
							–				
							46.7	51.2	51.6	67.6	

| | 1989 | 1990 | 1991 | 1992 | 1993 | 1994 | 1995 | 1996 | 1997 | 1998 |
	1999	2000	2001	2002	2003	2004	2005	2006	2007	
GM대우 (a)					–					
					4.8	0	?	?	?	
(b)					–					
					0	0/0	?	?	?	
(c)					–					
					0					
(d)					–					
					0					
(a+b)					–					
					4.8	0	?	?	?	
(c+d)					–					
					0	0	?	?	?	
(a+b+c+d)					–					
					4.8	0	?	?	?	
GS							–			
							3.7	3.4	3.0	
							–			
							20.1/0.6	19.4/0.5	17.0/0.5	
							–			
							–			
							–			
							24.4	23.3	20.5	
							32.9	35.5	37.1	
							57.3	58.8	57.7	
진로	–			5.0	4.3	5.2	11.3	12.4	14.1	14.1
		5.6	6.1							
	–			9.6	9.0	5.6	3.8	2.7	2.5	1.5
		1.1	0.9							
	–						31.7	29.9	28.3	29.1
		72.1	72.1							
	–						0.4	0.6	1.0	0
		0	6.4							
	–			14.6	13.3	10.8	15.1	15.1	16.6	15.6
		6.7	7.0							
	–			22.3	34.1	30.2	32.1	30.5	29.3	29.1
		72.1	78.5							
	–			36.9	47.4	41.0	47.2	45.6	45.8	44.6
		78.8	85.6							

		1989	1990	1991	1992	1993	1994	1995	1996	1997	1998
		1999	2000	2001	2002	2003	2004	2005	2006	2007	
코오롱	(a)	–	3.8	3.6	3.2	2.8	2.1	1.8	1.7	1.8	1.7
		1.7	0.9	0.8	0.8	0.8	0.8	0.9		3.0	
	(b)	–	6.9	8.8	9.1	7.1	6.3	9.3	8.9	5.9	5.9
		4.8	3.1	3.0	3.6	3.7	3.4/3.8	3.3/2.1		0.9/2.0	
	(c)	–						35.5	38.0	36.5	32.2
		30.2	40.2	47.2	54.6	52.3					
	(d)	–						1.0	1.1	1.0	0.9
		1.1	1.7	2.2	1.1	1.1					
	(a+b)	13.0	10.7	12.4	12.3	9.9	8.4	11.1	10.6	7.7	7.6
		6.5	4.0	3.8	4.4	4.5	8.0	6.3		5.9	
	(c+d)	34.8	34.1	34.9	31.6	31.3	31.3	36.5	39.1	37.5	33.1
		31.3	41.9	49.4	55.7	53.4	60.1	64.5		58.1	
	(a+b+c+d)	47.8	44.8	47.3	43.9	41.2	39.7	47.6	49.7	45.1	40.8
		37.8	45.9	53.2	60.1	57.8	68.1	70.7		64.0	
KCC	(a)				–						
					8.9	6.6	5.1			4.1	
	(b)										
					6.4	16.3	14.3/2.7			18.3/0.8	
	(c)				–						
					43.0	32.4					
	(d)				–						
					6.1	3.9					
	(a+b)										
					15.3	22.9	22.1			23.2	
	(c+d)										
					49.1	36.3	45.7			45.2	
	(a+b+c+d)				–						
					64.4	59.2	67.7			68.4	
KT	(a)					–					
						46.1	49.3	?	?	?	
	(b)					–					
						0	0/1.6	?	?	?	
	(c)					1.7					
						–					
	(d)					0					
						–					
	(a+b)										
						46.1	50.9	?	?	?	
	(c+d)					–					
						1.7	3.6	?	?	?	
	(a+b+c+d)					–					
						47.8	54.4	?	?	?	

	1989 1999	1990 2000	1991 2001	1992 2002	1993 2003	1994 2004	1995 2005	1996 2006	1997 2007	1998
KT&G (a)					− 100	98.8	?	?		
(b)					− 0	0/0.1	?	?		
(c)					− 0					
(d)					− 0					
(a+b)					− 100	98.9	?	?		
(c+d)					− 0	0.9	?	?		
(a+b+c+d)					− 100	99.8	?	?		
통일		40.7	46.0							
		8.8	9.8							
	47.8	49.5	55.8							
	0.5	0.4	0.1							
	48.3	49.9	55.9							
태광산업			6.8	6.1						
			18.9	17.4						
			55.5	51.2						
			1.1	1.0						
			25.7	23.5						
			56.6	52.2						
			82.2	75.7						

		1989 1999	1990 2000	1991 2001	1992 2002	1993 2003	1994 2004	1995 2005	1996 2006	1997 2007	1998
태평양 화학	(a)		7.8 −								
	(b)		8.2 −								
	(c)		−								
	(d)		−								
	(a+b)		16.0 −								
	(c+d)		24.7 −								
	(a+b+c+d)		40.7								
POSCO				− 57.8	58.0	85.6	85.6	?	?	?	
				− 4.4	3.0	1.8	0/2.0	?	?	?	
				− 7.3	7.5	5.4					
				− 4.8	4.0	0.2					
		16.9 − 3.7		62.2	61.0	87.4	87.6	?	?	?	
		−		12.1	11.5	5.6	5.2	?	?	?	
		20.6 −		74.3	72.4	93.0	92.8	?	?	?	
하나로 통신				− 1.1	3.2	36.0	94.4				
				− 0.2	0	0	0/0				
				− 0	0.2	1.3					
				− 0	0	0					
				− 1.3	3.2	36.0	94.4				
				− 0	0.2	1.3	0				
				1.2	3.5	37.3	94.4				

	1989 / 1999	1990 / 2000	1991 / 2001	1992 / 2002	1993 / 2003	1994 / 2004	1995 / 2005	1996 / 2006	1997 / 2007	1998
하이닉스 (a)								–		
								?	?	
(b)								–		
								?	?	
(c)								–		
(d)								–		
(a+b)								–		
								?	?	
(c+d)								–		
								?	?	
(a+b+c+d)								–		
								?	?	
하이트 맥주								–		
								1.4		
								–		
								0.2/0.4		
								–		
								–		
								2.0		
								–		
								40.8		
								–		
								42.8		
한라	–	29.5	27.0	30.5	28.2	26.0	23.2	0.7	0.6	0.7
	0.4									
	–	9.7	9.3	7.9	8.8	6.4	7.4	21.7	18.1	16.9
	16.2									
	–					27.3	32.8	30.5	29.5	
	16.5									
	–						0	0.3	0.3	1.2
	3.5									
	–	39.2	36.3	38.4	37.0	32.4	30.6	22.4	18.7	17.6
	16.6									
	–	26.5	26.5	25.5	24.7	26.2	27.3	33.1	30.8	30.7
	20.0									
	–	65.7	62.8	63.9	61.7	58.6	57.8	55.6	49.5	48.3
	36.6									

		1989	1990	1991	1992	1993	1994	1995	1996	1997	1998
		1999	2000	2001	2002	2003	2004	2005	2006	2007	
한보	(a)						35.6	57.1	53.2		
							−				
	(b)						15.7	31.1	27.4		
	(c)							0	4.9		
							−				
	(d)							0	0		
							−				
	(a+b)						51.3	88.2	80.6		
	(c+d)						0.1	0	4.9		
							−				
	(a+b+c+d)						51.4	88.3	85.4		
							−				
한솔		−							2.1	1.0	1.0
		0.5	0.4	0.3	0.5	1.0	1.1				
		−							5.8	2.7	3.7
		1.7	3.2	2.6	1.4	4.1	2.8/0.1				
		−							45.3	33.2	27.3
		22.7	20.0	37.1	68.1	48.8					
									1.0	0.5	0.4
		0.2	0.1	0	0	0					
		−							7.9	3.7	4.7
		2.2	3.6	2.9	1.9	5.1	4.0				
		−							46.3	33.7	27.7
		22.9	20.1	37.1	68.1	48.8	53.1				
									54.3	37.3	32.4
		25.1	23.6	40.0	70.1	53.9	57.1				
한양			29.1	29.1	29.1	29.1					
		−									
			9.8	9.2	9.2	10.5					
		−									
		−									
		−									
		35.9	38.9	38.3	38.3	39.6					
		−									
		8.4	5.6	5.6	5.6	5.6					
		−									
		44.3	44.4	43.9	43.9	45.2					
		−									

		1989 / 1999	1990 / 2000	1991 / 2001	1992 / 2002	1993 / 2003	1994 / 2004	1995 / 2005	1996 / 2006	1997 / 2007	1998
한일	(a)		7.0	6.9	7.0	7.0	6.8	8.3	10.4	10.5	
			−								
	(b)		10.7	8.7	7.8	7.3	7.7	7.4	0.7	0.7	
			−								
	(c)							26.9	25.2	25.2	
								−			
	(d)							0.5	0	1.0	
								−			
	(a+b)	19.9	17.7	15.6	14.8	14.3	14.5	15.7	11.1	11.2	
		−									
	(c+d)	44.4	39.1	42.9	39.9	35.1	34.5	27.4	25.2	26.2	
		−									
	(a+b+c+d)	64.3	56.8	58.5	54.7	49.4	49.0	43.1	36.3	37.4	
		−									
한진		−	12.8	11.0	10.1	9.8	9.6	7.5	7.0	4.4	5.4
		4.4	2.3	2.2	2.2	2.8	2.9	3.2	3.9	4.0	
		−	19.8	16.7	16.4	13.4	12.1	12.6	12.3	14.3	12.1
		12.1	8.4	8.4	8.3	8.4	7.1/10.2	6.2/10.2	3.5/7.9	2.8/7.2	
		−						18.2	20.1	20.3	22.7
		22.0	27.3	28.5	29.6	29.3					
		−						2.0	1.8	2.4	2.0
		2.2	5.4	7.0	6.6	4.7					
		30.1	32.6	27.7	26.5	23.2	21.7	20.1	19.3	18.7	17.5
		16.5	10.7	10.6	10.5	11.2	20.2	19.6	15.3	14.0	
		22.9	20.4	24.3	25.0	23.4	22.2	20.2	21.9	22.7	24.7
		24.2	32.7	35.5	36.2	34.0	23.7	23.6	29.4	30.5	
		53.0	53.0	52.0	51.6	46.6	43.9	40.3	41.2	41.4	42.2
		40.8	43.3	46.0	46.6	45.1	43.9	43.2	44.8	44.4	
한화		−	5.7	5.4	4.6	4.0	3.9	3.6	4.0	4.1	3.7
		4.1	3.4	3.2	3.0	1.3	1.8	2.0	1.9	1.9	
		−	4.0	5.1	5.4	2.1	1.6	1.8	2.5	1.8	1.1
		1.2	0.8	0.8	0.8	0.3	0.3/1.2	0.6/0.8	0.6/0.8	0.7/1.0	
		−						31.2	26.2	26.7	23.4
		27.0	40.1	46.1	46.0	37.8					
		−						0.1	0.2	0.4	0.2
		2.3	1.5	4.6	4.4	1.2					
		10.6	9.7	10.5	10.0	6.1	5.5	5.4	6.5	5.9	4.8
		5.3	4.2	4.0	3.8	1.6	3.3	3.4	3.3	3.6	
		31.8	31.6	30.8	31.1	30.7	28.3	31.3	26.4	27.1	23.6
		29.3	41.6	50.7	50.4	39.0	37.7	38.3	39.0	41.1	
		42.4	41.3	41.4	41.1	36.8	33.8	36.7	32.8	33.0	28.4
		34.5	45.7	54.8	54.1	40.6	41.1	41.7	42.4	44.6	

		1989 / 1999	1990 / 2000	1991 / 2001	1992 / 2002	1993 / 2003	1994 / 2004	1995 / 2005	1996 / 2006	1997 / 2007	1998
현대	(a)	–	9.2	10.0	7.9	5.6	3.7	3.7	3.9	3.3	2.8
		1.1	0.9	2.0	1.0	1.1	0.5	0.7	0.8	1.4	
	(b)	–	18.4	17.5	18.1	16.5	13.1	12.1	11.5	10.5	8.4
		4.2	2.9	1.0	0.6	0.5	0.9/6.7	1.4/1.8	1.4/2.5	0.8/2.3	
	(c)	–						44.6	45.8	41.6	41.7
		50.5	36.0	33.5	26.2	26.0					
	(d)	–						0	0.2	0.8	0.8
		0.5	3.4	6.1	5.5	5.0					
	(a+b)	27.9	27.6	27.5	26.0	22.1	16.8	15.8	15.4	13.8	11.2
		5.3	3.8	3.0	1.6	1.6	8.1	3.9	4.7	4.5	
	(c+d)	41.1	38.9	40.3	39.7	35.7	44.5	44.6	46.0	42.4	42.5
		51.0	39.4	39.6	31.7	31.0	22.4	16.4	17.0	21.3	
	(a+b+c+d)	69.0	66.6	67.8	65.7	57.8	61.3	60.4	61.4	56.2	53.7
		56.4	43.2	42.5	33.4	32.6	30.6	20.3	21.6	25.9	
현대건설										–	
										?	
										–	
										?	
										–	
										–	
										?	
										?	
										–	
										?	
현대백화점				–							
				13.7	12.1	10.2	9.8	4.4		4.7	
				–							
				1.6	1.4	2.8	2.5/0.3	6.5/0.3		4.5/0.7	
				–							
				36.3	35.1	43.2					
				–							
				5.6	4.5	0.3					
				–							
				15.3	13.5	13.0	12.6	11.2		9.9	
				–							
				41.9	39.6	43.5	43.6	48.1		51.2	
				–							
				57.2	53.2	56.6	56.3	59.4		61.0	

	1989 / 1999	1990 / 2000	1991 / 2001	1992 / 2002	1993 / 2003	1994 / 2004	1995 / 2005	1996 / 2006	1997 / 2007	1998
현대 산업개발 (a)	−	7.6	7.3	6.9	6.9					
(b)	−	11.3	11.5	10.6	10.9					
(c)	−	11.0	10.8	12.2	9.2					
(d)	−	0.5	6.0	5.7	6.0					
(a+b)	−	18.9	18.8	17.5	17.8					
(c+d)	−	11.5	16.8	17.9	15.2					
(a+b+c+d)	−	30.4	35.5	35.4	32.9					
현대 자동차	−		2.1	2.5	2.6	2.9	2.8	2.9	2.8	
	−		0.1	0.1	0.1	0.3/0.4	0.6/1.1	1.1/1.3	1.1/1.3	
	−		35.8	42.2	46.0					
	−		7.1	3.0	1.3					
	−		2.2	2.6	2.7	3.6	4.5	5.3	5.2	
	−		42.9	45.2	47.3	49.0	49.0	42.7	40.6	
	−		45.0	47.8	50.0	52.5	53.5	47.9	45.7	
현대 오일뱅크	−	0	3.5	3.5			?	?		
	−	1.0	1.0	0			?	?		
	−	3.6	0	0						
	−	0.3	0.3	0.1						
	−	1.0	4.5	3.5			?	?		
	−	3.9	0.3	0.1			?	?		
	−	4.9	4.9	3.6			?	?		

		1989	1990	1991	1992	1993	1994	1995	1996	1997	1998
		1999	2000	2001	2002	2003	2004	2005	2006	2007	
현대 중공업	(a)				−						
					7.0	5.3	5.0	5.0	5.0	5.0	
	(b)										
					1.5	1.6	0.6/8.0	0.6/8.0	0.6/8.3	0.6/10.0	
	(c)				−						
					20.0	38.9					
	(d)				−						
					20.8	15.7					
	(a+b)				−						
					8.5	6.9	13.6	13.6	13.9	15.6	
	(c+d)				−						
					40.8	54.6	41.1	43.9	44.5	44.5	
	(a+b+c+d)										
					49.3	61.4	54.7	57.4	58.3	60.0	
효성		−	14.2	14.0	14.0	13.8	13.0	12.1	12.0	9.8	9.6
		8.6	6.9	7.7	7.2	7.6	7.6	7.3	7.0		
		−	1.3	1.5	1.4	1.7	1.5	1.5	1.9	3.8	3.3
		3.3	9.1	10.1	11.2	12.5	13.3/4.7	16.6/4.6	16.6/4.4		
		−						29.3	29.5	30.7	26.7
		24.7	19.0	23.3	22.4	22.2					
		−						0.7	0.7	0.6	0.7
		21.7	4.8	4.8	4.3	4.1					
		10.4	15.5	15.5	15.4	15.5	14.5	13.6	13.9	13.6	12.9
		11.9	16.0	17.8	18.4	20.1	25.6	28.5	28.0		
		28.4	28.5	28.2	28.2	27.1	27.2	30.0	30.2	31.3	27.4
		46.4	23.8	28.1	26.7	26.3	22.1	25.2	24.8		
		38.8	44.0	43.7	43.5	42.6	41.7	43.6	44.0	44.9	40.2
		58.3	39.8	45.9	45.1	46.4	47.8	53.7	52.7		
해태		−		4.5	4.0	3.8	3.8	3.8	2.6	3.0	3.0
		4.0									
		−		4.4	3.2	1.5	1.2	1.1	0.8	0.9	1.0
		3.0									
		−						28.7	26.6	24.9	26.4
		44.9									
		−						0.4	0.5	2.2	2.1
		0.3									
		7.2		8.9	7.2	5.3	5.0	4.9	3.4	3.9	4.0
		7.0									
		30.8		31.3	32.0	29.9	26.9	29.1	27.1	27.1	28.5
		45.2									
		38.1		40.2	39.2	35.2	31.8	34.0	30.5	30.9	32.4
		52.2									

출처 : <부록표 5.1>.

제6장 계열회사

　한국재벌의 '개인화된 다원적 경영구조'와 관련하여, 1) 동일인 및 그룹회장(제4장)과 2) 내부지분율(제5장)이 각각 경영과 소유에서의 '개인화'된 성격을 잘 보여준다면, 3) 계열회사의 수는 '다원적'인 모습을 보여주는 한 지표이다.

　물론, 경영구조의 다원적인 정도를 제대로 알기 위해서는 개별 계열회사별로 업무조직의 구체적인 모습을 파악해야 한다. 제3~5부에서 살펴보는 것처럼, 경영구조의 모습은 회사의 규모, 연륜 및 성격에 따라 큰 차이를 보이고 있으며, 그런 가운데서도 주요 계열회사의 구조는 대체적으로 매우 다원적인 것으로 나타나고 있다. 중요한 점은, 경영구조의 구체적인 모습과는 상관없이, 수많은 계열회사들이 결국에는 동일인 및 그룹회장의 지배를 받게 되며 이로써 하나의 단선하향식 위계구조를 형성하게 된다는 것이다. 그렇다면, 다원적인 구조를 갖는 주요 계열회사들을 중심으로 계열회사들 전체의 구조 역시 다원적인 모습을 가지게 될 것이다. 계열회사 수 자체가 많다는 것 그리고 그 수가 증가하는 추세를 보인다는 것은 한국 재벌의 경영구조가 다원적인 성격이 매우 강하고 또 그 성격이 점점 강화되고 있다는 것을 말해 주는 한 증거이다.

1. 계열회사 수

　내부지분율에서처럼 두 가지 종류의 계열회사 수를 살펴본다. 하나는 5대, 10대, 30대 사기업집단의 계열회사 수(이하 '집단계열회사 수')이고, 다른 하나는 이 집단 중 동일인이 기업이 아니고 자연인인 집단 즉 재벌의 계열회사 수(이하 '재벌계열회사 수')이다. 5대 집단의 경우 3개년도(1989, 2003~2004년)의 수치만 다르며, 10대와 30대 집단의 경우는 2개년도(1998~1999년)만 제외하고는 수치가 모두 다르다.

　아래에서는 집단 계열회사 수를 중심으로 재벌계열회사 수를 비교하면서 계열회사 수의 3가지 측면의 주요 특징을 살펴본다 : 1) 총 계열회사 수, 2) 1개 집단 평균 계열회사 수, 3) 5대 및 10대 집단 계열회사 수의 비중. 재벌계열회사 수는 집단 계열회사 수보다 적기 마련이다. 반면, 동일인이 기업인 집단은 자연인인 집단에 비해 계열회사 수가 대체적으로 매우 적기 때문에 1개 집단/재벌 평균 계열회사 수는 재벌의 경우가 많다.

(1) 총 계열회사 수

5대 집단은 176~262개(재벌 176~262개), 10대 집단은 272~400개(재벌 272~389개), 그리고 30대 집단은 493~819개(재벌 467~804개)의 분포를 보이고 있다(<표 6.1>). 수치의 변화 방향은 모두에서 거의 비슷하게 '1997~1998년까지 상승 → 2000년까지 급하락 → 이후 상승−하락이 반복되면서도 상승 추세'이다.

A) 집단 : 5대−176(87년)　　↑ 262(97)　↓ 180(00)　↑ 227~228개(06-7)
　　　　　10대−272　　　　　↑ 400(97)　↓ 275　　↑ 380개(07)
　　　　　30대−493　　　　　↑ 819(97)　↓ 544　　↑ 730개(07)

B) 재벌 : 5대−176　　　　　↑ 262(97)　↓ 180　　↑ 227~228개(06-7)
　　　　　10대−272　　　　　↑ 389(98)　↓ 273　　↑ 338개(07)
　　　　　30대−467　　　　　↑ 804(98)　↓ 534　　↑ 666개(07).

즉, 1) IMF외환위기가 한창 진행된 1997년 초와 1998년 초까지 지속적으로 증가하여 1987년에 비해 1.4~1.7배로 늘어났다가, 2) 이후 2~3년 사이에 갑자기 줄어들어 2000년에는 1997~1998년에 비해 0.7배 수준이 되었다. 3) 그러던 것이 2001년부터 조금씩 상승−하락을 반복하면서도 전체적으로는 증가세를 보여 2006~2007년 수치는 2000년의 1.2~1.4배를 나타내고 있다.

<표 6.1> 총 계열회사 수, 1987~2007년(개) : 5대, 10대, 30대 대규모사기업집단 vs. 집단 중 재벌

1. 대규모사기업집단										
	1987	1988	1989	1990	1991	1992	1993	1994	1995	1996	
	1997	1998	1999	2000	2001	2002	2003	2004	2005	2006	2007
5대	176	177	187	186	207	206	208	208	207	206	
	262	257	234	180	203	222	208	207	219	228	227
10대	272	281	304	299	320	320	323	324	324	328	
	400	389	356	275	310	301	320	319	351	340	380
30대	493	504	535	557	570	590	604	616	623	669	
	819	804	686	544	624	604	610	600	644	645	730
2. 대규모사기업집단 중 재벌										
(5대)	176	177	166	186	207	206	208	208	207	206	
	262	257	234	180	203	222	198	196	219	228	227
(10대)	272	271	283	289	310	310	313	311	310	312	
	372	389	356	273	295	286	295	292	322	307	338
(30대)	467	485	496	539	556	576	594	603	609	653	
	791	804	686	534	590	579	568	545	585	579	666

출처 : <표 6.4>.

앞에서 내부지분율의 추세를 통해 '소유집중 현상이 전혀 완화되지 않고 오히려 강화'되고 있음을 확인했는데, 계열회사 수의 추세는 '문어발식 확장 현상 역시 전혀 완화되지 않고 오히려 강화'되고 있음을 보여주고 있다. 외환위기 이후 2~3년 동안은 재벌정책의 여파로 계열회사 수가 많이 줄어들었는데, 2001년부터 상승－하락의 혼선을 보이면서 상승 쪽으로 가닥이 잡히고 있는 것이다. 그 결과 2001년 이후의 수치는 1997년 이전의 수치보다 대체적으로 크며, 특히 2007년 현재의 수치는 월등히 크다. 30대 집단의 경우, 2000년 544개로 최저치를 보인 후 이듬해 624개로 대폭 늘어나 이후 600~650개 사이에 머물다 2007년에 730개로 급증하였다. 30대 집단 중 재벌의 경우도 비슷해서, 2000년 534개로 최저치였다가 2001~2006년 545~590개로 증가한 후 다시 2007년 666개로 급증하였다.

(2) 1개 집단 평균 계열회사 수

5대 집단은 35.2~52.4개(재벌 35.2~52.4개), 10대 집단은 27.2~40.0개(재벌 27.2~42.3개), 그리고 30대 집단은 16.4~27.3개(재벌 18.0~27.8개)의 분포를 보이고 있다(<표 6.2>). 변화의 방향은 전체 계열회사 수에서와 거의 비슷하다. 즉, '1997년까지 상승 → 2000년까지 하락 → 이후 상승－하락이 반복되면서도 상승 추세'이다.

A) 집단 : 5대－35.2(87년)   ↑ 52.4(97)   ↓ 36.0(00)   ↑ 45.4~45.6개(06-7)

　　　　　 10대－27.2　　　　 ↑ 40.0　　　 ↓ 27.5　　　 ↑ 38.0개(07)

　　　　　 30대－16.4　　　　 ↑ 27.3　　　 ↓ 18.1　　　 ↑ 24.3개(07)

B) 재벌 : 5대－35.2　　　　 ↑ 52.4　　　 ↓ 36.0　　　 ↑ 49.0~49.5(03-4),

　　　　　　　　　　　　　　　　　　　　　　　　　　　　　 45.4~45.6개(06-7)

　　　　　 10대－27.2　　　　 ↑ 41.3　　　 ↓ 30.3　　　 ↑ 42.3개(07)

　　　　　 30대－18.0　　　　 ↑ 27.3　　　 ↓ 20.5　　　 ↑ 27.8개(07).

5대, 10대, 30대 집단 순서로 수치가 큰데, 5대의 수치는 30대 전체 수치의 거의 2배에 이른다. 10대와 30대의 경우, 집단에 비해 재벌의 수치가 다소 크게 나타나고 있다. 문어발식 확장이 상위 집단/재벌일수록 그리고 재벌일수록 더 심하다는 의미이다. 전체 계열회사 수의 경우와 마찬가지로, 2001년 이후의 수치는 1997년 이전 수치보다 대체적으로 크며, 특히 2007년 수치는 월등하게 크다.

5대 집단의 경우, 1987년 35.2개이던 것이 서서히 증가하여 1996년 41.2개가 되었는데, 이듬해 52.4개로 급증하였고 2000년까지 36.0개로 급감하였다. 2001년부터는 다시 40~44개 수준에서 조금씩 증가하다가 2006~2007년에는 45개를 넘어섰다. 1996년까지의 수치 중 최대치는 41.6개였다. 한편, 5대 집단 중 2003~2004년의 수치는 41개인데, 기업이 동일인인 집단 1개(KT, 5위)를 제외하면 4대 재벌의 평균 계열회사 수는 49개로 월등하게 많다.

10대와 30대 집단(재벌)에서는, 1996년까지의 수치 중 최대치는 각각 32.8개(34.8개), 22.3개 (22.5개)인데 반해, 2007년의 수치는 각각 38.0개(42.3개), 24.3개(27.8개)나 되었다. 특히, 10대 와 30대 집단 중의 재벌에서는 2001~2007년 사이의 수치가 1개(30대, 2002년) 또는 2개(10 대, 2001~2002년)를 제외하고는 모두 1996년까지의 최대치보다 크다.

<표 6.2> 1개 집단 평균 계열회사 수, 1987~2007년(개) : 5대, 10대, 30대 대규모사기업집단 vs. 집단 중 재벌

1. 대규모사기업집단

	1987 1997	1988 1998	1989 1999	1990 2000	1991 2001	1992 2002	1993 2003	1994 2004	1995 2005	1996 2006	2007
5대	35.2 52.4	35.4 51.4	37.4 46.8	37.2 36.0	41.4 40.6	41.2 44.4	41.6 41.6	41.6 41.4	41.4 43.8	41.2 45.6	45.4
10대	27.2 40.4	28.1 38.9	30.4 35.6	29.9 27.5	32.0 31.0	32.0 30.1	32.3 32.0	32.4 31.9	32.4 35.1	32.8 34.0	38.0
30대	16.4 27.3	16.8 26.8	17.8 22.9	18.6 18.1	19.0 20.8	19.7 20.1	20.1 20.3	20.5 20.0	20.8 21.5	22.3 21.5	24.3

2. 대규모사기업집단 중 재벌

(5대)	35.2 52.4	35.4 51.4	41.5 46.8	37.2 36.0	41.4 40.6	41.2 44.4	41.6 49.5	41.6 49.0	41.4 43.8	41.2 45.6	45.4
(10대)	27.2 41.3	30.1 38.9	31.4 35.6	32.1 30.3	34.4 32.8	34.4 31.8	34.8 36.9	34.6 36.5	34.4 40.3	34.7 38.4	42.3
(30대)	18.0 27.3	18.0 26.8	19.1 22.9	20.0 20.5	19.9 23.6	20.6 21.4	20.5 23.7	20.8 23.7	21.0 25.4	22.5 26.3	27.8

출처 : <표 6.4>.

(3) 5대 및 10대 집단 계열회사 수의 비중

5대 집단과 10대 집단의 계열회사 수가 30대 집단 전체에서 차지하는 비중은 각각 1/3 내 외(집단 30.8~36.8% vs. 재벌 31.5~39.4%), 1/2 내외(48.4~56.8% vs. 47.0~57.1%)이다(<표 6.3>). 변화의 방향은 다소의 기복이 있는 가운데 '1996~1998년까지 감소 → 2005~2006년 까지 증가 → 2007년까지 감소'의 추세를 보이고 있다.

A) 집단 : 5대─35.7(87년)   ↓ 30.8(96)   ↑ 35.3(06)   ↓ 31.1%(07)

    10대─55.2   ↓ 48.4(98)   ↑ 54.5(05)   ↓ 52.1%

B) 재벌 : 5대─37.7   ↓ 31.5(96)   ↑ 39.4(06)   ↓ 34.1%

    10대─58.2   ↓ 47.0(97)   ↑ 55.0(05)   ↓ 50.8%.

변화의 폭은 그리 크지 않으며 1987~2007년 사이의 21개년도 중 몇 개 년도씩(5대, 10대 집단 7개, 5개 ; 재벌 3개, 4개)만 제외하고는 각각 1/3이상, 1/2이상 수준이 유지되고 있다. 최근 1~2년 사이의 감소 현상에 대해서는, 계속 감소해서 감소세로 돌아설지 아니면 증가 추세 속의 일시적인 감소인지 좀 더 두고 보아야 할 것 같다.

<표 6.3> 5대 및 10대 대규모사기업집단 계열회사 수의 비중, 1987~2007년(%) : 집단 vs. 집단 중 재벌

1. 대규모사기업집단										
	1987	1988	1989	1990	1991	1992	1993	1994	1995	1996
	1997	1998	1999	2000	2001	2002	2003	2004	2005	2006	2007
5대	35.7	35.1	35.0	33.4	36.3	34.9	34.4	33.8	33.2	30.8	
	32.0	32.0	34.1	33.1	32.5	36.8	34.1	34.5	34.0	35.3	31.1
10대	55.2	55.8	56.8	53.7	56.1	54.2	53.5	52.6	52.0	49.0	
	48.8	48.4	51.9	50.6	49.7	49.8	52.5	53.2	54.5	52.7	52.1
2. 대규모사기업집단 중 재벌										
(5대)	37.7	36.5	33.5	34.5	37.2	35.8	35.0	34.5	34.0	31.5	
	33.1	32.0	34.1	33.7	34.4	38.3	34.9	36.0	37.4	39.4	34.1
(10대)	58.2	55.9	57.1	53.6	55.8	53.8	52.7	51.6	50.9	47.8	
	47.0	48.4	51.9	51.1	50.0	49.4	51.9	53.6	55.0	53.0	50.8

출처 : <표 6.4>.

<표 6.4> 계열회사 수(A,B), 1개 집단 평균 계열회사 수(a,b), 1987~2007년(개) :
5대, 10대, 30대 대규모사기업집단 vs. 집단 중 재벌

1. 대규모사기업집단										
	1987	1988	1989	1990	1991	1992	1993	1994	1995	1996
	1997	1998	1999	2000	2001	2002	2003	2004	2005	2006	2007
(5대)										
A1	176	177	187	186	207	206	208	208	207	206	
	262	257	234	180	203	222	208	207	219	228	227
a1	35.2	35.4	37.4	37.2	41.4	41.2	41.6	41.6	41.4	41.2	
	52.4	51.4	46.8	36.0	40.6	44.4	41.6	41.4	43.8	45.6	45.4
(10대)										
A2	272	281	304	299	320	320	323	324	324	328	
	400	389	356	275	310	301	320	319	351	340	380
a2	27.2	28.1	30.4	29.9	32.0	32.0	32.3	32.4	32.4	32.8	
	40.0	38.9	35.6	27.5	31.0	30.1	32.0	31.9	35.1	34.0	38.0
(30대)										
A3	493	504	535	557	570	590	604	616	623	669	
	819	804	686	544	624	604	610	600	644	645	730
a3	16.4	16.8	17.8	18.6	19.0	19.7	20.1	20.5	20.8	22.3	
	27.3	26.8	22.9	18.1	20.8	20.1	20.3	20.0	21.5	21.5	24.3

(비율, %)										
A1/A3	35.7	35.1	35.0	33.4	36.3	34.9	34.4	33.8	33.2	30.8	
	32.0	32.0	34.1	33.1	32.5	36.8	34.1	34.5	34.0	35.3	31.1
A2/A3	55.2	55.8	56.8	53.7	56.1	54.2	53.5	52.6	52.0	49.0	
	48.8	48.4	51.9	50.6	49.7	49.8	52.5	53.2	54.5	52.7	52.1

2. 대규모사기업집단 중 재벌

	1987	1988	1989	1990	1991	1992	1993	1994	1995	1996	
	1997	1998	1999	2000	2001	2002	2003	2004	2005	2006	2007
(5대)											
B1	176	177	166	186	207	206	208	208	207	206	
	262	257	234	180	203	222	198	196	219	228	227
b1	35.2	35.4	41.5	37.2	41.4	41.2	41.6	41.6	41.4	41.2	
	52.4	51.4	46.8	36.0	40.6	44.4	49.5	49.0	43.8	45.6	45.4
(10대)											
B2	272	271	283	289	310	310	313	311	310	312	
	372	389	356	273	295	286	295	292	322	307	338
b2	27.2	30.1	31.4	32.1	34.4	34.4	34.8	34.6	34.4	34.7	
	41.3	38.9	35.6	30.3	32.8	31.8	36.9	36.5	40.3	38.4	42.3
(30대)											
B3	467	485	496	539	556	576	594	603	609	653	
	791	804	686	534	590	579	568	545	585	579	666
b3	18.0	18.0	19.1	20.0	19.9	20.6	20.5	20.8	21.0	22.5	
	27.3	26.8	22.9	20.5	23.6	21.4	23.7	23.7	25.4	26.3	27.8
(비율, %)											
B1/B3	37.7	36.5	33.5	34.5	37.2	35.8	35.0	34.5	34.0	31.5	
	33.1	32.0	34.1	33.7	34.4	38.3	34.9	36.0	37.4	39.4	34.1
B2/B3	58.2	55.9	57.1	53.6	55.8	53.8	52.7	51.6	50.9	47.8	
	47.0	48.4	51.9	51.1	50.0	49.4	51.9	53.6	55.0	53.0	50.8

출처 : <부록표 6.1>.

2. 자산

　자산과 관련해서 다음 3종류의 수치를 계산할 수 있다 : 1) 자산총액, 2) 1개 계열회사 평균 자산, 3) 5대 및 10대 집단 자산의 비중 (<표 6.5>).

　1) 자산총액 (조원 ; 소수점 이하 버림)
　A) 집단 :　5대－29(87년)　　↑ 310(99)　　↓ 233(03)　　↑ 320~348(06-7)

　　　　　　10대－40　　　　↑ 377　　　↓ 307(02)　　↑ 407~478(05-7)

　　　　　　30대－56　　　　↑ 472　　　↓ 396(02)　　↑ 534~586(05-6), 654(07)

　B) 재벌 :　5대－29　　　　↑ 310　　　↓ 202(03)　　↑ 320~348(06-7)

10대 – 40   ↑ 377   ↓ 271(03)   ↑ 418(07)

30대 – 53   ↑ 472   ↓ 354(03)   ↑ 561(07).

2) 1개 집단 평균 자산 (조원 ; 소수점 둘째자리 이하 버림)

A) 집단 : 5대 – 5.9(87년)   ↑ 62.1(99)   ↓ 46.7(03)   ↑ 64.0~69.6(06-7)

          10대 – 4.0   ↑ 37.7   ↓ 30.7(02)   ↑ 40.7~47.8(05-7)

          30대 – 1.8   ↑ 15.7   ↓ 13.2(02)   ↑ 21.8(07)

B) 재벌 : 5대 – 5.9   ↑ 62.1   ↓ 40.5(03)   ↑ 64.0~69.6(06-7)

          10대 – 4.0   ↑ 37.7   ↓ 27.1(03)   ↑ 41.8(07)

          30대 – 2.0   ↑ 15.7   ↓ 13.5(02)   ↑ 22.3~23.3(06-7).

위 2종류 수치의 변화 방향은 거의 같다. 즉, '1999년까지 상승 → 2002~2003년까지 하락 → 이후 상승' 추세다. 한편, 총계열회사 수와 1개 집단 평균 계열회사 수 관련 두 수치의 변화 방향은 서로 거의 같았다. 즉, '1997~1998년까지 상승 → 2000년까지 하락 → 이후 상승 –하락이 반복되면서도 상승' 추세였다.

계열회사 수의 변화 방향과 자산의 변화 방향 역시 서로 크게 다르지는 않다. 정점(1997~1998년 vs. 1999년)에 전자가 1~2년 먼저 도달하고, 저점(2000년 vs. 2002~2003년)에도 2~3년 먼저 도달하는 점이 다를 뿐이다. 중요한 점은, IMF외환위기 이후 몇 년 간의 조정기간을 거쳐 결국에는 모두 상승 추세, 즉 문어발식 확장 추세를 보이고 있다는 것이다.

3) 5대 및 10대 집단 자산의 비중(%)

A) 집단 : 5대 – 52.7(87년)   ↑ 65.8(99)   ↓ 53.2(07)

          10대 – 70.9   ↑ 79.9(99)   ↓ 73.1(07)

B) 재벌 : 5대 – 56.0   ↑ 67.2(00)   ↓ 57.2(03)   ↑ 65.1(06)   ↓ 62.1(07)

          10대 – 75.4   ↑ 79.9(99)   ↓ 76.5(03)   ↑ 80.0(04)   ↓ 74.6(07).

위 수치의 변화 방향은 서로 다르다. 또 이들 수치의 변화 방향은 '5대 및 10대 집단 계열회사 수의 비중' 수치의 변화 방향(1996~1998년까지 감소 → 2005~2006년까지 증가 → 2007년까지 감소)과도 많이 다르다.

중요한 점은, 자산 기준의 비중이 계열회사 수 기준의 비중보다 20~30%p나 월등히 크다는 것이다. 전자의 경우 5대 집단은 52.6~65.8%(재벌 51.7~67.2%), 10대 집단은 70.9~79.9%(재벌 73.6-80.0%)인데 비해, 후자의 경우는 각각 30.8~36.8%(31.5~39.4%), 48.4~56.8%(47.0~57.1%)이다.

<표 6.5> 자산총액(C,D), 1개 집단 평균자산(c,d), 1987~2007년(10억원) :
5대, 10대, 30대 대규모사기업집단 vs. 집단 중 재벌

1. 대규모사기업집단

| | 1987 | 1988 | 1989 | 1990 | 1991 | 1992 | 1993 | 1994 | 1995 | 1996 | |
	1997	1998	1999	2000	2001	2002	2003	2004	2005	2006	2007
(5대)											
C1	29819	36604	43023	52386	68576	84869	97709	110879	129936	161713	
	202006	273090	310870	264563	258985	236451	233586	281389	292799	320360	348258
c1	5964	7321	8605	10477	13715	16974	19542	22176	25987	32343	
	40401	54618	62174	52913	51797	47290	46717	56278	58560	64072	69652
(10대)											
C2	40165	48487	58986	70412	92452	115584	132899	150030	175244	215563	
	265800	340076	377811	326209	341316	307965	322591	382775	407281	437859	478682
c2	4017	4849	5899	7041	9245	11558	13290	15003	17524	21556	
	26580	34008	37781	32621	34132	30797	32259	38278	40728	43786	47868
(30대)											
C3	56633	66526	81742	96692	125283	156278	178466	199027	233445	287104	
	348364	435318	472755	422797	437866	396537	420928	487691	534105	586635	654725
c3	1888	2218	2725	3223	4176	5209	5949	6634	7782	9570	
	11612	14511	15759	14093	14596	13218	14031	16256	17804	19555	21824
(비율, %)											
C1/C3	52.7	55.0	52.6	54.2	54.7	54.3	54.7	55.7	55.7	56.3	
	58.0	62.7	65.8	62.6	59.1	59.6	55.5	57.7	54.8	54.6	53.2
C2/C3	70.9	72.9	72.2	72.8	73.8	74.0	74.5	75.4	75.1	75.1	
	76.3	78.1	79.9	77.2	77.9	77.7	76.6	78.5	76.3	74.6	73.1

2. 대규모사기업집단 중 재벌

| | 1987 | 1988 | 1989 | 1990 | 1991 | 1992 | 1993 | 1994 | 1995 | 1996 | |
	1997	1998	1999	2000	2001	2002	2003	2004	2005	2006	2007
(5대)											
D1	29819	36604	37093	52386	68576	84869	97709	110879	129936	161713	
	202006	273090	310870	264563	258985	236451	202771	253119	292799	320360	348258
d1	5964	7321	7419	10477	13715	16974	19542	22176	25987	32343	
	40401	54618	62174	52913	51797	47290	40554	50624	58560	64072	69652
(10대)											
D2	40165	46712	53056	67339	88366	109700	125940	141497	165430	204136	
	251513	340076	377811	313065	320088	287130	271243	332447	352260	380156	418491
d2	4017	4671	5306	6734	8837	10970	12594	14150	16543	20414	
	25151	34008	37781	31307	32009	28713	27124	33245	35226	38016	41849
(30대)											
D3	53264	63233	71727	91473	119614	148733	171507	190494	223631	275677	
	334077	435318	472755	393483	400800	365617	354509	415508	454074	491778	561248
d3	2049	2342	2759	3388	4272	5312	5914	6569	7711	9506	
	11520	14511	15759	15134	16032	13541	14771	18066	19742	22354	23385
(비율, %)											
D1/D3	56.0	57.9	51.7	57.3	57.3	57.1	57.0	58.2	58.1	58.7	
	60.5	62.7	65.8	67.2	64.6	64.7	57.2	60.9	64.5	65.1	62.1
D2/D3	75.4	73.9	74.0	73.6	73.9	73.8	73.4	74.3	74.0	74.0	
	75.3	78.1	79.9	79.6	79.9	78.5	76.5	80.0	77.6	77.3	74.6

출처 : <부록표 6.1>.

3. 자료 : 년도별, 순위별, 집단별 계열회사 수 및 자산

부록표에는 모두 4종류의 자료가 제시되어져 있다.

1) <부록표 6.1>에는 년도별, 순위별로 각 집단의 계열회사 수 및 자산총액을 정리하였다. '기업'이 동일인인 집단은 밑줄로 표시되어 있으며, 이 집단의 년도별 수는 다음과 같다 : 1987년(2개), 1988년(2개), 1989년(3개), 1990년(2개), 1991~1997년(1개), 1998~1999년(0개), 2000년(4개), 2001년(5개), 2002년(3개), 2003년(6개), 2004~2005년(7개), 2006년(8개), 2007년(6개) 등.

2) 다른 3개의 부록표에는 집단별 계열회사 수 및 자산이 정리되어 있다. 1987~2007년 사이의 75개 집단 정보이다.

      a) <부록표 6.2> : 계열회사 수

      b) <부록표 6.3> : 자산총액

      c) <부록표 6.4> : 1개 계열회사 평균자산.

<부록표 6.1> 30대 대규모사기업집단, 1987~2007년 :

년도별 순위 – 집단 이름, 계열회사 수(개), 자산총액(10억원)

순위	1987	1988	1989	1990	1991	1992
1	현대 32 8038	현대 34 9517	현대 37 10831	현대 39 14279	현대 42 19074	현대 43 23116
2	대우 29 7875	대우 28 9421	대우 28 9509	대우 27 11762	럭키 63 14889	삼성 52 18713
3	삼성 36 5588	럭키 62 6997	럭키 59 8645	럭키 58 11186	대우 24 14265	대우 22 17237
4	럭키 57 5508	삼성 37 6766	삼성 42 8108	삼성 45 10438	삼성 51 13844	럭키 58 17152
5	쌍용 22 2810	한진 16 3903	포항 21 5930	한진 17 4721	선경 27 6504	선경 31 8651
6	한진 13 2626	쌍용 21 2889	한진 16 4166	선경 24 4610	한진 22 6230	한진 23 7579
7	선경 16 2499	선경 18 2816	선경 22 3442	쌍용 21 4095	쌍용 22 5426	쌍용 22 6896
8	한국 22 1796	한국 23 2278	쌍용 21 3358	롯데 31 3215	한국 27 4172	기아 10 5884
9	대림 14 1777	롯데 32 2125	롯데 32 2664	기아 10 3073	기아 10 4086	한국 27 5469
10	롯데 31 1648	기아 10 1775	한국 26 2333	한국 27 3033	롯데 32 3962	롯데 32 4887
11	동건 16 1511	대림 13 1746	기아 10 2222	대림 13 2408	대림 14 2764	금호 25 3536
12	한합 11 1479	동건 16 1591	대림 13 2050	한일 13 1950	금호 24 2613	대림 13 3326
13	기아 9 1367	한일 12 1503	한일 12 1681	동건 16 1868	동건 16 2296	두산 24 3106
14	두산 21 1073	효성 15 1324	동건 16 1640	두산 23 1799	두산 23 2253	동건 16 2846
15	범양 5 1052	두산 22 1213	두산 21 1432	효성 14 1754	한일 13 2212	한일 15 2619
16	효성 15 1002	삼미 10 955	효성 13 1500	금호 18 1731	효성 14 2113	효성 14 2329
17	동국 13 916	동국 13 948	금호 12 1212	삼미 14 1493	삼미 15 1762	삼미 14 2298
18	삼미 7 844	범양 5 939	동국 13 1185	동국 13 1411	동국 14 1609	동국 14 2102
19	한양 4 842	코오 18 908	삼미 11 1176	*극정 4 1272	*극정 4 1583	한라 10 1941
20	극건 8 758	금호 10 865	코오 16 1015	코오 19 1269	극건 9 1548	코오 21 1727
21	코오 17 713	한양 4 700	*극정 4 944	극건 10 1198	동양 13 1524	동양 14 1695
22	금호 19 702	극건 9 699	범양 4 919	동부 13 1191	코오 21 1460	*극정 4 1661
23	동부 12 692	동부 13 634	동부 13 914	한라 7 995	한라 9 1402	동부 11 1593
24	고려 5 583	우성 7 611	극건 9 829	우성 7 926	동부 11 1275	극건 9 1581
25	한보 8 561	고려 5 598	통일 17 734	통일 17 896	우성 6 1159	우성 6 1567
26	해태 13 493	*극정 4 579	해태 10 678	범양 4 874	한양 4 1118	한양 4 1548
27	미원 15 493	해태 12 574	우성 7 674	고려 7 859	통일 16 1049	고려 7 1378
28	*대공 6 481	통일 15 558	고려 7 671	미원 20 814	고려 7 1046	진로 20 1301
29	*라이 6 469	미원 15 553	미원 19 643	태평 22 789	해태 9 1023	해태 10 1277
30	삼환 11 437	한라 5 541	한양 4 637	한양 4 783	동원 8 1022	벽산 19 1263

순위	1993	1994	1995	1996	1997	1998
1	현대 45 27517	현대 48 31669	현대 48 37221	현대 46 43743	현대 57 53597	현대 62 73520
2	삼성 55 21285	대우 24 25482	삼성 55 29414	삼성 55 40761	삼성 80 51651	삼성 61 64536
3	대우 22 19837	삼성 50 22650	대우 22 26144	LG 48 31395	LG 49 38376	대우 37 52994
4	럭키 54 19105	럭키 53 20388	LG 50 24351	대우 25 31313	대우 30 35455	LG 52 52773
5	선경 32 9965	선경 33 10690	선경 32 12806	선경 32 14501	선경 46 22927	SK 45 29267
6	한진 24 8674	한진 21 9398	쌍용 22 10955	쌍용 23 13929	쌍용 25 16457	한진 25 19457
7	쌍용 22 7855	쌍용 23 8788	한진 23 10629	한진 24 12246	한진 24 14309	쌍용 22 15645
8	기아 10 6959	기아 13 8533	기아 14 9814	기아 16 11427	기아 28 14287	한화 31 12469
9	한화 27 6428	한화 29 6837	한화 29 7282	한화 31 9158	한화 31 10967	금호 32 10361
10	롯데 32 5274	롯데 30 5595	롯데 29 6628	롯데 28 7090	롯데 30 7774	동아 22 9054
11	금호 24 4272	금호 22 4609	금호 24 5374	금호 27 6423	금호 26 7486	롯데 28 8862
12	대림 12 3704	대림 17 4062	두산 27 4808	두산 26 5756	한라 18 6640	한라 18 8562
13	두산 25 3622	두산 24 4053	대림 17 4638	대림 18 5364	동아 19 6458	대림 21 7001
14	동건 13 2939	동건 14 3359	동건 14 3874	한보 21 5147	두산 25 6370	두산 23 6586
15	한일 15 2747	효성 14 2273	한라 15 3429	동건 16 5117	대림 21 6177	한솔 19 6268
16	효성 14 2571	한일 15 2717	동국 16 3237	한라 17 4766	한솔 23 4346	효성 21 5249
17	동국 14 2345	한라 12 2579	효성 15 3040	효성 16 3754	효성 18 4131	고합 13 5193
18	삼미 9 2202	동국 16 2530	한보 13 3013	동국 16 3433	동국 17 3956	코오 25 4894
19	한라 10 2160	삼미 10 2265	동양 19 2592	진로 14 3303	진로 24 3951	동국 17 4865
20	한양 4 2147	동양 16 2254	한일 13 2559	코오 19 3129	코오 24 3910	동부 34 4626
21	동양 16 2137	코오 19 2104	코오 20 2535	동양 22 2995	고합 13 3690	아남 15 4339
22	코오 21 1919	진로 17 2085	고합 10 2503	한솔 19 2990	동부 34 3677	진로 15 4258
23	진로 19 1793	고합 8 1957	진로 12 2391	동부 24 2935	동양 24 3445	동양 23 3885
24	동부 12 1742	우성 6 1855	해태 13 2358	고합 11 2924	해태 15 3398	해태 15 3747
25	고합 7 1695	동부 13 1848	삼미 8 2245	해태 14 2873	뉴코 18 2798	신호 28 3060
26	극건 9 1673	해태 9 1832	동부 13 2128	삼미 8 2475	아남 21 2659	대상 20 2847
27	우성 5 1594	극건 10 1804	우성 8 2117	한일 8 2180	한일 7 2599	뉴코 18 2845
28	해태 10 1531	한보 11 1628	극건 10 1966	극건 11 2158	거평 22 2477	거평 19 2831
29	벽산 18 1415	미원 22 1620	벽산 18 1781	뉴코 18 1966	대상 25 2238	강원 27 2665
30	미원 24 1359	벽산 17 1563	미원 14 1613	벽산 16 1853	신호 25 2158	새한 16 2659

순위	1999	2000	2001	2002	2003	2004
1	현대 62 88806	현대 35 88649	삼성 64 69873	삼성 63 72351	삼성 63 83492	삼성 63 91946
2	대우 34 78168	삼성 45 67384	현대 26 53632	LG 51 54484	LG 50 58571	LG 46 61648
3	삼성 49 61606	LG 43 47612	LG 43 51965	SK 62 46754	SK 60 47463	현자 28 52345
4	LG 48 49524	SK 39 40147	SK 54 47379	현자 25 41266	현자 25 44060	SK 59 47180
5	SK 41 32766	한진 18 20771	현자 16 36136	한진 21 21596	KT 10 30815	KT 11 28270
6	한진 21 18548	롯데 28 15791	한진 19 21307	포항 15 20835	한진 23 21041	한진 23 25413
7	쌍용 23 14167	(주)대우 2 13144	포항 15 21228	롯데 32 17964	롯데 35 20741	롯데 36 24620
8	한화 21 13084	금호 20 11532	롯데 31 16694	현대 12 11784	POSCO 15 20533	POSCO 16 22058
9	금호 29 10696	한화 23 11430	금호 17 11606	금호 15 10608	한화 33 14311	한화 31 15084
10	롯데 28 10446	쌍용 22 9749	한화 25 11496	현중 5 10323	현중 6 12379	현중 6 14211
11	동아 15 8717	한솔 19 9397	두산 18 11192	한화 26 9892	현대 12 10160	금아 16 10602
12	한솔 19 8060	두산 16 7646	쌍용 20 9039	두산 18 8988	금호 15 9698	두산 22 9179
13	두산 14 6704	현정 3 7150	현정 2 7243	동부 21 6083	두산 22 8452	동부 22 7469
14	대림 17 5825	동아 16 6519	한솔 19 6983	현정 2 5884	동부 23 7332	현대 7 6355
15	동국 16 5764	동국 14 5903	동부 19 5831	효성 15 4987	효성 15 4958	대건 14 5511
'16	동부 32 5549	효성 13 5716	대림 17 5395	대림 15 4985	신세 12 4689	신세 12 5220
17	한라 17 5535	대림 18 5674	동양 30 5107	코오 29 4589	대림 15 4603	LG전 12 5056
18	고합 8 5232	S-Oil 2 5495	효성 15 4950	제일 28 4316	CJ 33 4538	CJ 41 4935
19	효성 17 5178	동부 19 5331	제일 30 4763	동국 6 4267	동양 15 4515	동양 16 4823
20	코오 19 4941	코오 17 4616	코오 25 4640	하나 8 4201	코오 32 4380	대림 12 4811
21	동양 21 4228	동양 25 4564	동국 8 4342	한솔 12 4162	KT&G 2 4242	효성 16 4805
22	진로 17 4098	고합 6 3711	현산 9 4070	신세 10 3935	하나 8 4206	동국 8 4736
23	아남 15 4097	제일 18 3538	하나 7 3369	동양 16 3845	동국 7 4079	GM대 3 4605
24	해태 15 3977	대전 3 3525	신세 9 3221	현백 10 3262	현백 18 3847	코오 31 4605
25	새한 15 3513	현산 7 3420	영풍 24 2897	현산 10 3033	한솔 13 3772	KT&G 4 4370
26	강원 13 2957	아남 14 3073	현백 15 2858	영풍 24 2831	대해 2 3559	대해 2 3967
27	대상 14 2798	새한 12 3052	동화 22 2826	대상 12 2364	대자 5 3064	현백 17 3647
28	제일 15 2728	진로 16 2915	대전 4 2725	동원 17 2322	현산 11 2800	KCC 10 3422
29	신호 21 2701	신세 10 2723	태광 15 2598	태광 18 2315	영풍 23 2771	하나 5 3402
30	삼양 10 2342	영풍 21 2620	고합 6 2501	KCC 6 2311	KCC 7 2672	한솔 11 3396

순위	2005			2006			2007		
1	삼성	62	107617	삼성	59	115924	삼성	59	129078
2	현자	28	56039	현자	40	62235	현자	36	66225
3	LG	38	50880	SK	56	54808	SK	57	60376
4	SK	50	47961	LG	30	54432	LG	31	52371
5	롯데	41	30302	롯데	43	32961	롯데	44	40208
6	KT	12	29315	POSCO	21	30183	POSCO	23	32661
7	POSCO	17	25706	KT	12	27520	KT	19	27530
8	한진	23	24523	GS	50	21827	GS	48	25136
9	GS	50	18719	한진	22	20702	금아	38	22873
10	한화	30	16219	현중	7	17267	한진	25	22224
11	현중	7	15173	한화	31	16526	현중	7	20573
12	금아	18	11413	두산	18	13659	한화	34	18046
13	두산	18	9734	금아	23	12982	두산	20	14442
14	동부	21	8171	하이	5	10358	하이	5	13741
15	현대	7	6072	동부	22	8651	신세	15	9863
16	신세	13	6014	현대	9	7125	LS	20	9852
17	GM대	3	5976	신세	14	7030	현대	9	8760
18	CJ	48	5905	CJ	56	6797	동부	22	8748
19	LS	17	5877	LS	19	6591	CJ	64	8423
20	동국	8	5795	대림	13	6527	대림	14	7515
21	대림	12	5686	GM대	3	6492	GM대	3	7335
22	대건	14	5499	하맥	13	6027	대해	5	6137
23	대해	3	5411	대건	11	5978	현건	9	6073
24	동양	16	4856	동국	12	5702	STX	11	5878
25	효성	16	4772	대해	5	5370	동국	11	5828
26	코오	28	4426	STX	10	4907	이랜	16	5383
27	KT&G	8	4376	동양	15	4611	현백	24	4939
28	STX	14	4139	KT&G	7	4511	코오	33	4927
29	현백	20	3781	효성	17	4487	동양	21	4803
30	현오	2	3748	현오	2	4445	KCC	7	4777

주 : 1) 4월 현재 ; 2002~2007년－공기업집단 제외 ; 밑줄 친 집단－동일인이 '기업'인 집단 (*대한조
     선공사, 라이프, 극동정유－동일인이 확인 안 됨).
  2) 기업집단 이름의 약자 : GM대(GM대우), LG전(LG전선), 강원(강원산업), 고려(고려합섬),
     극건(극동건설), 극정(극동정유), 금아(금호아시아나), 뉴코(뉴코아), 동건(동아건설),
     동국(동국제강), 동화(동양화학), 대건(대우건설), 대공(대한조선공사), 대자(대우자동차),
     대전(대우전자), 대해(대우조선해양), 라이(라이프), 럭키(럭키금성), 범양(범양상선),
     삼환(삼환기업), 신세(신세계), 우성(우성건설), 이랜(이랜드), 제일(제일제당), 코오(코오롱),
     태광(태광산업), 태평(태평양화학), 포항(포항제철), 하나(하나로통신), 하맥(하이트맥주),
     하이(하이닉스), 한국(한국화약), 한합(한일합섬), 현건(현대건설), 현백(현대백화점),
     현산(현대산업개발), 현오(현대오일뱅크), 현자(현대자동차), 현정(현대정유), 현중(현대중공업).
  3) 지정된 집단의 수 : 1987년(32개), 1988(40), 1989(43), 1990(53), 1991(61), 1992(78), 1993~2001
     (30), 2002(34), 2003(42), 2004(45), 2005(48), 2006(52), 2007(55).
출처 : 공정거래위원회 홈페이지 자료.

<부록표 6.2> 30대 대규모사기업집단, 1987~2007년 : (1) 집단별 계열회사 수(개)

집단	87	88	89	90	91	92	93	94	95	96	97	98	99	00	01	02	03	04	05	06	07
강원산업												27	13								
거평											22	19									
고합	5	5	7	7	7	7	7	8	10	11	13	13	8	6	6						
극동건설	8	9	9	10	9	9	9	10	10	11											
극동정유		4	4	4	4	4															
금호아시아나	19	10	12	18	24	25	24	22	24	27	26	32	29	20	17	15	15	16	18	23	38
기아	9	10	10	10	10	10	10	13	14	16	28										
뉴코아										18	18	18									
동국제강	13	13	13	13	14	14	14	16	16	16	17	17	16	14	8	6	7	8	8	12	11
동부	12	13	13	13	11	11	12	13	13	24	34	34	32	19	19	21	23	22	21	22	22
동아	16	16	16	16	16	16	13	14	14	16	19	22	15	16							
동양					13	14	16	16	19	22	24	23	21	25	30	16	15	16	16	15	21
동양화학														22							
동원					8										17						
두산	21	22	21	23	23	24	25	24	27	26	25	23	14	16	18	18	22	22	18	18	20
대림	14	13	13	13	14	13	12	17	17	18	21	21	17	18	17	15	15	12	12	13	14
대상	15	15	19	20			24	22	14		25	20	14			12					
대우	29	28	28	27	24	22	22	24	22	25	30	37	34								
(주)대우														2							
대우건설																		14	14	11	
대우전자														3	4						
대우조선해양																	2	2	3	5	5
대한조선공사	6																				
라이프	6																				
롯데	31	32	32	31	32	32	32	30	29	28	30	28	28	28	31	32	35	36	41	43	44
범양상선	5	5	4	4																	
벽산						19	18	17	18	16											
삼미	7	10	11	14	15	14	9	10	8	8											
삼성	36	37	42	45	51	52	55	50	55	55	80	61	49	45	64	63	63	63	62	59	59
삼양													10								
삼환기업	11																				
쌍용	22	21	21	21	22	22	22	23	22	23	25	22	23	22	20						
CJ												15	18	30	28	33	41	48	56	64	
신세계														10	9	10	12	12	13	14	15
신호										25	28	21									
새한												16	15	12							
아남											21	15	15	14							
영풍														21	24	24	23				
우성건설		7	7	7	6	6	5	6	8												
이랜드																					16

집단	87	88	89	90	91	92	93	94	95	96	97	98	99	00	01	02	03	04	05	06	07
S-Oil														2							
SK	16	18	22	24	27	31	32	33	32	32	46	45	41	39	54	62	60	59	50	56	57
STX																			14	10	11
LG	57	62	59	58	63	58	54	53	50	48	49	52	48	43	43	51	50	46	38	30	31
LS																		12	17	19	20
GM대우																	5	3	3	3	3
GS																			50	50	48
진로						20	19	17	12	14	24	15	17	16							
코오롱	17	18	16	19	21	21	21	19	20	19	24	25	19	17	25	29	32	31	28		33
KCC																6	7	10			7
KT																	10	11	12	12	19
KT&G																	2	4	8	7	
통일			15	17	17	16															
태광산업															15	18					
태평양화학				22																	
POSCO			21												15	15	15	16	17	21	23
하나로통신															7	8	8	5			
하이닉스																				5	5
하이트맥주																				13	
한라		5		7	9	10	10	12	15	17	18	18	17								
한보	8							11	13	21											
한솔										19	23	19	19	19	19	12	13	11			
한양	4	4	4	4	4	4	4														
한일	11	12	12	13	13	15	15	15	13	8	7										
한진	13	16	16	17	22	23	24	21	23	24	24	25	21	18	19	21	23	23	23	22	25
한화	22	23	26	27	27	27	27	29	29	31	31	31	21	23	25	26	33	31	30	31	34
현대	32	34	37	39	42	43	45	48	48	46	57	62	62	35	26	12	12	7	7	9	9
현대건설																					9
현대백화점																15	10	18	17	20	24
현대산업개발														7	9	10	11				
현대자동차															16	25	25	28	28	40	36
현대오일뱅크														3	2	2			2	2	
현대중공업																5	6	6	7	7	7
효성	15	15	13	14	14	14	14	14	15	16	18	21	17	13	15	15	15	16	16	17	
해태	13	12	10		9	10	10	9	13	14	15	15	15								

주 : 집단이름은 해당 년도 또는 2007년 현재.
출처 : <부록표 6.1>.

<부록표 6.3> 30대 대규모사기업집단, 1987~2007년 : (2) 집단별 자산총액(10억원)

집단	1987 1997	1988 1998	1989 1999	1990 2000	1991 2001	1992 2002	1993 2003	1994 2004	1995 2005	1996 2006	2007
강원산업		– 2665	2957								
거평	– 2477	2831									
고합	583 3690	598 5193	671 5232	859 3711	1046 2501	1378	1695	1957	2503	2924	
극동건설	758 –	699	829	1198	1548	1581	1673	1804	1966	2158	
극동정유		579 –	944	1272	1583	1661					
금호 아시아나	702 7486	865 10361	1212 10696	1731 11532	2613 11606	3536 10608	4272 9698	4609 10602	5374 11413	6423 12982	22873
기아	1367 14287	1775	2222	3073	4086	5884	6959	8533	9814	11427	
뉴코아	– 2798	2845							1966	–	
동국제강	916 3956	948 4865	1185 5764	1411 5903	1609 4342	2102 4267	2345 4079	2530 4736	3237 5795	3433 5702	5828
동부	692 3677	634 4626	914 5549	1191 5331	1275 5831	1593 6083	1742 7332	1848 7469	2128 8171	2935 8651	8748
동아	1511 6458	1591 9054	1640 8717	1868 6519	2296	2846	2939	3359	3874	5117	
동양	3445	3885	4228	4564	1524 5107	1695 3845	2137 4515	2254 4823	2592 4856	2995 4611	4803
동양화학					– 2826						
동원					1022 –	– 2322					
두산	1073 6370	1213 6586	1432 6704	1799 7646	2253 11192	3106 8988	3622 8452	4053 9179	4808 9734	5756 13659	14442
대림	1777 6177	1746 7001	2050 5825	2408 5674	2764 5395	3326 4985	3704 4603	4062 4811	4638 5686	5364 6527	7515
대상	493 2238	553 2847	643 2798	814		2364	1359	1620	1613		
대우	7875 35455	9421 52994	9509 78168	11762	14265	17237	19837	25482	26144	31313	
(주)대우			– 13144								
대우건설								– 5511	5499	5978	

집단	1987 1997	1988 1998	1989 1999	1990 2000	1991 2001	1992 2002	1993 2003	1994 2004	1995 2005	1996 2006	2007
대우전자				–							
				3525	2725						
대우조선해양								–			
							3559	3967	5411	5370	6137
대한조선공사	481										
	–										
라이프	469										
	–										
롯데	1648	2125	2664	3215	3962	4887	5274	5595	6628	7090	
	7774	8862	10446	15791	16694	17964	20741	24620	30302	32961	40208
범양상선	1052	939	919	874							
	–										
벽산						1263	1415	1563	1781	1853	
							–				
삼미	844	955	1176	1493	1762	2298	2202	2265	2245	2475	
	–										
삼성	5588	6766	8108	10438	13844	18713	21285	22650	29414	40761	
	51651	64536	61606	67384	69873	72351	83492	91946	107617	115924	129078
삼양			–								
			2342								
삼환기업	437										
	–										
쌍용	2810	2889	3358	4095	5426	6896	7855	8788	10955	13929	
	16457	15645	14167	9749	9039						
CJ			–								
			2728	3538	4763	4316	4538	4935	5905	6797	8423
신세계			–								
				2723	3221	3935	4689	5220	6014	7030	9863
신호	–										
	2158	3060	2701								
새한		–									
		2659	3513	3052							
아남	–										
	2659	4339	4097	3073							
영풍			–								
				2620	2897	2831	2771				
우성건설		611	674	926	1159	1567	1594	1855	2117		
	–										
이랜드										–	
											5383

집단	1987	1988	1989	1990	1991	1992	1993	1994	1995	1996	
	1997	1998	1999	2000	2001	2002	2003	2004	2005	2006	2007
S-Oil				–							
				5495							
SK	2499	2816	3442	4610	6504	8651	9965	10690	12806	14501	
	22927	29267	32766	40147	47379	46754	47463	47180	47961	54808	60376
STX									–		
									4139	4907	5878
LG	5508	6997	8645	11186	14889	17152	19105	20388	24351	31395	
	38376	52773	49524	47612	51965	54484	58571	61648	50880	54432	52371
LS								–			
								5056	5877	6591	9852
GM대우							–				
							3064	4605	5976	6492	7335
GS									–		
									18719	21827	25136
진로	–					1301	1793	2085	2391	3303	
	3951	4258	4098	2915		–					
코오롱	713	908	1015	1269	1460	1727	1919	2104	2535	3129	
	3910	4894	4941	4616	4640	4589	4380	4605	4426		4927
KCC							–				
						2311	2672	3422			4777
KT							–				
							30815	28270	29315	27520	27530
KT&G							–				
							4242	4370	4376	4511	
통일		558	734	896	1049						
		–									
태광산업						–					
					2598	2315					
태평양화학				789							
				–							
POSCO			5930		–						
			–		21228	20835	20533	22058	25706	30183	32661
하나로통신					–						
					3369	4201	4206	3402			
하이닉스										–	
										10358	13741
하이트맥주									–		
									6027		
한라		541		995	1402	1941	2160	2579	3429	4766	
	6640	8562	5535								

집단	1987 / 1997	1988 / 1998	1989 / 1999	1990 / 2000	1991 / 2001	1992 / 2002	1993 / 2003	1994 / 2004	1995 / 2005	1996 / 2006	2007
한보	561							1628	3013	5147	
	-										
한솔	-									2990	
	4346	6268	8060	9397	6983	4162	3772	3396		-	
한양	842	700	637	783	1118	1548	2147				
	-										
한일	1479	1503	1681	1950	2212	2619	2747	2717	2559	2180	
	2599										
한진	2626	3903	4166	4721	6230	7579	8674	9398	10629	12246	
	14309	19457	18548	20771	21307	21596	21041	25413	24523	20702	22224
한화	1796	2278	2333	3033	4172	5469	6428	6837	7282	9158	
	10967	12469	13084	11430	11496	9892	14311	15084	16219	16526	18046
현대	8038	9517	10831	14279	19074	23116	27517	31669	37221	43743	
	53597	73520	88806	88649	53632	11784	10160	6355	6072	7125	8760
현대건설											-
											6073
현대백화점					-						
					2858	3262	3847	3647	3781		4939
현대산업개발				-							
				3420	4070	3033	2800				
현대자동차					-						
					36136	41266	44060	52345	56039	62235	66225
현대오일뱅크				-							
				7150	7243	5884			3748	4445	
현대중공업						-					
						10323	12379	14211	15173	17267	20573
효성	1002	1324	1500	1754	2113	2329	2571	2273	3040	3754	
	4131	5249	5178	5716	4950	4987	4958	4805	4772	4487	
해태	493	574	678		1023	1277	1531	1832	2358	2873	
	3398	3747	3977								

주 : 집단이름은 해당 년도 또는 2007년 현재.
출처 : <부록표 6.1>.

<부록표 6.4> 30대 대규모사기업집단, 1987~2007년 : ⑶ 집단별 1개 계열회사 평균자산(10억원)

집단	1987	1988	1989	1990	1991	1992	1993	1994	1995	1996	
	1997	1998	1999	2000	2001	2002	2003	2004	2005	2006	2007
강원산업			–								
		99	227								
거평	–										
	113	149									
고합	117	120	96	123	149	197	242	245	250	266	
	284	399	654	619	417						
극동건설	95	78	92	120	172	176	186	180	197	196	
	–										
극동정유		145	236	318	396	415					
	–										
금호 아시아나	37	87	101	96	109	141	178	210	224	238	
	288	324	369	577	683	707	647	663	634	564	602
기아	152	178	222	307	409	588	696	656	701	714	
	510										
뉴코아										109	
	155	158								–	
동국제강	70	73	91	109	115	150	168	158	202	215	
	233	286	360	422	543	711	583	592	724	475	530
동부	58	49	70	92	116	145	145	142	164	122	
	108	136	173	281	307	290	319	340	389	393	398
동아	94	99	103	117	144	178	226	240	277	320	
	340	412	581	407							
동양					117	121	134	141	136	136	
	144	169	201	183	170	240	301	301	304	307	229
동양화학					–						
					128						
동원					128	–					
						137					
두산	51	55	68	78	98	129	145	169	178	221	
	255	286	479	478	622	499	384	417	541	759	722
대림	127	134	158	185	197	256	309	239	273	298	
	294	333	343	315	317	332	307	401	474	502	537
대상	33	37	34	41			57	74	115		
	90	142	200			197					
대우	272	336	340	436	594	784	902	1062	1188	1253	
	1182	1432	2299								
(주)대우					–						
					6572						
대우건설								–			
								394	393	543	

집단	1987 / 1997	1988 / 1998	1989 / 1999	1990 / 2000	1991 / 2001	1992 / 2002	1993 / 2003	1994 / 2004	1995 / 2005	1996 / 2006	2007
대우전자				−							
				1175	681						
대우 조선해양							−				
							1780	1984	1804	1074	1227
대한 조선공사	80										
	−										
라이프	78										
	−										
롯데	53	66	83	104	124	153	165	187	229	253	
	259	317	373	564	539	561	593	684	739	767	914
범양상선	210	188	230	219							
벽산						66	79	92	99	116	
						−					
삼미	121	96	107	107	117	164	245	227	281	309	
삼성	155	183	193	232	271	360	387	453	535	741	
	646	1058	1257	1497	1092	1148	1325	1459	1736	1965	2188
삼양			−								
			234								
삼환기업	40										
	−										
쌍용	128	138	160	195	247	313	357	382	498	606	
	658	711	616	443	452						
CJ			−								
			182	197	159	154	138	120	123	121	132
신세계				−							
				272	358	394	391	435	463	502	658
신호	−										
	86	109	129								
새한			−								
		166	234	254							
아남	−										
	127	289	273	220							
영풍				−							
				125	121	118	120				
우성건설		87	96	132	193	261	319	309	265		
		−									
이랜드											−
											336

집단	1987	1988	1989	1990	1991	1992	1993	1994	1995	1996	
	1997	1998	1999	2000	2001	2002	2003	2004	2005	2006	2007
S-Oil					–						
					2748						
SK	156	156	156	192	241	279	311	324	400	453	
	498	650	799	1029	877	754	791	800	959	979	1059
STX									–		
									296	491	534
LG	97	113	147	193	236	296	354	385	487	654	
	783	1015	1032	1107	1208	1068	1171	1340	1339	1814	1689
LS								–			
								421	346	347	493
GM대우							–				
							613	1535	1992	2164	2445
GS									–		
									374	437	524
진로	–					65	94	123	199	236	
	165	284	241	182		–					
코오롱	42	50	63	67	70	82	91	111	127	165	
	163	196	260	272	186	158	137	149	158		149
KCC							–				
							385	382	342		682
KT							–				
							3082	2570	2443	2293	1449
KT&G							–				
							2121	1093	547	644	
통일		37	43	53	66						
		–									
태광산업					–						
					173	129					
태평양화학				36							
				–							
POSCO				282							
				–	1415	1389	1369	1379	1512	1437	1420
하나로통신					–						
					481	525	526	680			
하이닉스									–		
									2072	2748	
하이트맥주									–		
									464		
한라		108		142	156	194	216	215	229	280	
	369	476	326								

집단	1987 / 1997	1988 / 1998	1989 / 1999	1990 / 2000	1991 / 2001	1992 / 2002	1993 / 2003	1994 / 2004	1995 / 2005	1996 / 2006	2007
한보	70							148	232	245	
	–										
한솔	–									157	
	189	330	424	495	368	347	290	309		–	
한양	211	175	159	196	280	387	537				
	–										
한일	134	125	140	150	170	175	183	181	197	273	
	371										
한진	202	244	260	278	283	330	361	448	462	510	
	596	778	883	1154	1121	1028	915	1105	1066	941	889
한화	82	99	90	112	155	203	238	236	251	295	
	354	402	623	497	460	380	434	487	541	533	531
현대	251	280	293	366	454	538	611	660	775	951	
	940	1186	1432	2533	2063	982	847	908	867	792	973
현대건설										–	
											675
현대백화점											
				–	191	326	214	215	189		206
현대 산업개발				–							
				489	452	303	255				
현대자동차					–						
					2259	1651	1762	1869	2001	1556	1840
현대오일뱅크				–							
				2383	3622	2942			1874	2223	
현대중공업					–						
					2065	2063	2369	2168	2467		2939
효성	67	88	115	125	151	166	184	162	203	235	
	230	250	305	440	330	332	331	300	298	264	
해태	38	48	68		114	128	153	204	181	205	
	227	250	265								

주 : 집단이름은 해당 년도 또는 2007년 현재.

출처 : <부록표 6.1>.

제3부

4대 재벌과 개인화된 다원적 경영구조,
1998~2005년 : (1) 분석틀 및 주요 내용

제7장 4대 재벌 : 삼성, LG, SK, 현대자동차

1. 분석 대상 : 재벌, 년도, 회사

분석 대상은 4대 재벌(삼성, LG, SK, 현대자동차)의, 1998~2005년 사이, 32개 주요 계열회사 109개 경영구조이다.

(1) 1987년 이후 2007년까지 5대 대규모사기업집단에 1번 이상 속한 집단의 수는 모두 11개(대우, 롯데, 삼성, 쌍용, SK, LG, KT, POSCO, 한진, 현대, 현대자동차)이며, 이 중 4개(삼성, LG, SK, 현대자동차)를 분석 대상으로 하였다(<표 7.1>).

삼성은 1987년 이후 줄곧 4대 집단에 속하였으며 2001년부터는 1위를 지키고 있다. LG도 계속해서 4위 이내에 있었으며, 2002~2004년에는 2위까지 올라갔다가 계열회사들이 분리되어 나가면서 이후 순위가 조금 떨어져 2006~2007년에는 4위가 되었다. SK는 1987~1990년에는 6~7위였다가 1991년부터 5위가 되어 이후 10년 동안 그 순위를 지켰으며, 2000년 이후 1~2단계 더 올랐고 2006~2007년에는 3위였다. 현대자동차는 기존의 현대로부터 분리, 독립된 2001년부터 계속해서 5위권을 유지하였으며 2005년 이후 2위를 지키고 있다.

한편, 대우와 쌍용은 분석 시기 동안에는 해체되고 없었다. 대우는 1999년까지 2~4위를 유지하였고, 쌍용은 1987년에 5위를 한 뒤 이후 6~10위를 유지하다가 마지막 년도인 2001년에는 12위로 밀려났다. 다음으로, 동일인이 기업인 KT와 POSCO는 분석 대상에서 제외되었다. 한국전기통신공사가 민영화된 KT는 초기(2003~2004년)에 5위권에 들어왔다가 이후 순위가 떨어졌다. POSCO는 1989년에 5위로 30대 집단에 한 차례 속했다가 1990~2000년에는 빠졌으며, 2001년 이후 6~8위를 유지하고 있다. 나머지 3개 집단은 순위가 많이 떨어진다. 현대는 2000년까지 1위를 유지하다가 2001년 한 단계 순위가 밀렸으며 2003년부터는 순위가 더욱 떨어져 10위권 밖으로 밀려났다. 롯데와 한진은 5~11위를 유지하는 가운데 각각 3차례(2005~2007년), 2차례(2000, 2002년)만 5위권에 진입하였다.

<표 7.1> 5대 대규모사기업집단, 1987~2007년

1. 년도별 순위

	1위	2위	3위	4위	5위		1위	2위	3위	4위	5위
1987	현대	대우	삼성	럭키	쌍용	1997	현대	삼성	LG	대우	선경
1988	현대	대우	럭키	삼성	한진	1998	현대	삼성	대우	LG	SK
1989	현대	대우	럭키	삼성	포항	1999	현대	대우	삼성	LG	SK
1990	현대	대우	럭키	삼성	한진	2000	현대	삼성	LG	SK	한진
1991	현대	럭키	대우	삼성	선경	2001	삼성	현대	LG	SK	현대차
1992	현대	삼성	대우	럭키	선경	2002	삼성	LG	SK	현대차	한진
1993	현대	삼성	대우	럭키	선경	2003	삼성	LG	SK	현대차	KT
1994	현대	대우	삼성	럭키	선경	2004	삼성	LG	현대차	SK	KT
1995	현대	삼성	대우	LG	선경	2005	삼성	현대차	LG	SK	롯데
1996	현대	삼성	LG	대우	선경	2006	삼성	현대차	SK	LG	롯데
						2007	삼성	현대차	SK	LG	롯데

2. 5대 집단에 1번 이상 속한 11개 집단의 순위

년도	87	88	89	90	91	92	93	94	95	96	97	98	99	00	01	02	03	04	05	06	07
삼성	3	4	4	4	4	2	2	3	2	2	2	2	3	2	1	1	1	1	1	1	1
LG	4	3	3	3	2	4	4	4	4	3	3	4	4	3	3	2	2	2	3	4	4
SK	7	7	7	6	5	5	5	5	5	5	5	5	5	4	4	3	3	4	4	3	3
현대자동차															5	4	4	3	2	2	2
대우	2	2	2	2	3	3	3	2	3	4	4	3	2								
쌍용	5	6	8	7	7	7	7	7	6	6	6	7	7	10	12						
KT																	5	5	6	7	7
POSCO			5											7	6	8	8	7	6	6	
현대	1	1	1	1	1	1	1	1	1	1	1	1	1	1	2	8	11	14	15	16	17
롯데	10	9	9	8	10	10	10	10	10	10	10	11	10	6	8	7	7	7	5	5	5
한진	6	5	6	5	6	6	6	6	7	7	7	6	6	5	6	5	6	6	8	9	10

주: 1) 4월 현재 ; 2002~2007년은 공기업집단을 제외한 순위.
    2) 럭키=럭키금성, 포항=포항제철, 현대차=현대자동차 ; 럭키금성=LG, 선경=SK, 포항제철=POSCO.
출처 : <표 3.1, 3.2>.

삼성, LG, SK, 현대자동차 등은 특정 가족이 소유권과 경영권을 장악한 '재벌'이었으며, 2대 혹은 3대의 후계자가 이끌고 있다 <표 7.2>. 1) 삼성에서는 창업주 이병철이 1987년11월 사망하면서 셋째 아들(이건희)이 바로 후계자가 되었다. 2) LG에서는 창업주 구인회가 1969년 말 사망하면서 이듬해 1월 큰 아들(구자경)이 그룹회장에 취임하였다. 구자경은 1995년 큰 아들(구본무)에게 경영권을 물려주었으며, 이듬해에는 소유권도 물려주었다. 3) SK에서는 창업주 최종건이 1973년 사망하면서 동생(최종현)이 경영을 담당하였다. 1998년 최종현이 사망했을 때 동일인 신분은 큰 아들(최태원, 38세)이 물려받았지만, 경영권을 이어받기에는 이른 것으로 판단되어 전문경영인인 손길승이 대신 그룹회장직을 수행하기로 결정되었다. 6년 뒤인 2004년 회장직은 결국 동일인 최태원에게로 넘어왔다. 4) 현대자동차는 2001년 현대로부터 분리 독립한 새 그룹이다. 정몽구는 현대(창업주 정주영)에서 그룹회장(1996~1999년)을 한 적이 있으며, 따라서 실질적으로는 2대째 재벌이라고 볼 수 있다.

<표 7.2> 4대 재벌의 동일인과 그룹회장, 창업년도~2007년

집단	동일인	그룹회장	연도(집단 순위)
삼성	1. 이병철(1대)	1. 이병철(1대)	1938-86, 1987(3)
	2. 이건희(2대)	2. 이건희(2대)	1988-2007(1-4)
LG	1. 구인회(1대)	1. 구인회(1대)	1947-69
	2. 구자경(2대)	2. 구자경(2대)	1970-86, 1987-95(2-4)
	구자경	3. 구본무(3대)	1995(4)
	3. 구본무(3대)	구본무	1996-2007(2-4)
SK	1. 최종건(1대)	1. 최종건(1대)	1953-73
	2. 최종현(1대)	2. 최종현(1대)	1973-86, 1987-90(6-7), 91-98(5)
	3. 최태원(2대)	3. 손길승(-)	1999-2004(3-5)
	최태원	4. 최태원(2대)	2004-07(3-4)
현대자동차	정몽구	정몽구	2001-07(2-5)

주 : 대우, 쌍용, KT, POSCO, 현대, 롯데, 한진그룹의 동일인과 그룹회장에 대해서는 <표 4.4>를 참조.
출처 : <표 4.4>.

(2) 분석 시기는 1998~2005년이다. 이 시기를 택하게 된 직접적인 이유는 '자료에의 접근성' 때문이다. 일관된 성격의 자료를 많은 회사에 대해 그리고 여러 시기에 대해 손쉽게 확보하는 일이 연구의 관건이었으며, 금융감독원의 전자공시시스템(http : //dart.fss.or.kr)에 있는 『사업보고서』를 이용함으로써 이 문제를 해결하였다. 전자공시시스템에는 『사업보고서』를 비롯한 최근 10년 치의 다양한 문서를 열람할 수 있다.

하지만, 1998~2005년 시기를 연구하는 보다 중요한 목적은 1997년의 IMF외환위기 이후 한국재벌의 변화하는 모습, 아니 '변화하지 않는 모습'을 파악하기 위함이다. 재벌개혁을 통해 외형상으로는 적지 않은 개선이 있는 가운데서도 오랫동안 계속되어온 전통, 관례 또는 폐습은 여전히 남아 있는 것이 현실이다. 어느 정도 개선이 되었고, 어느 정도 관례가 남아 있는지를 밝히려고 하였다.

이를 위해 4개년도(1998, 2000, 2003, 2005년)를 기준년도로 설정하였다(<표 7.3, 7.4>). 2001년 처음 대규모기업집단으로 지정된 현대자동차의 경우는 3개년도(2001, 2003, 2005년)가 주된 분석 년도이며, 현대그룹 시절의 1998년을 참고로 포함시켰다. 한편, 뒤에서 설명하는 바와 같이, 삼성과 LG에서는 일부 다른 년도가 분석되었다.

기준년도 내에서는 12월 말 현재의 상황이 분석되었다. 이는 주 자료인 『사업보고서』의 정보가 '1월1일에서 12월31일까지'와 관련되어 있기 때문이다. 다만, 삼성의 1개 회사(삼성생명보험)는 사업년도가 달라 기준년도 이듬해 3월말 현재의 상황이 분석되었다. 그런데, 『사업보고서』의 제출 시기는 이듬해 초에 열리는 주주총회가 거의 끝나는 3월(삼성생명보험은 같은 해 6월)이며, 주주총회에서 결정된 내용이 『사업보고서』에 포함되어 있는 경우가 적지 않다. 문제는 『사업보고서』의 각 항목에 시점(사업년도 말 또는 주주총회 이후)이 표시되어 있지 않거나 불분명한 경우가 상당수 있다는 점인데, 이 경우에는 사업년도 말의 상황인 것으로 간주하였다. 따라서, 대부분의 경우는 사업년도 말의 상황이긴 하지만, 적지 않은 경우 주주총회 이후의 새로운 상황도 상당히 섞여 있는 것으로 판단된다.

(3) 분석된 회사는 모두 32개로, 삼성 8개, LG 10개, SK 8개, 현대자동차 6개 등이다(<표 7.3, 7.4>, <부록표 7.1>). 이들은 각 그룹 계열회사들 중 중요성이 있다고 판단되는 회사들 (매출액 또는 자산이 일정 규모 이상인 회사, 지주회사, 실질적인 지주회사 등)로서, 각 그룹 총 계열회사 수에서 차지하는 비중은 10~20% 정도이다. 4개 그룹 전체로는 15% 내외이다.

32개 회사 중 25개(삼성 5, LG 9, SK 6, 현대자동차 5)는 상장회사이고 나머지 7개(삼성 3, LG 1, SK 2, 현대자동차 1)는 비상장회사이다. 분석된 상장회사는 각 그룹 총 상장회사 수의 큰 부분을 차지하는데, 삼성은 36%이고 나머지 3개 집단에서는 50% 이상, 많게는 80% 이상 이나 된다. 4개 그룹 전체로는 48~56%이다. 반면 비상장회사는 극히 일부만 분석 대상에 포함되었다.

한편, 회사의 성격, 자료의 제약 등으로 32개 회사에 대해 4개 기준년도(1998, 2000, 2003, 2005년) 모두가 분석되지는 않았으며, 경우에 따라 5개, 3개, 2개 또는 1개 년도가 고려되었다. 이렇게 하여 모두 109개의 경영구조가 분석되었다.

1) 삼성그룹에서는 8개 회사의 29개 경영구조가 분석되었다. 상장회사 5개(삼성물산, 삼성 전자, 삼성중공업, 삼성SDI, 제일기획)는 4개 년도 모두가, 그리고 비상장회사 3개(삼성생명 보험, 삼성에버랜드, 삼성카드)는 뒤 3개년도가 고려되었다.

2) LG그룹에서는 10개 회사의 31개 경영구조가 분석되었다. 관련 년도는 회사에 따라 많이 차이가 난다. LG화학과 LG전자는 4개 기준년도 외에 각각 1개년도(2001, 2002년)가 추가 로 분석되었는데, 이들 해에 두 회사가 각각 신설법인으로 재출발했기 때문에 이 상황을 고려하기 위함이다. 이 재출발은 두 지주회사(LGCI, LGEI)를 설립하기 위한 조치였으며, 2003년 LGCI는 LGEI를 흡수하면서 LG로 확대 개편되었다. 따라서, LGCI와 LGEI는 각각 1개년도 (2001, 2002년)가, 그리고 LG는 2개년도(2003, 2005년)가 분석되었다. LG건설, LG상사, LG전선 등 3개에서는 4개년도 모두가 고려되었다. 이 중 LG건설과 LG전선은 2005년 현재 LG그룹에서 분리된 후 GS건설과 LS전선으로 명칭이 변경되어 각각 GS그룹과 LS그룹에 편입되어 있지만, 참고로 분석에 포함시켰다. LG텔레콤은 3개년도, 유일한 비상장회사인 LG-Caltex정유는 2개년도가 분석되었다.

3) SK그룹에서는 8개 회사의 28개 경영구조가 분석되었다. 6개 상장회사(SK, SK가스, SK네트웍스, SK케미칼, SK텔레콤, SKC)는 4개 기준년도 모두가, 그리고 2개 비상장회사(SK건설,

SK엔론)는 각각 3개, 1개년도가 고려되었다.

4) 현대자동차그룹에서는 6개 회사의 21개 경영구조가 분석되었다. 3개 상장회사(현대모
비스, 현대자동차, INI스틸)는 4개 기준년도 모두가 고려되었는데, 1998년은 그룹이 생기기
전 현대그룹과 관련되어 있으며 참고로 분석에 포함시켰다. 2개 상장회사(기아자동차, 현대
하이스코)와 1개 비상장회사(현대캐피탈)는 3개년도가 고려되었다.

<표 7.3> 분석된 회사, 년도 및 횟수(개) : 합(T), 상장회사(A), 비상장회사(B) ; 분석된 횟수(TT)

	1998년			2000년			2003년			2005년			합			
	T	A	B	T	A	B	T	A	B	T	A	B	T	A	B	TT
(총계열회사, X)																
삼성	61	14	47	60	14	46	64	14	50	59	14	45				
LG	50	14	36	43	14	29	46	13	33	36	11	25				
SK	40	9	31	53	9	44	59	11	48	56	11	45				
현대자동차				21	6	15	25	6	19	40	10	30				
합	151	37	114	177	40	137	194	41	153	191	46	145				
(분석된 회사, Y)																
삼성	5	5	0	8	5	3	8	5	3	8	5	3	8	5	3	29
LG	5	5	0	8	7	1	9	8	1	7	6	0	10	9	1	31
SK	6	6	0	7	6	1	8	6	2	7	6	1	8	6	2	28
현대자동차	3	3	0	6	5	1	6	5	1	6	5	1	6	5	1	21
합	19	19	0	28	22	6	30	23	7	28	22	5	32	25	7	109
(Y/X(%))																
삼성	8	36	0	13	36	7	13	36	6	14	36	7				
LG	10	36	0	19	50	3	20	62	3	19	55	0				
SK	15	67	0	13	67	2	14	55	4	13	55	2				
현대자동차				29	83	7	24	83	5	15	50	3				
합	13	51	0	16	55	4	15	56	5	15	48	3				

주 : 1) 분석된 회사 : 12월 현재 ; 삼성 – 1개 회사(삼성생명보험)는 이듬해 3월 현재 ; LG 2000년 – 1
개 회사(LGCI)는 2001년, 분석된 횟수는 9개(1개 회사(LG화학)는 2000~2001년 2번) ; LG 2003
년 – 1개 회사(LGEI)는 2002년, 분석된 횟수는 10개(1개 회사(LG전자)는 2002~2003년 2번) ;
현대자동차 2000년=2001년.

　　2) 총 계열회사 : 삼성 – 12월 현재 ; LG – 1998~2003년은 이듬해 2~3월 현재, 2005년은 12월 현
재 ; SK – 이듬해 3월 현재 ; 현대자동차 – 이듬해 3월 현재.

　　3) 총 계열회사 수는 매년 4월 공정거래위원회에서 발표하는 수치와 다소 차이가 난다 : 삼성 –
49개(1999년), 64(2001), 63(2004), 59(2006) ; LG – 48(1999), 43(2001), 46(2004), 30(2006) ; SK –
41(1999), 54(2001), 59(2004), 56(2006) ; 현대자동차 – 25(2002), 28(2004), 40(2006).

출처 : <표 7.4>, <부록표 7.1>.

<표 7.4> 분석된 회사 및 년도(년월)

(삼성그룹)				
1. 삼성물산	1998.12	2000.12	2003.12	2005.12
2. 삼성전자	1998.12	2000.12	2003.12	2005.12
3. 삼성중공업	1998.12	2000.12	2003.12	2005.12
4. 삼성SDI	1998.12	2000.12	2003.12	2005.12
5. 제일기획	1998.12	2000.12	2003.12	2005.12
6. 삼성생명보험		2001.3	2004.3	2006.3
7. 삼성에버랜드		2000.12	2003.12	2005.12
8. 삼성카드		2000.12	2003.12	2005.12
(LG그룹)				
1. LG건설	1998.12	2000.12	2003.12	2005.12
2. LG상사	1998.12	2000.12	2003.12	2005.12
3. LG전선	1998.12	2000.12	2003.12	2005.12
4. LG전자	1998.12	2000.12	2002-2003.12	2005.12
5. LGEI			2002.12	
6. LG텔레콤		2000.12	2003.12	2005.12
7. LG화학	1998.12	2000-2001.12	2003.12	2005.12
8. LGCI		2001.12		
9. LG			2003.12	2005.12
10. LG-Caltex정유		2000.12	2003.12	
(SK그룹)				
1. SK	1998.12	2000.12	2003.12	2005.12
2. SK가스	1998.12	2000.12	2003.12	2005.12
3. SK네트웍스	1998.12	2000.12	2003.12	2005.12
4. SK케미칼	1998.12	2000.12	2003.12	2005.12
5. SK텔레콤	1998.12	2000.12	2003.12	2005.12
6. SKC	1998.12	2000.12	2003.12	2005.12
7. SK건설		2000.12	2003.12	2005.12
8. SK엔론			2003.12	
(현대자동차그룹)				
1. 기아자동차		2001.12	2003.12	2005.12
2. 현대모비스	1998.12	2001.12	2003.12	2005.12
3. 현대자동차	1998.12	2001.12	2003.12	2005.12
4. 현대하이스코		2001.12	2003.12	2005.12
5. INI스틸	1998.12	2001.12	2003.12	2005.12
6. 현대캐피탈		2001.12	2003.12	2005.12

주 : 1) 밑줄 친 회사는 비상장회사.
　　 2) LG전자 2002년, LG화학 2001년, 현대모비스 1998년, 현대자동차 1998년, INI스틸 1998년은
　　　　 참고로 포함시킴.
　　 3) 삼성SDI(1998년)=삼성전관 ; LG건설(2005년)=GS건설, LG전선(2005년)=LS전선 ; SK네트웍스(1998, 2000
　　　　 년)=SK상사, SK글로벌 ; 현대모비스(1998년)=현대정공, INI스틸(1998년)=인천제철.

2. 분석 자료 및 내용

분석된 자료는 『사업보고서』이며, 금융감독원 전자공시시스템(http : //dart.fss.or.kr)에 게시된 것을 이용하였다. 『사업보고서』는 해당 회사가 작성하는 것으로서, 관련 법 또는 시행령에 제시된 지침에 따라 작성되기는 하지만 내용, 형식, 서술방식 등에서 미비하거나 애매한 부분 또는 일관성이 없는 부분이 적지 않게 발견된다. 이런 점을 감안하더라도 정보의 양이나 접근성에서 『사업보고서』만큼 주요한 자료원은 없는 것으로 판단되어 이 자료를 이용하였다.

『사업보고서』에는 년도에 따라 변화가 있긴 하지만 매우 다양한 정보가 포함되어 있다. 예를 들면, 삼성전자 2005년의 경우 160여 페이지의 분량 속에 다음 10개 분야의 내용이 담겨 있다 : 1) 회사의 개황, 2) 사업의 내용(제조업), 3) 재무에 관한 사항, 4) 감사인의 감사의견 등, 5) 지배구조 및 관계회사 등의 현황, 6) 주식에 관한 사항, 7) 임원 및 직원 등에 관한 사항, 8) 이해관계자와의 거래 내용, 9) 부속명세서, 10) 기타 필요한 사항(<표 7.5>).

이들 정보 중 본 저서가 파악하고자 하는 한국재벌의 '개인화된 다원적 경영구조'의 모습을 잘 보여준다고 판단되는 항목들을 취사 선택하였다. 크게 5가지 부류이다(<표 7.6, 7.7>).

(1) 주주총회 또는 지분 : 해당회사를 누가, 어느 정도 소유하고 있는지 소유권의 행방을 말해 주는 정보이다. '동일인/그룹회장 가족의 소유권 장악 여부와 정도'를 파악하는 것이 주된 목적이다. 이를 위해 '최대주주 및 특수관계인'과 관련된 다음 내용을 조사하였다. 1) 최대주주 및 특수관계인 수 및 지분. 2) 최대주주의 이름 및 지분. 3) 특수관계인의 수 및 지분-6가지 유형별(친족, 비영리법인, 임원, 계열회사, 자사주펀드, 자기주식) 주주 수 및 지분, 친족의 경우 관련자 전부 또는 주요 인물의 이름 및 지분, 비영리법인과 계열회사의 경우는 이름 및 지분.

(2) 이사회 및 감사 : 해당회사를 누가, 어느 정도 경영하고 있는지 경영권의 행방을 말해 주는 정보이다. '동일인/그룹회장 가족의 경영권 장악 여부와 정도'를 파악하는 것이 주된 목적이다. 이를 위해 이사회 및 감사의 구성과 성격에 관련된 다음 사항들을 살피면서 특히 가족구성원의 누가 어떤 직책을 가지고 있는지에 주목하였다. 1) 이사회 구성-상근인 사내이사의 직책 및 관련자 수, 비상근 중 사내이사와 사외이사의 수. 2) 이사회 산하 위원회의 유형과 구성-사외이사후보추천위원회와 감사위원회 등 2개의 주요 위원회와 기타 위원회 위원 중 사내이사와 사외이사의 수, 사내이사인 경우 직책과 관련자 수. 3) 감사위원회가 생기기 이전 또는 감사위원회가 없는 경우 감사의 구성-유형별(등기/미등기, 상근/비상근, 사내/사외) 관련자 수, 이름 및 겸직.

(3) 집행임원 및 직원 : 경영권의 행방과 관련된 또 다른 정보이며, 다른 한편으로는 경영

구조의 규모와 성격을 짐작하게 하는 단서이다. 다음 사항을 조사하였다. 1) 집행임원－등기/미등기임원 수, 직책의 유형과 관련자 수, 주요 임원의 겸직, 동일인가족구성원이 관련된 경우 이름. 2) 직원－유형별(관리사무직, 생산직 등) 수.

  (4) 업무부서 : 경영구조의 규모와 성격을 말해 주는 보다 자세한 정보로서 '다원적 경영구조의 성립 여부와 정도'를 파악하는 것이 주된 목적이다. 회사마다 독특하게 조직되어 있는 업무부서들을 다음 3가지 측면에서 정리하였다. 1) 지원, 생산, 영업, 기술/연구개발 등 4개 분야로 분류. 2) 각 분야에 속하는 부서들을 상위－중위－하위의 단계적 체계(hierarchy)로 배치. 3) 각 부서의 수와 이름.

  (5) 출자계열회사에 대한 지분 : 해당회사가 어떤 다른 계열회사에 어느 정도의 지분을 가지고 있는지를 조사하였다. 이 정보는 '최대주주 및 특수관계인' 정보와 밀접한 관련이 있으며, 그룹 전체의 출자구조와 성격을 말해 준다.

  위의 5가지 부류의 정보를 분석 대상으로 선정한 32개 회사의 1998~2005년 사이 관련 년도에 대해 수집하였으며, 이를 바탕으로 모두 109개의 경영구조를 만들었다. 본 저서의 데이터베이스에 해당하는 이 가공 자료는 제5부에 소개되어 있다.

  이 자료를 기초로, 제4부 제9~12장에서 각 그룹별로 다음 4개 측면에 관련된 특징들을 추출하면서 '개인화된 다원적 경영구조'의 정도와 성격을 분석하였다 : 1) 그룹회장 가족의 소유 및 경영 참여, 2) 소유구조, 3) 경영구조－의결 및 감독기구, 4) 경영구조－실무경영진 및 업무조직. 특히, 동일인/그룹회장 가족구성원들의 소유 및 경영에의 참여 정도와 유형 그리고 지속성을 밝히려고 노력하였다. 제8장에서는 이들 4개 그룹별 특징들을 요약 정리하였다.

  이러한 심층분석을 통해, 제1부에서 제시한 한국경제의 개인적 경영자본주의적 성격에 대한 구체적이면서 중요한 증거를 제시하려고 하였다.

<표 7.5> 『사업보고서』에 포함되어 있는 정보의 예 : 삼성전자, 2005년12월

1. 회사의 개황 : 1) 회사의 목적, 2) 회사의 연혁, 3) 자본금 변동사항,
          4) 주식의 총수 등, 5) 의결권 현황, 6) 배당에 관한 사항 등

2. 사업의 내용(제조업) : 1) 사업의 개요, 2) 주요 제품 및 원재료 등, 3) 생산 및 설비에 관한 사항,
          4) 매출에 관한 사항, 5) 수주상황, 6) 파생상품 등에 관한 사항,
          7) 경영상의 주요계약 등, 8) 연구개발활동,
          9) 기타 투자의사결정에 필요한 사항

3. 재무에 관한 사항 : 1) 요약재무정보, 2) 재무제표 이용 상의 유의점, 3) 회계정보에 관한 사항,
          4) 재무제표, 5) 연결재무제표, 6) 부문별 재무 현황, 7) 합병 전후의 재무제표

4. 감사인의 감사의견 등 : 1) 감사인(공인회계사)의 감사의견 등,
          2) 당해 사업년도 감사(내부감사)의 감사의견 등,
          3) 연결재무제표에 대한 감사인의 감사의견 등,
          4) 최근 3사업년도의 외부감사인에게 지급한 보수 등에 관한 사항,
          5) 기타

5. 지배구조 및 관계회사 등의 현황 : 1) 지배구조의 개요, 2) 관계회사 등의 현황,
          3) 타법인 출자 현황

6. 주식에 관한 사항 : 1) 주식의 분포, 2) 주식사무, 3) 최근 6개월간의 주가 및 주식 거래실적

7. 임원 및 직원 등에 관한 사항 : 1) 임원의 현황, 2) 직원의 현황, 3) 노동조합의 현황,
          4) 회계 및 공시 전문인력 보유 현황

8. 이해관계자와의 거래내용 : 1) 최대주주 등과의 거래내용,
          2) 주주(최대주주 등 제외), 임원, 직원 및 기타 이해관계자와의
          거래내용

9. 부속명세서

10. 기타 필요한 사항 : 1) 주요경영사항 신고내용 및 그 진행상황, 2) 주주총회의사록 요약,
          3) 우발채무 등, 4) 제재현황, 5) 결산일 이후에 발생한 중요사항,
          6) 중소기업기준 검토표 등, 7) 공모자금 사용내역

<표 7.6> 분석된 내용

---

1. 주주총회(지분) : 1) 총 주주 수
   2) 최대주주 및 특수관계인(수, 지분)
      a) 최대주주(이름, 지분)
      b) 특수관계인의 6가지 유형
         - 친족, 비영리법인, 계열회사의 경우 관련자 수, 이름, 지분
         - 임원, 자사주펀드, 자기주식의 경우 관련자 수, 지분

2. 이사회 및 감사 : 1) 이사회 구성
      a) 상근(=사내이사)이사 직책, 관련자 수
      b) 비상근이사 중 사내/사외이사 수
   2) 이사회 산하 위원회의 유형과 구성
      a) 각 위원회 위원 중 사내/사외이사 수
      b) 사내이사의 경우 직책, 관련자 수
      c) 감사위원회의 경우 상시감사보조요원 수
   3) 감사의 구성
      a) 등기/미등기, 상근/비상근, 사내/사외감사의 수
      b) 상시감사보조요원 수
   4) 동일인가족구성원이 관련된 경우 이름

3. 집행임원 및 직원 : 1) 집행임원
      a) 등기/미등기임원 수, 직책 및 관련자 수
      b) 동일인가족구성원이 관련된 경우 이름
   2) 직원-유형별(관리사무직, 생산직 등) 수

4. 업무부서 : 1) 지원, 생산, 영업, 기술 등 4개 분야
   2) 각 분야별 부서를 상위-중위-하위의 계층적 체계로 정리
   3) 부서별 수, 이름

5. 출자계열회사에 대한 지분 : 1) 상장/비상장 계열회사 수
   2) 회사 이름, 출자된 지분

<표 7.7> 분석된 내용의 예 : 삼성전자, 2005년 12월

주주총회 (지분)	주주	- 87,507명
	최대주주 및 특수관계인	- 18명 (16.08%)
	최대주주(**이건희**)	1 (1.91)
	특수관계인	17 (14.19)
	친족	2 (1.39 ; **이재용** 0.65)
	비영리법인	3 (0.21)
	임원	8 (0.05)
	계열회사	4 (12.54)
이사회	이사(등기임원)	- 13명 : 상근 6=사내이사
		대표이사회장 1 (**이건희**)
		대표이사부회장 3
		대표이사사장 1
		사장 1
		비상근 7=사외이사
위원회	사외이사후보추천	- 4명 : 사내이사 2 (대표이사부회장, 대표이사사장)
		사외이사 2 (1명은 위원장)
	감사	- 3명 : 사외이사 (1명은 위원장)
		* 상시감사보조요원 42명 (감사팀)
	경영	- 3명 : 사내이사 (대표이사부회장 2, 대표이사사장)
	내부거래	- 3명 : 사외이사
집행임원	767명 :	
	등기 6 - 회장 1 (대표이사, **이건희**), 부회장 3 (대표이사), 사장 1 (대표이사), 사장 1	
	미등기 761 - 사장 14, 사장대우 1, 부사장 37, 부사장대우 2 /	
	전무 67, 전무대우 7, 상무 143 (**이재용**), 상무대우 12,	
	상무보 217, 상무보대우 18, 연구위원 202 /	
	고문 25, 상담역 3, 자문역 13	
직원	80,594명 : 관리사무직 10,151, 생산직 26,451, 기타 43,992	
업무부서	(총괄 1) 경영지원	
	(센터 4) Digital Solution, 디자인경영, CS경영, 수원지원	
	(총괄 5) 디지털미디어 : (사업부 4) 영상디스플레이, 컴퓨터시스템,	
	디지털비데오, 디지털프린팅	
	정보통신 : (사업부 2) 무선, 네트워크	
	생활가전 : (사업부 1) 시스템가전	
	반도체 : (사업부 3) 메모리, System LSI, 스토리지	
	LCD	
	(사업부 1) 국내영업	
	(실 1) Global마케팅	
	지사 14, 지점 160, 대리점 2,493 (종합점 518, 전문점 822, 이동체 844, 일반점 309)	
	해외판매법인 38 : 미주 10, 구주 12, 아주 8, 중국 4, 일본 1, CIS 1, 중아 2	
	(총괄 1) 기술 : (실 1) CTO전략	
	(연구소 5) 시스템, 메카트로닉스, 정보응용, 생명과학, 생명공학	
	디지털미디어총괄 : (연구소 10) 종합, 컴퓨터시스템, 멀티미디어, KDC, DVS, 디지털미디어,	
	디지털영상, 디스플레이, 프린팅, 통신시스템	

정보통신총괄 : (연구소 6) 무선, 통신, 네트워크, 무선통신, 광전자, Internet Infra
생활가전총괄 : (연구소 4) 생활가전1, 생활가전2, 리빙, DA
반도체총괄 : (연구소 9) 반도체, LSI, MOS, 선행기술, 메모리, 패키지, HDD, tm토리지, SOC
LCD총괄 : (연구소 3) AMLCD, LCD개발, LCD생산기술
(기술원 1) 종합
(연구소 3) 정보미디어 : (센터 1) DSC
　　　　　　디자인 : (센터 1) 디자인
　　　　　　신뢰성 : (센터 1) CS

출자 계열회사 (지분)	30개 :
	상장 7 - 삼성전기 (23.7%), 삼성정밀화학 (8.4), 삼성중공업 (17.6), 삼성테크윈 (25.5), 삼성SDI (20.4), 제일기획 (2.6), 호텔신라 (5.1)
	비상장 23 - 리빙프라자 (100), 블루텍 (100), 삼성광주전자 (94.3), 삼성경제연구소 (29.8), 삼성네트웍스 (23.1), 삼성라이온즈 (27.5), 삼성벤처투자 (16.3), 삼성석유화학 (13), 삼성전자로지텍 (100), 삼성전자서비스 (83.3), 삼성종합화학 (3.9), 삼성카드 (46.9), 삼성코닝 (48.4), 삼성코닝정밀유리 (42.6), 삼성탈레스 (50), 삼성SDS (21.3), 서울통신기술 (35.8), 세메스 (63.1), 세크론 (50.6), 스테코 (51), 아이마켓코리아 (14.1), 에스엘시디 (50), 인터내셔널사이버마케팅 (45)

주 : 1) 지분은 보통주 기준, 주주는 보통주/우선주 기준, 2005년12월31일 현재.
2) 친족-홍라희(0.74%) ; 비영리법인-삼성장학재단(0.12), 삼성복지재단(0.06), 삼성문화재단(0.03) ; 계열회사-삼성생명보험(7.26), 삼성물산(4.02), 삼성화재(1.26), 삼성증권(0). 5% 이상 지분 소유 주주-Citibank N.A.(9.95), 삼성생명보험(7.26). 집중투표제 없음.
3) 이건희는 삼성그룹 '지배자'임.
4) 사외이사 3명은 외국인. 미등기상무(이재용)-경영기획팀 경영전략담당. 겸직 : 대표이사부회장(이윤우)-에스엘시디 비상근이사.
5) 2005년12월31일 현재 그룹 계열회사는 59개(상장 14, 비상장 45).
출처 : 삼성전자(주), 『제37기 사업보고서』(2005.1.1~12.31) ; <표 13.2.4>.

<부록표 7.1> 4대 재벌의 계열회사, 1998~2005년 : 합(X), 상장회사(A), 비상장회사(B)

(* 표시는 본 저서에서 분석된 회사)

(1) 삼성그룹

1998년 12월31일	2000년 12월31일	2003년 12월31일	2005년 12월31일
X : 61개	60	64	59
A : 14	14	14	14
B : 47	46	50	45

(A)

*삼성물산	*삼성물산	*삼성물산	*삼성물산
삼성엔지니어링	삼성엔지니어링	삼성엔지니어링	삼성엔지니어링
*삼성전관	*삼성SDI	*삼성SDI	*삼성SDI
삼성전기	삼성전기	삼성전기	삼성전기
*삼성전자	*삼성전자	*삼성전자	*삼성전자
삼성정밀화학	삼성정밀화학	삼성정밀화학	삼성정밀화학
*삼성중공업	*삼성중공업	*삼성중공업	*삼성중공업
삼성증권	삼성증권	삼성증권	삼성증권
삼성항공산업	삼성테크윈	삼성테크윈	삼성테크윈
삼성화재해상보험	삼성화재해상보험	삼성화재해상보험	삼성화재해상보험
에스원	에스원	에스원	에스원
*제일기획	*제일기획	*제일기획	*제일기획
제일모직	제일모직	제일모직	제일모직
호텔신라	호텔신라	호텔신라	호텔신라

(B)

광주전자	가치네트	가치네트	가치네트
노비타	노비타	글로벌텍	글로벌텍
대경빌딩	무진개발	노비타	리빙프라자
대한정밀화학	뱅크풀	리빙프라자	블루텍
무진개발	삼성광주전자	블루텍	삼성광주전자
보광	삼성경제연구소	삼성광주전자	삼성경제연구소
보광창업투자	삼성라이온즈	삼성경제연구소	삼성네트웍스
보광훼미리마트	삼성벤처투자	삼성네트웍스	삼성라이온즈
삼성경제연구소	삼성상용차	삼성라이온즈	삼성벤처투자
삼성라이온즈	삼성석유화학	삼성벤처투자	삼성석유화학
삼성상용차	삼성선물	삼성석유화학	삼성선물
삼성석유화학	삼성생명서비스	삼성선물	*삼성생명보험
삼성선물	*삼성생명보험	*삼성생명보험	*삼성에버랜드
삼성생명서비스	삼성생명투신운용	삼성아토피나	삼성전자로지텍
삼성생명보험	*삼성에버랜드	*삼성에버랜드	삼성전자서비스
삼성생명투신운용	삼성자동차	삼성전자로지텍	삼성종합화학
삼성시계	삼성전자서비스	삼성전자서비스	*삼성카드
삼성에버랜드	삼성종합화학	삼성종합화학	삼성코닝
삼성자동차	*삼성카드	*삼성카드	삼성코닝정밀유리
삼성전자서비스	삼성코닝	삼성코닝	삼성탈레스

삼성종합화학	삼성코닝정밀유리	삼성코닝마이크로	삼성토탈
삼성카드	삼성캐피탈	삼성코닝정밀유리	삼성투자신탁운용
삼성코닝	삼성투자신탁증권	삼성캐피탈	삼성화재손해사정
삼성코닝정밀유리	삼성톰슨CSF	삼성탈레스	삼성SDS
삼성캐피탈	삼성화재손해사정	삼성투자신탁운용	삼육오홈케어
삼성투자신탁운용	삼성SDS	삼성화재손해사정	서울통신기술
삼성투자신탁증권	삼육오홈케어	삼성NEC모바일	스테코
삼성화재손해사정	서울통신기술	삼성SDS	시큐아이닷컴
삼성GE의료기기	스테코	삼육오홈케어	씨브이네트
삼성SDS	시큐아이닷컴	서울통신기술	생보부동산신탁
서울통신기술	씨브이네트	스테코	세메스
서해리조트	오픈타이드코리아	시큐아이닷컴	세크론
스테코	올앳	씨브이네트	아이마켓코리아
스템코	유니텔	생보부동산신탁	오픈타이드코리아
아산전자	이누카	세크론	올앳
연포레저개발	이니즈	아이마켓코리아	이삼성인터내셔널
중앙이코노미스트	이삼성	오픈타이드코리아	인터내셔널사이버
중앙일보뉴미디어	이삼성인터내셔널	올앳	애니카자동차손해
중앙일보사	인스밸리	이삼성	에스엘시디
중앙컬처미디어	에치티에치	이삼성인터내셔널	에스디플렉스
중앙M&B	에프앤가이드	인스밸리	에스이에이치에프
제일보젤	엔포에버	애니카랜드	에치티에치
한국DNS	크레듀	에치티에치	크레듀
한덕화학	케어캠프닷컴	에프앤가이드	케어캠프
한일전선	하나로쇼핑넷	엠포스	한덕화학
휘닉스커뮤니케이션즈	한국DNS	엠피온	
IPC		크레듀	
		케어캠프닷컴	
		한국DNS	
		한덕화학	

주 : 삼성코닝마이크로=삼성코닝마이크로옵틱스 ; 삼성화재손해사정=삼성화재손해사정서비스 ; 삼성
   NEC모바일=삼성NEC모바일디스플레이 ; 인터내셔널사이버=인터내셔널사이버마케팅 ; 애니카자
   동차손해=애니카자동차손해사정서비스 ; 에스이에이치에프=에스이에이치에프코리아.

(2) LG그룹

1999년 2월1일	2001년 3월2일	2004년 3월30일	2005년 12월30일
X : 50개	43	46	36
A : 14	14	13	11
B : 36	29	33	25
(A)			
극동도시가스	극동도시가스	데이콤	데이콤
*LG건설	데이콤	*LG	*LG
LG금속	*LG건설	*LG건설	*LG상사
LG반도체	LG산전	*LG상사	LG석유화학

LG산전	*LG상사	LG석유화학	LG생명과학
*LG상사	LG애드	LG생명과학	LG생활건강
*LG전선	*LG전선	LG생활건강	*LG전자
*LG전자	*LG전자	*LG전자	*LG화학
LG정보통신	LG투자증권	LG투자증권	LG-Philips LCD
LG종합금융	*LG화학	*LG화학	LG마이크론
LG증권	LG-Caltex가스	LG마이크론	*LG텔레콤
LG화재해상보험	LG마이크론	*LG텔레콤	
*LG화학	*LG텔레콤	LG홈쇼핑	
LG-Caltex가스	LG홈쇼핑		

(B)

미래신용정보	데이콤멀티미디어	곤지암레저	곤지암레저
부민상호신용금고	데이콤시스템	데이콤멀티미디어	데이콤멀티미디어
실트론	데이콤새틀라이트	데이콤크로싱	데이콤크로싱
한국홈쇼핑	데이콤인터내셔날	부민상호저축은행	루셈
한무개발	부민신용금고	브이이엔에스	부민상호저축은행
호유해운	서라벌도시가스	서라벌도시가스	브이이엔에스
LG경영개발원	실트론	씨아이씨코리아	서브원
LG교통정보	심마니	실트론	씨아이씨코리아
LG기공	한국인터넷데이터	오일체인	씨에스리더
LG다우폴리카보네이트	한무개발	파워콤	씨텍
LG레저	해양도시가스	하이비즈니스	실트론
LG마이크론	LG경영개발원	하이프라자	인터내셔널텔레드림
LG백화점	LG니꼬동제련	한국인터넷데이터	테카스
LG석유화학	LG다우	한무개발	파워콤
LG선물	LG백화점	현대석유화학	하이비즈니스
LG쉬플리	LG석유화학	해양도시가스	하이프라자
LG스포츠	LG선물	CETI	한국인터넷데이터
LG오웬스코닝	LG스포츠	LG경영개발원	LG경영개발원
LG유통	LG유통	LG다우	LG다우
LG인터넷	LG이노텍	LG선물	LG대산유화
LG애드	LG에너지	LG스포츠	LG스포츠
LG에너지	LG엠엠에이	LG유통	LG이노텍
LG엔지니어링	LG캐피탈	LG이노텍	LG엔시스
LG엠엠에이	LG투자신탁운용	LG에너지	LG엠엠에이
LG전자서비스	LG파워	LG엔시스	LG CNS
LG정밀	*LG-Caltex정유	LG엠엠에이	
LG창업투자	LG-EDS시스템	LG투자신탁운용	
LG캐피탈	LG-IBM퍼스널컴퓨터	LG파워	
LG투자신탁운용	LG-Philips LCD	*LG-Caltex정유	
LG텔레콤		LG CNS	
LG하니웰		LG IBM PC	
LG히다찌		LG MRO	
LG C		LG-Philips LCD	
LG-Caltex정유			
LG-EDS시스템			
LG LCD			

주 : 1) 2001~2005년 LG마이크론, LG텔레콤, LG홈쇼핑-코스닥등록.
   2) 데이콤멀티미디어=데이콤멀티미디어인터넷 ; 데이콤시스템=데이콤시스템테크놀로지 ; 데이콤새틀라이트=데이콤새틀라이트멀티미디어시스템 ; 하이비즈니스=하이비즈니스로지스틱스 ; 한국인터넷데이터=한국인터넷데이터센타 ; LG다우=LG다우폴리카보네이트.

(3) SK그룹

1999년 3월2일	2001년 3월2일	2004년 3월12일	2006년 3월1일
X : 40개	53	59	56
A : 9	9	11	11
B : 31	44	48	45

(A)

대한도시가스	대한도시가스	동신제약	동신제약
부산도시가스	부산도시가스	대한도시가스	대한도시가스
*SK	*SK	부산도시가스	부산도시가스
*SK가스	*SK가스	세계물산	서울음반
*SK상사	*SK글로벌	*SK	*SK
SK증권	SK증권	*SK가스	*SK가스
*SK케미칼	*SK케미칼	*SK네트웍스	*SK네트웍스
*SK텔레콤	*SK텔레콤	SK증권	SK증권
*SKC	*SKC	*SK케미칼	*SK케미칼
		*SK텔레콤	*SK텔레콤
		*SKC	*SKC

(B)

경진해운	강원도시가스	강원도시가스	강원도시가스
구미도시가스	구미도시가스	구미도시가스	구미도시가스
국일에너지	넷츠고	글로벌신용정보	글로벌신용정보
동륭케미칼	더컨텐츠컴퍼니	더컨텐츠컴퍼니	대한도시가스엔
대구전력	대구전력	대한도시가스엔	대한송유관공사
대한도시가스엔	대한도시가스엔	대한송유관공사	스텔라해운
마이티브이	부산도시가스개발	부산도시가스개발	아페론
부산도시가스개발	빌플러스	베넥스인터네셔널	오일체인
양산국제물류	스텔라해운	스마틱	오케이캐쉬백서비스
워커힐	신세기통신	스텔라해운	와이더댄
이리듐코리아	아이윙즈	아이윙즈	워커힐
중부도시가스	와이더덴닷컴	오일체인	이노에이스
중원	워커힐	와이더덴닷컴	익산도시가스
청주도시가스	이노에이스	워커힐	익산에너지
포항도시가스	이리듐코리아	이노에이스	인디펜던스
SK건설	익산도시가스	익산도시가스	인투젠
SK생명보험	익산에너지	익산에너지	인포섹
SK옥시케미칼	인포섹코리아	인포섹	에스케이인천정유
SK유씨비	엔시테크놀리지	에어크로스	에어크로스
SK유통	엔카네트워크	엔카네트워크	엔카네트워크

SK임업	엠알오코리아	엔트로E&M	엠알오코리아
SK에너지판매	엠에드넷	엠알오코리아	전남도시가스
SK엔론	전남도시가스	전남도시가스	정지원
SK엔제이씨	정지원	정지원	청주도시가스
SK제약	청주도시가스	청주도시가스	충남도시가스
SK캐피탈	충남도시가스	충남도시가스	케이파워
SK투자신탁운용	케어베스트	케이파워	티유미디어
SK텔링크	포항도시가스	티유미디어콥	팍스넷
SK텔레텍	EoNex	팍스넷	포항도시가스
SK해운	*SK건설	포항도시가스	*SK건설
SKC&C	SK생명보험	IACC	SK모바일에너지
	SK와이번스	*SK건설	SK사이텍
	SK유씨비	SK디투디	SK와이번스
	SK임업	SK생명보험	SK유티스
	SK에버텍	SK와이번스	SK유화
	SK엔론	SK유씨비	SK엔제이씨
	SK엔제이씨	SK임업	SK커뮤니케이션즈
	SK제약	*SK엔론	SK캐피탈
	SK캐피탈	SK엔제이씨	SK텔링크
	SK투자신탁운용	SK제약	SK텔레시스
	SK텔링크	SK커뮤니케이션즈	SK해운
	SK텔레텍	SK캐피탈	SKC미디어
	SK해운	SK투자신탁운용	SKC&C
	SKC&C	SK텔링크	SKCTA
		SK텔레시스	SKE&S
		SK텔레텍	
		SK해운	
		SKC&C	

주 : 대한도시가스엔=대한도시가스엔지니어링.

(4) 현대자동차그룹

	2002년 3월30일	2004년 3월30일	2006년 3월31일
X :	21개	25	40
A :	6	6	10
B :	15	19	30
(A)	*기아자동차	*기아자동차	글로비스
	비앤지스틸	비앤지스틸	*기아자동차
	*현대모비스	*현대모비스	비앤지스틸
	*현대자동차	*현대자동차	카스코
	*현대하이스코	*현대하이스코	*현대모비스
	*INI스틸	*INI스틸	현대오토넷
			*현대자동차
			*현대하이스코
			*INI스틸
			에코플라스틱

(B)	기아타이거즈	글로비스	기아타이거즈
	로템	기아타이거즈	다이모스
	오토에버	다이모스	로템
	엔지비	다임러현대상용차	록인
	제주다이너스티	로템	만도맵앤소프트
	케피코	본텍	메티아
	퍼스트씨알비	아주금속공업	서울시메트로9호선
	한국로지텍	오토에버	아이아
	한국DTS	위스코	아이에이치엘
	현대스타상용차	위아	오토에버시스템즈
	현대카드	에코에너지	위스코
	*현대캐피탈	엔지비	위아
	현대캐피탈자산관리	엠코	이노션
	현대파워텍	케피코	입시연구사
	E-HD.com	현대카드	에코에너지
		*현대캐피탈	엔지비
		현대파워텍	엠시트
		해비치리조트	엠코
		E-HD.com	종로학평
			카네스
			코렌텍
			케피코
			파텍스
			폰터스맵
			현대카드
			*현대캐피탈
			현대파워텍
			해비치리조트
			해비치레저
			해비치컨트리클럽

주 : 2006년 INI스틸=현대제철 ; 2006년 에코플라스틱 – 협회등록 ; 현대스타상용차=현대스타상용차
   시스템.
출처 :『사업보고서』.

제8장 4대 재벌과 개인화된 다원적 경영구조

다음 4개 장에서는 삼성(제9장), LG(제10장), SK(제11장), 현대자동차(제12장) 등 4대 재벌에서의 개인화된 다원적 경영구조의 모습을 차례로 자세하게 분석한다. 이 장에서는 주요 내용을 정리한다.

A) 삼성 : 1987년 이후 2000년까지 대규모사기업집단 중 2~4위였으며 2001년 이후 1위를 지키고 있다. 분석된 4개 년도의 순위는 2위(1998, 2000년), 1위(2003, 2005년)이다. 이건희(1942년생)는 1987년 45세 때 동일인 겸 그룹회장으로 취임하였다. 분석 대상 회사는 상장회사 5개, 비상장회사 3개 등 8개다 : 상장회사—삼성물산, 삼성전자, 삼성중공업, 삼성SDI, 제일기획 ; 비상장회사—삼성생명보험, 삼성에버랜드, 삼성카드.

B) LG : 1987년 이후 2007년까지 2~4위의 순위에 있으며, 분석된 4개 년도의 순위는 4위(1998년), 3위(2000년), 2위(2003년), 3위(2005년)이다. 구본무(1945년생)는 50세 때인 1995년 그룹회장이 되었으며, 1996년에 동일인 신분도 확보하였다. 분석 대상 회사는 상장회사 9개, 비상장회사 1개 등 10개다 : 상장회사—LG건설, LG상사, LG전선, LG전자, LGEI, LG텔레콤, LG화학, LGCI, LG ; 비상장회사—LG-Caltex정유.

C) SK : 1987~1990년에는 6~7위였다가 1991년부터 5위권에 들기 시작하였으며 2000년 이후 3~4위의 순위에 있다. 분석된 4개 년도의 순위는 5위(1998년), 4위(2000년), 3위(2003년), 4위(2005년)이다. 최태원(1960년생)은 44세 때인 2004년 그룹회장이 되었으며, 동일인 신분은 6년 전인 1998년부터 가졌다. 분석 대상 회사는 상장회사 6개, 비상장회사 2개 등 8개다 : 상장회사—SK, SK가스, SK네트웍스, SK케미칼, SK텔레콤, SKC ; 비상장회사—SK건설, SK엔론.

D) 현대자동차 : 출범 첫 해인 2001년 5위였으며 이후 3~4위를 거쳐 2005년 이후 2위를 지키고 있다. 분석된 3개 년도의 순위는 각각 5위(2001년), 4위(2003년), 2위(2005년)이다. 동일인 겸 그룹회장은 정몽구(1938년생)이며 2001년 현재 63세였다. 분석 대상 회사는 상장회사 5개, 비상장회사 1개 등 6개다 : 상장회사—기아자동차, 현대모비스, 현대자동차, 현대하이스코, INI스틸 ; 비상장회사—현대캐피탈.

1. 그룹회장 가족의 소유 및 경영 참여

소유 또는 경영에 참여하는 가족구성원 수는 현대자동차 20명, SK 17명, LG 15명, 삼성 10명 등이다. 이 중, 소유와 경영 모두에 참여하는 사람은 LG(13명)에서 가장 많고, SK(6명), 현대자동차(4명), 삼성(2명) 순이다(<표 8.1>).

A) 삼성 :

    a) 이건희의 직계가족은 부인과 1남(이재용) 3녀 등 모두 5명이다. 분석 대상 8개 회사에 관한 한, 이들 6명을 포함하여 모두 10명이 소유 또는 경영에 참여하였다.

    b) 이건희와 이재용은 양쪽 모두에, 홍석준은 경영에, 그리고 부인, 3녀, 다른 3명은 소유에 참여하였다.

B) LG :

    a) 구본무의 직계 가족은 부인과 2녀 등 3명이다. 분석 대상 10개 회사에 관한 한, 이들 4명 중에서는 구본무만이 소유 또는 경영에 관여하고 있다. 대신, 구씨와 허씨 친인척들이 대거 참여하고 있는데, 이들 중 경영에 참여하는 사람은 13명이다. 이 13명 중 12명은 또한 주주이기도 하다. 구본무와 이들 13명 그리고 다른 주요 주주 1명 등 모두 15명이 '중심가족구성원들'이다. 10명은 구씨 일가이고 5명은 허씨 일가이다.

    b) 구본무와 허창수를 비롯한 13명은 소유 및 경영 모두에, 그리고 2명은 각각 경영과 소유 한쪽에만 관련되어 있다.

C) SK :

    a) 최태원의 직계 가족은 부인과 1남2녀 등 모두 4명이다. 분석 대상 8개 회사에 관한 한, 최태원과 부인을 포함한 모두 17명이 소유 또는 경영에 참여하였다. 최태원 일가 3명, 최종건(최태원 아버지 형) 일가 13명, 기타 1명 등이다.

    b) 최태원을 비롯한 6명은 소유와 경영 모두에, 1명은 경영에, 그리고 나머지 10명은 소유에만 관여하였다.

D) 현대자동차 :

    a) 정몽구의 직계가족은 부인과 1남(정의선)3녀 등 모두 5명이다. 분석 대상 6개 회사에 관한 한, 이 6명 중 부인을 제외한 5명, 사위 2명, 그리고 다른 13명 등 모두 20명이 소유 또는 경영에 참여하였다.

    b) 정몽구와 정의선을 비롯한 4명은 양쪽 모두에, 1명은 경영에, 그리고 나머지 15명은 소유에 참여하였다.

---

(1) 참여 빈도

1) 사람별 : 가족구성원들 중에서는 그룹회장의 참여가 가장 활발하다. 삼성 이건희는 8개 회사 중 6개에, LG 구본무는 10개 중 7개에, SK 최태원은 8개 중 6개에, 그리고 현대자동차의 정몽구는 6개 모두에 관여하고 있다. 이들 중 소유 및 경영 모두에 관여하는 회사는 각각 3개, 5개, 4개 그리고 5개다. 한편, LG에서는 다른 1명(허창수)이 그룹회장 이상으로 참여가 활발하다(<표 8.1>).

A) 삼성 :

 a) 10명 중 이건희의 참여 범위가 제일 넓다. 8개 회사 중 6개에 관여하고 있다. 3개(삼성물산, 삼성전자, 삼성에버랜드)에는 소유와 경영 모두에, 2개(삼성SDI, 제일기획)에는 경영에, 그리고 1개(삼성생명보험)에는 소유에 관련되어 있다. 특히, 주력회사인 삼성전자에는 소유와 경영 모두에 지속적으로 참여하고 있다.

 b) 아들 이재용은 1개 회사(삼성전자)의 소유와 경영에, 그리고 1개 회사(삼성에버랜드)의 소유에 관여하고 있다. 부인 홍라희의 동생인 홍석준은 1개 회사(삼성SDI)의 경영에 관여하였다.

 c) 소유에만 참여하는 나머지 7명의 가족 중 6명은 삼성에버랜드의 주주들이다.

B) LG :

 a) 15명 중 허창수의 참여 범위가 가장 넓으며 그 다음이 구본무다. 구본무는 10개 회사 중 7개에 관여하고 있다. 주력 5개 회사(LG전자, LGEI, LG화학, LGCI, LG)에는 소유와 경영 모두에, 그리고 다른 1개씩(LG-Caltex정유, LG상사)에는 각각 경영 또는 소유에 관련되어 있다.

 b) 허창수는 구본무보다 2개 더 많은 9개 회사에 관여하고 있다. 구본무와 함께 주력 4개 회사(LG전자, LG화학, LGCI, LG)에서 그리고 다른 1개 회사(LG건설)에서 주주이자 경영자로 활동하고 있다. 3개 회사(LGEI, LG전선, LG-Caltex정유)에는 경영에, 그리고 1개 회사(LG텔레콤)에는 소유에만 참여하고 있다.

 c) 나머지 13명 중에서는 4명이 2개 이상의 회사에 관여하고 있다. 구씨 일가 2명(구자홍, 구자엽)이 각각 4개와 3개, 그리고 허씨 일가 2명(허동수, 허진수)이 각각 2개씩의 회사에 관련되어 있다.

C) SK :

 a) 17명 중 최태원의 참여 회사가 8개 중 6개로 제일 많다. 4개 회사(SK, SK네트웍스, SK텔레콤, SK건설)에는 소유와 경영 모두에, 그리고 2개(SK케미칼, SKC)에는 소유에만 관련되어 있다. 특히, 주력회사인 SK에는 주주와 경영자로서 계속 관여해 오고 있다.

 b) 최신원(5개 회사), 최재원(4개), 최창원(3개) 등 3명이 그 다음으로 활동 범위가 넓다. 최재원은 SKC에서 소유 및 경영에 계속 참여하고 있으며, 최신원도 2003년 이후 SKC의 주주 겸 경영자

였다. 최창원은 2개 회사(SK케미칼, SK네트웍스)의 소유 및 경영에 참여하였는데, SK케미칼에서는 1998년 이후 참여가 계속되고 있다.

  c) 이들 외에 경영진에 합류한 가족구성원은 3명(박장석, 표문수, 최윤원) 더 있다.

  d) 한편, 주식만 보유한 10명 중에서는 9명이 최종건 일가 사람들로 2개 회사(SK케미칼, SK네트웍스)와 관련이 있었다.

D) 현대자동차 :

  a) 20명 중 정몽구의 참여 범위가 제일 넓다. 6개 회사 모두에 관여하고 있다. 5개(현대모비스, 현대자동차, 현대하이스코, INI스틸, 현대캐피탈)에는 소유와 경영 모두에, 그리고 1개(기아자동차)에는 경영에 참여하고 있다.

  b) 정의선은 4개 회사와 관련이 있다. 3개(기아자동차, 현대자동차, 현대캐피탈)에서는 주주 겸 경영자였고, 1개(현대모비스)에서는 경영자였다.

  c) 정몽구의 두 사위(정태영, 신성재)는 각각 현대캐피탈과 현대하이스코의 경영을 책임졌으며, 각각 현대자동차와 현대하이스코의 주식도 보유하였다.

  d) 주주로 참여한 나머지 15명 가족구성원들 중 12명은 현대자동차의 주식만 보유하였다.

  2) 회사별 : 각 그룹별로 1~2개 회사(삼성에버랜드 ; LG전선 ; SK케미칼, SK네트웍스 ; 현대자동차)에 유독 많은 가족구성원들이 참여하고 있다. 한편, 삼성의 2개 회사 그리고 SK의 2개 회사에는 가족구성원들의 참여가 없다(<표 8.1>).

A) 삼성 :

  a) 10명 중 8명이 삼성에버랜드에 관련되어 있다.

  b) 삼성전자에는 3명, 삼성SDI에는 2명, 그리고 3개 회사(삼성물산, 제일기획, 삼성생명보험)에는 이건희 혼자 관련되어 있다.

  c) 2개(삼성중공업, 삼성카드)에는 이건희 가족의 참여가 없다.

B) LG :

  a) 15명 중 8명이 LG전선에 관련되어 있다. 이 중 7명은 구본무 할아버지 형제 집안 사람들로 이들은 2003년 LS그룹으로 독립하였다.

  b) LG건설에는 5명이 관련되어 있으며 이 중 4명은 허씨 일가로 2005년 GS그룹을 만들었다. 4명이 관련되어 있는 LG-Caltex정유도 GS그룹에 편입되었다. 4개 회사(LG전자, LG화학, LG상사, LG텔레콤)에서는 각각 3명의 가족구성원들이 참여하였다.

C) SK :

  a) SK케미칼(13명)과 SK네트웍스(9명)에 가장 많이 참여하고 있으며, 이들 대부분은 최종건 일

가 사람들이다.

b) 다른 3개 회사(SK, SK텔레콤, SKC)에는 각각 4명씩 관련되어 있다.

c) 2개 회사(SK엔론, SK가스)에는 최태원 가족의 참여가 없다.

D) 현대자동차 :

a) 현대자동차에 20명 중 16명이 참여하였다.

b) 현대모비스에는 5명, 그리고 나머지 4개 회사(기아자동차, 현대하이스코, INI스틸, 현대캐피탈)에는 각각 정몽구 외에 1~2명씩만 관여하였다.

<표 8.1> 그룹회장 가족의 소유(O) 및 경영(M) 참여 : (1) 빈도

1. 개관 : 참여자 수(명)

	삼성그룹	LG그룹	SK그룹	현대자동차그룹
합	10	15	17	20
소유 및 경영 참여	2	13	6	4
경영 참여	1	1	1	1
소유 참여	7	1	10	15

2. 삼성그룹

관계	이름	년도	삼성 물산	삼성 전자	삼성 중공업	삼성 SDI	제일 기획	삼성 생명보험	삼성 에버랜드	삼성 카드
동일인	이건희	1998	O M	O M		M	M			
		2000	O M	O M		M	M	O	O M	
		2003	O M	O M		M		O	O M	
		2005	O	O M				O	O	
아들	이재용	98		O						
		00		O					O	
		03-5		O M					O	
인척	홍석준	00-5				M				

소유 참여 : 배우자(홍라희), 딸(이부진,이서현,이윤형) ; 기타(이재현,이종기,조운해).

3. LG그룹

관계	이름	년도	LG 건설	LG 상사	LG 전선	LG 전자 (LGEI)	LG 텔레콤	LG 화학 (LGCI)	LG	LG-Caltex 정유
동일인	구본무	1998		O		O M		O M		
		2000				O M		O M		M
		(2001-2)				(O M)		(O M)		
		2003							O M	M
		2005		O					O M	
남동생2	구본준	(02)				(M)				
숙조부3	구태회	05			O M					
아들1	구자홍	98-05		M	O M	O M	O			
아들2	구자엽	98-05	O M		O			O		

아들3	구자명	03-5		O M				
숙조부4	구평회	05		O M				
아들1	구자열	03-5		O M				
숙조부5 아들1	구자은	05		O M				
숙부2 아들1	구본걸	03-5	O M					
	허동수	98-03					O M	M
	허창수	98-05	O M		M	O M	O	O M	O M	M
		(01-2)				(M)		(O M)		
	허명수	03-5	O M						
	허진수	03-5	O						

소유 참여 : 기타(허정수)

4. SK그룹

관계	이름	년도	SK	SK가스	SK네트웍스	SK케미칼	SK텔레콤	SKC	SK건설	SK엔론
동일인	최태원	1998	O M		O M	O	M	O		
		2000	O M		O	O	O M	O	M	
		2003	O M			O	O M			
		2005	O M			O	O		O	
동생	최재원	98-05	O			O	M	O M		
백부아들1	최윤원	98-00			O	O M				
아들2	최신원	98-05	O		O	O		O	O M	
아들3	최창원	98-05			O M	O M			M	
사위2	박장석	98-05							O M	
	표문수	98-03					M			

소유 참여 : 배우자(노소영) ; 백부 - 부인(노순애), 딸(최정원,최혜원,최지원,최예정), 사위(고광천,한상구,이동욱), 손자(최영근).

5. 현대자동차그룹

관계	이름	년도	기아자동차	현대모비스	현대자동차	현대하이스코	INI스틸	현대캐피탈
동일인	정몽구	1998		O M	O M		M	
		2001	M	O M	O M	O	O	O M
		2003	M	O M	O M	O	O	O M
		2005	M	O M	O M	O M	O M	
아들	정의선	01-5	O M	M	O M			O M
사위2	정태영	01-5		O				M
사위3	신성재	03-5				O M		
남동생3	정몽헌	98			M			

소유 참여 : 딸(정성이,정명이,정윤이) ; 부모(정주영,변중석) ; 백부4(정세영) ; 백부1 - 아들(정몽국,정몽원), 손녀(정지혜) ; 백부2 - 아들(정몽석), 딸(정정숙) ; 백부4 - 아들(정몽규) ; 백부6 - 아들(정몽진,정몽익,정몽열).

주 : 1) 12월 현재 ; LGEI는 2002년, LGCI는 2001년 현재 ; 삼성생명보험은 2001, 04, 06년 3월 현재 ; 밑줄 친 회사는 비상장회사.
　　2) LG - 숙조부5(구두회), 숙부2(구자승) ; SK - 백부(최종건) ; 현대자동차 - 백부1(정인영, 백부2(정순영), 백부6(정상영).

출처 : <표 9.2, 10.2, 11.2, 12.2>.

(2) 참여 내용

1) 소유 참여 : 최대주주 신분을 가진 사람은 삼성에서는 이건희 포함 2명, LG에서는 구본무 포함 4명, 그리고 SK에서는 최태원 1명 등이다. 현대자동차에서는 가족구성원 중 최대주주가 아무도 없다. 친족(최대주주 포함) 지분이 큰 회사는 삼성 1개(삼성에버랜드), LG 6개(LGCI, LGEI, LG, LG건설, LG전선, LG상사), SK 2개(SK케미칼, SKC) 등이다(<표 8.2>).

A) 삼성 :
  a) 이건희는 삼성전자와 삼성생명보험의 최대주주이고 이재용은 삼성에버랜드(2000~2003년)의 최대주주이다.
  b) 삼성전자와 삼성에버랜드에는 각각 2명, 7명의 주주가 더 있는데, 친족 지분은 각각 4% 내외, 50% 이상이다.

B) LG :
  a) 구본무는 LGCI, LG, LG상사 등 3개 회사의 최대주주였다. 다른 3명(허창수 LG건설, 구본걸 LG상사, 구자열 LG전선)도 최대주주의 신분을 가졌다.
  b) LG화학과 LG전자에서는 친족 지분이 10% 이하였는데, 지주회사체제로 바뀌면서 LGCI, LGEI, LG 등에서는 35~50%로 대폭 증가하였다. LG건설, LG전선, LG상사 등에서는 2000년까지 1% 이하로 미미해졌다가 2005년까지 30% 이상으로 크게 늘어났다. 앞의 2개 회사는 LG 그룹에서 분리되어 각각 새 그룹에 소속되었다.

C) SK :
  a) 최대주주 신분을 가진 사람은 최태원 혼자다. SK케미칼에서는 1998년 이후 계속, 그리고 SKC와 SK네트웍스에서는 초기에만 최대주주였다.
  b) SK케미칼에서는 친족 지분이 2003년 이후 20% 내외로 많이 늘어났으며, 초기에는 최태원이 큰 몫을 차지하다가 나중에는 최창원이 주요 주주로 부상하였다. 반면, SKC에서는 1998~2000년 30% 이상이던 친족 지분이 이후에 급감하였다. 다른 4개 회사(SK, SK텔레콤, SK건설, SK네트웍스)에서의 지분은 크지 않았다.

D) 현대자동차 :
  a) 20명 중 19명이 주주인데, 최대주주 신분을 가지고 있는 사람은 아무도 없다.
  b) 정몽구는 기아자동차를 제외한 5개 회사에 각각 3~13% 사이의 지분을 가지고 있으며, 최대주주는 아니지만 친족 지분의 거의 대부분을 혼자 가지고 있다. 정몽구 외에 18명 가족구성원들이 가지고 있는 주식은 미미하다.

2) 경영 참여 : 경영에 참여하는 사람은 삼성 3명, LG 14명, SK 7명 그리고 현대자동차 5명이다. 이건희는 8개 회사 중 5개에서, 구본무는 10개 중 6개에서, 최태원은 8개 중 4개에서, 그리고 정몽구는 6개 모두에서 상근 또는 비상근임원이다(<표 8.2>).

A) 삼성 :
  a) 경영에는 10명 중 3명이 참여하였다.
  b) 이건희는 5개 회사의 경영자였는데, 최대주주인 삼성전자에서는 대표이사회장으로서, 그리고 지분을 가지고 있는 삼성물산에서는 등기회장으로서 업무를 직접 챙겼다. 나머지 3개 회사(삼성SDI, 제일기획, 삼성에버랜드)에서는 비상근이사이며, 최대주주인 삼성생명보험의 경영에는 직접 관여하지 않고 있다.
  c) 이재용은 삼성전자의 미등기상무로 경영기획팀 경영전략담당의 요직을 맡고 있다가 2007년 초 전무로 승진하였다. 최대주주로 있는 삼성에버랜드의 경영에는 관여하지 않고 있다. 홍석준은 삼성SDI의 미등기부사장으로서 역시 경영기획실장의 요직을 맡았다.

B) LG :
  a) 경영에는 15명 중 14명이 관여하였으며 대부분(11명) 상근임원으로서 적극적으로 활동하였다.
  b) 구본무는 5개 주력회사(LG화학, LG전자, LGCI, LGEI, LG)에서 대표이사회장 자리를 계속 지켰으며, 2개(LGCI, LG)에서는 최대주주이기도 하였다. LG-Caltex정유에서는 비상근이사였다.
  c) 허창수는 구본무가 장악하고 있는 5개 주력회사에서는 비상근이사였으며, LG-Caltex정유에서도 비상근이사였다. 반면, LG건설과 LG전선에서는 대표이사회장이었다. 전자에서는 최대주주이기도 하였고, 후자에서는 2003년 이후 최대주주인 구자열에게 대표이사 자리를 넘겨주고 경영에서 손을 뗐다.
  d) 이들 3명 외에 8명이 더 상근임원이었다. 허동수는 LG-Caltex정유 대표이사회장, 구자홍은 LG전자 대표이사부회장, 그리고 구본준은 LGEI 대표이사사장이었다. 다른 5명(구자엽 LG건설, 구본걸 LG상사, 구자은 LG전선, 허명수 LG건설, 허진수 LG-Caltex정유)은 부사장급 이하의 직책을 가졌고, 3명(구자명, 구태회, 구평회)은 LG전선의 비상근임원이었다.
  e) 분석 대상 10개 회사 중 LG텔레콤에서는 경영진에 가족구성원들이 아무도 없었다.

C) SK :
  a) 경영에는 17명 중 7명이 참여하였다.
  b) 최태원은 SK의 대표이사회장 자리를 계속 지켰으며, 3개 회사(SK네트웍스, SK텔레콤, SK건설)에서는 비상근이사였다. SK건설에서는 회장직도 가졌다. SK케미칼과 SKC에서는 최대주주이면서 경영에는 관여하지 않았다.
  c) SK케미칼에서는 최윤원(대표이사부회장)에 이어 최창원이 부사장으로서 경영을 챙겼고, SKC는 최신원(대표이사회장)과 박장석(대표이사사장)의 쌍두마차체제로 운영되고 있다. SK텔레

콤에는 표문수(대표이사사장)와 최재원(미등기부사장)이 관여하다가 2005년 모두 사퇴하였다.

D) 현대자동차 :

　　a) 경영에는 20명 중 5명이 참여하고 있으며 대부분 상근임원이다.

　　b) 정몽구는 6개 회사 모두에 관여하고 있다. 2001년의 현대캐피탈에서만 비상근(비상근이사 ; 2003년에는 상근이사)이었고 나머지 경우에는 모두 상근으로 일하였다. 기아자동차, 현대모비스, 현대자동차 등 3개 주력회사는 대표이사회장으로서 직접 챙기고 있다. 현대하이스코에서는 경영에 관여하지 않다가 2005년 회장(미등기)으로 나섰고, INI스틸에서는 1998년 대표이사회장이었는데 이후 경영에서 손을 뗐다가 2005년 이사회 멤버로 복귀하였다.

　　c) 정의선은 기아자동차와 현대모비스에서는 부사장이었다가 각각 대표이사사장, 등기사장으로 승진하였고, 현대자동차에서는 미등기사장으로 기용되었다.

　　d) 정몽구의 사위들인 정태영과 신성재는 각각 현대캐피탈과 현대하이스코의 대표이사사장이었다.

　　e) 6개 회사 중 INI스틸만 전문경영인체제로 운영되고 있다.

<표 8.2> 그룹회장 가족의 소유 및 경영 참여 : (2) 지분(%) 및 임원 직책 ; 최대주주 및 친족 지분(A, %)

1. 삼성그룹

	1998	2000	2003	2005
(1. 삼성물산)				
이건희	2.02 등기회장	1.38 등기회장	1.38 등기회장	1.41
(2. 삼성전자)				
이건희	2.4 대표이사회장	2.01 대표이사회장	1.85 대표이사회장	1.91 대표이사회장
이재용	0.82	0.77	0.63 미등기상무	0.65 미등기상무
(3. 삼성SDI)				
이건희	비상근등기이사	비상근등기이사	비상근등기이사	
홍석준		미등기임원	미등기부사장	미등기부사장
(4. 제일기획)				
이건희	비상근등기이사	비상근등기이사		
(5. 삼성생명보험)				
이건희		4.83	4.54	4.54
(6. 삼성에버랜드)				
이건희		3.72 비상근등기이사	3.72 비상근등기이사	3.72
이재용		25.1	25.1	25.1
(A)				
2. 삼성전자	4.05	3.49	3.19	3.3
6. 삼성에버랜드		55.45	55.45	54.49

2. LG그룹

	1998	2000	2003	2005
(1. LG건설)				
구자엽	0.04 등기부사장	0.01 대표이사부사장		
허창수			12.95 대표이사회장	12.66 대표이사회장
허명수			3.61 등기부사장	3.62 등기부사장
허진수			6.37	5.8
(2. LG상사)				
구본무	0.1			0.1
구자홍	비상근등기이사	비상근등기이사		
구본걸			7.52	9.0 등기이사
(3. LG전선)				
구자홍	비상근등기이사		2.82	3.13 등기이사
구자엽			1.83	1.91
구자명			1.87 비상근등기이사	2.02
구자열			2.95 대표이사	3.55 대표이사
구자은				3.93 미등기이사
구태회				0.46 비상근명예회장
구평회				0.3 비상근고문
허창수	대표이사회장	대표이사회장		
(4. LG전자)				
구본무	0.31 대표이사회장	1.38 대표이사회장		
구자홍	0.13 대표이사부회장	0.27 대표이사부회장		
허창수	0.41 비상근등기이사	0.87 비상근등기이사		
(5. LGEI)		(2002)		
구본무		5.52 대표이사회장		
구본준		대표이사사장		
허창수		비상근등기이사		
(6. LG텔레콤)				
구자홍		0.05	0.03	
구자엽		0.01		
허창수		0.02		

	1998	2000	2003	2005
(7. LG화학)				
구본무	0.58 대표이사회장	0.69 대표이사회장		
허동수	0.07 비상근등기이사	비상근등기이사		
허창수	0.14 비상근등기이사	0.86 비상근등기이사		
(8. LGCI)		(2001)		
구본무		<u>4.62</u> 대표이사회장		
허창수		3.92 비상근등기이사		
(9. LG)				
구본무			<u>5.46</u> 대표이사회장	<u>10.33</u> 대표이사회장
허창수			3.47 비상근등기이사	
(10. <u>LG-Caltex정유</u>)				
구본무		비상근등기회장	비상근등기이사	
허동수		대표이사부회장	대표이사회장	
허창수		비상근등기이사	비상근등기이사	
허진수			등기부사장	
(A)				
1. LG건설	3.31	0.12	30.02	30.05
2. LG상사	3.11	0.07	14.97	32.67
3. LG전선	2.47	0.12	28.71	33.42
4. LG전자	≤7.9	≤10	0.01	0
5. LGEI		39.2		
6. LG텔레콤		0.16	0.03	-
7. LG화학	7.73	8.26	0	-
8. LGCI		36.62		
9. LG			38.41	48.85

3. SK그룹

	1998	2000	2003	2005
(1. SK)				
최태원	0.13 대표이사회장	0.11 대표이사회장	0.6 대표이사회장	0.91 대표이사회장
최재원	0.08	0.07	0.47	
최신원			0.03	0.01
(2. SK네트웍스)				
최태원	<u>2.87</u> 비상근등기이사	3.29		
최윤원	0.77	0.31		
최신원	0.61	0.12		0
최창원	0.2 등기전무	0.1 등기부사장		

	1998	2000	2003	2005
(3. SK케미칼)				
최태원	<u>7.83</u>	<u>6.84</u>	<u>6.84</u>	<u>6.84</u>
최재원			2.27	
최윤원	2.12	1.85		
	대표이사부회장			
최신원	0.78	0.42	0.72	
최창원	0.77	0.67	5.36	10.32
	등기상무	등기부사장	등기부사장	등기부사장
(4. SK텔레콤)				
최태원		0	0	0
	비상근등기이사	비상근등기이사	비상근등기이사	
최재원		미등기부사장	미등기임원	
최신원				0
표문수	등기전무	대표이사사장	대표이사사장	
(5. SKC)				
최태원	<u>24.81</u>	<u>24.81</u>		
최재원	6.96	6.96	0.31	0.3
	등기전무	미등기고문	미등기고문	미등기고문
최신원			0.08	1.01
		대표이사회장	대표이사회장	대표이사회장
박장석	0	0.01	0	0.3
	등기상무	등기전무	등기부사장	대표이사사장
(6. SK건설)				
최태원		비상근등기회장		1.83
최창원		등기부사장		미등기부사장
(A)				
1. SK	0.21	0.18	1.1	0.93
2. SK네트웍스	4.85	3.83	–	0
3. SK케미칼	12.31	9.9	19.29	20.69
4. SK텔레콤	–	0	0	0
5. SKC	31.77	31.77	0.39	1.61

4. 현대자동차그룹

	1998	2001	2003	2005
(1. 기아자동차)				
정몽구		대표이사회장	대표이사회장	대표이사회장
정의선				1.99
			등기부사장	대표이사사장
(2. 현대모비스)				
정몽구	8.09	8.58	7.99	7.91
	등기회장	대표이사회장	대표이사회장	대표이사회장
정의선			등기부사장	등기사장
정태영		0.02	0.04	0.04

(3. 현대자동차)				
정몽구	3.39 대표이사회장	4.08 대표이사회장	5.19 대표이사회장	5.21 대표이사회장
정의선				0 미등기사장
정몽헌	비상근 등기주주이사			
(4. 현대하이스코)				
정몽구		3.67	4.1	10 미등기회장
신성재			0.04 등기부사장	0.04 대표이사사장
(5. INI스틸)				
정몽구	12.11 대표이사회장	7.16	8.8	12.58 등기이사
(6. 현대캐피탈)				
정몽구		4.92 비상근등기이사	8.45 등기이사	
정의선			0.42	
		비상근등기이사		
정태영			대표이사사장	대표이사사장
(A)				
2. 현대모비스	8.26	8.6	8.03	7.95
3. 현대자동차	≤6.83	≤4.09	≤5.21	5.23
4. 현대하이스코		3.67	4.14	10.04
5. INI스틸	14.44	7.16	8.8	12.58
6. 현대캐피탈		4.92	8.87	

주 : 12월 현재 ; LGEI는 2002년, LGCI는 2001년 현재 ; 삼성생명보험은 2001, 04, 06년 3월 현재 ; 밑줄 친 회사는 비상장회사 ; 밑줄친 지분은 최대주주 지분 ; 최대주주 및 친족지분(A)ー그룹회장 외에 친족이 더 있는 경우의 지분이며, 그룹회장 지분을 포함함.

출처 : <표 9.3, 10.3, 11.3, 12.3>.

2. 소유구조

삼성의 분석 대상 회사 8개 중 5개는 상장회사이고 3개(삼성생명보험, 삼성에버랜드, 삼성카드)는 비상장회사이다. LG의 10개 회사 중에서는 1개(LG-Caltex정유)를 제외한 9개, SK의 8개 중에서는 2개(SK건설, SK엔론)를 제외한 6개, 그리고 현대자동차의 6개 중에서는 1개(현대캐피탈)를 제외한 5개가 상장회사다.

상장회사에서는 주주가 매우 많아 소유 분산이 광범위한 반면 비상장회사에서는 그 반대다. 이에 따라, 그룹회장 가족은 전자에서는 어느 정도 크기의 지분을 확보함으로써, 그리고 후자에서는 큰 지분을 확보하여 보다 안정적으로 소유권을 확보한다. 어떤 경우든, 최대주주를 중심으로 특수관계인들(친족, 비영리법인, 임원, 계열회사, 자기주식, 자사주펀드) 사이에 은밀한 금전적 협조관계가 이루어진다.

(1) 최대주주와 특수관계인 수 및 지분

1) 최대주주와 특수관계인 수 : 삼성, SK, 현대자동차에서는 10명 내외이고, LG에서는 50명 이상인 경우가 적지 않다. 누가 최대주주의 역할을 하느냐는 그룹마다 차이가 있다. a) 삼성－친족 2명(이건희, 이재용), 계열회사 4개 ; b) LG－친족 4명(구본무, 구본걸, 구자열, 허창수), 계열회사 5개, 비영리법인 1개 ; c) SK－친족 1명(최태원), 계열회사 5개 ; 그리고 d) 현대자동차－계열회사 6개. 4대 재벌 모두에서 계열회사의 역할이 매우 크며, 현대자동차에서는 그룹회장을 비롯한 가족구성원이 최대주주로 나서지 않고 있다. 어떤 경우든 최대주주들 사이에는 상호밀접한 관계가 형성되어 있다(<표 8.3>).

A) 삼성 :

  a) 최대주주 및 특수관계인의 수는 10명 안팎이다.

  b) 삼성SDI과 제일기획에서는 5명 내외이고, 삼성물산, 삼성중공업, 삼성전자에서는 10명 이하이다. 반면 비상장회사인 삼성에버랜드와 삼성생명보험에서는 10명이 넘는다.

  c) 최대주주의 역할은 이건희와 이재용 그리고 4개 계열회사(삼성전자, 삼성물산, 삼성SDI, 삼성카드)가 담당하고 있으며, 이건희를 정점으로 밀접한 관계가 맺어져 있다 :

    i) 이건희는 삼성전자와 삼성생명보험, 이재용은 삼성에버랜드(2000~2003년)를,

    ii) 삼성전자는 삼성중공업, 삼성SDI, 삼성카드, 제일기획(1998년)을,

    iii) 삼성SDI는 삼성물산을,

    iv) 삼성물산은 제일기획(2000~2005년)을 각각 책임지고 있다.

B) LG :

  a) 최대주주 및 특수관계인의 수는 변화가 심하며 50명 이상인 경우가 적지 않다. 대부분은 친족이다.

  b) LG화학과 LG전자에서는 100명 내외이던 것이 2003~2005년 지주회사의 자회사로 바뀐 뒤에는 10명 이하로 뚝 떨어졌다. 대신, 특수관계인들은 지주회사들(LGCI, LGEI, LG)로 대거 자리를 이동하였다. 3개 회사(LG텔레콤, LG건설, LG전선)에서도 50명 이상이었다가 그 이하로 감소하였으며, 1개(LG상사)에서는 50명 이상에서 이하로 줄었다가 다시 이전 수준으로 되돌아갔다.

  c) 최대주주의 역할은 친족 4명(구본무, 구본걸, 구자열, 허창수), 비영리법인 1개(LG연암학원), 계열회사 5개(LG화학, LGCI, LG, LG전자, LG증권) 등이 담당하고 있다.

  지주회사체제 이전인 1998~2000년에는

    i) LG연암학원은 LG화학을,

　　ii) LG화학은 LG전자, LG건설, LG상사(2000년)를,

　　iii) LG전자는 LG텔레콤을,

　　iv) 구본무는 LG상사(1998년)를,

　　v) 따로 LG증권은 LG전선을 각각 책임지고 있었다.

지주회사체제 이후에는 구본무가 전면에 나섰다.

　　i) 구본무가 LG화학의 후신들인 LGCI와 LG를 장악한 후,

　　ii) LGCI는 LG전자의 후신인 LGEI를,

　　iii) LG는 자회사로 변한 LG화학과 LG전자 그리고 LG텔레콤을 각각 담당하였다.

　　iv) 분리되어 나간 LG건설(허창수)과 LG전선(구자열), 그리고 LG그룹 소속이면서도 LG의 자회사는 아닌 LG상사(구본걸)에서는 각각 가족 대표가 최대주주 자리를 차지하였다.

C) SK :

　a) 최대주주 및 특수관계인 수는 10명 안팎이며 줄어드는 추세를 보이고 있다.

　b) SK, SKC, SK텔레콤 등에서 상대적으로 많은 편이고, SK케미칼, SK네트웍스, SK가스 등에서는 상대적으로 적다.

　c) 최대주주의 역할은 최태원과 5개 계열회사(SK, SKC&C, SK네트웍스, SK케미칼, SK엔론)가 담당하고 있다. 이들 사이에는 최태원을 중심으로 밀접한 관계가 맺어져 있다.

　　1998년에는

　　i) 최태원이 SK네트웍스, SK케미칼, SKC를,

　　ii) SK네트웍스는 SK를,

　　iii) SK는 SK가스와 SK텔레콤을 각각 책임졌다.

　　2000년에는 최태원의 개인회사나 다름없는 SKC&C가 주력회사 SK의 최대주주가 되면서 최태원체제가 보다 강화되었다.

　　i) 최태원은 SKC&C, SK케미칼, SKC를,

　　ii) SKC&C는 SK를 그리고 SK케미칼은 SK건설을,

　　iii) SK는 SK네트웍스, SK텔레콤, SK엔론을,

　　iv) SK엔론은 SK가스를 각각 담당하는 것으로 구조가 크게 바뀌었다.

　　2003~2005년에는 이 연결고리들 중 SKC의 최대주주가 최태원에서 SK로 변경된 것만 달라졌다.

D) 현대자동차 :

　a) 최대주주 및 특수관계인의 수는 6개 회사 중 5개에서 10명 이하다.

　b) 현대모비스와 현대하이스코에서는 5명 이상이고, 비상장회사인 현대캐피탈에서는 5명 이하다. INI스틸에서는 5명 이하로 줄어들었고, 기아자동차에서는 5명 이상으로 늘어났다. 현대자동차에서만 20명 이상으로 인원이 많다.

　c) 최대주주 신분을 정몽구 자신이나 다른 가족구성원들이 아무도 가지고 있지 않다. 대신 6개

계열회사(현대자동차, 기아자동차, 현대모비스, INI스틸, 현대중공업, 현대산업개발)를 내세우고 있다. 뒤의 3개 회사는 현대그룹 시절인 1998년에만 관련되어 있고, 2001년부터는 앞의 3개 회사가 최대주주 역할을 담당하고 있다. 이 3개 회사는 차례로 서로의 회사에 최대주주로 참여하였다.

    i) 현대모비스는 현대자동차를,

    ii) 현대자동차는 기아자동차, 현대하이스코, 현대캐피탈을,

    iii) 기아자동차는 현대모비스와 INI스틸을 각각 책임지고 있다.

<표 8.3> 최대주주(S1) 및 특수관계인(S2) : (1) 주주 수(명)

1. 삼성그룹

년도	삼성물산	삼성전자	삼성중공업	삼성SDI	제일기획	삼성생명보험	삼성에버랜드	삼성카드
(S1+S2)								
1998	9	6	7	4	5			
2000	7	6	9	5	3	15	14	3
2003	6	7	8	3	4	12	13	3
2005	9	18	10	3	6	12	13	6
(S1)								
1998	삼성SDI	이건희	삼성전자	삼성전자	삼성전자			
2000	삼성SDI	이건희	삼성전자	삼성전자	삼성물산	이건희	이재용	삼성전자
2003	삼성SDI	이건희	삼성전자	삼성전자	삼성물산	이건희	이재용	삼성전자
2005	삼성SDI	이건희	삼성전자	삼성전자	삼성물산	이건희	삼성카드	삼성전자

2. LG그룹

년도	LG건설	LG상사	LG전선	LG전자 (LGEI)	LG텔레콤	LG화학 (LGCI)	LG	LG-Caltex 정유
1998	64	67	76	104		103		
2000	19	12	16	83 (77)	51	93 (97)		2
2003	21	15	40	7	6	5	62	2
2005	16	72	38	4	7	2	49	
1998	LG화학	구본무	LG증권	LG화학		LG연암학원		
2000	LG화학	LG화학	LG증권	LG화학 (LGCI)	LG전자	LG연암학원 (구본무)		Caltex
2003	허창수	구본걸	구자열	LG	LG	LG	구본무	Caltex
2005	허창수	구본걸	구자열	LG	LG	LG	구본무	

3. SK그룹

년도	SK	SK 가스	SK네트 웍스	SK 케미칼	SK 텔레콤	SKC	SK 건설	SK 엔론
1998	18	5	15	20	12	11		
2000	13	2	16	14	7	7	4	
2003	12	2	3	16	8	6	3	2
2005	10	1	4	9	9	6	9	
1998	SK네트웍스	SK	최태원	최태원	SK	최태원		
2000	SKC&C	SK엔론	SK	최태원	SK	최태원	SK케미칼	
2003	SKC&C	SK엔론	SK	최태원	SK	SK	SK케미칼	SK/Enron
2005	SKC&C	SK엔론	SK	최태원	SK	SK	SK케미칼	

4. 현대자동차그룹

년도	기아 자동차	현대 모비스	현대 자동차	현대 하이스코	INI 스틸	현대 캐피탈
1998		6	27		9	
2001	3	8	19	5	5	2
2003	7	8	20	7	4	3
2005	8	6	20	5	3	2
1998		INI스틸	현대중공업		현대산업개발	
2001	현대자동차	기아자동차	현대모비스	현대자동차	기아자동차	현대자동차
2003	현대자동차	기아자동차	현대모비스	현대자동차	기아자동차	현대자동차
2005	현대자동차	기아자동차	현대모비스	현대자동차	기아자동차	현대자동차

주 : 1) 12월 현재 ; LGEI는 2002년, LGCI는 2001년 현재 ; 삼성생명보험은 2001, 04, 06년 3월 현재 ; 밑줄 친 회사는 비상장회사.
　　2) Caltex＝Caltex(Overseas) Ltd. ; Enron＝Enron Korea Ltd.
출처 : <표 9.6, 10.6, 11.6, 12.6>.

　　2) 최대주주 및 특수관계인 지분 : 상장회사에 비해 비상장회사에서 지분이 월등히 크다. 하지만, LG, SK 그리고 현대자동차의 경우, 상장회사에서의 지분도 상당히 커서 30% 이상이 대다수이고 50% 내외 또는 그 이상인 경우도 적지 않다. 삼성의 상장회사에서는 지분이 상대적으로 작은 편이다. 한편, 최대주주 지분과 특수관계인 지분 중에서는 전자가 더 큰 경우가 대다수이다(<표 8.4>).

A) 삼성 :

　　a) 5개 상장회사에서는 30% 이하로 작은 편이다. 삼성전자와 삼성물산에서는 10% 내외이고 제일기획에서는 좀 더 크다. 삼성SDI와 삼성중공업에서는 20% 이상이다. 반면, 비상장회사인 삼성에버랜드와 삼성카드에서는 90% 내외로 매우 크며, 삼성생명보험에서는 30~45% 수준이다.

　　b) 이건희와 이재용이 최대주주로 있는 3개 회사(삼성전자, 삼성생명보험, 삼성에버랜드)에서는 특수관계인의 몫이 더 크고, 계열회사가 최대주주인 나머지 5개 회사에서는 최대주주의 몫이 더 크다. 특히, 삼성SDI, 삼성중공업, 삼성카드에서는 최대주주인 삼성전자의 지분이 월등히

크다.

B) LG :

   a) 10~51% 사이에서 증가 추세를 보이는 가운데 30% 이상이 주를 이루고 있다. 주력 5개 회사 중에서는, LG화학과 LG전자에 비해 LGCI, LGEI, LG 등 지주회사에서 지분 크기가 50% 내외로 급격하게 증가하였다. 특히 지주회사체제의 구심점인 LG에서는 지분이 50%를 넘었다. 자회사로 변한 LG화학과 LG전자에서도 지분이 34~36%로 크다. 다른 4개 회사(LG건설, LG텔레콤, LG상사, LG전선)에서도 35% 내외로 증가하였다.

   b) 총지분 중에서는 특수관계인의 몫이 대체로 큰데, 5개 주력회사에서는 나중에 최대주주의 몫이 더 큰 상황으로 바뀌었다. 지주회사체제 이전의 LG화학과 LG전자 그리고 LGCI와 LGEI에서는 특수관계인 몫이 월등하게 컸으며, 이후 LG화학과 LG전자에서는 최대주주(LG)의 몫이 거의 대부분이 되었다. LG텔레콤에서는 최대주주(LG전자, LG)가 계속 큰 지분을 가졌고, 반면 3개 회사(LG상사, LG전선, LG건설)에서는 특수관계인 지분이 컸다.

C) SK :

   a) 지분 크기가 매우 크다. SKC, SK가스, SK네트웍스 등에서는 50% 내외나 된다. SK케미칼과 SK텔레콤에서는 30% 내외, 그리고 SK에서는 20% 내외. 비상장회사인 SK건설에서는 80% 내외나 된다.

   b) 총지분 중에서는 대체로 최대주주의 몫이 더 크다. SK텔레콤(최대주주 SK)과 SK가스(SK엔론)에서는 최대주주 몫이 절대적으로 크고, SKC와 SK네트웍스에서는 최대주주가 최태원에서 SK로 바뀌면서 최대주주 몫이 급상승하였다. SK에서는 2000~2003년 최대주주(SKC&C) 지분은 10% 내외로 유지된 반면 특수관계인 지분이 급격히 줄었다. SK케미칼에서만 특수관계인 지분이 유독 컸다.

D) 현대자동차 :

   a) 5개 상장회사에서 지분이 매우 크다. 현대하이스코에서 50% 이상이고, 기아자동차와 INI스틸에서는 40% 이상, 현대모비스에서는 30% 이상, 그리고 현대자동차에서는 20% 이상이다. 비상장회사인 현대캐피탈에서는 지분 크기가 50% 이상인데, 90% 이상이었다가 이후 많이 줄어든 것이었다.

   b) 총지분 중에서는 최대주주 몫이 특수관계인 몫보다 더 큰 경우가 많으며, 그렇지 않은 경우에는 양자의 차이가 그리 많이 나지는 않는다. 현대자동차, 기아자동차, 현대캐피탈 등에서는 최대주주의 몫이 지속적으로 컸으며, 현대모비스에서는 최대주주 지분이 좀더 큰 경우가 상대적으로 빈번하였다. 반면, 현대하이스코와 INI스틸에서는 특수관계인 지분이 더 큰 경우가 많았다.

<표 8.4> 최대주주(S1) 및 특수관계인(S2) : (2) 지분(%)

1. 삼성그룹

년도	삼성 물산	삼성 전자	삼성 중공업	삼성 SDI	제일 기획	삼성 생명보험	삼성 에버랜드	삼성 카드
(S1+S2)								
1998	10.94	8.3	26	16.24	9.29			
2000	8	7.45	24.79	20.82	18.5	44.73	95.44	88.34
2003	8.08	7.35	24.78	27.06	26.55	36.94	95.44	87.6
2005	13.88	16.08	24.27	20.42	18.3	30.94	94.48	89.9
(S1)								
1998	2.98	2.4	17.69	13.29	3.56			
2000	4.52	2.01	17.61	20.01	12.64	4.83	25.1	56.59
2003	4.52	1.85	17.61	19.97	12.64	4.54	25.1	56.1
2005	7.39	1.91	17.61	20.38	12.64	4.54	25.64	46.85

2. LG그룹

년도	LG 건설	LG 상사	LG 전선	LG 전자 (LGEI)	LG 텔레콤	LG 화학 (LGCI)	LG	LG-Caltex 정유
1998	26.26	10.82	20.59	18.1		17.7		
2000	31.89	24.19	19.42	37.3 (53.8)	28.7	17.91 (45.85)		50
2003	32.47	17.29	42.72	36.22	37.53	34.24	50.37	50
2005	30.38	32.78	33.42	35.26	37.5	34.03	51.31	
1998	12.65	0.1	4.03	5.5		1.88		
2000	10.74	4.18	3.97	5.4 (0.9)	28.14	1.57 (4.62)		40
2003	12.95	7.52	2.95	36.06	37.37	34.03	5.46	40
2005	12.66	9	3.55	35.24	37.37	34.03	10.33	

3. SK그룹

년도	SK	SK 가스	SK네트 웍스	SK 케미칼	SK 텔레콤	SKC	SK 건설	SK 엔론
1998	20.64	41.6	11.42	22.13	21.05	51.52		
2000	27.21	45.92	53.54	37.92	34.17	59.3	88.19	
2003	18.2	53.64	50.39	28.43	24.6	51.88	74.12	100
2005	13.05	45.53	40.98	28.27	22.79	48.51	75.16	
1998	13.78	41.29	2.87	7.83	19.52	24.81		
2000	10.83	45.53	39.16	6.84	26.81	24.81	40.67	
2003	8.63	45.53	50.36	6.84	21.47	47.66	40.67	100
2005	11.16	45.53	40.97	6.84	21.47	46.22	39.4	

4. 현대자동차그룹

년도	기아 자동차	현대 모비스	현대 자동차	현대 하이스코	INI 스틸	현대 캐피탈
1998		30.1	26.74		47.03	
2001	46.56	35.97	20.44	60.8	42.35	90.49
2003	47.76	35.19	24.6	60.96	49.92	93.12
2005	44.63	34.76	25.1	50.12	40.32	56.75
1998		21.12	13.61		15.11	
2001	36.33	17.55	11.49	23.43	11.52	85.57
2003	37.33	18.34	14.53	26.1	18.36	84.24
2005	38.67	18.15	14.56	26.13	21.39	56.12

주 : 1) 12월 현재 ; LGEI는 2002년, LGCI는 2001년 현재 ; 삼성생명보험은 2001, 04, 06년 3월 현
      재 ; 밑줄 친 회사는 비상장회사.
    2) 밑줄 친 지분 : S1, S2 중 큰 지분
  출처 : <표 9.6, 10.6, 11.6, 12.6>.

(2) 특수관계인 수 및 지분

최대주주를 중심으로 은밀한 금전적 협조관계를 형성하는 특수관계인에는 모두 6개 유형
(친족, 임원, 비영리법인, 계열회사, 자기주식, 자사주펀드)이 있다. 삼성과 LG에서는 6개 유
형 모두가, SK에서는 자사주펀드를 제외한 5개가, 그리고 현대자동차에서는 비영리법인을
제외한 5개가 각각 관련되어 있다. 등장하는 유형의 수는 회사에 따라, 년도에 따라 다르며
5~6개 유형이 반드시 동시에 등장하지는 않는다. 삼성, SK, 현대자동차에서는 계열회사가,
그리고 LG에서는 친족이 중심 역할을 하였다(<표 8.5>).

A) 삼성 :
  a) 6개 유형 중에서 '계열회사'의 비중이 단연 크다. 2000년에는 7개 회사 중 6개에서, 2003년에는
     6개 중 5개에서, 그리고 2005년에는 8개 중 7개에서 계열회사 지분이 가장 컸다. 특히, 삼성전
     자, 삼성중공업, 삼성생명보험, 삼성카드 등에서의 소유권 장악에서 계열회사의 역할은 절대적
     이다.
  b) 한편, 삼성물산, 삼성SDI, 제일기획 등에서는 '자기주식'의 몫이 상당히 크다.
  c) '친족'과 '비영리법인'의 등장 횟수도 빈번한데, 지분은 대체로 작다. 친족은 3개 회사(삼성물산,
     삼성전자, 삼성에버랜드)에서, 그리고 비영리법인은 이 3개와 다른 2개(삼성SDI, 삼성생명보
     험) 등 5개 회사에서 각각 주주로 참여하고 있다. 2000~2003년의 삼성물산에서는 친족 지분이
     가장 컸으며, 삼성에버랜드에서는 2005년 월등히 커졌다. 반면, 비영리법인의 지분은 유독 삼
     성생명보험에서만 5% 정도로 컸다.
  d) 소유에 참여하고 있는 '친족'은 이건희를 포함하여 모두 9명이며, '비영리법인'은 4개(삼성문화
     재단, 삼성복지재단, 삼성장학재단, 삼성공제회), 그리고 '계열회사'(자기주식 포함)는 21개다.

계열회사에는 분석 대상 8개 회사 자신들도 포함되어 있다.

B) LG :
a) 6개 유형 중에서 '친족'의 비중이 가장 크다. 9개 상장회사 모두에 가장 빈번하게 주주로 참여하고 있으며 지분 크기도 큰 편이다. LG화학과 LG전자에서는 각각 80명 내외의 친족이 8% 내외의 가장 큰 지분 가지고 있다가, 지주회사의 신설 자회사로 바뀐 2003~2005년에는 참여가 거의 사라졌다. 대신, LGCI, LGEI, LG 등 지주회사로 차례로 자리를 옮겼고, 지분은 30~40%로 크게 증가하였다. LG건설, LG상사, LG전선 등에서는 2003년 이후 친족 지분이 20% 내외로 늘어나면서 특수관계인 지분의 대부분을 차지하였다.
b) '계열회사'는 지주회사체제 이전에는 주주로 활발하게 참여하다가 이후 급격히 약화되었다. 1998년에는 분석 대상 5개 회사(LG전자, LG화학, LG상사, LG전선, LG건설) 모두에서 계열회사 지분이 5% 내외로 컸다. 2000년에는 뒤 3개 회사에서는 계열회사의 참여가 강화된 반면, 앞 2개에서는 참여가 크게 줄었다. 2003~2005년에는 주주로서의 계열회사의 역할은 모든 회사에서 1% 이하로 미미해졌다.
c) '자기주식'의 비중이 다른 그룹에 비해 유난히 크다. 1998~2000년 LG상사와 LG전자에서는 특수관계인 지분 중 자기주식이 가장 컸으며, LG화학과 LG전선에서도 큰 편이었다.
d) LG에서는 '비영리법인'이, 그리고 LG전선에서는 '자사주펀드'가 주요 주주가 된 적이 있었다.
e) 소유에 참여하고 있는 '친족'은 수십 명이며 이 중 구본무와 허창수를 포함한 15명이 중심가족 구성원들이다. '비영리법인'은 2개(LG연암학원, LG연암문화재단), 그리고 '계열회사'(자기주식 포함)는 모두 24개다. 계열회사에는 분석 대상 10개 회사 중 9개(LG텔레콤 제외)도 포함되어 있다.

C) SK :
a) 자사주펀드를 제외한 5개 유형 특수관계인들의 참여 정도는 모두 활발한 편이지만 지분에서는 '계열회사'의 몫이 단연 크다. 1998년에는 5개 회사 모두에서, 2000년에는 7개 회사 중 5개에서, 2003년에는 5개 회사 중 4개에서, 그리고 2005년에는 4개 회사 중 3개에서 각각 계열회사의 지분이 가장 컸다. 특히 SK건설의 소유권 장악에서 계열회사의 역할은 절대적이었다.
b) 계열회사 지분의 크기가 두 번째인 경우, 가장 큰 지분은 '자기주식' 또는 '친족'의 몫이었다. 2000년 SK와 SK케미칼에서는 자기주식 비중이 유난히 컸으며, 같은 년도의 SKC에서도 자기주식이 많았다. 2003~2005년의 SK케미칼에서는 친족 지분이 컸다.
c) 2000년 SK건설에서는 '비영리법인'의 몫이 유난히 큰 적이 있었다.
d) 소유에 참여한 '친족'은 최태원을 포함한 16명이며, '비영리법인'은 3개(한국고등교육재단, SK신협, 우리사주조합), 그리고 '계열회사'(자기주식 포함)는 모두 15개다. 계열회사에는 분석 대상 8개 회사 자신들도 포함되어 있다.

D) 현대자동차 :

a) 비영리법인을 제외한 5개 유형 중 '계열회사'의 비중이 단연 크다. 등장하는 빈도도 높고 지분
   도 크다. 6개 회사의 최대주주가 모두 계열회사인 점을 감안하면, 정몽구 가족의 소유권 장악에
   계열회사의 역할이 절대적임을 알 수 있다. 현대하이스코와 기아자동차에서는 계열회사 지분
   이 다른 특수관계인들 지분보다 내내 컸으며, 현대모비스와 현대자동차에서는 4개 년도 중 3~
   2개 년도에서만 컸다.

b) INI스틸의 경우 2001~2003년에 '자기주식'의 비중이 가장 컸고, '친족' 지분은 1998년의 현대모
   비스, 2005년의 INI스틸 등 일부 경우에서만 상대적으로 더 컸다.

c) 소유에 참여한 '친족'은 정몽구를 포함한 19명이며, '계열회사'(자기주식 포함)는 모두 12개다.
   계열회사에는 분석 대상 6개 중 5개(현대하이스코 제외)도 포함되어 있다.

<표 8.5> 특수관계인 지분(%) : 친족(A), 비영리법인(B), 임원(C), 계열회사(D), 자기주식(E), 자사주펀드(F)

1. 삼성그룹

년도	삼성 물산	삼성 전자	삼성 중공업	삼성 SDI	제일 기획	삼성 생명보험	삼성 에버랜드	삼성 카드
(1998)								
A	2.02	1.65						
B	0.27	0.09		0.95				
D	2.57	4.16	8.31	0.03	5.73			
E	1.31			1.97				
F	1.79							
(2000)								
A	1.38	1.48					30.35	
B	0.22	0.08		0.74		4.68	0.88	
C						13.57	0.2	
D		3.88	7.18	0.07	3.26	21.63	39.12	31.75
E	0.83				2.6			
F	1.06							
(2003)								
A	1.38	1.34					30.35	
B	0.22	0.25		0.22		4.68	0.88	
C						6.08		
D		3.89	7.17		5.65	21.64	39.12	31.5
E	0.83			6.87	8.26			
F	1.14							
(2005)								
A	1.41	1.39					54.49	
B	0.23	0.21				4.68	0.88	
C	0.06	0.05	0.02		0.01	6.08		0
D	4.79	12.54	6.64	0.04	5.65	15.64	13.48	43.05

2. LG그룹

년도	LG 건설	LG 상사	LG 전선	LG 전자 (LGEI)	LG 텔레콤	LG 화학 (LGCI)	LG	LG-Caltex 정유
(1998)								
A	3.31	3.01	2.47*	7.9*		7.73		
B	0.03	0	0.06			0.34		
C	0	0.37				0		
D	9.68	3.26	7.04	4.7		4.31		
E		3.99	6.67			3.31		
F	0.59		0.32			0.13		
(2000)								
A	0.12	0.07	0.12*	10* (39.2)	0.16	8.26 (32)		
B	0.02	0.04	0.05	1 (4.3)		0.28 (4.85)		
C	0.12	0.08		(−)	0.4	0 (0)		
D	18.8	4.94	9.51	1.7 (7.6)		1.14 (3.13)		10
E	1.96	14.86	4.13	19.2 (1.8)		6.66 (1.25)		
F	0.14		1.65					
(2003)								
A	17.07	7.45	25.76	0.01	0.03	0	32.95	
B	0.01	0.04					2.46	
C	0.02	0.09	0.03	0.02	0.06	0.01	0	
D				0	0.09		1.03	10
E	2.32	2.19		0.13		0.2	8.47	
F	0.1		13.98					
(2005)								
A	17.39	23.67	29.87	0			38.52	
B		0.04					2.46	
C	0.01	0.07	0	0.02	0.04	0	0	
D	0.32				0.09			

3. SK그룹

년도	SK	SK 가스	SK네트웍스	SK 케미칼	SK 텔레콤	SKC	SK 건설	SK 엔론
(1998)								
A	0.21		1.98	4.48		6.96		
B	1.9		0.47	2.26		1.37		
C	0.1	0.31	0.02	0.46	0.01	0.47		
D	4.64		3.74	7.12	1.52	15.85		
E			2.34	0		2.06		

(2000)						
A	0.18		3.83	3.06	0	6.97
B	0.67		0.18	1.89		1.37	14.07
C	0.02		0.02	0.21	0		
D	5.12	0.35	10.3	6.2	7.36	13.58	33.45
E	10.39		0.05	19.73		12.58	
(2003)						
A	1.1			12.45	0	0.39	
B			0.01	1.89		0.67	
C	0.02			0.19	0		
D	7.71		0.02	6.2	3.13		33.45
E	0.74	8.11		0.85		3.15	
(2005)						
A	0.93		0	13.85	0	1.61	1.83
B			0.01	1.35		0.65	0.36
C	0.02		0.01	0.03	0	0.03	0.23
D	0.93			6.2	1.32		33.34

4. 현대자동차그룹

년도	기아자동차	현대모비스	현대자동차	현대하이스코	INI스틸	현대캐피탈
(1998)						
A		8.26	6.83*		14.44	
C		0			0.03	
D		0.72	6.29		16.81	
F					0.65	
(2001)						
A		8.6	4.09*	3.67	7.16	4.92
C		0.02				
D	9.79	9.4	4.87	33.7	1.04	
E	0.44	0.39			22.21	
F					0.42	
(2003)						
A		8.03	5.21*	4.14	8.8	8.87
C	0.01	0.06		0.02		
D	10.06	8.75	4.86	30.7	5.45	
E	0.36	0			17.3	
(2005)						
A	1.99	7.95	5.22	10.04	12.58	
C	0.02		0.03	0.04		
D	3.95	8.68	5.29	13.91	6.35	
E						0.63

주 : 1) 12월 또는 3월(삼성생명보험, 2001, 04, 06년) 현재 ; LGEI는 2002년, LGCI는 2001년 현재 ; 밑
줄 친 회사는 비상장회사 ; 밑줄 친 지분－A~F 중 가장 큰 지분.
2) LG전선(*) : 출처에 주주명단 없이 'XXX외 00명'이라고 되어 있음.
3) LG전자(*) : 1998년－출처에 주주명단 없이 'LG연암문화재단 외'라고 되어 있음, 계열회사를
제외한 다른 주주의 지분 ; 2000년－임원 지분 포함.
4) 현대자동차(*) : 계열회사를 제외한 모든 주주 수 또는 지분 합.

출처 : <표 9.7, 10.7, 11.7, 12.7>.

(3) 계열회사에 대한 출자

각 그룹의 분석 대상 회사들(삼성 8개, LG 10개, SK 8개, 기아자동차 6개)은 자신들을 포함한 그룹 내 다른 계열회사들의 지분에 광범위하게 참여하고 있다. 특히, 삼성전자와 현대자동차의 지분 참여 회사는 각각 30개내외, 10~16개로 그룹 전체 계열회사의 절반 정도나 된다. 이렇게 하여 계열회사들 사이에 출자관계가 순환적이고 중층적으로 형성되게 된다. 한편, LG에서는 지주회사체제가 도입되면서 출자관계가 수직적으로 일원화되었다(<표 8.6>).

A) 삼성 :

  a) 이건희가 최대주주인 삼성전자의 지분 참여가 가장 활발하다. 참여 회사 수가 30개 내외로 전체 계열회사의 거의 절반이나 된다. 1998년 27개(전체 계열회사 61개 중 44%), 2000년 25개(60개 중 42%), 2003년 32개(64개 중 50%), 2005년 30개(59개 중 51%) 등이다. 전체 상장회사 14개 중에서는 절반인 7개에 지분을 가지고 있으며, 비상장회사(45~50개) 중에서도 거의 절반 가까이에 지분을 가지고 있다.

  b) 삼성생명보험(최대주주 이건희), 삼성에버랜드(2000~2003년 이재용, 2005년 삼성카드), 삼성 SDI(삼성전자), 삼성물산(삼성SDI) 등도 10개 이상의 계열회사에 출자하고 있다.

  c) 4개 상장회사(삼성물산, 삼성전자, 삼성중공업, 제일기획)와 1개 비상장회사(삼성에버랜드)는 비상장회사에 더 빈번하게 참여하고 있고, 반면 2개 비상장회사(삼성생명보험, 삼성카드)는 상장회사에의 참여가 더 빈번하다. 특히, 삼성생명보험은 비상장회사(5~6개)보다 상장회사(삼성전자, 삼성물산 포함 8~10개)에 훨씬 더 많이 지분을 가지고 있다.

B) LG :

  a) 1998~2000년 LG화학(최대주주 LG연암학원)은 50~43개 전체 계열회사 중 5~12개에 투자하였고, LG화학이 최대주주로 있는 다른 3개 회사(LG전자, LG건설, LG상사(1998년 최대주주 구본무))도 각각 10개 내외의 계열회사에 투자하였다.

  b) 2001년 최대주주가 구본무로 바뀐 LG화학의 후신 LGCI는 13개 계열회사에, 그리고 LGCI가 최대주주인 LGEI는 18개 회사에 각각 지분을 가졌다.

  c) 2003~2005년에는 LGCI의 후신 LG(최대주주 구본무)가 17~15개의 자회사를 거느렸고, 이 중 LG전자, LG화학, LG텔레콤 등은 다시 5개 내외의 손자회사를 거느렸다. 이렇게 하여 46~36개의 전체 계열회사들이 LG를 정점으로 단선 하향적인 구조로 일원화되었다.

  d) 대부분의 경우 비상장회사에 대해 더 빈번하게 지분을 가졌는데, 1998년의 LG건설은 상장회사에 더 빈번하게 참여하였다. 한편, 2000년의 LG화학과 LG전자, 그리고 LGCI, LGEI, LG 등 지주회사는 각각 5~7개의 상장회사에 지분을 가졌으며, 이는 전체 상장회사(11~14개)의 절반

정도에 해당한다.

C) SK :

    a) 주력회사인 SK(7~13개), 그리고 SK가 최대주주로 있는 SK텔레콤(9~14개)과 SK네트웍스 (8~14개, 2000~2003년) 등 3개 회사가 각각 10개 내외의 계열회사에 출자하였다. 전체 계열회 사(40~59개)의 20% 정도에 해당한다. 전체 계열회사가 늘어나면서 이 3개 회사의 투자 범위 도 자연스럽게 확대되었다.

    b) SK케미칼(최대주주 최태원)과 SKC(최태원, SK)는 각각 7~9개의 회사에 지분을 가지고 있었 으며, 지주회사인 SK엔론은 11개 자회사를 거느렸다.

    c) 대부분의 경우 비상장회사에 대해 더 빈번하게 지분을 가졌다. 1998~2000년의 SKC와 SK건 설은 두 유형의 회사에 비슷한 빈도로 투자하였다. 참여 상장회사 수는 많은 경우 2~3개이며, 이는 전체(9~11개)의 1/3 수준이다.

D) 현대자동차 :

    a) 주력회사인 현대자동차(10~16개)가 가장 빈번하게 10개 이상의 회사에 출자하였다. 2001~ 2003년(21~25개 중 13개)에는 전체 계열회사의 절반 이상에, 그리고 2005년(40개 중 16개)에 는 40%에 지분을 가졌다.

    b) 기아자동차도 2003년 이후 10개 이상의 회사에 출자하였다. 현대모비스의 경우에는, 지분 참여 회사가 1998년 11개였다가 2001년 3개로 뚝 떨어졌으며 다시 2005년까지 10개로 늘어났다. INI 스틸과 현대캐피탈은 5개 내외 회사의 주주였다.

    c) 2001~2005년 현대자동차는 상장회사에 비해 비상장회사에 훨씬 더 빈번하게 투자하였다. 기 아자동차와 현대모비스도 마찬가지였다. 반면, INI스틸과 현대캐피탈은 상장회사에 더 빈번하 게 출자하였다. 2001~2003년에는 전체 상장회사 6개 중 3~4개에, 그리고 2005년에는 10개 중 3개에 지분을 가졌다.

<표 8.6> 출자 계열회사 수(개) - 상장회사(A), 비상장회사(B)

1. 삼성그룹

년도	삼성 물산	삼성 전자	삼성 중공업	삼성 SDI	제일 기획	삼성 생명보험	삼성 에버랜드	삼성 카드
(A+B)								
1998	15	27	4	10	4			
2000	19	25	5	9	5	13	11	7
2003	19	32	5	12	7	15	12	9
2005	17	30	5	11	6	16	11	11
(A,B)								
1998	4,11	7,20	0,4	5,5	1,3			
2000	4,15	7,18	0,5	5,4	1,4	8,5	3,8	4,3
2003	4,15	7,25	0,5	5,7	1,6	10,5	3,9	5,4
2005	4,13	7,23	0,5	5,6	1,5	10,6	3,8	8,3

2. LG그룹

년도	LG 건설	LG 상사	LG 전선	LG 전자 (LGEI)	LG 텔레콤	LG 화학 (LGCI)	LG	LG-Caltex 정유
1998	13	14	-	13		5		
2000	6	10	-	18 (18)	-	12 (13)		4
2003	5	2	2	7	-	4	17	5
2005	6		10	5	3	4	15	
1998	7,6	7,7	-	3,10		0,5		
2000	1,5	5,5	-	6,12 (5,13)	-	5,7 (6,7)		2,2
2003	1,4	0,2	1,1	1,6	-	0,4	7,10	0,5
2005	0,6		1,9	1,4	0,3	1,3	6,9	

3. SK그룹

년도	SK	SK 가스	SK네트 웍스	SK 케미칼	SK 텔레콤	SKC	SK 건설	SK 엔론
1998	7	4	9	8	9	7		
2000	10	3	14	7	13	8	5	
2003	13	-	12	7	14	7	4	11
2005	13	-	8	9	13	8	1	
1998	1,6	1,3	2,7	2,6	2,7	4,3		
2000	2,8	1,2	3,11	2,5	0,13	4,4	4,1	
2003	3,10	-	2,10	2,5	0,14	2,5	2,2	3,8
2005	3,10	-	2,6	2,7	0,13	2,6	0,1	

4. 현대자동차그룹

년도	기아 자동차	현대 모비스	현대 자동차	현대 하이스코	INI 스틸	현대 캐피탈
1998		11	10		6	
2001	8	3	13	-	5	4
2003	11	5	13	0	5	5
2005	15	10	16	1	5	4
1998		7,4	5,5		5,1	
2001	1,7	1,2	2,11	-	4,1	4,0
2003	1,10	1,4	2,11	0	4,1	3,2
2005	3,12	3,7	3,13	0,1	3,2	3,1

주 : 12월 현재 ; LGEI는 2002년, LGCI는 2001년 현재 ; 삼성생명보험은 2001, 04, 06년 3월 현재 ; 밑줄 친 회사는 비상장회사.

출처 : <표 9.11, 10.11, 11.11, 12.10>.

3. 경영구조 : 의결 및 감독기구

회사의 주요 사항은 이사회에서 결정된다. 이사회의 구성원인 이사는 등기임원이다. 일부는 사내이사이고 일부는 사외이사이다. 사외이사는 1997년 IMF외환위기 이후 도입된 새로운 직책으로서 이사회에서의 역할이 점점 커지고 있다. 사외이사는 모두 비상근이다. 반면, 사내이사는 대부분 상근이지만 일부 비상근인 경우도 있다. 비상근사내이사직은 사라지고 있는 추세이다. 이사회 산하에는 다양한 위원회가 설치되어 의결, 집행, 감독 등의 기능을 수행한다. 사외이사후보추천위원회와 감사위원회 등 2개 위원회는 4개 그룹 모두에 있으며, 이외에 삼성과 SK에는 여러 종류의 기타 위원회들도 구성되었다. 이들 위원회의 구성원 중 사외이사의 비중이 커지고 있다('제5절 참고자료' 참조).

(1) 이사회

1) 이사 수 : 등기이사 수는 삼성과 SK에서 10명 내외이며, LG는 6~9명 그리고 현대자동차는 5~8명 수준이다. 감소하는 추세를 보이고 있다(<표 8.7>).

A) 삼성 :
  a) 이사의 수는 10명 안팎이며, 감소하는 추세를 보이고 있다.
  b) 삼성전자의 이사 수가 10명 이상으로 단연 많다. 1998년 25명, 2000년 20명, 2003~2005년 13명 등이다. 삼성물산, 삼성SDI, 삼성생명보험 등에서도 이사가 10명 내외로 많은 편이다. 가장 적은 이사 수는 5명(2000년 삼성카드, 2003년 삼성중공업)이었다.
  c) 이사 수의 감소 정도는 삼성전자와 삼성중공업에서 두드러져 각각 절반 정도씩 줄었다. 다른 2개 상장회사(삼성물산, 삼성SDI)에서는 1/3이 줄었다. 반면, 3개의 비상장회사에서는 이사 수가 그대로이거나(삼성생명보험) 오히려 1~2명 늘어났다(삼성에버랜드, 삼성카드).

B) LG :
  a) 이사의 수는 대개 6~9명이며, 약간 감소하는 추세를 보이고 있지만 비슷한 규모가 유지되고 있다.
  b) LG-Caltex정유의 이사가 20명으로 유난히 많으며, 1998년의 LG전선에서는 12명이다. 가장 적은 이사 수는 5명(2003년 LG상사, 2005년 LG텔레콤)이었다. LG화학, LG전자, LGEI, LGCI, LG, 그리고 LG전선, LG상사, LG텔레콤의 다른 년도에서는 6~9명 수준이다.

C) SK :
  a) 이사의 수는 대개 10명 안팎이며, 약간 줄어들고는 있지만 비슷한 규모가 유지되고 있다.

b) SK텔레콤의 이사는 1998년 이후 계속 12명이며, SK의 이사는 9~13명이다. SK네트웍스와 SK케미칼에서는 7~10명 사이, 그리고 SKC와 SK건설에서는 5~10명 사이이다. SK엔론과 SK가스의 이사는 3~6명으로 적은 편이다.

D) 현대자동차 :

a) 이사의 수는 5~8명 사이에서 서로 엇비슷하다.

b) 현대모비스의 이사는 1998년 13명으로 유난히 많았는데 이후 6~8명이 되었고, INI스틸(8~10 명), 현대자동차(6~8명), 기아자동차(7~8명)에서는 각각 비슷한 수준이 유지되고 있다. 현대 하이스코(5~8명)에서는 이사 수가 약간 감소하였고, 현대캐피탈(5~7명)에서는 약간 증가하 였다.

<표 8.7> 이사회 구성(명) : 총 이사(A+B ; 상근, 비상근), 사내이사(A ; 상근, 비상근), 사외이사(B ; 비상근)

1. 삼성그룹

년도	삼성 물산	삼성 전자	삼성 중공업	삼성 SDI	제일 기획	삼성 생명보험	삼성 에버랜드	삼성 카드
(A+B)								
1998	12(4,8)	25(17,8)	12(9,3)	12(6,6)	8(6,2)			
2000	12(6,6)	20(14,6)	6(3,3)	12(7,5)	8(5,3)	10(5,5)	7(6,1)	5(5,0)
2003	10(5,5)	13(6,7)	5(3,2)	9(3,6)	7(5,2)	10(5,5)	9(8,1)	6(3,3)
2005	8(3,5)	13(6,7)	7(3,4)	8(3,5)	7(5,2)	10(5,5)	8(8,0)	6(3,3)
(A)								
1998	7(4,3)	21(17,4)	9	9(6,3)	6(5,1)			
2000	6	14	3	8(7,1)	6(5,1)	5	7(6,1)	5
2003	5	6	3	4(3,1)	5	5	9(8,1)	3
2005	3	6	3	3	5	5	8	3
(B)								
1998	5	4	3	3	1(1*)			
2000	6	6	3	4	2	5		
2003	5	7	2	5	2	5		3
2005	5	7	4	5	2	5		3

2. LG그룹

년도	LG 건설	LG 상사	LG 전선	LG 전자 (LGEI)	LG 텔레콤	LG 화학 (LGCI)	LG	LG-Caltex 정유
(A+B)								
1998	8(4,4)	8(3,5)	12(8,4)	8(3,5)		8(3,5)		
2000	8(4,4)	7(2,5)	7(2,5)	8(3,5) (6(2,4))	7(2,5)	9(3,6) (6(2,4))		20(10,10)
2003	8(4,4)	5(2,3)	7(3,4)	7(2,5)	6(1,5)	6(2,4)	8(2,6)	20(10,10)
2005	9(4,5)	7(3,4)	7(3,4)	7(2,5)	5(1,4)	7(2,5)	7(3,4)	

(A)								
1998	7(4,3)	6(3,3)	11(8,3)	6(3,3)		6(3,3)		
2000	4	5(2,3)	5(2,3)	4(3,1)	5(2,3)	6(3,3)		20(10,10)
				(3(2,1))		(3(2,1))		
2003	4	3(2,1)	4(3,1)	3(2,1)	3(1,2)	3(2,1)	4(2,2)	20(10,10)
2005	4	4(3,1)	3	3(2,1)	3(1,2)	3(2,1)	3	
(B)								
1998	1	2	1	2		2		
2000	4	2	2	4	2	3		0
(2001-2)				(3)		(3)		
2003	4	2	3	4	3	3	4	0
2005	5	3	4	4	2	4	4	

3. SK그룹

년도	SK	SK 가스	SK네트 웍스	SK 케미칼	SK 텔레콤	SKC	SK 건설	SK 엔론
(A+B)								
1998	13(9,4)	5(4,1)	8(4,4)	8(6,2)	12(6,6)	10(7,3)		
2000	10(3,7)	3(1,2)	10(6,4)	7(5,2)	12(5,7)	5(3,2)	5(4,1)	
2003	9(4,5)	4(2,2)	8(4,4)	10(7,3)	12(5,7)	7(5,2)	10(9,1)	6(2,4)
2005	10(3,7)	3(1,2)	7(2,5)	8(4,4)	12(4,8)	8(3,5)	10(8,2)	
(A)								
1998	10(9,1)	4	6(4,2)	6	9(6,3)	7		
2000	5(3,2)	2(1,1)	7(6,1)	5	6(5,1)	3	5(4,1)	
2003	5(4,1)	3(2,1)	4	7	6(5,1)	5	10(9,1)	6(2,4)
2005	3	2(1,1)	3(2,1)	4	4	4(3,1)	9(8,1)	
(B)								
1998	3	1	2	2	3	3		
2000	5	1	3	2	6	2	0	
2003	4	1	4	3	6	2	0	0
2005	7	1	4	4	8	4	1	

4. 현대자동차그룹

년도	기아 자동차	현대 모비스	현대 자동차	현대 하이스코	INI 스틸	현대 캐피탈
(A+B)						
1998		13(8,5)	7(1,6)		8(3,5)	
2001	7(3,4)	8(3,5)	6(2,4)	8(4,4)	10(3,7)	5(2,3)
2003	8(4,4)	6(4,2)	8(3,5)	8(4,4)	8(3,5)	5
2005	8(3,5)	8(3,5)	7(3,4)	5(2,3)	8(3,5)	7(3,4)
(A)						
1998		10(8,2)	4(1,3)		6(3,3)	
2001	3	4(3,1)	2	4	4(3,1)	5(2,3)
2003	4	4	4(3,1)	4	4(3,1)	5
2005	4(3,1)	3	3	2	3	7(3,4)

(B)						
1998		3	3		2	
2001	4	4	4	4	6	0
2003	4	2	4	4	4	0
2005	4	5	4	3	5	0

주 : 1) 12월 현재 ; LGEI는 2002년, LGCI는 2001년 현재 ; 삼성생명보험은 2001, 04, 06년 3월 현재 ; 밑줄 친 회사는 비상장회사.

    2) A-상근, 비상근 구분이 없는 경우는 모두 상근임.

    3) 삼성 : B-* 1명은 상근임.

출처 : <표 9.12, 10.12, 11.12, 12.11>.

2) 사내이사 vs. 사외이사 : 삼성에서는 1개 비상장회사를 제외한 7개 회사(비상장 2개, 상장 5개)에서, 그리고 LG(9개), SK(6개), 현대자동차(6개)에서는 비상장회사를 제외한 모든 상장회사에서 사외이사가 있었다. 사외이사는 점점 늘어나고 있으며, 이에 따라 사내이사 수와 같거나 더 많은 경우가 늘어나고 있다(<표 8.7>).

A) 삼성 :

  a) 삼성에버랜드를 제외한 7개 회사에서 등기이사는 대부분 사내이사와 사외이사로 구성되어 있다.

  b) 사외이사가 처음 도입된 1998년에는 전체 이사의 20% 내외였다. 삼성물산에서만 40%를 넘었다. 그러던 것이 2000년에는 6개 회사 중 3개(삼성물산, 삼성생명보험, 삼성중공업)에서 사외이사가 절반을 차지하였다.

  c) 2003년에는 7개 회사 중 3개(삼성물산, 삼성생명보험, 삼성카드)에서 사외이사가 절반이었고, 2개(삼성전자, 삼성SDI)에서는 사외이사가 1명 더 많아졌다. 이 추세는 2005년에도 계속되었다. 7개 회사 중 2개(삼성생명보험, 삼성카드)에서는 사외이사가 절반이었고, 다른 4개 회사에서는 사외이사가 1명(삼성전자, 삼성중공업) 또는 2명(삼성물산, 삼성SDI)이 더 많았다. 제일기획에서만 사외이사가 적은 상태가 계속되었다.

B) LG :

  a) LG-Caltex정유를 제외한 9개 상장회사에서는 등기이사가 사내이사와 사외이사로 구성되어 있다.

  b) 1998년에는 전체 이사 중 사외이사의 비율이 20% 내외였다. LG전선에서는 10% 이하였다. 그러던 것이 2000년에는 비율이 29~50%로 높아졌고, LG전자와 LG건설에서는 50%였다. 2001년의 LGCI와 2002년의 LGEI에서도 50%였다.

  c) 증가 추세는 이후에도 계속되어, 사외이사가 더 많게 된 회사가 2003년에 7개 중 1개 나타났으며 2005년에는 5개나 되었다. LG전자에서는 2003년 이후 사내이사 3명, 사외이사 4명으로 역전되었으며, 다른 4개 회사(LG화학, LG, LG건설, LG전선)에서는 2003년 동수이거나 1명 적은

상태에서 2005년까지 모두 1명이 더 많은 상태로 바뀌었다. LG상사와 LG텔레콤에서는 사외이사 비율이 40~50%로 낮은 편이었다.

C) SK :

  a) 2개 비상장회사(SK엔론, SK건설)를 제외한 6개 상장회사에서는 등기이사가 사내이사와 사외이사로 구성되어 있다.

  b) 1998년에는 전체 이사 중 사외이사의 비율이 25% 내외였다. 그러던 것이 2000년에는 사외이사의 비율이 29~50%로 높아졌다. SK와 SK텔레콤에서는 50%였다.

  c) 2003년에는 약간의 변화가 있는 중에서도 비슷한 상황이 계속되었다. 2005년까지는 6개 회사 중 3개(SK, SK텔레콤, SK네트웍스)에서 사외이사 수가 사내이사 수보다 많아졌고, 앞의 2개 회사에서는 2/3 이상이 사외이사였다. 2개(SK케미칼, SKC)에서는 반반이었고, SK가스에서만 사외이사가 적었다.

D) 현대자동차 :

  a) 비상장회사인 현대캐피탈을 제외한 5개 상장회사에서는 등기이사가 사내이사와 사외이사로 구성되었다.

  b) 1998년에는 전체 이사 중에서의 비중이 낮았다. 현대모비스와 INI스틸에서 25% 정도였고, 현대자동차에서는 40%를 좀 넘었다. 그러던 것이 2001년에는 5개 회사 모두에서 사외이사가 절반 이상을 차지하게 되었다. 현대자동차에서는 전체 이사의 2/3가 사외이사였다.

  c) 2003년에는 현대하이스코를 제외한 4개 회사에서 사외이사의 비중이 다소 줄어들었다. 하지만, 2005년에는 다시 2001년 수준 이상으로 되돌아갔다. 기아자동차에서만 사외이사가 절반이었고 다른 4개 회사(현대모비스, INI스틸, 현대하이스코, 현대자동차)에서는 모두 60% 내외였다.

  3) 상근이사 vs. 비상근이사 : 사외이사는 모두 비상근이다. 반면, 사내이사는 대부분 상근이며 일부 비상근인 사람도 있다. 비상근사내이사직은 감소 추세이긴 하지만, 특히 LG와 SK에서는 많은 회사에서 계속 유지되고 있다(<표 8.7>).

A) 삼성 :

  a) 비상근사내이사는 사외이사 도입 첫 해인 1998년에 특히 많았다. 5개 회사 중 4개(삼성물산, 삼성SDI, 삼성전자, 제일기획)에 있었다.

  b) 이후 점차 없어져 2005년에는 8개 회사 모두에서 비상근사내이사직이 없는 상태가 되었다. 3개 회사(삼성중공업, 삼성생명보험, 삼성카드)에서는 비상근직이 줄곧 없었다.

B) LG :

  a) 비상근사내이사는 사외이사 도입 초기에는 3명으로 많았으며 이후 1명으로 줄어드는 추세를

보였다. 대부분의 회사가 비상근직을 계속 유지하고 있는 점이 특징이다.

  b) 1998년에는 5개 회사(LG화학, LG전자, LG상사, LG건설, LG전선) 모두에서 비상근사내이사가
    3명이었다. 2000년에는 6개 회사 중 4개(LG화학, LG상사, LG전선, LG텔레콤)에서 비상근이사
    가 3명이었다. 2003~2005년에는 대부분의 경우 비상근사내이사가 1명이었고 비중도 30% 내
    외로 낮아졌다. 2개 회사(LG전선, LG)에서는 2005년까지 비상근직이 없어졌다.

C) SK :

  a) 비상근사내이사직은 6개 상장회사 중 절반 정도에서 계속 남아있었다.

  b) SK케미칼에서는 사내이사 전원이 상근으로 근무하고 있다. SKC에서는 전원 상근이다가 1명
    이 비상근으로 바뀌었고, SK가스에서는 1~2명의 상근이사와 1명의 비상근이사가 함께 일하
    였다. 한편, SK와 SK텔레콤에서는 비상근직이 계속 참여하다가 전원 상근직으로 전환되었다.
    2개 비상장회사는 대조적이다. SK건설에서는 상근직이 대부분인 반면 SK엔론에서는 비상근
    직이 더 많다.

D) 현대자동차 :

  a) 현대하이스코에서는 사내이사가 전원 상근이었고, 기아자동차에서도 상근직만 있다가 비상근
    직이 뒤늦게 생겼다. 현대모비스에서는 1~2명의 비상근사내이사가 있다가 이후 없어졌다.

  b) INI스틸에서는 1998년 사내이사 6명 중 비상근이 절반이나 되었는데, 2005년에 와서야 없어졌
    다. 현대자동차와 현대캐피탈에서는 비상근직이 있다가 없어지고 다시 생기는 등 변화가 심하
    다.

---

  (2) 이사회 산하 위원회 : 종류 및 구성

  1) 위원회 : 대부분의 회사가 2개 주요 위원회(사외이사후보추천, 감사)를 두었다. 하지만
도입은 더디게 진행되었다. 삼성과 LG의 여러 회사들은 다양한 역할을 하는 다른 위원회들
도 구성하였다(<표 8.8>).

A) 삼성 :

  a) 2000년 이후 삼성에버랜드를 제외한 7개 회사에 각종 위원회가 생겼다. 제일기획을 제외한 6개
    회사는 2개 주요 위원회를 비롯하여 1~4개씩의 기타 위원회를 두었다.

  b) 기타 위원회는 삼성생명보험에서 4개로 가장 많고, 삼성전자는 2개, 그리고 4개 회사는 집행
    또는 경영위원회 1개씩만 설치하였다. 제일기획의 경우에는 주요 2개 위원회는 없으면서 경영
    위원회는 두었다.

B) LG :

a) 사외이사후보추천위원회와 감사위원회 등 2개가 주로 설치되었으며, 기타 위원회로는 LG전자의 경영위원회가 유일하다.

b) 주요 2개 위원회의 도입은 더디게 진행되었다. 2000년 6개 회사 중 3개(LG화학, LG전자, LG건설)에 2개 위원회가 구성되었고, 2003년에는 LG텔레콤과 LG에도 구성되었다. LG전선은 2003년에 감사만 감사위원회로 대체하고 추천위원회는 더 늦게 구성하였으며, LG상사는 2005년에 감사위원회만 도입하였다.

C) SK :

a) 2000년 이후 SK엔론과 SK가스를 제외한 6개 회사에 각종 위원회가 구성되었는데 그 속도는 상당히 더뎠다.

b) SK네트웍스는 주요 2개 위원회 외에 운영위원회도 설치하는 등 앞서 갔다. SK텔레콤과 SK도 2000년 주요 2개 위원회를 두었으며, 이후에 각각 3개, 4개의 기타 위원회도 구성하였다. 한편, SK케미칼은 감사위원회만 운영하다가 뒤늦게 사외이사후보추천위원와 경영위원회를 추가하였고, SKC는 늦게 감사위원회만 구성하였다.

D) 현대자동차 :

a) 2001년 5개 상장회사(기아자동차, 현대모비스, 현대자동차, 현대하이스코, INI스틸) 모두에 2개 위원회가 설치되어 2005년까지 운영되고 있다. 기타 위원회는 없다.

b) 비상장회사인 현대캐피탈은 2005년까지 2개 위원회를 두고 있지 않다.

<표 8.8> 이사회 산하 위원회 : 사외이사후보추천위원회(A), 감사위원회(B), 기타 위원회(C)

1. 삼성그룹

년도	삼성 물산	삼성 전자	삼성 중공업	삼성 SDI	제일 기획	삼성 생명보험	삼성 에버랜드	삼성 카드
2000	A B C	A B	A B C	A B C	C	A B C	-	-
2003	A B C	A B	A B C	A B C	C	A B C	-	A B C
2005	A B C	A B C	A B C	A B C	C	A B C	-	A B C
(C)								
2000	집행		집행	경영	경영	경영		
2003	집행		집행	경영	경영	경영 리스크관리 평가보상		경영
2005	집행	경영 내부거래	집행	경영	경영	경영 리스크관리 평가보상 내부거래		경영

2. LG그룹

년도	LG 건설	LG 상사	LG 전선	LG 전자 (LGEI)	LG 텔레콤	LG 화학 (LGCI)	LG	LG-Caltex 정유
2000	A B	–	–	A B (A B)	–	A B (A B)		–
2003	A B	–	B	A B	A B	A B	A B	–
2005	A B	B	A B	A B C	A B	A B	A B	

(C)								
2005				경영				

3. SK그룹

년도	SK	SK 가스	SK네트 웍스	SK 케미칼	SK 텔레콤	SKC	SK 건설	SK 엔론
2000	A B	–	A B C	B	A B	–	–	
2003	A B	–	A B C	B	A B C	B	–	–
2005	A B C	–	A B C	A B C	A B C	B	C	

(C)								
2000			운영					
2003			운영		보상심의 투자심의			
2005	전략 인사 제도개선 투명경영		운영	경영	보상심의 투자심의 Global		이사후보추천	

4. 현대자동차그룹

년도	기아 자동차	현대 모비스	현대 자동차	현대 하이스코	INI 스틸	현대 캐피탈
(C)						
2001	A B	A B	A B	A B	A B	–
2003	A B	A B	A B	A B	A B	–
2005	A B	A B	A B	A B	A B	–

주 : 12월 현재 ; LGEI는 2002년, LGCI는 2001년 현재 ; 삼성생명보험은 2001, 04, 06년 3월 현재 ; 밑줄 친 회사는 비상장회사.

출처 : <표 9.13, 10.13, 11.13, 12.12>.

2) 사외이사후보추천위원회 : 추천위원은 SK에서 3~6명으로 많은 편이며, 삼성과 현대자동차에서는 4명, LG에서는 2명이 대부분이었다. 주로 같은 수의 사내이사와 사외이사로 구성되었다. 정몽구의 관여 정도가 가장 크며, 그 다음이 최태원이다. 이건희와 구본무는 직접 관여하지 않았다. LG에서는 다른 가족구성원들이 추천위원이었으며, 반면 삼성에서는 가족구성원들의 참여가 없다(<표 8.9>).

A) 삼성 :

  a) 거의 모든 회사에서 4명의 등기이사로 구성되었다. 사내이사 2명, 사외이사 2명이다.

  b) 사내이사 2명은 대부분 부사장, 사장, 부회장, 회장 등 고위임원이며, 이들 중 상당수는 대표이
     사직도 가지고 있다.

  c) 이건희는 삼성전자의 대표이사회장, 삼성물산의 등기회장인데, 추천위원회에는 관여하지 않고
     있다.

B) LG :

  a) 대부분의 경우 2명의 등기이사로 구성되었다. 사내이사, 사외이사 각각 1명씩이다.

  b) 사내이사의 직책은 고위직이거나 비상근이사였다. 고위직책은 대표이사 사장, 부회장 또는 회
     장이었다.

  c) 이 중에는 허창수, 구자열, 구본준 등 가족구성원 3명도 포함되어 있다. 하지만, 구본무는 주력
     5개 회사 모두에서 대표이사회장이면서도 추천위원회에는 직접 관여하지 않았다.

  e) 한편, 강유식은 추천위원회에 비상근이사의 자격으로 참여하였다. 구조조정본부의 책임자로서,
     그리고 나중에는 (주)LG 대표이사부회장으로서 구본무(그룹회장, LG대표이사회장)의 대리인
     역할을 하였다.

C) SK :

  a) 추천위원은 3~6명으로 많은 편이다. SK네트웍스에서 6명으로 가장 많다. 대부분은 사내이사
     와 사외이사 동수로 구성되었는데, 2005년 SK와 SK케미칼에서는 사외이사가 각각 1명, 2명이
     더 많았다.

  b) 사내이사의 직책은 많은 경우 사장, 부회장, 회장 등의 고위임원이며, 이들의 대부분은 대표이
     사이기도 하다.

  c) SK에서는 사내이사 1~3명 모두가 그랬으며, 2000~2003년에는 대표이사회장인 최태원도 위
     원이었다. 같은 기간 SK텔레콤에서는 대표이사사장인 표문수가 위원이었다. 2005년 두 사람은
     모두 추천위원회에서 사퇴하였다.

D) 현대자동차 :

  a) 대부분 4명의 등기이사로 구성되어 있다. 사내이사 2명, 사외이사 2명씩이다.

  b) 사내이사 2명은 거의 대부분 사장, 부회장, 회장 등의 고위임원이며, 이들의 대부분은 대표이사
     직도 가지고 있다.

  c) 가족구성원 3명이 위원으로 참여하고 있다. 정몽구 자신이 대표이사회장으로서 현대자동차와
     기아자동차의 사외이사 추천 과정에 직접 관여하고 있다. 2005년 기아자동차에서의 다른 1명
     위원은 대표이사사장 정의선이었다. 그는 2003~2005년 현대모비스의 추천위원이기도 하였다.
     현대하이스코에서는 2005년 신성재가 대표이사사장으로 승진하면서 추천위원을 겸하였다.

<표 8.9> 사외이사후보추천위원회 : 총 위원(명) - 사내이사(A), 사외이사(B) ; 사내이사 직책

1. 삼성그룹

년도	삼성 물산	삼성 전자	삼성 중공업	삼성 SDI	제일 기획	삼성 생명보험	삼성 에버랜드	삼성 카드
[A+B(A,B)]								
2000	4(2,2)	4(2,2)	4(2,2)	4(2,2)	-	4(2,2)	-	-
2003	4(2,2)	4(2,2)	4(2,2)	4(2,2)	-	4(2,2)	-	4(2,2)
2005	4(2,2)	4(2,2)	4(2,2)	4(2,2)	-	4(2,2)	-	4(2,2)
(A)								
2000	대표회장 부사장	대표부회장 대표부사장	미부회장 (이사)	(대표) (이사)		사장 전무		
2003	대표회장 부사장	대표부회장 대표사장	(대표) 부사장	대표사장 부사장		대표사장 대표사장		대표사장 상무
2005	대표회장 부사장	대표부회장 대표사장	(대표) 부사장	대표사장 부사장		대표사장 부사장		대표사장 (이사)

2. LG그룹

년도	LG 건설	LG 상사	LG 전선	LG 전자 (LGEI)	LG 텔레콤	LG 화학 (LGCI)	LG	LG-Caltex 정유
[A+B(A,B)]								
2000	2(1,1)	-	-	2(0,1)	-	2(1,1)		-
(2001-2)				(2(1,1))		(2(1,1))		
2003	2(1,1)	-	-	1(0,1)	2(1,1)	2(1,1)	2(1,1)	-
2005	2(1,1)	-	2(1,1)	2(1,1)	3(1,2)	2(1,1)	2(1,1)	
(A)								
2000	대표부회장			계열회사 임원 (대표사장 구본준)		비상근이사 (대표부회장)		
2003	대표회장 허창수				대표사장	비상근이사	대표부회장	
2005	대표회장 허창수		대표 구자열	비상근이사	대표사장	비상근이사	대표부회장	

3. SK그룹

년도	SK	SK 가스	SK네트 웍스	SK 케미칼	SK 텔레콤	SKC	SK 건설	SK 엔론
[A+B(A,B)]								
2000	6(3,3)	-	6(3,3)	-	6(3,3)	-	-	-
2003	6(3,3)	-	6(3,3)	-	4(2,2)	-	-	-
2005	3(1,2)	-	6(3,3)	4(1,3)	4(2,2)	-	-	-
(A)								
2000	대표회장 최태원 대표부회장 대표사장		대표부회장 사장 비상근등기사장		대표부회장 대표사장 표문수 상무			

2003	대표회장	대표사장	대표사장		
	최태원	상무	표문수		
	대표부회장	감사위원	상근이사		
	대표사장				
2005	대표사장	대표사장	대표부회장	대표부회장	
		감사위원		상근이사	
		비상근이사			

4. 현대자동차그룹

년도	기아 자동차	현대 모비스	현대 자동차	현대 하이스코	INI 스틸	현대 캐피탈
[A+B(A,B)]						
2001	4(2,2)	4(2,2)	4(2,2)	3(1,2)	3(1,2)	–
2003	4(2,2)	4(2,2)	4(2,2)	4(2,2)	4(2,2)	–
2005	4(2,2)	4(2,2)	4(2,2)	4(2,2)	4(2,2)	–
(A)						
2001	대표회장	대표회장	대표회장	대표사장	대표사장	
	정몽구	비상근이사	정몽구			
	대표사장		대표사장			
2003	대표회장	대표회장	대표회장	부회장	대표회장	
	정몽구	부사장	정몽구	대표사장	대표사장	
	대표사장	정의선	대표부회장			
2005	대표회장	대표부회장	대표회장	대표부회장	대표부회장	
	정몽구	사장	정몽구	대표사장	대표사장	
	대표사장	정의선	대표부회장	신성재		
	정의선					

주 : 1) 12월 현재 ; LGEI는 2002년, LGCI는 2001년 현재 ; 삼성생명보험은 2001, 04, 06년 3월 현재 ;
밑줄 친 회사는 비상장회사.
2) 밑줄 친 사람은 동일인/그룹회장 가족구성원 ; 별도의 표시가 없으면 상근등기이사 ; 대표=
대표이사 ; (삼성) 미=미등기, 괄호-직책 표시 없음.
출처 : <표 9.14, 10.14, 11.14, 12.13>.

3) 감사위원회 및 감사 : 대부분의 상장회사에는 감사위원회가 설치된 반면, 대부분의 비
상장회사에서는 이전의 감사제도가 유지되었다. 감사위원 수는 3명인 경우가 많았으며, 거
의 대부분 사외이사였다(<표 8.10>).

A) 삼성 :
   a) 감사위원회는 6개 회사에 설치되어 있으며, 2개 회사(제일기획, 삼성에버랜드)에는 이전의 감
      사제도가 그대로 유지되고 있다. 1998년에는 5개 회사 모두에 아직 감사가 있었으며, 이 중 제
      일기획을 제외한 4개(삼성물산, 삼성전자, 삼성중공업, 삼성SDI)는 2000년부터 감사위원회로
      대체하였다. 삼성카드에서는 좀 더 늦게 이런 변화가 일어났다.
   b) 위원 수는 거의 대부분 3명이며 사외이사가 주를 이루고 있다. 삼성물산과 삼성중공업에서는

전원 사외이사였다.

c) 감사제도를 유지하고 있는 2개 회사 중, 삼성에버랜드는 1명의 비상근사내감사만 두고 있고 제일기획은 상근사내감사와 비상근사외감사 등 2명을 두고 있다.

B) LG :

a) 감사위원회는 2000년 주력 2개 회사(LG화학, LG전자)와 LG건설에서 구성되었고, LG전선과 LG텔레콤은 2003년에, 그리고 LG상사는 2005년에 도입하였다. LGCI(2001년), LGEI(2002년), LG(2003년) 등 지주회사들도 설립되면서 바로 위원회를 두었다. 비상장회사인 LG-Caltex정유는 감사제도를 그대로 유지하고 있다.

b) 위원은 거의 대부분 3명이며 전원 사외이사들이었다.

c) 감사위원회가 도입되기 전에는 2명의 감사가 있었다. 대부분 사내감사로 상근 1명과 비상근 1명이었다. LG-Caltex정유는 2명의 비상근사내감사만 두었다.

C) SK :

a) 감사위원회는 4개 회사(SK, SK네트웍스, SK케미칼, SK텔레콤)는 2000년에, 그리고 1개(SKC)는 2003년에 설치하였다. SK가스와 2개 비상장회사(SK건설, SK엔론)는 감사제도를 유지하였다.

b) 감사위원은 SK텔레콤에서 6~4명으로 상대적으로 많고, 다른 회사들에서는 2~4명이다. 대부분 전원 사외이사로 구성되었다.

c) 감사제도 하의 감사 수는 1~2명으로 모두 사내감사였다. SK가스에서는 1998년 1명이 비상근이었다가 이후 모두 상근이었으며, 반면 SK건설과 SK엔론은 모두 비상근사내감사만 두었다.

D) 현대자동차 :

a) 감사위원회는 2001년 이후 5개 상장회사에 설치되었으며, 비상장회사인 현대캐피탈은 이전의 감사제도를 유지하고 있다.

b) 감사위원은 거의 대부분 3명의 사외이사였다. 예외적으로, 2003년 현대모비스의 위원은 2명의 사외이사였고, 2001년 INI스틸의 위원 3명 중 1명은 사내이사였다.

c) 현대캐피탈에는 상근사내감사 1명이 있었다.

<표 8.10> 감사(명) : 총 수 - 사내(A1/상근 a), 사외(=비상근, B1)

감사위원회(명) : 총 위원 - 사내이사(=상근감사위원, A2), 사외이사(=비상근, B2)

1. 삼성그룹

년도	삼성 물산	삼성 전자	삼성 중공업	삼성 SDI	제일 기획	삼성 생명보험	삼성 에버랜드	삼성 카드
[A1+B1(A1/a,B1)]								
1998	3(2/1,1)	3(2/1,1)	3(2/1,1)	3(2/1,1)	3(2/1,1)			
2000					2(1/1,1)		1(1,0)	1(1.0)
2003					2(1/1,1)		1(1,0)	
2005					2(1/1,1)		1(1,0)	
[A2+B2(A2,B2)]								
2000	3(0,3)	3(1,2)	3(0,3)	3(1,2)		3(1,2)		
2003	3(0,3)	3(0,3)	2(0,2)	3(0,3)		3(1,2)		3(1,2)
2005	3(0,3)	3(0,3)	3(0,3)	3(0,3)		3(1,2)		3(1,2)

2. LG그룹

년도	LG 건설	LG 상사	LG 전선	LG 전자 (LGEI)	LG 텔레콤	LG 화학 (LGCI)	LG	LG-Caltex 정유
[A1+B1(A1/a,B1)]								
1998	2(2/1,0)	2(2/1,0)	2(2/1,0)	2(2/1,0)		2(2/1,0)		
2000		2(2/1,0)	2(2/1,0)		2(1/1,1)			2(2/0,0)
2003		1(1/1,0)						2(2/0,0)
[A2+B2(A2,B2)]								
2000	3(0,3)			3(0,3)		3(0,3)		
				(3(0,3))		(3(0,3))		
2003	3(0,3)		3(0,3)	3(0,3)	3(0,3)	3(0,3)	3(0,3)	
2005	3(0,3)	3(0,3)	3(0,3)	3(0,3)	2(0,2)	3(0,3)	3(0,3)	

3. SK그룹

년도	SK	SK 가스	SK네트 웍스	SK 케미칼	SK 텔레콤	SKC	SK 건설	SK 엔론
[A1+B1(A1/a,B1)]								
1998	3(3/2,0)	2(2/1,0)	2(2/2,0)	1(1/1,0)	3(2/1,1)	1(1/1,0)		
2000		2(2/2,0)				2(2/2,0)	1(1/0,0)	
2003		1(1/1,0)					1(1/0,0)	2(2/0,0)
2005		1(1/1,0)					1(1/0,0)	
[A2+B2(A2,B2)]								
2000	3(0,3)		3(0,3)	2(0,2)	6(0,6)			
2003	2(0,2)		4(1,3)	3(0,3)	6(0,6)	3(1,2)		
2005	3(0,3)		4(1,3)	3(0,3)	4(0,4)	3(0,3)		

4. 현대자동차그룹

년도	기아 자동차	현대 모비스	현대 자동차	현대 하이스코	INI 스틸	현대 캐피탈
[A1+B1(A1/a,B1)]						
1998		2(1/1,1)	2(1/1,1)		2(1/1,1)	
2001						1(1/1,0)
2003						1(1/1,0)
2005						1(1/1,0)
[A2+B2(A2,B2)]						
2001	3(0,3)	3(0,3)	3(0,3)	3(0,3)	3(1,2)	
2003	3(0,3)	2(0,2)	3(0,3)	3(0,3)	3(0,3)	
2005	3(0,3)	3(0,3)	3(0,3)	3(0,3)	3(0,3)	

주 : 12월 현재 ; LGEI는 2002년, LGCI는 2001년 현재 ; 삼성생명보험은 2001, 04, 06년 3월 현재 ; 밑
줄 친 회사는 비상장회사.

출처 : <표 9.15, 10.15, 11.15, 12.14>.

4. 경영구조 : 실무경영진 및 업무조직

4대 재벌에서의 '개인화된 다원적 경영구조'와 관련하여, 어느 정도로 어떤 모습으로 다원적인지를 가늠하기 위해 임직원 수, 임원의 유형 그리고 업무조직 등 세 가지 측면을 살펴보기로 한다.

물론, 그룹 전체의 구조를 정확하게 파악하기 위해서는 계열회사 전체(삼성 59~64개, LG 36~50개, SK 40~59개, 현대자동차 21~40개)를 분석해야 마땅하다. 하지만, 분석 대상 회사들(삼성 8개, LG 10개, SK 8개, 현대자동차 6개)은 각 그룹 내에서 나름대로 중요성을 가지고 있는 회사들이며, 이들의 경영구조 모습을 통해 그룹 전체의 구조를 어느 정도 짐작해 볼 수 있다. 한국재벌은 동일인 또는 그룹회장을 중심으로 전체 계열회사가 '하나의 구조'를 형성하고 있으며, 따라서 '중요한 일부'는 전체 구조에 대해 많은 것을 말해 줄 수 있을 것으로 생각된다.

(1) 임직원 수

1) 임원 및 직원 수 : 임직원이 1만 명을 넘는 회사는 5개다. 삼성전자와 현대자동차에서 5만 명 내외로 가장 많고, LG전자와 기아자동차에서는 3만 명 내외다. LG화학에서는 1만 명을 조금 넘는다. 1천 명 미만의 임직원을 가지고 있는 회사는 상장회사 4개(제일기획, SK가스 ; 지주회사 LGCI, LG), 비상장회사 1개(지주회사 SK엔론) 등 5개다(<표 8.11>).

A) 삼성 :

    a) 삼성전자에서 4만 명 이상으로 단연 많다. 1998년 42,000명에서 2005년에는 81,000명으로 거의 2배나 늘어났다.

    b) 다른 7개 회사에서는 임직원 수가 1만 명 이하로 각자 비슷한 수준에서 유지되고 있다. 삼성 SDI, 삼성중공업, 삼성생명보험 등에서는 5천 명 이상이고, 삼성물산에서는 5천 명 내외다. 삼성생명보험은 비상장회사인데도 규모가 크며, 반면 다른 2개의 비상장회사(삼성카드, 삼성에버랜드)에서는 2천 명 내외이다. 상장회사인 제일기획은 7백 명의 소규모 인력을 가지고 있다.

B) LG :

    a) LG전자에서 3만 명 내외로 가장 많다.

    b) LG화학(2005년)은 1만 명 내외이고, 다른 5개 회사에서는 5천 명 이하다. LG전선, LG건설, LG-Caltex정유는 3천 명 내외, 그리고 LG텔레콤과 LG상사는 2천 명 내외의 임직원을 가지고 있다.

    c) 순수지주회사인 LG는 64~72명의 소수 인력만 가지고 있다. 반면, LG의 전신인 LGCI는 투자 자산 관리라는 기능 외에 이전의 LG화학으로부터 생명과학사업을 물려받았으며 이 때문에 950명의 많은 임직원을 가졌다.

C) SK :

    a) 5천 명 이하이며 각자 비슷한 수준에서 유지되고 있다.

    b) SK에서 5천 명 내외 그리고 SK텔레콤에서 3천 명 내외로 많은 편이며, 다른 4개 회사에서는 2천 명 내외다. 한편, SK가스의 임직원은 200명을 조금 넘고, 지주회사인 SK엔론은 69명의 소수 인원만 두고 있다.

D) 현대자동차 :

    a) 현대자동차에서 5만 명 내외로 제일 많다. 1998년 37,000명에서 2003년에는 54,000명으로 1.5배 정도 늘어났다. 기아자동차에서는 3만 명 내외다.

    b) 나머지 4개 회사는 대부분의 경우 5천 명 이하의 임직원을 가졌다. 현대모비스와 INI스틸은 5천 명 내외, 그리고 현대하이스코와 현대캐피탈은 1천 명 남짓의 인원을 가지고 있었다.

<표 8.11> 임원(A) 및 직원(B) 수(명)

1. 삼성그룹

년도	삼성 물산	삼성 전자	삼성 중공업	삼성 SDI	제일 기획	삼성 생명보험	삼성 에버랜드	삼성 카드
(A)								
1998	117	304	–	–	–			
2000	101	349	49	63	15	61	14	–
2003	118	578	50	82	15	64	–	28
2005	126	767	56	87	21	67	–	23
(B)								
1998	5,823	42,154	8,501	8,454	744			
2000	4,740	43,996	7,257	8,189	771	8,026	1,783	1,867
2003	4,231	55,379	7,918	8,140	737	6,244	1,568	2,940
2005	4,228	80,594	8,581	9,819	695	6,237	1,545	2,829

2. LG그룹

년도	LG 건설	LG 상사	LG 전선	LG 전자 (LGEI)	LG 텔레콤	LG 화학 (LGCI)	LG	LG-Caltex 정유
(A)								
1998	–	–	–	130		–		
2000	56	–	25	208	30	–	–	–
				(3)		(–)		
2003	54	–	24	231	25	–	13	50
2005	64	34	41	243	29	65		
(B)								
1998	2,179	2,288	4,801	25,791		11,654		
2000	2,819	2,801	3,606	31,774	1,253	12,257		2,675
				(–)		(950)		
2003	3,190	900	3,266	27,683	1,706	9,097	72	2,854
2005	3,778	998	2,989	31,633	2,027	10,063	64	

3. SK그룹

년도	SK	SK 가스	SK네트 웍스	SK 케미칼	SK 텔레콤	SKC	SK 건설	SK 엔론
(A)								
1998	–	–	–	11	46	12		
2000	32	4	59	16	47	17	18	
2003	68	7	33	16	69	32	–	7
2005	98	8	41	20	82	26	40	
(B)								
1998	4,541	220	969	2,296	3,464	1,991		
2000	4,434	207	2,412	1,194	2,962	1,783	1,835	
2003	4,916	215	1,803	1,031	4,164	2,386	1,694	62
2005	5,134	205	2,139	1,236	4,308	1,898	2,160	

4. 현대자동차그룹

년도	기아 자동차	현대 모비스	현대 자동차	현대 하이스코	INI 스틸	현대 캐피탈
(A)						
1998		32	63		18	
2001	120	38	132	13	30	–
2003	133	39	161	12	38	–
2005	139	42	170	16	49	28
(B)						
1998		7,590	37,752		2,750	
2001	29,377	4,794	48,831	1,124	4,553	961
2003	31,278	3,829	51,471	1,093	4,327	1,091
2005	32,745	4,270	54,115	1,146	5,148	1,130

　주 : 12월 현재 ; LGEI는 2002년, LGCI는 2001년 현재 ; 삼성생명보험은 2001, 04, 06년 3월 현재 ; 밑줄 친 회사는 비상장회사.
　출처 : <표 9.17, 10.16, 11.17, 12.15>.

2) 임원 수 : 임원이 100명이 넘는 회사는 5개다. 삼성전자에서 300~800명으로 가장 많고, LG전자에서 200명 이상, 그리고 현대자동차, 기아자동차, 삼성물산에서 100명 이상이다(<표 8.11>).

A) 삼성 :

  a) 삼성전자에서 300명 이상으로 가장 많다. 1998년 304명에서 2005년에는 767명으로 2배 이상 증가하였다. 삼성물산에서는 100명을 조금 넘는 수준이 유지되었다.

  b) 삼성SDI, 삼성생명보험, 삼성중공업 등에서는 50~90명 사이에서 증가 추세를 보이고 있다. 1998년 삼성에버랜드의 14명이 가장 작은 규모이고, 그 다음이 2000~2003년 제일기획의 15명이다.

B) LG :

  a) LG전자에서 200명 이상으로 가장 많다. 1998년 130명이던 것이 2005년까지 243명으로 2배가량 늘어났다.

  b) LG화학, LG건설, LG-Caltex정유 등은 50~60명 수준이고, LG전선, LG텔레콤, LG상사 등은 30명 내외다. 지주회사 LG와 LGEI의 임원은 각각 13명, 3명이었다.

C) SK :

  a) SK, SK텔레콤, SK네트웍스 등에서 50명 내외로 많은 편이다. SK에서는 3배 이상 그리고 SK텔레콤에서는 2배가량 늘어나 50명 이하이던 것이 100명 가까이 되었다. 반면, SK네트웍스에서는 임원이 50명 이하로 줄었다.

  b) SKC, SK케미칼, SK건설 등에서는 20명 내외이고, SK엔론과 SK가스에서는 10명 미만이다.

D) 현대자동차 :

    a) 현대자동차와 기아자동차에서 100명 이상이다. 현대자동차 임원은 현대그룹 소속이던 1998년
       의 63명에서 그룹 창립 첫 해인 2001년에는 132명으로 2배 이상이 되었고, 2005년까지 170명으
       로 늘어났다. 기아자동차 임원은 120~140명 수준이었다.

    b) 다른 4개 회사에서는 50명 이하이며, 현대하이스코에서의 임원이 15명 내외로 가장 적다.

(2) 임원의 유형

  1) 등기임원 vs. 미등기임원, 고위임원 vs. 중하위임원 : 등기이사 중 상근이사는 이사회의
구성원으로서 의결과정에 참여하는 한편으로 그 의결사항을 집행하는 실무경영자로서의 역
할도 동시에 수행하는 것이 보통이다. 이들의 수는 소수이며 대부분 부사장급 이상의 고위
직책을 갖는다. 반면, 전체 임원의 대다수는 실무에만 종사하며 미등기다. 대부분 전무 이하
의 중하위직책에 임명되어 고위임원의 지휘를 받는다. 등기임원은 감소 추세이고 미등기임
원은 증가 추세다. 고위임원 중 미등기임원의 비중이 늘어나고 있다(<표 8.12>).

A) 삼성 :

    a) 임원 규모가 매우 큰 삼성전자의 2005년 경우를 보면, 767명의 임원 중 등기임원은 1%도 되지
       않는 6명이며 나머지 761명은 미등기임원이다. 앞의 6명은 모두 고위임원인 반면 후자 중에서
       는 54명(7%)만 고위임원이었다.

    b) 등기임원은 감소 추세인 반면 미등기임원은 그 반대다. 삼성전자에서의 대비가 가장 선명하다.
       1998년과 2005년 사이, 등기임원은 17명에서 6명으로 거의 1/3 수준으로 줄어든 반면 미등기임
       원은 287명에서 707명으로 거의 3배 수준으로 늘어났다.

    c) 고위임원은 늘어나는 추세이며 이들 중 미등기임원의 비중이 커지고 있다. 삼성전자의 경우,
       1998년에는 고위임원 17명 중 등기임원(11명, 65%)이 훨씬 더 많았는데 2005년에는 60명 중
       6명(10%) 밖에 되지 않았다.

B) LG :

    a) 임원 규모가 큰 LG전자의 2005년 경우를 보면, 243명의 임원 중 등기임원은 고작 2명으로 1%
       도 되지 않는다. 이 중 1명은 고위임원이며, 미등기임원 241명 중에서는 39명(16%)이 고위임원
       이다.

    b) 등기임원은 대부분 2~4명으로 적으며, LG-Caltex정유와 1998년의 LG전선에서 등기임원이
       10명 내외로 유난히 많았다. 미등기임원은 LG전자, LG전선, LG건설 등 3개 회사에서 증가 추
       세를 보였다.

    c) LG전자에서는 고위임원 수가 대폭 늘어났으며 이 중에서 등기임원이 차지하는 비중은 크게
       줄어들었다. LG텔레콤에서도 등기임원의 비중이 조금 줄었다. 반면 LG건설에서는 오히려 조

금 늘어났다.

C) SK :

a) 임원 규모가 가장 큰 SK의 2005년 경우를 보면, 98명의 임원 중 등기임원은 고작 3명(3%)이며 나머지 95명은 미등기임원이다. 앞의 3명은 모두 고위임원이며, 후자 중에서는 3명(3%)만이 고위임원이다.

b) 등기임원은 5명 내외이며 감소 추세를 보이고 있다. 반면, 미등기임원은 증가 추세다. SK의 경우 등기임원은 1/3로 줄어든 반면 미등기임원은 3배 이상 늘어났다.

c) 고위임원의 수는 대부분 5명 이하이며 SK에서만 좀 더 많은 편이다. 고위임원직은 대부분 등기임원들이 가지고 있으며, SK와 SK네트웍스 등 2개 회사에서만 꾸준하게 미등기임원이 절반 정도 차지하고 있다.

D) 현대자동차 :

a) 임원 규모가 가장 큰 현대자동차의 2005년 경우를 보면, 170명 임원 중 등기임원은 고작 3명(2%)이며 나머지 167명은 미등기임원이다. 앞의 3명 중 2명은 고위임원이며, 후자 중에서는 30명(18%)이 고위임원이다.

b) 등기임원은 2~4명으로 소수이며, 미등기임원은 증가 추세를 보이고 있다. 현대자동차의 경우, 등기임원은 1~3명뿐이며 미등기임원은 62명에서 167명으로 3배가량이 되었다.

c) 고위임원 수는 현대자동차와 기아자동차에서 10명 이상으로 많다. 특히 전자에서는 11명에서 32명으로 3배나 많아졌다. 고위임원의 대부분은 미등기임원으로 충당되었다.

<표 8.12> 임원의 유형(명) : (1) 등기임원(A1), 미등기임원(A2) ; 고위임원(B1), 중하위임원(B2)

1. 삼성그룹

년도	삼성 물산	삼성 전자	삼성 중공업	삼성 SDI	제일 기획	삼성 생명보험	삼성 에버랜드	삼성 카드
(A1,A2)								
1998	4,113	17,287	9	6	5			
2000	6, 95	13,336	3,46	6,57	5,10	4,57	6,8	5
2003	5,113	6,572	3,47	3,79	5,10	4,60	8	2,26
2005	3,123	6,761	3,53	3,84	5,16	4,63	8	2,21
(B1,B2)								
1998	17,100	17,287	–	–	–			
2000	12, 89	30,319	3,46	–	1,14	4,57	2,12	–
2003	13,105	51,527	6,44	5,77	2,13	7,57	–	2,26
2005	13,113	60,707	6,50	9,78	3,18	12,55	–	2,21
(A1,A2 중 B1)								
1998	4, 13	11, 6	3	1	2			
2000	6, 6	12, 18	2, 1	1	1	3, 1	2	2
2003	5, 8	6, 45	3, 3	3, 2	2	4, 3	1	1, 1
2005	3, 10	6, 54	2, 4	3, 6	3	4, 8	3	1, 1

2. LG그룹

년도	LG 건설	LG 상사	LG 전선	LG 전자 (LGEI)	LG 텔레콤	LG 화학 (LGCI)	LG	LG-Caltex 정유
(A1,A2)								
1998	4	3	8	3,127		3		
2000	4,52	2	2,23	3,205	2,28	3		11
				(2, 1)		(2)		
2003	4,50	2	3,21	2,229	1,24	2	2	10,40
2005	4,60	3,31	3,38	2,241	1,28	2,63	3,10	
(B1,B2)								
1998	–	–	–	11,119		–		
2000	10,46	–	–	30,178	5,25	–		–
				(2, 1)		(–)		
2003	9,45	–	2,22	32,199	4,21	–	–	11,39
2005	9,55	–	–	40,202	3,26	12,53	–	
(A1,A2 중 B1)								
1998	2	2	3	3, 8		3		
2000	4, 6	1	2	3, 27	2, 3	3		7
				(2)		(2)		
2003	4, 5	1	2,21	2, 30	1, 3	1	2	6, 5
2005	4, 5	1	1	1, 39	1, 2	1,11	2	

3. SK그룹

년도	SK	SK 가스	SK네트 웍스	SK 케미칼	SK 텔레콤	SKC	SK 건설	SK 엔론
(A1,A2)								
1998	9	4	4	6, 5	6,40	7, 5		
2000	4,28	1,3	6,53	5,11	5,42	3,14	5,11	
2003	4,64	2,5	2,31	7, 9	5,64	5,27	9	2,5
2005	3,95	1,7	3,38	4,16	4,78	4,22	9,31	
(B1,B2)								
1998	–	–	–	3, 8	2,44	1,11		
2000	6,26	1,3	7,52	2,14	–	2,15	3,13	
2003	4,64	1,6	2,31	2,14	–	4,28	–	2,5
2005	6,92	1,7	2,39	3,17	–	3,23	5,35	
(A1,A2 중 B1)								
1998	5	1	1	2, 1	2	1		
2000	3, 3	1	5, 2	2	3	2	3	
2003	3, 1	1	1, 1	2	3	4	2	2
2005	3, 3	1	1, 1	3	2	3	4, 1	

4. 현대자동차그룹

년도	기아 자동차	현대 모비스	현대 자동차	현대 하이스코	INI 스틸	현대 캐피탈
(A1,A2)						
1998		8,24	1, 62		3,15	
2001	3,117	3,35	2,130	4, 9	2,28	2
2003	4,129	4,35	3,158	4, 8	3,35	5
2005	3,136	3,39	3,167	2,14	3,46	3,25
(B1,B2)						
1998		5,27	11, 52		5,13	
2001	10,110	5,33	18,114	4, 9	6,24	-
2003	13,120	4,35	21,140	4, 8	4,34	-
2005	15,124	7,35	32,138	4,12	7,42	-
(A1,A2 중 B1)						
1998		4, 1	1, 10		3, 2	
2001	2, 8	3, 2	2, 16	3, 1	2, 4	2
2003	4, 9	4	3, 18	4	2, 2	3
2005	3, 12	3, 4	2, 30	2, 2	2, 5	3

　　주 : 12월 현재 ; LGEI는 2002년, LGCI는 2001년 현재 ; 삼성생명보험은 2001, 04, 06년 3월 현재 ; 밑
　　　줄 친 회사는 비상장회사.
　　출처 : <표 9.18, 10.17, 11.18, 12.16>.

　　2) 고위/중하위임원의 직책 : 고위임원과 중하위임원의 구체적인 직책의 유형은 매우 다양
하며, 등장하는 직책의 유형과 수는 회사에 따라 그리고 시기에 따라 많은 차이가 있다. 삼
성에서는 모두 29종류의 많은 직책이 있었고, 다른 3개 그룹에서는 15~16종류가 있었다. 고
위임원 중에서는 부사장이, 그리고 중하위임원 중에서는 상무가 주를 이루었다(<표 8.13,
8.14>).

A) 삼성 :

　a) 고위임원과 중하위임원의 직책 유형은 각각 12종류, 17종류로 모두 29종류이다.

　b) 임원 규모가 가장 큰 삼성전자에서는 15~18종류의 직책이 관련되어 있었고, 삼성물산, 삼성중
　　공업, 삼성SDI에서도 10개 정도가 관련되는 경우가 많았다. 나머지 4개 회사에서는 임원들이
　　5개 내외의 직책에 임명되었다.

　c) 고위임원 중에서는 부사장이 가장 많고, 중하위임원 중에서는 상무와 상무보가 주를 이루고
　　있다. 삼성전자와 삼성SDI에서는 연구위원도 큰 비중을 차지하였다.

B) LG :

　a) 고위임원과 중하위임원의 직책은 각각 10종류, 6종류로 모두 16종류이다.

　b) 등장하는 직책의 유형과 수는 3~8종류로 비교적 적은 편이다. 인원이 적은 고위임원의 직책이
　　인원이 월등하게 많은 중하위임원의 그것보다 오히려 다양하다.

c) 고위임원 중에서는 부사장이 가장 많고 중하위임원의 대부분은 상무다. LG전자에서는 '자문'도 큰 비중을 차지하였다.

C) SK :

a) 고위임원과 중하위임원의 직책은 각각 9종류, 6종류로 모두 15종류이다.

b) 등장하는 직책의 유형과 수는 대부분 2~8종류로 적은 편이다. SK에서만 상대적으로 좀 더 많은 유형이 관련되어 있다. 고위직책과 중하위직책의 등장 정도는 반반으로 비슷하다.

c) 고위임원 중에서는 부사장이 많은 편이고 중하위임원의 대부분은 상무이다.

D) 현대자동차 :

a) 고위임원과 중하위임원의 직책은 각각 8종류씩 모두 16종류이다.

b) 등장하는 직책의 유형과 수는 6~9종류로 서로 엇비슷하다. 기아자동차, 현대자동차, 현대모비스 등에서 상대적으로 좀 더 다양하다. 고위임원직과 중하위임원직의 등장 정도는 반반 정도로 비슷하다.

c) 고위임원 중에서는 부사장이 가장 많고 중하위직 중에서는 이사와 상무가 대부분이다. 기아자동차의 경우에는 중하위직 중 이사대우가 제일 많고 이사, 상무, 전무 순이다.

<표 8.13> 임원의 유형 : ⑵ 고위임원(B1), 중하위임원(B2)

	삼성그룹	LG그룹	SK그룹	현대자동차그룹
B1+B2(개)	29	16	15	16
B1	12	10	9	8
B2	17	6	6	8
(B1)				
대표이사회장	O	O	O	O
대표이사부회장	O	O	O	O
대표이사사장	O	O	O	O
대표이사부사장	O	O		O
대표이사	O	O	O	
회장	O		O	O
부회장	O	O	O	O
사장	O	O	O	O
부사장	O	O	O	O
대표이사전무			O	
비상근회장		O		
명예회장		O		
사장대우	O			
대표부사장	O			
부사장대우	O			

(B2)				
전무	O	O	O	O
상무	O	O	O	O
상무대우	O		O	
상무보	O	O		
이사	O	O	O	O
이사대우	O			O
고문	O	O	O	O
자문	O	O		
자문역	O		O	O
전무대우	O			
상무보대우	O			
이사보	O			
이사보대우	O			
연구위원	O			
상임위원				O
고문역				O
경영고문	O			
상담역	O			
촉탁임원	O			

출처 : <표 9.19, 10.18, 11.19, 12.17>.

<표 8.14> 임원의 유형(개) : (3) 고위임원(B1), 중하위임원(B2)의 관련 직책 수

1. 삼성그룹

년도	삼성 물산	삼성 전자	삼성 중공업	삼성 SDI	제일 기획	삼성 생명보험	삼성 에버랜드	삼성 카드
1998	5, 7	6, 12	–	–				
2000	5, 5	7, 10	2, 8	–	1, 3	3, 3	2, 3	–
2003	4, 5	6, 9	2, 7	2, 6	2, 3	3, 3	–	2, 3
2005	3, 2	7, 10	2, 5	2, 8	2, 3	4, 3	–	2, 4

2. LG그룹

년도	LG 건설	LG 상사	LG 전선	LG 전자 (LGEI)	LG 텔레콤	LG 화학 (LGCI)	LG	LG-Caltex 정유
1998	–	–	–	5, 3		–		
2000	4, 1	–	–	6, 1	3, 1	–		–
2003	5, 1	–	–	4, 3	2, 1	–	–	3, 2
2005	4, 3	–	–	3, 4	2, 1	3, 2	–	

3. SK그룹

년도	SK	SK 가스	SK네트 웍스	SK 케미칼	SK 텔레콤	SKC	SK 건설	SK 엔론
1998	–	–	–	2, 3	2, 3	1, 3		
2000	5, 3	1, 1	3, 4	2, 1	–	2, 3	3, 2	
2003	4, 2	1, 1	2, 2	2, 2	–	3, 3	–	1, 1
2005	3, 4	1, 1	2, 3	3, 2	–	3, 3	3, 3	

4. 현대자동차그룹

년도	기아 자동차	현대 모비스	현대 자동차	현대 하이스코	INI 스틸	현대 캐피탈
1998		4, 4	4, 3		3, 3	
2001	3, 5	3, 3	4, 3	3, 3	3, 3	–
2003	3, 6	3, 3	4, 4	3, 3	3, 3	–
2005	3, 6	4, 5	5, 4	4, 3	3, 4	–

주 : 12월 현재 ; LGEI는 2002년, LGCI는 2001년 현재 ; 삼성생명보험은 2001, 04, 06년 3월 현재 ; 밑줄 친 회사는 비상장회사.
출처 : <표 9.18, 10.17, 11.18, 12.16>.

(3) 업무조직

분석 대상 회사(삼성 8개, LG 10개, SK 8개, 현대자동차 6개)의 업무조직을 재구성하기는 쉽지 않다. 무엇보다 관련 정보가 매우 불충분하다. 불확실하거나 애매한 부분들이 많고, 한 회사와 관련해서도 시기에 따라 정보가 불일치한 경우가 적지 않다. 그럼에도 불구하고, 대규모의 삼성전자나 현대자동차에서부터 소규모의 제일기획이나 SK가스에 이르기까지 지주회사 등 일부를 제외한 모두에서 조직이 꽤나 방대하며 매우 체계적으로 정비되어 있음을 확인할 수 있다. 'M-form'으로 불리는 현대적인 다기능, 다원적 경영구조(decentralized, miltidivisional structure)의 모습을 띄고 있는 것으로 판단된다. 그렇다면, 4대 재벌 각각의 전체 구조도 매우 큰 정도로 다원적인 것으로 짐작할 수 있다.

업무부서의 구체적인 유형은 매우 다양하다. 같은 이름의 부서라도 회사에 따라 성격이 다른 경우가 적지 않지만, 상위와 중하위의 두 부류로 나눌 수 있다. 삼성과 SK에서 각각 23개(상위 13개, 중하위 10개), 21개 유형(9개, 12개)으로 많으며, LG 16개(9개, 7개), 현대자동차 11개(5개, 6개) 순이다.

등장하는 부서의 유형과 수는 회사에 따라 그리고 시기에 따라 다르기 마련인데, 어떤 경우든 수십 개의 부서가 서로 간에 수평적으로 그리고 수직적으로 연결되어 하나의 위계질서(hierarchy)를 형성하고 있다. 전체 부서들은 지원, 생산, 영업, 기술 등 크게 4개의 분야로 나누어지는데, 생산과 영업은 매우 밀접해서 하나의 분야를 형성하는 경우가 많다. 상위의 업무 부서 중 몇 개는 각 회사의 핵심부서가 된다(<표 8.15, 8.16>).

A) 삼성 :
  a) 상위와 중하위 부서의 유형은 각각 13개, 10개로 모두 23개다.
  b) 삼성물산(42~74개 부서), 삼성전자(31~70개), 제일기획(49~69개), 삼성생명보험(53~54개), 삼성카드(47~98개) 등에서 많은 편이며, 삼성중공업(21~40개)과 삼성SDI(19~39개)에서는 상대적으로 적다. 삼성에버랜드의 부서는 8~9개 밖에 되지 않는다.

c) 핵심부서는

i) 5개 회사에서는 각각 1개 종류의 부서가 시기에 따라 2~5개로 조정되었다 : 삼성물산(부문), 삼성전자(총괄), 삼성SDI(본부), 삼성에버랜드(사업부), 삼성카드(본부)

ii) 3개 회사에서는 3~4개 종류의 부서가 관련되어 있다 : 삼성중공업(부문, 실, 사업부), 삼성생명보험(부문, 본부, BU), 제일기획(본부, 사업부, 그룹, HQ).

B) LG :

a) 상위와 중하위 부서의 유형은 각각 9개, 7개로 모두 16개다.

b) LG건설(52~96개 부서), LG-Caltex정유(59~67개), LG텔레콤(31~147개) 등에서 많은 편이며, LG전선(17~55개), LG전자(25~41개), LG화학(24~38개), LG상사(17~21개)에서는 상대적으로 적다. 지주회사 중에서는 사업을 겸하고 있는 LGCI의 부서가 15개이고, 순수지주회사인 LG(5개)와 LGCI(3개)에서는 그 수가 몇 되지 않는다.

c) 핵심부서는

i) 3개 회사에서는 각각 1종류의 부서가 중심이었다 : LG텔레콤(본부), LG-Caltex정유(본부), LGEI(부문)

ii) 7개 회사에서는 2~3종류의 부서가 관련되어 있다 : LG전선(부문, 본부), LG전자(본부, 총괄), LG화학(CU, 본부), LGCI(부문, 사업부), LG(부문, 팀), LG건설(사업부, 부문, 본부), LG상사(CU, 담당, 부문).

C) SK :

a) 상위와 중하위 부서의 유형은 각각 9개, 12개로 모두 21개다.

b) SK건설(78~136개), SK(68~97개), SK텔레콤(37~76개), SK케미칼(2005년 102개), SKC(2003년 132개) 등에서 많은 편이며, SK네트웍스(20~42개)에서는 적다. 임직원이 200여명인 SK가스에도 18~22개의 적지 않은 부서들이 있으며, 모회사인 지주회사 SK엔론에는 69명 임직원이 9개 부서로 나뉘어 일하고 있다.

c) 핵심부서는

i) 2개 회사에서는 각각 1개 종류의 부서가 중심이었다 : SK네트웍스(부문), SK엔론(담당)

ii) 6개 회사에서는 2종류의 부서가 관련되어 있다 : SK(사업, 부문), SK가스(담당, 본부), SK케미칼(본부, 부문), SK텔레콤(부문, 총괄), SKC(부문, 본부), SK건설(본부, 부문).

D) 현대자동차 :

a) 상위와 중하위 부서의 유형은 각각 5개, 6개로 모두 11개다.

b) INI스틸(64~163개), 기아자동차(110~113개), 현대자동차(43~95개) 등에서 많으며, 현대하이스코(30~47개)와 현대모비스(23~30개)에서는 상대적으로 적다.

c) 핵심부서는

i) 1개 회사에서는 1종류의 부서가 시기에 따라 조정되었다 : 현대캐피탈(본부)

ii) 5개 회사에서는 2~3종류의 부서가 관련되었다 : 기아자동차(본부, 공장), 현대모비스(본부, 부문), 현대하이스코(공장, 본부), 현대자동차(본부, 부문, 공장), INI스틸(본부, 부문, 공장).

<표 8.15> 업무부서 : (1) 부서의 유형 - 상위부서(A), 중하위부서(B)

	삼성그룹	LG그룹	SK그룹	현대자동차그룹
A+B(개)	23	16	21	11
A	13	9	9	5
B	10	7	12	6
(A)				
본부	O	O	O	O
부문	O	O	O	O
총괄	O	O	O	
사업부	O	O	O	O
사업	O		O	
Div. Co	O			
HQ	O			
BU	O			
CU		O		
사업장	O			
조선소	O			
공장	O	O	O	O
기술원	O	O	O	
연구원		O	O	
연구소	O	O	O	O
(B)				
Unit	O			
담당	O	O	O	O
지역본부		O	O	O
지역단	O			
지역사업부	O			
연구분소			O	
센터	O	O	O	O
Lab	O		O	
실	O	O	O	O
국			O	
부			O	O
과		O	O	
그룹	O	O	O	
파트	O		O	
팀	O	O	O	O
기타	O	O	O	O

출처 : <표 9.20, 10.19, 11.20, 12.18>.

<표 8.16> 업무부서(개) : (2) 핵심부서 유형 및 수(A), 총 부서 수(B)

1. 삼성그룹

	A	1998년 A B	2000년 A B	2003년 A B	2005년 A B
삼성물산	부문	4 64	3 74	2 42	2 44
삼성전자	총괄	3 31	4 46	4 70	5 68
삼성SDI	본부	2 39	3 19	4 18	4 30
삼성에버랜드	사업부		5 9	4 8	4 8
삼성카드	본부		47	2 81	2 98
삼성중공업	부문	3 27	2 21		
	실			1	1
	사업부			1 33	1 40
삼성생명보험	부문		1	1	1
	본부		2 53		
	BU			3 53	3 54
제일기획	본부	1	12 61	7	4
	사업부	7 49			
	그룹			5 69	
	HQ				4 65

2. LG그룹

	A	1998년 A B	2000년 A B	2003년 A B	2005년 A B
LG텔레콤	본부		5 31	2 53	4 147
LG-Caltex정유	본부		4 59	4 67	
LGEI(2002년)	부문		3 3		
LG전선	부문	2 17	2 17		
	본부			2 42	3 55
LG전자	본부	4 31		3 25	4 27
	총괄		2 41		
LG화학	CU	2 38			
	본부		6 34	4 25	3 24
LGCI(2001년)	부문		1		
	사업부		2 15		
LG	부문			5 5	
	팀				5 5
LG건설	사업부	3 52	(5)		
	부문		2 76		
	본부			5 83	6 96
LG상사	CU	2 17	2 19		
	담당			2 21	
	부문	(3)	(3)	(4)	2 21

3. SK그룹

	A	1998년 A B	2000년 A B	2003년 A B	2005년 A B
SK네트웍스	부문	2 20	3 42	3 20	4 35
SK엔론	담당			3 9	
SK	사업	2			
	부문	1 68	3 88	4 97	4 78
SK가스	담당	3 20	4 20	4 22	
	본부				5 18
SK케미칼	본부	4 19	6 30		
	부문			4 28	4 102
SK텔레콤	부문	3 37	3 42	4 71	2
	총괄				1 76
SKC	부문	3 12	2 7	2 132	1
	본부				3 41
SK건설	본부		2		
	부문		1 78	3 98	5 136

4. 현대자동차그룹

	A	1998년 A B	2001년 A B	2003년 A B	2005년 A B
현대캐피탈	본부		1 51	2 -	4 -
기아자동차	본부		3 112	4	4
	공장			3 110	3 113
현대모비스	본부	6	3 28	3 23	3 28
	부문	2 30			
현대하이스코	공장		2	2	3
	본부		1 52	1 43	1 57
현대자동차	본부	3 43	5	5	3
	부문		1 81		
	공장			3 95	3 73
INI스틸	본부	3 64			1
	부문		1	1	
	공장		2 128	2 120	3 163

주 : 1) 12월 현재 ; 삼성생명보험은 2001, 04, 06년 3월 현재.
2) 비상장회사 : 삼성생명보험, 삼성에버랜드, 삼성카드 ; LG-Caltex정유 ; SK건설, SK엔론 ; 현대 캐피탈.
출처 : <표 9.20, 10.19, 11.20, 12.18>.

5. 참고자료

(1) 기업지배구조모범규준

* 기업지배구조개선위원회 작성(1999년9월 제정, 2003년2월 개정) ;
  출처 : 한국기업지배구조개선지원센터 홈페이지(www.cgs.or.kr).

1) 이사회 : 이사회는 기업의 경영목표와 전략을 결정하고 경영진과 이사를 효과적으로 감독하여야 한다 ; 이사 및 이사회는 기업과 주주의 이익을 위하여 성실하게 직무를 수행하여야 한다. 또한, 이사 및 이사회는 기업의 사회적 책임을 다하고 다양한 이해관계자의 이익을 적절하게 고려하여야 한다 ; 이사회는 직무를 수행함에 있어 법령과 정관을 준수하여야 하며 기업의 모든 구성원이 이를 준수하도록 하여야 한다.

A) 이사회의 기능 : 이사회는 기업과 주주의 이익을 위하여 기업의 경영목표와 전략을 결정하고 경영진과 이사를 효과적으로 감독하여야 한다.

---

a) 이사회는 기업경영에 관한 포괄적인 권한을 가지며, 다음과 같은 기업의 경영의사결정 기능과 경영감독 기능을 수행하여야 한다.

주요기능－경영목표와 전략의 설정, 경영진의 임면 및 경영진에 대한 감독, 경영성과의 평가와 보상수준의 결의

세부기능－사업계획 및 예산의 결의, 대규모 자본지출의 결의, 대규모 차입 및 지급보증의 결의, 대규모 담보제공 및 대여의 결의, 기업인수합병 관련 주요 사항의 결의, 영업소 설치, 이전 또는 폐지의 결의, 법령 및 윤리규정 준수의 감독, 회계 및 재무보고체계의 감독, 위험관리 및 재무통제의 감독, 정보공시의 감독, 기타 기업지배구조의 유효성 평가 및 개선

b) 이사회는 대표이사 또는 이사회 내부의 위원회에 권한을 위임할 수 있다. 다만 정관이나 이사회운영규정에서 정하는 주요한 사항은 제외한다.

B) 이사회의 구성 : 이사회는 효율적으로 의사를 결정하고 경영진을 감독할 수 있도록 구성하여야 한다.

---

a) 이사의 수는 이사회에서 효과적인 토의가 가능하고, 적절하고 신속하며 신중한 의사결정이 가능한 규모이어야 한다. 대규모 공개기업의 경우에는 다수의 위원회가 활성화될 수 있는 충분한

수의 이사로 이사회를 구성하는 것이 바람직하다.

b) 이사회에는 경영진과 지배주주로부터 독립적으로 기능을 수행할 수 있는 사외이사를 두어야 하며, 그 수는 최소한 2인으로 함으로써 이사회가 실질적으로 독립성을 유지할 수 있는 규모이어야 한다. 특히 대규모 공개기업의 경우에는 전체 이사의 과반수(최소 3인 이상)를 사외이사로 하도록 권고한다. 단, 개인 등 또는 법인이 50% 이상의 의결권을 보유하고 있는 대규모 피지배 공개기업의 경우에는 전체 이사의 과반수를 사외이사로 하도록 한 권고를 적용하지 않는다. 여기서 법인이란 개인 등이 50% 이상의 의결권을 보유하고 있는 법인만을 의미한다.

c) 대규모 공개기업의 경우, 이사회를 대표하는 이사회 의장은 경영진을 대표하는 대표이사와 분리하여 선임하거나 그렇지 않을 경우에는 사외이사를 대표하는 선임사외이사를 선임하는 것이 바람직하다.

C) 이사 선임 : 이사는 다양한 주주의 의견을 폭넓게 반영할 수 있는 투명한 절차를 통하여 선임되어야 한다.

a) 이사후보를 공정하게 추천하기 위하여 위원회를 운영하도록 권고한다. 위원회는 이사후보 선임의 공정성과 독립성을 확보할 수 있도록 구성되어야 한다.

b) 이사의 선임에 있어서는 지배주주가 아닌 주주의 의견도 반영될 수 있어야 한다. 이를 위하여 집중투표제를 채택하도록 권고하며, 그 채택 여부는 공시되어야 한다.

c) 전문성을 지닌 유능한 인사를 이사로 선임함으로써 이사회가 기업경영에 실질적인 기여를 할 수 있도록 하고, 선임된 이사의 임기는 존중되어야 한다.

d) 기업은 이사후보를 주주총회일 전에 공시함으로써 주주가 이사후보에 대한 정보를 가지고 의결권을 행사할 수 있도록 하여야 한다.

D) 사외이사 : 사외이사는 독립적으로 중요한 기업경영정책의 결정에 참여하고 이사회의 구성원으로서 경영진을 감독, 지원할 수 있어야 한다.

a) 사외이사는 기업, 경영진과 지배주주로부터 독립적인 의사결정을 할 수 있는 자이어야 한다.

b) 사외이사는 취임 승낙 시 해당기업과 중대한 관계가 없다는 확인서를 기업에 제출하여야 하며, 기업은 선임될 사외이사가 해당기업과 중대한 관계가 없음을 공시해야 한다.

c) 기업은 사외이사가 기업의 경영실태를 정확히 파악할 수 있도록 직무수행에 필요한 정보를 적시에 제공하여야 한다. 특히 이사회가 개최될 때에는 상정될 의안에 대하여 충분히 검토될 수 있도록 사전에 정보를 제공하여야 한다. 또한 사외이사는 직무수행에 필요한 정보를 신속하게 제공하도록 요청할 수 있다. 다만, 기업의 중요한 기밀사항은 사외이사 과반수의 요청에 의하여 제공하며, 경영진은 정당한 사유가 없는 한 이 요청에 응하여야 한다.

d) 사외이사는 직무수행을 위하여 충분한 시간을 투여하여야 하며, 이사회가 개최될 때에는 사전에 관련 자료를 검토한 후 참석하여야 한다. 사외이사는 주주의 의견을 청취하고 기업 내외부의 다양한 정보원으로부터 정보를 취득하도록 노력하여야 한다.

e) 사외이사는 필요한 경우 적절한 절차에 의하여 임직원이나 외부전문가 등의 지원을 받을 수 있으며, 기업은 이에 소요되는 비용을 지원하여야 한다.

f) 사외이사의 경영 감독, 지원 기능을 제고하기 위하여 사외이사만이 참여하는 회의를 이사회와는 별도로 정기적으로 개최하는 것이 바람직하다. 다만, 이러한 별도의 회의가 이사회에 기록을 남기지 않기 위한 목적으로 남용되어서는 안 된다. 또한 사외이사와 경영진은 경영사안에 대해 정기적으로 협의할 수 있는 기회를 가지도록 노력하여야 한다.

E) 이사회의 운영 : 이사회는 기업과 주주의 이익을 위한 최선의 경영의사를 결정할 수 있도록 효율적이고 합리적으로 운영되어야 한다.

---

a) 이사회는 원칙적으로 정기적으로 개최되어야 하며, 정기 이사회는 최소한 분기별로 1회 이상 개최하도록 권고한다.

b) 이사회를 원활하게 운영하기 위하여 이사회의 권한과 책임, 운영절차 등을 구체적으로 규정한 이사회운영규정을 작성하여야 한다.

c) 이사회는 회의 개최 시마다 회의록을 작성하거나 회의 내용을 녹취하여야 한다. 회의록에는 주요 토의사항과 결의 내용을 가급적 상세하고 명확하게 기재하여야 한다. 이사회의 회의록과 녹취자료는 유지, 보존되어야 한다.

d) 이사회의 활동 중 개별 이사의 이사회 활동 내역에 관한 공시내용을 확대할 것을 권고한다. 확대되어야 할 공시내용은 개별 이사의 이사회 출석률과 주요 공시대상 안건에 대한 개별 이사의 찬반 여부 등이다.

F) 이사회의 위원회 : 이사회는 효율적인 운영을 위하여 그 내부에 일부의 이사들로 구성되는 위원회를 설치할 것을 권고한다.

---

a) 이사회 내부에 특정 기능과 역할을 수행하는 위원회를 설치할 것을 권고한다.

b) 이사회 내부에 감사위원회, 추천위원회, 보상위원회의 설치를 권고한다. 특히, 대규모 공개기업의 경우에는 이들 위원회를 설치하여야 한다. 다만 대규모 피지배 공개기업은 이 규정을 모두 적용받지는 않으나 독립적인 감사위원회는 반드시 설치하여야 한다.

c) 추천위원회는 과반수를 사외이사로, 그리고 보상위원회는 전원을 사외이사로 구성하여야 한다.

d) 이사회로부터 위임된 사항에 대한 위원회의 결의는 이사회의 결의와 동일한 효력을 가지며, 위원회는 결의된 사항을 이사회에 보고하고 활동 내용에 대한 보고서를 매년 이사회에 제출해

야 한다. 또한, 모든 위원회의 조직, 운영 및 권한에 관한 사항은 명문으로 규정하여야 한다.

G) 이사의 의무 : 이사는 선량한 관리자의 주의 의무와 충실 의무에 입각하여 기업과 주주의 최선의 이익을 위하여 그리고 특정 주주에게 편향됨이 없이 모든 주주에게 공정하게 직무를 수행하여야 한다.

---

a) 이사는 선량한 관리자의 주의 의무를 다하여 직무를 수행하여야 한다. 이사는 기업경영의 주체로서 항상 기업과 주주에게 최선의 이익이 되는 결과를 추구하여야 한다.

b) 이사는 기업과 주주에 대한 충실 의무를 성실히 이행하여야 한다. 이사는 그 권한을 자기 또는 제3자의 이익을 위하여 행사하여서는 안 되고, 기업과 주주의 이익을 우선하여 행사하여야 한다.

c) 이사는 직무수행과 관련하여 지득한 기업의 비밀을 외부에 누설하거나 자기 또는 제3자의 이익을 위하여 이용하여서는 안 된다.

H) 이사의 책임 : 이사가 법령이나 정관을 위반하거나 그 임무를 소홀히 한 때에는 기업 또는 제3자에 대하여 손해배상책임을 진다. 다만 적절한 절차와 성실하고 합리적인 판단에 따른 이사의 경영 판단은 존중되어야 한다.

---

a) 이사가 법령이나 정관을 위반하거나 그 임무를 소홀히 한 때에는 기업에 대하여 손해배상책임을 진다. 이사에게 악의나 중과실이 있는 때에는 제3자에 대하여도 손해배상책임을 진다.

b) 이사가 경영 판단을 하는 과정에 있어 합리적으로 신뢰할 수 있는 상당한 자료와 정보를 수집하고 이를 신중하고 충분히 검토한 후, 성실하고 합리적인 판단에 의하여 기업에 최선의 이익이라고 생각되는 방법으로 직무를 수행하였다면, 그러한 이사의 경영 판단은 존중되어야 한다.

c) 기업은 이사에 대한 책임 추궁의 실효성을 확보하고, 유능한 인사를 이사로 유치하기 위해 기업의 비용으로 이사를 위한 손해배상책임보험에 가입할 수 있다.

d) 이사들은 주기적으로 이사의 역할 효율화를 위한 사내외 교육에 임하여야 한다. 특히, 새로이 이사로 선임된 자는 기업지배구조와 관련된 중립적 외부전문기관이 제공하는 오리엔테이션 교육에 참가할 것을 권고한다.

---

2) 감사기구 : 감사업무는 경영진, 지배주주로부터 독립적이고 감사업무에 관한 지식을 가진 자에 의해 이루어져야 한다 ; 감사업무를 수행하는 자는 충분한 정보를 가지고 상당한 시간과 노력을 투여하여 감사에 임하여야 한다 ; 감사업무를 수행하는 자는 감사업무 수행 중 알게 된 기업의 비밀을 법에 의해 요구되는 경우 외에는 누설하여서는 안 된다.

A) 내부감사기구 : 감사위원회, 감사 등 내부감사기구는 경영진 및 지배주주로부터 독립적인 입장에서 성실하게 감사업무를 수행하여야 하며, 내부감사기구의 주요 활동 내역은 고시되어야 한다.

---

a) 공개기업, 정부투자기관, 금융기관의 이사회는 이사회 내에 위원회로서 감사위원회를 설치하는 것이 바람직하다. 감사위원회를 설치하는 기업은 감사를 두지 아니한다.

b) 감사위원회는 3인 이상의 이사로 구성하되 전원 사외이사로 할 것을 권고하며, 그렇지 않은 경우 위원장을 포함한 3분의 2 이상은 사외이사이어야 한다. 감사위원 전원은 감사업무에 관한 기초적인 지식을 가지고 있어야 하며, 위원 중 1인은 감사업무에 관한 전문적인 식견을 가진 자이어야 한다. 감사위원회를 두지 아니하는 기업은 감사 중 1인을 상근으로 하여야 한다.

c) 감사위원회 또는 감사는 최소한 다음과 같은 기능을 수행하여야 한다.
  - 이사와 경영진의 업무집행에 대한 적법성 감사
  - 기업의 재무활동의 건전성과 타당성 감사
  - 재무보고 과정의 적절성과 재무보고의 정확성 검토
  - 중요한 회계처리기준이나 회계추정 변경의 타당성 검토
  - 내부통제시스템의 평가
  - 내부 감사부서 책임자의 임면에 대한 동의
  - 내부 감사부서의 역할, 조직, 예산의 적절성 평가
  - 내부 감사부서의 활동에 대한 평가
  - 외부감사인의 선임 및 해임에 대한 승인과 주주총회에의 사후 보고
  - 외부감사인의 감사활동에 대한 평가
  - 외부감사인의 독립성과 비감사활동의 적절성 평가
  - 내부 및 외부 감사결과 시정사항에 대한 조치 확인
  - 감사위원회규정 또는 감사규정 명문화 및 그 내용의 공시
  - 감사위원회 또는 감사의 활동과 독립성에 대한 내용의 주기적 공시

d) 이사회는 감사위원회 또는 감사의 목표, 조직, 권한과 책임 그리고 업무에 관한 규정을 명문화하여야 한다. 또한 감사위원회 또는 감사는 동 규정의 타당성을 매년 평가하고 그 내용을 공시하여야 한다.

e) 감사위원회는 회의를 분기별로 1회 이상 개최하여야 하며, 필요한 경우 경영진, 재무담당 임원, 내부감사부서의 장 및 외부감사인이 참석하도록 할 수 있다.

f) 감사위원회는 매 회의마다 회의록을 작성하여야 하며, 회의록에는 주요 토의사항과 결의내용을 상세하고 명확하게 기재하여야 한다. 감사위원회 또는 감사는 감사내용을 구체적으로 기록한 감사록을 작성하여야 한다.

g) 감사위원회 위원 또는 감사는 감사업무에 필요한 정보에 자유롭게 접근할 수 있어야 하고, 필요한 경우 외부전문가의 자문을 받을 수 있어야 한다.

h) 감사위원회는 감사위원회 자신의 독립성에 대한 평가내용과 주요 활동내용을 주주총회에 보고
하여야 하며, 대표이사는 사업보고서를 통해 이를 공시하여야 한다. 감사위원회를 설치하지 않
은 기업은 감사의 독립성에 대한 평가내용과 주요 활동내용을 주주총회에 보고하고 대표이사
는 사업보고서를 통해 이를 공시하여야 한다.

i) 감사위원회 위원은 경영진과 지배주주로부터 독립적이어야 한다. 따라서 감사위원회 위원은 이
사로서의 보수만 받을 수 있으며 그 외의 다른 보상은 받을 수 없다.

B) 외부감사인 : 기업의 회계정보가 주주 등 그 이용자들로부터 신뢰를 받을 수 있도록 외
부감사인은 감사대상기업과 그 경영진 및 지배주주 등으로부터 독립적인 입장에서 공정하
게 감사업무를 수행하여야 한다.

a) 외부감사인은 감사대상기업과 그 경영진 및 지배주주 등으로부터 실질적 및 외견상 독립성을
유지하여야 한다.

b) 외부감사인은 주주총회에 참석하여 감사보고서에 관한 주주의 질문이 있는 경우에 설명하여야
한다.

c) 외부감사인은 부주의한 회계감사로 인해 감사대상기업 및 기타 정보이용자에게 발생한 손해를
배상할 책임이 있다. 외부감사인은 감사받은 재무제표와 함께 정기적으로 공시되는 정보 중에
서 감사결과와 배치되는 정보가 있는지 확인하여야 한다.

d) 외부감사인은 감사 시 감사대상기업의 부정 또는 위법행위의 여부를 확인하기 위하여 노력하
여야 한다.

e) 외부감사인은 외부감사와 관련된 법령에서 요구하는 바에 따라 감사대상기업의 존속가능성에
대해 고려하여야 한다.

f) 외부감사인은 외부감사 활동 중에 확인한 중요사항을 감사위원회 또는 감사에게 보고하는 것
이 바람직하다.

(2) OECD Principles of Corporate Governance

* 경제협력개발기구(OECD) 작성(1999년 제정, 2003년 개정, 2004년 발행) ;
  출처 : OECD 홈페이지(www.oecd.org).

The responsibilities of the board : The corporate governance framework should ensure the strategic
guidance of the company, the effective monitoring of management by the board, and the board's
accountability to the company and the shareholders.

1) Board members should act on a fully informed basis, in good faith, with due diligence and care, and in the best interest of the company and the shareholders.

2) Where board decisions may affect different shareholder groups differently, the board should treat all shareholders fairly.

3) The board should apply high ethical standards. It should take into account the interests of stakeholders.

4) The board should fulfil certain key functions, including :

   a) Reviewing and guiding corporate strategy, major plans of action, risk policy, annual budgets and business plans ; setting performance objectives ; monitoring implementation and corporate performance ; and overseeing major capital expenditures, acquisitions and divestitures.

   b) Monitoring the effectiveness of the company's governance practices and making changes as needed.

   c) Selecting, compensating, monitoring and, when necessary, replacing key executives and overseeing succession planning.

   d) Aligning key executive and board remuneration with the longer term interests of the company and its shareholders.

   e) Ensuring a formal and transparent board nomination and election process.

   f) Monitoring and managing potential conflicts of interest of management, board members and shareholders, including misuse of corporate assets and abuse in related party transactions.

   g) Ensuring the integrity of the corporation's accounting and financial reporting systems, including the independent audit, and that appropriate systems of control are in place, in particular, systems for risk management, financial and operational control, and compliance with the law and relevant standards.

   h) Overseeing the process of disclosure and communications.

5) The board should be able to exercise objective independent judgement on corporate affairs.

   a) Boards should consider assigning a sufficient number of non-executive board members capable of exercising independent judgement to tasks where there is a potential for conflict of interest. Examples of such key responsibilities are ensuring the integrity of financial and non-financial reporting, the review of related party transactions, nomination of board members and key executives, and board remuneration.

   b) When committees of the board are established, their mandate, composition and working procedures should be well defined and disclosed by the board.

   c) Board members should be able to commit themselves effectively to their responsibilities.

6) In order to fulfil their responsibilities, board members should have access to accurate, relevant and timely information.

---

(3) 사외이사 관련 설문조사, 2000~2007년

1) 2000년2월 전국경제인연합회가 조사(592개 상장법인)한 바에 따르면 86.5%가 사외이사를 전체 이사의 절반 이상으로 확대하는 것에 반대하였다. 경영 관여로 인한 의사결정 지연 등 경영효율성 저하(58.4%), 적임자 선정 애로(25.8%) 등이 주요 이유였다. 경영효율성 저하의 주요 원인으로는 사외이사의 업무 투입 시간 제약 및 전문성 결여, 경영에 대한 관심 부족 등이 지적되었다. 사외이사의 이사회 참석률은 43.5%(1999년 기준)였다.

2) 2000년 말의 증권거래소 조사(사외이사 270명)에서는 73.5%가 최대주주의 추천을 받은 것으로 나타났다. 이사회 참석률은 66%이며, 불참 이유는 시간 부족(67%), 의안 검토 부족(13%) 등이었다. 또, 경영진의 인식 부족(45%), 임원과의 친분(29%) 때문에 자신들의 독립성이 상당히 저해된다고 대답하였다.

3) 2003년10월의 한국기업지배구조개선지원센터 조사(사외이사가 있는 419개 상장기업)에서는, 대주주가 추천한 사람을 사외이사로 임명한 기업이 78.7%에 달했다. 사외이사가 이사회 안건에 반대 또는 수정 의견을 제시한 적이 있는 기업은 15.1%밖에 되지 않았다. 또, 감사위원회나 감사가 감사 관련 부서의 책임자 임면 동의권을 가지고 있는 기업은 33.4%였다.

4) 2004년7월에는 전국경제인연합회에서 조사(91개 대기업)하였다. 응답 기업의 평균 사외이사 수는 3.7명으로 전체 이사 수 평균의 46.2%를 차지하였다. 연간 이사회 개최 횟수는 평균 18.9회이며, 사외이사들의 평균출석률은 81.2%에 이르렀다. 하지만, 이사회 안건 찬성률은 96.8%나 되었다. 사외이사 선임 시의 가장 큰 문제점은 적격 후보자 물색 곤란(42.9%)이었고, 그 다음은 법정 의무비율 준수(16.7%), 사외이사 자격 법적 기준 미진(9.5%) 등이었다. 운영상의 문제점으로는 전문성 부족(25.6%), 경영에 대한 이해 부족(23.1%), 사외이사의 과중한 책임(23.1%), 독립성 부족(20.5%) 등이었다.

5) 2007년8월의 한국기업지배구조개선지원센터 조사(2006년 현재 주권상장법인 652개 1472명 사외이사)에 의하면, 평균 사외이사 수는 2.3명이었다. 이사회 참석률은 평균 70.5%였으며, 평균치보다 낮은 참석률을 보인 기업은 43.3%, 그리고 참석률 0%인 기업은 3.4%였다. 또, 내국인 사외이사의 참석률은 75.7%인데 반해 외국인 사외이사의 참석률은 45.8%에 불과하였다. 사외이사의 추천자는 이사회가 63.4%, 사외이사후보추천위원회 등 위원회가 29.3%, 그리고 최대주주 및 특수관계인이 2.2%였다. 사외이사의 직업은 경영인(33.2%), 교수(23.5%), 변호사(11.5%) 등이 절대다수를 차지하였으며, 그 다음으로 금융인, 공무원, 고문자문, 회계사, 세무사, 언론인, 연구원 순이었다.

(『조선일보』 2000.2.19, 11.30, 2003.10.16, 2004.7.7 ; 한국기업지배구조개선지원센터 (2007.8)).

제4부

4대 재벌과 개인화된 다원적 경영구조,
1998~2005년 : (2) 개별 재벌 분석

제9장 삼성그룹과 개인화된 다원적 경영구조

　삼성그룹의 출발은 이병철(1910~1987)이 28세 때인 1938년 세운 삼성상회였다. 내년(2008년)이면 그룹 창립 70주년이 된다. 이병철은 1950년대 초 삼성물산(1952년), 제일제당(1953년 ; CJ), 제일모직(1954년) 등을 잇달아 설립하면서 사업을 본격적으로 확장해 나갔다. 그는 50년 동안의 사업을 뒤로 하고 1987년11월19일 78세로 세상을 떠났다.

　이병철이 별세한 당일 오후 긴급 사장단회의가 소집되었으며, 셋째 아들 이건희(1942년생, 45세)가 동일인 겸 그룹회장으로 추대되었다. 이병철은 오래 전(1971년)에 이미 이건희를 후계자로 지명하는 유언장을 작성한 것으로 알려지고 있다. 이건희는 1966년(24세) 동양방송 이사로 경영에 첫 발을 내디뎠으며, 2년 뒤에는 중앙일보 이사를 겸하였고 1979년(37세)에는 그룹부회장이 되었다. 이후 8년 만에 그룹의 수장에 오르게 된 것이다.

　이병철은 모두 3남5녀를 두었는데, 이 중 이건희(3남)를 제외한 다른 4명의 집안이 각각의 그룹을 운영하고 있다 : 이인희(1녀)는 한솔그룹, 이맹희(1남)의 아들 이재현은 CJ그룹, 이창희(2남)의 아들 이재관은 새한그룹, 그리고 이명희(5녀)는 신세계그룹.

　이건희가 그룹회장으로 취임한 1987년 삼성그룹은 36개 계열회사에 5.6조원의 자산을 가진 재계 3위의 재벌이 되어 있었다(<표 9.1>). 이후 2000년까지 2~4위를 유지하다가 2001년부터는 1위에 올라 오늘에 이르고 있다. 계열회사는 1997년 80개까지 늘어났으며, 2000년까지 45개로 줄어들었다가 1위에 오른 2001년 이후 2005년까지 62~64개 수준으로 다시 늘어났다. 2006~2007년에는 59개였다. 자산규모는 1987년 5.6조원이던 것이 1997년에는 51.7조원으로 거의 10배가 되었으며, 2005년에는 107.6조원으로 다시 2배 가량 늘어났다.

<표 9.1> 삼성그룹, 1987~2007년 : 순위(A, 위), 계열회사 수(B, 개), 자산총액(C, 10억원),

1개 계열회사 평균자산(D, 10억원)

년도	A	B	C	D	년도	A	B	C	D
1987	3	36	5,588	155	1997	2	80	51,651	646
1988	4	37	6,766	183	1998	2	61	64,536	1,058
1989	4	42	8,108	193	1999	3	49	61,606	1,257
1990	4	45	10,438	232	2000	2	45	67,384	1,497
1991	4	51	13,844	271	2001	1	64	69,873	1,092
1992	2	52	18,713	360	2002	1	63	72,351	1,148
1993	2	55	21,285	387	2003	1	63	83,492	1,325
1994	3	50	22,650	453	2004	1	63	91,946	1,459
1995	2	55	29,414	535	2005	1	62	107,617	1,736
1996	2	55	40,761	741	2006	1	59	115,924	1,965
					2007	1	59	129,078	2,188

주 : 4월 현재 ; 2002~2007년 순위 – 공기업집단 제외.

출처 : 공정거래위원회 홈페이지 자료.

1. 이건희 가족의 소유 및 경영 참여

이건희의 직계가족은 부인(홍라희, 1945년생), 1남(이재용, 1968), 3녀(이부진(1970), 이서현 (1973), 이윤형(1979)) 등 모두 5명이다. 막내딸은 미국 유학 중 2005년11월 교통사고로 사망 하였다.

분석 대상인 8개 계열회사에 관한 한 이 6명을 포함하여 모두 10명의 가족구성원들이 소 유 또는 경영에 참여하였다. 이건희와 이재용은 양쪽 모두에, 홍석준(홍라희 셋째 동생)은 경 영에, 그리고 홍라희, 3녀, 다른 3명은 소유에 관여하였다. 한편, 그룹 전체로 보면 가족구성 원들의 소유 및 경영 참여는 보다 광범위한 것으로 나타나고 있다.

(1) 참여 빈도

1) 사람별 : 10명 중에서는 동일인 및 그룹회장인 이건희의 참여 범위가 제일 넓다(<표 9.2>). 8개 회사 중 6개에 관여하고 있는데, 3개(삼성물산, 삼성전자, 삼성에버랜드)에는 소유 와 경영 모두에, 2개(삼성SDI, 제일기획)에는 경영에, 그리고 1개(삼성생명보험)에는 소유에 관련되어 있다. 하지만, 참여 회사 수가 2000년 6개에서 2003년에는 5개로 다시 2005년에는 4개로 줄어들고 있다. 흥미로운 점은, 소유 참여 회사 수는 4개 그대로인 반면 경영 참여 회 사 수가 2000년 5개에서 2005년에는 1개(삼성전자)로 급격하게 줄어들었다는 것이다. 주력회 사인 삼성전자에는 소유와 경영 모두에 지속적으로 참여하고 있다.

아들 이재용은 1개 회사(삼성전자)의 소유와 경영에, 그리고 1개 회사(삼성에버랜드)의 소유에 관여하고 있다. 삼성전자에는 처음에는 지분만 가지고 있다가 점차 경영에도 발을 들여놓았다. 부인 동생인 홍석준은 1개 회사(삼성SDI)의 경영에 관여하였다. 나머지 7명의 가족은 각자 1개 회사에만 주주로 참여하고 있는데, 이들 중 부인 홍라희만 삼성전자 주주이고, 3명의 딸과 3명의 친인척(이재현(이건희 첫째 형 아들), 이종기(첫째 누나 남편), 조운해(넷째 누나 남편))은 모두 삼성에버랜드의 주주들이다. 이건희 직계 4명은 소유 참여가 지속적인 반면 다른 3명은 보다 짧은 기간에만 관련되어 있는 점이 눈에 띈다.

2) 회사별 : 10명 중 홍라희와 홍석준을 제외한 8명이 삼성에버랜드에 관련되어 있다. 이건희는 소유 및 경영 모두에, 그리고 나머지 7명은 소유에만 참여하였다. 삼성전자에는 3명이 관련되어 있는데, 이건희와 이재용은 소유 및 경영 모두에, 그리고 홍라희는 소유에만 참여하였다. 삼성SDI에는 2명(이건희, 홍석준)이 경영에 참여하였고, 삼성물산(소유 및 경영), 제일기획(경영), 삼성생명보험(소유) 등 3개에는 이건희 혼자 관련되어 있다. 분석 대상인 8개 회사 중 2개(삼성중공업, 삼성카드)에는 이건희 가족의 참여가 없다.

<표 9.2> 이건희 가족의 소유(O) 및 경영(M) 참여 : (1) 빈도

관계	이름	년도	삼성물산	삼성전자	삼성중공업	삼성SDI	제일기획	삼성생명보험	삼성에버랜드	삼성카드
동일인	이건희	1998	O M	O M		M	M	O	O M	
		2000	O M	O M		M	M	O	O M	
		2003	O M	O M		M		O	O	
		2005	O	O M						
아들	이재용	1998		O						
		2000		O					O	
		2003-5		O M					O	
배우자	홍라희	1998-05		O						
딸1	이부진	2000-5							O	
딸2	이서현	2000-5							O	
딸3	이윤형	2000-5							O	
인척1	홍석준	2000-5				M				
인척2	이재현	2000-3							O	
인척3	이종기	2005							O	
인척4	조운해	2005							O	

주 : 1) 12월 또는 3월(삼성생명보험, 2001, 04, 06년) 현재 ; 밑줄 친 회사는 비상장회사.
　　2) 삼성SDI(1998년)=삼성전관.
　　3) 홍석준=홍라희의 셋째 동생 ; 이재현=첫째 형(이맹희) 큰 아들 ; 이종기=첫째누나(이인희) 남편 ; 조운해=넷째 누나(이덕희) 남편.
출처 : <표 9.3>.

(2) 참여 내용

1) 소유 참여 : 이건희는 삼성전자(1998~2005년)와 삼성생명보험(2000~2005년)의 최대주

주이고 이재용은 삼성에버랜드(2000~2003년)의 최대주주이다(<표 9.3>). 이건희의 지분은 각각 1.85~2.40%, 4.54~4.83%인데 반해 이재용의 지분은 25.1%나 된다. 이재용의 지분은 2005년에도 같았는데 최대주주 자리는 삼성카드(25.64%)에게로 넘어갔다. 삼성전자에서는 이재용(0.63~0.82%)과 홍라희(0.71~0.83%)도 주주였으며, 가족 3명의 지분 합은 3.30~4.05% 밖에 되지 않았다. 한편, 삼성에버랜드에는 이재용 외에 7명이 더 지분을 가지고 있었는데, 이건희는 3.72%, 3명의 딸은 8.37%씩, 그리고 다른 3명의 몫(0.08~1.52%)은 조금이었다. 8명 가족 지분의 합은 50%를 훨씬 넘었다(54.49~55.45%).

<표 9.3> 이건희 가족의 소유 및 경영 참여 : (2) 회사별 – 지분(%), 임원 직책

	1998	2000	2003	2005
(1. 삼성물산)				
이건희	2.02	1.38	1.38	1.41
	등기회장	등기회장	등기회장	
(2. 삼성전자)				
이건희	2.4	2.01	1.85	1.91
	대표이사회장	대표이사회장	대표이사회장	대표이사회장
이재용	0.82	0.77	0.63	0.65
			미등기상무	미등기상무
홍라희	0.83	0.71	0.71	0.74
친족	4.05	3.49	3.19	3.3
(3. 삼성SDI)				
이건희	비상근등기이사	비상근등기이사	비상근등기이사	
홍석준		미등기임원	미등기부사장	미등기부사장
(4. 제일기획)				
이건희	비상근등기이사	비상근등기이사		
(5. 삼성생명보험)				
이건희		4.83	4.54	4.54
(6. 삼성에버랜드)				
이건희		3.72	3.72	3.72
		비상근등기이사	비상근등기이사	
이재용		25.1	25.1	25.1
이부진		8.37	8.37	8.37
이서현		8.37	8.37	8.37
이윤형		8.37	8.37	8.37
이재현		1.52	1.52	
이종기				0.48
조운해				0.08
친족		55.45	55.45	54.49

주 : 1) 12월 또는 3월(삼성생명보험, 2001, 04, 06년) 현재 ; 밑줄 친 회사는 비상장회사.
　　 2) 삼성SDI(1998년)=삼성전관.
　　 3) 밑줄 친 지분–최대주주 지분 ; 친족–최대주주 포함.
　　출처 : 제13장.

2) 경영 참여 : 경영에는 이건희, 이재용, 홍석준 등 3명이 상근 또는 비상근임원으로 참여하였다(<표 9.3, 9.4>). 이건희는 5개 회사의 경영자였는데, 최대주주인 삼성전자에서는 대표이사회장(1998~2005년)으로서, 그리고 지분을 가지고 있는 삼성물산에서는 등기회장(1998~2003년)으로서 업무를 직접 챙겼다. 나머지 3개 회사(삼성SDI, 제일기획, 삼성에버랜드)에서는 비상근이사로서 이사회의 의결과정에만 간접적으로 영향력을 행사하였다. 자신이 최대주주인 삼성생명보험의 경영에는 직접 관여하지 않고 있다.

이재용은 삼성전자의 미등기상무(2003~2005년)로 경영기획팀 경영전략담당의 요직을 맡고 있다. 최대주주로 있는 삼성에버랜드의 경영에는 관여하지 않고 있으며, 대신 이건희가 비상근이사(2000~2003년)였다. 이재용은 2007년 초 전무로 승진하였으며 신설된 CCO(Chief Customer Officer, 최고고객담당임원)에 임명되었다. 2001년 상무보, 2003년 상무에 이어 4년만에 경영 전면에 나서게 된 것이다. 홍석준 역시 삼성SDI의 미등기부사장(2003~2005년)으로서 경영기획실장의 요직에 있었다. 그는 2007년8월 경영진에서 물러났다 (『조선일보』 2005.1.13, 2007.1.18, 1.20, 8.30, 8.31).

이건희는 5개 회사(삼성전자, 삼성물산, 삼성SDI, 제일기획, 삼성에버랜드) 이외의 다른 많은 회사의 경영에도 관여하였다(<표 9.3, 9.5>). 2000년에는 2개 상장회사(삼성전자, 삼성물산)에서 상근이사, 그리고 15개 회사(상장 8개, 비상장 7개)에서 비상근이사였다. 이 17개는 전체 계열회사 60개 중 거의 1/3(28%)에 해당된다. 전체 상장회사 14개 중에서는 10개(71%)나 관련되어 있고, 전체 비상장회사 46개 중에서는 7개(15%)에만 관련되어 있었다. 이들 외에 2개 비영리법인(삼성문화재단, 삼성복지재단)의 이사장직도 가지고 있었다. 2003년까지 이건희의 경영 관여는 대폭 줄어들었다. 비상근이사직이 6개로 줄어든 탓이었다. 관련 상장회사 수는 8개에서 4개로, 비상장회사 수는 7개에서 2개로 각각 줄어들었다. 상근이사직 2개는 그대로 유지하였다. 64개 전체 회사 중 8개(13%), 상장회사 14개 중 6개(43%) 그리고 비상장회사 50개 중 2개(0.0%)의 경영에만 관여하게 되었다. 2005년까지 이건희는 비상근이사직에서 모두 손을 뗐다.

<표 9.4> 이건희 가족의 소유 및 경영 참여 : (3) 경영 참여 빈도와 유형 – 총 회사(T), 상장회사(A), 상근임원(a)

	1998년			2000년			2003년			2005년		
	T	A	a	T	A	a	T	A	a	T	A	a
분석된 회사	5	5		8	5		8	5		8	5	
경영 참여 회사	4	4		5	4		4	3		1	1	
이건희	4	4	2	5	4	2	4	3	2	1	1	1
이재용							1	1	1	1	1	1
홍석준				1	1	1	1	1	1	1	1	1

출처 : <표 9.2, 9.3>.

<표 9.5> 이건희 가족의 소유 및 경영 참여 :

  (4) 이건희의 겸직(개) - 계열회사(T), 상장회사(A), 비상장회사(B), 비영리법인(X)

	1998년			2000년				2003년				2005년		
	T	A	B	T	A	B	X	T	A	B	X	T	A	B
총 계열회사	61	14	47	60	14	46		64	14	50		59	14	45
1. 겸직 합	4	4		17	10	7	2	8	6	2	2	1	1	
상근이사	2	2		2	2			2	2			1	1	
비상근이사	2	2		15	8	7		6	4	2				
이사장				2				2						

2. 회사/법인별

	1998년	2000년	2003년	2005년
(상근이사)				
삼성물산*	회장	회장	회장	
삼성전자*	대표이사회장	대표이사회장	대표이사회장	대표이사회장
(비상근이사)				
삼성SDI*	O	O	O	
제일기획*	O	O		
삼성엔지니어링		O		
삼성전기		O	O	
삼성정밀화학		O		
삼성화재보험		O		
제일모직		O	O	
호텔신라		O	O	
삼성생명보험*		O		
삼성에버랜드*		O	O	
삼성경제연구소		O		
삼성라이온즈		O		
삼성카드		O		
삼성코닝		O	O	
삼성SDS		O		
(이사장)				
삼성문화재단		O	O	
삼성복지재단		O	O	

주 : 1) * 분석된 회사 ; 밑줄 친 회사는 비상장회사.
  2) 1998년 : <표 9.3>에 있는 직책 이외에 출처에 겸직 관련 정보 없음.
  3) 출처(사업보고서) 상의 겸직 관련 정보는 다소 불분명하거나 부정확한 것으로 보임.
출처 : 제13장.

3) 그룹 전체에서의 경영 및 소유 참여 : 그룹 전체로 보면 이건희, 이재용, 홍석준 외에 두 딸과 두 사위 등 모두 4명이 더 경영에 관여하고 있다.

이부진(신라호텔 상무), 이서현(제일모직 상무보), 임우재(삼성전기 상무보),
김재열(제일모직 상무).

첫째 딸 이부진은 2004년 초 호텔신라 상무보(경영전략담당)로 승진했다가 2005년1월 상무로 다시 승진하였다. 둘째 딸 이서현은 제일모직 부장에서 상무보로, 그리고 이부진의 남편 임우재는 삼성전자 부장에서 삼성전기 상무보로 2005년1월 경영에 첫 발을 내디뎠다. 이서현의 남편 김재열은 2004년 상무가 되었다. 삼성그룹 관계자는 '두 사위가 이재용을 돕는 협업체제로 갈 것'이라고 전망했다. 이 4명의 소속 및 직책은 2007년8월 현재까지 변함이 없다 (『조선일보』 2005.1.13, 2007.1.18, 8.7).

가족구성원들의 소유 참여는 더 광범위한 것으로 알려지고 있다. 2004년부터 공정거래위원회는 친족 지분을 4개(배우자/혈족1촌, 혈족2~4촌, 혈족5~8촌, 인척4촌 이내)로 세분화해서 공개하고 있는데 삼성그룹의 경우는 다음과 같다 (4월1일 현재, 보통주+우선주 기준 ; 공정거래위원회 홈페이지 자료).

A) (2004년)　　　0.90% = 0.79 + 0.01 + 0.02 + 0.08

B) (2005~6년) 0.56% = 0.50 + 0.00 + 0.01 + 0.05

C) (2007년)　　0.50% = 0.48 + 0.00 + 0.01 + 0.00.

2. 소유구조

분석 대상 회사 8개 중 5개(삼성물산, 삼성전자, 삼성중공업, 삼성SDI, 제일기획)는 상장회사이고 3개(삼성생명보험, 삼성에버랜드, 삼성카드)는 비상장회사이다. 전자에서는 주주가 매우 많아 소유 분산이 광범위한 반면 후자에서는 그 반대이다. 이에 따라, 이건희가족은 상장회사에서는 어느 정도 크기의 지분을 확보함으로써, 그리고 비상장회사에서는 큰 지분을 확보하여 보다 안정적으로 소유권을 장악하고 있다. 어떤 경우든 최대주주를 중심으로 일군의 특수관계인들(친족, 비영리법인, 임원, 계열회사, 자기주식, 자사주펀드) 사이에 은밀한 금전적 협조가 이루어지고 있다.

(1) 주주 수 및 지분

1) 주주 수 : 상장회사 5개 중 4개에서는 주주가 수만 명이나 되며 십만 명을 넘을 때도 있었다(<표 9.6>). 삼성전자(82,810~90,575명 ; 2000년 158,088명)와 삼성중공업(61,468~92,862명)의 주주가 5만 명 이상으로 가장 많다. 삼성물산(42,927~76,427명 ; 2000년 119,792명)에서는 5만 명 내외이고 삼성SDI(22,312~43,744명)에서는 5만 명 이하이다. 제일기획(2,358~4,825명)은 상장회사이면서도 주주 수는 몇 천 명 밖에 되지 않는다. 반면, 3개 비상장회사에서의 주주 수는 회사에 따라 큰 차이를 보이고 있다. 삼성생명보험(1,014~4,151명)에서는 몇

천 명이고, 삼성카드(48~2,301~19,053명)에서는 주주가 급작스럽게 늘어나고 있다. 삼성에 버랜드의 주주 수는 고작 32~34명이다.

<표 9.6> 주주 수(명) 및 지분(%) : (1) 총 주주(S), 최대주주(S1), 특수관계인(S2)

년도	삼성물산	삼성전자	삼성중공업	삼성SDI	제일기획	삼성생명보험	삼성에버랜드	삼성카드
1. S (명)								
1998	42,927	90,575	63,270	22,312	4,259			
2000	119,792	158,088	92,862	23,541	4,825	1,014	34	48
2003	76,427	82,810	75,443	24,027	2,871	3,698	34	2,301
2005	45,610	87,507	61,468	43,744	2,358	4,151	32	19,053
2. S1+S2 (명)								
1998	9	6	7	4	5			
2000	7	6	9	5	3	15	14	3
2003	6	7	8	3	4	12	13	3
2005	9	18	10	3	6	12	13	6
(S1)								
1998	삼성SDI	이건희	삼성전자	삼성전자	삼성전자			
2000	삼성SDI	이건희	삼성전자	삼성전자	삼성물산	이건희	이재용	삼성전자
2003	삼성SDI	이건희	삼성전자	삼성전자	삼성물산	이건희	이재용	삼성전자
2005	삼성SDI	이건희	삼성전자	삼성전자	삼성물산	이건희	삼성카드	삼성전자
(S2)								
1998	8	5	6	3	4			
2000	6	5	8	4	2	14	13	2
2003	5	6	7	2	3	11	12	2
2005	8	17	9	2	5	11	12	5
3. S1+S2 (%)								
1998	10.94	8.3	26	16.24	9.29			
2000	8	7.45	24.79	20.82	18.5	44.73	95.44	88.34
2003	8.08	7.35	24.78	27.06	26.55	36.94	95.44	87.6
2005	13.88	16.08	24.27	20.42	18.3	30.94	94.48	89.9
(S1)								
1998	2.98	2.4	17.69	13.29	3.56			
2000	4.52	2.01	17.61	20.01	12.64	4.83	25.1	56.59
2003	4.52	1.85	17.61	19.97	12.64	4.54	25.1	56.1
2005	7.39	1.91	17.61	20.38	12.64	4.54	25.64	46.85
(S2)								
1998	7.96	5.9	8.31	2.95	5.73			
2000	3.48	5.44	7.18	0.81	5.86	39.9	70.34	31.75
2003	3.56	5.5	7.17	7.09	13.91	32.4	70.34	31.5
2005	6.49	14.19	6.66	0.04	5.66	26.4	68.85	43.05

주 : 1) 12월 또는 3월(삼성생명보험 2001, 04, 06년) 현재 ; 밑줄 친 회사는 비상장회사.
 2) 삼성SDI(1998년)=삼성전관.
 3) 밑줄 친 지분-S1과 S2 중 큰 지분.
 출처 : 제13장.

2) 최대주주 및 특수관계인 수 : 전체 주주들 중 이건희 가족의 소유권 장악에 협조하는 주주들, 즉 '최대주주 및 특수관계인'의 수는 10명 안팎이다. 흥미로운 점은 이들의 수가 상장회사들에서 더 적다는 것이다. 삼성SDI(3~5명)와 제일기획(3~6명)에서는 5명 내외이고, 삼성물산(6~9명), 삼성중공업(7~10명), 삼성전자(6~7 & 18명)에서는 10명 이하이다. 반면, 비상장회사인 삼성에버랜드(13~14명)와 삼성생명보험(12~15명)에서는 10명이 넘는다. 특히 삼성에버랜드의 최대주주 및 특수관계인은 총 주주 수의 40%나 차지하고 있다.

최대주주의 역할은 이건희와 이재용 그리고 4개 계열회사(삼성전자, 삼성물산, 삼성SDI, 삼성카드)가 담당하고 있다. 중요한 점은 이건희를 정점으로 이들 사이에 밀접한 관계가 맺어져 있다는 것이다.

A) 이건희는 삼성전자와 삼성생명보험, 그리고 이재용은 삼성에버랜드(2000~2003년)를,

B) 삼성전자는 삼성중공업, 삼성SDI, 삼성카드, 제일기획(1998년)을,

C) 삼성SDI는 삼성물산을,

D) 다시 삼성물산은 제일기획(2000~2005년)을 각각 책임지고 있다.

결국, 이건희 가족은 3개 회사에서는 직접적으로, 나머지 5개 회사에서는 간접적으로 최대주주의 지위를 확보함으로써 8개 회사 모두에 대한 소유권을 장악하고 있다.

3) 최대주주 및 특수관계인 지분 : 5개 상장회사에서는 30% 이하로 작은 편이다. 삼성전자(7.35~16.08%)와 삼성물산(8.0~13.88%)에서는 10% 내외이고 제일기획(9.29~26.55%)에서는 좀 더 크다. 삼성SDI(16.24~27.06%)와 삼성중공업(24.27~26.0%)에서는 20% 이상이다. 반면, 삼성에버랜드(94.48~95.44%)에서는 90%를 훨씬 넘고 삼성카드(87.6~89.9%)에서는 90%에 조금 못 미치고 있다. 삼성생명보험(30.94~44.73%)에서의 지분은 전체 주식의 1/3 내외이다. 1998~2005년 사이 이 수치들의 변동이 회사에 따라 서로 다른데, 특히 삼성전자와 삼성물산에서는 증가 추세를, 반면 삼성생명보험에서는 감소 추세를 보이고 있다.

최대주주 및 특수관계인 지분 중에서 최대주주의 몫과 특수관계인의 몫은 최대주주가 자연인인지 회사인지에 따라 그 크기가 서로 다르게 나타난다. 이건희와 이재용이 최대주주로 있는 3개 회사(삼성전자, 삼성생명보험, 삼성에버랜드)에서는 특수관계인의 몫이 더 크고, 반면 계열회사가 최대주주인 나머지 5개 회사에서는 최대주주 자신의 몫이 더 크다. 특히, 삼성SDI, 삼성중공업, 삼성카드에서는 최대주주인 삼성전자의 지분이 월등히 크다.

(2) 특수관계인 수 및 지분

1) 특수관계인-유형별 특징 : 최대주주와 은밀하게 금전적인 협조관계를 맺는 특수관계

인에는 모두 6가지 유형이 있다. 친족, 비영리법인, 임원, 계열회사, 자기주식, 자사주펀드가 그것이다(<표 9.7>). 등장하는 유형의 수는 회사에 따라, 년도에 따라 다른데, 6유형 모두가 등장한 적은 없었다. 1998년 삼성물산에서의 5유형이 가장 많았고, 삼성에버랜드(2000년), 삼성전자(2005년), 삼성물산(2000~2005년)에서는 4유형이 관련된 적이 있었다. 반면, 제일기획(1998년), 삼성SDI(2005년), 삼성중공업(1998~2003년), 삼성카드(2000~2003년)에서는 각각 1개의 유형만 등장하기도 하였다.

6가지 유형 중 '계열회사'의 비중이 단연 크다. 분석 대상 8개 회사에 가장 빈번하게 주주로 참여하고 있고 지분도 다른 유형의 지분보다 대체로 크다. 2000년에는 참여 대상 회사 7개(삼성물산 제외) 중 6개(삼성SDI 제외)에서, 2003년에는 6개(삼성물산, 삼성SDI 제외) 중 5개(제일기획 제외)에서, 그리고 2005년에는 8개 중 7개(삼성에버랜드 제외)에서 계열회사의 지분이 가장 컸다. 특히, 삼성전자, 삼성중공업, 삼성생명보험, 삼성카드 등에서의 소유권 장악에서 계열회사의 역할은 절대적이다. 한편, 삼성물산, 삼성SDI, 제일기획 등에서는 '자기주식'의 몫이 상당히 큰데, 자기주식은 해당 회사가 자신의 주식을 보유하는 것이므로 '계열회사'의 부류에 속하는 것으로 볼 수 있다.

'친족'과 '비영리법인'의 등장 횟수도 빈번하다. 하지만 지분 크기는 대체로 작다. 친족은 3개 회사(삼성물산, 삼성전자, 삼성에버랜드)에서, 그리고 비영리법인은 이 3개와 다른 2개 회사(삼성SDI, 삼성생명보험) 등 5개 회사에서 각각 주주로 참여하고 있다. 2000~2003년의 삼성물산에서는 친족 지분이 가장 컸으며, 삼성에버랜드에서는 2000~2003년 친족 지분(30.35%)이 계열회사 지분(39.12%)에 조금 못 미치다가 2005년(54.49% vs. 13.48%) 전자가 월등히 커졌다. 반면, 비영리법인의 지분은 대체로 1% 이하이며, 유독 삼성생명보험(4.68%)에서만 비중이 컸다.

<표 9.7> 주주 수(명) 및 지분(%) :
(2) 특수관계인(S2) – 친족(A), 비영리법인(B), 임원(C), 계열회사(D), 자기주식(E), 자사주펀드(F)

년도	삼성 물산	삼성 전자	삼성 중공업	삼성 SDI	제일 기획	삼성 생명보험	삼성 에버랜드	삼성 카드
1. 주주 수(명)								
(1998)								
A	1	2						
B	3	2		1				
D	2	1	6	1	4			
E	1			1				
F	1							

(2000)								
A	1	2					5	
B	3	2		1		1	1	
C						7	1	
D		1	8	3	1	6	6	2
E	1				1			
F	1							
(2003)								
A	1	2					5	
B	2	3		1		1	1	
C						4		
D		1	7		2	6	6	2
E	1				1	1		
F	1							
(2005)								
A	1	2					7	
B	2	3				1	1	
C	3	8	2		2	4		1
D	2	4	7	2	3	6	4	4

2. 지분(%)

(1998)								
A	2.02	1.65						
B	0.27	0.09		0.95				
D	2.57	4.16	8.31	0.03	5.73			
E	1.31			1.97				
F	1.79							
(2000)								
A	1.38	1.48					30.35	
B	0.22	0.08		0.74		4.68	0.88	
C						13.57	0.2	
D		3.88	7.18	0.07	3.26	21.63	39.12	31.75
E	0.83				2.6			
F	1.06							
(2003)								
A	1.38	1.34					30.35	
B	0.22	0.25		0.22		4.68	0.88	
C						6.08		
D		3.89	7.17		5.65	21.64	39.12	31.5
E	0.83			6.87	8.26			
F	1.14							
(2005)								
A	1.41	1.39					54.49	
B	0.23	0.21				4.68	0.88	
C	0.06	0.05	0.02		0.01	6.08		0
D	4.79	12.54	6.64	0.04	5.65	15.64	13.48	43.05

주 : 1) 12월 또는 3월(삼성생명보험 2001, 04, 06년) 현재 ; 밑줄 친 회사는 비상장회사.
   2) 삼성SDI(1998년)＝삼성전관.
   3) 밑줄 친 지분－A~F 중 가장 큰 지분.

출처 : 제13장.

2) 친족, 비영리법인 및 계열회사 : 특수관계인들 중 친족(최대주주 포함), 비영리법인, 계열회사(최대주주, 자기주식 포함) 등 3개 유형을 다른 각도에서 좀 더 살펴보자(<표 9.8, 9.9, 9.10>).

이미 설명한 대로, 소유에 참여하고 있는 '친족'은 이건희 가족구성원 9명이다. 2000~2005년 사이 4개 회사에 관여하였다. 삼성물산과 삼성생명보험에서는 이건희 혼자인데 후자에서는 최대주주이다. 삼성전자에서는 3명(이건희(최대주주), 홍라희, 이재용)이, 그리고 삼성에버랜드에는 6~7명(이건희, 이재용(2000~3년 최대주주), 딸 3명, 친인척 1~2명)이 각각 주주였다.

'비영리법인'은 삼성문화재단, 삼성복지재단, 삼성장학재단, 삼성공제회 등 모두 4개다. 앞의 두 재단 이사장은 이건희다. 삼성문화재단의 참여가 가장 활발해서, 1998~2005년 사이 모두 5개 회사(삼성물산, 삼성전자, 삼성SDI, 삼성생명보험, 삼성에버랜드)에 지분을 가지고 있었다. 뒤의 3개 회사에서는 삼성문화재단만 주주였고, 앞의 2개 회사에서는 2~3개의 법인이 함께 주주였다.

한편, 분석 대상인 8개 회사의 지분에 참여한 '계열회사'는 모두 21개나 된다. 참여 회사 수는 회사에 따라, 년도에 따라 1~9개로 다양하다. 삼성중공업에서는 최대주주인 삼성전자를 포함해 7~9개의 회사가 대거 주주의 신분을 가졌다. 삼성생명보험(6개), 삼성에버랜드(5~6개 ; 2005년 최대주주 삼성카드), 제일기획(3~5개 ; 1998년 최대주주 삼성전자, 2000~2005년 최대주주 삼성물산, 2000~2003년 자기주식), 삼성카드(3~5개 ; 최대주주 삼성전자) 등에도 관여하는 회사가 여러 개였다. 삼성전자에는 1998~2003년 사이 삼성물산만이 주주였다가 2005년 3개 회사가 더 주주가 되었다.

참여 회사 21개 중에서는 상장회사(13개)가 비상장회사(8개)보다 수도 많고 참여 정도도 더 컸다. 삼성물산(5개 회사, 3~4개년도 씩), 삼성전기(5개, 1~4개년도), 삼성전자(4개, 3~4개년도), 제일모직(4개, 1~4개년도) 등 4개 상장회사의 지분 참여가 상대적으로 잦았다. 이 중 삼성물산은 자기주식을 가진 적이 있다. 비상장회사 중에서는 삼성생명보험(6개 회사, 1~4개년도 씩), 삼성카드(3개, 1~3개년도), 삼성에버랜드(2개, 3개년도) 등이 앞서 있다.

<표 9.8> 특수관계인 : (1) 친족 – 년도별, 사람별

1. 년도별

	삼성 물산	삼성 전자	삼성 중공업	삼성 SDI	제일 기획	삼성 생명보험	삼성 에버랜드	삼성 카드
1998	이건희	<u>이건희</u> 홍라희 이재용						
2000	이건희	<u>이건희</u> 이재용 홍라희	홍석준			<u>이건희</u>	이재용 이부진* 이서현* 이윤형* 이건희 이재현	
2003	이건희	<u>이건희</u> 홍라희 이재용	홍석준			<u>이건희</u>	이재용 이부진* 이서현* 이윤형* 이건희 이재현	
2005	이건희	<u>이건희</u> 홍라희 이재용	홍석준			<u>이건희</u>	이재용 이부진* 이서현* 이윤형* 이건희 이종기 조운해	

2. 사람별

	삼성 물산	삼성 전자	삼성 중공업	삼성 SDI	제일 기획	삼성 생명보험	삼성 에버랜드	삼성 카드
이건희	98 00 03 05	<u>98</u> 00 <u>03 05</u>				<u>00 03</u> <u>05</u>	00 03 05	
이재용		98 00 03 05					<u>00 03</u> 05	
홍라희		98 00 03 05						
이부진							00 03 05	
이서현							00 03 05	
이윤형							00 03 05	
홍석준				00 03 05				
이재현							00 03	
이종기							05	
조운해							05	

주 : 1) 12월 또는 3월(삼성생명보험 2001, 04, 06년) 현재 ; 밑줄 친 회사는 비상장회사.

2) 삼성SDI(1998년)=삼성전관.

3) 년도별 : 밑줄 친 사람은 최대주주 ; 순서는 지분크기 순서 ; *해당 년도의 지분크기 같음.

4) 사람별 : 숫자는 년도 ; 밑줄 친 년도는 그 년도에 해당 사람이 최대주주임을 의미함.

출처 : <표 9.3>, 제13장.

<표 9.9> 특수관계인 : (2) 비영리법인 - 년도별, 법인별

1. 년도별

	삼성 물산	삼성 전자	삼성 중공업	삼성 SDI	제일 기획	삼성 생명보험	삼성 에버랜드	삼성 카드
1998	복지 문화 공제	복지 공제		문화				
2000	복지 문화 공제	복지 공제		문화		문화	문화	
2003	복지 문화	장학 복지 문화		문화		문화	문화	
2005	복지 문화	장학 복지 문화				문화	문화	

2. 법인별

	삼성 물산	삼성 전자	삼성 중공업	삼성 SDI	제일 기획	삼성 생명보험	삼성 에버랜드	삼성 카드
삼성공제회	98 00	98 00						
삼성문화재단	98 00 03 05	03 05		98 00 03		00 03 05	00 03 05	
삼성복지재단	98 00 03 05	98 00 03 05						
삼성장학재단		03 05						

주 : 1) 12월 또는 3월(삼성생명보험 2001, 04, 06년) 현재 ; 밑줄 친 회사는 비상장회사.

2) 삼성SDI(1998년)=삼성전관.

3) 년도별 : 순서는 지분크기 순서 ; 공제=삼성공제회, 문화=삼성문화재단, 복지=삼성복지재단, 장학=삼성장학재단.

4) 법인별 : 숫자는 년도.

출처 : <표 9.3>, 제13장.

<표 9.10> 특수관계인 : (3) 계열회사 - 년도별, 회사별

1. 년도별

	삼성물산	삼성전자	삼성중공업	삼성SDI	제일기획	삼성생명보험	삼성에버랜드	삼성카드
1998	전관 전기 모직 (물산)	물산	전자 생명 전기 모직 니어링* 기획* 항공	전자 카드 (SDI)	전자 모직 물산 일보 생명			
2000	SDI (물산)	물산	전자 생명 전기 모직 랜드* 니어링* 기획* 테크원 증권	전자 운용 생명 증권	물산 전자 (기획)	랜드 광주 전기 정밀 SDS 기획	카드 캐피탈 전기* SDI* 모직* 물산	전자 전기 물산
2003	SDI (물산)	물산	전자 생명 전기 모직 랜드* 니어링* 기획* 테크원	전자 (SDI)	물산 카드 전자 (기획)	랜드 광주 전기 정밀 SDS 기획	카드 캐피탈 전기* SDI* 모직* 물산	전자 전기 물산
2005	SDI 생명 증권	생명 물산 화재 증권	전자 생명 전기 모직 랜드* 니어링* 기획* 테크원	전자 생명 증권	물산 카드 전자 증권	랜드 광주 전기 정밀 SDS 기획	카드 전기* SDI* 모직* 물산	전자 생명 전기 물산 중공업

2. 회사별

	삼성물산	삼성전자	삼성중공업	삼성SDI	제일기획	삼성생명보험	삼성에버랜드	삼성카드
(상장회사 13개)								
삼성물산	(98 00 03)	98 00 03 05			98 00 03 05		00 03 05	00 03 05
삼성전자			98 00 03 05	98 00 03 05	98 00 03 05			00 03 05
삼성중공업								05
삼성SDI	98 00 03 05			(98 03)			00 03 05	

제일기획			98 00 03 05	(00 03)		00 03 05		
삼성엔지니어링			98 00 03 05					
삼성전기	98		98 00 03 05			00 03 05	00 03 05	00 03 05
삼성정밀화학						00 03 05		
삼성증권	05	05	00	00 05	05			
삼성테크윈			00 05					
삼성항공			98 03					
삼성화재		05						
제일모직	98		98 00 03 05		98		00 03 05	
(비상장회사 8개)								
삼성생명보험	05	05	98 00 03 05	00 05	98			05
삼성에버랜드			00 03 05			00 03 05		
삼성카드				98	03 05		00 03 05	
삼성광주전자						00 03 05		
삼성캐피탈						00 03		
삼성투자신탁운용				00				
삼성SDS						00 03 05		
중앙일보					98			

주 : 1) 12월 또는 3월(삼성생명보험 2001, 04, 06년) 현재 ; 분석 대상 회사 중 밑줄 친 회사는 비상장회사.
   2) 삼성SDI(1998년)=삼성전관.
   3) 년도별 : 밑줄친 주주는 최대주주 ; 괄호 안은 자기주식 ; 순서(자기주식 제외)는 지분크기 순서 ; *해당 년도의 지분 크기 같음.
   4) 년도별 : 광주=삼성광주전자 ; 기획=제일기획 ; 니어링=삼성엔지니어링 ; 랜드=삼성에버랜드 ; 모직=제일모직 ; 물산=삼성물산 ; 생명=삼성생명보험 ; 운용=삼성투자신탁운용 ; 일보=중앙일보 ; 전기=삼성전기 ; 전관=삼성전관(=삼성SDI) ; 전자=삼성전자 ; 정밀=삼성정밀화학 ; 중공업=삼성중공업 ; 증권=삼성증권 ; 카드=삼성카드 ; 캐피탈=삼성캐피탈 ; 테크원=삼성테크윈 ; 항공=삼성항공 ; 화재=삼성화재 ; SDI=삼성SDI ; SDS=삼성SDS.
   5) 회사별 : 숫자는 년도 ; 밑줄 친 년도는 그 년도에 해당 회사가 최대주주임을 의미함 ; 괄호 안 년도는 해당 년도의 자기주식.
   출처 : 제13장.

(3) 계열회사에 대한 출자

1) 출자 빈도 : 분석 대상 8개 회사의 지분에 참여하는 '계열회사' 21개 중에는 8개 회사 자신들도 포함되어 있다. 즉, 이 8개 회사들도 서로의 회사에 지분을 갖는다는 말이다. 참여 대

상 회사 수는 1~6개로 서로 차이가 있다 : 삼성중공업(1개), 삼성에버랜드(2개), 삼성카드(3개), 삼성SDI와 제일기획(3개 ; 1개는 자기주식), 삼성전자(4개), 삼성물산(5개 ; 1개는 자기주식) 그리고 삼성생명보험(6개).

이 8개 회사는 자신들 외에도 그룹 내 다른 계열회사들의 지분에 광범위하게 참여하고 있다. 이렇게 하여 계열회사들 사이에 출자관계가 순환적이고 중층적으로 형성되게 된다(<표 9.11>).

이건희가 최대주주인 삼성전자의 지분 참여가 가장 활발하다. 참여 회사 수가 30개 내외로 전체 계열회사의 거의 절반이나 된다. 1998년 27개(전체 계열회사 61개 중 44%), 2000년 25개(60개 중 42%), 2003년 32개(64개 중 50%), 2005년 30개(59개 중 51%) 등이다. 전체 상장회사 14개 중에서는 절반인 7개에 지분을 가지고 있으며, 비상장회사(45~50개) 중에서도 거의 절반 가까이에 지분을 가지고 있다 : 1998년 20개(47개 중 43%), 2000년 18개(46개 중 39%), 2003년 25개(50개 중 50%) 그리고 2005년 23개(45개 중 51%).

삼성생명보험(최대주주 이건희), 삼성에버랜드(2000~2003년 이재용, 2005년 삼성카드), 삼성SDI(삼성전자), 삼성물산(삼성SDI) 등도 10개 이상의 계열회사에 출자하고 있다. 삼성중공업(최대주주 삼성전자), 삼성카드(삼성전자), 제일기획(1998년 삼성전자, 2000~2005년 삼성물산) 등의 출자 계열회사 수는 적은 편이다.

4개 상장회사(삼성물산, 삼성전자, 삼성중공업, 제일기획)와 1개 비상장회사(삼성에버랜드)는 비상장회사에 더 빈번하게 참여하고 있고, 반면 2개 비상장회사(삼성생명보험, 삼성카드)는 상장회사에의 참여가 더 빈번하다. 나머지 1개 회사(삼성SDI)는 두 가지 유형의 회사에 비슷한 빈도로 참여하고 있다. 특히, 삼성생명보험은 비상장회사(5~6개)보다 상장회사(삼성전자, 삼성물산 포함 8~10개)에 훨씬 더 많이 지분을 가지고 있는데, 참여 상장회사 수는 전체 상장회사 14개의 57~71%나 된다.

2) 출자 지분 : 계열회사들이 보유하는 지분의 크기는 주주가 많은 상장회사에서는 대부분 10% 미만이다. 예외적으로 삼성전자 보유 지분은 10% 이상이 더 많은데, 대부분 10~24% 사이이며 25%를 넘은 경우(2005년 삼성테크윈에 대한 25.5%)도 있었다. 한편, 비상장회사에 대한 지분은 1~100% 사이에서 매우 다양하지만 25% 미만인 경우가 대부분이다. 예외적으로 삼성전자 보유 지분 중에서는 50% 이상인 경우(8~14개)가 빈번하며 100%인 경우(2~3개)도 있다. 삼성물산(2~4개)과 삼성생명보험(1~2개)도 몇 개의 비상장회사에 50% 이상의 지분을 가지고 있다.

<표 9.11> 출자 계열회사 수(개) : 총 회사 수 및 지분 크기별 회사 수 - 상장회사(A), 비상장회사(B)

년도	삼성물산	삼성전자	삼성중공업	삼성SDI	제일기획	삼성생명보험	삼성에버랜드	삼성카드
1. A+B								
1998	15	27	4	10	4			
2000	19	25	5	9	5	13	11	7
2003	19	32	5	12	7	15	12	9
2005	17	30	5	11	6	16	11	11
(A,B)								
1998	4,11	7,20	0,4	5,5	1,3			
2000	4,15	7,18	0,5	5,4	1,4	8,5	3,8	4,3
2003	4,15	7,25	0,5	5,7	1,6	10,5	3,9	5,4
2005	4,13	7,23	0,5	5,6	1,5	10,6	3,8	8,3

2. 해당 지분 보유 회사 수

a(0-9%) b(10-24) c(25-49) d(50-99) e(100)

년도		삼성물산 a b c d	삼성전자 a b c d e	삼성중공업 a b e	삼성SDI a b c d	제일기획 a b c d	삼성생명보험 a b c d e	삼성에버랜드 a b c	삼성카드 a b c
1998	A	3 1	4 3		3 2	1			
	B	4 4 3	3 17 6 3	3 1	2 2 1	2 1			
2000	A	3 1	3 4		3 2	1	8	3	4
	B	6 4 1 4	2 1 7 8	3 2	1 2 1	3 1	2 1 1 1	2 3 3	1 1 1
2003	A	3 1	3 4		3 2	1	8 2	3	5
	B	5 6 2 2	1 5 5 12 2	4 1	2 3 1 1	3 2 1	2 1 1 1	3 3 3	2 1 1
2005	A	3 1	3 3 1		3 2	1	8 2	3	8
	B	5 4 2 2	1 5 7 7 3	4 1	2 3 1	3 1 1	2 1 2 1	3 3 2	1 2

주 : 1) 12월 또는 3월(삼성생명보험 2001, 04, 06년) 현재 ; 밑줄 친 회사는 비상장회사.
   2) 삼성SDI(1998년)=삼성전관.
출처 : 제13장.

3) 순환출자의 예 : 계열회사들 간의 출자관계는 매우 복잡하고 다양한데 공정거래위원회가 발표한 2004~2007년의 주요 출자관계는 다음과 같다 (4월1일 현재, 보통주 기준(%) ; 밑줄 친 회사는 비상장회사 ; 2006~2007년의 경우 지분 수치 없음).

A) 2004년 :

    a) 삼성에버랜드(19.34) → 삼성생명보험(4.81) → 삼성물산(1.48) → 삼성에버랜드

    b) 삼성에버랜드(19.34) → 삼성생명보험(4.81) → 삼성물산(3.94)
        → 삼성전자(19.97) → 삼성SDI(4.00) → 삼성에버랜드

    c) 삼성에버랜드(19.34) → 삼성생명보험(7.08) → 삼성전자(19.97)
        → 삼성SDI(4.00) → 삼성에버랜드

    d) 삼성물산(3.94) → 삼성전자(19.97) → 삼성SDI(4.66) → 삼성물산

    e) 삼성생명보험(7.08) → 삼성전자(23.69) → 삼성전기(0.60)→ 삼성생명보험.

B) 2005년 :

 a) <u>삼성에버랜드</u>(19.34) → <u>삼성생명보험</u>(4.80) → 삼성물산(1.48) → <u>삼성에버랜드</u>

 b) <u>삼성에버랜드</u>(19.34) → <u>삼성생명보험</u>(4.80) → 삼성물산(4.02)

    → 삼성전자(20.38) → 삼성SDI(4.00) → <u>삼성에버랜드</u>

 c) <u>삼성에버랜드</u>(19.34) → <u>삼성생명보험</u>(7.23) → 삼성전자(20.38)

    → <u>삼성SDI</u>(4.00) → <u>삼성에버랜드</u>

 d) <u>삼성에버랜드</u>(19.34) → <u>삼성생명보험</u>(7.23) → 삼성전자(46.85)

    → <u>삼성카드</u>(25.64) → <u>삼성에버랜드</u>

 e) 삼성물산(4.02) → 삼성전자(20.38) → 삼성SDI(7.42) → 삼성물산

 f) <u>삼성생명보험</u>(7.23) → 삼성전자(23.69) → 삼성전기(0.60)→ <u>삼성생명보험.</u>

C) 2006년 :

 a) <u>삼성생명보험</u> → 삼성전자 → 삼성전기 → <u>삼성에버랜드</u> → <u>삼성생명보험</u>

 b) <u>삼성생명보험</u> → 삼성전자 → 삼성SDI → <u>삼성에버랜드</u> → <u>삼성생명보험</u>

 c) <u>삼성생명보험</u> → <u>삼성카드</u> → <u>삼성에버랜드</u> → <u>삼성생명보험</u>

 d) <u>삼성생명보험</u> → 삼성물산 → <u>삼성에버랜드</u> → <u>삼성생명보험</u>

 e) 삼성전자 → 삼성SDI → 삼성물산 → 삼성전자.

 f) 삼성전자 → <u>삼성카드</u> → 삼성화재해상보험 → 삼성전자.

D) 2007년 :

 a) <u>삼성에버랜드</u> → <u>삼성생명보험</u> → 삼성전자 → 삼성전기 → <u>삼성에버랜드</u>

 b) <u>삼성에버랜드</u> → <u>삼성생명보험</u> → 삼성전자 → 삼성SDI → <u>삼성에버랜드</u>

 c) <u>삼성에버랜드</u> → <u>삼성생명보험</u> → <u>삼성카드</u> → <u>삼성에버랜드</u>

 d) <u>삼성에버랜드</u> → <u>삼성생명보험</u> → 삼성물산 → <u>삼성생명보험</u>

 e) 삼성전자 → 삼성SDI → 삼성물산 → 삼성전자

 f) 삼성전자 → <u>삼성카드</u> → 삼성화재해상보험 → 삼성전자.

3. 경영구조 : 의결 및 감독기구

 회사의 주요 사항은 이사회에서 결정된다. 이사회의 구성원인 이사는 등기임원이다. 일부는 사내이사이고 일부는 사외이사이다. 사외이사는 1997년 IMF외환위기 이후 도입된 새로운 직책으로서 이사회에서의 역할이 점점 커지고 있다. 사외이사는 모두 비상근이다. 반면, 사내이사는 대부분 상근이지만 일부 비상근인 경우도 있다. 비상근사내이사직은 사라지고 있는 추세이다. 이사회 산하에는 다양한 위원회가 설치되어 의결, 집행, 감독 등의 기능을 수행

한다. 사외이사후보추천위원회와 감사위원회가 대표적이다. 이전의 감독기구인 감사는 감사위원회로 대체되고 있다. 이들 위원회의 구성원 중 사외이사의 비중이 커지고 있다.

(1) 이사회

1) 이사 수 : 이사회를 구성하는 등기이사의 수는 시기에 따라 그리고 회사의 규모 및 성격에 따라 다르지만 대개 10명 안팎이다. 최근으로 올수록 감소하는 추세를 보이고 있다(<표 9.12>).

규모가 큰 삼성전자의 이사 수가 10명 이상으로 단연 많다. 1998년 25명, 2000년 20명, 그리고 2003~2005년 13명 등이다. 각 년도의 다른 회사에 비해 이사 수가 가장 많으며, '1998년 25명'은 분석된 29개 이사회 규모 중 가장 크다. 삼성물산(12~8명), 삼성SDI(12~8명), 삼성생명보험(10명) 등에서도 이사가 10명 내외로 많은 편이다. 가장 적은 이사 수는 5명(2000년 삼성카드, 2003년 삼성중공업)이었다.

이사 수의 감소 정도는 삼성전자(1998년 25명 vs. 2005년 13명)와 삼성중공업(12명 vs. 7명)에서 가장 두드러져 각각 절반 정도씩 줄었다. 다른 두 상장회사(삼성물산과 삼성SDI, 12명 vs. 8명)에서는 1/3이 줄었다. 반면, 3개의 비상장회사에서는 이사 수가 그대로이거나(삼성생명보험) 오히려 1~2명 늘어났다(삼성에버랜드, 삼성카드). 이사 수의 감소 추세는 '10명 이상의 이사가 있는 회사 수의 비중' 기준으로도 확인할 수 있다. 1998년 80%(5개 중 4개), 2000년 50%(8개 중 4개), 2003년 38%(8개 중 3개), 2005년 25%(8개 중 2개) 등으로 급격하게 줄어들고 있다.

<표 9.12> 이사회 구성(명) : 총 이사(A+B ; 상근, 비상근), 사내이사(A ; 상근, 비상근), 사외이사(B ; 비상근)

년도	삼성 물산	삼성 전자	삼성 중공업	삼성 SDI	제일 기획	삼성 생명보험	삼성 에버랜드	삼성 카드
(A+B)								
1998	12(4,8)	25(17,8)	12(9,3)	12(6,6)	8(6,2)			
2000	12(6,6)	20(14,6)	6(3,3)	12(7,5)	8(5,3)	10(5,5)	7(6,1)	5(5,0)
2003	10(5,5)	13(6,7)	5(3,2)	9(3,6)	7(5,2)	10(5,5)	9(8,1)	6(3,3)
2005	8(3,5)	13(6,7)	7(3,4)	8(3,5)	7(5,2)	10(5,5)	8(8,0)	6(3,3)
(A)								
1998	7(4,3)	21(17,4)	9	9(6,3)	6(5,1)			
2000	6	14	3	8(7,1)	6(5,1)	5	7(6,1)	5
2003	5	6	3	4(3,1)	5	5	9(8,1)	3
2005	3	6	3	3	5	5	8	3

(B)							
1998	5	4	3	3	1(1*)		
2000	6	6	3	4	2	5	
2003	5	7	2	5	2	5	3
2005	5	7	4	5	2	5	3

주 : 1) 12월 또는 3월(삼성생명보험 2001, 04, 06년) 현재 ; 밑줄 친 회사는 비상장회사.
  2) 삼성SDI(1998년)=삼성전관.
  3) A-상근, 비상근 구분이 없는 경우는 모두 상근임 ; B-* 1명은 상근임.
출처 : 제13장.

2) 사내이사 vs. 사외이사 : 등기이사는 대부분 사내이사와 사외이사로 구성되어 있다. 5개 상장회사는 모두 사내, 사외이사를 두고 있는 반면, 3개 비상장회사는 제각각이다. 삼성생명보험에는 두 유형의 이사가 모두 있고 삼성카드에는 사외이사가 늦게(2003년부터) 도입되었으며 삼성에버랜드에는 사외이사가 전혀 없다.

사외이사 수는 증가 추세이며, 이에 따라 사내이사 수와 같거나 더 많은 경우가 늘어나고 있다. 사외이사가 처음 도입된 1998년에는 전체 이사의 20% 내외였다. 삼성전자(25명 중 4명, 16%)에서 비중이 가장 낮았고, 제일기획(8명 중 2명, 25%), 삼성중공업(12명 중 3명, 25%), 삼성SDI(12명 중 3명, 25%) 등에서는 좀 더 비중이 높았다. 삼성물산(12명 중 5명, 42%)에서만 사외이사가 유독 많았다. 그러던 것이 2000년에는 6개 회사 중 3개(삼성물산(6명), 삼성생명보험(5명), 삼성중공업(3명))에서 사외이사가 절반을 차지하였다. 삼성전자(20명 중 6명, 30%)와 삼성SDI(12명 중 4명, 30%)에서도 사외이사의 비중이 늘어났다.

2003년에는 7개 회사 중 3개(삼성물산(5명), 삼성생명보험(5명), 삼성카드(3명))에서 사외이사가 절반이었고, 2개(삼성전자(7명), 삼성SDI(5명))에서는 사외이사가 1명 더 많아졌다. 이 추세는 2005년에도 계속되었다. 7개 회사 중 2개(삼성생명보험(5명), 삼성카드(3명))에서는 사외이사가 절반이었고, 다른 4개 회사에서는 사외이사가 1명(삼성전자(7명), 삼성중공업(4명)) 또는 2명(삼성물산(5명), 삼성SDI(5명))이 더 많았다. 제일기획에서만 사외이사가 적은 상태가 계속되었다.

3) 상근이사 vs. 비상근이사 : 사외이사는 말 그대로 회사 외부의 인사이며 각자의 직업을 따로 가지고 있다. 따라서 모두 비상근으로 근무한다. 다만, 1998년 제일기획에서 1명(김종건 국제경제법률연구원장)이 상근으로 일한 적이 있었는데, 2000년까지 비상근으로 전환되었다.

반면, 사내이사는 대부분 상근이며 일부 비상근인 사람도 있다. 비상근사내이사는 사외이사 도입 첫 해인 1998년에 특히 많았다. 5개 회사 중 4개에 있었다. 삼성물산(사내이사 7명 중 3명, 43%)과 삼성SDI(9명 중 3명, 33%)에서 상대적으로 많았고, 삼성전자(21명 중 4명, 19%)와 제일기획(6명 중 1명, 17%)에서는 적었다. 2000년까지 삼성물산과 삼성전자에서는 비상근직이 없어졌으며, 삼성SDI에서는 1명(8명 중 13%)으로 줄었다. 비상근사내이사가 없는 회사의 수는 1998년 1개(5개 중 20%), 2000년 5개(8개 중 63%), 2003년 6개(8개 중 75%) 등으로 늘어났으며, 2005년에는 8개 회사 모두에서 비상근사내이사직이 없는 상태가 되었다. 3개 회사(삼성중공업, 삼성생명보험, 삼성카드)에서는 비상근직이 줄곧 없었다.

(2) 이사회 산하 위원회 : 종류 및 구성

1) 위원회 : 등기이사 모두는 이사회를 구성한다. 그런 한편으로 그들 중 일부는 여러 종류의 위원회에 배치되어 이사회를 보완하거나 이사회와는 또 다른 중요한 기능을 수행한다(<표 9.13>).

1998년에는 이사회 산하에 아무런 위원회가 설치되지 않았으며, 2000년 이후 삼성에버랜드를 제외한 7개 회사에 각종 위원회가 생겼다. 제일기획을 제외한 6개 회사는 2개의 주요 위원회(사외이사후보추천, 감사)를 비롯하여 회사에 따라 1~4개씩의 기타 위원회를 두었다. 기타 위원회는 삼성생명보험에서 가장 다양한데, 2000년 1개(경영)이던 것이 2003년 3개(리스크관리, 평가보상 추가)로 다시 2005년에는 4개(내부거래 추가)로 늘어났다. 삼성전자에서는 2005년 뒤늦게 2개(경영, 내부거래)가 생겼다. 다른 4개 회사는 집행위원회(삼성물산, 삼성중공업) 또는 경영위원회(삼성SDI, 삼성카드) 1개씩만 설치하였다. 제일기획의 경우에는 주요 2개 위원회는 없으면서 경영위원회는 두었다.

2) 사외이사후보추천위원회 : 모든 회사에서 4명의 등기이사로 구성되었다(<표 9.14>). 사내이사 2명, 사외이사 2명이다. 증권거래법은 사외이사를 절반 이상 포함시키도록 규정하고 있는데 그 최소한 만을 지키고 있는 셈이다. 예외적으로, 2000년 삼성중공업에서는 사내이사 1명이 미등기이사(부회장)였던 적이 있었다.

사내이사 2명은 대부분 부사장, 사장, 부회장, 회장 등 고위임원이며, 이들 중 상당수는 대표이사직도 가지고 있다. 삼성전자에서는 사내이사 2명 모두가 대표이사였으며, 다른 회사에서도 1명은 대부분 대표이사였다. 이건희는 삼성전자의 대표이사회장, 삼성물산의 등기회장인데, 추천위원회에는 관여하지 않고 있다. 또, 이재용(삼성전자 미등기상무)과 홍석준(삼성SDI 미등기부사장)은 미등기이사이고 직책이 낮아 추천위원회에 참여하기는 부적합한 상황이다. 하지만, 소유구조에서 살펴보았듯이, 이건희는 8개 회사 모두에서 직접 또는 간접으로 최대주주의 지위를 누리면서 소유권을 장악하고 있으며, 따라서 역할이 커지고 있는 사외이사의 추천과정에 이건희의 의중은 반영되게끔 되어 있다.

3) 감사위원회 및 감사 : 감사위원회는 6개 회사에 설치되어 있으며, 2개 회사(제일기획, 삼성에버랜드)에는 이전의 감사제도가 그대로 유지되고 있다(<표 9.15>). 1998년에는 5개 회사 모두에 아직 감사가 있었으며, 이 중 제일기획을 제외한 4개(삼성물산, 삼성전자, 삼성중공업, 삼성SDI)는 2000년부터 감사위원회로 대체하였다. 삼성카드에서는 좀 늦게(2003년)

이러한 변화가 일어났다. 감사위원회 위원 수는 1개 경우(2003년 삼성중공업)를 제외하고는 모두 3명이며 사외이사가 주를 이루고 있다. 삼성물산과 삼성중공업에서는 전원 사외이사이고, 삼성전자와 삼성SDI에서는 2000년 사내이사 1명과 사외이사 2명이던 것이 2003년부터 사외이사 3명으로 바뀌었다. 비상장회사인 삼성생명보험과 삼성카드에서는 사내이사(1명)와 사외이사(2명)가 같이 포함되어 있다.

감사제도를 유지하고 있는 2개 회사 중, 삼성에버랜드는 1명의 비상근사내감사만 두고 있고 제일기획은 2000년 이후 상근사내감사와 비상근사외감사 등 2명을 두고 있다. 감사위원회가 없던 1998년에는 5개 회사 모두에서 감사 수가 3명이었는데, 상근사내감사, 비상근사내감사 그리고 비상근사외감사가 각각 1명씩이었다. 비상근사내감사는 대부분 계열회사 임원이며, 비상근사외감사는 변호사, 회계사, 교수 등 전문직 종사자들이다. 감사위원회의 사외이사들 역시 전문직 종사자들이 주를 이룬다.

4) 기타 위원회 : 위원은 2~6명으로 다양한데 주로 사내이사들이다(<표 9.16>). 특히, 경영 또는 집행위원회의 멤버는 전원 사내이사다. 사내이사 모두가 위원인 경우(삼성물산, 삼성중공업)도 있고, 일부만 위원인 경우(삼성카드, 삼성전자, 삼성생명보험)도 있다. 삼성SDI와 제일기획에서는 처음에는 일부 사내이사만 참여하다가 점차 모두가 참여하는 것으로 바뀌었다. 삼성물산의 경우 2000~2003년에는 이건희도 등기이사로서 위원회 멤버였다. 한편, 리스크관리위원회(삼성생명보험)의 구성원도 전원 사내이사이며, 반면 내부거래위원회(삼성전자, 삼성생명보험)는 전원 사외이사로 구성되어 있다. 평가보상위원회(삼성생명보험)에는 사내이사(2명)와 사외이사(1명)가 같이 참여하고 있다.

<표 9.13> 이사회 산하 위원회 : 사외이사후보추천위원회(A), 감사위원회(B), 기타 위원회(C)

년도	삼성 물산	삼성 전자	삼성 중공업	삼성 SDI	제일 기획	삼성 생명보험	삼성 에버랜드	삼성 카드
1998	-							
2000	A B C	A B	A B C	A B C	C	A B C	-	-
2003	A B C	A B	A B C	A B C	C	A B C	-	A B C
2005	A B C	A B C	A B C	A B C	C	A B C	-	A B C
(C)								
2000	집행		집행	경영	경영	경영		
2003	집행		집행	경영	경영	경영 리스크관리 평가보상		경영
2005	집행	경영 내부거래	집행	경영	경영	경영 리스크관리 평가보상 내부거래		경영

주 : 1) 12월 또는 3월(삼성생명보험 2001, 04, 06년) 현재 ; 밑줄 친 회사는 비상장회사.
　　2) 삼성SDI(1998년)=삼성전관.

출처 : 제13장.

<표 9.14> 사외이사후보추천위원회 : 총 위원(명) - 사내이사(A), 사외이사(B) ; 사내이사 직책

년도	삼성 물산	삼성 전자	삼성 중공업	삼성 SDI	제일 기획	삼성 생명보험	삼성 에버랜드	삼성 카드
A+B(A,B)								
1998	–	–	–	–	–			
2000	4(2,2)	4(2,2)	4(2,2)	4(2,2)	–	4(2,2)	–	–
2003	4(2,2)	4(2,2)	4(2,2)	4(2,2)	–	4(2,2)	–	4(2,2)
2005	4(2,2)	4(2,2*)	4(2,2)	4(2,2)	–	4(2,2)	–	4(2,2)
(A)								
2000	대표회장 부사장	대표부회장 대표부사장	미부회장 (이사)	(대표) (이사)		사장 전무		
2003	대표사장 부사장	대표부회장 대표사장	(대표) 부사장	대표사장 부사장		대표사장 대표사장		대표사장 상무
2005	대표사장 부사장	대표부회장 대표사장	(대표) 부사장	대표사장 부사장		대표사장 부사장		대표사장 (이사)

주 : 1) 12월 또는 3월(삼성생명보험 2001, 04, 06년) 현재 ; 밑줄 친 회사는 비상장회사.
　　2) 삼성SDI(1998년)=삼성전관.
　　3) 별도의 표시가 없으면 상근등기이사 ; 대표=대표이사 ; 미=미등기 ; 괄호-직책 표시 없음.
　　4) 삼성전자(2005년,*)-위원장 1명 포함 ; 그 외에는 사내이사가 위원장인 것으로 보임.
출처 : 제13장.

<표 9.15> 감사(명) : 총 수 - 사내(A1/상근 a), 사외(=비상근, B1)
　　　　　 감사위원회(명) : 총 위원 - 사내이사(=상근감사위원, A2), 사외이사(=비상근, B2)

년도	삼성 물산	삼성 전자	삼성 중공업	삼성 SDI	제일 기획	삼성 생명보험	삼성 에버랜드	삼성 카드
1. A1+B1 (A1/a,B1)								
1998	3(2/1,1)	3(2/1,1)	3(2/1,1)	3(2/1,1)	3(2/1,1)			
2000						2(1/1,1)	1(1,0)	1(1,0)
2003						2(1/1,1)	1(1,0)	
2005						2(1/1,1)	1(1,0)	
2. A2+B2 (A2,B2)								
2000	3(0,3)	3(1,2)	3(0,3)	3(1,2)		3(1,2)		
2003	3(0,3)	3(0,3)	2(0,2)	3(0,3)		3(1,2)		3(1,2)
2005	3(0,3)	3(0,3)	3(0,3)	3(0,3)		3(1,2)		3(1,2)

주 : 1) 12월 또는 3월(삼성생명보험 2001, 04, 06년) 현재 ; 밑줄 친 회사는 비상장회사.
　　2) 삼성SDI(1998년)=삼성전관.
　　3) 제일기획(2005년)-사외감사는 미등기.
출처 : 제13장.

<표 9.16> 기타 위원회(명) : 총 위원(T=A+B) − 사내이사위원(A)(사내이사 총 수),
사외이사위원(B)(사외이사 총 수)

	2000년			2003년				2005년			
	위원회	T	A	위원회	T	A	B	위원회	T	A	B
삼성물산	집행	6	6*	집행	5	5*		집행	3	3	
삼성중공업	집행	3	3	집행	3	3		집행	3	3	
삼성SDI	경영	6	6(8)	경영	3	3(4)		경영	3	3	
제일기획	경영	5	5(6)	경영	5	5		경영	5	5	
삼성카드				경영	2	2(3)		경영	2	2(3)	
삼성전자								경영	3	3(6)	
								내부거래	3		3(7)
삼성생명보험	경영	4	4(5)	경영	4	4(5)		경영	4	4(5)	
				리스크관리	4	4(5)		리스크관리	4	4(5)	
				평가보상	3	2(5)	1(5)	평가보상	3	2(5)	1(5)
								내부거래	3		3(5)

주 : 1) 12월 또는 3월(삼성생명보험 2001, 04, 06년) 현재 ; 밑줄 친 회사는 비상장회사.
　　 2) 삼성SDI(1998년)=삼성전관.
　　 3) 사내이사위원은 모두 상근사내이사 ; '사내이사 총 수' 표시가 없는 경우는 사내이사 모두가
　　　　위원회 위원임.
　　 4) 삼성물산(*)−이건희(상근이사회장) 포함.
　　 5) 사내이사 중 집행, 경영 또는 리스크관리위원회 위원이 아닌 이사 : 삼성전자−대표이사회장
　　　　(이건희), 대표이사부회장 3명 중 1명, 사장 ; 삼성SDI−(2000년) 상근감사위원, 비상근이사(이
　　　　건희), (2003년) 비상근이사(이건희) ; 제일기획−비상근이사(이건희) ; 삼성생명보험−상근감사
　　　　위원 ; 삼성카드−상근감사위원.
출처 : 제13장.

　　(3) 이사회 산하 위원회 : 기능 및 역할

　이사회 산하 위원회의 기능은 다양하면서도 매우 중요하다. 특히, 경영 또는 집행위원회
는 경영전반에 관해 중요한 사항을 결정하는 핵심기구이다. 감사위원회의 역할은 대동소이
하면서도 회사에 따라 다소 차이가 있다. 위원회가 상대적으로 많은 삼성전자와 삼성생명보
험의 2005년도 경우를 중심으로 위원회의 목적, 권한 등을 살펴본다 (삼성전자『제37기 사업
보고서』(2005.1.1∼12.21), 85∼91면 ; 삼성생명보험『제50기 사업보고서』(2005.4.1∼2006.3.31),
73∼77면).

　삼성전자
1) 사외이사후보추천위원회 : 주주총회에 사외이사 후보 추천.
2) 감사위원회 : a) 업무감사권(이사회, 대표이사 등의 업무 진행 감사), b) 영업보고요구권
　　　　　　　　및 업무재산조사권(이사/직원에 대한 영업보고 요구, 회사업무/재산 조사), c) 이사
　　　　　　　　보고 수령권(회사에 현저한 손해를 미칠 염려가 있는 사실을 발견한 경우 이사의

보고 의무), d) 자회사에 대한 조사권(자회사에 대한 영업보고 요구, 자회사의 업무 및 재산 조사), e) 이사의 위법행위 유지청구권(이사가 법령 또는 정관에 위반한 행위를 한 경우 그 행위의 留止를 청구), f) 각종의 소권(총회결의 취소, 신주발행 무효, 감자 무효 등의 訴 제기), g) 주주총회 소집요구권(임시총회 소집 청구), h) 전문가의 조력을 받을 권리, i) 외부감사인 후보 추천에 관한 권한.

3) 내부거래위원회 : 공정거래 자율준수체제 구축과 회사경영의 투명성 제고가 목적 : a) 내부거래 보고청취권(100억원 이상 거래는 사전심의, 100억원 미만 거래는 주요 거래만 사전심의/의결), b) 내부거래 직권조사명령권, 시정조치건의권.

4) 경영위원회 : 이사회 규정/결의에 따라 업무 수행, 이사회 위임사항(아래) 심의/의결.

　A) 경영일반에 관한 사항 : a) 회사의 년간 또는 중장기 경영방침 및 전략, b) 주요 경영전략, c) 사업계획, 사업구조조정 추진, d) 해외법인 등 거점의 신규 진출, 이전 및 철수, e) 해외업체와의 전략적 제휴 등 협력 추진, f) 국내외 자회사 매입 또는 매각, g) 기타 주요 경영 현황, h) 지점, 공장, 사무소, 사업장의 설치 및 이전, 폐지, i) 지배인의 선임, 해임, j) 최근 사업년도 생산액의 10% 이상 생산 중단, 폐업, k) 기술도입계약체결 및 기술이전, 제휴, l) 신물질, 신기술 관련 특허권 취득, 양수, 양도계약, m) (최근 사업년도 매출액의 10% 이상 상당) 제품 수거/파기, 단일계약 체결, 단일판매 대행 또는 공급계약 체결 또는 해지, n) 조직의 운영에 관한 기본원칙, o) 급여체계, 상여 및 후생제도의 기본원칙 결정 및 변경, p) 명의개서 대리인의 선임, 해임 및 변경, q) 주주명부 폐쇄 및 기준일 설정, r) 업무추진 및 경영상 필요한 세칙의 제정.

　B) 재무 등에 관한 사항 : a) (10억원 이상 자본금 10% 미만 상당) 타법인 출자/처분, 해외직접투자, 신규담보 제공, 채무보증, b) 10억원 이상 자기자본 50% 미만 상당 신규 차입계약 체결, c) 내부거래의 승인, d) 사채 발행, e) 신규시설투자, f) 중요한 고정자산 취득, 처분 결정.

삼성생명보험

1) 사외이사후보추천위원회 : 주주총회에 사외이사 후보 추천.

2) 감사위원회 : 회사의 회계와 업무 감사.

　A) (역할) 내부통제시스템의 적정성과 경영성과의 평가 및 개선 : a) 재무, 업무, 준법, 경영, IT감사 등으로 구분되는 내부감사계획의 수립, 집행, 결과 평가, 사후 조치, 개선방안 제시, b) 내부통제시스템에 대한 평가, 개선방안 제시, c) 감사보조조직의 장 임면 동의, d) 외부감사인 선임 승인, e) 외부감사인의 감사활동 평가, f) 감사결

과 지적사항에 대한 조치 확인.

B) (권한) a) 감사업무 수행에 필요한 정보 요구, b) 관계자의 출석, 답변 요구, c) 창고, 금고, 장부, 물품 봉인, d) 회계관계 거래처에 대한 조사자료 청구, e) 제장부 증빙서, 관계서류 제출 요구, f) 자회사 조사.

C) (결의사항) a) 주주총회 사항(임시주주총회 소집 청구, 주주총회 의안, 서류에 대한 진술, 감사보고서 작성), b) 이사/이사회 사항(이사회에 대한 보고, 이사의 위법행위에 대한 유지 청구, 이사에 대한 영업보고 요구, 임시이사회 소집 청구), c) 감사 사항(감사계획 수립, 내부감사 관련 업무/재산/자회사 조사, 감사보조조직의 장 임면 동의, 외부감사인 선임, 외부감사인으로부터 이사의 부정 또는 위반행위 보고 수령, 외부감사인으로부터 회사의 회계기준 위반 보고 수령, 외부감사인 활동 평가, 감사결과 시정사항 조치 확인).

D) (감사 관련 심의사항) a) 회계기준의 제정, 변경 타당성 검토, b) 재무활동의 건전성 및 타당성, 재무보고의 정확성 검토, c) 감독당국 제출 자료 검토, d) 준법감시인 해임 건의, e) 경영진이 정한 내부통제기준의 제정, 개정, 폐지, f) 내부통제시스템의 평가, 개선사항, g) 공시정책 수립, 집행의 검토.

3) 내부거래위원회 : 공정거래 자율준수체제 구축과 회사경영의 투명성 제고 : a) 내부거래의 보고 청취, 심의/의결, 조사 명령, b) 내부거래에 대한 보고 및 시정조치 건의.

4) 평가보상위원회 : a) 이사의 평가기준 결정, b) 경영실적 평가, c) 복리후생계획.

5) 리스크관리위원회 : a) 리스크관리 기본규정 제정/개정, b) 전사리스크한도 및 리스크정책, c) 자산운용(SAA) 및 상품가격/PF 가이드라인, d) ALM리스크관리방안, e) 전사 위험수준 점검 및 관리 대책.

6) 경영위원회 : 이사회 위임사항 및 일상 경영사항 심의/의결, 업무집행의 관리/감독.

A) 경영일반에 관한 사항 : a) 연간 경영계획 확정, b) 이사회에서 정하지 않은 규정의 제정/개정, c) 국제행사 개최, 국제제휴, d) 재평가적립금 처분, e) 자기주식 취득/처분, f) 자회사 사업영역, g) 국내외법인 설립/청산 결정.

B) 재산운용에 관한 사항 : a) 자산운용 관련 주요제도 도입/변경, 중요투자 결정, b) 500만불 이상 해외직접투자, c) 1억원 초과 대손상각, d) 100억원 초과 비상장주식 투자(펀드형 제외), e) 500억원 초과 부동산 매입/매각, f) 해외부동산 매입/매각, g) 자기자본 20% 미만의 자금 차입(단기유동성 조정 목적의 3천억원 미만은 제외).

C) 영업에 관한 사항 : a) 주력상품 개발, b) 영업 관련 주요제도 도입/변경, c) 신규 판매 채널 도입, d) 고객서비스 관련 중요투자 결정, e) 계약자 배당율 결정, 개선 방향.

D) 조직 및 인사에 관한 사항 : a) 기구조직 개편(팀단위 이상), b) 인사제도 주요내용

변경, c) 임금 관련 주요정책 결정, d) 상법상 지점 설치/폐쇄, e) 상법상 지배인 선
임/해임.
  E) 기타 : 중요한 소송 제기, 화해에 관한 사항.

4. 경영구조 : 실무경영진 및 업무조직

  삼성그룹에서의 '개인화된 다원적 경영구조'와 관련하여, 어느 정도로 어떤 모습으로 다원
적인지를 가늠하기 위해 임직원 수, 임원의 유형 그리고 업무조직 등 세 가지 측면을 살펴보
기로 한다.

  물론, 그룹 전체의 구조를 정확하게 파악하기 위해서는 59~64개에 이르는 계열회사 전체
를 분석해야 마땅하다. 하지만, 분석 대상인 8개 회사는 그룹 내에서 나름대로 중요성을 가
지고 있는 회사들이며, 이들의 경영구조 모습을 통해 그룹 전체의 구조를 어느 정도 짐작해
볼 수 있다. 삼성을 포함하는 한국재벌은 동일인 또는 그룹회장을 중심으로 전체 계열회사
가 '하나의 구조'를 형성하고 있으며, 따라서 '중요한 일부'는 전체 구조에 대해 많은 것을 말
해 줄 수 있을 것으로 생각된다.

  (1) 임직원 수

  1) 임원 및 직원 수 : 삼성전자에서 4만 명 이상으로 단연 많다(<표 9.17>). 1998~2000년
에 42,458~44,345명, 2003년에 55,957명, 그리고 2005년에는 81,361명이나 되었다. 이 기간
중 거의 2배나 늘어났다. 다른 7개 회사에서는 임직원 수가 1만 명 이하로 각자 비슷한 수준
에서 유지되고 있다. 삼성SDI(8~9천 명)와 삼성중공업(7~8천 명)에서는 소폭 증가하였고,
삼성생명보험(6~8천 명)과 삼성물산(4~5천 명)에서는 소폭 감소하였다. 삼성생명보험은 비
상장회사인데도 규모가 크며, 반면 다른 2개의 비상장회사(삼성카드, 삼성에버랜드)에서는 2
천 명 내외이다. 상장회사인 제일기획은 7백 명의 소규모 인력을 가지고 있다.

  2) 임원 수 : 삼성전자에서 300명 이상으로 단연 많다. 1998년 304명에서 2005년에는 767명
으로 2배 이상 증가하였다. 삼성물산(101~126명)에서는 100명을 조금 넘는 수준이 유지되었
다. 삼성SDI(63~87명), 삼성생명보험(61~67명), 삼성중공업(49~56명) 등에서는 50~90명 사
이에서 증가 추세를 보이고 있는데, 삼성SDI에서 상대적으로 많이 늘어났다. 분석된 23개 경
우 중에서는 1998년 삼성에버랜드의 14명이 가장 작은 규모였으며, 그 다음이 제일기획의
15명(2000~2003년)이었다.

  임원 1명이 담당하는 평균 직원 수는 대부분 100명 정도이다. 삼성중공업(148~153명), 삼

성에버랜드(127명), 삼성카드(105～123명) 등에서는 100명 이상이고, 삼성전자(96～139명), 삼성SDI(99～130명), 삼성생명보험(93～132명) 등에서는 100명 내외이다. 삼성물산(34～50명)과 제일기획(33～51명)에서는 50명 이하 수준이다. 삼성물산, 제일기획, 삼성생명보험 등에서는 수치가 계속 감소하고 있으며, 삼성전자와 삼성SDI에서는 2003년까지 감소했다가 이후 소폭 증가하였다.

<표 9.17> 임원(A) 및 직원(B) 수(명)

년도	삼성 물산	삼성 전자	삼성 중공업	삼성 SDI	제일 기획	삼성 생명보험	삼성 에버랜드	삼성 카드
1. A+B								
1998	5,940	42,458	-	-	-			
2000	4,841	44,345	7,306	8,252	786	8,087	1,797	-
2003	4,349	55,957	7,968	8,222	752	6,308	-	2,968
2005	4,354	81,361	8,637	9,906	716	6,304	-	2,852
(A)								
1998	117	304	-	-	-			
2000	101	349	49	63	15	61	14	-
2003	118	578	50	82	15	64	-	28
2005	126	767	56	87	21	67	-	23
(B)								
1998	5,823	42,154	8,501	8,454	744			
2000	4,740	43,996	7,257	8,189	771	8,026	1,783	1,867
2003	4,231	55,379	7,918	8,140	737	6,244	1,568	2,940
2005	4,228	80,594	8,581	9,819	695	6,237	1,545	2,829
2. B÷A								
1998	50	139	-	-	-			
2000	47	126	148	130	51	132	127	-
2003	36	96	158	99	49	98	-	105
2005	34	105	153	113	33	93	-	123

주 : 1) 12월 또는 3월(삼성생명보험 2001,04,06년) 현재 ; 밑줄 친 회사는 비상장회사.
　　 2) 삼성SDI(1998년)=삼성전관.
출처 : 제13장.

(2) 임원의 유형

1) 등기임원 vs. 미등기임원, 고위임원 vs. 중하위임원 : 등기이사 중 상근이사는 이사회의 구성원으로서 의결과정에 참여하는 한편으로 그 의결사항을 집행하는 실무경영자로서의 역할도 동시에 수행하는 것이 보통이다. 이들의 수는 소수이며 대부분 부사장급 이상의 고위직책을 갖는다. 반면, 전체 임원의 대다수는 실무에만 종사하며 미등기다. 대부분 전무 이하의 중하위직책에 임명되어 고위임원의 지휘를 받는다(<표 9.18>).

임원 규모가 매우 큰 삼성전자의 2005년 경우를 보자. 767명의 임원 중 등기임원은 1%도

되지 않는 6명 뿐이며 나머지 761명은 미등기임원이다. 앞의 6명은 모두 고위임원인 반면 후자 중에서는 54명(7%)만이 고위임원이었다. 이들 60명은 전체의 8%에 해당하는 적은 수이다. 임원이 적은 삼성생명보험의 2005년 경우도 크게 다르지 않다. 67명 중 6%(4명)만 등기임원이고 역시 절대다수(63명)는 미등기임원이 차지하고 있다. 4명 등기임원은 모두 고위직을 가지고 있는 반면 미등기임원 중에서는 8명(13%)이 고위임원이다. 이들 12명은 전체의 18%에 해당하는 숫자다.

실무에 관여하는 등기임원의 수는 감소 추세이고 미등기임원 수는 그 반대다. 삼성전자에서의 대비가 가장 선명하다. 1998년과 2005년 사이, 등기임원은 17명에서 6명으로 거의 1/3 수준으로 줄어든 반면 미등기임원은 287명에서 707명으로 거의 3배 수준으로 늘어났다. 삼성중공업과 삼성SDI에서는 등기임원은 각각 2/3(9명 vs. 3명), 1/2(6명 vs.3명) 줄어든 반면, 미등기임원은 소폭 증가하는 양상을 보였다. 제일기획과 삼성생명보험의 경우에는, 등기임원은 각각 5명과 4명으로 변함이 없고 미등기임원은 조금 늘어났다.

한편, 고위임원의 수는 늘어나는 추세를 보이고 있으며, 등기임원의 수가 감소 또는 정체하면서 고위임원 중 미등기임원이 차지하는 비중이 늘어나고 있다. 삼성전자의 경우, 1998년에는 고위임원 17명 중 등기임원(11명, 65%)이 훨씬 더 많았는데 2005년에는 60명 중 6명(10%) 밖에 되지 않았다. 삼성생명보험에서도 비슷했다. 고위임원 중 등기임원의 비중이 1998년 75%(4명 중 3명)에서 2005년에는 33%(12명 중 4명)로 급격하게 감소하였다.

<표 9.18> 임원의 유형(명) : (1) 등기임원(A1), 미등기임원(A2) ; 고위임원(B1), 중하위임원(B2)

년도	삼성 물산	삼성 전자	삼성 중공업	삼성 SDI	제일 기획	삼성 생명보험	삼성 에버랜드	삼성 카드
1. A1+A2 = B1+B2								
(A1,A2)								
1998	4, 113	17, 287	9	6	5			
2000	6, 95	13, 336	3, 46	6, 57	5, 10	4, 57	6, 8	5
2003	5, 113	6, 572	3, 47	3, 79	5, 10	4, 60	8	2, 26
2005	3, 123	6, 761	3, 53	3, 84	5, 16	4, 63	8	2, 21
(B1,B2)								
1998	17, 100	17, 287	–	–	–			
2000	12, 89	30, 319	3, 46	–	1, 14	4, 57	2, 12	–
2003	13, 105	51, 527	6, 44	5, 77	2, 13	7, 57	–	2, 26
2005	13, 113	60, 707	6, 50	9, 78	3, 18	12, 55	–	2, 21
2. A1,A2 중 B1								
1998	4, 13	11, 6	3	1	2			
2000	6, 6	12, 18	2, 1	1	1	3, 1	2	2
2003	5, 8	6, 45	3, 3	3, 2	2	4, 3	1	1, 1
2005	3, 10	6, 54	2, 4	3, 6	3	4, 8	3	1, 1

3. B1,B2의
  관련 직책 수(개)

연도								
1998	5, 7	6, 12	-	-	-			
2000	5, 5	7, 10	2, 8	-	1, 3	3, 3	2, 3	-
2003	4, 5	6, 9	2, 7	2, 6	2, 3	3, 3	-	2, 3
2005	3, 2	7, 10	2, 5	2, 8	2, 3	4, 3	-	2, 4

주 : 1) 12월 또는 3월(삼성생명보험 2001, 04, 06년) 현재 ; 밑줄 친 회사는 비상장회사.
    2) 삼성SDI(1998년)=삼성전관.
출처 : <표 9.19>, 제13장.

2) 고위/중하위임원의 직책 : 고위임원과 중하위임원의 구체적인 직책의 유형은 매우 다양하다. 전자는 12종류, 후자는 17종류로 모두 29종류나 된다(<표 9.18, 9.19>).

  A) 고위임원 : 대표이사, 대표이사회장, 대표이사부회장, 대표이사사장, 대표이사부사장, 회장, 부회장, 사장, 사장대우, 대표부사장, 부사장, 부사장대우.
  B) 중하위임원 : 전무, 전무대우, 상무, 상무대우, 상무보, 상무보대우, 이사, 이사대우, 이사보, 이사보대우, 연구위원, 고문, 경영고문, 자문, 자문역, 상담역, 촉탁임원.

등장하는 직책의 유형과 수는 회사에 따라 그리고 시기에 따라 많은 차이가 있다. 임원 규모가 가장 큰 삼성전자에서는 15~18종류의 직책이 관련되어 있었고, 삼성물산(5~12종류), 삼성중공업(7~10종류), 삼성SDI(8~10종류)에서도 10개 정도가 관련되는 경우가 많았다. 나머지 4개 회사에서는 임원들이 보다 적은 종류(4~7개)의 직책에 임명되었다.

고위임원 중에서는 부사장이 가장 많고, 중하위임원 중에서는 상무와 상무보가 주를 이루고 있다. 2003년과 2005년의 삼성전자에서는 전체 임원(15개 직책 578명, 17개 직책 767명) 중 이 3종류 직책이 절반 이상(330명 57%, 397명 52%)을 차지하고 있다. 부사장이 35명과 37명, 상무가 128명과 143명 그리고 상무보가 167명과 217명이었다. 이들 외에 대표이사부회장이 3명씩, 사장(대표이사사장 1명 포함)이 10명과 15명 그리고 전무가 32명과 67명이었으며, 특이하게도 연구위원이 152명(26%)과 202명(26%)으로 큰 비중을 차지하였다. 연구위원 직책은 삼성SDI에도 있는데 전체 임원의 10% 내외이다(2003년 9%(82명 중 7명), 2005년 17%(87명 중 15명)). 한편, 2003~2005년의 삼성생명보험에서는 전체 임원(6개 직책 64명, 7개 직책 67명) 중 부사장(4명, 9명), 상무(23명, 18명), 상무보(28명, 30명) 등 3개 직책에 거의 대부분(55명 86%, 57명 85%)이 관련되어 있었다.

<표 9.19> 임원의 유형(명) : (2) 회사별 - 고위임원(B1), 중하위임원(B2) ; 등기임원(A1), 미등기임원(A2)

	1. 삼성물산				2. 삼성전자			
	1998	2000	2003	2005	1998	2000	2003	2005
B1+B2 = A1+A2	117	101	118	126	304	349	578	767
B1	17	12	13	13	17	30	51	60
B2	100	89	105	113	287	319	527	707
관련 직책 수(개)								
B1	5	5	4	3	6	7	6	7
B2	7	5	5	2	12	10	9	10
1. B1	(A1,A2)				(A1,A2)			
	4, 13	6, 6	5, 8	3, 10	11, 6	12, 18	6, 45	6, 54
대표이사회장		1			1	1	1	1
대표이사부회장	1					1	3	3
대표이사사장	1	2	2	2	4	3	1	1
대표이사부사장	1				2	7, 1		
회장	1	1	1, 1	1		1	1	
사장		1, 2	1		2	1	1, 9	1, 14
사장대우								1
대표부사장					1			
부사장	13	1, 4	1, 7	1, 9	4, 3	15	35	37
부사장대우								2
2. B2	(A1,A2)				(A1,A2)			
	0, 100	0, 89	0, 105	0, 113	6, 281	1, 318	0, 527	0, 707
전무	13	16	14	17	3, 20	1, 21	32	67
전무대우							4	7
상무	19	39	40	96	2, 26	56	128	143
상무대우		2	6		1	4	9	12
상무보		31	43				167	217
상무보대우		1	2				11	18
이사	35				1, 71	68		
이사대우	3				5	6		
이사보	24				57	66		
이사보대우					2	6		
연구위원					73	77	152	202
고문	5				10	13	17	25
경영고문					1			
자문역					14	1	7	13
상담역	1				1			3

	3. 삼성중공업				4. 삼성SDI			
	1998	2000	2003	2005	1998	2000	2003	2005
B1+B2 = A1+A2	–	49	50	56	–	63	82	87
B1	–	3	6	6	–	–	5	9
B2	–	46	44	50	–	–	77	78
관련 직책 수(개)								
B1	–	2	2	2	–	–	2	2
B2	–	8	7	5	–	–	6	8
1. B1	(A1,A2)				(A1,A2)			
	3, –	2, 1	3, 3	2, 4	1, –	1, –	3, 2	3, 6
대표이사	3	2	1	1	1	1		
대표이사사장							1	1
부회장		1						
부사장			2, 3	1, 4			2, 2	2, 6
2. B2	(A1,A2)				(A1,A2)			
	6, –	1, 45	0, 44	1, 49	5, –	5, –	0, 77	0, 78
전무	1	4	4	1, 5			5	6
상무	2	10	11	15			20	25
상무대우							1	1
상무보		17	23	26			24	25
이사	3	1			5	5		
연구위원							7	15
고문		4	2	2			20	
자문			1					
자문역		4						1
상담역		1	1					2
촉탁임원		5	2	1				3

	5. 제일기획				6. 삼성생명보험		
	1998	2000	2003	2005	2000	2003	2005
B1+B2 = A1+A2	–	15	15	21	61	64	67
B1	–	1	2	3	4	7	12
B2	–	14	13	18	57	57	55
관련 직책 수(개)							
B1	–	1	2	2	3	3	4
B2	–	3	3	3	3	3	3

1. B1	(A1,A2)				(A1,A2)		
	2, -	1, 0	2, 0	3, 0	3, 1	4, 3	4, 8
대표이사				1			
대표이사사장	1	1	1			2	1
회장					1	1	1
사장					2		1
부사장	1		1	2	1	2, 2	3, 6
2. B2	(A1,A2)				(A1,A2)		
	3, -	4, 10	3, 10	2, 16	1, 56	0, 57	0, 55
전무		1, 1	3, 1	1	1, 8	6	7
상무	2	3, 2	5	1, 6	12	23	18
상무보			4	10	36	28	30
이사	1	7					

	7. 삼성에버랜드			8. 삼성카드		
	2000	2003	2005	2000	2003	2005
B1+B2 = A1+A2	14	-	-	-	28	23
B1	2	-	-	-	2	2
B2	12	-	-	-	26	21
관련 직책 수(개)						
B1	2	-	-	-	2	2
B2	3	-	-	-	3	4
1. B1	(A1,A2)			(A1,A2)		
	2, 0	1, -	3, -	2, -	1, 1	1, 1
대표이사사장				1	1	1
사장	1	1	1			
부사장	1		2	1	1	1
2. B2	(A1,A2)			(A1,A2)		
	4, 8	7, -	5, -	3, -	1, 25	1, 20
전무	1	2	5	1	2	1
상무	3	5		2	1, 11	12
상무보					12	7
이사	8					1

주 : 1) 12월 또는 3월(삼성생명보험 2001, 04, 06년) 현재 ; 삼성생명보험, 삼성에버랜드, 삼성카드는
       비상장회사.
     2) 삼성SDI(1998년)=삼성전관.
  출처 : 제13장.

(3) 업무조직

1) 부서의 유형 : 8개 회사의 업무조직을 재구성하기는 쉽지 않다. 무엇보다 관련 정보가
매우 불충분하다. 불확실하거나 애매한 부분들이 많고, 한 회사와 관련해서도 시기에 따라
정보가 불일치하는 경우가 적지 않다. 그럼에도 불구하고, 대규모의 삼성전자에서부터 소규
모의 제일기획에 이르기까지 삼성에버랜드를 제외한 7개 회사 모두에서 조직이 꽤나 방대하

며 매우 체계적으로 정비되어 있음을 확인할 수 있다. 'M-form'으로 불리는 현대적인 다기능, 다원적 경영구조(decentralized, miltidivisional structure)의 모습을 띄고 있는 것으로 판단된다. 그렇다면, 삼성그룹 전체의 구조도 매우 큰 정도로 다원적인 것으로 짐작할 수 있다.

업무부서의 구체적인 유형은 매우 다양하다(<표 9.20, 9.21>). 같은 이름의 부서라도 회사에 따라 성격이 다른 경우가 적지 않은데, 이 점을 염두에 두면서 본사 중심의 부서를 상위와 중하위의 두 부류로 나누어 보면 각각 13개, 10개로 모두 23개나 된다.

A) 상위부서 : 부문, 본부, 총괄, 사업부, 사업, Div Co, HQ, BU, 사업장, 공장, 조선소,
        기술원, 연구소.
B) 중하위부서 : 담당, Unit, 지역단, 지역사업부, 실, 그룹, 파트, 센터, Lab., 팀.

등장하는 부서의 유형과 수는 회사에 따라 그리고 시기에 따라 다르기 마련인데, 어떤 경우든 수십 개의 부서가 서로 간에 수평적으로 그리고 수직적으로 연결되어 하나의 위계질서(hierarchy)를 형성하고 있다. 삼성물산(42~74개 부서), 삼성전자(31~70개), 제일기획(49~69개), 삼성생명보험(53~54개), 삼성카드(47~98개) 등에서 많은 편이며, 삼성중공업(21~40개)과 삼성SDI(19~39개)에서는 상대적으로 적다. 삼성에버랜드의 부서는 8~9개 밖에 되지 않는다.

상위의 업무부서 중 몇 개는 각 회사의 핵심부서가 된다.

A) 5개 회사에서는 각각 1개 종류의 부서가 시기에 따라 2~5개로 조정되었다 :
    a) 삼성물산(2~4개 부문) b) 삼성전자(3~5개 총괄) c) 삼성SDI(2~4개 본부)
    d) 삼성에버랜드(4~5개 사업부) e) 삼성카드(2개 본부).
B) 3개 회사에서는 3~4개 종류의 부서가 관련되어 있다 :
    a) 삼성중공업 – 3부문(1998년), 2부문(2000), 1실과 1사업부(2003~2005)
    b) 삼성생명보험 – 1부문과 2본부(2000), 1부문과 3BU(2003~2005)
    c) 제일기획 – 1본부와 7사업부(1998), 12본부(2000), 7본부와 5그룹(2003),
        4본부와 4HQ(2005).

<표 9.20> 업무부서(개) : (1) 핵심부서 유형 및 수(A), 총 부서 수(B)

	A	1998년 A	B	2000년 A	B	2003년 A	B	2005년 A	B
삼성물산	부문	4	64	3	74	2	42	2	44
삼성전자	총괄	3	31	4	46	4	70	5	68
삼성SDI	본부	2	39	3	19	4	18	4	30
삼성에버랜드	사업부			5	9	4	8	4	8
삼성카드	본부				47	2	81	2	98
삼성중공업	부문	3	27	2	21				
	실					1		1	
	사업부					1	33	1	40
삼성생명보험	부문			1		1		1	
	본부			2	53				
	BU					3	53	3	54
제일기획	본부	1		12	61	7		4	
	사업부	7	49						
	그룹					5	69		
	HQ							4	65

출처 : <표 9.21>.

<표 9.21> 업무부서(개) : (2) 회사별 - 개관

1. 삼성물산

	1998년	2000년	2003년	2005년
부문	4	3	2	2
	상사, 건설 의류, 유통	상사, 건설 주택	상사, 건설	상사, 건설
본부	8	5	9	11
Div. Co		4		
총괄	1	2	3	1
사업부	22	15	10	12
연구소		2	2	2
Unit		9		
담당		3	2	
실	7	10	4	4
팀	12	15	6	10
그룹			1	
(기타)	10	6	3	2
합	64	74	42	44
물류센터	1			
지사	1			4
(해외)				
지사/지점/법인			64	
영업지점/법인				16
영업거점				74

2. 삼성전자

	1998년	2000년	2003년	2005년
총괄	3	4	4	5
	정보가전 정보통신 반도체	디지털미디어 생활가전 정보통신 반도체	Digital Media Network Telecommunication Network Digital Appliance Network Device Solution Network	디지털미디어 정보통신 생활가전 반도체 LCD
총괄	2	1	1	2
사업부	1	12	14	11
기술원		1	1	1
연구소	21	21	40	40
실	3	1	1	2
센터	1	2	8	7
(기타)		4	1	
합	31	46	70	68
지사	9	12	12	14
지점	116	119	132	160
영업소	27	8		
대리점	3,564	3,452	2,882	2,493
기타	9			
(해외)				
법인			42	
생산법인	33	21		
판매법인	54	31		38
기타법인		9		
기타	41	28		

3. 삼성중공업

	1998년	2000년	2003년	2005년
부문	3	2		
실			1	1
사업부			1	1
	조선플랜트 건설 기전	조선플랜트 건설	조선해양영업 / 건설	조선해양영업 / 건설
본부		2		
총괄			1	1
사업부	2	2		
사업			2	
조선소	1		1	1
공장	1			
연구소	4	4	3	4
담당				7

실	6	2		
센터	3	1	1	2
팀	7	6	5	9
파트			9	10
(기타)		2	9	4
합	27	21	33	40
사무소		1	1	1

4. 삼성SDI

	1998년	2000년	2003년	2005년
본부	2	3	4	4
	평판사업	PDP	MD	브라운관
	브라운관영업	Mobile	PDP	PDP
		Digital Display영업	ME	Mobile Display
			DD영업	전지
본부	1	2	3	1
사업	1			
사업장	3	3		
공장			2	
연구소	2		2	2
실	2		2	2
센터	1	2		2
Lab	3			
팀	24	9	5	18
파트				1
합	39	19	18	30
(해외)				
법인	8			
지점	1			

5. 제일기획

	1998년	2000년	2003년	2005년
본부	1	12	7	4
사업부	7			
그룹			5	
HQ				4
	제작 /	1,2,3,4,5,6,7	1,2,3,4	CS1,CS2,CS3,GCS /
	광고1,2,3,4,5	제작	Global	GIS,GBS,GCR,GMS
	국제	프로모션	프로모션	
	프로모션	인터넷	마케팅전략 /	
		미디어	C1,C2,C3,C4	
		SBC	CCM	
HQ				1
연구소	1	1	2	2
실	4	2	1	
센터		2	2	2
팀	36	42	43	40

그룹			1	8
(기타)		2	8	4
합	49	61	69	65
(해외)				
법인/지점/사무소		14	18	23

6. 삼성생명보험

	2000년	2003년	2005년
부문	1	1	1
본부	2		
BU		3	3
	보험영업 / 자산운용 법인영업	채널 / 자산운용 상품 법인	채널 / 자산운용 상품 법인
사업부	9	13	13
연구소	1	1	1
담당			2
실	3	3	4
센터	1	2	2
지역단	7		
지역사업부		1	7
팀	25	28	20
그룹	1		
(기타)	3	1	1
합	53	53	54

7. 삼성에버랜드

	2000년	2003년	2005년
사업부	5	4	4
	빌딩엔지니어 리조트 골프문화 유통 환경개발	자산관리 레져 유통 환경개발	자산관리 레져 유통 환경개발
연구소	3	2	2
실	1	1	1
팀		1	1
합	9	8	8

8. 삼성카드

	2000년	2003년	2005년
본부		2	2
		영업 채권관리	영업 콜렉션관리
사업부	13	7	9
담당	2	10	11

실		4	6
센터		6	15
팀	32	51	55
(기타)		1	
합	47	81	98
영업지점		17	13
채권지점		24	
콜렉션지점			17

주 : 1) 12월 또는 3월(삼성생명보험 2001, 04, 06년) 현재 ; 삼성생명보험,
　　　삼성에버랜드, 삼성카드는 비상장회사.
　　2) 삼성SDI(1998년)=삼성전관.
출처 : 제13장.

2) 2005년12월 현재의 조직 : 2005년12월(삼성생명보험은 2006년3월) 현재의 조직을 살펴
보면, 다양한 부서가 상호 간에 체계적으로 연결되어 매우 다원적이면서도 하나의 구조를
이루고 있음을 확인할 수 있다(<표 9.22>). 전체 부서들은 지원, 생산 및 영업, 기술 등 크게
3개의 분야로 나눌 수 있는데, 생산과 영업은 매우 밀접해서 하나의 분야를 형성하는 경향이
있다. 회사에 따라서는 부서의 성격이 3개 분야 모두에(삼성물산) 또는 그 중 2개 분야에(제
일기획, 삼성생명보험) 관련되어 있기도 하다.

삼성전자에서는 생산/영업 분야의 5개 총괄(디지털미디어, 정보통신, 생활가전, 반도체,
LCD)이 중심이며, 이들을 기술 분야의 32개 연구소들(각각 10개, 6개, 4개, 9개, 3개)이 뒷받
침하는 구조로 되어 있다. 제일기획에서는 4개 본부(CS1, CS2, CS3, GCS)와 4개 HQ(GIS, GBS,
GCR, GMS) 산하에 수십 개에 이르는 팀, 그룹 그리고 연구소가 포진해 있다.

비상장회사이면서 금융업을 하는 삼성생명보험과 삼성카드의 경우에는 다른 회사에 비해
지원분야가 상대적으로 더 비중이 있는 것으로 보인다. 삼성생명보험의 중심부서는 3개 BU
(자산운용, 상품, 법인)와 1개 부문(채널), 그리고 삼성카드의 중심부서는 2개 본부(영업, 콜렉
션관리)이며, 이들을 지원하기 위해 각각 4개(기획관리, 인사관리, 고객지원, 경영전략)와 5개
(경영지원, 인사지원, 준법감시, RM, 기획홍보)의 실 아래에 다수의 담당, 팀 등이 조직되어
있다.

<표 9.22> 업무부서 : (3) 회사별 - 2005년12월

1. 삼성물산

부서 44 : a) 중심부서 - 부문 2 (상사, 건설)
　　　　 b) 상위부서 - 본부 11, 총괄 1, 사업부 12, 연구소 2
　　　　 c) 중하위부서 - 실 4, 팀 10, (기타 2)
　　　　 * 기타 : 지사 4, 해외영업지점/법인 16, 해외영업거점 74

1. 지원
(실 1) 전략기획
(팀 5) 재무, 금융, 인사, 홍보, 감사

2. 지원/영업/생산/기술
(부문 2)
상사 : (팀 4) 기획, 경영지원, 인사, RM
　　　(사업부 10) 석유화학, 기능화학, 무기화학, 전자재료, 부품소재, 플레오맥스,
　　　　　　　　 금속, 철강, 생활물자, 자원
　　　(총괄 1) 프로젝트 : (사업부 2) 프로젝트1, 프로젝트2
　　　(본부 1) 유통 : (팀 1) 경영지원
　　　　　　　　　　삼성플라자, 인터넷쇼핑몰
　　　해외영업 : 거점 74
건설 : (실 3) 경영지원, 프로젝트추진, 구매지원
　　　(본부 10) 주택기술, 주택영업, 건축사업, 토목사업, 플랜트사업, 품질경영, 기술,
　　　　　　　　 국내영업, 해외영업, 전략사업추진
　　　(지사 4) 중부, 경북, 영남, 호남
　　　(연구소 2) 삼성건설기술, 장비재료
　　　해외영업 : 지점 11, 법인 5

2. 삼성전자
부서 68 : a) 중심부서 - 총괄 5 (디지털미디어, 정보통신, 생활가전, 반도체, LCD)
　　　　　b) 상위부서 - 총괄 2, 사업부 11, 가술원 1, 연구소 40
　　　　　c) 중하위부서 - 실 2, 센터 7
　　　　　* 기타 : 지사 14, 지점 160, 대리점 2,493, 해외판매법인 38
1. 지원
(총괄 1) 경영지원
(센터 4) Digital Solution, 디자인경영, CS경영, 수원지원
2. 생산/영업
(총괄 5) 디지털미디어 : (사업부 4) 영상디스플레이, 컴퓨터시스템, 디지털비데오, 디지털프린팅
　　　　　정보통신 : (사업부 2) 무선, 네트워크
　　　　　생활가전 : (사업부 1) 시스템가전
　　　　　반도체 : (사업부 3) 메모리, System LSI, 스토리지
　　　　　LCD
(사업부 1) 국내영업
(실 1) Global마케팅
지사 14, 지점 160, 대리점 2,493 (종합점 518, 전문점 822, 이동체 844, 일반점 309)
해외판매법인 38 (미주 10, 구주 12, 아주 8, 중국 4, 일본 1, CIS 1, 중아 2)
3. 기술
(총괄 1) 기술 : (실 1) CTO전략
　　　　　　　 (연구소 5) 시스템, 메카트로닉스, 정보응용, 생명과학, 생명공학
디지털미디어총괄 : (연구소 10) 종합, 컴퓨터시스템, 멀티미디어, KDC, DVS, 프린팅,
　　　　　　　　　　　　디지털미디어, 디지털영상, 디스플레이, 통신시스템
정보통신총괄 : (연구소 6) 무선, 통신, 네트워크, 무선통신, 광전자, Internet Infra
생활가전총괄 : (연구소 4) 생활가전1, 생활가전2, 리빙, DA
반도체총괄 : (연구소 9) 반도체, LSI, MOS, 선행기술, 메모리, 패키지, HDD, tm토리지, SOC
LCD총괄 : (연구소 3) AMLCD, LCD개발, LCD생산기술
(기술원 1) 종합
(연구소 3) 정보미디어 : (센터 1) DSC
　　　　　　디자인 : (센터 1) 디자인
　　　　　　신뢰성 : (센터 1) CS

3. 삼성중공업

부서 40 : a) 중심부서 - 실 1, 사업부 1 (조선해양영업, 건설)
　　　　　b) 상위부서 - 총괄 1, 조선소 1, 연구소 4
　　　　　c) 중하위부서 - 담당 7, 센터 2, 팀 9, 파트 10, (기타 4)
　　　　　* 기타 : 사무소 1

1. 지원

(담당 2) 경영지원 : (팀 2) 기획, 경영지원
　　　　　　　　　　(사무소 1) 서울
　　　　　인사 : (팀 2) 인사관리, 총무

2. 생산/영업

(실 1) 조선해양영업 : (팀 4) 영업1, 영업2, 영업3, 해양영업
　　　　　　　　　　　　영업기획
　　　　　　　　　　　　해외사무소
(조선소 1) : (담당 5) 생산1, 생산2, 생산지원, 해양사업, 안전공무
(사업부 1) 건설 : (파트 1) 토목기술 : (파트 4) 업무, 토목영업1, 토목영업2, 토목기술
　　　　　　　　　　　　　　　　　토목견적, 기술연구
　　　　　　　　(팀 1) 건축영업 : (파트 4) 영업1, 영업2, 기술영업, 특화상품영업

3. 기술

(총괄 1) 기술 : 설계
　　　　　(연구소 4) 조선해양, 산업전자, 건설기술
　　　　　　　　　생산기술 : (센터 2) 선박연구, 기술연구
　　　　　　　　　　　　(파트 1) 메카트로연구

4. 삼성SDI

부서 30 : a) 중심부서 - 본부 4 (브라운관, PDP, Mobile Display, 전지)
　　　　　b) 상위부서 - 본부 1, 연구소 2
　　　　　c) 중하위부서 - 실 2, 센터 2, 팀 18, 파트 1

1. 지원

(실 2) 경영기획 : (팀 1) 전략마케팅
　　　　경영지원
(팀 2) 감사, 구매전략
(본부 1) 경영혁신
(센터 1) 품질경영

2. 생산/영업

(본부 4) 브라운관 : (팀 5) 마케팅, CPT영업, CDT영업, 중국영업, 개발
　　　　PDP : (팀 3) 마케팅, 영업, 개발
　　　　Mobile Display : (팀 3) 마케팅, 영업, 개발
　　　　전지 : (팀 2) 영업, 개발
(팀 2) VFD사업 : (파트 1) 영업
　　　　AM사업화

3. 기술

(연구소 1) 중앙
(센터 1) 생산기술 : (연구소 1) 생산기술

5. 제일기획

부서 65 : a) 중심부서 - 본부 4, HQ 4 (CS1, CS2, CS3, GCS ; GIS, GBS, GCR, GMS)
　　　　　b) 상위부서 - HQ 1, 연구소 2
　　　　　c) 중하위부서 - 센터 2, 팀 40, 그룹 8, (기타 4)
　　　　　* 기타 : 해외법인/지점/사무소 23

1. 지원
(HQ 1) GRS : (팀 6) 전략기획, 경영지원, 인사, 정산지원, INFRA지원
　　　　　　　 재무 : (센터 1) 소액주주고충처리
　　　　　　 (센터 1) COOK
(팀 1) 경영진단

2. 생산/영업/기술
(본부 4) CS1 : (팀 4) CS1, CS2, CS3, CS4
　　　　　　 (그룹 1) C2
　　　　CS2 : (팀 3) CS5, CS6, CS7
　　　　　　 (그룹 1) 애니콜 : (팀 2) 애니콜CS, 애니콜AP
　　　　　　　　　　　　　　　 애니콜제작CD
　　　　CS3 : (팀 3) CS8, CS9, CS10
　　　　GCS : GBMG : GBST, GSC
　　　　　　 (그룹 1) AS : (팀 3) GCS1, GCS2, GCS3
　　　　　　 (팀 1) GCS기획
　　　　　　 해외 : 법인 8, 지점 4, 사무소 11
(HQ 4) GIS : (팀 4) GIS HQ기획, 홍보, 인터랙티브마케팅, BTL전략
　　　　　　 (그룹 1) AP : (팀 2) AP1, AP2
　　　　　　 (연구소 1) 브랜드마케팅
　　　　GBS : (팀 6) GBS HQ기획, 이벤트, PR, 스포츠사업, 스페이스사업, 프로모션CR
　　　　GCR : (팀 1) GCR HQ기획
　　　　　　 (그룹 4) C1 (2CD 3PAIR, 2CD 3PAIR)
　　　　　　　　　　 C2 (2CD 3PAIR, 2CD 3PAIR)
　　　　　　　　　　 C3 (2CD 3PAIR, 2CD 3PAIR)
　　　　　　　　　　 GCR (PAIR(CW+ART))
　　　　GMS : (팀 4) GMS HQ기획, 전파미디어, 인쇄미디어, SP미디어사업
　　　　　　 (연구소 1) 미디어전략

6. 삼성생명보험(2006년3월)

부서 54 : a) 중심부서 - 부문 1, BU 3 (채널 ; 자산운용, 상품, 법인)
　　　　　 b) 상위부서 - 사업부 13, 연구소 1
　　　　　 c) 중하위부서 - 담당 2, 실 4, 센터 2, 지역사업부 7, 팀 20, (기타 1)

1. 지원
(실 4) 기획관리 : (팀 7) 경영기획, 경영혁신, 경영관리, 정보전략, 경리, 전사RM, 홍보
　　　 인사지원 : (팀 2) 인사, 인재개발
　　　　　　　 (담당 1) 인사지원
　　　 고객지원 : (팀 2) CS혁신, 고객지원
　　　 경영전략
(팀 1) 법무
(연구소 1) 금융
준법감시인

2. 지원/생산/영업
(BU 3) 자산운용 : (팀 2) 재무심사, 자산PF운용
　　　　　　　　 (사업부 5) 투자, 소매금융, 특별계정, 기업금융, 부동산
　　　　상품 : (팀 2) 상품기획, 보험심사
　　　　　　 (담당 1) 상품개발
　　　　　　 (센터 1) 고객검진
　　　　법인 : (팀 1) 법인기획
　　　　　　 (사업부 4) 법인1, 법인2, 법인3, GFC

(부문 1) 채널 : (팀 3) 채널기획, 채널교육, 채널지원
     (사업부 4) LT, AM, 방카슈랑스
       FC : 지역사업부 7
     (센터 1) FP

7. 삼성에버랜드

부서 8 : a) 중심부서 - 사업부 4 (자산관리, 레져, 유통, 환경개발)
   b) 상위부서 - 연구소 2
   c) 중하위부서 - 실 1, 팀 1

1. 지원
(실 1) 경영지원

2. 생산/영업
(사업부 4) 자산관리 : 용역, 후생, 엔지니어링
     레져 : 관광, 식음, 상품, 골프운영, 골프수탁
     유통 : 급식, 식자재
     환경개발 : 공사, 관리
영업 : 각 부서별로 담당

3. 기술
(연구소 2) 잔디환경, 식품
(팀 1) 환경사업

8. 삼성카드

부서 98 : a) 중심부서 - 본부 2 (영업, 콜렉션관리)
    b) 상위부서 - 사업부 9
    c) 중하위부서 - 담당 11, 실 6, 센터 15, 팀 55
     * 기타 : 영업지점 13, 콜렉션지점 17

1. 지원
(실 5) 경영지원 : (담당 4) 경영지원 : (팀 4) 경영기획, 경영지원, 경리, 업무
          자금 : (팀 3) 자금기획, 자금1, 자금2
          정보전략 : (팀 1) 정보기획
             (실 1) IS
          경영혁신 : (팀 1) 경영혁신
    인사지원 : (팀 3) 인사, 신문화, 총무
    준법감시 : (팀 2) 준법감시, 법무
    RM : (팀 5) RM기획, 신용관리1, 신용관리2, PRP, 심사
     (담당 1) 신용분석 : (팀 2) 차세대신용T/F, 신유DS
    기획홍보 : (팀 1) 홍보
      (담당 1) 기획조사 : (팀 2) 기획조사1, 기획조사2

2. 생산/영업
(본부 2) 영업 : (담당 2) 영업지원 : (팀 2) 영업기획, 영업지원
       CRM센터 : (팀 3) CRM인력, CRM운영, 소비자보호
         (센터 3) CRM : 서울, 부산, 대전
      (사업부 7) 신 : (팀 2) 신사업운영, 신사업개발
         카드 : (팀 4) : 마케팅1, 마케팅2, 마케팅지원, 상품전략
          (담당 1) 채널전략 : (팀 3) 가맹점전략, 제휴전략, 회원전략
         법인 : (팀 4) 법인지원, 법인1, 법인2, 론영업
          (담당 1) 할부영업 : (팀 3) 자동차, 리스, 할부영업

　　　　강남영업 : (팀 1) 지점지원 / (센터 3) 마케팅 / 지점 4
　　　　강북영업 : (팀 1) 지점지원 / (센터 3) 마케팅 / 지점 4
　　　　중부영업 : (팀 1) 지점지원 / (센터 2) 마케팅 / 지점 2
　　　　영남영업 : (팀 1) 지점지원 / (센터 3) 마케팅 / 지점 3
콜렉션관리 : (담당 1) 콜렉션지원 : (팀 4) 콜렉션기획, 콜렉션지원, 콜렉션운영1, 콜렉션운영2
　　　　　　　　　　　　　(센터 1) 해피콜
(사업부 2) 서울콜렉션 : (팀 1) 지원 / 콜렉션지점 9
　　　　남부콜렉션 : (팀 1) 지원 / 콜렉션지점 8

주 : 삼성생명보험, 삼성에버랜드, 삼성카드는 비상장회사.
출처 : 제13장.

<부록표 9.1> 삼성그룹과 개인화된 다원적 경영구조 : 회사별 주요 내용

	지분(%)			이사회(명)		(위원회, 명)	집행임원(명)	
	최대주주/ 특수관계인	최대주주	주요 주주	등기이사 사내(상근) 사외	이건희 가족구성원	사외이사추천 감사 (사내-사외이사)	총 인원 등기-미등기 고위-중하위	이건희 가족구성원
1. 삼성물산								
1998	10.94	삼성SDI 2.98	이건희 2.02 삼성전기 2.49	12 7(4) 5	이건희 (상근)	* 감사 3 (상근사내, 비상근사내, 비상근사외)	117 4-113 17-100	이건희 (회장)
2000	8	삼성SDI 4.52	이건희 1.38 (우리사주조 합 5.39)	12 6(6) 6	이건희 (상근)	4(2-2) 3(0-3)	101 6-95 12-89	이건희 (회장)
2003	8.08	삼성SDI 4.52	이건희 1.38 (삼성생명보 험 4.67)	10 5(5) 5	이건희 (상근)	4(2-2) 3(0-3)	118 5-113 13-105	이건희 (회장)
2005	13.88	삼성SDI 7.39	이건희 1.41 삼성생명보 험 4.67	8 3(3) 5		4(2-2) 3(0-3)	126 3-123 13-113	
2. 삼성전자								
1998	8.3	이건희 2.4	이재용 0.82 홍라희 0.83 삼성물산 4.16 (삼성생명보 험 8.21)	25 21(17) 4	이건희 (대표이사)	* 감사 3 (상근사내, 비상근사내, 비상근사외)	304 17-287 17-287	이건희 (회장)
2000	7.45	이건희 2.01	이재용 0.77 홍라희 0.71 삼성물산 3.88 (삼성생명보 험 6.97)	20 14(14) 6	이건희 (대표이사)	4(2-2) 3(1-2)	349 13-336 30-319	이건희 (회장)
2003	7.35	이건희 1.85	이재용 0.63 홍라희 0.71 삼성물산 3.89 (삼성생명보 험 6.99)	13 6(6) 7	이건희 (대표이사)	4(2-2) 3(0-3)	578 6-572 51-527	이건희 (회장) 이재용 (미등기상 무)
2005	16.08	이건희 1.91	이재용 0.65 홍라희 0.74 삼성생명보 험 7.26 삼성물산 4.02 삼성화재 1.26	13 6(6) 7	이건희 (대표이사)	4(2-2) 3(0-3)	767 6-761 60-707	이건희 (회장) 이재용 (미등기상 무)

	지분(%)			이사회(명)		(위원회, 명)	집행임원(명)	
	최대주주/ 특수관계인	최대주주	주요 주주	등기이사 사내(상근) 사외	이건희 가족구성원	사외이사추천 감사 (사내-사외이사)	총 인원 등기-미등기 고위-중하위	이건희 가족구성원
3. 삼성중공업								
1998	26	삼성전자 17.69	삼성생명보 험 4.66 삼성전기 2.4	12 9(9) 3		* 감사 3 (상근사내, 비상근사내, 비상근사외)	? 9-? ?	
2000	24.79	삼성전자 17.61	삼성생명보 험 3.9 삼성전기 2.38 (우리사주조 합 5.87)	6 3(3) 3		4(2-2) 3(0-3)	49 3-46 3-46	
2003	24.78	삼성전자 17.61	삼성생명보 험 3.9 삼성전기 2.38	5 3(3) 2		4(2-2) 2(0-2)	50 3-47 6-44	
2005	24.27	삼성전자 17.61	삼성생명보 험 3.38 삼성전기 2.38	7 3(3) 4		4(2-2) 3(0-3)	56 3-53 6-50	
4. 삼성SDI								
1998 (삼성 전관)	16.24	삼성전자 13.29	자기주식 1.97	12 9(6) 3	이건희 (비상근)	* 감사 3 (상근사내, 비상근사내, 비상근사외)	? 6-? ?	
2000	20.82	삼성전자 20.01		12 8(7) 4	이건희 (비상근)	4(2-2) 3(1-2)	63 6-57 ?	홍석준 (미등기임 원)
2003	27.06	삼성전자 19.97	자기주식 6.87	9 4(3) 5	이건희 (비상근)	4(2-2) 3(0-3)	82 3-79 5-77	홍석준 (미등기 부사장)
2005	20.42	삼성전자 20.38		8 3(3) 5		4(2-2) 3(0-3)	87 3-84 9-78	홍석준 (미등기 부사장)
5. 제일기획								
1998	9.29	삼성전자 3.56	제일모직 1.92 삼성물산 1.8 (삼성화재 9.72)	8 7(6) 1	이건희 (비상근)	* 감사 3 (상근사내, 비상근사내, 비상근사외)	? 5-? ?	
2000	18.5	삼성물산 12.64	삼성전자 3.26 자기주식 2.6	8 6(5) 2	이건희 (비상근)	* 감사 2 (상근사내, 비상근사외)	15 5-10 1-14	

	지분(%)			이사회(명)		(위원회, 명)	집행임원(명)	
	최대주주/특수관계인	최대주주	주요 주주	등기이사 사내(상근) 사외	이건희 가족구성원	사외이사추천 감사 (사내-사외이사)	총 인원 등기-미등기 고위-중하위	이건희 가족구성원
2003	26.55	삼성물산 12.64	삼성카드 3.04 삼성전자 2.61 자기주식 8.26	7 5(5) 2		* 감사 2 (상근사내, 비상근사외)	15 5-10 2-13	
2005	18.3	삼성물산 12.64	삼상카드 3 삼성전자 2.6	7 5(5) 2		* 감사 2 (상근사내, 미등기비상근사외)	21 5-16 3-18	

6. 삼성생명보험

	지분(%)			이사회(명)		(위원회, 명)	집행임원(명)	
2001	44.73	이건희 4.83	삼성문화재단 4.68 삼성에버랜드 19.34 (우리사주조합 5.76 신세계백화점 13.57 제일제당 9.51)	10 5(5) 5		4(2-2) 3(1-2)	61 4-57 4-57	
2004	36.94	이건희 4.54	삼성문화재단 4.68 삼성에버랜드 19.34 ((주)신세계 13.57 제일제당 7.99)	10 5(5) 5		4(2-2) 3(1-2)	64 4-60 7-57	
2006	30.94	이건희 4.54	삼성문화재단 4.68 삼성에버랜드 13.34 ((주)신세계 13.57 (주)CJ 7.99)	10 5(5) 5		4(2-2) 3(1-2)	67 4-63 12-55	

7. 삼성에버랜드

	지분(%)			이사회(명)		(위원회, 명)	집행임원(명)	
2000	95.44	이재용 25.1	이건희 3.72 이부진 8.37 이서현 8.37 이윤형 8.37 삼성카드 14 삼성캐피탈 11.64	7 7(6) 0	이건희 (비상근)	* 감사 1 (비상근사내)	14 6-8 2-12	

	지분(%)			이사회(명)		(위원회, 명)	집행임원(명)	
	최대주주/ 특수관계인	최대주주	주요 주주	등기이사 사내(상근) 사외	이건희 가족구성원	사외이사추천 감사 (사내-사외이사)	총 인원 등기-미등기 고위-중하위	이건희 가족구성원
2003	95.44	이재용 25.1	이건희 3.72 이부진 8.37 이서현 8.37 이윤형 8.37 삼성카드 14 삼성캐피탈 11.64	9 9(8) 0	이건희 (비상근)	* 감사 1 (비상근사내)	? 8-? ?	
2005	94.48	삼성카드 25.64	이재용 25.1 이건희 3.72 이부진 8.37 이서현 8.37 이윤형 8.37	8 8(8) 0		* 감사 1 (비상근사내)	? 8-? ?	

8. 삼성카드

	지분(%)			이사회(명)		(위원회, 명)	집행임원(명)	
2000	88.34	삼성전자 56.59	삼성전기 22.31 삼성물산 9.44	5 5(5) 0		* 감사 1 (비상근사내)	? 5-? ?	
2003	87.6	삼성전자 56.1	삼성전기 22.1 삼성물산 9.4	6 3(3) 3		4(2-2) 3(1-2)	28 2-26 2-26	
2005	89.9	삼성전자 46.85	삼성생명보 험 35.06 삼성전기 4.77 삼성물산 3.18	6 3(3) 3		4(2-2) 3(1-2)	23 2-21 2-21	

주 : 12월 또는 3월(삼성생명보험) 현재 ; 삼성생명보험, 삼성에버랜드, 삼성카드는 비상장회사.

출처 : 제13장.

제10장 LG그룹과 개인화된 다원적 경영구조

LG그룹은 올해(2007년) 『LG 60년사』를 발간하였다. 여기에는 1947년 락희화학공업사(LG화학), 1953년 락희산업(LG상사), 1958년 금성사(LG전자) 등에서 시작된 그룹의 역사가 한눈에 정리되어 있다.

창업주 구인회(1907~1969)는 24세 때인 1936년 진주에서 구인회상점이라는 포목점으로 이미 사업을 한 적이 있으며, 1945년에는 부산으로 자리를 옮겨 무역회사인 조선흥업사를 세웠다. 이어 2년 뒤에 락희화학공업사를 설립함으로써 탄탄한 기반을 마련하게 된 것이다.

이 과정에서 장인(허만식)의 6촌인 허만정이 사업자금을 내놓았고 그의 셋째 아들인 허준구가 경영에 참여하게 되었다. 이후 구씨와 허씨 일가는 혼인관계를 넘어 동업관계로 발전하였다.

구인회는 1969년12월 62세로 세상을 떠났으며, 이듬해 1월9일 장남 구자경(1925년생 45세, 금성사 부사장)이 그룹회장에 취임하였다. 25년 뒤인 1995년2월 구자경은 장남 구본무(1945년생 50세)에게 경영권을 넘겨주고 자신은 명예회장으로 물러앉았다. 퇴임 바로 전인 1월에는 그룹 명칭을 럭키금성그룹에서 LG그룹으로 바꿈으로써 아들의 새 출발을 예고하였다. 이듬해에는 동일인 신분도 물려주었다. 구본무는 30세 때인 1975년 가업에 발을 들여놓았으며, 이후 금성사 상무 등을 거쳐 1989년1월부터는 그룹부회장으로 활동해 왔다. 회장 취임 6년 뒤인 2001년 초부터는 재벌 최초로 지주회사체제를 도입하였으며, 2005년 초까지 성공적으로 마무리함으로써 한국재벌의 개인화된 다원적 지배구조의 새로운 파라다임을 제시하였다(제10장 제5절 참조).

구인회는 6형제 중 첫째로 6남4녀를 두었고 허만정 슬하에는 8남이 있었다. 이들과 그 자손들이 대거 그룹의 소유 및 경영에 참여하였으며, 2대 구자경과 허준구를 거쳐 장남들인 3대 구본무와 허창수에 이르기까지 협력관계를 유지해 왔다. 이 관계는 2004년7월 (주)LG가 구씨 일가의 (주)LG와 허씨 일가의 GS홀딩스로 분리되면서 공식적으로 막을 내렸고, 후자는 2005년1월 GS그룹(동일인 허창수)으로 독립해 나갔다. 한편, 2003년11월에는 구태회(구인회 셋째 동생)를 동일인으로 하는 구씨 일가 일부가 LG전선그룹(이후 LS그룹)으로 따로 분가하였다.

　　LG그룹은 1987년 현재 57개 계열회사에 5.5조원의 자산을 가진 4위의 재벌이었다(<표 10.1>). 이후 2007년까지 2~4위를 유지하고 있다. 1991년 2위로 올랐다가 이듬해 4위로 뒷걸음질 쳐 구본무가 회장이 된 1995년까지 그 순위에 머물렀다. 2002~2004년에는 다시 2위가 되었는데, 계열회사들이 분리되면서 다시 순위가 떨어져 2006년부터는 4위이다. 계열회사는 1992년까지는 60개 내외였으며, 이후 좀 줄어들어 2004년까지 50개 내외 수준이었다. 2005년부터는 40개 이하로 더 줄어들었다. 자산규모는 1987년 5.5조원에서 1998년에는 52.7조원으로 거의 10배가 되었으며, 이후 50조원 내외의 수준이 유지되고 있다.

<표 10.1> LG그룹, 1987~2007년 : 순위(A, 위), 계열회사 수(B, 개), 자산총액(C, 10억원),
1개 계열회사 평균자산(D, 10억원)

년도	A	B	C	D	년도	A	B	C	D
1987	4	57	5,508	97	1997	3	49	38,376	783
1988	3	62	6,997	113	1998	4	52	52,773	1,015
1989	3	59	8,645	147	1999	4	48	49,524	1,032
1990	3	58	11,186	193	2000	3	43	47,612	1,107
1991	2	63	14,889	236	2001	3	43	51,965	1,208
1992	4	58	17,152	296	2002	2	51	54,484	1,068
1993	4	54	19,105	354	2003	2	50	58,571	1,171
1994	4	53	20,388	385	2004	2	46	61,648	1,340
1995	4	50	24,351	487	2005	3	38	50,880	1,339
1996	3	48	31,395	654	2006	4	30	54,432	1,814
					2007	4	31	52,371	1,689

주 : 4월 현재 ; 2002~2007년 순위-공기업집단 제외.
출처 : 공정거래위원회 홈페이지 자료.

1. 구본무 가족의 소유 및 경영 참여

　　구본무의 직계 가족은 부인(김영식, 1952년생)과 2녀(구연경(1978), 구연수(1996)) 등 3명이다. 분석 대상인 10개 회사에 관한 한, 이들 4명 중에서는 구본무만이 소유 또는 경영에 관여하고 있다. 대신 구씨와 허씨 친인척들이 대거 참여하였다. 이들 중 대부분은 주주이며 경영자로 참여하는 사람은 13명이다. 이 13명 중 12명은 또한 주주이기도 하다. 구본무와 이들 13명 그리고 주요 주주 1명 등 모두 15명이 '중심가족구성원들'이며, 이들의 참여 빈도와 내용을 살펴보기로 한다.

　　구본무를 제외한 14명 중 9명은 구씨 일가이고 5명은 허씨 일가다. 앞의 9명 중에서는 7명이 할아버지(구인회) 형제 집안사람들이며, 그 외에는 아버지(구자경) 동생 일가 1명과 친동생 1명이다. 15명 중 2명을 제외한 13명은 소유 및 경영 모두에 활발하게 참여하고 있다. 한편, 그룹 전체로 보면 구씨 및 허씨 일가의 참여 범위는 더욱 광범위하다.

(1) 참여 빈도

1) 사람별 : 15명 중 허씨 일가의 중심인 허창수의 참여 범위가 가장 넓으며, 그 다음이 동일인 및 그룹회장인 구본무다(<표 10.2>).

구본무는 10개 회사 중 7개에 관여하고 있다. 5개(LG전자, LGEI, LG화학, LGCI, LG)에는 소유와 경영 모두에, 그리고 다른 1개씩(LG-Caltex정유, LG상사)에는 각각 경영 또는 소유에 관련되어 있다. LG화학과 LG전자는 그룹의 주력회사이며, LGCI와 LGEI는 각각의 신설 지주회사이고 LG는 LGCI가 LGEI를 합병하면서 탄생한 통합지주회사이다. 구본무는 이 주력회사들을 장악하고 있는 것이다. 기존의 LG화학과 LG전자는 신설법인으로 재탄생되어 LG의 자회사로 편입되었으며 전문경영인체제로 운영되고 있다.

허창수는 구본무보다 2개 더 많은 9개 회사에 관여하였다. 구본무와 함께 주력 4개 회사에서 그리고 다른 1개 회사(LG건설)에서 주주이자 경영자로 활동하고 있다. 3개 회사(LGEI, LG전선, LG-Caltex정유)에는 경영에, 그리고 1개 회사(LG텔레콤)에는 소유에만 참여하였다.

다른 13명 중에는 할아버지(구인회) 형제 일가가 7명이나 된다. 할아버지의 셋째 동생 구태회와 그의 아들 3명, 넷째 동생인 구평회와 그의 아들 1명, 다섯째 동생(구두회)의 아들 1명 등이다. 나머지 6명은 아버지(구자경)의 둘째 남동생(구자승) 아들 1명, 친동생(구본준) 1명, 그리고 허씨 일가 4명이다.

이들 13명 중 4명은 2개 이상의 회사에 관여하고 있다. 구자홍(구태회의 장남)이 가장 활발해서 4개 회사의 소유 및 경영(LG전자, LG전선), 경영(LG상사) 또는 소유(LG텔레콤)에 참여하였다. 구자엽(구자홍의 동생)은 3개 회사(소유/경영 1개(LG전선), 소유 2개)에서 주주이거나 경영자이다. 허동수(허창수 아버지(허준구)의 큰 형(허정구) 둘째 아들)와 허진수(허창수의 둘째 동생)는 각각 2개 회사에 관련되어 있다(소유/경영 1개(LG화학), 경영 1개 ; 경영 1개, 소유 1개).

2) 회사별 : LG전선에 15명 중 8명이나 관련되어 있다. 이 중 7명은 할아버지 형제 집안사람들로, 이들은 2003년11월 LG전선그룹(이후 LS그룹)으로 독립하였다. 한편, LG건설에는 5명이 관련되어 있는데 이 중 4명은 허씨 일가로서 2005년1월 따로 GS그룹을 만들었다. 4명(3명은 허씨)이 관련되어 있는 LG-Caltex정유도 GS그룹에 편입되었다. LG상사, LG전자, LG텔레콤, LG화학 등에서는 각각 3명의 가족구성원들이 참여하고 있으며, 이들은 모두 LG그룹 소속으로 남아 있다.

<표 10.2> 구본무 가족의 소유(O) 및 경영(M) 참여 : (1) 빈도

관계	이름	년도	LG건설	LG상사	LG전선	LG전자(LGEI)	LG텔레콤	LG화학(LGCI)	LG	LG-Caltex정유
동일인	구본무	1998		O		O M		O M		
		2000				O M		O M		M
		(2001-2)				(O M)		(O M)		
		2003							O M	M
		2005		O					O M	
남동생2	구본준	(2002)				(M)				
숙조부3	구태회	2005			O M					
아들1	구자홍	1998		M	M	O M				
		2000		M		O M	O			
		2003			O			O		
		2005			O M					
아들2	구자엽	1998	O M							
		2000	O M					O		
		2003-5			O					
아들3	구자명	2003			O M					
		2005			O					
숙조부4	구평회	2005			O M					
아들1	구자열	2003-5			O M					
(숙조부5)										
아들1	구자은	2005			O M					
(숙부2)	구본걸	2003		O						
아들1		2005		O M						
(허씨가족 구성원)	허동수	1998						O M		
		2000						M		M
		2003								M
	허창수	1998			M	O M		O M		
		2000			M	O M	O	O M		M
		(2001-2)				(M)		(O M)		
		2003	O M						O M	M
		2005	O M							
	허명수	2003-5	O M							
	허진수	2003	O							M
		2005	O							
	허정수	2003-5	O							

주 : 1) 12월 현재 ; LGEI는 2002년, LGCI는 2001년 현재 ; 밑줄 친 회사는 비상장회사.
　　2) LG건설(2005년)=GS건설 ; LG전선(2005년)=LS전선.
　　3) 구본무의 부=구자경 ; 조부=구인회 ; 숙조부5=구두회 ; 숙부2=구자승.
　출처 : <표 10.3>.

(2) 참여 내용

1) 소유 참여 : 구본무는 주력회사인 LGCI(2001년, 4.62%)와 LG(2003~2005년, 5.46~

10.33%), 그리고 LG상사(1998년, 0.1%)의 최대주주였다. 앞의 두 회사에서의 지분은 5% 내외
이다가 10% 이상으로 크게 늘어났다(<표 10.3>). 다른 3명도 최대주주의 신분을 가지고 있
었다. 허창수는 LG건설(12.95~12.66%)에서, 구본걸은 LG상사(7.52~9.0%)에서, 그리고 구자
열은 LG전선(2.95~3.55%)에서 2003~2005년 사이에 각각 최대주주였다. 특히, 허창수는 12%
이상의 큰 지분을 보유하였다.

구본무는 1998~2000년 LG화학(0.58~0.69%)과 LG전자(0.31~1.38%)에 지분을 가지고 있
었는데, 이들이 LGCI(2001년 4.62%)와 LGEI(2002년 5.52%)로 바뀌면서 지분이 늘어났고 이어
통합지주회사인 LG에서 최대주주로 자리매김하였다. LG화학(7.73~8.26%)과 LG전자(약 7.9
~10%)에서는 최대주주 및 친족의 지분이 10% 이하였는데, 지주회사체제로 바뀌면서
LGCI(36.62%), LGEI(39.2%), LG(38.41~48.85%) 등에서는 지분이 대폭 증가하였다. 허창수는
이들 주력회사 5개 중 4개에 지분(LG화학 0.14~0.86%, LG전자 0.41~0.87%, LGCI 3.92%, LG
3.47%)을 가지고 있다가 2005년1월 GS그룹으로 독립해 나가면서 모두 처분하였다.

LG건설(1998~2000년 3.31~0.12% vs. 2003~2005년 30.02~30.05%), LG전선(2.47~0.12%
vs. 28.71~33.42%), LG상사(3.11~0.07% vs. 14.97~32.67%) 등 3개 회사에는 친족 지분이
2000년까지 1% 이하로 미미해졌다가 2005년까지 30% 이상으로 급증하였다. 앞의 2개 회사
는 그룹에서 분리되어 각각 새 그룹에 소속되었다. LG건설(이후 GS건설)에서는 최대주주인
허창수가 12% 이상의 지분을 가지고 있었고, 다른 3명의 허씨 일가(허명수, 허진수, 허정수)
도 5% 내외의 큰 지분을 가지고 있었다. LG전선(이후 LS전선)에서는 최대주주인 구자열(2.95
~3.55%)만큼이나 다른 2명(구자홍, 구자은)도 주요 주주였다. 한편, 친족 지분은 LG텔레콤에
서는 1% 이하이다가 2005년까지 없어졌으며, 합작회사인 LG-Caltext정유에서는 전혀 없었다.

<표 10.3> 구본무 가족의 소유 및 경영 참여 : (2) 회사별 - 지분(%), 임원 직책

	1998	2000	2003	2005
(1. LG건설)				
구자엽	0.04	0.01		
	등기부사장	대표이사부사장		
허창수			12.95	12.66
			대표이사회장	대표이사회장
			추천위원	추천위원
허명수			3.61	3.62
			등기부사장	등기부사장
허진수			6.37	5.8
허정수			5.02	4.44
친족	3.31	0.12	30.02	30.05

	1998	2000	2003	2005
(2. LG상사)				
구본무	0.1			0.1
구자홍	비상근등기이사	비상근등기이사		
구본걸			7.52	9.0
				등기이사
친족	3.11	0.07	14.97	32.67
(3. LG전선)				
구자홍			2.82	3.13
	비상근등기이사			등기이사
				의장
구자엽			1.83	1.91
구자명			1.87	2.02
			비상근등기이사	
구자열			2.95	3.55
			대표이사	대표이사
				추천위원
구자은				3.93
				미등기이사
구태회				0.46
				비상근명예회장
구평회				0.3
				비상근고문
허창수	대표이사회장	대표이사회장		
친족	2.47	0.12	28.71	33.42
(4. LG전자)				
구본무	0.31	1.38		
	대표이사회장	대표이사회장		
구자홍	0.13	0.27		
	대표이사부회장	대표이사부회장		
허창수	0.41	0.87		
	비상근등기이사	비상근등기이사		
친족	≤7.9	≤10	0.01	0
(5. LGEI)				
		(2002)		
구본무		5.52		
		대표이사회장		
구본준		대표이사사장		
		추천위원		
허창수		비상근등기이사		
친족		39.2		
(6. LG텔레콤)				
구자홍		0.05	0.03	
구자엽		0.01		
허창수		0.02		
친족		0.16	0.03	-

	1998	2000	2003	2005
(7. LG화학)				
구본무	0.58 대표이사회장	0.69 대표이사회장 의장		
허동수	0.07 비상근등기이사	비상근등기이사		
허창수	0.14 비상근등기이사	0.86 비상근등기이사		
친족	7.73	8.26	0	–
(8. LGCI)		(2001)		
구본무		<u>4.62</u> 대표이사회장 의장		
허창수		3.92 비상근등기이사		
친족		36.62		
(9. LG)				
구본무			<u>5.46</u> 대표이사회장 의장	<u>10.33</u> 대표이사회장 의장
허창수			3.47 비상근등기이사	
친족			38.41	48.85
(10. <u>LG-Caltex정유</u>)				
구본무		비상근등기회장	비상근등기이사	
허동수		대표이사부회장	대표이사회장	
허창수		비상근등기이사	비상근등기이사	
허진수			등기부사장	
친족		–	–	

주 : 1) 12월 현재 ; LGEI는 2002년, LGCI는 2001년 현재 ; 밑줄 친 회사는 비상장회사.
    2) LG건설(2005년)=GS건설 ; LG전선(2005년)=LS전선.
    3) 밑줄 친 지분은 최대주주 지분 ; 친족－최대주주 포함.
    4) 의장=이사회의장, 추천위원=사외이사후보추천위원회 위원.
    5) LG전자(2002년) : 구자홍－대표이사부회장, 추천위원.
출처 : 제14장.

2) 경영 참여 : 15명 중 14명이 관여하였는데 대부분(11명) 상근임원으로서 적극적으로 활동하였다(<표 10.3, 10.4>). 구본무는 5개 주력회사에서 대표이사회장 자리를 계속 지켰다. 이들 회사에는 지분도 가지고 있었고 2개(LGCI, LG)에서는 최대주주였다. 소유와 경영을 동시에 확보하기 위함이었으며 결국 지주회사체제의 사령탑인 LG를 완전 장악하였다. 이들 외에 구본무는 2003년까지 LG-Caltex정유에 비상근이사로 참여하였으며 2000년에는 회장이었다.

허창수는 구본무가 장악하고 있는 5개 주력회사에서는 비상근이사로서 의결과정에만 참여하였다. LG-Caltex정유에서도 비상근이사였다. 반면, LG건설(2003~2005년)과 LG전선(1998~2000년)에서는 대표이사회장이었다. 전자에서는 최대주주이기도 하였으며, 후자에서는 2003년 이후 최대주주인 구자열에게 대표이사 자리를 넘겨주고 경영에서 손을 뗐다.

구본무, 허창수, 구자열 외에 8명이 더 상근임원이었다. 3명은 대표이사사장 이상의 고위임원이었다. 허동수는 LG-Caltex정유 대표이사회장(부회장에서 승진, 2000~2003년), 구자홍은 LG전자 대표이사부회장(1998~2000년), 그리고 구본준은 LGEI 대표이사사장(2002년)이었다. 허동수는 LG화학(1998~2000년)에, 그리고 구자홍은 LG상사(1998~2000년)와 LG전선(1998년 ; 2005년에는 상근)에 비상근이사로도 참여하였다. 다른 5명, 즉 구자엽(LG건설 1998~2000년), 구본걸(LG상사 2005년), 구자은(LG전선 2005년), 허명수(LG건설 2003~2005년), 허진수(LG-Caltex정유 2003년) 등은 부사장급 이하의 직책을 가졌다. 한편, 구자명, 구태회, 구평회 등 3명은 LG전선에 비상근임원으로 관련되어 있었다. 분석 대상 10개 회사 중 유독 LG텔레콤에서는 경영진에 구본무 가족구성원들이 아무도 없었다.

경영에 참여하고 있는 14명 중 6명은 2개 이상의 회사에 관여하였다(<표 10.3, 10.5>). 분석 대상 회사 10개 중 9개를 비롯해 다른 10개의 계열회사에도 참여하였다. 앞 회사들 중 8개는 상장회사이고 뒤 회사들 중 8개는 비상장회사다. 많은 경우, 상장회사에는 상근임원으로 그리고 비상장회사에는 비상근임원으로 활동하였다.『사업보고서』에는 분석 대상이 아닌 10개 회사에서의 직책과 관련해 정보가 불충분하고 또 불명확한 부분이 많은데 주로 비상근이사직인 것으로 보인다.

구본무와 허창수의 관여 회사 수가 단연 많다. 2000년 각각 8개와 6개 회사의 경영자였다. 구본무는 4개 상장회사(LG전자, LG화학, LGCI(2001년), LGEI(2002년))에서는 상근직을, 4개 비상장회사(LG-Caltex정유, LG경영개발원, LG스포츠, LG캐피탈)에서는 비상근직을 가졌다. 반면, 허창수는 1개 상장회사(LG전선)에서만 상근임원이었고, 4개 상장회사(LG전자, LG화학, LGCI, LGEI)와 1개 비상장회사(LG-Caltex정유)에서는 비상근임원이었다. 이 두 사람의 겸직 수는 2005년까지 절반으로 줄었다. 구본무는 4개(1개 상장회사 상근, 3개 비상장회사 비상근), 허창수는 3개(2개 상장회사 상근, 1개 비상장회사 비상근)였다. 다른 4명(구자홍, 구자열, 허동수, 허명수)은 각각 2~4개의 회사에 관여하였다.

<표 10.4> 구본무 가족의 소유 및 경영 참여 :

　　(3) 경영 참여 빈도와 유형 – 총 회사(T), 상장회사(A), 상근임원(a)

	1998년			2000년			2002년			2005년		
	T	A	a	T	A	a	T	A	a	T	A	a
분석된 회사	5	5		9	8		8	7		7	7	
경영 참여 회사	5	5		8	7		4	3		4	4	
구본무	2	2	2	5	4	4	2	1	1	1	1	1
구본준				1	1	1						
구태회										1	1	
구자홍	3	3	1	2	2	1				1	1	1
구자엽	1	1	1	1	1	1						
구자명							1	1				
구평회										1	1	
구자열							1	1	1	1	1	1
구자은										1	1	1
구본걸										1	1	1
허동수	1	1		2	1	1	1		1			
허창수	3	3	1	6	5	1	3	2	1	1	1	1
허명수							1	1	1	1	1	1
허진수							1		1			

주 : 2000년－LGCI(2001년), LGEI(2002년) 포함.

출처 : <표 10.2, 10.3>.

<표 10.5> 구본무 가족의 소유 및 경영 참여 : (4) 겸직(개) – 계열회사(T), 상장회사(A), 비상장회사(B)

1. 합

	1998년			2000년			2003년			2005년		
	T	A	B	T	A	B	T	A	B	T	A	B
총 계열회사	50	14	36	43	14	29	46	13	33	36	11	25
구본무	2			8			4			4		
상근이사		2			4			1			1	
비상근이사						4			3			3
구자홍	3			2						2		
상근		1			1						2	
비상근		2			1							
구자열							1			2		
상근								1			1	
비상근												1
허동수	2			2			4					
상근		1			1			1				
비상근			1			1			3			
허창수	3			6			4			3		
상근		1			1			1			2	
비상근		2			4	1		1	2			1
허명수							1			2		
상근								1			1	
비상근												1

2. 회사/사람별 직책

		1998년	2000년	2003년	2005년
LG건설*	창수			대표이사회장	대표이사회장
	명수			등기부사장	등기부사장
LG상사*	자홍	비상근등기이사	비상근등기이사		
LG전선*	자홍	비상근등기이사			등기이사 이사회의장
	자열			대표이사	대표이사
	창수	대표이사회장	대표이사회장		
LG전자*	본무	대표이사회장	대표이사회장		
	자홍	대표이사부회장	대표이사부회장		
	창수	비상근등기이사	비상근등기이사		
LGEI*	본무		대표이사회장		
	창수		비상근등기이사		
LG화학*	본무	대표이사회장	대표이사회장		
	동수	비상근등기이사	비상근등기이사		
	창수	비상근등기이사	비상근등기이사		
LGCI*	본무		대표이사회장		
	창수		비상근등기이사		
LG*	본무			대표이사회장	대표이사회장
	창수			비상근등기이사	
LG-Caltex정유*	본무		비상근등기회장	비상근등기이사	
	동수	부회장	대표이사부회장	대표이사부회장	
	창수		비상근등기이사	비상근등기이사	
LG경영개발원	본무		이사	이사	이사회의장
LG스포츠	본무		이사	이사	이사회의장
	창수			이사	이사
LG에너지	동수			이사	
LG캐피탈	본무		이사		
LG파워	동수			이사	
서브원	본무				대표 이사회의장
한무개발	동수			이사	
	명수				이사
GS홀딩스	창수				대표이사회장
LS산전	자홍				대표이사
LS니꼬동제련	자열				이사

주 : 1) * 분석된 회사 ; 밑줄 친 회사는 비상장회사.
  2) 계열회사 수-12월(1998, 2003, 2005년) 또는 이듬해 3월(2000년) 현재 ; LGEI는 2002년, LGCI 는 2001년 현재.
  3) '이사', '이사회의장'-상근/비상근 구분 없음, 비상근으로 간주함.
  4) 2005년 GS그룹에 편입-LG건설(GS건설로 변경), LG파워(GS파워로 변경), LG-Caltex정유 (GS-Caltex정유로 변경), 한무개발, GS홀딩스.
  5) 2005년 LS그룹에 편입-LG전선(LS전선으로 변경), LG에너지(E1으로 변경), LS산전(구 LG산전), LS니꼬동제련(구 LG니꼬동제련).
  6) 출처(사업보고서) 상의 겸직 관련 정보는 다소 불분명하거나 부정확한 것으로 보임.
출처 : 제14장.

3) 그룹 전체에서의 경영 및 소유 참여 : 그룹 전체로 보면 구본무 가족구성원들의 경영 및 소유에의 참여 정도는 위에서 제시한 것보다 훨씬 더 광범위한 것으로 짐작된다. 먼저, 경영과 관련해서 다음의 언론보도를 보자 (『조선일보』 2003.10.1, 2005.1.26).

A) 2003년10월 : 구본무(LG 회장), 구본준(LG필립스LCD 사장), 구자홍(LG전자 회장),
　　　　　　　　　구자명(극동도시가스 사장), 구자열(LG전선 사장),
　　　　　　　　　구자용(LG칼텍스가스 부사장)
B) 2005년1월 : 구본걸(LG상사 부사장), 구본순(LG상사 상무), 구본진(LG상사 상무).

9명 중 6명은 위의 분석에서 언급된 사람들이며 3명(구자용, 구본순, 구본진)은 그렇지 않다. 앞의 6명과 관련해서도 회사나 직책이 위의 분석에서는 확인되지 않거나 정보 내용이 다소 차이가 있다. 구자명(구태회 3남), 구자열(구평회 장남), 구자용(2남) 등은 LG전선그룹(이후 LS그룹)을 형성한 주요 3개 회사(LG전선, LG칼텍스가스, 극동도시가스)와 관련되어 있다. 또, 구본걸, 구본순, 구본진 등 구자승(구본무 숙부)의 아들 3형제는 모두 LG상사에서 일하고 있다. LG상사는 지주회사 LG의 자회사는 아니면서 LG그룹에 소속되어 있다.

한편 소유와 관련해서는, 뒤에서 설명하는 것처럼, 15명의 중심가족구성원들 외에도 수십 명의 친인척이 분석 대상 10개 회사의 주주이다. 그룹 전체로는 소유 참여가 훨씬 더 광범위할 것이다. 2004년부터 공정거래위원회는 친족 지분을 4개(배우자/혈족1촌, 혈족2~4촌, 혈족5~8촌, 인척4촌 이내)로 세분화해서 공개하고 있는데 LG그룹의 경우는 다음과 같다 (4월1일 현재, 보통주+우선주 기준 ; 공정거래위원회 홈페이지 자료).

A) (2004년) 3.90% = 0.62 + 2.03 + 1.01 + 0.24
B) (2005년) 3.65% = 0.99 + 2.22 + 0.08 + 0.37
C) (2006년) 3.97% = 1.09 + 2.45 + 0.03 + 0.39
D) (2007년) 3.62% = 1.03 + 2.38 + 0.03 + 0.17.

2. 소유구조

분석 대상 회사 10개 중 1개(LG-Caltex정유)를 제외하고는 모두 상장회사다. 이들 대부분에서는 수만 명의 주주 사이에 소유 분산이 매우 광범위하다. 그럼에도 불구하고, 구본무 가족 즉 구씨와 허씨 일가 구성원들이 대거 주식을 보유하고, 이들 '친족'과 다른 특수관계인들(비영리법인, 임원, 계열회사, 자기주식, 자사주펀드) 그리고 최대주주가 은밀한 금전적 협조관계를 형성함으로써 안정적으로 소유권을 확보하고 있다.

(1) 주주 수 및 지분

1) 주주 수 : 9개 상장회사 중에서는 주력회사 5개에서 주주가 매우 많다. 특히 LG전자에서 그렇다. 주주 수는 2000년까지 큰 폭으로 증가하다가 이후 감소하는 추세를 보이고 있다 (<표 10.6>).

LG전자의 주주는 1998년(96,247명) 10만 명에 조금 못 미치던 것이 2000년(123,208명)까지는 10만 명을 훌쩍 넘어섰다. 이후 지주회사 LGEI의 신설 자회사로 바뀌면서 다시 이전 수준 (2003년 96,531명)으로 줄었다. 2005년(69,818명)까지 더 줄어들었지만, 여전히 많으며 같은 년도의 다른 회사들에 비해서는 월등히 많다.

LG화학의 주주 수는 LG전자 주주의 1/3~1/2 수준이며 변화 패턴은 LG전자에서와 같다. 즉, 1998년(30,299명) 이후 2000년(63,745명)까지 증가하다가 지주회사 LGCI의 신설 자회사로 편입되면서 감소하였다(2003년 31,221명, 2005년 20,565명). LGCI(2001년 48,579명)와 LGEI(2002 년 70,868명) 등 두 지주회사에서도 5만 명 내외의 많은 사람들이 주식을 배당받았으며, 이들은 전자가 후자를 통합하면서 생긴 LG(2003~2005년 74,624~39,574명)로 대거 이동하였다.

주력 5개 회사 다음으로는 LG텔레콤(22,570~39,273명)과 LG상사(19,411~54,277명)에서 주주 규모가 크며, LG건설(6,392~22,703명)과 LG전선(5,669~11,410명)에서는 규모가 좀 떨어져 1만 명 내외이다. 이 4개 회사에서도, LG화학과 LG전자에서처럼, 주주 수가 2000년까지 증가하다가 이후에는 감소하고 있다. 비상장 합작회사인 LG-Caltex정유의 주주는 극소수(5~7명)이다.

<표 10.6> 주주 수(명) 및 지분(%) : (1) 총 주주(S), 최대주주(S1), 특수관계인(S2)

	LG 건설	LG 상사	LG 전선	LG 전자 (LGEI)	LG 텔레콤	LG 화학 (LGCI)	LG	LG-Caltex 정유
1. S (명)								
1998	8,041	20,474	9,101	96,247		30,299		
2000	22,703	54,277	11,410	123,208	22,570	63,745		7
(2001-2)				(70,868)		(48,579)		
2003	10,529	31,471	9,920	96,531	39,273	31,221	74,624	5
2005	6,392	19,411	5,669	69,818	30,719	20,565	39,574	
2. S1+S2 (명)								
1998	64	67	76	104		103		
2000	19	12	16	83	51	93		2
(2001-2)				(77)		(97)		
2003	21	15	40	7	6	5	62	2
2005	16	72	38	4	7	2	49	

(S1)								
1998	LG화학	구본무	LG증권	LG화학		LG연암학원		
2000	LG화학	LG화학	LG증권	LG화학	LG전자	LG연암학원		Caltex*
(2001-2)				(LGCI)		(구본무)		
2003	허창수	구본걸	구자열	LG	LG	LG	구본무	Caltex*
2005	허창수	구본걸	구자열	LG	LG	LG	구본무	
(S2)								
1998	63	66	75	103		102		
2000	18	11	15	82	50	92		1*
(2001-2)				(76)		(96)		
2003	20	14	39	6	5	4	61	1*
2005	15	71	37	3	6	1	48	
3. S1+S2(%)								
1998	26.26	10.82	20.59	18.1		17.7		
2000	31.89	24.19	19.42	37.3	28.7	17.91		50
(2001-2)				(53.8)		(45.85)		
2003	32.47	17.29	42.72	36.22	37.53	34.24	50.37	50
2005	30.38	32.78	33.42	35.26	37.5	34.03	51.31	
(S1)								
1998	12.65	0.1	4.03	5.5		1.88		
2000	10.74	4.18	3.97	5.4	28.14	1.57		40
(2001-2)				(0.9)		(4.62)		
2003	12.95	7.52	2.95	36.06	37.37	34.03	5.46	40
2005	12.66	9	3.55	35.24	37.37	34.03	10.33	
(S2)								
1998	13.61	10.72	16.56	12.6		15.82		
2000	21.15	20.01	15.45	31.9	0.56	16.34		10
(2001-2)				(52.9)		(41.23)		
2003	19.52	9.77	39.77	0.16	0.18	0.21	44.91	10
2005	17.72	23.78	29.87	0.02	0.13	0	40.98	

주 : 1) 12월 현재 ; LGEI는 2002년, LGCI는 2001년 현재 ; 밑줄 친 회사는 비상장회사.
　　2) LG건설(2005년)=GS건설 ; LG전선(2005년)=LS전선.
　　3) 밑줄 친 지분－S1과 S2 중 큰 지분.
　　4) LG-Caltex정유(*) : Caltex＝Caltex(Overseas) Ltd. ; 1=Caltex의 특수관계인 ; LG그룹 관련 주주는
　　2000년 2명(46.76%), 2003년 1명(49.83%).
출처 : 제14장.

2) 최대주주 및 특수관계인 수 : 구본무가족의 소유권 장악에 협조하는 주주들은 그 수가 회사에 따라 그리고 시간의 흐름에 따라 변화가 심한데, 50명 이상인 경우가 적지 않다. 대부분은 친족이다. 주력 5개 회사 중 LG화학과 LG전자에서의 변화가 가장 컸다. 1998~2000년 각각 100명 내외(104~83명, 103~93명)이던 것이 2003~2005년 지주회사의 신설 자회사로 바뀐 뒤에는 10명 이하(7~4명, 5~2명)로 뚝 떨어졌다. 대신, 이전의 특수관계인들은 지주회사들로 대거 자리를 이동하였다. LGCI(97명)와 LGEI(77명)에서는 비슷한 수가 유지되었고, 이후 LG(62~49명)에서는 조금 감소하였다.

다른 4개 상장회사에서도 1998년 또는 2000년 특수관계인 수가 50명 이상으로 많았으며, 하지만 이후에는 회사에 따라 서로 다르게 변화하였다. LG텔레콤에서는 10명 이하(51명 vs. 6~7명)로 그리고 LG건설에서는 20명 내외(64명 vs. 16~21명)로 대폭 감소하였고, LG전선에서는 40명 내외(76명 vs. 38~40명)로 소폭 감소하였다. 반면, LG상사에서는 67명에서 12~15명으로 줄었다가 다시 이전 수준(72명)으로 되돌아갔다.

최대주주의 역할은 친족 4명(구본무, 구본걸, 구자열, 허창수), 구본무 일가가 운영하는 비영리법인 1개(LG연암학원), 계열회사 5개(LG화학, LGCI, LG, LG전자, LG증권) 등이 9개 회사(LG-Caltex정유 제외)에서 담당하고 있다. 모회사인 LG화학의 역할이 가장 크다.

A) 지주회사체제 이전인 1998~2000년에는
   a) LG연암학원은 LG화학을,
   b) LG화학은 LG전자, LG건설, LG상사(2000년)를,
   c) LG전자는 LG텔레콤을,
   d) 구본무는 LG상사(1998년)를,
   e) 따로 LG증권은 LG전선을 각각 책임지고 있었다.

B) 지주회사체제 이후에는 LG화학의 좌장 역할이 계속되는 가운데 구본무가 전면에 나섰고 3갈래의 다른 변화가 일어났다.
   a) 먼저, 구본무가 LG화학의 후신들인 LGCI와 LG를 장악한 후,
   b) LGCI는 LG전자의 후신인 LGEI를,
   c) LG는 신설자회사로 변한 LG화학과 LG전자 그리고 LG텔레콤을 각각 담당하였다.
   d) 한편, 분리되어 나간 LG건설(허창수)과 LG전선(구자열), 그리고 LG그룹 소속이면서도 LG의 자회사는 아닌 LG상사(구본걸)에서는 각각 가족 대표가 최대주주 자리를 차지하였다.

3) 최대주주 및 특수관계인 지분 : 10~51% 사이에서 증가 추세를 보이는 가운데 30% 이상이 주를 이루고 있다. 소유 분산이 광범위한 상장회사들인데도 구본무 가족의 소유권 장악이 매우 철저했음을 알 수 있다. 먼저 주력 5개 회사를 보면, LG화학(17.7~17.91%)과 LG전자(18.1~37.3%)에 비해 LGCI(45.85%), LGEI(53.8%), LG(50.37~51.31%) 등 지주회사에서 지분 크기가 급격하게 증가하였다. 특히 지주회사체제의 구심점인 LG에서는 지분이 50%를 넘어 소유권 장악이 완벽하게 이루어졌다. 신설 자회사로 변한 LG화학과 LG전자에서도 지분 크기가 34~36%로 크다. 한편, LG건설(26.26~32.76%)에서는 소폭, 그리고 LG텔레콤(28.7~37.5%), LG상사(10.82~32.78%), LG전선(19.42~42.72%) 등에서는 대폭 상승하면서 최대주주

및 특수관계인 지분이 35% 내외로 증가하였다.

총 지분 중에서는 특수관계인의 몫이 대체로 컸는데, 5개 주력회사에서는 나중에 최대주주의 몫이 더 큰 상황으로 바뀌었다. 지주회사체제 이전의 LG화학과 LG전자 그리고 LGCI와 LGEI에서는 특수관계인 몫이 월등하게 컸으며, 이후 LG화학과 LG전자에서는 최대주주(LG)의 몫이 거의 대부분이 되었다. LG텔레콤에서는 최대주주(LG전자, LG)가 계속 큰 지분을 가졌다. 반면, 다른 3개 회사에서는 특수관계인의 몫이 컸다. LG상사와 LG전선에서는 월등하게 큰 반면 LG건설에서는 최대주주 몫과의 차이가 크지 않았다.

(2) 특수관계인 수 및 지분

1) 특수관계인―유형별 특징 : 특수관계인들(친족, 비영리법인, 임원, 계열회사, 자기주식, 자사주펀드) 중 각 유형의 참여 정도는 회사에 따라 그리고 시기에 따라 다르다. 동시에 등장하다가 점차 줄어드는 추세를 보이고 있다(<표 10.7>).

1998년에는 LG화학에서 6개 유형의 특수관계인들이 모두 주주로 참여한 가운데, LG건설, LG상사, LG전선에서는 5개 유형이 참여하였다. 이 4개 회사는 2000년에도 비슷해서, LG건설에서 6개 유형이, 그리고 다른 3개 회사에서는 5개 유형이 등장하였다. LG전자에서도 상황이 비슷했던 것으로 보인다. 유독 LG텔레콤에서는 2개 유형만 관련되어 있었다. 그러던 것이 2003년에는 5개 유형의 특수관계인이 관련된 회사가 2개(LG건설, LG), 4개 유형 관련 회사가 2개(LG상사, LG전자) 등으로 변하였고, 2005년에는 3개(LG건설, LG상사, LG건설) 이하의 유형만 관련되게 되었다. 9개 상장회사들 중에서는 2005년 LG화학에서 특수관계인 유형이 1개였고, 비상장회사인 LG-Caltex정유에서도 마찬가지였다.

6개 유형 중에서는 '친족'의 비중이 가장 크다. 9개 상장회사 모두에 가장 빈번하게 주주로 참여하고 있으며, 많은 경우 수십 명의 참여 인원이 특수관계인들의 대부분을 차지하고 지분 크기도 큰 편이다. 구씨와 허씨 일가는 초기부터 지분율 '63대 35'를 지켜오고 있는 것으로 알려져 있으며, 2004~2005년 양가가 분리될 때도 이 공식이 적용되었다 (『조선일보』 2004.7.1).

1998~2000년 LG화학(88~92명, 7.73~8.26%)과 LG전자(77~97명, 7.9~10%)에서는 각각 80명 내외의 친족이 8% 내외의 가장 큰 지분(LG전자는 1998년)을 가지고 있었다. 하지만, 지주회사의 신설 자회사로 바뀐 2003~2005년에는 참여가 거의 사라져 1~2명만이 0.01% 이하의 주식을 가졌다. 대신, LGCI(91명, 32%), LGEI(71명, 39.2%), LG(55~44명, 32.95~38.52%) 등의 지주회사로 차례로 자리를 옮겨 특수관계인 지분의 대부분을 보유하게 되었다.

LG건설(57명, 3.31%), LG상사(55명, 3.01%), LG전선(68명, 2.47%) 등 3개 상장회사에서도 1998년에는 60명 내외의 많은 친족이 참여했는데 지분은 3% 내외로 적은 편이었다. 이후

2000년에는 참여가 저조했다가(각각 2~9명, 0.07~0.12%), 2003년부터 다시 활발해졌다. LG 상사(10~67명, 7.45~23.67%)에서는 친족 수가 1998년 수준으로 되돌아 갔고, LG전선(35~36 명, 25.76~29.87%)과 LG건설(14~12명, 17.07~17.39%)에서는 상당히 또는 조금 늘어났다. 지 분은 3개 회사 모두에서 대폭 상승해 특수관계인 지분의 대부분을 차지하였다. 나머지 1개 상장회사(LG텔레콤)에는 친족의 참여가 거의 없었다.

'계열회사'는 지주회사체제 이전에는 주주로 활발하게 참여하다가 이후 급격히 약화되었 다. 1998년에는 분석 대상 5개 회사 중 4개에서 다른 계열회사 6개(LG전자, 4.7%) 또는 4개 (LG화학 4.31%, LG상사 3.26%, LG전선 7.04%)가 각각 5% 내외의 주식을 가졌고, LG전선에서 는 친족 지분(2.47%)보다 3배 정도 많았다. LG건설에서는 1개 회사(LG전자, 9.68%)가 친족 (3.31%)의 3배 정도 많은 주식을 보유하였다. 2000년까지 LG상사(4개, 4.94%), LG전선(3개, 9.51%), LG건설(4개, 18.8%) 등에서는 계열회사의 참여가 강화되었으며, 뒤 2개 회사에서는 특수관계인 지분의 대부분을 차지하였다. 반면, LG화학(1개, 1.14%)과 LG전자(2개, 1.7%)에서 는 계열회사 지분이 크게 줄어들었다. 2003~2005년에는 주주로서의 계열회사의 역할은 모 든 회사에서 1% 이하로 미미해졌다.

한편, '계열회사'의 부류에 포함될 수 있는 '자기주식'의 비중이 분석된 다른 그룹에 비해 유난히 큰 점이 눈에 띈다. 지주회사체제 이전인 1998~2000년 LG상사(3.99, 14.86%)와 LG전 자(2000년 19.2%)에서는 특수관계인 지분 중 자기주식이 가장 많았으며, LG화학(3.31, 6.66%) 과 LG전선(6.67, 4.13%)에서는 4~6개 유형의 특수관계인들 지분 중 두, 세 번째로 많았다. 나머지 3개 유형 특수관계인들의 역할은 크지 않았다. 예외적으로, LG(2003~2005년 2.46%) 에서는 '비영리법인'이, 그리고 LG전선(2003년 13.98%)에서는 '자사주펀드'가 주요 주주가 된 적이 있었다.

<표 10.7> 주주 수(명) 및 지분(%) :
　　　　(2) 특수관계인(S2) - 친족(A), 비영리법인(B), 임원(C), 계열회사(D), 자기주식(E), 자사주펀드(F)

1. 주주 수(명)

	LG 건설	LG 상사	LG 전선	LG 전자 (LGEI)	LG 텔레콤	LG 화학 (LGCI)	LG	LG-Caltex 정유
(1998)								
A	57	55	68*	97*		92		
B	1	1	1			1		
C	1	5				3		
D	1	4	4	6		4		
E		1	1			1		
F	3		1			1		

	LG건설	LG상사	LG전선	LG전자 (LGEI)	LG텔레콤	LG화학 (LGCI)	LG	LG-Caltex 정유
(2000/ 2001-2)								
A	4	2	9*	77* (71)	9	88 (91)		
B	1	1	1	2 (2)		1 (2)		
C	5	3		(-)	41	1 (1)		
D	4	4	3	2 (2)		1 (1)		1*
E	1	1	1	1 (1)		1 (1)		
F	3		1					
(2003)								
A	14	10	35	3	1	1	55	
B	1	1					2	
C	1	2	3	1	3	2	2	
D				1	1		1	1*
E	1	1		1		1	1	
F	3		1					
(2005)								
A	12	67	36	1			44	
B		1					2	
C	2	3	1	2	5	1	2	
D	1				1			

2. 지분(%)

	LG 건설	LG 상사	LG 전선	LG 전자 (LGEI)	LG 텔레콤	LG 화학 (LGCI)	LG	LG-Caltex 정유
(1998)								
A	3.31	3.01	2.47*	7.9*		7.73		
B	0.03	0	0.06			0.34		
C	0	0.37				0		
D	9.68	3.26	7.04	4.7		4.31		
E		3.99	6.67			3.31		
F	0.59		0.32			0.13		
(2000/ 2001-2)								
A	0.12	0.07	0.12*	10* (39.2)	0.16	8.26 (32)		
B	0.02	0.04	0.05	1 (4.3)		0.28 (4.85)		
C	0.12	0.08		(-)	0.4	0 (0)		
D	18.8	4.94	9.51	1.7 (7.6)		1.14 (3.13)		10
E	1.96	14.86	4.13	19.2 (1.8)		6.66 (1.25)		
F	0.14		1.65					

(2003)								
A	17.07	7.45	25.76	0.01	0.03	0	32.95	
B	0.01	0.04					2.46	
C	0.02	0.09	0.03	0.02	0.06	0.01	0	
D				0	0.09		1.03	10
E	2.32	2.19		0.13		0.2	8.47	
F	0.1		13.98					
(2005)								
A	17.39	23.67	29.87	0			38.52	
B		0.04					2.46	
C	0.01	0.07	0	0.02	0.04	0	0	
D	0.32				0.09			

주 : 1) 12월 현재 ; LGEI는 2002년, LGCI는 2001년 현재 ; 밑줄 친 회사는 비상장회사.
　　2) LG건설(2005년)=GS건설 ; LG전선(2005년)=LS전선.
　　3) 밑줄 친 지분−A~F 중 가장 큰 지분.
　　4) LG전선(*) : 출처에 주주명단 없이 'XXX외 00명'이라고 되어 있음.
　　5) LG전자(*) : 1998년−출처에 주주명단 없이 'LG연암문화재단 외'라고 되어 있음, 계열회사를 제외한 다른 주주의 지분 ; 2000년−임원 지분 포함.
　　6) LG-Caltex정유(*) : 최대주주인 Caltex(Overseas) Ltd의 계열회사 ; LG그룹 관련 주주−2000년 LG화학(30.98%)과 LG유통(15.78%), 2003년 (주)LG(49.83%).
　출처 : 제14장.

2) 친족, 비영리법인 및 계열회사 : 특수관계인들 중 친족(최대주주 포함), 비영리법인(최대주주 포함), 계열회사(최대주주와 자기주식 포함) 등 3개 유형을 다른 각도에서 좀 더 살펴보자(<표 10.8, 10.9, 10.10>).

소유에 참여하고 있는 '친족'은 수십 명이지만, 여기서는 중심가족구성원 15명만 고려하기로 한다. 이미 설명한 대로, 구본무와 허창수의 참여 회사 수가 각각 6개로 가장 많다. 4개(LG전자, LG화학, LGCI, LG)는 같은 회사다. 이 중 구본무는 3개(1998년 LG상사 ; LGCI, LG)에서, 그리고 허창수는 1개(LG건설)에서 최대주주였다. LG화학(3명), LG전자(3명), LGCI(2명), LGEI(1명), LG(2명) 등 주력 5개 회사에는 15명 중 구본무 또는 허창수를 포함하여 1~3명만이 소유에 참여하고 있다. LG상사(2명)와 LG텔레콤(3명)에서도 마찬가지였다. 반면, LG전선에는 7명의 구본무 할아버지 형제 집안 사람들이 주식을 가지고 있었고, LG건설에는 4명의 허씨 일가를 포함하는 5명이 관련되어 있었다.

'비영리법인'은 LG연암학원과 LG연암문화재단 2개다. 주력 5개 회사에는 2개 재단 모두가 지속적으로 지분을 보유하고 있으며, 1998~2000년에는 LG연암학원이 실질적인 지주회사인 LG화학의 최대주주 역할을 담당하였다. 비영리법인이 최대주주인 경우는 드물며, 분석된 다른 그룹에서는 찾아볼 수가 없다. LG상사, LG건설, LG텔레콤 등에는 LG연암학원만 관련되어 있는데, LG상사에만 참여가 2005년까지 계속되었다.

분석 대상인 9개 상장회사와 1개 비상장회사에 주주로 참여한 '계열회사'는 모두 24개나 된다. 참여 회사 수는 1~7개로 다양한데, 지주회사체제 이전에는 많다가 이후 급격하게 줄었다. LG전자에서는 1998년에 가장 많은 7개 계열회사(최대주주 LG화학)가 지분을 가지고 있다가 2000년에는 4개(최대주주 LG화학, 자기주식)로 줄었다. 같은 기간, LG전선(6~5개 ; 최대주주 LG증권, 자기주식), LG상사(5~2개 ; 자기주식, 2000년 최대주주 LG화학), LG화학(5~2개 ; 자기주식), LG건설(2~6개 ; 최대주주 LG화학, 2000년 자기주식) 등에서도 지분 보유 계열회사가 여러 개였다. 2002년의 LGEI에서도 4개(최대주주 LGCI, 자기주식)가 참여하였다. 2003년 이후에는 대부분의 경우 1~2개 계열회사만 관련되었고, 참여가 없는 회사도 2개(LG상사, LG)나 되었다.

참여 계열회사 24개 중에서는 상장회사(14개)가 비상장회사(10개)보다 수도 많고 참여 정도도 더 컸다. LG화학(6개 회사 1~3개년도 씩), LG전자(5개, 1~2개년도), LG(5개, 1~2개년도) 등 주력 3개 회사와 LG산전(4개, 1개년도), LG상사(4개, 1~3개년도), LG전선(4개, 2~4개년도) 등 6개 상장회사의 지분 참여가 상대적으로 활발하였다. 이 중 LG산전을 제외한 5개 회사는 자기주식을 가진 적이 있다. 비상장회사 중에서는 호유해운(3개 회사, 1개년도 씩)과 LG캐피탈(2개, 1개년도) 등 2개가 2개 이상의 다른 회사에 지분을 가졌다.

<표 10.8> 특수관계인 : (1) 친족 – 년도별, 사람별
1. 년도별

	LG 건설	LG 상사	LG 전선	LG 전자 (LGEI)	LG 텔레콤	LG 화학 (LGCI)	LG	LG-Caltex 정유
1998	구자엽	구본무		허창수 구본무 구자홍		구본무 허창수 허동수		
2000	구자엽			구본무 허창수 구자홍 (구본무)	구자홍 허창수 구자엽	허창수 구본무 (구본무 허창수)		
2003	허창수 허진수 허정수 허명수	구본걸	구자열 구자홍 구자명 구자엽		구자홍			구본무 허창수
2005	허창수 허진수 허정수 허명수	구본걸 구본무	구자은 구자열 구자홍 구자명 구자엽 구태회 구평회					구본무

2. 사람별

	LG 건설	LG 상사	LG 전선	LG 전자 (LGEI)	LG 텔레콤	LG 화학 (LGCI)	LG	LG-Caltex 정유
구본무		<u>98</u> 05		98 00 (02)		98 00 (<u>01</u>)	<u>03</u> <u>05</u>	
구태회			05					
구자홍			03 05	98 00	00 03			
구자엽	98 00		03 05		00			
구자명			03 05					
구평회			05					
구자열			<u>03</u> <u>05</u>					
구자은			05					
구본걸		<u>03</u> <u>05</u>						
허창수	<u>03</u> <u>05</u>			98 00	00	98 00 (<u>01</u>)		03
허동수						98		
허명수	03 05							
허진수	03 05							
허정수	03 05							

주 : 1) 12월 현재 ; LGEI는 2002년, LGCI는 2001년 현재 ; 밑줄 친 회사는 비상장회사.
　　2) LG건설(2005년)=GS건설 ; LG전선(2005년)=LS전선.
　　3) 년도별 : 밑줄 친 사람은 최대주주 ; 순서는 지분크기 순서.
　　4) 사람별 : 숫자는 년도 ; 밑줄 친 년도는 그 년도에 해당 법인이 최대주주임을 의미함.
　　출처 : <표 10.3>, 제14장.

<표 10.9> 특수관계인 : (2) 비영리법인 – 년도별, 법인별

1. 년도별

	LG 건설	LG 상사	LG 전선	LG 전자 (LGEI)	LG 텔레콤	LG 화학 (LGCI)	LG	LG-Caltex 정유
1998	학원	학원	학원	문화		<u>학원</u> 문화		
2000	학원	학원	학원	학원 문화 (학원 문화)		<u>학원</u> 문화 (학원 문화)		
2003	학원	학원						학원 문화
2005		학원						학원 문화

2. 법인별

	LG 건설	LG 상사	LG 전선	LG 전자 (LGEI)	LG 텔레콤	LG 화학 (LGCI)	LG	LG-Caltex 정유
LG연암학원	98 00 03	98 00 03 05	98 00	00 (00)		98 00 (00)	03 05	
LG연암문화재단				98 00 (00)		98 00 (00)	03 05	

주 : 1) 12월 현재 ; LGEI는 2002년, LGCI는 2001년 현재 ; 밑줄 친 회사는 비상장회사.

　2) LG건설(2005년)=GS건설 ; LG전선(2005년)=LS전선.

　3) 년도별 : 밑줄 친 법인은 최대주주 ; 순서는 지분크기 순서 ; 학원=LG연암학원, 문화=LG연암
　　문화재단.

　4) 법인별 : 숫자는 년도 ; 밑줄 친 년도는 그 년도에 해당 법인이 최대주주임을 의미함.

출처 : 제14장.

<표 10.10> 특수관계인 : (3) 계열회사 - 년도별, 회사별

1. 년도별

	LG 건설	LG 상사	LG 전선	LG 전자 (LGEI)	LG 텔레콤	LG 화학 (LGCI)	LG	LG-Caltex 정유
1998	화학 전자	산전 건설 해운 정밀 (상사)	투자 상사 건설 산전 화학 (전선)	화학 전선 해운 상사 화재 금융 금속		화재 해운 산전 기공 (화학)		
2000	화학 전자 전선* 산전* 상사 (건설)	화학 전자 캐피탈* 홈쇼핑* 정유 (상사)	투자 전자 석유 화학 (전선)	화학 전선 투자 (전자)	전자	캐피탈 (화학)		Caltex1 Caltex2 /화학 유통
(2001-2)				LGCI 전선 투자 (LGEI)		카드 (LGCI)		
2003	(건설)	(상사)		LG 투자 (전자)	LG 데이콤	LG (화학)	전선 (LG)	Caltex1 Chevron /LG
2005		네오텍		LG	LG 데이콤	LG		

2. 회사별

	LG 건설	LG 상사	LG 전선	LG 전자 (*LGEI)	LG 텔레콤	LG 화학 (*LGCI)	LG	LG-Caltex 정유
(상장회사 14개)								
LG건설	(00 03)	98	98					
LG상사	00	(98 00 03)	98	98				
LG전선	00		(98 00)	98 00 *00			03	
LG전자	98 00	00	00	(00 03)	00			
LGEI				*(00)				
LG화학	98 00	00	98 00	98 00		(98 00 03)		/00
LGCI				*00		*(00)		
LG				03 05	03 05	03 05	(03)	/03
데이콤					03 05			
LG금속				98				
LG산전	00	98	98			98		
LG종합금융				98				
LG투자증권			98 00	00 03 *00				
LG화재해상보험				98		98		
(비상장회사 10개)								
LG-Caltex정유		00						
LG기공						98		
LG석유화학			00					
LG유통								/00
LG정밀		98						
LG카드						*00		
LG캐피탈	00					00		
LG홈쇼핑	00							
호유해운		98		98		98		
GS네오텍	05							

주 : 1) 12월 현재 ; LGEI는 2002년, LGCI는 2001년 현재 ; 분석 대상 회사 중 밑줄 친 회사는 비상장회사.

   2) LG건설(2005년)=GS건설 ; LG전선(2005년)=LS전선.

   3) 년도별 : 밑줄 친 주주는 최대주주 ; 괄호 안은 자기주식 ; 순서(자기주식 제외)는 지분크기 순서 ; * 해당 년도의 지분 크기 같음.

   4) 년도별 : 금속=LG금속 ; 금융=LG종합금융 ; 기공=LG기공 ; 네오텍=GS네오텍 ; 산전=LG산전 ; 상사=LG상사 ; 석유=LG석유화학 ; 유통=LG유통 ; 전선=LG전선 ; 전자=LG전자 ; 정밀=LG정밀 ; 정유=LG-Caltex정유 ; 카드=LG카드 ; 캐피탈=LG캐피탈 ; 투자=LG투자증권(=LG증권) ; 화학=LG화학 ; 해운=호유해운 ; 홈쇼핑=LG홈쇼핑 ; 화재=LG화재해상보험.

   5) 년도별 : (LG-Caltex정유) Caltex1=Caltex(Overseas) Ltd, Caltex2=Caltex Corp, Chevron=Chevron Texaco Global Energy Inc ; 화학, 유통, LG는 LG그룹 측 주주.

   6) 회사별 : 숫자는 년도 ; 밑줄 친 년도는 그 년도에 해당 회사가 최대주주임을 의미함.

   7) 회사별 : LG-Caltex정유-화학, 유통, LG는 LG그룹 측 주주.

출처 : 제14장.

(3) 계열회사에 대한 출자

1) 출자 빈도 : 분석 대상 10개 회사에 지분을 가지고 있는 24개 '계열회사' 중에는 그 10개 중 9개(LG텔레콤 제외)도 포함되어 있다. 즉, 지분 참여 대상인 9개 회사들 자신도 서로의 회사에 지분을 갖는다는 말이다. 지분 보유 회사 수는 1~6개로 서로 차이가 있다 : LG-Caltex정유(1개), LGEI(1개), LGCI(2개), LG건설(3개), LG상사(4개), LG전선(4개), LG전자(5개), LG(5개) 그리고 LG화학(6개). 흥미롭게도, 이들 중 1개(LG-Caltex정유)를 제외하고는 모두 각자의 회사에 '자기주식'을 가진 적이 있었다.

이 9개 회사는 자신들 외에 그룹 내 다른 많은 계열회사들에도 지분을 가지고 있다. LG텔레콤도 마찬가지다(<표 10.11>). 지주회사체제가 도입되기 전에는 계열회사들 사이에 출자관계가 순환적이고 중층적으로 형성되어 있었으며, 2005년까지 지주회사 LG를 중심으로 출자관계가 수직적으로 일원화되었다.

1998~2000년 LG화학(최대주주 LG연암학원)은 전체 50~43개 계열회사 중 5~12개에 투자하였고, LG화학이 최대주주로 있는 다른 3개 회사도 각각 10개 내외의 계열회사에 투자하였다 : LG전자(13~8개), LG건설(13~6개) 그리고 LG상사(2000년 10개 ; 1998년 14개, 최대주주 구본무).

2001년 최대주주가 구본무로 바뀐 LG화학의 후신 LGCI는 13개 계열회사에, 그리고 LGCI가 최대주주인 LGEI는 18개 회사에 각각 지분을 가졌다. 2003~2005년에는 LGCI의 후신 LG(최대주주 구본무)가 17~15개의 자회사를 거느렸고, 이 중 LG전자(7~5개), LG화학(4개), LG텔레콤(3개) 등은 다시 손자회사를 거느렸다. 이렇게 하여 46~36개의 전체 계열회사들이 LG를 정점으로 단선 하향적인 구조로 일원화되었다.

2) 출자 지분 : 대부분의 경우 비상장회사에 대해 더 빈번하게 지분을 가졌는데, 1998년의 LG건설은 상장회사(7개 vs 6개 비상장회사)에 더 빈번하게 참여하였고, 1998~2000년의 LG상사(7~5개)와 2000년의 LG-Caltex정유(2개)는 두 유형의 회사에 같은 빈도로 출자하였다. 한편, 2000년의 LG화학(5개 상장회사 vs. 12개 비상장회사)과 LG전자(5개 vs. 7개), 그리고 LGCI(6개 vs. 7개), LGEI(5개 vs. 13개), LG(7~6개 vs. 10~9개) 등 지주회사는 각각 5~7개의 상장회사에 지분을 가졌으며, 이는 전체 상장회사(1998~2000년 14개, 2003년 13개, 2005년 11개)의 절반 정도에 해당한다.

계열회사가 보유하는 지분의 크기는 상장/비상장회사에 따라 그리고 지주회사체제 이전(1998~2000년)/이후(2003~2005년)에 따라 차이가 있다. 상장회사에 대한 지분은 1998~2000년에는 대부분 10% 미만이었다가 2003~2005년에는 25% 이상이 주를 이루게 되었다. 특히,

지주회사 LG의 자회사(7~6개)에 대한 지분이 모두 그랬다. 비상장회사에 대한 지분도 대폭 상향 조정되었다. 1~100%사이에서 매우 다양하면서도, 1998~2000년에는 작은 수치의 지분이, 그리고 2003~2005년에는 큰 수치의 지분이 각각 더 많았다. LG의 경우, 비상장자회사(10~9개) 중 절반 정도(4~5개)는 100%를, 나머지 절반 정도(5~4개)는 50% 이상을 보유하였다. 다른 8개 회사들(LG화학, LG전자, LGCI, LGEI, LG건설, LG전선, LG텔레콤, LG-Caltex정유)도 50~99% 또는 100% 지분을 가지는 경우가 빈번하였다. 1998~2000년 사이에는 이런 예들이 몇 되지 않았다.

　3) 순환출자의 예 : 공정거래위원회는 2004년부터 삼성, SK, 현대자동차를 비롯한 주요 그룹들에서의 순환적 출자관계를 발표하고 있는데, LG그룹은 이 시기에 이미 지주회사체제로 전환했기 때문에 해당 사항이 없다.

<표 10.11> 출자 계열회사 수(개) : 총 회사 수 및 지분 크기별 회사 수 - 상장회사(A), 비상장회사(B)

년도	LG건설	LG상사	LG전선	LG전자 (LGEI)	LG텔레콤	LG화학 (LGCI)	LG	LG-Caltex 정유
1. A+B								
1998	13	14	-	13		5		
2000	6	10	-	18	-	12		4
(2001-2)				(18)		(13)		
2003	5	2	2	7	-	4	17	5
2005	6		10	5	3	4	15	
(A,B)								
1998	7,6	7,7	-	3,10		0,5		
2000	1,5	5,5	-	6,12	-	5,7		2,2
(2001-2)				(5,13)		(6,7)		
2003	1,4	0,2	1,1	1,6	-	0,4	7,10	0,5
2005	0,6		1,9	1,4	0,3	1,3	6,9	

2. 해당 지분 보유 회사 수

a(0-9%) b(10-24) c(25-49) d(50-99) e(100)

년도	A/B	건설 a	건설 b	건설 c	건설 d	건설 e	상사 a	상사 b	상사 c	상사 d	전선 c	전선 d	전선 e	전자 a	전자 b	전자 c	전자 d	전자 e	텔레콤 e	화학 a	화학 b	화학 c	화학 d	화학 e	LG c	LG d	LG e	Caltex b	Caltex c	Caltex d	Caltex e
1998	A	7					7																								
	B	3	2			1	3	2	2													2	2	1							
2000	A	1					3	2								3		3		4	1							1	1		
	B	1	3			1	1	3		1				2	1	2	6	1		4	3							1			1
(2001 -2)														(1			3	1)		(3	2	1)									
														(1	1	4	5	2)		(1			3	3)							
2003	A	1									1			1											7						
	B	2	1			1			1	1	1					3	2	1				1	1	2	1	5	4		1	1	3
2005	A										1					1						1			6						
	B	1		2	1	2					1	7	1			1	1	2	3			2	2	1		4	5				

주 : 1) 12월 현재 ; LGEI는 2002년, LGCI는 2001년 현재 ; 밑줄 친 회사는 비상장회사.
　　2) LG건설(2005년)=GS건설 ; LG전선(2005년)=LS전선.

3) 지분 정보 없음-LG상사(2005년), LG전선(1998, 2000년), LG전자(1998년), LG텔레콤(2000, 03
년).
출처 : 제14장.

3. 경영구조 : 의결 및 감독기구

회사의 주요 사항은 이사회에서 결정된다. 이사회의 구성원인 '이사'는 등기임원이다. 일부는 사내이사이고 일부는 사외이사이다. 사외이사는 1997년 IMF외환위기 이후 도입된 새로운 직책으로서 이사회에서의 역할이 점점 커지고 있다. 사외이사는 모두 비상근이다. 반면, 사내이사는 상근과 비상근으로 구성되어 있으며 전자가 많은 편이다. 비상근사내이사직은 줄어들고는 있지만 많은 회사들에서 여전히 남아 있다. 이사회 산하에는 사외이사후보추천위원회와 감사위원회가 설치되어 있으며, 이전의 감독기구인 감사는 감사위원회로 대체되고 있다. 이들 위원회의 구성원 중 사외이사의 비중이 커지고 있다.

(1) 이사회

1) 이사 수 : 이사회를 구성하는 등기이사의 수는 시기에 따라 그리고 회사에 따라 다르지만 대개 6~9명이다. 최근으로 올수록 약간 감소하는 추세를 보이고 있지만 비슷한 규모가 유지되고 있다(<표 10.12>).

LG-Caltex정유의 이사가 20명으로 유난히 많으며, 1998년의 LG전선에서는 12명이다. 가장 적은 이사 수는 5명(2003년 LG상사, 2005년 LG텔레콤)이었다. 그 외에는 6~9명 수준이다. LG화학(8~9명 vs. 6~7명)과 LG전자(8명 vs. 7명)에서는 1998~2000년 이사가 8~9명이었는데 지주회사의 자회사로 바뀐 뒤에는 6~7명으로 약간 줄었다. LGCI(6명), LGEI(6명), LG(8~7명) 등 지주회사에서도 비슷한 규모였다. LG상사(8~7명)와 LG텔레콤(7~5명)에서는 조금 줄었고, LG전선(12~7명)에서는 좀 더 많이 이사 수가 줄었다. 반면, LG건설(8~9명)에서는 오히려 1명이 늘어났다.

<표 10.12> 이사회 구성(명) : 총 이사(A+B ; 상근, 비상근), 사내이사(A ; 상근, 비상근), 사외이사(B ; 비상근)

	LG 건설	LG 상사	LG 전선	LG 전자 (LGEI)	LG 텔레콤	LG 화학 (LGCI)	LG	LG-Caltex 정유
(A+B)								
1998	8(4,4)	8(3,5)	12(8,4)	8(3,5)		8(3,5)		
2000	8(4,4)	7(2,5)	7(2,5)	8(3,5)	7(2,5)	9(3,6)		20(10,10)
(2001-2)				(6(2,4))		(6(2,4))		
2003	8(4,4)	5(2,3)	7(3,4)	7(2,5)	6(1,5)	6(2,4)	8(2,6)	20(10,10)
2005	9(4,5)	7(3,4)	7(3,4)	7(2,5)	5(1,4)	7(2,5)	7(3,4)	

(A)								
1998	7(4,3)	6(3,3)	11(8,3)	6(3,3)		6(3,3)		
2000	4	5(2,3)	5(2,3)	4(3,1)	5(2,3)	6(3,3)		20(10,10)
(2001-2)				(3(2,1))		(3(2,1))		
2003	4	3(2,1)	4(3,1)	3(2,1)	3(1,2)	3(2,1)	4(2,2)	20(10,10)
2005	4	4(3,1)	3	3(2,1)	3(1,2)	3(2,1)	3	
(B)								
1998	1	2	1	2		2		
2000	4	2	2	4	2	3		0
(2001-2)				(3)		(3)		
2003	4	2	3	4	3	3	4	0
2005	5	3	4	4	2	4	4	

주 : 1) 12월 현재 ; LGEI는 2002년, LGCI는 2001년 현재 ; 밑줄 친 회사는 비상장회사.
   2) LG건설(2005년)=GS건설 ; LG전선(2005년)=LS전선.
   3) A－상근, 비상근 구분이 없는 경우는 모두 상근임.
출처 : 제14장.

2) 사내이사 vs. 사외이사 : 비상장회사인 LG-Caltex정유의 이사 20명은 모두 사내이사의 신분을 가지고 있다. 반면, 다른 9개의 상장회사에서는 사내이사와 함께 사외이사도 참여하고 있다. 사외이사 수는 점점 증가하고 있으며, 이에 따라 사내이사 수와 같거나 그 보다 더 많은 경우가 늘어나고 있다.

사외이사가 처음 도입된 1998년에는 전체 이사 중 사외이사의 비율이 20% 내외였다. LG화학, LG전자, LG상사 등에서는 25%(8명 중 2명)였고, LG건설(8명 중 1명, 13%)과 LG전선(12명 중 1명, 8%)에서는 더 낮았다. 그러던 것이 2000년에는 비율이 29~50%로 높아졌다. LG전자와 LG건설에서는 50%(8명 중 4명), LG화학에서는 33%(9명 중 3명), 그리고 LG상사, LG전선, LG텔레콤에서는 29%(7명 중 2명)였다. 2001년의 LGCI와 2002년의 LGEI에서도 50%(6명 중 3명)나 되었다.

증가 추세는 이후에도 계속되어 사외이사의 비중이 절반 가까이 또는 그 이상으로 늘어났다. 또 사외이사가 더 많게 된 회사가 2003년 7개 중 1개 나타났으며 2005년에는 5개나 되었다. LG전자에서는 2003년 이후 사내이사 3명, 사외이사 4명으로 역전되었으며, 다른 4개 회사에서는 2003년 동수이거나 1명 적은 상태에서 2005년까지 모두 1명이 더 많은 상태로 바뀌었다 : LG화학(2003년 6명 중 3명 vs. 2005년 7명 중 4명), LG(8명 중 4명 vs. 7명 중 4명), LG건설(8명 중 4명 vs. 9명 중 5명) 그리고 LG전선(7명 중 3명 vs. 7명 중 4명). LG상사와 LG텔레콤에서는 사외이사 비율이 40~50% 정도로 상대적으로 낮았다.

3) 상근이사 vs. 비상근이사 : 사외이사는 각자 자신의 직업을 가지고 있는 외부인사들이며 모두 비상근으로 근무한다. 반면, 사내이사는 상근과 비상근으로 구성되어 있다. 비상근사내이사는 사외이사 도입 초기에는 3명으로 많았으며 이후 1명으로 줄어드는 추세를 보였다.

대부분의 회사가 비상근직을 계속 유지하고 있는 점이 특징이다.

1998년에는 5개 회사 모두에서 비상근사내이사가 3명이었다. LG화학, LG전자, LG상사 등에서는 전체 이사 6명 중 절반을 차지하였고, LG건설(7명 중 43%)과 LG전선(11명 중 27%)에는 절반 이하였다. 2000년에는 6개 회사 중 4개에서 비상근이사가 3명이었다. 이들의 비중은 오히려 늘어났다. LG상사, LG전선, LG텔레콤 등에서는 상근사내이사보다 1명이 많아졌고, LG화학에서는 동수 그대로였다. 반면, LG전자에서는 1998년 50%(6명 중 3명)에서 2000년에는 25%(4명 중 1명)로 비중이 많이 줄었고, LG건설에서는 비상근직이 없어졌다.

2003~2005년에는 대부분의 경우 비상근사내이사가 1명이었고 비중도 30% 내외로 낮아졌다. LG전선과 LG에서는 2005년까지 비상근직이 없어졌다. 유독 LG텔레콤에서만 비상근이사가 더 많은 상태가 계속되고 있다(2000년 5명 중 3명, 2003~2005년 3명 중 2명). 한편, LG-Caltex정유의 사내이사 20명은 LG그룹 측 10명과 합작파트너인 Caltex 측 10명으로 구성되어 있으며, 상근은 6 : 4, 비상근은 4 : 6의 비율로 참여하고 있다.

(2) 이사회 산하 위원회 : 종류 및 구성

1) 위원회 : 등기이사는 모두 이사회를 구성한다. 그런 한편으로 그들 중 일부는 산하 위원회를 구성하여 이사회를 보완하거나 이사회와는 또 다른 중요한 기능을 수행한다(<표 10.13>).

사외이사후보추천위원회와 감사위원회 2개가 주로 설치되었으며, 기타 위원회로는 2005년 LG전자의 경영위원회가 유일하다. 주요 2개 위원회의 도입은 더디게 진행되었다. 1998년에는 5개 회사 모두가 사외이사를 선임했음에도 추천위원회는 없었고, 감사업무는 이전의 감사가 그대로 담당하였다. 2000년에는 LG-Caltex정유를 제외한 6개 회사 중 3개(LG화학, LG전자, LG건설)에만 2개 위원회가 구성되었고, 다른 3개(LG상사, LG전선, LG텔레콤)에서는 이전 그대로였다. LGCI(2001년)와 LGEI(2002년)에도, 그리고 2003년의 LG텔레콤과 LG에도 2개 모두 도입되었다. 반면, LG전선은 2003년에는 감사만 감사위원회로 대체하였고 추천위원회는 2005년까지 뒤늦게 구성하였다. LG상사는 2005년 감사위원회만 도입하였다.

2) 사외이사후보추천위원회 : 대부분의 경우 2명의 등기이사로 구성되었다. 사내이사, 사외이사 각각 1명씩이다(<표 10.14>). 증권거래법이 규정하는 '사외이사 절반 이상 포함' 규정을 최소한도로 지키고 있는 것이다. 몇 가지 예외가 있다. LG텔레콤에서는 2005년 사외이사(2명)가 1명 더 많았으며, 2003년 LG전자에서는 사내이사 1명이 2003년9월 사임한 후 2004년2월까지 선임되지 않았다. 또, 2000년 LG전자에서는 위원 2명 중 1명은 사외이사인데 1명은 사내이사가 아닌 계열회사 임원(강유식 그룹구조조정본부장)이었다.

사내이사의 직책은 고위직이거나 비상근이사였다. 고위직책은 대표이사 사장, 부회장 또는 회장이었으며, 이 중에는 허창수(LG건설 2003~2005년), 구자열(LG전선 2005년), 구본준(LGEI 2002년) 등 구본무 가족구성원 3명도 포함되어 있다. 구본무는 주력 5개 회사 모두에서 대표이사회장이면서도 추천위원회에는 직접 관여하지 않았다.

한편, 추천위원회에 비상근이사로 참여한 사람은 강유식이다. 그는 2000년 LG전자에서 계열회사 임원이면서도 위원이었는데, LG화학에서는 비상근이사 신분이었다. 그는 그룹회장 구본무의 보좌기구인 구조조정본부의 책임자였으며, 두 주력회사인 LG화학과 LG전자의 추천위원회 참여는 구본무의 의중을 반영하려는 조치에 다름 아니었다. 구조조정본부는 2003년 지주회사 LG로 확대 개편되었으며, 강유식은 대표이사부회장으로 임명되었다. 그런 그가 비상근이사 자격으로 LG화학(2003~2005년)과 LG전자(2005년)의 추천위원회에서 계속 구본무(LG 대표이사회장)의 대리인 역할을 담당하고 있다.

3) 감사위원회 및 감사 : 사외이사후보추천위원회처럼 감사위원회도 1998년에는 구성되지 않았다(<표 10.15>). 주력 2개 회사(LG화학, LG전자)와 LG건설은 2000년부터 구성하였고, LGCI(2001년), LGEI(2002년), LG(2003년) 등 지주회사들도 설립되면서 바로 감사위원회를 두었다. LG전선과 LG텔레콤은 2003년에, 그리고 LG상사는 2005년에 늦게 도입하였다. 비상장회사인 LG-Caltex정유는 이전의 감사제도를 그대로 유지하고 있다. 감사위원회 위원은 모두 3명(2005년 LG텔레콤만 2명)이며 전원 사외이사들이었다.

감사위원회가 도입되기 전에는 2명(2003년 LG상사만 1명)의 감사가 있었다. 대부분 사내감사로 상근 1명과 비상근 1명이었다. LG-Caltex정유에서는 2명 모두 비상근이었다. 예외적으로, 2000년 LG텔레콤에서는 비상근사외감사가 상근사내감사와 함께 업무를 수행하였다.

4) 기타 위원회 : 유일한 기타 위원회인 2005년의 LG전자 경영위원회는 3명의 사내이사로만 구성되었다. 그 중 1명은 비상근이사인 강유식이었으며, 그는 사외이사후보추천위원회 멤버이기도 하였다.

<표 10.13> 이사회 산하 위원회 : 사외이사후보추천위원회(A), 감사위원회(B), 기타 위원회(C)

년도	LG 건설	LG 상사	LG 전선	LG 전자 (LGEI)	LG 텔레콤	LG 화학 (LGCI)	LG	LG-Caltex 정유
1998	–	–	–	–		–		
2000	A B	–	–	A B	–	A B		–
(2001-2)				(A B)		(A B)		
2003	A B	–	B	A B	A B	A B	A B	–
2005	A B	B	A B	A B C	A B	A B	A B	
(C)								
2005				경영				

주 : 1) 12월 현재 ; LGEI는 2002년, LGCI는 2001년 현재 ; 밑줄 친 회사는 비상장회사.

　　2) LG건설(2005년)=GS건설 ; LG전선(2005년)=LS전선.

　　3) LG전자 2005년 경영위원회 : 사내이사 3명 모두로 구성되며, 이 중 1명은 비상근으로 강유식

((주)LG 대표이사부회장)임.

출처 : 제14장.

<표 10.14> 사외이사후보추천위원회 : 총 위원(명) - 사내이사(A), 사외이사(B) ; 사내이사 직책

년도	LG 건설	LG 상사	LG 전선	LG 전자 (LGEI)	LG 텔레콤	LG 화학 (LGCI)	LG	LG-Caltex 정유
A+B(A,B)								
1998	-	-	-	-		-		
2000	2(1,1)	-	-	2(0,1)	-	2(1,1)		-
(2001-2)				(2(1,1))		(2(1,1))		
2003	2(1,1)	-	-	1(0,1)	2(1,1)	2(1,1)	2(1,1)	-
2005	2(1,1)	-	2(1,1)	2(1,1)	3(1,2)	2(1,1)	2(1,1)	
(A)								
2000	대표부회장			*계열회사 임원		비상근이사		
(2001-2)				(대표사장 구본준)		(대표부회장)		
2003	대표회장 허창수				대표사장	비상근이사	대표부회장	
2005	대표회장 허창수		대표 구자열	비상근이사	대표사장	비상근이사	대표부회장	

주 : 1) 12월 현재 ; LGEI는 2002년, LGCI는 2001년 현재 ; 밑줄 친 회사는 비상장회사.
2) LG건설(2005년)=GS건설 ; LG전선(2005년)=LS전선.
3) 밑줄 친 사람은 구본무 가족구성원 ; 별도의 표시가 없으면 상근등기이사 ; 대표 = 대표이사.
4) LG전자 : 2000년(*)-위원인 강유식(LG그룹 구조조정본부장)은 LG전자 임원이 아님 ; 2003년-사내이사 1명(대표부회장 구자홍) 2003년9월 사임, 2004년2월 사내이사 1명(비상근이사), 사외이사 1명 새로 선임 ; 2005년-비상근이사는 강유식((주)LG 대표이사부회장).
5) LG화학 : 비상근이사는 강유식(2000년 LG그룹 구조조정본부장, 2003, 05년 (주)LG 대표이사부회장).

출처 : 제14장.

<표 10.15> 감사(명) : 총 수 - 사내(A1/상근 a), 사외(=비상근, B1)
　　　　　　감사위원회(명) : 총 위원 - 사내이사(=상근감사위원, A2), 사외이사(=비상근, B2)

년도	LG 건설	LG 상사	LG 전선	LG 전자 (LGEI)	LG 텔레콤	LG 화학 (LGCI)	LG	LG-Caltex 정유
1. A1+B1								
(A1/a,B1)								
1998	2(2/1,0)	2(2/1,0)	2(2/1,0)	2(2/1,0)		2(2/1,0)		
2000		2(2/1,0)	2(2/1,0)		2(1/1,1)			2(2/0,0)
2003		1(1/1,0)						2(2/0,0)

2 A2+B2							
(A2,B2)							
2000	3(0,3)			3(0,3)		3(0,3)	
(2001-2)				(3(0,3))		(3(0,3))	
2003	3(0,3)		3(0,3)	3(0,3)	3(0,3)	3(0,3)	3(0,3)
2005	3(0,3)	3(0,3)	3(0,3)	3(0,3)	2(0,2)	3(0,3)	3(0,3)

주 : 1) 12월 현재 ; LGEI는 2002년, LGCI는 2001년 현재 ; 밑줄 친 회사는 비상장회사.
   2) LG건설(2005년)=GS건설 ; LG전선(2005년)=LS전선.
출처 : 제14장.

(3) **이사회 산하 위원회 : 기능 및 역할**

감사위원회의 역할은 대동소이하면서도 회사에 따라 다소 차이가 있으며, 경영위원회는 경영전반에 관한 사항을 결정하는 중요한 기구로 보이는데 자세한 규정이 나와 있지 않다. 주력 3개 회사인 LG, LG화학, LG전자의 2005년도 경우를 중심으로 이들 위원회의 목적, 권한 등을 살펴본다 (LG『제44기 사업보고서』(2005.1.1~12.31), 80~85면 ; LG화학『제5기 사업보고서』(2005.1.1~12.31), 108~111면 ; LG전자『제4기 사업보고서』(2005.1.1~12.31), 82~85면).

㈜LG

1) 사외이사후보추천위원회 : (목적) 유능한 사외이사 발굴, (권한) 사외이사 후보 추천.
2) 감사위원회 : 회사의 회계와 업무 감사.
  A) (권한) a) 이사에 대한 영업 관련 보고 요구, b) 회사의 업무와 재산상태 조사, c) 임시 총회 소집 청구, d) 자회사에 대한 영업 보고 요구, e) 자회사의 업무와 재산상태 조사.
  B) (부의사항) a) 주주총회 사항(임시주주총회 소집 청구, 주주총회 의안 및 서류에 대한 진술), b) 이사/이사회 사항(이사회에 대한 보고 의무, 감사보고서의 작성/제출, 이사의 위법행위에 대한 유지 청구, 이사에 대한 영업보고 청구), c) 감사 사항(업무/재산 조사, 자회사 조사, 이사의 보고 수령, 이사와 회사 간의 소 대표, 소수주주의 이사에 대한 제소 요청 시 소 제기 결정 여부, 외부감사인 선임/변경/해임 승인, 감사인으로부터 이사의 직무수행에 관한 부정행위 또는 법령/정관 위반 사실 보고 수령, 감사인으로부터 회사가 회계처리기준을 위반한 사실 보고 수령, 감사 계획, 중요 회계처리기준이나 회계추정 변경의 타당성 검토, 내부통제시스템 평가, 감사인의 감사활동 평가, 감사결과 시정사항 조치 확인, 내부 감사부서 책임자 임면 동의).
  C) (내부회계관리제도) a) 내부회계관리자는 매반기마다 감사위원회에 내부회계관리제도 운용실태 보고, b) 감사위원회는 운용실태 결과를 이사회에 보고.

D) (관계인의 출석 등) a) 관계 임직원 및 외부감사인에 대한 회의 참석 요구, b) 전문가 자문 요구.

LG화학

1) 사외이사후보추천위원회 : (목적) 유능한 사외이사 발굴, (권한) 사외이사 후보 추천.
2) 감사위원회 : 회사의 회계와 업무 감사.
   A) (권한) a) 이사에 대한 영업 관련 보고 요구, b) 회사의 업무와 재산상태 조사, c) 임시총회 소집 청구, d) 자회사에 대한 영업 보고 요구, e) 자회사의 업무와 재산상태 조사, f) 주주총회에 외부감사인 후보 제청.
   B) (부의사항) a) 감사위원회 운영에 관한 사항, b) 감사에 관한 사항(상법 제412조의 2 소정의 이사의 보고에 따른 조치, 주식회사의 외부감사에 따른 법률 제10조 소정의 외부감사인의 통보에 따른 조치, 감사록 작성, 자회사 조사, 전문가 조력 요구), c) 다른 감사부문에 관한 사항(외부감사인 후보자 제청), d) 주주총회에 관한 사항(감사보고서 작성/제출, 주주총회에서의 의견 진술).

LG전자

1) 경영위원회 : 이사회에서 위임한 사항 및 기타 일상적인 경영상황에 관한 심의 의결.
2) 사외이사후보추천위원회 : (목적/권한) 사외이사 신규 선임 시 후보 추천.
3) 감사위원회 : 회사의 회계와 업무 감사.
   A) (권한/책임) a) 감사위원회 운영에 관한 사항, b) 감사에 관한 사항(상법 제412조의 2 소정의 이사의 보고에 따른 조치, 주식회사의 외부감사에 따른 법률 제10조 소정의 외부감사인의 통보에 따른 조치, 감사록 작성, 자회사 조사, 전문가 조력 요구), c) 다른 감사부문에 관한 사항(외부감사인 선임 승인), d) 주주총회에 관한 사항(감사보고서 작성/제출, 주주총회에서의 의견 진술).
   B) (감사업무에 필요한 경영정보 접근을 위한 내부장치 마련) a) 이사에 대한 영업 관련 보고 요구, b) 회사의 업무와 재산상태 조사, c) 임시주주총회 소집 청구, d) 자회사에 대한 영업 보고 요구, e) 외부감사인 선임 승인.

4. 경영구조 : 실무경영진 및 업무조직

LG그룹에서의 '개인화된 다원적 경영구조'와 관련하여, 어느 정도로 어떤 모습으로 다원적인지를 가늠하기 위해 임직원 수, 임원의 유형 그리고 업무조직 등 세 가지 측면을 살펴보기로 한다.

물론, 그룹 전체의 구조를 정확하게 파악하기 위해서는 36~50개에 이르는 계열회사 전체를 분석해야 마땅하다. 하지만, 분석 대상인 2개 주력회사(LG화학, LG전자), 3개 지주회사 (LGCI, LGEI, LG) 그리고 다른 5개 회사 등 10개는 그룹 내에서 중요성을 가지고 있는 회사들이며, 이들의 경영구조 모습을 통해 그룹 전체의 구조를 어느 정도 짐작해 볼 수 있다. LG그룹을 포함하는 한국재벌은 동일인 또는 그룹회장을 중심으로 전체 계열회사가 '하나의 구조'를 형성하고 있으며, 따라서 '중요한 일부'는 전체 구조에 대해 많은 것을 말해 줄 수 있을 것으로 생각된다.

(1) 임직원 수

1) 임원 및 직원 수 : 임직원 규모는 LG전자에서 3만 명 내외로 가장 크다(<표 10.16>). LG화학(2005년)은 1/3 수준인 1만 명 내외다. 다른 5개 회사에서는 5천 명 이하로 더 적다. LG전선의 임직원은 1998년 5천 명 정도였는데 2005년까지 3천 명 정도로 줄었고, 반면 LG건설에서는 2천 명을 좀 넘던 것이 4천 명 가까이로 늘어났다. LG텔레콤(1,283~2,056명)과 LG상사(약 2,288~1,032명)는 2천 명 내외의 임직원을 가지고 있었다. 전자에서는 증가 추세를, 후자에서는 감소 추세를 보이고 있다. LG-Caltex정유의 임직원은 3천 명에 조금 못 미친다. 한편, 순수지주회사인 LG는 64~72명의 소수 인력만 가지고 있으며, 역시 순수지주회사인 LGEI도 비슷했을 것으로 생각된다. 반면, LG의 전신인 LGCI는 투자자산 관리라는 기능 외에 이전의 LG화학으로부터 생명과학사업을 물려받았으며, 이 때문에 950명의 많은 임직원을 가졌다.

2) 임원 수 : LG전자에서 2백 명 이상으로 가장 많다. 1998년 130명이던 것이 2005년까지 243명으로 2배가량 늘어났다. 그 다음이 LG화학(65명), LG건설(54~64명), LG-Caltex정유(50명) 등으로 50~60명 수준이다. LG전선(24~41명), LG텔레콤(25~30명), LG상사(34명) 등에서는 더 적다. 지주회사 LG와 LGEI의 임원은 각각 13명(2005년), 3명(2002년)이었다.

임원 1명이 담당하는 평균 직원 수는 3개 회사에서 1백 명 이상이었다. LG전자(198~120명)와 LG전선(144~73명)에서는 감소 추세를 보이고 있는데, 후자에서는 거의 절반으로 떨어졌다. LG화학에서는 2005년 155명이었다. 반면, LG텔레콤(42~70명)에서는 대폭 증가, 그리고 LG건설(50~59명)에서는 소폭 증가하였다. 지주회사 LG에서는 2005년 임원 1명 당 직원 수가 5명이었다.

<표 10.16> 임원(A) 및 직원(B) 수(명)

년도	LG 건설	LG 상사	LG 전선	LG 전자 (LGEI)	LG 텔레콤	LG 화학 (LGCI)	LG	LG-Caltex 정유
1. A+B								
1998	–	–	–	25,921		–		
2000	2,875	–	3,631	31,982	1,283	–		–
(2001-2)				(–)		(–)		
2003	3,244	–	3,290	27,914	1,731	–	–	2,904
2005	3,842	1,032	3,030	31,876	2,056	10,128	77	
(A)								
1998	–	–	–	130		–		
2000	56	–	25	208	30	–		–
(2001-2)				(3)		(–)		
2003	54	–	24	231	25	–		50
2005	64	34	41	243	29	65	13	
(B)								
1998	2,179	2,288	4,801	25,791		11,654		
2000	2,819	2,801	3,606	31,774	1,253	12,257		2,675
(2001-2)				(–)		(950)		
2003	3,190	900	3,266	27,683	1,706	9,097	72	2,854
2005	3,778	998	2,989	31,633	2,027	10,063	64	
2. B÷A								
1998	–	–	–	198		–		
2000	50	–	144	153	42	–		–
(2001-2)				(–)		(–)		
2003	59	–	136	120	68	–	–	57
2005	59	29	73	130	70	155	5	

주 : 1) 12월 현재 ; LGEI는 2002년, LGCI는 2001년 현재 ; 밑줄 친 회사는 비상장회사.
　　2) LG건설(2005년)=GS건설 ; LG전선(2005년)=LS전선.
출처 : 제14장.

(2) 임원의 유형

1) 등기임원 vs. 미등기임원, 고위임원 vs. 중하위임원 : 등기이사 중 상근이사는 이사회의 구성원으로서 의결과정에 참여하는 한편으로 그 의결사항을 집행하는 실무경영자로서의 역할도 동시에 수행하는 것이 보통이다. 이들의 수는 소수이며 대부분 부사장급 이상의 고위직책을 가진다. 반면, 전체 임원의 대다수는 실무에만 종사하며 미등기다. 대부분 전무 이하의 중하위직책에 임명되어 고위임원의 지휘를 받는다(<표 10.17>).

임원 규모가 큰 LG전자의 2005년 경우를 보자. 243명의 임원 중 등기임원은 고작 2명으로 1%도 되지 않는다. 이 중 1명은 고위임원이며, 미등기임원 241명 중에서는 39명(16%)이 고위임원이다. 이들 40명은 전체 임원의 16%에 해당하는 적은 수이다. 임원이 적은 LG텔레콤의 2005년 경우도 비슷하다. 전체 임원 29명 중 1명(3%)만 등기임원이고 나머지 28명은 미등기임원이다. 전자 1명은 고위직책을 가졌고 후자 중에서는 2명(7%)만 부사장급 이상이다. 이들 3명은 전체의 10%에 해당하는 인원이다.

등기임원 수는 대부분 2~4명으로 적다. LG건설에서 4명이고, LG화학, LG전자, LG상사, LG전선(2000~2005년), LG텔레콤(2000년), 그리고 3개 지주회사(LGCI, LGEI, LG)에서는 2~3명이다. LG텔레콤에서는 2000년 2명이던 것이 이후 1명으로 줄었다. LG-Caltex정유(10~11명)와 1998년의 LG전선(8명)에서는 등기임원이 유난히 많았다. 한편, 미등기임원 수는 3개 회사에서 증가 추세를 보였다. LG전자에서 가장 많이 늘어나 1998년 127명에서 2005년에는 241명으로 거의 2배가 되었다. 같은 기간 등기임원은 3명에서 2명으로 줄었다. LG전선(21~38명)에서도 2배가량 증가하였는데, 등기임원은 8명에서 3명으로 크게 감소하였다. LG건설(50~60명)의 미등기임원은 조금 늘어났다.

LG전자에서는 고위임원 수가 대폭 늘어났으며, 이 중에서 등기임원이 차지하는 비중은 반대로 줄어들었다. 1998년 11명이던 고위임원은 2005년에는 40명으로 4배나 늘어났는데, 이들 중 등기임원은 3명(27%)에서 1명(3%)으로 줄었다. LG텔레콤과 LG건설에서는 서로 다른 변화를 보이면서도 큰 차이는 없었다. LG텔레콤에서는 고위임원 중 등기임원의 수가 2000년에는 5명 중 2명(40%)이었다가 2005년에는 3명 중 1명(33%)으로 줄었다. 반대로, LG건설에서는 같은 기간 10명 중 4명(40%)에서 9명 중 4명(44%)으로 비중이 조금 증가하였다.

<표 10.17> 임원의 유형(명) : (1) 등기임원(A1), 미등기임원(A2) ; 고위임원(B1), 중하위임원(B2)

년도	LG 건설	LG 상사	LG 전선	LG 전자 (LGEI)	LG 텔레콤	LG 화학 (LGCI)	LG	LG-Caltex 정유
1. A1+A2 = B1+B2								
(A1,A2)								
1998	4	3	8	3,127		3		
2000	4,52	2	2,23	3,205	2,28	3		11
(2001-2)				(2, 1)		(2)		
2003	4,50	2	3,21	2,229	1,24	2	2	10,40
2005	4,60	3,31	3,38	2,241	1,28	2,63	3,10	
(B1,B2)								
1998	–	–	–	11,119		–		
2000	10,46	–	–	30,178	5,25	–		–
(2001-2)				(2, 1)		(–)		
2003	9,45	–	2,22	32,199	4,21	–	–	11,39
2005	9,55	–	–	40,202	3,26	12,53	–	
2. A1,A2 중 B1								
1998	2	2	3	3, 8		3		
2000	4, 6	1	2	3,27	2, 3	3		7
(2001-2)				(2)		(2)		
2003	4, 5	1	2,21	2,30	1, 3	1	2	6, 5
2005	4, 5	1	1	1,39	1, 2	1,11	2	

3. B1,B2의 직책 관련 수 (개)							
1998	-	-	-	5, 3		-	
2000	4, 1	-	-	6, 1	3, 1	-	-
2003	5, 1	-	-	4, 3	2, 1	-	3, 2
2005	4, 3	-	-	3, 4	2, 1	3, 2	-

주 : 1) 12월 현재 ; LGEI는 2002년, LGCI는 2001년 현재 ; 밑줄 친 회사는 비상장회사.
　　2) LG건설(2005년)=GS건설 ; LG전선(2005년)=LS전선.
출처 : <표 10.18>, 제14장.

2) 고위/중하위임원의 직책 : 고위임원과 중하위임원의 구체적인 직책은 다양하며, 종류는 전자가 조금 많다. 각각 10종류, 6종류로 모두 16종류이다(<표 10.17, 10.18>).

A) 고위임원 : 대표이사, 대표이사회장, 대표이사부회장, 대표이사사장, 대표이사부사장, 부회장, 사장, 부사장, 비상근회장, 명예회장.
B) 중하위임원 : 전무, 상무, 상무보, 이사, 고문, 자문.

등장하는 직책의 유형과 수는 회사에 따라 그리고 시기에 따라 다소 차이가 있기는 하지만 3~8종류로 비교적 적은 편이다. 흥미로운 점은, 인원이 적은 고위임원의 직책이 인원이 월등하게 많은 중하위임원의 그것보다 오히려 다양하다는 것이다. 임원 규모가 가장 큰 LG전자에서는 7~8종류의 임원직책이 관련되어 있었는데, 이 중 고위직은 3~6종류, 중하위직은 1~4종류였다. LG건설(5~7종류 ; 고위 4~5종류 vs. 중하위 1~3종류)과 LG텔레콤(3~4종류 ; 2~3종류 vs. 1종류)에서는 직책 수가 조금씩 더 적었으며, 고위직이 많기는 마찬가지였다. LG화학(2005년)과 LG-Caltex정유(2003년)에서도 5개 직책 중 3개가 고위직과 관련된 것이었다.

고위임원 중에서는 부사장이 가장 많고 중하위임원의 대부분은 상무다. 2003년과 2005년의 LG전자에서는 전체 임원(7개 직책 231명, 7개 직책 243명) 중 이 2종류의 직책이 80% 정도(180명 78%, 204명 84%)를 차지하였다. 부사장이 26명과 31명 그리고 상무가 156명과 173명이었다. 이들 외에 사장이 4명과 8명 있었고, 특이하게도 자문이 42명(18%)과 27명(11%)으로 큰 비중을 차지하였다. 1998년 LG전자에서는 중하위직 중 전무와 상무보가 있었는데 2000년부터 없어졌다. 이 두 직책은 2005년 LG건설에서만 찾아볼 수 있을 뿐이며, 다른 회사에서는 중하위직의 절대 다수가 상무로 단순화되었다. LG텔레콤(21~26명)에서는 전부가, 그리고 LG화학(2005년 53명 중 52명)과 LG-Caltex정유(2003년 39명 중 35명)에서는 이사로 불리는 몇 명을 제외한 모두가 상무였다.

<표 10.18> 임원의 유형(명) : (2) 회사별 – 고위임원(B1), 중하위임원(B2) ; 등기임원(A1), 미등기임원(A2)

	1. LG건설				2. LG상사			
	1998	2000	2003	2005	1998	2000	2003	2005
B1+B2 = A1+A2	–	56	54	64	–	–	–	34
B1	–	10	9	9	–	–	–	–
B2	–	46	45	55	–	–	–	–
관련 직책 수(개)								
B1	–	4	5	4	–	–	–	–
B2	–	1	1	3	–	–	–	–
1. B1	(A1,A2)				(A1,A2)			
	2,–	4,6	4,5	4,5	2,–	1,–	1,–	1,–
대표이사					1		1	1
대표이사회장			1	1				
대표이사부회장		1			1	1		
대표이사사장	1	1	1	1				
대표이사부사장		1	1	1				
부회장			1					
부사장	1	1,6	1,4	1,5				
2. B2	(A1,A2)				(A1,A2)			
	2,–	0,46	0,45	0,55	1,–	1,–	1,–	2,–
전무				6				
상무	1	46	45	38				
상무보				11				
이사	1				1	1	1	2
고문								2
자문								4

	3. LG전선				4. LG전자			
	1998	2000	2003	2005	1998	2000	2003	2005
B1+B2 = A1+A2	–	25	24	41	130	208	231	243
B1	–	–	2	–	11	30	32	40
B2	–	–	22	–	119	178	199	202
관련 직책 수(개)								
B1	–	–	–	–	5	6	4	3
B2	–	–	–	–	3	1	3	4
1. B1	(A1,A2)				(A1,A2)			
	3,–	2,–	2,0	1,–	3,8	3,27	2,30	1,39
대표이사		1	2	1				
대표이사회장	1	1			1	1		
대표이사부회장					1	1	1	1
대표이사사장	2				1	1		
부회장						1	1	
사장					4	4	4	8
부사장					4	22	1,25	31

2. B2	(A1,A2)				(A1,A2)			
	5,-	0,-	1,21	2,-	0,119	0,178	0,199	1,201
전무	3				13			
상무	1		1		25	178	156	173
상무보					81			
이사	1		1	2				1
명예회장				1				
고문				2			1	2
자문				7			42	27

	5. LG텔레콤			6. LG화학			
	2000	2003	2005	1998	2000	2003	2005
B1+B2 = A1+A2	30	25	29	-	-	-	65
B1	5	4	3	-	-	-	12
B2	25	21	26	-	-	-	53
관련 직책 수(개)							
B1	3	2	2	-	-	-	3
B2	1	1	1	-	-	-	2
1. B1	(A1,A2)			(A1,A2)			
	2,3	1,3	1,2	3,-	3,-	1,-	1,11
대표이사						1	1
대표이사회장	1			1	1		
대표이사부회장				1	1		
대표이사사장	1		1	1	1		
사장							2
부사장	3	3	2				9
2. B2	(A1,A2)			(A1,A2)			
	0,25	0,21	0,26	0,-	0,-	1,-	1,52
상무	25	21	26				52
이사						1	1

	7. LG		8. LG-Caltex정유	
	2003	2005	2000	2003
B1+B2 = A1+A2	-	13	-	50
B1	-	-	-	11
B2	-	-	-	39
관련 직책 수(개)				
B1	-	-	-	3
B2	-	-	-	2
1. B1	(A1,A2)		(A1,A2)	
	2,-	2,-	7,-	6,5
대표이사회장	1	1		1
대표이사부회장	1	1	1	
비상근회장			1	
사장				2
부사장			5	3,5
2. B2	(A1,A2)		(A1,A2)	
	0,-	1,-	4,-	4,35
상무				35
이사		1	4	4

주 : 1) 12월 현재 ; LGEI는 2002년, LGCI는 2001년 현재 ; 밑줄 친 회사는 비상장회사.
   2) LG건설(2005년)=GS건설 ; LG전선(2005년)=LS전선.
   3) LG상사(2005년) - 미등기임원 31명 중 25명 직책 표시 없음.
   4) LG전선 미등기임원 직책 표시 없음 - 2000년 23명, 2003년 20명(상무보다 낮은 직책임), 2005
      년 28명.
   5) LGEI(2002년) - 등기 2명(대표이사회장, 대표이사사장), 미등기 1명(상무).
   6) LGCI(2001년) - 등기 2명(대표이사회장, 대표이사부회장), 미등기임원 정보 없음.
   7) LG(2005년) - 미등기임원 10명 직책 표시 없음.
출처 : 제14장.

(3) 업무조직

1) 부서의 유형 : 10개 회사의 업무조직을 재구성하기는 쉽지 않다. 무엇보다 관련 정보가 매우 불충분하다. 불확실하거나 애매한 부분들이 많고, 한 회사와 관련해서도 시기에 따라 정보가 불일치하는 경우가 적지 않다. 그럼에도 불구하고, 3개 지주회사를 제외한 7개 회사 모두에서 조직이 꽤나 방대하며 매우 체계적으로 정비되어 있음을 확인할 수 있다. 'M-form'으로 불리는 현대적인 다기능, 다원적 경영구조(decentralized, miltidivisional structure)의 모습을 띠고 있는 것으로 판단된다. 그렇다면, LG그룹 전체의 구조도 매우 큰 정도로 다원적인 것으로 짐작할 수 있다.

업무부서의 구체적인 유형은 매우 다양하다(<표 10.19, 10.20>). 같은 이름의 부서라도 회사에 따라 성격이 다른 경우가 적지 않은데, 이 점을 염두에 두면서 본사 중심의 부서를 상위와 중하위의 두 부류로 나누어 보면 각각 9개, 7개로 모두 16개다.

   A) 상위부서 : 부문, 본부, 총괄, 사업부, CU, 공장, 기술원, 연구원, 연구소.
   B) 중하위부서 : 담당, 지역본부, 실, 그룹, 과, 센터, 팀.

등장하는 부서의 유형과 수는 회사에 따라 그리고 시기에 따라 다르기 마련인데, 어떤 경우든 수십 개의 부서가 서로 간에 수평적으로 그리고 수직적으로 연결되어 하나의 위계질서(hierarchy)를 형성하고 있다. LG건설(52~96개 부서), LG-Caltex정유(59~67개), LG텔레콤(31~147개) 등에서 많은 편이며, LG전선(17~55개), LG전자(25~41개), LG화학(24~38개), LG상사(17~21개) 등에서는 상대적으로 적다. 지주회사 중에서는 사업을 겸하고 있는 LGCI의 부서가 15개이고, 순수지주회사인 LG(5개)와 LGCI(3개)에서는 그 수가 몇 되지 않는다.

상위의 업무부서 중 몇 개는 각 회사의 핵심부서가 된다.

   A) 3개 회사에서는 각각 1종류의 부서가 중심이었다 :

a) LG텔레콤(2~5본부)   b) LG-Caltex정유(4본부)   c) LGEI(3부문).

B) 7개 회사에서는 2~3종류의 부서가 관련되어 있다 :

a) LG전선－2부문(1998~2000년), 2~3본부(2003~2005)

b) LG전자－4본부(1998), 2총괄(2000), 3~4본부(2003~2005)

c) LG화학－2CU(1998), 3~6본부(2000~2005)

d) LGCI－1부문과 2사업부(2001)

e) LG－5부문(2003), 5팀(2005)

f) LG건설－3사업부(1998), 2부문(5사업부 ; 2000), 5~6본부(2003~2005)

g) LG상사－2CU(3부문 ; 1998~2000), 2담당(4부문 ; 2003), 2부문(2005).

<표 10.19> 업무부서(개) : (1) 핵심부서 유형 및 수(A), 총 부서 수(B)

	A	1998년		2000년		2003년		2005년	
		A	B	A	B	A	B	A	B
LG텔레콤	본부			5	31	2	53	4	147
LG-Caltex정유	본부			4	59	4	67		
LGEI(2002년)	부문			3	3				
LG전선	부문	2	17	2	17				
	본부					2	42	3	55
LG전자	본부	4	31			3	25	4	27
	총괄			2	41				
LG화학	CU	2	38						
	본부			6	34	4	25	3	24
LGCI(2001년)	부문			1					
	사업부			2	15				
LG	부문					5	5		
	팀							5	5
LG건설	사업부	3	52	(5)					
	부문			2	76				
	본부					5	83	6	96
LG상사	CU	2	17	2	19				
	담당					2	21		
	부문	(3)		(3)		(4)		2	21

출처 : <표 10.20>.

<표 10.20> 업무부서(개) : (2) 회사별 - 개관

1. LG건설

	1998년	2000년	2003년	2005년
사업부	3	(5)		
부문		2		
본부			5	6
	주택	건설 (주택,	주택사업	주택사업
	건축	건축,	건축사업	건축사업
	토목	토목)	토목사업	토목사업
		엔지니어링	플랜트사업	플랜트사업
		(플랜트,	환경사업	환경사업
		NODCO)		개발사업
본부	4	5	3	3
총괄				2
사업부			1	
연구원		1		
연구소	1	1	1	1
담당		4		8
팀	14	14	15	33
(기타)	30	44	58	43
합	52	76	83	96
(해외)				
국가				3

2. LG상사

	1998년	2000년	2003년	2005년
CU	2	2		
담당			2	
부문	(3)	(3)	(4)	2
	국내	국내	국내	무역
	(무역,	(무역,	(경영지원,	패션
	의류,	패션,	에너지&물자,	
	마트)	마트)	산업재&IT,	
	해외	해외	패션&어패럴)	
			해외	
부문	1	1	1	
사업부	8	7	7	15
실			1	2
팀				1
(기타)	3	6	6	1
합	17	19	21	21
지점			5	5
매장			305	354
(해외)				
지역	7	7	7	

3. LG전선

	1998년	2000년	2003년	2005년
부문 본부	2	2	2	3
	전선 기계	전선 기계	전선사업 기계사업	전선사업 기계사업 해외사업
본부			2	2
부문	4	5	3	3
사업부			8	9
연구소	4	4	5	5
담당			2	8
실			2	1
센터	1	1	1	1
팀			2	6
그룹			15	15
(기타)	6	5		2
합	17	17	42	55
영업소			9	8

4. LG전자

	1998년	2000년	2003년	2005년
본부 총괄	4	2	3	4
	홈어플라이 언스사업 디스플레이사업 멀티미디어사업 LCD사업	전자 정보통신	디지털어플 라이언스사업 디지털 디스플레이 &미디어사업 정보통신사업	디지털어플 라이언스사업 디지털 디스플레이사업 디지털미디어사업 정보통신사업
본부	1	6		
총괄	1	2	2	2
부문	1	2	4	4
기술원	2	2	2	2
연구소	11	22	11	11
담당	4			
센터	1	1	2	3
(기타)	6	4	1	1
합	31	41	25	27
(해외)				
중국지주회사	1	1	1	1
판매법인	51			
지역대표				5
연구소	11	11	11	14

5. LG텔레콤

	2000년	2003년	2005년
본부	5	2	4
	고객서비스	제1사업	단말/데이터사업
	Data개발	제2사업	제1사업
	수도권사업		제2사업
	동부사업		법인사업
	서부사업		
사업부		7	13
기술원	1		
연구소	1	1	1
담당	2	16	11
실	6	9	9
센터			1
팀	16	18	108
합	31	53	147
지점	32		38
운영센터			9
ez-Post			331
폰앤펀			56

6. LG화학

	1998년	2000년	2003년	2005년
CU	2			
본부		6	4	3
	화학	유화사업	유화사업	화성사업
	생활건강	기능수지사업	기능수지사업	산업재사업
		산업재사업	산업재사업	정보전자소재사업
		정보전자소재사업	정보전자소재사업	
		생명과학사업		
		생활건강사업		
본부	9		1	1
부문	1	1	1	1
공장	6	6	6	8
연구원		1	1	1
연구소	15	14	7	8
센터	5	6	5	2
합	38	34	25	24
물류센터	17	17	5	
영업소	40	40	40	40
분원				1
(해외)				
위성Lab				4

7. LGCI(2001년), LGEI(2002년), LG(2003, 2005년)

	2001년	2002년	2003년	2005년
부문	1	3	5	
사업부	2			
팀				5
	공통 /	주식관리	경영관리	경영관리
	의약품	자금/회계	인사	인사
	농화학	기타 지원	재경	재경
			사업개발	브랜드관리
			경영지원	법무
공장	2			
연구원	1			
연구소	7			
센터	1			
(기타)	1			
합	15	3	5	5
영업소	8			
출장소	3			

8. LG-Caltex정유

	2000년	2003년
본부	4	4
	생산	생산
	소비영업	가스/전력사업
	특수영업	석유화학사업
	석유화학영업	정유영업
본부	4	4
부문	23	32
공장		1
연구원	1	
연구소	1	1
지역본부	6	3
실	6	5
과	1	1
팀	13	13
(기타)		3
합	59	67
영업소		1
사무소		1
사업소		1
지사		29
(해외)		
법인	1	1

주 : 1) 12월 현재 ; LG-Caltex정유는 비상장회사.
　　2) LG건설(2005년)=GS건설 ; LG전선(2005년)=LS전선.
　출처 : 제14장.

2) 2005년12월 현재의 조직 : 2005년12월(LG-Caltex정유는 2003년12월) 현재의 조직을 살펴보면, 다양한 부서가 상호 간에 체계적으로 연결되어 매우 다원적이면서도 하나의 구조를 이루고 있음을 확인할 수 있다(<표 10.21>). 전체 부서들은 지원, 생산 및 영업, 기술 등 크게 3개의 분야로 나누어 볼 수 있다. 생산과 영업은 매우 밀접해서 하나의 분야를 형성하는 경향이 있는데, LG화학과 LG전자에서는 각자의 분야가 보다 뚜렷한 것으로 보인다. 반면, LG상사는 무역회사의 성격상 기술 분야 없이 부서들이 모두 지원, 생산 및 영업 한 분야에 관련되어 있다.

LG전자에서는 4개의 생산 본부(디지털어플라이언스사업, 디지털디스플레이사업, 디지털미디어사업, 정보통신사업)가 중심이며, 이들을 13개의 기술 관련 부서들(2개 기술원, 11개 연구소, 3개 센터)이 뒷받침하는 구조로 되어 있다. LG화학에서도 비슷하다. 3개 생산 본부(화성사업, 산업재사업, 정보전자소재사업), 그리고 본부 산하의 7개 연구소(각각 3개, 1개, 3개), 다른 3개 기술 관련 부서(1개 연구소, 2개 센터), 이들을 총괄하는 기술연구원 등이 전체 조직의 주를 이루고 있다.

2005년 LG텔레콤에는 147개의 유난히 많은 부서들이 있는데, 4개 본부(단말/데이터사업, 제1사업, 제2사업, 법인사업) 산하에 13개 사업부, 그리고 그 산하에 108개의 팀이 빼곡히 포진해 있다. 한편, 지주회사 LG에는 64명의 직원(임원은 13명)이 경영관리, 인사, 재경, 브랜드관리, 법무 등 5개 팀으로 나뉘어져 있다.

LG건설(이후 GS건설)과 LG전선(이후 LS전선)은 2005년12월 현재 각각 GS그룹과 LS그룹 소속이다. LG그룹에서 분리되지 않았더라도 업무조직은 큰 차이가 없었을 것으로 생각된다. 2개 회사 경영구조 역시 매우 다원적이면서 체계적이다.

<표 10.21> 업무부서 : (3) 회사별 - 2005년12월

1. GS건설(구 LG건설 ; GS그룹 소속)

부서 96 : a) 중심부서 - 본부 6 (주택사업, 건축사업, 토목사업, 플랜트사업, 환경사업, 개발사업)
　　　　　 b) 상위부서 - 본부 3, 총괄 2, 연구소 1
　　　　　 c) 중하위부서 - 담당 8, 팀 33, (기타 43)
　　　　　 * 기타 : 국가 3

1. 지원
경영진단, HSE
(본부 2) 경영지원 : (담당 1) 인사총무
　　　　　　　　　　　경영혁신, 전략기획, 재경, 국제금융/IR, IT, 강촌/엘리시안
　　　　　 영업지원 : (팀 2) 수주영업1, 수주영업2
　　　　　　　　　　　업무/홍보, 법제, 구매, 공무

2. 생산/영업
(본부 6)
주택사업 : (총괄 2) 주택기획, 주택CS
　　　　　 (팀 1) 주택특수영업

```
              주택기술, 주택시공
          (사업 6) 주택북부 : (팀 4) 영업1, 영업2, 재개발1, 재개발2
                   주택남부 : (팀 1) 영업/재개발
                   주택경기서부 : (팀 2) 영업, 재개발
                   주택경기남부 : (팀 2) 영업, 재개발
                   주택영남 : (팀 2) 부산영업/재개발, 대구영업/재개발
                   주택중부 : (팀 1) 영업/재개발
          (팀 1) 호남영업/재개발
건축사업 : (팀 3) 건축공공영업I담당, 건축공공영업II담당, FED
          그룹사업I, 그룹사업II, 건축민간영업, 건축시공, 기술영업, 기전사업, LPL
          중국지역
토목사업 : (담당 4) 토목영업I, 토목영업II, 토목영업III, 토목영업IV
          (팀 1) 항만
          SOC, 토목시공, 기술영업, 고하-죽교, 토목해외
플랜트사업 : 플랜트기획관리, 플랜트견적/예산, 플랜트설계, 플랜트기술, 플랜트공사,
          국내정유플랜트, 국내화학플랜트, LNG, SP9-10, 발전-에너지
          (담당 3) 해외사업I, 해외사업II, 해외사업III
          러시아, 이란
환경사업 : (팀 1) 환경기술영업
          환경영업, 환경시공
개발사업 : (팀 3) 개발1, 개발2, 개발3
          H사업
```

----

3. 기술

```
(본부 1) 기술 : (팀 4) 기술기획전략, 기술안전지원, 기술정보, 연구개발
              토목기술I, 토목기술II : (팀 5) 토목구조, 토질/기초, 도로/도시계획, 지하공간, 항만상하수도
              건축기술 : 건축구조/건축기술지원
              (연구소 1) 기술
```

2. LG상사

```
부서 21 : a) 중심부서 - 부문 2 (무역, 패션)
          b) 상위부서 - 사업부 15
          c) 중하위부서 - 실 2, 팀 1, (기타 1)
          * 기타 : 지점 5, 매장 354
```

---

1. 지원/생산/영업

```
(부문 2)  무역 : (실 1) 전략지원
                (사업부 7) 석유화학, 금속석탄, 에너지, 기계항공, IT, 디지털영상, 프로젝트
                CFO
                해외지사
          패션 : (실 1) 경영지원
                (사업부 8) 닥스, 마에스트로, 숙녀복, 아웃도어 & 스포츠, 유통영업,
                          액세서리, 헤지스, Value Zone
                (팀 1) 상설할인사업
                서울지점 2, 지방지점 3
                매장 354 (직영점 126, 특약점 228)
```

3. LS전선 (구 LG전선 ; LS그룹 소속)

부서 55 : a) 중심부서 - 본부 3 (전선사업, 기계사업, 해외사업)
  b) 상위부서 - 본부 2, 부문 3, 사업부 9, 연구소 5
  c) 중하위부서 - 담당 8, 실 1, 센터 1, 팀 6, 그룹 15, (기타 2)
  * 기타 : 영업소 8

1. 지원
(본부 1) 재경 : (담당 3) 재경, 경영기획, 경영관리
(부문 3) 전략기획, 경영혁신
  사업지원 : (담당 1) 홍보
(팀 1) 경영진단

2. 생산/영업
(본부 3) 전선사업 : (사업부 3) 전선, 특수선, 권선
  (영업소 4) 부산, 대전, 대구, 광주
  기계사업 : (사업부 3) 사출시스템, 트렉터, 공조
  (영업소 4) 부산, 대전, 대구, 광주
  해외사업 : (사업부 1) 전력 : (담당 1) 전력생산
  (담당 1) 중국지역
  OPGr
(사업부 2) 통신 : (담당 1) 통신생산
  부품 : (담당 1) 회로소재사업

3. 기술
(본부 1) 기술개발 : (팀 3) 연구지원, 기술기획, 지적재산
  (연구소 5) 중앙 : (실 1) 종합분석
  (그룹 2) 금속기술, 고분자기술
  통신 : (그룹 3) 광소재, 광부품, 통신시스템
  전력 : (그룹 2) 전력시스템, 초고압
  부품 : (그룹 2) 전자소재, 전자부품
  기계 : (그룹 3) 사출트랙터, 냉동공조, 냉각시스템
  (센터 1) 생산기술 : (그룹 3) CAE기술, 설비기술, 설비관리
  SHMO : (팀 2) SHMO지원, SHMO TF

4. LG전자

부서 27 : a) 중심부서 - 본부 4 (디지털어플라이언스사업, 디지털디스플레이사업,
  디지털미디어사업, 정보통신사업)
  b) 상위부서 - 총괄 2, 부문 4, 기술원 2, 연구소 11
  c) 중하위부서 - 센터 3, (기타 1)
  * 기타 : 중국지주회사 1, 해외지역대표 5, 해외연구소 14

1. 지원
(부문 3) 재경, 고객서비스, HR
CTO

2. 생산
(본부 4) 디지털어플라이언스사업, 디지털디스플레이사업, 디지털미디어사업, 정보통신사업
(총괄 2) 북미지역, 유럽지역
(지역대표 5) 서남아, 브라질, CIS, 중아, 중남미
중국지주회사

3. 영업
(부문 1) 한국마케팅

4. 기술
(기술원 2) 서울 : LG전자기술
          평택 : LG생산기술
(연구소 11) 서울 : 디지털미디어, 디지털TV, 시스템IC, 디지털디스플레이, 단말, 디지털어플라이언스
          분당 : 디지털스토리지
          안양 : 이동통신기술
          평택 : 미디어
          구미 : 디스플레이
          창원 : 디지털어플라이언스
(센터 3) 서울 : 디자인경영, 품질, 소프트웨어
(해외연구소 14) 미국 3, 독일 1, 이탈리아 1, 러시아 1, 일본 2, 중국 4, 인도 1, 이스라엘 1

5. LG텔레콤

부서 147 : a) 중심부서 - 본부 4 (단말/데이터사업, 제1사업, 제2사업, 법인사업)
        b) 상위부서 - 사업부 13, 연구소 1
        c) 중하위부서 - 담당 11, 실 9, 센터 1, 팀 108
        * 기타 : 지점 38, 운영센터 9, ez-Post 331, 폰앤펀 56

1. 지원
(팀 1) 전사프로젝트
(담당 1) 경영진단 : (팀 3) 이사회지원, 경영지원, 법무
(실 6) 경영지원 : (팀 5) 부동산관리, 인사, 인사개발, 자산운용FET, 총무
     경영관리 : (팀 4) 경영기획, 금융, 회계, IR
     홍보 : (팀 1) 홍보
     고객서비스 : (팀 5) 고객만족, Billing, CS기획, CS운영, Quality Audit
     전략개발 : (팀 3) 전략개발, Corporate Audit, FET
         (센터 1) 가치혁신
     정책협력 : (팀 1) 정책개발
         (담당 1) 대외협력 : (팀 1) 대외협력

2. 생산/영업
(실 1) 마케팅 : (팀 1) 마케팅기획지원
        (담당 3) 마케팅전략 : (팀 4) 마케팅분석, 마케팅상품기획, 브랜드기획, IMC
          CRM : (팀 2) CRM분석, CRM운영
          영업전략 : (팀 3) 신유통기획, 영업정책, 유통관리
(본부 4) 단말/데이터사업 : (팀 2) 단말데이터기획, 단말데이터품질
        (사업부 3) 뮤직 : (팀 3) 뮤직상품개발, 뮤직전략, 채널개발
          데이터 : (팀 4) 데이터영업전략, 컨버전스사업, 컨텐츠사업, DMB사업
          단말 : (팀 3) 단말개발, 단말상품기획, 단말운영
        (담당 1) 플랫폼 : (팀 4) 단말기술, 멀티미디어개발, 애플리케이션개발, 플랫폼기술
    제1사업 : (팀 2) 제1기획지원, 제1CS
        (사업부 4) 강남 : (팀 2) 강남직판영업, 강남판매추진
             지점 6, ez-Post 76, 폰앤펀 12

             강북 : (팀 2) 강북직판영업, 강북판매추진
                 지점 7, ez-Post 63, 폰앤펀 10
             강동 : (팀 2) 강동직판영업, 강동판매추진
                 지점 6, ez-Post 49, 폰앤펀 10
           폰앤펀 : (팀 2) 폰앤펀기획, 폰앤펀운영
      (담당 1) 제1N/W운영 : N/W운영센터 5
    제2사업 : (팀 2) 제2기획지원, 제2CS
      (사업부 4) 경남 : (팀 2) 경남직판영업, 경남판매추진
                 지점 7, ez-Post 60, 폰앤펀 6
             경북 : (팀 2) 경북직판영업, 경북판매추진
                 지점 4, ez-Post 23, 폰앤펀 8
             호남 : (팀 2) 호남직판영업, 호남판매추진
                 지점 4, ez-Post 26, 폰앤펀 7
             충청 : (팀 2) 충청직판영업, 충청판매추진
                 지점 4, ez-Post 34, 폰앤펀 3
     (담당 1) 제2N/W운영 : N/W운영센터 4
   법인사업 : (팀 1) 법인기획지원
      (사업부 2) 법인 : (팀 7) 공공단체, 기업, 법인기술, 법인마케팅,
                 법인판매추진, 솔루션영업, 커뮤니티
        Bank ON : (팀 4) BankON개발, BankON운영, BankON제휴,
                  BankON판매추진
      (담당 1) 프로젝트 : (팀 1) 프로젝트기획

---

3. 기술

(실 2) N/W기술 : (팀 2) 건설지원, PRM
        (담당 1) N/W기술 : (팀 11) 구매, 기술협력, 시설계획, 품질보증, Access망기술, Core망기술,
                    N/W계획, N/W기획관리, N/W기획전략, N/W품질관리,
                    N/W품질기술
          (연구소 1) 기술 : (팀 3) Access망개발, Core망개발, OSS개발
     정보기술 : (팀 6) 고객정보, 빌링정보, 정보전략, 정보보안, IT기술구조, IT솔루션
        (담당 1) 데이터기술 : (팀 3) 데이터운영, 데이터품질기술, NMS개발

---

6. LG화학

부서 24 : a) 중심부서 - 본부 3 (화성사업, 산업재사업, 정보전자소재사업)
        b) 상위부서 - 본부 1, 부문 1, 공장 8, 연구원 1, 연구소 8
        c) 중하위부서 - 센터 2
        * 기타 : 영업소 40, 분원 1, 해외위성Lab 4

---

1. 지원
(본부 1) 공통지원

---

2. 생산
(본부 3) 화성사업, 산업재사업, 정보전자소재사업
(공장 8)

---

3. 영업
물류센터, 지방영업소 40, 지방출장소

---

4. 기술
(연구원 1) 기술 : (부문 1) 경영지원
        Corporate R&D : (연구소 1) CRD : (센터 1) 나노

석유화학 : (연구소 3) 유화, 기능수지, 폴리올레핀
산업재 : (연구소 1) 산업재 : (센터 1) 중국산업재테크
정보전자소재 : (연구소 3) 배터리, ME
　　　　　　　　　　정보전자소재 : 미국 CPI
서울분원
해외위성Lab 4 : 미국, 독일, 중국, 러시아 소재 대학

7. LG

부서 5 : 중심부서 – 팀 5

(팀 5) 경영관리 : 출자 포트폴리오 관리
　　　인사 : 자회사 성과 관리 및 경영자 육성
　　　재경 : 지주회사의 회계, 세무, 금융
　　　브랜드관리 : LG브랜드 육성전략 수립, CI관리 등 브랜드관리업무
　　　법무 : 지주회사 법률업무

8. LG-Caltex정유 (2003년12월)

부서 67 : a) 중심부서 – 본부 4 (생산, 가스/전력사업, 석유화학사업, 정유영업)
　　　　 b) 상위부서 – 본부 4, 부문 32, 공장 1, 연구소 1
　　　　 c) 중하위부서 – 지역본부 3, 실 5, 과 1, 팀 13, (기타 3)
　　　　 * 기타 : 영업소 1, 사무소 1, 사업소 1, 지사 29, 해외법인 1

1. 지원
(실 1) 경영진단
(부문 1) 인사
(본부 4) 경영혁신 : (부문 4) 사업전략, 변화지원, 전략구매, 정보시스템
　　　　재무 : (부문 4) 경영관리, 경리, 자금, 관리
　　　　경영지원 : (부문 3) 업무/홍보, 환경안전기획, 총무
　　　　원유/수급 : (부문 3) 수급, 물류운영, 원유/제품
　　　　　　　　　싱가폴현지법인

2. 생산/영업
(본부 3) 생산 : (부문 2) 공무, 노경지원
　　　　　　(공장 1) : (부문 5) 정유생산, 석유화학생산, 생산운영, 기술, 생산지원
　　　　가스/전력사업 : (부문 2) 가스사업, 전력/자원개발
　　　　석유화학사업 : (부문 2) 방향족사업 : (팀 2) 방향족영업
　　　　　　　　　　　　　　　　용제 : (영업소 1) 부산
　　　　　　　　　　폴리프로필렌사업 : (팀 1) 영업 : (사무소 1) 서울
　　　　　　　　　　　　　　　　　　　(사업소 1) 영남

3. 영업
(본부 1) 정유영업 : (부문 6) 영업기획, 고객지원
　　　　　　　　CR사업 : (팀 2) CR영업1, CR영업2
　　　　　　　　법인영업 : (팀 3) 특수영업, 산업체영업, 대리점영업
　　　　　　　　LPG : 수도권, 서부, 영남제주
　　　　　　　　윤활유 : (팀 4) 윤활유특수영업, 수도권, 서부, 영남제주
　　　　　　　(지역본부 3) 수도권 : (팀 1) 수도권특수영업
　　　　　　　　　　　　지사 11
　　　　　　　　서부 : 지사 9
　　　　　　　　영남/제주 : 지사 9

4. 기술
(연구소 1) 기술 : (과 1) 연구지원
      (실 4) 정유생산연구, 고분자생산연구, 제품연구, 공정개발지원

 주 : LG-Caltex정유는 비상장회사.
 출처 : 제14장.

5. LG그룹 지주회사체제의 성립 과정

 (* 아래 글은 필자의 논문 'LG그룹 지주회사체제의 성립 과정과 의의'(『경영사학』 22-1, 2007
년) 일부를 수정한 것이다. 제10장의 앞 내용과 일부 중복되는 부분이 있지만 논의의 전개상
필요한 것으로 판단되어 그대로 두었다.)

 LG그룹의 지주회사체제는 2001년부터 4년여 동안 일곱 단계를 거쳐 확립되었다(<표
10.22>).

 첫째, 2001년4월 화학부문 지주회사인 LGCI가 만들어졌다. 주력회사인 LG화학이 LGCI,
LG화학, LG생활건강 등 3개 회사로 인적 분할되었는데, LGCI는 기존법인을 전환하는 것으
로 하고 다른 2개는 신설되었다. LGCI는 이 2개 회사를 비롯하여 여러 개의 자회사를 거느
리는 한편 기존의 LG화학 사업 중 생명과학부문은 계속 수행하는 사업지주회사였다. 이에
앞서, 사전 정지작업으로서 1999~2000년에 걸쳐 그룹 계열회사들 간의 출자구조를 단순화
시키는 작업이 진행되어 화학과 에너지 관련 회사들은 LG화학을 중심으로, 그리고 전자와
정보통신 관련 회사들은 LG전자를 중심으로 개편되었다.

 둘째, 2002년4월 전자부문 지주회사 LGEI가 만들어졌다. LG그룹의 또 다른 주력회사인
LG전자가 LGEI와 LG전자 등 2개 회사로 인적 분할되었는데, 전자는 기존법인을 전환하는
것으로 하고 후자는 신설되었다. LGEI는 신설 LG전자를 비롯하여 여러 개의 자회사를 둔 순
수지주회사였다.

 셋째, 2002년8월 LGCI가 순수지주회사로 전환되었다. LGCI가 LGCI와 LG생명과학 등 2개
회사로 인적 분할되었는데, 전자는 기존법인을 전환하는 것으로 하였고 후자는 기존법인이
수행하던 생명과학사업이 따로 분리되어 별도의 신설법인으로 만들어진 것이다.

 넷째, 2003년3월 통합지주회사 (주)LG가 출범하였다. LGCI가 먼저 LGEI를 합병하고 뒤이
어 다른 계열회사인 LG MRO의 일부 사업(부동산임대부문 일부와 출자부문)을 분할 합병한
후 상호를 LG로 변경하였다. 새 지주회사 LG에는 기존의 49개 계열회사 중 34개가 자회사
및 손자회사로 편입되었다. 나머지 15개 계열회사 중 11개는 대주주가 지분을 보유하는 방
식으로 계속 LG그룹에 속해 있었으며, LG전선 등 4개 회사는 분리될 예정이었다.

다섯째, 2003년11월 LG전선 관련 4개 회사가 LG그룹에서 분리되었다. 이후 LG전선그룹 (동일인 구태회)이 형성되었으며, 2004년4월 공정거래위원회에 의해 새 기업집단(12개 계열 회사)으로 지정되었다. 2005년3월에는 그룹 명칭이 LS그룹으로 변경되었다.

여섯째, 2004년7월 (주)LG가 LG와 GS홀딩스 등 2개의 순수지주회사로 인적 분할되었다. 전자는 기존법인이 전환하는 것으로 하고 후자는 신설되었다. LG는 29개 계열회사를 둔 제조부문 지주회사로, 그리고 GS홀딩스는 9개의 계열회사를 둔 에너지·유통부문 지주회사로 자리매김하였다.

마지막으로 일곱째, 2005년1월 GS홀딩스 등 14개 회사가 LG그룹에서 분리되어 GS그룹(동일인 허창수)을 형성하였으며, 4월에는 공정거래위원회에 의해 새 기업집단(50개 계열회사)으로 지정되었다.

<표 10.22> LG그룹 지주회사체제의 확립 과정, 2001~2005년

단계	날짜		내용
I	2001년	4월1일	(주)LG화학이 3개 기업으로 인적 분할
			(1) (주)LGCI : 기존법인 (투자자산 및 생명과학 법인)
			(2) (주)LG화학 : 신설법인 (사업자회사)
			(3) (주)LG생활건강 : 신설법인 (사업자회사)
		4월3일	(주)LGCI : 새 상호로 변경
		4월17일	(주)LGCI : 공정거래위원회에 지주회사로의 전환 신고
II	2002년	4월1일	LG전자(주)가 2개 기업으로 인적 분할
			(1) (주)LGEI : 기존법인 (투자자산법인)
			새 상호로 변경
			공정거래위원회에 지주회사로의 전환 신고
			(2) LG전자(주) : 신설법인 (사업자회사)
		4월22일	(주)LGEI : 증권거래소에 재상장
III		8월1일	(주)LGCI가 2개 기업으로 인적 분할
			(1) (주)LGCI : 기존법인
			(2) (주)LG생명과학 : 신설법인
IV	2003년	3월1일	(주)LGCI가 (주)LG로 개편
			(1) (주)LGEI 합병
			(2) (주)LG MRO 일부 사업 분할 합병
			(부동산임대부문 일부 및 출자부문)
			(3) 상호를 (주)LG로 변경
			- 기존 49개 계열회사 중 34개가 소속됨
			- 나머지 11개는 대주주가 지분 보유, 4개는 계열분리 예정
V		9월30일	4개 회사 계열 분리 요건 충족 (LG전선, LG니꼬동제련,
			LG칼텍스가스, 극동도시가스)
		11월11일	LG전선 계열 분리
	2004년	4월1일	LG전선그룹이 새 기업집단으로 지정됨 (12개 계열회사)

VI	7월1일	(주)LG가 2개 지주회사로 인적 분할
		(1) (주)LG : 기존법인 (제조, 29개 계열회사)
		(2) (주)GS홀딩스 : 신설법인 (에너지·유통, 9개 계열회사)
VII	8월	(주)GS홀딩스 : 증권거래소에 재상장
2005년	1월27일	(주)GS홀딩스 등 14개 회사 LG그룹에서 계열 분리
	3월	LG전선그룹이 LS그룹으로 명칭 변경됨
	4월	GS그룹이 새 기업집단으로 지정됨

출처 : 『사업보고서』;『세계일보』2002.11.28, 『조선일보』2003.3.1, 10.1, 2004.4.14, 7.1 ; (주)LG 홈페이지(www.lgcorp.com).

(1) 소유지분구조의 변화

지주회사체제의 가장 두드러진 특징은 '단순한 수직적인 소유지분구조'이다. 계열회사들 사이의 순환적이고 중층적인 출자관계가 없어지고, '지주회사-자회사-손자회사'라는 단선 하향적인 관계만 성립하는 것이다. LG그룹의 경우도 마찬가지여서 지주회사들인 LGCI, LGEI, LG 등으로 지분이 순차적으로 집중되었다. 최종적으로는 구본무일가가 이 지주회사들을 장악하였다. 결과적으로, 외형적인 구조는 단순해지고 투명해진 반면, 실질적으로는 '오너가족에 의한 보다 강도 높은 소유집중'으로 귀결되었다(<표 10.23, 10.24, 10.25>).

1) LG화학, LG전자, 1998~2000년 : 2001년4월 첫 지주회사인 LGCI가 생기기 전에는 LG화학과 LG전자가 LG그룹의 두 주력회사였다. LG전자의 최대주주는 LG화학이고 LG화학의 최대주주는 구본무일가가 운영하는 비영리법인인 LG연암학원이었다.

1998~2000년 LG화학에서의 최대주주 및 특수관계인 지분은 17%(17.7% → 17.91%)를 조금 넘는 정도였으며 이 중 최대주주(LG연암학원) 몫은 2% 미만(1.88% → 1.57%)이고 나머지 16% 내외(15.82% → 16.34%)는 특수관계인 지분이었다. 특수관계인의 수는 100명 내외(102명 → 92명)로 상당히 많으며, 이들 대부분은 친족(92명 → 88명)으로서 지분 합계는 8% 내외(7.73% → 8.26%)로 특수관계인 전체 지분(15.82% → 16.34%)의 절반 정도였다. 동일인 구본무의 지분은 0.6% 정도(0.58% → 0.69%)밖에 되지 않았다. 나머지 지분의 대부분은 계열회사와 자기주식이 나누어 가지고 있었는데, 1998년에 비해 2000년에는 계열회사 몫(4.31% → 1.14%)은 줄고 자기주식 비중(3.31% → 6.66%)이 늘어났다.

LG전자의 경우에는 최대주주 및 특수관계인 지분이 1998년(18.1%)에는 LG화학(17.7%)에서와 비슷하였다. 하지만 2000년에는 2.1배(37.3%)나 증가하여 거의 변화가 없는 LG화학에서의 지분(17.91%)보다 2배 이상 많아졌다. 최대주주(LG화학) 지분은 5%(5.5% → 5.4%) 조금 넘게 유지된 데 반해 특수관계인 지분(12.6% → 31.9%)이 대폭 늘어난 결과였다. 특수관계인 수는, LG화학에서처럼, 100명 내외(103명 → 82명)로 많으며, 이들 대부분(97명 → 77명)은 친족이었다. 친족 지분은 1998년(7.9%)에는 특수관계인 전체 지분(12.6%)의 60% 이상을 차지했는데, 소폭 증가한 2000년(10%)에는 그 비중이 전체(31.9%)의 30% 이하로 낮아졌다. 반면, 구본무의 몫은 적긴 하지만 0.31%에서 1.38%로 4.5배나 늘어났다. 한편, LG화학에서와 비슷하게, 1998~2000년 사이에 계열회사 지분(4.7% → 1.7%)은 줄어들고 큰 몫의 자기주식(19.2%)이 새로 생겼다.

2) LGCI, 2001년 : 2001년4월 LG화학이 사업지주회사로 전환된 LGCI에서는 구본무일가의 소유권이 한층 강화되었다. 무엇보다 최대주주가 LG연암학원에서 동일인인 구본무로 바뀌었고 지분도 2.9배(2000년 1.57% → 2001년 4.62%) 많아졌다. 구본무 자신의 이전 LG화학 지분(0.69%)에 비하면 6.7배나 급증하였다. 친족(88명 → 91명) 지분도 3.9배(8.26% → 32%) 늘어나 최대주주인 구본무를 포함하면 가족 지분은 4.4배(8.26% → 36.62%)나 늘어났다.

최대주주의 자리를 내주긴 했지만 LG연암학원의 지분도 2.6배(1.57% → 4.11%) 증가하였으며, 다른 1개의 비영리법인(LG연암문화재단, 0.74%)도 새로 지분에 참여하였다. 결과적으로, 2000년의 LG화학에 비해 LGCI의 특수관계인(92명 → 96명) 지분은 2.5배(16.34% → 41.23%), 그리고 최대주주 및 특수관계인 지분은 2.6배(17.91% → 45.85%) 증가하였다.

한편, 기존 LG화학에서 분할 신설된 LG화학은 LGCI의 사업자회사가 되었다. 최대주주는 LG연암학원에서 LGCI로 바뀌었고 지분(1.57% → 23.34%)도 크게 늘어났다. 반면, 특수관계인과 친족의 수(92명 → 2명, 88명 → 1명) 그리고 지분(16.34% → 0.02%, 8.26% → 0%)은 거의 정리되었다.

3) LGEI, 2002년 : 2002년4월 LG전자가 순수지주회사로 전환된 LGEI에서도 구본무일가의 소유권이 강화되었다. LG전자의 최대주주인 LGCI(최대주주 구본무)가 그대로 LGEI의 최대주주가 되었는데, 지분은 2001년의 5.4%에서 2002년에는 0.9%로 크게 줄어들었다.

대신 친족(2001년 88명 → 2002년 71명)의 지분이 4배(9.7% → 39.2%) 늘어났고, 구본무(LGCI 최대주주)의 몫도 4배(1.25% → 5.52%)나 늘어났다. 2001년 LGCI에서의 구본무의 지분은 4.62%였다. 또, 비영리법인인 LG연암학원과 LG연암문화재단의 지분(1% → 4.3%)도 늘어났다.

한편, 기존 LG전자에서 분할 신설된 LG전자는 LGEI의 사업자회사가 되었다. 최대주주는 LGCI에서 LGEI로 바뀌었고 지분(5.4% → 30.71%)도 집중되었다. 특수관계인과 친족의 수(93명 → 8명, 88명 → 5명) 그리고 지분(23.4% → 5.51%, 9.7% → 0.02%)은, 신설 LG화학에서처럼, 대폭 축소되었다.

4) LG, 2003~2005년 : 2003년3월 LGCI가 확대 개편된 순수지주회사 (주)LG의 최대주주 자리는 LGCI의 최대주주인 구본무가 자연스럽게 이어받았다. 지분은 5.46%로 2002년의 4.62%에 비해 조금 많아졌다. 친족 지분(2002년 30.19% → 2003년 32.95%)도 약간 늘어났으며, 반면 지분 참여 친족 수는 77명에서 55명으로 많이 줄어들었다. LG연암학원과 LG연암문화재

단의 몫은 절반(4.84% → 2.46%)으로 줄어든 반면 자기주식의 비중은 6.7배(1.26% → 8.47%)나 늘어났다. 최대주주 및 특수관계인 지분은 50%(44.04% → 50.37%)를 넘어섰다.

<표 10.23> 주주 수(명) 및 지분(%) : 최대주주(S1), 특수관계인(S2), 친족(A)

년도	주주(명)					지분(%)				
	LG화학	LG전자	LGCI	LGEI	LG	LG화학	LG전자	LGCI	LGEI	LG
(1. S1+S2)										
1998	103	104				17.7	18.1			
2000	93	83				17.91	37.3			
2001	3	94	97			23.36	28.8	45.85		
2002		9	83	77			36.22	44.04	53.8	
2003	5	7			62	34.24	36.22			50.37
2005	2	4			49	34.03	35.26			51.31
(2. S1)										
1998	학원	화학				1.88	5.5			
2000	학원	화학				1.57	5.4			
2001	LGCI	LGCI	구본무			23.34	5.4	4.62		
2002		LGEI	구본무	LGCI			30.71	4.62	0.9	
2003	LG	LG			구본무	34.03	36.06			5.46
2005	LG	LG			구본무	34.03	35.24			10.33
(3. S2)										
1998	102	103				15.82	12.6			
2000	92	82				16.34	31.9			
2001	2	93	96			0.02	23.4	41.23		
2002		8	82	76			5.51	39.42	52.9	
2003	4	6			61	0.21	0.16			44.91
2005	1	3			48	0	0.02			40.98
(4. A)										
1998	92	97*				7.73	7.9*			
2000	88	77*				8.26	10*			
2001	1	88*	91			0	9.7	32		
2002		5*	77	71			0.02*	30.19	39.2	
2003	1	3			55	0	0.01			32.95
2005		1			44	0	0			38.52

주 : 1) 12월 현재 ; 학원=LG연암학원, 화학=LG화학.
   2) LG전자 (*) : 1998년－출처에 주주명단 없이 '그 외'라고 되어 있음 ; 2000, 2002년－임원 포함 ; 2001년－'구광모 외 87인'이라고 되어 있음.
출처 : <표 10.6, 10.7>.

<표 10.24> 특수관계인 수(명) 및 지분(%) : 친족(A), 비영리법인(B), 임원(C), 계열회사(D), 자기주식(E), 자사주펀드(F)

년도	주주(명)					지분(%)				
	LG화학	LG전자	LGCI	LGEI	LG	LG화학	LG전자	LGCI	LGEI	LG
(1998)										
A	92	97*				7.73	7.9*			
B	1					0.34				
C	3					0				
D	4	6				4.31	4.7			
E	1					3.31				
F	1					0.13				
(2000)										
A	88	77*				8.26	10*			
B	1	2				0.28	1			
C	1					0				
D	1	2				1.14	1.7			
E	1	1				6.66	19.2			
(2001)										
A	1	88*	91			0	9.7	32		
B		2	2				1	4.85		
C			1					0		
D		2	1				1.7	3.13		
E	1	1	1			0.02	11	1.25		
(2002)										
A		5*	77	71			0.02*	30.19	39.2	
B			2	2				4.84	4.3	
C			1					0		
D		2	1	2			5.35	3.13	7.6	
E		1	1	1			0.14	1.26	1.8	
(2003)										
A	1	3			55	0	0.01			32.95
B					2					2.46
C	2	1			2	0.01	0.02			0
D		1			1		0			1.03
E	1	1			1	0.2	0.13			8.47
(2005)										
A		1			44		0			38.52
B					2					2.46
C	1	2			2	0.02	0.02			0

주 : 1) 12월 현재 ; 밑줄 친 숫자는 A-F 중 가장 큰 지분.
   2) LG전자 (*) : 1998년－출처에 주주명단 없이 '그 외'라고 되어 있음 ; 2000, 2002년－임원 포함 ; 2001년－'구광모 외 87인'이라고 되어 있음.
출처 : <표 10.7>.

<표 10.25> 동일인 구본무의 지분(%)

년도	LG화학	LG전자	LGCI	LGEI	LG
1998	0.58	0.31			
2000	0.69	1.38			
2001		1.25	4.62		
2002			4.62	5.52	
2003					5.46
2005					10.33

주 : 12월 현재.
출처 : <표 10.3>.

2005년에는 최대주주 및 특수관계인 지분(51.31%)은 큰 변화가 없는 가운데, 최대주주인 구본무의 몫이 5.46%에서 10.33%로 2배 가량 대폭 늘어났다. 친족의 몫(32.95% → 38.52%)도 늘어났으며, 반면 친족의 수는 55명에서 44명으로 더욱 줄어들었다.

1998년의 실질적인 지주회사였던 LG화학과 2005년의 지주회사 (주)LG를 비교해 보면 동일인 구본무와 소수의 친족에게로 소유가 집중되어 왔음을 알 수 있다.

첫째, 최대주주 및 특수관계인(103명 → 49명) 그리고 특수관계인(102명 → 48명)의 수는 모두 절반 이하로 줄었고, 반면 지분은 각각 2.9배(17.7% → 51.31%), 2.6배((15.82% → 40.98%) 늘어났다. 둘째, 최대주주가 LG연암학원에서 동일인 구본무로 바뀌었고 지분은 5.5배(1.88% → 10.33%)나 대폭 증가하였다. 그리고 셋째, 특수관계인의 유형이 6가지(친족, 비영리법인, 임원, 계열회사, 자기주식, 자사주펀드)에서 동일인과 가장 가까운 전자 3가지로 줄어들었다. 이들 대부분은 친족으로서, 수는 절반 이하(92명 → 44명)로 줄어든 반면 지분은 5배(7.73% → 38.52%)로 대폭 증가하였다.

(2) 계열회사의 변화

1) 지분 보유 계열회사 : 지주회사가 생기기 전에는 LG화학(최대주주 LG연암학원)이 실질적인 지주회사 역할을 담당하였다(<표 10.26>). 1998년에는 소수의 계열회사(전체 계열회사는 52개)에만 지분을 가지고 있었는데, LG전자와 LG건설에서는 최대주주였다. 이 2개 회사는 다시 각각 13개의 계열회사에 지분을 가지고 있었다. 구본무가 최대주주인 LG상사는 따로 14개 회사에 출자하였다.

2000년에는 LG화학이 출자한 회사 수가 12개(전체 계열회사는 43개)로 대폭 늘어났으며, LG화학이 최대주주인 LG전자와 LG건설의 지분 참여 회사는 각각 18개와 6개였다. 한편, LG화학은 구본무를 대신하여 LG상사의 최대주주도 되었는데, LG상사의 지분 참여 회사는 10개였다. 이렇게 하여, LG화학은 직접적으로(12개) 또는 간접적으로(최대주주로 있는 3개 회사가 출자한 회사 34개) 48개(2번 이상 포함된 회사도 있음)의 계열회사 지분에 관여하였으며, 이들 사이에 중층적으로 그리고 순환적으로 출자관계가 얽혀 있었다.

2001년에 생긴 화학부문 지주회사 LGCI는 13개 자회사를 거느렸다. 이 중 상장회사는 6개로 신설된 LG화학과 LG생활건강을 비롯하여 LG전자, LG건설, LG상사, LG전선 등 주력회사들이었다. LG화학 밑에는 2개의 비상장회사만 손자회사로 남았으며, 반면 LG전자 밑에는 이전의 지분 참여 회사 18개가 모두 손자회사로 편입되었다. 한편, 전자부문 지주회사 LGEI의 자회사는 18개였다. 이 중 상장회사는 신설 LG전자와 데이콤, LG산전, LG텔레콤, LG투자증권 등 5개였다. LG전자 밑에는 7개 회사(상장 1개, 비상장 6개)가 자회사로 남았다.

최종적인 통합지주회사인 (주)LG는 2003년12월 현재 모두 17개의 자회사를 가지고 있었다. 이 중 상장회사는 LG화학, LG전자, LG생활건강, LG생명과학, LG텔레콤, LG홈쇼핑, 데이콤 등 7개였다. LG화학과 LG전자는 각각 4개, 7개의 손자회사를 거느렸다. 2005년12월 현재에는 (주)LG의 자회사 수가 15개로 줄었다. LG화학의 손자회사는 4개 그대로이고 LG전자의 손자회사는 5개로 줄었다.

2) LG의 자회사와 손자회사 : 공정거래위원회의 지주회사 관련 자료에는 매년 중반기를 기준으로 (주)LG의 자회사 및 손자회사에 관한 보다 자세한 정보가 담겨 있다(<표 10.27, 10.28>). 2003년7월 현재 (주)LG는 37개의 계열회사를 가지고 있었다. 자회사가 17개이며, 이 중 LG칼텍스정유(7개), 데이콤(6개), LG전자(5개), LG화학(2개) 등 4개 회사가 모두 20개의 손자회사를 두었다. 자회사들(33.3조원)과 손자회사들(12.1조원)의 자산총액은 45.4조원으로 지주회사인 (주)LG 자산(5.8조원)의 8배에 달했다.

2005년8월 현재에는 LG칼텍스정유와 그 자회사들이 GS그룹으로 분리되면서 (주)LG의 계열회사가 33개로 줄었다. 자회사가 15개이고, 이 중 LG전자(5개), 데이콤(5개), LG화학(4개), LG텔레콤(3개), LG엔시스(1개) 등 5개 회사가 모두 18개의 손자회사를 두었다. 2006년8월 현재에는 계열회사가 28개(자회사 14개, 손자회사 14개)로 더욱 줄었다. 한편, LG는 자산(2005년 4.3조원 → 2006년 4.8조원)이나 계열회사 수(33개 → 28개)에서 분리되어 나간 GS홀딩스(2.7조원 → 3조원, 12개 → 15개)보다 규모가 훨씬 컸다.

3) LG, LS, GS그룹의 계열회사 : 계열회사들의 합병, 분리 등으로 LG그룹의 계열회사는 2002년 이후 감소 추세를 보이고 있다(<표 10.29>). 2005년 처음으로 40개 이하로 줄어든 이후 2007년에는 31개가 되었으며, 사기업집단 순위도 2002~2004년 2위를 유지하다가 2005년에는 3위로, 2006~2007년에는 다시 4위로 떨어졌다.

한편, LS그룹의 계열회사는 2004년 12개에서 꾸준히 증가하여 2007년에는 20개가 되었다. 순위도 17~19위였다가 2007년 16위로 올랐다. GS그룹은 2005년 출발 당시 계열회사가 50개로 LG그룹(38개)보다 많았다. 2007년에는 계열회사(48개)는 2개 줄어든 반면 순위(8위)는 한 단계 상승하였다. 하지만, 자산총액으로 보면 LG그룹(2007년 52.4조원)이 GS그룹(25.1조원)의

2배 이상, 그리고 LS그룹(9.9조원)의 6배 정도 많다.

<표 10.26> 출자 계열회사 수(개) : 합(T), 상장회사(A), 비상장회사(B)

년도	LG화학			LG전자			LGCI			LGEI			LG		
	T	A	B	T	A	B	T	A	B	T	A	B	T	A	B
1998	5	0	5	13	3	10									
2000	12	5	7	18	6	12									
2001	2	0	2	18	6	12	13	6	7						
2002				7	1	6	14	5	9	18	5	13			
2003	4	0	4	7	1	6							17	7	10
2005	4	1	3	5	1	4							15	6	9

주 : 12월 현재.
출처 : <표 10.11>.

<표 10.27> LGCI, LG, GS홀딩스의 계열회사, 2001~2006년

	LGCI	LG					GS홀딩스	
	2001년 7월	2003년 7월	2004년 5월	2005년 8월	2006년 8월		2005년 8월	2006년 8월
1. 계열회사(개)								
합		37	37	33	28		12	15
자회사	13	17	17	15	14		4	5
손자회사		20	20	18	14		8	10
2. 자산(10억원)								
자회사		33,341	34,193					
손자회사		12,148	14,367					
합		45,489	48,560					
지주회사	2,650	5,758	6,175	4,349	4,796		2,665	2,987
(%)								
지주비율	77	103.7	97	101.6	96		93.8	96
동일인지분율		5	5.5	10.1			5.6	

주 : 1) 지주비율=자회사 주식가액 합계÷지주회사 총액.
　　 2) 2003년7월 평균 자회사지분율 : 상장회사－34.1%, 비상장회사－68%.
출처 : 공정거래위원회 홈페이지 자료.

<표 10.28> 자회사와 손자회사 명단 : LGCI, 2001년7월(A) ; LG, 2003년7월(B), 2004년5월(C),
2005년8월(D), 2006년8월(E)

1. 자회사

	A	B	C	D	E		A	B	C	D	E
합	13	17	17	15	14						
LG씨엔에스		O	O	O	O	LG스포츠		O	O	O	O
LG엔시스		O	O	O	O	LG생명과학			O	O	O
LG전자	O	O	O	O	O	LG생활건강	O	O	O	O	O
LG칼텍스정유	O	O	O			LG유통	O	O	O		
LG텔레콤		O	O	O	O	LG이디에스시스템	O				
LG화학	O	O	O	O	O	LG엠알오		O	O		
데이콤		O	O	O	O	LG엠엠에이	O	O	O		O
LG건설	O					LG전선	O				
LG경영개발원			O	O	O	LG홈쇼핑		O	O		
LG다우폴리						곤지암레저		O	O	O	
카보네이트		O	O			루셈				O	O
LG백화점	O					서브원				O	O
LG산전		O				실트론	O	O	O	O	O
LG상사	O										

2. 손자회사

	B	C	D	E		B	C	D	E
합	20	20	18	14					
(1. LG씨엔에스)			(1)	(1)	(5. LG텔레콤)			(3)	(2)
브이이엔에스			O	O	씨에스리더			O	O
(2. LG엔시스)		(1)			아인텔레서비스				O
브이이엔에스		O			인터네셔널텔레드림			O	
(3. LG전자)	(5)	(6)	(5)	(5)	테카스			O	
LG마이크론	O	O	O	O	(6. LG화학)	(2)	(3)	(4)	(3)
LG이노텍	O	O	O	O	LG다우폴리카보네이트		O	O	O
LG필립스LCD	O	O	O	O	LG대산유화			O	
LG-IBM PC	O	O			LG석유화학	O	O	O	O
하이비지니스로지스틱스		O	O	O	씨텍			O	O
하이프라자	O	O	O	O	현대석유화학	O	O		
(4. LG칼텍스정유)	(7)	(5)			(7. 데이콤)	(6)	(5)	(5)	(3)
LG칼텍스가스	O				LG파워콤				O
LG파워	O	O	*		데이콤멀티미디어인터넷	O	O		O
극동도시가스	O				데이콤아이엔	O			
서라벌도시가스	O	O	*		데이콤크로싱	O	O	O	O
세티	O	O	*		멀티미디어인터넷			O	
오일체인	O	O	*		씨아이씨코리아	O	O	O	
해양도시가스	O	O	*		파워콤	O	O	O	
					한국인터넷데이터센터	O	O	O	

주 : 1) 2003년7월 손자회사 : 자회사별 명단 없음, 2004~2005년의 경우를 기준으로 함.
  2) LG칼텍스정유, 2005년8월(*) : (주)GS홀딩스의 자회사로서 GS칼텍스(주)로 바뀜 ; LG파워는 GS파워로 바뀜.
출처 : 공정거래위원회 홈페이지 자료.

<표 10.29> LG그룹, LS그룹, GS그룹, 1987~2007년 : 순위(A, 위), 계열회사 수(B, 개),

자산총액(C, 10억원), 1개 계열회사 평균자산(D, 10억원)

년도	A	B	C	D	년도	A	B	C	D
(1. LG그룹)									
1987	4	57	5,508	97	1997	3	49	38,376	783
1988	3	62	6,997	113	1998	4	52	52,773	1,015
1989	3	59	8,645	147	1999	4	48	49,524	1,032
1990	3	58	11,186	193	2000	3	43	47,612	1,107
1991	2	63	14,889	236	2001	3	43	51,965	1,208
1992	4	58	17,152	296	2002	2	51	54,484	1,068
1993	4	54	19,105	354	2003	2	50	58,571	1,171
1994	4	53	20,388	385	2004	2	46	61,648	1,340
1995	4	50	24,351	487	2005	3	38	50,880	1,339
1996	3	48	31,395	654	2006	4	30	54,432	1,814
					2007	4	31	52,371	1,689
(2. LS그룹)					(3. GS그룹)				
2004	17	12	5,056	421					
2005	19	17	5,877	346	2005	9	50	18,719	374
2006	19	19	6,591	347	2006	8	50	21,827	437
2007	16	20	9,852	493	2007	8	48	25,136	524

주 : 4월 현재 ; 2002~2007년 순위 – 공기업집단 제외 ; LS그룹(2004년)=LG전선그룹.
출처 : <표 10.1>, 공정거래위원회 홈페이지 자료.

(3) 경영지배구조의 변화

소유지분이 구본무일가에게로 집중되어가면서 경영권도 자연스럽게 동일인인 구본무에게
로 집중되었다. 그 결과, 이전에는 그룹총수라는 임의직책을 가지고 비공식적, 비합법적으로
계열회사를 관리해 온 반면, 이제는 지주회사의 대표이사회장으로서 공식적, 합법적으로 계
열회사들을 지배할 수 있게 되었다.

따라서, '단순하고 투명한 소유지분구조'와 함께 지주회사체제의 또 다른 특징으로 내세워
지는 '자회사의 독립경영체제'는 아직은 시기상조인 것으로 보인다. 표면상으로는 상당 정도
달성된 것으로 보이기도 하지만, 현실적으로는 지주회사 대표이사회장(구본무)의 영향력이
구석구석 미치고 있는 것이 사실이다(<표 10.30, 10.31, 10.32>).

1) LG화학, LG전자, 1998~2000년 : 지주회사가 생기기 전에는 두 주력회사 모두에서 구본
무가 대표이사회장으로서 경영을 직접 챙겼다. 3명의 가족구성원이 더 경영진에 속해 있었
다. LG화학에서는 사돈인 허씨 집안의 허창수(LG전선 회장)와 허동수(LG칼텍스정유 부회장)
가 비상근이사로서 의결과정에 참여하였다. LG전자에서는 구자홍(구본무의 셋째 숙조부 구
태회의 장남)이 대표이사부회장으로서 의결 및 집행기구 모두에 직접 관여하였고 허창수는
비상근이사였다. 경영에 참여한 가족구성원들은 모두 약간의 지분(0.07~1.38%)도 가지고 있
었다. 한편, 1998년에는 그룹회장(구본무) 보좌기구인 구조조정본부의 강유식 사장이 두 회

사의 비상근이사였으며, 손기락 부회장은 LG전자의 비상근이사였다.

이사회 구성을 보면 1998년에는 두 회사가 같았다. 등기임원은 8명이고 사내이사(6명)가 사외이사(2명)의 3배였다. 사내이사 중에서는 비상근(3명)이 절반이었고 상근이사(3명)는 모두 대표이사(회장, 부회장, 사장)였다. 감사업무는 사내감사 2명(상근 1명, 비상근 1명)이 담당하였다.

2000년까지 이사회에 두 가지 중요한 변화가 있었다. 먼저 사외이사가 1~2명 늘어났다. 그 결과 LG화학에서는 사내이사(6명 → 6명)가 사외이사(2명 → 3명)의 2배로 줄었고, 비상근 사내이사가 2명 줄어든 LG전자(6명 → 4명, 2명 → 4명)에서는 양쪽의 수가 같아졌다.

한편, 이사회 산하에 2개의 위원회가 생겼다. 감사위원회는 3명의 사외이사로만 구성된 반면, 사외이사후보추천위원회는 강유식(구조조정본부 사장)과 사외이사 1명 등 2명으로 구성되었다. LG화학에서는 강유식이 비상근이사 겸 위원이었던 데 반해, LG전자에서는 비상근이사에서 물러나 사내이사가 아님에도 불구하고 위원직을 가지고 있었다. 강유식이 사외이사후보추천위원이 됨으로써 사외이사의 선출 및 임무수행 과정에 구본무(두 회사 대표이사회장 겸 그룹회장)의 의중이 보다 확실하게 반영될 수 있게 되었다.

2) LGCI, 2001년 : 신설된 지주회사 LGCI에서는 이전의 LG화학 경영에 참여했던 가족구성원 3명 중 구본무 대표이사회장과 허창수 비상근이사가 옮겨와 계속 경영에 관여하였으며, 허동수 비상근이사는 물러났다. 친족 지분(32%)이 대폭 늘어난 가운데 구본무가 LG연암학원 대신 새로 최대주주(4.62%)가 되었으므로 동일인이 경영 및 소유 모두를 장악한 셈이다. 허창수의 지분(2000년 0.87% → 2001년 3.92%)도 대폭 늘어났다. 사외이사후추천위원회에는 대표이사부회장(성재갑)이 참여함으로써 회장의 입김이 직접적으로 반영될 수 있게 되었다.

한편, 이사회 구성에 큰 변화가 생겨, 이전의 LG화학 사내이사 6명 중 3명이 줄어들어 사외이사(3명)와 수가 같아졌다. 사내이사 중에서는 비상근이사 2명이 줄어 1명(허창수)만 남았고 상근대표이사도 1명 줄어 2명(회장, 부회장)이 되었다.

신설법인으로서 LGCI의 자회사로 변한 LG화학은 전문경영인체제(노기호 대표이사사장, 상근이사 2명)로 바뀌었다. 사내이사(6명 → 5명)는 1명 줄어 사외이사(3명 → 3명) 수와의 차이가 더욱 좁혀졌다. 하지만, 이전처럼 구조조정본부의 강유식 사장이 비상근이사 겸 사외이사후보추천위원으로 관여함으로써 주력 자회사에 대한 구본무(LGCI회장 겸 그룹회장)의 영향력은 계속되었다.

3) LGEI, 2002년 : LGEI에서는 2000~2001년의 LG전자 경영에 참여했던 가족구성원 3명 중 구본무 대표이사회장과 허창수 비상근이사가 옮겨와 경영에 계속 관여하였으며, 구자홍은 대표이사부회장으로서 자회사로 변한 LG전자에 남았다. 구본준(구본무의 둘째 남동생)은 새로 LGEI의 대표이사사장이 되었고 사외이사후보추천위원도 겸하였다.

등기임원은 6명으로 2001년의 LG전자에 비해 2명(상근대표이사 1명, 사외이사 1명)이 줄어 사내이사와 사외이사가 각각 3명이 되었다. 사내이사 중 비상근은 이전처럼 허창수 1명이었고 상근대표이사는 2명(회장, 사장)으로 줄었다. 한편, LGEI의 최대주주인 LGCI(2002년)에서도 이사회 구성이 같았으며(등기임원 6명, 사내/사외이사 각 3명, 비상근사내이사 1명), 구본무는 대표이사회장, 허창수는 비상근이사였다.

신설 자회사 LG전자는 구자홍체제로 운영되었다. 그는 2001년부터 사외이사후보추천위원직도 겸하였다. 신설 LG화학(2001년)에서처럼, 강유식(구조조정본부 사장)이 비상근이사로서 구본무의 의중을 전달하였다. 그는 2000년까지 사외이사후보추천위원이었으며 LGEI로 옮겨간 허창수 대신 비상근이사직을 물려받았다.

4) LG, 2003~2005년 : 통합지주회사 LG에서는 구본무가 최대주주 겸 대표이사회장으로서 소유 및 경영 모두를 장악하였다. 대표이사부회장에는 강유식이 취임하여 구본무의 공식적인 제2인자로 자리매김하였다. 그는 사외이사후보추천위원이기도 하였다. 허창수(LG건설 회장)와 성재갑(LG석유화학 회장)은 비상근이사였다. 이 4명의 사내이사 그리고 4명의 사외이사가 이사회를 구성하였다. 2005년에는 비상근이사가 없어졌고 그 결과 사내이사(3명)가 사외이사(4명)보다 적어졌다. 모든 계열회사의 이사회는 지주회사의 의견이 공식적으로 전달될 수 있게끔 지주회사와 해당 계열회사에서 각각 등기임원을 추천하기로 하였는데, 원칙은 사내이사 4명(2명씩 추천), 사외이사 4명이었다.

주력 자회사 LG화학은 전문경영인인 노기호가 계속 대표이사를 맡았다. 하지만 실권은 비상근이사인 강유식에게 있었다. 지주회사의 대표이사부회장이 된 그는 사외이사후보추천위원을 계속하는 한편으로 이사회의장까지 맡아 강도 높은 영향력을 행사하였다. 2003년에는 사내이사(3명)와 사외이사(3명) 수가 같다가 2005년에는 사외이사가 1명 많아졌다.

또 다른 주력 자회사인 LG전자에서는 구자홍이 2003년 초 대표이사회장으로 승진하여 계속 업무를 총괄하다가 2003년9월30일 사임하였다. 구자홍의 사임은 지주회사 LG에 편입되지 않은 그룹의 4개 계열회사(LG전선, LG니꼬동제련, LG칼텍스가스, 극동도시가스)의 계열 분리를 위한 수순이었다. 이 4개 회사는 구인회(구본무 조부)를 제외한 나머지 3명의 창업고문(구태회, 구평회, 구두회 ; 구인회의 동생들) 일가의 몫이었으며 구자홍(구태회 장남)이 소그룹회장을 맡도록 되어 있었다.

대신 전문경영인 김쌍수가 대표이사부회장으로서 최고경영자가 되었다. 강유식은 비상근이사직을 유지하였으며, 구자홍 대신 사외이사후보추천위원까지 맡아 LG화학에서처럼 더욱 강하게 영향력을 행사하게 되었다. 등기임원 중에서는 사외이사(4명)가 사내이사보다 1명 더 많아졌으며 2005년까지 그 상태가 계속되었다.

<표 10.30> 구본무 가족의 소유 및 경영 참여 : 지분(%), 임원 직책

이름	년도	LG화학	LG전자	LGCI	LGEI	LG
구본무	1998	0.58 대표이사회장	0.31 대표이사회장			
	2000	0.69 대표이사회장 의장	1.38 대표이사회장			
	2001		1.25 대표이사회장	*4.62 대표이사회장 의장		
	2002			*4.62 대표이사회장	5.52 대표이사회장	
	2003					*5.46 대표이사회장 의장
	2005					*10.33 대표이사회장 의장
구본준	2002				대표이사사장 추천위원	
구자홍	1998		0.13 대표이사부회장			
	2000		0.27 대표이사부회장			
	2001		0.34 대표이사부회장			
	2002		대표이사부회장 추천위원			
허창수	1998	0.14 비상근이사	0.41 비상근이사			
	2000	0.86 비상근이사	0.87 비상근이사			
	2001		0.78 비상근이사	3.92 비상근이사		
	2002			4.27 비상근이사	비상근이사	
	2003					3.47 비상근이사
허동수	1998	0.07 비상근이사				
	2000	비상근이사				

주 : 12월 현재 ; *-최대주주 ; 의장=의사회의장, 비상근이사=비상근등기이사, 추천위원=사외이사
후보추천위원회 위원.

출처 : <표 10.3>.

<표 10.31> 이사회 구성(명) : 총 이사(A+B ; 상근, 비상근), 사내이사(A ; 상근, 비상근), 사외이사(B ; 비상근)

	LG화학	LG전자	LGCI	LGEI	LG
(1. A+B)					
1998	8(3,5)	8(3,5)			
2000	9(3,6)	8(3,5)			
2001	8(3,5)	8(3,5)	6(2,4)		
2002		6(2,4)	6(2,4)	6(2,4)	
2003	6(2,4)	7(2,5)			8(2,6)
2005	7(2,5)	7(2,5)			7(3,4)
(2. A)					
1998	6(3,3)	6(3,3)			
2000	6(3,3)	4(3,1)			
2001	5(3,2)	4(3,1)	3(2,1)		
2002		3(2,1)	3(2,1)	3(2,1)	
2003	3(2,1)	3(2,1)			4(2,2)
2005	3(2,1)	3(2,1)			3(3,0)
(3. B)					
1998	2	2			
2000	3	4			
2001	3	4	3		
2002		3	3	3	
2003	3	4			4
2005	4	4			4

주 : 12월 현재.
출처 : <표 10.12>.

<표 10.32> 사외이사후보추천위원회 : 총 위원(명) - 사내이사(A), 사외이사(B) ; 사내이사 직책

1. 합(A,B)

	LG화학	LG전자	LGCI	LGEI	LG
1998	-	-			
2000	2(1,1)	2(0,1)			
2001	2(1,1)	2(1,1)	2(1,1)		
2002		2(1,1)	2(1,1)	2(1,1)	
2003	2(1,1)	1(0,1)			2(1,1)
2005	2(1,1)	2(1,1)			2(1,1)

2. 사내이사 직책

	LG화학	LG전자	LGCI	LGEI	LG
2000	비상근이사	계열회사임원			
2001	비상근이사	대표이사부회장 (구자홍)	대표이사부회장		
2002		대표이사부회장 (구자홍)	대표이사	대표이사사장 (구본준)	
2003	비상근이사				대표이사부회장
2005	비상근이사	비상근이사			대표이사부회장

주 : 1) 12월 현재 ; 밑줄 친 사람은 구본무가족구성원 ; 별도의 표시가 없으면 상근등기이사.
　　 2) LG전자 : 2000년-위원인 강유식(LG그룹 구조조정본부장)은 LG전자 임원이 아님 ; 2003년-
　　　　 사내이사 1명(대표부회장 구자홍) 2003년9월 사임, 2004년2월 사내이사 1명(비상근이사), 사외이사 1명 새로 선임 ; 2005년 – 비상근이사는 강유식((주)LG 대표이사부회장).
   3) LG화학 : 비상근이사는 강유식(2000~2001년 LG그룹 구조조정본부장, 2003~2005년 (주)LG
       대표이사부회장).
출처 : <표 10.14>.

(4) 업무조직의 변화

LG화학과 LG전자는 각각 지주회사(LGCI, LGEI)를 탄생시키는 한편으로 화학과 전자라는
주된 사업을 지속적으로 수행해 갔다. LGCI는 처음에는 사업지주회사였다가 순수지주회사
로 바뀌었고, LGEI는 순수지주회사였다. 두 지주회사 모두 1~2년 잠깐 존재하다가 LG로 통
합, 확대되었다. LG는 순수지주회사였으며, 업무조직은 이전의 구조조정본부의 것을 거의
그대로 이어받았다. '그룹회장(구본무) – 구조조정본부'라는 비공식적인 실세지배기구가 '지주
회사대표이사회장(구본무) – 지주회사'라는 공식적인 지배기구로 탈바꿈한 것이다(<표 10.33,
10.34, 10.35>).

1) LG화학, LG전자, 1998~2005년 : LG화학은 1998년에는 화학CU와 생활건강CU 등 2개
CU(Culture Unit)체제로 운영되었다. 각각 5개(유화사업, 기능수지사업, 산업재사업, 정밀화학
사업, 건장재사업), 4개(생활용품사업, 화장품사업, 신유통사업, 의약품사업)의 본부로 나뉘어
져 있었다. 2000년에는 화학CU 산하의 3개 본부(유화사업, 기능수지사업, 산업재사업)는 그
대로 남고 나머지 6개는 3개의 새 본부(정보전자소재사업, 생명과학사업, 생활건강사업)로
개편되었다.

2001년 LGCI의 신설 자회사가 되면서는 4개 본부(유화사업, 기능수지사업, 산업재사업, 정
보전자소재사업)만 물려받았다. 생명과학사업부는 LGCI 산하로 들어갔고 생활건강사업본부
는 LGCI의 자회사((주)LG생활건강)로 탈바꿈하였다. 2003년에는 4개 본부 외에 공통지원본부
가 새로 생겼으며, 2005년에는 2개 본부(유화사업, 기능수지사업)가 없어지고 1개 본부(화성
사업)가 생겨 사업 관련 본부가 3개로 줄었다.

직원 수는 1998~2000년에는 12,000명 내외였다가 2001년 LGCI가 새로 생기면서 7,866명
으로 줄어들었다. 이후 다시 늘어 2005년 현재 거의 1만 명이 되었다. 2005년 현재 집행임원
은 65명으로, 임원 1인당 직원 수는 155명이었다.

LG전자도 LG화학처럼 주요 사업들을 본부로 나누어 운영하였다. 1998년에는 4개 본부(홈
어플라이언스사업, 디스플레이사업, 멀티미디어사업, LCD사업)였다가 2000년 6개로 확대 개
편되면서 3개씩 전자총괄(디지털어플라이언스사업, 디지털디스플레이사업, 디지털미디어사
업)과 정보통신총괄(디지털시스템사업, 이동단말사업, 디지털네트워크사업)로 묶여졌다.

2002년 LGEI의 자회사가 되면서 다시 3개 본부(디지털어플라이언스사업, 디지털디스플레
이&미디어사업, 정보통신사업)로 바뀌어 2003년까지 유지되었으며, 2005년에는 디지털디스

플레이&미디어사업본부가 2개(디지털디스플레이사업, 디지털미디어사업)로 다시 분리되어 모두 4개 본부가 되었다.

직원 수는 LG화학의 2~3배였다. 1998년 25,000여명이었다가 2000년에는 3만 명을 넘었다. 2002년 LGEI가 생기면서 26,000여명으로 다시 줄었는데 이후 점차 늘어 2005년 현재 31,000명 정도이다. 임원 수는 200명을 넘으며, 2005년 현재 243명으로 임원 1인당 직원 수는 130명이다.

2) LGCI, LGEI, LG, 2001~2005년 : LGCI는 순수지주회사를 표방하였지만 생명과학부문사업은 그대로 가지고 있어 사실상 사업지주회사였다. 업무부서는 1개 부문(공통), 2개 사업부(의약품, 농화학), 1개 연구원(대덕생명과학기술) 등으로 구성되었다. 공통부문은 출자관리 등 지주회사 기능을 하는 것으로 보이며, 2개 사업부는 이전의 LG화학에 속했던 생명과학사업본부가 확대 개편된 것이다.

이후 사업부가 3개(의약품, 동물의약, 농약)로 늘었는데, 2002년8월 3개 사업부, 공통부문, 연구원 등 모두가 신설된 (주)LG생명과학에 속하는 것으로 조직이 개편되었다. 기존 LGCI는 순수지주회사로 바뀌었으며 주식관리, 재경, 지원 등 3개 부문이 새로 생겼다. 2개의 회사로 인적 분할 되기 전 LGCI의 직원은 950명 정도였다.

2002년4월에 생겨 2003년3월 (주)LG에 흡수된 LGEI는 순수지주회사였으며, 주식관리, 자금/회계, 기타 지원(법무, 총무, 인사 등) 등 3개 부문으로 나뉘어져 있었다. 기타 지원 부문은 신설 자회사인 LG전자와의 업무대행 용역계약을 통해 수행하는 것으로 하였다.

통합지주회사 LG는 사업개발, 경영관리, 인사, 재경, 경영지원 등 5개 부문으로 구성된 순수지주회사였다. 앞의 3개 부문은 자회사를 관리하고 지원하는 기능을 수행하고, 뒤의 2개 부문은 지주회사 자체의 운영과 관련되어 있다. 이 조직은 2003년3월 회사가 생긴 이후 2년 이상 유지되었으며 2005년 후반에 5개 팀으로 개편되었다. 이전의 3개 부문(경영관리, 인사, 재경)은 팀으로 바뀐 반면 나머지 2개 부문(사업개발, 경영지원)은 없어지고 2개의 새로운 팀(법무, 브랜드관리)이 생겼다. 특히, 브랜드관리팀은 LG 브랜드의 육성전략을 수립하고 CI를 관리하는 중요한 업무를 담당하기 위해 신설되었다.

3) 구조조정본부와 지주회사 LG : 지주회사 LG의 조직은 이전의 구조조정본부의 것을 거의 그대로 계승하였다. 그룹회장의 보좌기구였던 구조조정본부가 임의조직에서 합법적인 공식조직으로 자리잡은 것이다.

2003년3월1일 LG가 출범할 때는 구조조정본부가 그대로 유지되었는데, 3월 중 LG의 조직이 정비되면서 구조조정본부는 3월 말에 해체하기로 결정되었다. 두 기구 조직의 유사성으로 볼 때 구조조정본부의 해체를 염두에 두고 LG의 조직을 구성한 것으로 보인다. 2003년3월25일의 기자회견에서 강유식 LG 대표이사부회장(전 구조조정본부 사장)은 다음과 같이 경

391 LG그룹과 개인화된 다원적 경영구조

영지배구조의 변화를 요약하였다 : "구조본 기능 중 본연적인 것은 지주회사로 흡수하고 그룹 공동업무는 경영개발원에서 수행하며 나머지는 자회사로 이관하게 된다." 이와는 별도로 계열회사 감시기능을 수행할 정도경영태스크포스팀이 신설되었다.

해체가 결정될 당시의 구조조정본부에는 5개 팀(사업조정, 인사지원, 경영지원, 재무개선, 홍보)에 50여 명의 인원이 있었는데, 지주회사 LG의 조직도 5개 부문으로 구성되었고 인원도 구조조정본부 인력의 대부분을 포함하는 50여 명이었다.

첫째, 구조본의 '사업조정팀'(외자 유치 및 합작 관련 업무 담당)은 지주회사에서는 '사업개발부문'(M&A, 신사업 발굴 담당)과 '경영관리부문'(출자 포트폴리오 관리 담당)으로 확대 개편된 것으로 보인다. 경영관리부문 부사장에는 구조본의 경영지원팀장(김영찬)과 LG경제연구원 부사장(정일재)이 임명되었다. 경영지원팀장이 자리를 옮긴 것을 보면 경영지원팀 기능의 일부가 경영관리부문으로 흡수된 것으로 볼 수 있다.

둘째, 구조본의 '인사지원팀'(이사회 경영 관련 업무 담당)은 지주회사의 '인사부문'(자회사 성과 관리 및 경영자 육성 담당)과 관련이 있는 것으로 보이며, 이전의 인사지원팀장(이병남)이 부사장으로서 계속 업무를 총괄하였다.

지주회사의 이 3개 부문(사업개발, 경영관리, 인사)이 구조조정본부의 관련 2개 팀(사업조정, 인사지원)보다 34개 자회사들을 더욱 강력하게 관리하게 된 것으로 보이며, 이런 의미에서 공식기구인 지주회사가 임의기구였던 구조조정본부보다 더 확실하게 구본무를 보좌할 수 있게 되었다.

셋째, 구조본의 '홍보팀' 업무의 많은 부분은 지주회사 외부(LG경영개발원)에서 담당하기로 되었으며, '재무개선팀'장(조석제)은 '재경부문' 부사장으로 자리를 옮겼다.

그리고 넷째, 지주회사 조직과는 별도로 정도경영태스크포스팀이 신설되었다. 경영진 감시, 이사회 활동 지원, 감사위원회 활동 지원, 불공정행위 조사, 경영진단, 비리와 리스크 관리 등 계열회사에 대한 광범위한 지원, 감독 기능을 부여받았다. 이전 구조본의 '인사지원팀' 업무를 주로 물려받은 것으로 보인다. 공인회계사, 시스템분석가 등 외부 전문가, 계열회사 파견 인력 등 20여 명으로 구성되며, 책임자에는 LG경영개발원 경영지원팀 부사장(김태오)이 임명되었다. 5년 간 한시적으로 운영될 예정인데, 이 기간 동안 각 계열회사가 책임경영체제를 확립할 수 있도록 도와준다는 것이며 5년 뒤에는 계열회사 이사회에 관련 기능을 넘겨줄 계획이다.

<표 10.33> LG화학과 LG전자의 업무부서(개)

1. LG화학

	1998년	2000년	2001년	2003년	2005년
CU 본부	2	6	4	4	3
	화학 생활건강	유화사업 기능수지사업 산업재사업 정보전자소재사업 생명과학사업 생활건강사업	유화사업 기능수지사업 산업재사업 정보전자소재사업	유화사업 기능수지사업 산업재사업 정보전자소재사업	화성사업 산업재사업 정보전자소재사업
본부	9			1	1
부문	1	1	1	1	1

2. LG전자

	1998년	2000년	2002년	2003년	2005년
본부 총괄	4	2	3	3	4
	홈어플라이 언스사업 디스플레이사업 멀티미디어사업 LCD사업	전자 정보통신	디지털어플 라이언스사업 디지털디스플레이 &미디어사업 정보통신사업	디지털어플 라이언스사업 디지털디스플레이 &미디어사업 정보통신사업	디지털어플 라이언스사업 디지털 디스플레이사업 디지털미디어사업 정보통신사업
본부	1	6			
총괄	1	2		2	2
부문	1	2	4	4	4

주 : 12월 현재.

출처 : <표 10.20>.

<표 10.34> LGCI, LGEI, LG의 업무부서(개)

1. 개관

	LGCI		LGEI	LG	
	2001년	2002년	2002년	2003년	2005년
부문 사업부 팀	1 2	3	3	5	5
	공통 / 의약품 농화학	주식관리 재경 지원	주식관리 자금/회계 기타 지원	경영관리 인사 재경 사업개발 경영지원	경영관리 인사 재경 브랜드관리 법무

2. LGCI

	출자관리	생명과학사업
2001년	(부문 1) 공통	(사업부 2) 의약품, 농화학 (공장 2) 익산, 온산 물류센터, 지방영업소 8, 지방출장소 3 (연구원 1) 대덕생명과학기술 : 　　　　　　　기획 　　　　　　　(연구소 7) 신약, 농약, 의약개발, 공정, 동물의학, 　　　　　　　　　　　　　　바이오텍, LG Biomedical Institute 　　　　　　　(센터 1) 안정성
2002년	(부문 3) 주식관리 　　　　재경 　　　　지원	* 2002년8월1일 (주)LG생명과학으로 인적 분할됨 : 　1) 확대개편 - (사업부 3) 의약품, 동물의약, 농약 　2) 신설 - (부문 1) 공통 　3) 기타 조직은 위와 같음

3. LG

2003년	2005	주 업무 내용
(부문 5)	(팀 5)	
경영관리	경영관리	출자 포트폴리오 관리
인사	인사	자회사 성과 관리 및 경영자 육성
재경	재경	지주회사의 회계, 세무, 금융
사업개발		M&A, 신사업 발굴
경영지원		지주회사의 인사, 총무, 법무 등
	법무	지주회사 법률 업무
	브랜드관리	LG브랜드 육성전략 수립, CI관리 등 브랜드관리 업무

주 : 12월 현재 ; LGEI '기타 지원'-법무, 총무, 인사 등(LG전자와 업무대행용역계약을 통하여 수행).
출처 : <표 10.20>.

<표 10.35> LG그룹 구조조정본부 vs. 지주회사 LG, 2003년3월

LG그룹 구조조정본부(50여 명)	(주)LG(50여 명)
1. 사업조정팀 : 외자 유치 및 합작 관련 업무	1. 사업개발부문 : M&A, 신사업 발굴
	2. 경영관리부문 : 출자 포트폴리오 관리
2. 인사지원팀 : 이사회운영, 사외이사 등 　　　　　　　이사회경영 관련 업무	3. 인사부문 : 자회사 성과 관리 및 경영자 육성
3. 경영지원팀 : LG 구조조정의 전반적 방향 입안	
4. 재무개선팀 : 부채비용 축소 등 재무구조 개선 업무	
5. 홍보팀 : 현안 대외창구 및 브랜드가치 향상 업무	
	4. 재경부문 : 지주회사의 회계, 세무, 금융
	5. 경영지원부문 : 지주회사의 인사, 총무, 법무 등
	6. 정도경영TF팀(20여 명) : 　　　　　　자회사 경영진 감시, 　　　　　　이사회활동 지원, 　　　　　　감사위원회활동 지원, 　　　　　　불공정행위 조사, 　　　　　　경영진단, 　　　　　　비리와 리스크 관리
	7. LG경영개발원 : 홍보, 교육 등 그룹 차원의 공동업무

주 : 1) 구조조정본부 인원 : 62명(1998년4월), 51명(1999년), 42명(2000년).

2) 2002년3월 현재의 구조조정본부 조직 :
　　a. 사업조정팀－외자 유치 및 사업구조조정.
　　b. 재무개선팀－부채비율 축소 및 출자구조 개편.
　　c. 경영지원팀－구조조정 전략과 방향 설정.
3) 주요 그룹의 구조조정본부 인원 :
　　a. 삼성－80여 명(1998년~2000년8월), 100여 명(7개 팀, 2003년3월).
　　b. SK－90여 명(1998년), 30여 명(2000년8월), 40여 명(2개 팀, 2003년3월),
　　　　2003년6월 구조조정본부 폐지됨.
　　c. 현대－90여 명(1998년), 42명(1999년말), 25명(2000년9월), 13명(2003년10월).
　　d. 한진－17명(2개 팀, 2003년3월).
출처 :『동아일보』 2003.3.26 ;『매일경제』 2003.3.26 ;『세계일보』 2003.3.25 ;『조선일보』 2000.8.31,
2002.3.4, 2003.11.25 ;『파이낸셜 뉴스』2003.3.26 ;『한국일보』2003.3.26.

(5) 요약

LG그룹은 2001년4월부터 2005년1월까지 4년여에 걸쳐 지주회사체제로 전환하였다. 모두 7단계를 거쳐 순차적으로 진행되었다 : 1) 화학부문 사업지주회사 LGCI 설립(2001.4) → 2) 전자부문 지주회사 LGEI 설립(2002.4) → 3) LGCI의 순수지주회사로의 전환(2002.8) → 4) LGCI의 LGEI 합병 및 LG로의 확대 개편(2003.3) → 5) LG전선 관련 4개 회사의 계열 분리 및 LG전선그룹(=LS그룹) 형성(2003.11) → 6) 지주회사 LG의 2개 지주회사(LG와 GS홀딩스)로의 분할(2004.7) → 7) GS홀딩스 등 14개 회사의 계열 분리 및 GS그룹 형성(2005.1).

지주회사체제로 전환되기 전에는 LG화학과 LG전자가 그룹의 주력회사였으며, LG화학은 실질적인 지주회사의 역할을 담당하였다. 이 두 회사에서 각각 LGCI와 LGEI가 잉태되었으며, 이 두 지주회사가 통합지주회사 LG로 재탄생된 것이다. 따라서, 이 5개 회사(LG화학, LG전자, LGCI, LGEI, LG)가 지주회사체제의 근간을 이루고 있다.

앞에서는 LG그룹 지주회사체제의 성립 과정을 이 5개 회사에서 일어난 4가지 측면에서의 변화를 중심으로 살펴보았다. 즉, 소유지분구조, 계열회사, 경영지배구조 그리고 업무조직에서의 변화를 추적하면서 그 변화의 방향과 성격을 논의하였다. 그 주요 내용은 다음과 같다.

1) 소유지분구조의 변화 : 첫째, 1998~2000년 LG화학의 최대주주는 LG연암학원이고 LG전자의 최대주주는 LG화학이었다. 지분은 각각 2% 미만, 5% 남짓이었다. 특수관계인 100여 명의 지분은, LG화학에서는 16% 정도로 유지된 반면 LG전자에서는 2년 사이에 2.5배(32%)나 증가하였다. 특수관계인의 대부분을 차지하는 친족의 지분은, LG화학에서는 8% 내외로 특수관계인 전체 지분의 절반 정도였고, LG전자에서는 8~10%로 특수관계인 전체 지분에서의 비중이 1998년 60% 이상에서 2000년에는 30% 이하로 줄어들었다. 친족의 한 사람인 구본무의 지분은 1% 내외로 매우 적었다.

둘째, 2001년 LGCI에서는 구본무가 최대주주가 되었다. 그리고, 2002년 LGEI의 최대주주는 LGCI였다. 최대주주 구본무의 지분은 4.62%로 2000년 LG화학에서의 지분(0.69%)보다 6.7
배나 뛰었다. 친족(32%, 3.9배), 특수관계인(41%, 2.5배) 그리고 최대주주 및 특수관계인(46%,
2.6배)의 지분도 모두 큰 폭으로 증가하였다. LGEI에서도 이전 LG전자에 비해 친족 지분이
4배(39%) 늘어났고, 이 중 구본무의 몫도 4배(5.52%) 늘어났다. 한편, LG화학과 LG전자는
LGCI와 LGEI의 자회사가 되었고, 이 두 지주회사의 지분(23%, 31%)은 매우 높다. 반면, 두
자회사에서의 특수관계인과 지분은 거의 정리되었다.

셋째, LGCI가 확대된 LG의 최대주주 자리는 구본무가 자연스럽게 이어 받았다. 지분은
LGCI에서보다 많아졌고(4.62% → 5.46%) 2005년 말까지는 2배(10.33%)로 증가하였다. 친족
지분도 39%까지 높아졌다. 반면, 지분 참여 친족의 수는 대폭 줄어들어 2002년 LGCI에서의
77명 중 2005년에는 44명만 남았다. 최대주주 및 특수관계인 전체의 지분은 50%를 넘어섰
다.

2) 계열회사의 변화 : 첫째, 1998~2000년에는 LG화학이 실질적인 지주회사 역할을 하였
다. 5~12개의 다른 계열회사에 직접 지분을 가지고 있었고, 최대주주로 있는 LG전자, LG건
설, LG상사 등이 따로 6~18개씩의 계열회사에 지분을 보유하였다. 이들 사이에 중층적으로
그리고 순환적으로 출자관계가 얽혀 있었다.

둘째, LGCI, LGEI 그리고 LG는 각각 13~14개, 18개, 15~17개씩의 자회사를 거느리는 것
으로 개편되었다. 이들 자회사 중 일부는 손자회사를 가지고 있었다. LG의 자회사는 2003년
7월 17개에서 2006년5월에는 14개로 줄었는데, 같은 기간 손자회사도 20개에서 14개로 줄었
다. 결국, 전체 계열회사의 수는 37개에서 28개로 1/4이나 감소하였다. 이는 다수의 계열회사
들이 분리되어 독자적인 집단(LS, GS)을 형성했기 때문인데, 이런 과정을 거치면서 LG그룹은
1~2개의 회사를 제외한 모든 회사가 지주회사 LG의 자회사 또는 손자회사로 편입되는 완
벽한 지주회사체제를 갖추게 되었다.

3) 경영지배구조의 변화 : 첫째, 1998~2000년 LG화학과 LG전자에서는 구본무가 대표이사
회장으로서 경영에 직접 관여하였다. LG전자에서는 가족구성원인 구자홍이 대표이사부회장
이었고, 또 다른 가족구성원인 허창수와 구조조정본부 사장인 강유식은 두 회사 모두의 비
상근이사였다. 강유식은 두 회사 모두의 사외이사후보추천위원회(이하 추천위원회) 위원도
겸하였다.

둘째, 2001년 LGCI 그리고 2002년 LGEI에서는 구본무 대표이사회장과 허창수 비상근이사
가 LG화학과 LG전자로부터 옮겨와 계속 경영에 관여하였다. 구본무는 이제 LGCI의 최대주
주이기도 하였다. 구본무의 동생 구본준은 새로 LGEI의 대표이사사장 겸 추천위원회위원이
되었다. LGCI의 추천위원회에는 대표이사부회장이 참여하였다. 자회사로 변한 LG화학과 LG
전자는 각각 전문경영인과 가족구성원인 구자홍이 경영을 책임졌다. 구조조정본부의 강유식

은 두 회사 모두의 비상근이사였으며 LG화학에서는 추천위원회위원도 겸하였다. LG전자의 추천위원회에는 구자홍이 참여하였다.

셋째, 통합지주회사 LG에서는 구본무가 최대주주 겸 대표이사회장이었다. 강유식은 대표이사부회장이 되었고 추천위원회위원도 겸하였다. 허창수는 LGCI에서 가지고 있던 비상근이사직을 계속 유지하였다. LG화학은 전문경영인체제로 계속 운영되었는데, 강유식이 비상근이사 겸 추천위원회위원이었고 이사회의장까지 담당하였다. LG전자는 2003년 후반 구자홍체제에서 전문경영인체제로 바뀌었는데, 여기에서도 강유식은 비상근이사 겸 추천위원회위원이었다.

4) 업무조직의 변화 : 첫째, LG화학과 LG전자는 지주회사체제 이전이나 이후 그룹의 주력사업자회사로서의 위치를 계속 견지하였다. 각각 8,000~12,000명, 25,000~32,000명에 이르는 많은 직원들이 지원, 생산, 영업, 기술 등 4개 분야로 조직화되었다. 생산 분야에서는 주요 사업들이 3~4개의 본부로 나뉘어 운영되었으며, 기술 분야에서는 다양한 종류의 연구소들이 R&D업무를 수행하였다.

둘째, LGCI, LGEI, LG 등 지주회사는 회사의 성격상 조직이 단순하고 인원도 적었다. LGCI는 2001년4월 설립 이후 1년 이상 생명과학사업을 하였으며 2002년8월 독립된 회사로 분리시켰다. 이후에는 소수의 인원이 3개 부문으로 나뉘어 持株업무만 담당하였다. LGEI도 3개 부문으로 조직되었다. LG에서는 70여명의 직원이 5개 부문으로 나뉘어져 있다가 2005년 후반에 5개 팀으로 개편되었다.

셋째, 통합지주회사 LG는 조직과 인원을 이전의 구조조정본부에서 거의 그대로 이어 받았다. 2003년3월 현재 구조조정본부는 '50여 명, 5개 팀'의 조직이었는데, 이것이 같은 달 출범한 LG의 '50여 명, 5개 부문, 1개 팀, 1개 외부조직'으로 확대 개편되었다. 특히, 정도경영태스크포스팀은 계열회사에 대한 광범위한 지원, 감독 기능을 수행하였다.

5) 소유지분구조, 계열회사, 경영지배구조 그리고 업무조직 등 4가지 측면에서의 변화의 방향과 성격을 종합하면, 지주회사체제의 성립 결과 나타난 가장 두드러진 특징은 '구본무가족에로의 소유와 경영의 집중'이었다.

이전의 순환적이고 중층적인 소유지분구조는 분명 단순화되었다. '지주회사-자회사-손자회사'의 단선, 하향적인 구조로 정리된 것이다. 하지만, 이 과정에서 지주회사 LG에 대한 지분은 구본무 가족구성원들이 자연스럽게 장악하였고 그 정점에는 최대주주인 동일인 구본무가 있었다.

구본무는 지주회사의 대표이사회장직도 수행하였다. 더구나, 지주회사의 조직과 인원은 그룹의 핵심 기구였던 구조조정본부의 것을 거의 그대로 계승하였고, 본부 사장이었던 강유식은 지주회사의 대표이사부회장이 되었다. 주요 자회사에는 허창수, 강유식 등 구본무의 핵심 인사들이 비상근이사로서 경영에 영향력을 행사하였으며, 더구나 사외이사후보추천위원회에도 참여하여 비중이 커지고 있는 사외이사들의 선출과 임무수행 과정에 구본무의 의중을 직접적으로 반영하였다. LG그룹에서뿐 아니라 다른 그룹들에서도 사외이사제도는 아직 제대로 정착되지 못하고 있는 것이 현실이다.

결국, 지주회사 LG의 출범은 임의조직이었던 실세지배기구가 공식기구로 자리잡은 것을 의미한다. 구본무는 이전의 그룹회장에서 지주회사의 대표이사회장으로 자리매김하여, 대표이사 겸 이사회 의장으로서 의결과정을 장악하고 회장으로서 이전의 구조조정본부 업무를 보다 강력하게 지휘하게 되었다. 최대주주가 되면서 소유권도 장악하였다. 지주회사체제 이전에 비해 지배시스템은 바뀌었지만 실질적인 영향력의 행사 내용은 바뀌지 않고 오히려 강화된 셈이다. 이전의 '오너에 의한 황제경영'의 관행은 여전히 살아 있는 것이다.

<부록표 10.1> LG그룹과 개인화된 다원적 경영구조 : 회사별 주요 내용

	지분(%)			이사회(명)		(위원회, 명)	집행임원(명)	
	최대주주/특수관계인	최대주주	주요 주주	등기이사 사내(상근) 사외	구본무 가족구성원	사외이사추천 감사 (사내-사외이사)	총 인원 등기-미등기 고위-중하위	구본무 가족구성원
1. LG건설								
1998	26.26	LG화학 12.65	구자엽 0.04 LG전자 9.68 (우리사주조합 7.06)	8 7(4) 1	구자엽 (상근)	* 감사 2 (상근사내, 비상근사내)	? 4-? ?	구자엽 (부사장)
2000	31.89	LG화학 10.74	구자엽 0.01 LG전자 8.56 LG전선 4.81 LG산전 4.81 (우리사주조합 6.91)	8 4(4) 4	구자엽 (대표이사)	2(1-1) 3(0-3)	56 4-52 10-46	구자엽 (부사장)
2003	32.47	허창수 12.95	허명수 3.61 허진수 6.37 허정수 5.02	8 4(4) 4	허창수 (대표이사) 허명수 (상근)	2(1-1) 3(0-3)	54 4-50 9-45	허창수 (회장) 허명수 (부사장)
2005 (GS 건설)	30.38	허창수 12.66	허명수 3.62 허진수 5.8 허정수 4.44	9 4(4) 5	허창수 (대표이사) 허명수 (상근)	2(1-1) 3(0-3)	64 4-60 9-55	허창수 (회장) 허명수 (부사장)
2. LG상사								
1998	10.82	구본무 0.1	LG산전 1.75 LG건설 1 자기주식 3.99	8 6(3) 2	구자홍 (비상근)	* 감사 2 (상근사내, 비상근사내)	? 3-? ?	
2000	24.19	LG화학 4.18	LG전자 2.94 LG캐피탈 0.88 LG홈쇼핑 0.88 자기주식 14.86	7 5(2) 2	구자홍 (비상근)	* 감사 2 (상근사내, 비상근사내)	? 2-? ?	
2003	17.29	구본결 7.52	자기주식 2.19	5 3(2) 2		* 감사 1 (상근사내)	? 2-? ?	
2005	32.78	구본결 9	구본무 0.1	7 4(3) 3	구본결 (상근)	- 3(0-3)	34 3-31 ?	구본결 (?)
3. LG전선								
1998	20.59	LG증권 4.03	LG상사 3.21 LG건설 2.84 자기주식 6.67	12 11(8) 1	허창수 (대표이사) 구자홍 (비상근)	* 감사 2 (상근사내, 비상근사내)	? 8-? ?	허창수 (회장)
2000	19.42	LG 투자증권 3.97	LG전자 5.95 LG석유화학 3.08 자기주식 4.13	7 5(2) 2	허창수 (대표이사)	* 감사 2 (상근사내, 비상근사내)	25 2-23 ?	허창수 (회장)

	지분(%)			이사회(명)		(위원회, 명)	집행임원(명)	
	최대주주/특수관계인	최대주주	주요 주주	등기이사 사내(상근) 사외	구본무 가족구성원	사외이사추천 감사 (사내-사외이사)	총 인원 등기-미등기 고위-중하위	구본무 가족구성원
2003	42.72	구자열 2.95	구자명 1.87 구자홍 2.82 구자엽 1.83 자사주/펀드 13.98	7 4(3) 3	구자열 (대표이사) 구자명 (비상근)	- 3(0-3)	24 3-21 2-22	구자열 (?)
2005 (LS 전선)	33.42	구자열 3.55	구자홍 3.13 구자은 3.93 구태회 0.46 구평회 0.3 구자명 2.02 구자엽 1.91	7 3(3) 4	구자열 (대표이사) 구자홍 (상근)	2(1-1) 3(0-3)	41 3-38 ?	구자열(?) 구자홍(?) 구자은(?) 구태회 (명예회장) 구평회 (고문)

4. LG전자

1998	18.1	LG화학 5.5	구본무 0.31 구자홍 0.13 허창수 0.41 LG전선 2.5 호유해운 1.2	8 6(3) 2	구본무 (대표이사) 구자홍 (대표이사) 허창수 (비상근)	* 감사 2 (상근사내, 비상근사내)	130 3-127 11-119	구본무 (회장) 구자홍 (부회장)
2000	37.3	LG화학 5.4	구본무 1.38 구자홍 0.27 허창수 0.87 LG연암재단 1 LG전선 1.7 자기주식 19.2	8 4(3) 4	구본무 (대표이사) 구자홍 (대표이사) 허창수 (비상근)	2(0-1) 3(0-3)	208 3-205 30-178	구본무 (회장) 구자홍 (부회장)
2002	36.22	LGEI 30.71	LGCI 5.35	6 3(2) 3	구자홍 (대표이사)	2(1-1) 3(0-3)	230 2-228 30-200	구자홍 (부회장)
2003	36.22	LG 36.06		7 3(2) 4		1(0-1) 3(0-3)	231 2-229 32-199	
2005	35.26	LG 35.24		7 3(2) 4		2(1-1) 3(0-3)	243 2-241 40-202	

5. LG텔레콤

2000	28.7	LG전자 28.14	구자홍 0.05 허창수 0.02 구자엽 0.01	7 5(2) 2		* 감사 2 (상근사내, 비상근사외)	30 2-28 5-25	
2003	37.53	LG 37.37	구자홍 0.03 데이콤 0.09	6 3(1) 3		2(1-1) 3(0-3)	25 1-24 4-21	
2005	37.5	LG 37.37	데이콤 0.09	5 3(1) 2		3(1-2) 2(0-2)	29 1-28 3-26	

	지분(%) 최대주주/특수관계인	최대주주	주요 주주	이사회(명) 등기이사 사내(상근) 사외	구본무 가족구성원	(위원회, 명) 사외이사추천 감사 (사내-사외이사)	집행임원(명) 총 인원 등기-미등기 고위-중하위	구본무 가족구성원
6. LG화학								
1998	17.7	연암학원 1.88	구본무 0.58 허창수 0.14 허동수 0.07 LG화재 2.03 호유해운 1.21 LG산전 1 자기주식 3.3	8 6(3) 2	구본무 (대표이사) 허창수 (비상근) 허동수 (비상근)	* 감사 2 (상근사내, 비상근사내)	? 3-? ?	구본무 (회장)
2000	17.91	LG 연암학원 1.57	구본무 0.69 허창수 0.86 LG캐피탈 1.14 자기주식 6.66	9 6(3) 3	구본무 (대표이사) 허창수 (비상근) 허동수 (비상근)	2(1-1) 3(0-3)	? 3-? ?	구본무 (회장)
2001	23.36	LGCI 23.34		8 5(3) 3		2(1-1) 3(0-3)	? 3-? ?	
2003	34.24	LG 34.03		6 3(2) 3		2(1-1) 3(0-3)	? 2-? ?	
2005	34.03	LG 34.03		7 3(2) 4		2(1-1) 3(0-3)	65 2-63 12-53	
7. LGCI								
2001	45.85	구본무 4.62	허창수 3.92 LG연암학원 4.11 LG카드 3.13 자기주식 1.25	6 3(2) 3	구본무 (대표이사) 허창수 (비상근)	2(1-1) 3(0-3)	? 2-? ?	구본무 (회장)
8. LGEI								
2002	53.8	LGCI 0.9	구본무 5.52 LG연암학원 4.1 LG전선 7.6	6 3(2) 3	구본무 (대표이사) 구본준 (대표이사) 허창수 (비상근)	2(1-1) 3(0-3)	3 2-1 2-1	구본무 (회장) 구본준 (사장)
9. LG								
2003	50.37	구본무 5.46	허창수 3.47 LG연암학원 2.13 LG전선 1.03 자기주식 8.47	8 4(2) 4	구본무 (대표이사) 허창수 (비상근)	2(1-1) 3(0-3)	? 2-? ?	구본무 (회장)
2005	51.31	구본무 10.33	구본준 7.5 LG연암학원 2.13	7 3(3) 4	구본무 (대표이사)	2(1-1) 3(0-3)	13 3-10 ?	구본무 (회장)

지분(%)			이사회(명)		(위원회, 명)	집행임원(명)	
최대주주/ 특수관계인	최대주주	주요 주주	등기이사 사내(상근) 사외	구본무 가족구성원	사외이사추천 감사 (사내-사외이사)	총 인원 등기-미등기 고위-중하위	구본무 가족구성원
10. LG-Caltex정유							
2000 50	CaltexI 40	CaltexII 10 LG화학 30.98 LG유통 15.78	20 20(10) 0	허동수 (대표이사) 허창수 (비상근) 구본무 (비상근)	* 감사 2 (비상근사내)	? 11-? ?	구본무 (회장) 허동수 (부회장)
2003 50	CaltexI 40	Chevron 10 LG 49.83	20 20(10) 0	허동수 (대표이사) 허진수 (상근) 허창수 (비상근) 구본무 (비상근)	* 감사 2 (비상근사내)	50 10-40 11-39	허동수 (회장) 허진수 (부사장)

주 : 12월 현재 ; LG-Caltex정유는 비상장회사 ; CaltexI=Caltex (Overseas) Ltd. ; CaltexII=Caltex Corp. ; Chevron=Chevron Texaco Global Technology.

출처 : 제14장.

제11장 SK그룹과 개인화된 다원적 경영구조

SK그룹의 시작은 1953년의 선경직물이다. 최종건(1926~1973)은 1945년 초부터 이 회사에 다녔으며 27세 때 정부로부터 불하받았다. 올해(2007년)로 그룹 창립 54주년이 된다. 최종건은 해외섬유(1966년), 선경합섬(1969년) 등을 잇달아 설립하였으며, 1973년에는 워커힐을 정부로부터 인수하였다. 그 해 말 최종건은 47세의 젊은 나이에 폐암으로 세상을 떠났다. 사업 시작 20년만이었다.

동생 최종현(1929~1998)이 바로 2대 회장으로 취임하였다. 그는 미국 유학 중 1960년대 초에 급거 귀국해 선경직물 부사장으로 일해 왔다. 최종현은 1973년 이후 25년 동안 그룹을 이끌어왔으며 1998년3월에는 그룹명을 '선경'에서 'SK'로 바꾸고 재도약을 기약하였다. 하지만 그는 그 해 8월 세상을 떠났다. 이때 장남 최태원(1960년생)의 나이는 38세였으며, SK(주) 상무를 거쳐 부사장으로 있었다. 가족들은 그를 후계자로 지목했다. 하지만, 최태원은 전문경영인인 손길승 그룹부회장이 그룹회장직을 맡도록 하였고, 자신은 그룹의 동일인 신분을 가지면서 주력회사인 SK(주)의 대표이사회장에 취임하였다. 손길승은 1965년 입사 후 경영기획실에서 주로 일하다 실장(사장)에 오른 기획통이었다. 최태원이 그룹회장직을 되찾은 것은 아버지가 세상을 떠난 지 6년째가 되던 2004년2월로 그의 나이 44세 때였다.

SK그룹은 1987년 현재 16개 계열회사에 2.4조원의 자산을 가진 7위의 재벌이었다(<표 11.1>). 1991년부터는 5위에 올랐으며 이 순위는 최종현이 사망한 이듬해(1999년)까지 이어졌다. 이후 3~4위를 오르내리다가 2006년부터는 3위를 지키고 있다. 계열회사는 지속적으로 증가하였다. 1987년 16개이던 것이 10년 뒤인 1997년에는 46개로 거의 3배가 되었으며 2002년에는 62개까지 회사 수가 늘어났다. 이후 50~60개 사이를 유지하고 있으며 2007년 현재 57개다. 자산규모는 1987년 2.4조원에서 1997년 22.9조원으로 거의 10배가 증가하였으며, 2007년까지 다시 2.6배 늘어나 60.3조원이 되었다.

<표 11.1> SK그룹, 1987~2007년 : 순위(A, 위), 계열회사 수(B, 개),

자산총액(C, 10억원), 1개 계열회사 평균자산(D, 10억원)

년도	A	B	C	D	년도	A	B	C	D
1987	7	16	2,499	156	1997	5	46	22,927	498
1988	7	18	2,816	156	1998	5	45	29,267	650
1989	7	22	3,442	156	1999	5	41	63,276	799
1990	6	24	4,610	192	2000	4	39	40,147	1,029
1991	5	27	6,504	241	2001	4	54	47,379	877
1992	5	31	8,651	279	2002	3	62	46,754	754
1993	5	32	9,965	311	2003	3	60	47,463	791
1994	5	33	10,690	324	2004	4	59	47,180	800
1995	5	32	12,806	400	2005	4	50	47,961	959
1996	5	32	14,501	453	2006	3	56	54,808	979
					2007	3	57	60,376	1,059

주 : 4월 현재 ; 2002~2007년 순위 – 공기업집단 제외.
출처 : 공정거래위원회 홈페이지 자료.

1. 최태원 가족의 소유 및 경영 참여

최종건과 최종현은 최학배의 4남4녀 중 장남과 차남이었으며, 슬하에 각각 3남4녀, 2남1녀를 두었다. 최태원의 직계 가족은 부인(노소영, 1961년생), 1남(최인근, 1995), 2녀(최윤정(1989), 최민정(1991)) 등 모두 4명이다. 자녀들은 아직 10대다.

분석 대상인 8개의 계열회사에 관한 한 최태원과 부인을 포함하여 모두 17명의 가족구성원들이 소유 또는 경영에 참여하였다. 최종현 일가 3명, 최종건 일가 13명, 기타 1명 등이다. 최종현의 두 아들(최태원, 최재원) 그리고 최종건의 세 아들(최윤원, 최신원, 최창원)과 둘째 사위(박장석) 등 6명은 소유와 경영 모두에, 그리고 최종현의 큰 누나 둘째아들(표문수)은 경영에만 관여하였다. 나머지 10명은 주식만 보유하였다. 한편, 그룹 전체로 보면 가족구성원들의 소유 및 경영에의 참여는 보다 광범위할 것으로 추측된다.

(1) 참여 빈도

1) 사람별 : 가족구성원 17명 중에서는 동일인 및 그룹회장인 최태원의 참여 회사가 6개로 제일 많다(<표 11.2>). 4개 회사(SK, SK네트웍스, SK텔레콤, SK건설)에는 소유와 경영 모두에, 그리고 2개(SK케미칼, SKC)에는 소유에만 관련되어 있다. 경영 참여 회사 수는 1998~2000년에는 3개이다가 2005년까지 1개(SK)로 줄었다. 주력회사인 SK에는 주주와 경영자로서, 그리고 SKC에는 주주로서 계속 관여해 오고 있다.

최신원(5개 회사), 최재원(4개), 최창원(3개) 등 3명이 최태원 다음으로 활동 범위가 넓다.

최재원은 SKC에서 소유 및 경영에 계속 참여하고 있으며 다른 3개 회사에서는 2003년까지 소유(2개) 또는 경영(SK텔레콤)에 관여하였다. 최신원도 SKC의 주주 겸 경영자였으며, 다른 4개 회사에서는 주주로서의 역할만 담당하였다. 최태원이나 최재원과는 달리 그의 활동범위가 점점 늘어나고 있는 점이 주목된다. 1998년에는 2개 회사에만 주주로 참여하다가 2000년에는 SKC의 경영자로도 발을 들여 놓았으며, 2003년부터는 SKC의 주주도 겸하고 있다. 2005년 현재 4개 회사에 관여하고 있다(1개는 소유 및 경영, 3개는 소유). 같은 해 최태원도 참여 회사 수가 4개인데 이전에 비해서는 참여 범위와 내용이 많이 약화되었다. 한편, 최창원은 2개 회사(SK케미칼, SK네트웍스)에서는 소유와 경영 모두에, 그리고 1개(SK건설)에서는 경영에만 관여하였다. SK케미칼에서는 1998년 이후 참여가 계속되고 있다. 1998~2005년 기간중 3개 회사의 경영에 관여한 적이 있는 사람은 최창원과 최태원 2명이며, 2005년 현재 2개 회사의 경영에 관여하고 있는 사람은 최창원 혼자다.

경영진에 합류한 가족구성원은 위 4명 외에 3명이 더 있다. 박장석(최종건 둘째 사위)은 1998년 이후 계속 SKC의 주주 겸 경영자였으며, 표문수(최종현 누나 아들)는 2003년까지 SK텔레콤의 경영자였다. 최윤원은 1998년 SK케미칼의 경영에 관여하였으며 2000년 세상을 떠났다.

주식만 보유한 가족구성원 10명 중 최태원 부인 1명만 SK와 관련이 있었고 나머지 9명 최종건 일가 사람들은 SK케미칼 또는 SK네트웍스와 관련이 있었다. 최종건의 딸 4명은 1998년에는 두 회사 모두의 주주였는데 2005년 현재는 3명만 SK케미칼의 주주다. SK케미칼에서는 최종건 부인과 사위 3명도 1998년 또는 2000년까지 주주였고, 최종건의 장손(장남 최윤원 외 아들, 최영근, 1987년생)은 10대 중반인 2003년부터 주주 대열에 올랐다.

2) 회사별 : SK케미칼(13명)과 SK네트웍스(9명)에 가장 많은 가족구성원들이 참여하고 있으며, 이들 대부분은 최종건 쪽 사람들이다. 최창원이 두 회사 모두의 소유 및 경영에 관여하고 있으며, 최윤원과 최태원은 1998년에 각각의 회사에 주주 겸 경영자였던 적이 있었다. 다른 3개 회사에는 각각 4명씩 관련되어 있다. SK에는 최종현 일가가 3명이고, SK텔레콤과 SKC에는 최종현, 최종건 일가 각각 2명씩이다. SK에는 최태원 혼자 경영(및 소유)에 참여하고 있는 반면, SKC(최재원, 최신원, 박장석)와 SK텔레콤(최태원, 최재원, 표문수)에는 각각 3명이 경영(또는 소유도 함께)에 참여하였다. 분석 대상 8개 회사 중 합작회사인 SK엔론과 그 자회사인 SK가스에는 최태원 가족의 참여가 전혀 없다.

<표 11.2> 최태원 가족의 소유(O) 및 경영(M) 참여 : (1) 빈도

관계	이름	년도	SK	SK 가스	SK네트 웍스	SK 케미칼	SK 텔레콤	SKC	SK 건설	SK 엘론
동일인	최태원	1998	O M		O M		M	O		
		2000	O M		O	O	O M	O	M	
		2003	O M			O	O M			
		2005	O M			O	O		O	
동생	최재원	1998	O						O M	
		2000	O					M	O M	
		2003	O			O		M	O M	
		2005							O M	
배우자	노소영	2005	O							
(백부)										
아들1	최윤원	1998			O	O M				
		2000			O	O				
아들2	최신원	1998			O	O M				
		2000			O	O			M	
		2003	O			O			O M	
		2005	O		O			O	O M	
아들3	최창원	1998			O M	O M				
		2000			O M	O M			M	
		2003				O M				
		2005				O M			M	
부인	노순애	1998-00			O					
딸1	최정원	1998			O	O				
		2000-5				O				
딸2	최혜원	1998			O	O				
딸3	최지원	1998			O	O				
		2000-5				O				
딸4	최예정	1998-00			O	O				
		2003-5				O				
손자	최영근	2003-5				O				
사위1	고광천	1998				O				
사위2	박장석	1998-05						O M		
사위3	한상구	1998				O				
사위4	이동욱	1998				O				
인척1	표문수	1998-03					M			

주 : 1) 12월 현재 ; 밑줄 친 회사는 비상장회사.

　　2) SK네트웍스(1998, 2000년)=SK상사, SK글로벌.

　　3) 최태원의 부=최종현 ; 백부(최종현 형)=최종건 ; 최영근=최윤원 아들 ; 표문수=아버지(최종현) 첫째 누나(최양분) 둘째 아들.

출처 : <표 11.3>.

(2) 참여 내용

1) 소유 참여 : 가족구성원 17명 중 최대주주 신분을 가진 사람은 최태원 혼자다. SK케미

칼(7.83~6.84%)에서는 1998년 이후 계속, 그리고 SKC(1998~2000년, 24.81%)와 SK네트웍스(1998년, 2.87%)에서는 초기에만 최대주주였다. SKC에서의 지분은 25% 정도로 매우 컸다(<표 11.3>).

SK케미칼에서는 1998~2000년 최태원 혼자 최종건 일가 10~6명보다 많은 주식을 보유하여 친족 지분(12.31~9.9%) 중 절반 이상을 차지하였다. 하지만, 이후 최종건 일가(6~5명)의 지분이 많이 늘어나 최태원 지분(6.84%)이 친족 지분(19.29~20.69%)에서 차지하는 비중은 1/3 이하로 줄었다. 특히 최창원이 주요 주주로 부상하여 2005년(10.32%)에는 최대주주인 최태원보다 많은 주식을 보유하였다. 전체적으로 SK케미칼에서의 친족 지분은 1998년의 12.31%에서 2005년에는 20.69%로 크게 늘어났다.

반면, SKC에서는 친족 지분이 급감하였다. 1998~2000년에는 최대주주 최태원(24.81%)과 함께 최재원(6.96%)이 주요 주주였는데, 2003~2005년에는 최재원(0.3%)이 조금 그리고 최신원(1.01%)이 조금 더 가지는 상황으로 바뀌었다. 결국 친족 지분은 1998년의 31.77%에서 2005년에는 1.61%로 미미해졌다. 다른 4개 회사(SK엔론, SK가스 제외)에서의 친족 지분은 크지 않았다. SK텔레콤에서는 지분이 거의 없었고, 주력회사인 SK에서도 1% 내외였다. 비상장회사인 SK건설에서는 2005년 최태원 혼자 조금 지분을 가졌고, SK네트웍스에서는 1998년 4.85%이던 것이 이후 거의 없어졌다.

<표 11.3> 최태원 가족의 소유 및 경영 참여 : (2) 회사별 - 지분(%), 임원 직책

	1998	2000	2003	2005
(1. SK)				
최태원	0.13 대표이사회장	0.11 대표이사회장 추천위원	0.6 대표이사회장 추천위원	0.91 대표이사회장 위원3
최재원	0.08	0.07	0.47	
최신원			0.03	0.01
노소영				0.01
친족	0.21	0.18	1.1	0.93
(2. SK네트웍스)				
최태원	2.87 비상근등기이사	3.29		
최윤원	0.77	0.31		
최신원	0.61	0.12		0
최창원	0.2 등기전무	0.1 등기부사장		
최정원	0.1			
최혜원	0.1			
최지원	0.1			
최예정	0.1	0.01		
노순애	0	0		

친족	4.85	3.83	-	0
(3. SK케미칼)				
최태원	<u>7.83</u>	<u>6.84</u>	<u>6.84</u>	<u>6.84</u>
최재원			2.27	
최윤원	2.12	1.85		
	대표이사부회장			
최신원	0.78	0.42	0.72	
최창원	0.77	0.67	5.36	10.32
	등기상무	등기부사장	등기부사장	등기부사장
최영근			1.85	1.75
최정원	0.15	0.04	0.75	0.53
최혜원	0.15			
최지원	0.15	0.04	0.73	0.51
최예정	0.15	0.04	0.77	0.74
고광천	0.07			
한상구	0.07			
이동욱	0.07			
친족	12.31	9.9	19.29	20.69
(4. SK텔레콤)				
최태원		0	0	0
	비상근등기이사	비상근등기이사	비상근등기이사	
최재원		미등기부사장	미등기임원	
최신원				0
표문수	등기전무	대표이사사장	대표이사사장	
		추천위원	추천위원	
친족	-	0	0	0
(5. SKC)				
최태원	<u>24.81</u>	<u>24.81</u>		
최재원	6.96	6.96	0.31	0.3
	등기전무	미등기고문	미등기고문	미등기고문
최신원			0.08	1.01
		대표이사회장	대표이사회장	대표이사회장
박장석	0	0.01	0	0.3
	등기상무	등기전무	등기부사장	대표이사사장
친족	31.77	31.77	0.39	1.61
(6. SK건설)				
최태원		비상근등기회장		1.83
최창원		등기부사장		미등기부사장
친족	-	-	-	1.83

주 : 1) 12월 현재 ; 밑줄 친 회사는 비상장회사.

　　2) SK네트웍스(1998, 2000년)＝SK상사, SK글로벌.

　　3) 밑줄 친 지분－최대주주 지분 ; 친족－최대주주 포함.

　　4) 추천위원＝사외이사후보추천위원회 위원.

　　5) SK(2005년) 최태원 '위원3'－전략, 인사, 제도개선 등 3개 위원회 위원.

출처 : 제15장.

2) 경영 참여 : 경영에는 7명이 상근임원 또는 비상근임원으로 참여하였다(<표 11.3,

11.4>). 최태원은 SK의 대표이사회장 자리를 계속 지키고 있으며, 3개 회사(SK네트웍스, SK텔레콤, SK건설)에서는 비상근이사였다. SK건설에서는 비상근회장이었다.

최태원은 SK케미칼과 SKC의 최대주주이면서도 경영에는 관여하지 않았다. SK케미칼에서는 최윤원(1998년 대표이사부회장)이 사망하면서 2000년부터 최창원이 부사장으로서 경영을 챙겼다. 그는 2005년(10.32%) 최태원(6.84%)보다 지분이 많았다. SKC는 최신원(대표이사회장)과 박장석의 쌍두마차체제로 운영되고 있다. 최종건 일가의 둘째 사위인 박장석은 고속 승진을 계속하여 상무, 전무, 부사장을 거쳐 대표이사사장에 올랐다.

한편, SK텔레콤은 표문수(2003~2005년, 대표이사사장)가 최재원(미등기부사장)의 도움을 받아 이끌어갔는데 2005년까지 두 사람 모두 사퇴하였다. SK네트웍스와 SK건설에서는 가족 구성원의 경영 참여가 약하다. 최창원이 상근임원(전무 또는 부사장)으로, 그리고 최재원이 비상근임원으로 관여하는 정도였다. SK엔론과 SK가스에는 최태원 가족의 소유 참여도 없고 경영 참여도 없다.

경영에 참여하고 있는 7명 중 4명은 2개 이상의 회사에 관여하였다(<표 11.3, 11.5>). 분석대상 8개 회사 중 6개를 비롯하여 다른 8개 회사에도 참여하였다. 앞 회사들 중 5개는 상장회사이고, 뒤 회사 8개는 모두 비상장회사이다.

최태원은 1998~2003년 사이 6~8개씩의 회사에 관여하였다. 위에서 언급한 4개 회사(SK, SK네트웍스, SK텔레콤, SK건설) 외에 1개 상장회사(SKC)와 6개 비상장회사(더컨텐츠컴퍼니, 와이더덴닷컴, 이노에이스, 워커힐, SK임업, SKC&C) 등 모두 11개 회사가 관련되어 있다. 6개 비상장회사 중 앞의 2개에서는 대표이사였고, 나머지 4개에서는 비상근이사였던 것으로 보인다. SKC&C는 최태원의 개인회사나 다름없으며, 2000년 이후 SK의 최대주주로 부상하게 된다. SKC와 관련해서는, SKC의 『사업보고서』에는 경영진에 최태원의 이름이 없는 반면, 다른 회사의 『사업보고서』에는 SKC의 이사인 것으로 나와 있다. 시기의 차이에서 오는 정보의 불일치인 것으로 보인다. 최태원은 2005년까지 SK를 제외한 모든 회사의 경영에서 손을 뗐다.

다른 3명(최재원, 최창원, 표문수)은 각각 2~4개의 회사에 겸직을 가졌다. 최창원은 3개년도(1998~2000, 2005년)에 걸쳐 2개 상장회사(SK네트웍스, SK케미칼)와 2개 비상장회사(SK건설, 워커힐)에 관여하였으며, 모두 상근직이었다. 최재원은 2000~2003년 2개 회사(SK텔레콤, SKC)에, 그리고 표문수는 2000년 3개 회사(SK텔레콤, 이리듐코리아, SK텔레텍)에 겸직을 가졌다.

<표 11.4> 최태원 가족의 소유 및 경영 참여 : (3) 경영 참여 빈도와 유형

－ 총 회사(T), 상장회사(A), 상근임원(a)

	1998년			2000년			2003년			2005년		
	T	A	a	T	A	a	T	A	a	T	A	a
분석된 회사	6	6		7	6		8	6		7	6	
경영 참여 회사	5	5		6	5		4	4		4	3	
최태원	3	3	1	3	2	1	2	2	1	1	1	1
최재원	1	1	1	2	2	2	2	2	2	1	1	1
최윤원	1	1	1									
최신원				1	1	1	1	1	1	1	1	1
최창원	2	2	2	3	2	3	1	1	1	2	1	2
박장석	1	1	1	1	1	1	1	1	1	1	1	1
표문수	1	1	1	1	1	1	1	1	1			

주 : 1) 최태원(2000년) SK건설 비상근등기이사/회장－비상근으로 간주.
　　2) 최재원(2000~2005년) SKC 고문－상근으로 간주.
출처 : <표 11.2, 11.3>.

<표 11.5> 최태원 가족의 소유 및 경영 참여 : (4) 겸직(개) － 계열회사(T), 상장회사(A), 비상장회사(B)

1. 합

	1998년			2000년			2003년			2005년		
	T	A	B	T	A	B	T	A	B	T	A	B
총 계열회사	40	9	31	53	9	44	59	11	48	56	11	45
최태원	6	3	3	8	3	5	7	2	5	1	1	0
상근이사		1						1			1	
비상근이사		2						1				
최재원				2	2	0	2	2	0	1	1	0
상근												
비상근												
최창원	2	2	0	4	2	2	1	1	0	2	1	1
상근		2			2	2		1			1	1
비상근												
표문수	1	1	0	3	1	2	1	1	0			
상근		1			1			1				
비상근												

2. 회사/사람별 직책

		1998년	2000년	2003년	2005년
SK*	태원	대표이사회장	대표이사회장	대표이사회장	대표이사회장
SK네트웍스*	태원	비상근이사			
	창원	등기전무	등기부사장		
SK케미칼*	창원	등기상무	등기부사장	등기부사장	등기부사장
SK텔레콤*	태원	비상근이사	비상근이사	비상근이사	
	재원		부사장	임원	
	문수	등기전무	대표이사사장	대표이사사장	
SKC*	태원		이사		
	재원	등기전무	고문	고문	고문

SK건설	태원	이사	*비상근이사회장	
	창원		등기부사장	부사장
더컨텐츠컴퍼니	태원		대표이사	
이노에이스	태원			이사
이리듐코리아	문수		대표이사	
와이더덴닷컴	태원		대표이사	이사
워커힐	태원	이사	이사	이사
	창원		전무	
SK임업	태원	이사		이사
SK텔레텍	문수		이사	
SKC&C	태원	이사		이사

주 : * 분석된 회사 ; 밑줄 친 회사는 비상근회사 ; 계열회사 수—이듬해 3월 현재 ; 이사—상근/비상근 구분 없음.

출처 : 제15장.

3) 그룹 전체에서의 경영 및 소유 참여 : 그룹 전체로 보면 최태원 가족구성원들의 소유 및 경영에의 참여 정도는 위에서 제시한 것보다는 더 광범위할 것으로 짐작된다. 먼저, 경영과 관련하여 다음의 언론보도를 보자 (『조선일보』 1998.8.27, 2004.7.22).

A) 1998년8월 : 최태원(SK 부사장), 최재원(SKC 상무), 최종관(SKC 부회장), 최윤원(SK케미칼 부회장), 최신원(SK유통 부회장), 최창원(SK상사(이후 SK네트웍스) 상무).

B) 2004년7월 : 최태원(SK 회장), 최재원(SK엔론 부회장), 최신원(SKC 회장), 최창원(SK케미칼 부사장).

6명 사람 중에서는 최종관(최종현 동생)이, 그리고 6개 회사 중에서는 SK유통과 SK엔론이 새롭게 등장하고 있다. 다른 5명 사람과 5개 회사는 위의 분석에서 언급이 되어 있으며, 다만 직책이 일부 다를 뿐이다.

한편, 가족구성원들의 소유 참여는 경영 참여보다는 더 빈번했을 것으로 생각된다. 2004년부터 공정거래위원회는 친족 지분을 4개(배우자/혈족1촌, 혈족2~4촌, 혈족5~8촌, 인척4촌 이내)로 세분화해서 공개하고 있는데 SK그룹의 경우는 다음과 같다. 지분의 크기가 LG그룹(3.62~3.97%)보다는 많이 작고 삼성그룹(0.50~0.90%)보다는 조금 작으며, 2~3개 유형의 친족 사이에 분포되어 있다 (4월1일 현재, 보통주+우선주 기준 ; 공정거래위원회 홈페이지 자료).

A) (2004년) 0.32% = 0 + 0.29 + 0.03 + 0

B) (2005년) 0.48% = 0 + 0.43 + 0.04 + 0

C) (2006년) 0.34% = 0 + 0.30 + 0.03 + 0.01

D) (2007년) 0.68% = 0 + 0.64 + 0.03 + 0.01.

2. 소유구조

분석 대상 회사 8개 중 2개(SK건설, SK엔론)를 제외한 6개는 상장회사다. 이들 회사에서는 주주가 많아 소유 분산이 광범위하게 이루어져 있다. 그럼에도 불구하고, 최태원 가족구성원들은 상당 정도의 주식을 보유하고 있으며, 이들 친족과 다른 특수관계인들(비영리법인, 임원, 계열회사, 자기주식)이 최대주주를 중심으로 은밀한 금전적 협조관계를 형성함으로써 안정적으로 소유권을 확보하고 있다.

(1) 주주 수 및 지분

1) 주주 수 : 6개 상장회사에서의 주주 수는 1만~5만 명 수준에서 큰 차이가 나지 않는다. 3개 회사에서는 감소 추세를 그리고 1개 회사에서는 증가 추세를 보이고 있고, 다른 2개 회사에서는 비슷한 수준이 유지되고 있다(<표 11.6>).

SK, SKC, SK텔레콤 등 3개 회사에 상대적으로 주주가 많다. SK(26,955~37,532명)에는 3만 명 내외의 주주가 꾸준히 참여하였다. SKC에서는 주주 수가 많이 줄었다. 1998년(56,360명) 5만 명을 넘던 것이 2000년(28,587명)에는 절반이나 줄었고 다시 2005년(18,601명)까지 1/3 이상 줄었다. 반면, SK텔레콤에서는 같은 기간 6.5배(4,099~26,589명)나 늘어났다.

나머지 3개 상장회사의 주주 수는 1만 명 내외다. SK가스(29,773~5,605명)와 SK네트웍스(17,362~7,637명)에서는 많이 감소하였고, SK케미칼(7,011~11,787명)에서는 조금 증가하였다. 한편, 비상장회사 2개 중 SK건설의 주주는 70명을 조금 넘는 정도이고, SK엔론은 SK(주)와 미국 측 Enron Korea Ltd.의 50 : 50 합작회사다.

<표 11.6> 주주 수(명) 및 지분(%) : (1) 총 주주(S), 최대주주(S1), 특수관계인(S2)

년도	SK	SK 가스	SK네트 웍스	SK 케미칼	SK 텔레콤	SKC	SK 건설	SK 엔론
1. S (명)								
1998	29,278	29,773	17,362	7,011	4,099	56,360		
2000	37,532	13,212	14,807	19,953	16,902	28,587	76	
2003	26,955	8,325	9,867	14,392	22,532	22,000	76	2
2005	30,586	5,605	7,637	11,787	26,589	18,601	77	

2. S1+S2 (명)

1998	18	5	15	20	12	11		
2000	13	2	16	14	7	7	4	
2003	12	2	3	16	8	6	3	2
2005	10	1	4	9	9	6	9	

(S1)

1998	SK네트웍스	SK	최태원	최태원	SK	최태원		
2000	SKC&C	SK엔론	SK	최태원	SK	최태원	SK케미칼	
2003	SKC&C	SK엔론	SK	최태원	SK	SK	SK케미칼	SK/Enron
2005	SKC&C	SK엔론	SK	최태원	SK	SK	SK케미칼	

(S2)

1998	17	4	14	19	11	10		
2000	12	1	15	13	6	6	3	
2003	11	1	2	15	7	5	2	
2005	9	0	3	8	8	5	8	

3. S1+S2 (%)

1998	20.64	41.6	11.42	22.13	21.05	51.52		
2000	27.21	45.92	53.54	37.92	34.17	59.3	88.19	
2003	18.2	53.64	50.39	28.43	24.6	51.88	74.12	100
2005	13.05	45.53	40.98	28.27	22.79	48.51	75.16	

(S1)

1998	13.78	41.29	2.87	7.83	19.52	24.81		
2000	10.83	45.53	39.16	6.84	26.81	24.81	40.67	
2003	8.63	45.53	50.36	6.84	21.47	47.66	40.67	100
2005	11.16	45.53	40.97	6.84	21.47	46.22	39.4	

(S2)

1998	6.86	0.31	8.55	14.32	1.53	26.71		
2000	16.38	0.35	14.38	31.09	7.36	34.5	47.52	
2003	9.57	8.11	0.03	21.58	3.13	4.21	33.45	
2005	1.88	0	0.02	21.43	1.32	2.29	35.76	

주 : 1) 12월 현재 ; 밑줄 친 회사는 비상장회사.

  2) SK네트웍스(1998, 2000년)=SK상사, SK글로벌 ; SK엔론(2005년)=SK E&S ; Enron=Enron Korea Ltd.

  3) 밑줄 친 지분−S1과 S2 중 큰 지분.

출처 : 제15장.

2) 최대주주 및 특수관계인 수 : 이 주주들 중 최태원 가족의 소유권 장악에 협조하는 주주들 즉 '최대주주 및 특수관계인' 수는 고작 10명 안팎이다. 게다가 점점 적어지는 추세를 보이고 있다. 주주 수가 상대적으로 많은 SK(18~10명), SKC(11~6명), SK텔레콤(12~9명) 뿐 아니라 상대적으로 적은 SK케미칼(20~9명), SK네트웍스(15~4명), SK가스(5~1명) 등에서도 마찬가지였다. SK가스에서의 관련자 수가 유난히 적다. 한편, 주주 수가 적은 SK건설(4~9명)에서는 오히려 증가하였다. 결과적으로, 1998년에는 6개 회사 중 5개에서 최대주주 및 특수관계인 수가 10명 이상이었는데, 2005년에는 7개 중 1개(SK)에서만 10명이고 나머지 6개에서는 그 이하였다.

최대주주의 역할은 최태원과 5개 계열회사(SK, SKC&C, SK네트웍스, SK케미칼, SK엔론)가 담당하고 있다. 최태원을 중심으로 이들 사이에는 밀접한 관계가 맺어져 있다.

A) 1998년에는

  a) 최태원이 SK네트웍스, SK케미칼, SKC를,

  b) SK네트웍스는 SK를,

  c) SK는 SK가스, SK텔레콤을 각각 책임졌다.

B) 그러던 것이 2000년에는 큰 변화가 일어났다. 최태원의 개인회사나 다름없는 SKC&C(분석 대상 8개 중에는 포함되지 않음)가 주력회사 SK의 최대주주가 되면서 최태원체제가 보다 강화된 것이다 :

  a) 최태원은 SKC&C, SK케미칼, SKC를,

  b) SKC&C는 SK를 그리고 SK케미칼은 SK건설을,

  c) SK는 SK네트웍스, SK텔레콤, SK엔론을,

  d) SK엔론은 SK가스를 각각 담당하는 것으로 구조가 크게 바뀌었다.

C) 2003~2005년에는 이 연결고리들 중 SKC의 최대주주가 최태원에서 SK로 변경된 것만 달라졌다.

3) 최대주주 및 특수관계인 지분 : 6개 상장회사에서 지분이 매우 크다. 소유분산이 광범위한 중에서도 최태원 가족의 소유권 장악이 매우 철저했음을 알 수 있다. 2000년까지 늘어났다가 이후 줄어드는 추세를 보이고 있다. SKC(48.51~51.88%), SK가스(41.6~53.64%), SK네트웍스(11.42~53.54%) 등에서는 50% 내외나 된다. 특히, SK네트웍스에서는 최대주주가 최태원에서 SK로 바뀌면서 지분이 급증하였다. SK케미칼(22.13~37.92%)과 SK텔레콤(21.05~34.17%)에서는 30% 내외, 그리고 SK(13.05~27.21%)에서는 20% 내외다. 한편, 비상장회사인 SK건설에서는 지분이 80% 내외로 매우 높다.

총지분 중에서는 대체로 최대주주의 몫이 더 큰 점이 특징이다. SK텔레콤(최대주주 SK)과 SK가스(SK엔론)에서는 최대주주 몫이 특수관계인 몫보다 절대적으로 크다. SKC에서는 1998~2000년 최대주주가 최태원일 때는 특수관계인 몫이 조금 더 큰 정도였는데, 2003~2005년 최대주주가 SK로 바뀐 뒤에는 특수관계인 몫이 확연하게 줄어들었다. SK네트웍스에서도 비슷한 상황이었다. 2000년 최대주주가 최태원에서 SK로 바뀌면서 최대주주 몫이 급상승한 것이다. 주력회사인 SK에서는 2000~2003년 최대주주인 SKC&C의 몫은 10% 내외로 유지된 반면 특수관계인의 몫은 급격히 줄었다. 한편, SK케미칼에서는 특수관계인 지분이 최대주주(최태원) 지분의 2~5배나 되었다.

(2) 특수관계인의 수 및 지분

1) 특수관계인-유형별 특징 : 최대주주와 은밀하게 금전적 협조관계를 맺는 특수관계인에는 모두 6개 유형(친족, 비영리법인, 임원, 계열회사, 자기주식, 자사주펀드)이 있는데, 분석대상 8개 회사에서는 자사주펀드를 제외한 5개 유형이 관련되어 있다(<표 11.7>).

SK케미칼(4~5개 유형), SK(3~5개), SKC(3~5개), SK네트웍스(2~5개) 등에서 상대적으로 많은 유형이 관련되어 있으며 시간이 지남에 따라 조금씩 줄어들고 있다. SK텔레콤에는 2~3개 유형이 그리고 SK가스에는 각 년도에 1개 유형만이 관련되었다. 6개 상장회사들과는 달리 비상장회사인 SK건설에서는 최대주주 및 특수관계인의 수가 많아졌으며, 이에 따라 관련 유형 수도 2개에서 4개로 늘어났다.

분석 대상 7개 회사(SK엔론 제외)에 대한 5개 유형 특수관계인들의 참여 정도는 모두 활발한 편이다. 하지만, 지분에서는 '계열회사'의 몫이 단연 크다. 각 년도 관련 유형들 중 제일 크거나 두 번째로 크다. 1998년에는 6개 회사 중 5개에서, 2000년에는 7개 회사 중 5개에서, 2003년에는 7개 회사 중 4개에서, 그리고 2005년에는 6개 회사 중 3개에서 각각 계열회사의 지분이 가장 컸다. 특히 SK건설의 소유권 장악에서 계열회사의 역할은 절대적이었다.

계열회사 지분의 크기가 두 번째인 경우, 가장 큰 지분은 '자기주식' 또는 '친족'의 몫이었다. 2000년 SK와 SK케미칼에서는 자기주식(10.39%, 19.73%)의 비중이 유난히 컸으며 계열회사 지분(5.12%, 6.2%)의 2~3배였다. 같은 년도의 SKC에서는 자기주식(12.58%)이 계열회사 지분(13.58%) 만큼이나 많았다. 한편, 2003~2005년의 SK케미칼에서는 친족 지분(12.45~13.85%)이 계열회사 지분(6.2%)의 2배를 넘었다.

'비영리법인'과 '임원'의 경우 참여 빈도는 활발하지만 지분은 1~2% 정도로 적다. 예외적으로, 2000년 SK건설에서 비영리법인의 몫(14.07%)이 유난히 큰 적이 있었다.

<표 11.7> 주주 수(명) 및 지분(%) : (2) 특수관계인(S2) - 친족(A), 비영리법인(B), 임원(C), 계열회사(D), 자기주식(E)

년도	SK	SK 가스	SK네트 웍스	SK 케미칼	SK 텔레콤	SKC	SK 건설	SK 엔론
1. 주주 수(명)								
(1998)								
A	2		8	10		2		
B	1		1	1		1		
C	11	4	3	6	8	3		
D	3		1	1	3	3		
E			1	1		1		

(2000)							
A	2		6	6	1	2	
B	1		1	1		1	1
C	5		4	4	1		
D	3	1	3	1	4	2	2
E	1		1	1		1	
(2003)							
A	3			7	1	3	
B			1	1		1	
C	3			5	2		
D	4		1	1	4		2
E	1	1				1	
(2005)							
A	3		1	5	2	3	1
B			1	1		1	1
C	4		1	1	5	1	4
D	2			1	1		3

2. 지분(%)

(1998)							
A	0.21		1.98	4.48		6.96	
B	1.9		0.47	2.26		1.37	
C	0.1	0.31	0.02	0.46	0.01	0.47	
D	4.64		3.74	7.12	1.52	15.85	
E			2.34	0		2.06	
(2000)							
A	0.18		3.83	3.06	0	6.97	
B	0.67		0.18	1.89		1.37	14.07
C	0.02		0.02	0.21	0		
D	5.12	0.35	10.3	6.2	7.36	13.58	33.45
E	10.39		0.05	19.73		12.58	
(2003)							
A	1.1			12.45	0	0.39	
B			0.01	1.89		0.67	
C	0.02			0.19	0		
D	7.71		0.02	6.2	3.13		33.45
E	0.74	8.11		0.85		3.15	
(2005)							
A	0.93		0	13.85	0	1.61	1.83
B			0.01	1.35		0.65	0.36
C	0.02		0.01	0.03	0	0.03	0.23
D	0.93			6.2	1.32		33.34

주 : 1) 12월 현재 ; 밑줄 친 회사는 비상장회사.

2) SK네트웍스(1998, 2000년)=SK상사, SK글로벌.

3) 밑줄 친 지분-A~F 중 가장 큰 지분.

출처 : 제15장.

2) 친족, 비영리법인 및 계열회사 : 특수관계인들 중 친족(최대주주 포함), 비영리법인, 계

열회사(최대주주, 자기주식 포함) 등 3개 유형을 다른 각도에서 좀 더 살펴보자(<표 11.8, 11.9, 11.10>). 이미 설명한 대로, 소유에 참여한 '친족'은 최태원 가족구성원 16명이다. SK가스와 SK엔론을 제외한 6개 회사의 주식을 보유하였다. 최태원은 이 6개 모두의 주주였으며, 그 중 3개(SK케미칼, 1998년 SK네트웍스, 1998~2000년 SKC)에서는 최대주주였다. 그 다음으로 최신원(5개 회사)과 최재원(3개)의 관여가 활발했으며, 다른 13명은 2개(6명) 또는 1개(7명) 회사의 주식만 보유하였다.

SK건설(1명), SK텔레콤(1~2명), SK(2~3명), SKC(3명) 등에서는 최태원(SKC는 1998~2000년)을 포함해 1~3명의 가족구성원만 참여하였다. 반면, SK케미칼에는 6~11명이 참여하였다. 최대주주 최태원을 제외하고는 모두(2003년 최재원 제외) 최종건 일가 사람들이다. 최종건의 아들 최창원과 딸 3명(최정원, 최지원, 최예정) 등 4명은 1998년 이후 계속 주주였다. 최종건의 장손(장남 최윤원 외아들)인 최영근은 16세(1987년생) 때인 2003년 주주가 되었는데 최종건의 딸 3명보다 보유 주식이 많았다. 한편, SK네트웍스에는 1998~2000년 6~9명의 인원이 관여했다가 이후 거의 모두 손을 뗐다.

'비영리법인'은 한국고등교육재단, SK신협, 우리사주조합 등 3개다. 한국고등교육재단이 3개 회사(SK네트웍스, SK케미칼, SKC)의 지분을 계속 보유하고 있고, 1개(SK건설)에는 2005년 관여하였다. SK신협은 1998~2000년 SK에, 그리고 우리사주조합은 2000년 SK건설에 주주로 참여한 적이 있었다.

분석 대상인 6개 상장회사와 2개 비상장회사에 지분을 가진 적이 있는 '계열회사'는 모두 15개였다. 참여 회사 수는 1~6개로 다양하다. SK에는 최대주주인 SK네트웍스(1998년) 또는 SKC&C(2000~2005년)를 포함하여 3~6개 계열회사가 주주였다. 2000~2003년에는 SK가 자신의 주식을 가지기도 하였다. SK텔레콤(2~5개 회사)과 SK건설(3~4개)에서도 최대주주(각각 SK, SK케미칼)를 포함하여 여러 계열회사들이 지분을 가졌다. SK네트웍스(1~5개)와 SKC(1~4개)에서는 참여 회사 수가 줄어 2005년에는 1개(최대주주 SK)뿐이었다. 한편, SK가스(1~2개), SK케미칼(1~2개, 1998~2003년 자기주식), SK엔론(1개)에는 1~2개 회사만 참여하였다.

지분 보유 계열회사 15개 중에는 상장회사(7개)와 비상장회사(8개)의 수가 서로 비슷한데 참여 정도는 전자가 훨씬 빈번하였다. SK(6개 회사, 1~4개년도 씩), SK네트웍스(6개, 1~3개년도), SK케미칼(5개, 1~4개년도), SKC(5개, 1~4개년도) 등 4개 상장회사의 지분 보유가 상대적으로 활발하였다. 이들은 모두 '자기주식'도 가졌다. 비상장회사 중에서는 SK건설(3개 회사, 1~3개년도 씩), SK생명(2개, 1~2개년도), SK투자신탁운용(2개, 1~2개년도), SK해운(2개, 2~3개년도) 등이 2개 이상의 다른 회사에 주주로 참여하였다.

<표 11.8> 특수관계인 : (1) 친족 - 년도별, 사람별

1. 년도별

년도	SK	SK 가스	SK네트 웍스	SK 케미칼	SK 텔레콤	SKC	SK 건설	SK 엔론
1998	최태원 최재원		최태원 최윤원 최신원 최창원 최정원* 최혜원* 최지원* 최예정* 노순애	최태원 최윤원 최신원 최창원 최정원* 최혜원* 최지원* 최예정* 고광천** 한상구** 이동욱**		최태원 최재원 박장석		
2000	최태원 최재원		최태원 최윤원 최신원 최창원 최예정 노순애	최태원 최윤원 최창원 최신원 최정원* 최지원* 최예정*	최태원	최태원 최재원 박장석		
2003	최태원 최재원 최신원			최태원 최창원 최재원 최영근 최예정 최정원 최지원 최신원	최태원	최재원 최신원 박장석		
2005	최태원 최신원* 노소영*		최신원	최창원 최태원 최영근 최예정 최정원 최지원	최태원* 최신원*	최신원 최재원* 박장석*	최태원	

2. 사람별

년도	SK	SK 가스	SK네트 웍스	SK 케미칼	SK 텔레콤	SKC	SK 건설	SK 엔론
최태원	98 00 03 05		98 00	98 00 03 05	00 03 05	98 00	05	
노소영	05							
최재원	98 00 03			03		98 00 03 05		
노순애			98 00					
최윤원			98 00	98 00				

최신원	03 05	98 00 05	98 00 03	05	03 05
최창원		98 00	98 00 03 05		
최정원		98	98 00 03 05		
최혜원		98	98		
최지원		98	98 00 03 05		
최예정		98 00	98 00 03 05		
최영근			03 05		
고광천			98		
박장석					98 00 03 05
한상구			98		
이동욱			98		

주 : 1) 12월 현재 ; 밑줄 친 회사는 비상장회사.

　 2) SK네트웍스(1998, 2000년)=SK상사, SK글로벌.

　 3) 년도별 : 밑줄 친 사람은 최대주주 ; 순서는 지분크기 순서 ; *, ** 해당 년도의 지분이 같음.

　 4) 사람별 : 숫자는 년도 ; 밑줄 친 년도는 그 년도에 해당 사람이 최대주주임을 의미함.

　 출처 : <표 11.3>, 제15장.

　　<표 11.9> 특수관계인 : (2) 비영리법인 - 년도별, 법인별

1. 년도별

년도	SK	SK 가스	SK네트 웍스	SK 케미칼	SK 텔레콤	SKC	SK 건설	SK 엔론
1998	신협		교육	교육		교육		
2000	신협		교육	교육		교육	조합	
2003			교육	교육		교육		
2005			교육	교육		교육	교육	

2. 법인별

	SK	SK 가스	SK네트 웍스	SK 케미칼	SK 텔레콤	SKC	SK 건설	SK 엔론
한국고등교육재단			98 00 03 05	98 00 03 05		98 00 03 05	05	
SK신협	98 00							
우리사주조합							00	

주 : 1) 12월 현재 ; 밑줄 친 회사는 비상장회사.

　 2) SK네트웍스(1998, 2000년)=SK상사, SK글로벌.

　 3) 년도별 : 신협=SK신협 ; 교육=한국고등교육재단 ; 조합=우리사주조합.

　 4) 법인별 : 숫자는 년도.

　 출처 : 제15장.

<표 11.10> 특수관계인 : (3) 계열회사 – 년도별, 회사별

1. 년도별

년도	SK	SK 가스	SK네트 웍스	SK 케미칼	SK 텔레콤	SKC	SK 건설	SK 엔론
1998	네트웍스 케미칼 SKC 건설	SK	텔레콤 (네트웍스)	SKC (케미칼)	SK 케미칼 SKC 옥시	건설 해운 네트웍스 (SKC)		
2000	SKC&C 건설 케미칼 SKC (SK)	엔론 네트웍스	SK 건설* 케미칼* SKC (네트웍스)	SKC (케미칼)	SK 네트웍스 투자 생명 증권	건설 해운 (SKC)	케미칼 해운 워커힐	
2003	SKC&C 건설 케미칼 생명 증권 (SK)	엔론 (가스)	SK 투자	SKC (케미칼)	SK 네트웍스 투자 생명* 증권*	SK (SKC)	케미칼 해운 워커힐	SK
2005	SKC&C 케미칼 증권	엔론	SK	SKC	SK 네트웍스	SK	케미칼 해운 워커힐 네트웍스	

2. 회사별

	SK	SK 가스	SK네트 웍스	SK 케미칼	SK 텔레콤	SKC	SK 건설	SK 엔론
(상장회사 7개)								
SK	(00 03)	98	00 03 05		98 00 03 05	03 05		03
SK가스		(03)						
SK네트웍스	98	00	(98 00)		00 03 05	98	05	
SK케미칼	98 00 03 05		00	(98 00 03)	98		00 03 05	
SK텔레콤			98					
SKC	98 00		00	98 00 03 05	98	(98 00 03)		
SK증권	03 05				00 03			
(비상장회사 8개)								
SK건설	98 00 03		00				98 00	
SK엔론		00 03 05						
SKC&C	00 03 05							
SK생명	03				00 03			
SK옥시케미칼					98			

SK투자신탁신용	03		00 03	
SK해운			98 00	00 03
				05
워커힐				00 03
				05

주 : 1) 12월 현재 ; 분석 대상 회사 중 밑줄 친 회사는 비상장회사.
  2) SK네트웍스(1998, 2000년)=SK상사, SK글로벌 ; SK엔론(2005년)=SK E&S.
  3) 년도별 : 밑줄 친 주주는 최대주주 ; 괄호 안은 자기주식 ; 순서(자기주식 제외)는 지분크기 순서 ; * 해당 년도의 지분크기가 같음.
  4) 년도별 : 가스=SK가스 ; 건설=SK건설 ; 네트웍스=SK네트웍스 ; 생명=SK생명 ; 옥시=SK옥시케미칼 ; 엔론=SK엔론 ; 증권=SK증권 ; 케미칼=SK케미칼 ; 텔레콤=SK텔레콤 ; 투자=SK투자신탁신용 ; 해운=SK해운.
  5) 회사별 : 숫자는 년도 ; 밑줄 친 년도는 그 년도에 해당 회사가 최대주주임을 의미함 ; 괄호 안 년도는 해당 년도의 자기주식.
출처 : 제15장.

(3) 계열회사에 대한 출자

1) 출자 빈도 : 분석 대상 8개 회사의 지분에 참여하는 '계열회사' 15개 중에는 8개 회사 자신들도 포함되어 있다. 지분 참여 대상인 자신들도 서로의 회사에 지분을 갖는다는 말이다. 지분 보유 회사 수는 1~6개로 서로 차이가 있다 : SK텔레콤(1개), SK엔론(1개), SK건설(3개), SK가스(1개), SK케미칼(5개), SKC(5개), SK(6개) 그리고 SK네트웍스(6개). 이 중 뒤의 5개 회사는 각자 자신의 회사에 대한 '자기주식'을 가지고 있었다.

이 8개 회사는 자신들 외에도 그룹 내 다른 많은 계열회사들의 지분을 가지고 있다. 이렇게 하여 계열회사들 사이에 출자관계가 순환적이고 중층적으로 형성되게 된다(<표 11.11>).

주력회사인 SK(7~13개), 그리고 SK가 최대주주로 있는 SK텔레콤(9~14개)과 SK네트웍스(8~14개, 2000~2003년) 등 3개 회사가 각각 10개 내외의 계열회사에 출자하였다. 전체 계열회사(1998년 40개, 2000년 53개, 2003년 59개, 2005년 56개)의 20% 정도에 해당하는 규모다. 전체 계열회사가 늘어나면서 이 3개 회사의 투자 범위도 자연스럽게 확대되었다. SK케미칼(최대주주 최태원)과 SKC(최태원, SK)는 각각 7~9개의 회사에 지분을 가지고 있었으며, 지주회사인 SK엔론은 11개 자회사를 거느렸다.

대부분의 경우 비상장회사에 대해 더 빈번하게 지분을 가졌다. 예외적으로 SKC(1998~2000년, 상장 4개 vs. 비상장 3~4개)와 SK건설(4~2개 vs. 1~2개)은 두 유형의 회사에 비슷한 빈도로 투자하였다. 한편, 참여 대상 상장회사 수는 주로 2~3개이며, 이는 전체(9~11개)의 1/3 내외 수준이다.

2) 출자 지분 : 계열회사들이 보유하는 지분의 크기는 비상장회사에서보다는 주주가 많은 상장회사에서 더 작기 마련이서 10% 미만의 지분이 많지만 그 이상 되는 경우도 적지 않다.

특히, 주력회사인 SK는 상장회사 1~3개 모두에 10% 이상 출자하였다. 2000~2005년에는 25% 이상 지분이 있는 회사도 있었고 2003년에는 드물게 50% 이상 지분을 갖는 회사(SK네트웍스, 50.36%)도 있었다. SK네트웍스는 1개 상장회사에는 10% 미만을, 그리고 다른 1~2개에는 10~24%를 출자하였다.

반면, 비상장회사에 대한 지분은 1~100% 사이에서 다양하면서도, 25% 이상이 대부분이고 그 중에서도 50% 이상이 상당수를 차지하고 있다. SK는 6~10개 비상장회사 모두에 대해, 그리고 SK텔레콤은 7~14개의 대부분에 대해 25% 이상의 지분을 가졌으며, 이 중에서는 50% 이상의 지분이 더 많았다. 100% 자회사도 가졌다. SK엔론은 8개 회사 중 3개에는 50~99% 그리고 그 보다 더 많은 5개에는 100% 지분을 가지고 있었다. 한편, SK케미칼(투자 비상장회사 5~7개)은 50% 미만과 50% 이상을 반반 정도, 그리고 SK네트웍스(6~11개)는 50% 미만을 좀 더 빈번하게 출자하였다.

<표 11.11> 출자 계열회사 수(개) : 총 회사 수 및 지분 크기별 회사 수
- 상장회사(A), 비상장회사(B)

년도	SK	SK 가스	SK네트 웍스	SK 케미칼	SK 텔레콤	SKC	SK 건설	SK 엔론
1. A+B								
1998	7	4	9	8	9	7		
2000	10	3	14	7	13	8	5	
2003	13	-	12	7	14	7	4	11
2005	13	-	8	9	13	8	1	
(A,B)								
1998	1,6	1,3	2,7	2,6	2,7	4,3		
2000	2,8	1,2	3,11	2,5	0,13	4,4	4,1	
2003	3,10	-	2,10	2,5	0,14	2,5	2,2	3,8
2005	3,10	-	2,6	2,7	0,13	2,6	0,1	

2. 해당 지분 보유 회사 수

		a(0-9%) b(10-24) c(25-49) d(50-99) e(100)							
		b c d e	a b e	a b c d	a c d e	a b c d e	a b d e	a b	c d e
1998	A	1	1	1 1	2	2	4		
	B	3 2 1	1 1 1	4 1 1 1	1 3 2	1 2 1 3	2 1		
2000	A	1 1	1	1 2	2		4	3 1	
	B	1 3 3 1	1 1	2 1 5 3	1 1 3	1 3 6 3	2 2	1	
2003	A	1 1 1		1 1	2		1 1	1 1	3
	B	2 7 1		3 2 1 4	1 1 2 1	4 3 6 1	1 3 1	2	3 5
2005	A	1 2		1 1	1 1		1 1		
	B	1 9		3 2 1	1 2 3 1	1 2 3 6 1	1 3 1 1	1	

주: 1) 12월 현재 ; 밑줄 친 회사는 비상장회사.
　　2) SK네트웍스 (1998, 2000년)=SK상사, SK글로벌.
　　출처 : 제15장.

3) 순환출자의 예 : 계열회사들 간의 출자관계는 매우 복잡하고 다양한데, 공정거래위원회가 발표한 2004~2007년의 주요 출자관계는 다음과 같다 (4월1일 현재, 보통주 기준(%) ; 밑줄 친 회사는 비상장회사 ; 2006~2007년의 경우 지분 수치 없음).

A) 2004년 :

    a) SKC&C(8.63%) → SK(21.47) → SK텔레콤(30) → SKC&C

    b) SK(72.13) → SK해운(30.99) → SK건설(3.39) → SK

    c) SK(47.66) → SKC(6.2) → SK케미칼(3.28) → SK

    d) SK(47.66) → SKC(14.62) → SK생명보험(0.48) → SK.

B) 2005년 :

    a) SKC&C(11.21) → SK(21.47) → SK텔레콤(30) → SKC&C

    b) SK(47.27) → SKC(6.2) → SK케미칼(2.39) → SK

    c) SK(47.27) → SKC(14.62) → SK생명보험(0.47) → SK.

C) 2006년 :

    a) SK → SK텔레콤 → SKC&C → SK

    b) SK → SK네트웍스 → SKC&C → SK.

D) 2007년 :

    a) SK → SK텔레콤 → SKC&C → SK

    b) SK → SK네트웍스 → SKC&C → SK.

3. 경영구조 : 의결 및 감독기구

회사의 주요 사항은 이사회에서 결정된다. 이사회의 구성원인 이사는 등기임원이다. 일부는 사내이사이고 일부는 사외이사이다. 사외이사는 1997년 IMF외환위기 이후 도입된 새로운 직책으로서 이사회에서의 역할이 점점 커지고 있다. 사외이사는 모두 비상근이다. 반면, 사내이사는 대부분 상근이며 일부 비상근인 경우도 적지 않다. 비상근사내이사직은 줄어들고 있는 추세이긴 하지만 여러 회사들에서 지속적으로 남아 있다. 이사회 산하에는 다양한 위원회가 설치되어 의결, 집행, 감독 등의 기능을 수행한다. 사외이사후보추천위원회와 감사위원회가 대표적이다. 이전의 감독기구인 감사는 점점 감사위원회로 대체되고 있지만 일부에서는 아직 그대로 남아 있다. 이들 위원회의 구성원 중 사외이사의 비중이 커지고 있다.

(1) 이사회

1) 이사 수 : 이사회를 구성하는 등기이사의 수는 시기에 따라 그리고 회사에 따라 다르며 대개는 10명 안팎이다. 최근으로 올수록 약간 줄어들고는 있지만 비슷한 규모가 유지되고 있다 (<표 11.12>).

SK텔레콤의 이사는 1998년 이후 계속 12명이며, SK의 이사는 9~13명 사이에서 약간의 변화가 있다. SK네트웍스와 SK케미칼에서는 7~10명으로 거의 비슷하다. SKC의 이사는 1998년 10명이던 것이 2000년 5명으로 절반이나 줄었다가 2005년까지 8명으로 다시 늘어났다. 반면 SK건설에서는 5명에서 10명으로 늘었다. SK엔론(6명)과 그 자회사인 SK가스(3~5명)에서는 이사가 상대적으로 적다.

<표 11.12> 이사회 구성(명) : 총 이사(A+B ; 상근, 비상근), 사내이사(A ; 상근, 비상근), 사외이사(B ; 비상근)

년도	SK	SK 가스	SK네트 웍스	SK 케미칼	SK 텔레콤	SKC	SK 건설	SK 엔론
(A+B)								
1998	13(9,4)	5(4,1)	8(4,4)	8(6,2)	12(6,6)	10(7,3)		
2000	10(3,7)	3(1,2)	10(6,4)	7(5,2)	12(5,7)	5(3,2)	5(4,1)	
2003	9(4,5)	4(2,2)	8(4,4)	10(7,3)	12(5,7)	7(5,2)	10(9,1)	6(2,4)
2005	10(3,7)	3(1,2)	7(2,5)	8(4,4)	12(4,8)	8(3,5)	10(8,2)	
(A)								
1998	10(9,1)	4	6(4,2)	6	9(6,3)	7		
2000	5(3,2)	2(1,1)	7(6,1)	5	6(5,1)	3	5(4,1)	
2003	5(4,1)	3(2,1)	4	7	6(5,1)	5	10(9,1)	6(2,4)
2005	3	2(1,1)	3(2,1)	4	4	4(3,1)	9(8,1)	
(B)								
1998	3	1	2	2	3	3		
2000	5	1	3	2	6	2	0	
2003	4	1	4	3	6	2	0	0
2005	7	1	4	4	8	4	1	

주 : 1) 12월 현재 ; 밑줄 친 회사는 비상장회사.
    2) SK네트웍스 (1998, 2000년)=SK상사, SK글로벌.
    3) A-상근/비상근 구분이 없는 경우는 모두 상근임.
출처 : 제15장.

2) 사내이사 vs. 사외이사 : 비상장회사인 SK엔론의 이사 6명은 모두 사내이사의 신분을 가졌다. 또 다른 비상장회사인 SK건설에서도 5~10명이 모두 사내이사였다가 2005년에 10명 중 1명이 사외이사였다. 반면, 다른 6개 상장회사에서는 사내이사와 함께 사외이사도 참여하고 있다. 사외이사는 증가 추세이며, 이에 따라 사내이사 수와 같거나 그 보다 더 많은 경우가 늘어나고 있다.

사외이사가 처음 도입된 1998년에는 전체 이사 중 사외이사의 비율이 25% 내외였다.

SKC(10명 중 3명, 30%)에서 가장 높았고 SK가스(5명 중 1명, 20%)에서 가장 낮았다. 다른 4개 회사에서는 그 중간이었다 : SK(13명 중 3명, 23%), SK네트웍스(8명 중 2명, 25%), SK케미칼(8명 중 2명, 25%) 그리고 SK텔레콤(12명 중 3명, 25%). 그러던 것이 2000년에는 사외이사의 비율이 29~50%로 높아졌다. SK와 SK텔레콤에서는 50%(10명 중 5명, 12명 중 6명), SKC에서는 40%(5명 중 2명), 그리고 SK가스(3명 중 1명, 33%), SK네트웍스(10명 중 3명, 30%), SK케미칼(7명 중 2명, 29%) 등에서는 30% 내외였다.

2003년에는 약간의 변화가 있는 중에서도 비슷한 상황이 계속되었다. SK텔레콤에서는 사외이사의 비율이 계속 50%였고, SK에서는 44%(9명 중 4명)로 조금 떨어졌다. 대신, SK네트웍스에서의 비율이 30%에서 50%(8명 중 4명)로 늘어났다. 하지만, 2005년까지는 6개 회사 중 3개에서 사외이사 수가 사내이사 수보다 많아졌다. SK에서는 10명 중 7명(70%), SK텔레콤에서는 12명 중 8명(67%) 그리고 SK네트웍스에서는 7명 중 4명(57%)이 사외이사였다. SK케미칼과 SKC에서는 8명 중 4명이 사외이사였다. SK가스에서만 3명 중 1명이었다.

3) 상근이사 vs. 비상근이사 : 사외이사는 각자 자신의 직업을 가지고 있는 외부인사들이며 모두 비상근으로 근무한다. 반면, 사내이사는 상근직이 더 많긴 하지만 비상근직도 대부분의 경우에 함께 포함되어 있다. 6개 상장회사만 보면 비상근사내이사직이 계속 절반 정도의 회사에서 유지되었다(1998, 2003~2005년 3개, 2000년 4개). SK케미칼에서는 사내이사 전원이 상근으로 근무하고 있다. SKC에서는 전원 상근이다가 2005년에 3명 중 1명이 비상근으로 바뀌었다. SK가스에서는 2000년부터 1~2명의 상근과 1명의 비상근이 함께 일하였다. 한편, SK(상근 9~3명 vs. 비상근 1~2명)와 SK텔레콤(6~5명 vs. 3~1명)에서는 2003년까지 일부 비상근직이 계속 참여하다가 2005년 사내이사(3명, 4명)보다 비상근인 사외이사(7명, 8명)가 월등히 많아지면서 사내이사는 전원 상근직으로 전환되었다. 2개 비상장회사는 대조적이다. SK건설에서는 상근직(4~9명 vs. 1~2명)이 대부분인 반면 SK엔론(2명 vs. 4명)에서는 비상근직이 더 많다.

(2) 이사회 산하 위원회 : 종류 및 구성

1) 위원회 : 등기이사 모두는 이사회를 구성한다. 그런 한편으로 그들 중 일부는 여러 종류의 위원회에 배치되어 이사회를 보완하거나 이사회와는 또 다른 중요한 기능을 수행한다(<표 11.13>).

1998년에는 이사회 산하에 위원회가 없었다. 2000년 이후 SK엔론과 그 자회사인 SK가스를 제외한 6개 회사에 각종 위원회가 구성되었는데 그 속도는 상당히 더뎠다. SK네트웍스는 사외이사후보추천위원회와 감사위원회 등 주요 2개 위원회 외에 운영위원회도 설치하는 등 앞서 갔다. SK텔레콤과 SK도 2000년 주요 2개 위원회를 두었으며, 각각 2003년(보상심의, 투자심의 ; 2005년 Global 추가)과 2005년(전략, 인사, 제도개선, 투명경영)에 여러 개의 기타 위원회도 구성하였다. SK가 4개를 대거 도입한 것이 이색적이다.

한편, SK케미칼은 2000~2003년에는 감사위원회만 운영하다가 2005년 사외이사후보추천위원회와 경영위원회를 추가하였고, SKC는 2003년 감사위원회만 구성하였다. 비상장회사인 SK건설에는 주요 2개 위원회가 없으며, 매우 드물게 2005년 '이사후보추천위원회'가 설치되었다.

2) 사외이사후보추천위원회 : 4개 회사에 있으며, 위원은 3~6명으로 많은 편이다(<표 11.14>). SK네트웍스에서 6명으로 가장 많았고, SK와 SK텔레콤에서는 6명이다가 각각 3명, 4명으로 줄었다. SK케미칼에서는 4명이다. 대부분 사내이사와 사외이사 동수로 구성되었다. 2005년 SK와 SK케미칼에서는 사외이사가 각각 1명, 2명 더 많았는데, 증권거래법이 규정하는 '사외이사 절반 이상 포함' 규정에 적극 부응한 셈이다.

사내이사의 직책은 많은 경우 사장, 부회장, 회장 등의 고위임원이며, 이들의 대부분은 대표이사이기도 하다. SK에서는 사내이사 1~3명 모두가 그랬으며, 2000~2003년에는 대표이사회장인 최태원도 위원이었다. 같은 기간 SK텔레콤에서는 대표이사사장인 표문수가 위원이었다. 하지만 2005년 두 사람은 모두 추천위원회에서 사퇴하였다. SK네트웍스 추천위원회의 구성은 이색적이다. 대표이사 사장 또는 부회장이 1명 씩 포함된 가운데, 2000년에는 사장과 비상근사장, 2003년에는 상무와 감사위원, 그리고 2005년에는 감사위원과 비상근이사 등이 위원으로 참여하였다.

3) 감사위원회 및 감사 : 사외이사후보추천위원회처럼 감사위원회도 1998년에는 구성되지 않았다(<표 11.15>). 4개 회사(SK, SK네트웍스, SK케미칼, SK텔레콤)는 2000년에, 그리고 1개(SKC)는 2003년까지 설치하였다. SK가스와 2개 비상장회사(SK건설, SK엔론)는 이전의 감사제도를 그대로 유지하였다. 감사위원은 SK텔레콤에서 6~4명으로 상대적으로 많고, 다른 회사들에서는 2~4명이다. 대부분 전원 사외이사로만 구성되었는데, 2003~2005년 SK네트웍스(위원 4명)와 2003년 SK(3명)에서는 사내이사인 상근감사위원이 1명 포함되어 있다.

한편, 감사제도 하의 감사의 수는 대부분 1~2명이었으며, 1998년 SK와 SK텔레콤에서는 3명으로 많았다. SK텔레콤에서는 드물게 1명의 사외감사(비상근)가 있었다. 이 경우를 제외하고는 감사는 모두 사내감사였다. 사내감사가 비상근인 회사(SK건설, SK엔론)도 있고, 상근인 회사(SKC, SK네트웍스, SK케미칼)도 있으며, 상근과 비상근이 같이 있는 회사(SK, SK텔레콤)도 있다. SK가스에서는 1998년 비상근사내감사가 있다가 이후 없어졌다.

4) 기타 위원회 : 5개 회사에서 구성되었다(<표 11.16>). SK네트웍스와 SK케미칼의 운영 또는 경영위원회 멤버는 전원 사내이사다. 사내이사 전부 또는 1명만 제외하고 모두 위원으로 활동하고 있다. SK건설의 이사후보추천위원회에는 9명의 사내이사 중 3명이 참여하였다.

이에 비해, SK와 SK텔레콤에서의 2~4개 위원회들은 대부분 사내이사와 사외이사로 구성되어 있으며, 사외이사 수가 더 많다. SK텔레콤의 보상심의위원회 경우는 위원이 전부 사외이사다. 한편, 2005년 SK의 3개 위원회(전략, 인사, 제도개선)에는 대표이사회장인 최태원이 직접 참여하고 있다. 같은 해 그는 사외이사후보추천위원회에서는 사퇴했었다.

<표 11.13> 이사회 산하 위원회 : 사외이사후보추천위원회(A), 감사위원회(B), 기타 위원회(C)

년도	SK	SK가스	SK네트웍스	SK케미칼	SK텔레콤	SKC	SK건설	SK엔론
1998	–	–	–	–	–	–		
2000	A B	–	A B C	B	A B	–	–	
2003	A B	–	A B C	B	A B C	B	–	–
2005	A B C	–	A B C	A B C	A B C	B	C	

(C)	SK	SK가스	SK네트웍스	SK케미칼	SK텔레콤	SKC	SK건설	SK엔론
2000			운영					
2003			운영		보상심의 투자심의			
2005	전략 인사 제도개선 투명경영		운영	경영	보상심의 투자심의 Global		이사후보추천	

주 : 1) 12월 현재 ; 밑줄 친 회사는 비상장회사.
　　2) SK네트웍스(1998, 2000년)=SK상사, SK글로벌.
출처 : 제15장.

<표 11.14> 사외이사후보추천위원회 : 총 위원(명) – 사내이사(A), 사외이사(B) ; 사내이사 직책

년도	SK	SK가스	SK네트웍스	SK케미칼	SK텔레콤	SKC	SK건설	SK엔론
A+B(A,B)								
1998	–	–	–	–	–	–		
2000	6(3,3)	–	6(3,3)	–	6(3,3)	–	–	
2003	6(3,3)	–	6(3,3)	–	4(2,2)	–	–	–
2005	3(1,2)	–	6(3,3)	4(1,3)	4(2,2)	–		

(A)	SK	SK가스	SK네트웍스	SK케미칼	SK텔레콤	SKC	SK건설	SK엔론
2000	대표회장 최태원 대표부회장 대표사장		대표부회장 사장 비상근등기사장		대표부회장 대표사장 표문수 상무			
2003	대표회장 최태원 대표부회장 대표사장		대표사장 상무 감사위원		대표사장 표문수 상근이사			
2005	대표사장		대표사장 감사위원 비상근이사	대표부회장	대표부회장 상근이사			

주 : 1) 12월 현재 ; 밑줄 친 회사는 비상장회사.

2) SK네트웍스(1998, 2000년)=SK상사, SK글로벌.

3) 밑줄 친 사람은 최태원 가족구성원 ; 별도의 표시가 없으면 상근등기이사 ; 대표=대표이사.

출처 : 제15장.

<표 11.15> 감사(명) : 총 수 - 사내(A1/상근 a), 사외(=비상근, B1)

감사위원회(명) : 총 위원 - 사내이사(=상근감사위원, A2), 사외이사(=비상근, B2)

년도	SK	SK 가스	SK네트 웍스	SK 케미칼	SK 텔레콤	SKC	SK 건설	SK 엔론
1. A1+B1								
(A1/a,B1)								
1998	3(3/2,0)	2(2/1,0)	2(2/2,0)	1(1/1,0)	3(2/1,1)	1(1/1,0)		
2000		2(2/2,0)				2(2/2,0)	1(1/0,0)	
2003		1(1/1,0)					1(1/0,0)	2(2/0,0)
2005		1(1/1,0)					1(1/0,0)	
2. A2+B2								
(A2,B2)								
2000	3(0,3)		3(0,3)	2(0,2)	6(0,6)			
2003	2(0,2)		4(1,3)	3(0,3)	6(0,6)	3(1,2)		
2005	3(0,3)		4(1,3)	3(0,3)	4(0,4)	3(0,3)		

주 : 1) 12월 현재 ; 밑줄 친 회사는 비상장회사.

2) SK네트웍스(1998, 2000년)=SK상사, SK글로벌.

3) SK네트웍스(2003, 2005년)-사내이사는 상근감사위원 ; SKC(2003년)-사내이사는 상근등기상무.

출처 : 제15장.

<표 11.16> 기타 위원회(명) : 총 위원(T=A+B) - 사내이사위원(A)(사내이사 총 수),

사외이사위원(B)(사외이사 총 수)

	2000년			2003년				2005년			
	위원회	T	A	위원회	T	A	B	위원회	T	A	B
SK네트웍스	운영	6	6(7)	운영	3	3(4)		운영	3	3	
SK케미칼								경영	3	3(4)	
SK건설								이사추천	3	3(9)	
SK								전략	3	1(3)*	2(7)
								인사	4	2(3)*	2(7)
								제도개선	3	1(3)*	2(7)
								투명경영	3	1(3)	2(7)
SK텔레콤				보상심의	3	0(6)	3(6)	보상심의	3	0(4)	3(8)
				투자심의	4	1(6)	3(6)	투자심의	5	2(4)	3(8)
								Global	4	1(4)	3(8)

주 : 1) 12월 현재 ; 밑줄 친 회사는 비상장회사.

2) SK네트웍스(1998, 2000년)=SK상사, SK글로벌.

3) 이사추천=이사후보추천 ; 사내이사위원은 모두 상근사내이사 ; '사내이사 총 수' 표시가 없는 경우는 사내이사 모두가 위원회 위원임.

4) SK(*)-최태원(대표이사회장) 포함.

5) 사내이사 중 운영 또는 경영위원회 위원이 아닌 이사 :

　　a. SK네트웍스- (2000년) 상근부사장(최창원) (사내이사 중 1명은 비상근(사장)이며 위원임),

(2003년) 상근상무(사내이사 중 1명은 상근감사위원이며 위원임), (2005년)
사내이사 중 1명은 비상근이며 위원임.
　　b. SK케미칼 – 상근부사장(최창원).
출처 : 제15장.

(3) 이사회 산하 위원회 : 기능 및 역할

이사회 산하 위원회의 기능은 다양하면서도 매우 중요하다. 감사위원회의 역할은 대동소
이하면서도 회사에 따라 다소 차이가 있으며, 경영 또는 운영위원회는 경영전반에 관한 사
항을 결정하는 중요한 기구로 보이는데 자세한 규정이 나와 있지 않다. 위원회가 많은 SK와
SK텔레콤 그리고 SK케미칼의 2005년도 경우를 중심으로 위원회의 목적, 권한 등을 살펴본
다. SK텔레콤의 경우, 감사위원회를 제외하고는 관련 규정이 없으며 대신 '활동내역'을 소개
한다 (SK(주) 『제44기 사업보고서』(2005.1.1~12.21), 89~93면 ; SK텔레콤 『제22기 사업보고
서』(2005.4.1~2006.3.31), 132~135면 ; SK케미칼 『제37기 사업보고서』(2005.1.1~12.21), 149~
154면).

SK(주)

1) 사외이사후보추천위원회 : (목적) 주주총회에서 선임할 사외이사 후보 추천.
　(권한) 사외이사 후보 추천, 이사활동 평가 및 활용방안.
2) 감사위원회 : (목적) 회사의 업무감사 및 회계감사.
　A) (권한) a) 임시주주총회 소집 청구, b) 이사의 위법행위 유지 청구, c) 이사에 대한 영
　　업보고 요구, d) 이사와 회사 간의 소에 관한 대표, e) 회사에 현저하게 손해를 미칠
　　염려가 있는 사실에 관한 이사의 보고 수령, f) 업무/재산상태 조사, g) 자회사에 대한
　　영업보고 요구, h) 외부감사인의 선임/변경/해임 승인, i) 내부회계관리제도 운영실태
　　보고 수령/평가, j) 연간 내부감사계획, 감사결과 검토.
　B) (의무) a) 감사보고서 작성/제출, b) 주주총회 의안 및 서류 조사, c) 감사인의 의견진
　　술 청취, d) 이사의 법령/정관 위반행위 보고, e) 내부회계관리제도 운영실태 평가 보
　　고.
　C) (경영정보 접근을 위한 내부장치 마련) a) 임직원 및 외부감사인에 대한 관련 자료의
　　제출, 의견 진술 요구, b) 전문가 자문.
3) 전략위원회 : (목적) 경영계획 등 검토.
　(검토대상) a) 전사 To-be model(중장기경영계획), b) 단기경영계획, c) 주요투자계획(자본
　　금 5% 이상의 타 법인에 대한 출자/출자지분 처분, 자본금 5% 이상의 주요 자산 담
　　보 제공/처분, 자본금 10% 이상의 자산 취득, 자본금 20% 이상의 신규시설투자/시설

증설/별도공장 신설, 자회사 설립/합병/해산/주권상장/협회등록).

4) 인사위원회 : (목적) 인사관리정책 등 검토.

　(검토대상) a) 대표이사 선임, b) 사내이사후보 추천, c) 주요 업무집행임원 선임, 업무분장(승진 제외), 해임, c) 업무집행임원 평가/보상방안, d) 임원 배상책임보험 가입, e) CEO 후보 육성방안, f) 주식매수선택권 부여/부여 취소.

5) 투명경영위원회 : (목적) 계열회사 간 내부거래 투명성 및 윤리경영 추진 등 검토.

　(검토대상) a) 독점규제 및 공정거래에 관한 법률 및 증권거래법에서 이사회 승인 사항으로 정한 특수관계인 간 거래, b) 사회공헌 및 윤리경영 추진 방안, c) 공정거래 자율준수프로그램의 이행 점검.

6) 제도개선위원회 : (목적) 정관 및 이사회 관련 제도/운영 개선 등 검토.

　(검토대상) a) 정관 개정 필요사항, b) 이사회규정 개정, c) 위원회규정 제정/개정, d) 이사회/위원회 운영 개선방안.

　SK텔레콤

1) 사외이사후보추천위원회 : 주주총회에 사외이사 후보 추천.

2) 감사위원회 : (권한) a) 이사 직무집행 감사권, 요구권, 업무/재산상태 조사권, b) 자회사 조사권, c) 위법행위 유지청구권, d) 이사와 회사 간의 소에 관한 대표권, e) 임시주주총회 소집청구권, f) 전문가 조력을 받을 권리.

3) 보상심의위원회 : 임원의 보상체계 및 보상수준 심의, KPI 운영체계 이해.

4) 투자심의위원회 : 2006년 투자계획, 음악사업을 위한 투자조합 출자/지분취득 계획.

5) Global위원회 : Global사업 추진 현황 보고, 인도 사업성 분석 및 협상전략.

　SK케미칼

1) 사외이사후보추천위원회(역할 관련 내용 없음).

2) 감사위원회 : (목적) 회사의 업무감사 및 회계감사.

　A) (권한/책임) a) 이사의 직무집행 감사, b) 이사에 대한 영업 관련 보고 요구, c) 회사의 업무상태와 재산상태 조사.

　B) (경영정보 접근을 위한 내부장치 마련) a) 이사회 참석, b) 회계와 업무 감사, c) 자료 요구, 열람, d) 자회사에 대한 영업 보고 요구.

3) 경영위원회 : (권한) 경영에 관한 사항 심의/의결.

　(부의사항) a) 사채모집, b) 자본금 10% 이상의 1년 초과 신규자금 차입, c) 자본금 10% 이상의 담보 제공 및 지급보증.

4. 경영구조 : 실무경영진 및 업무조직

SK그룹에서의 '개인화된 다원적 경영구조'와 관련하여, 어느 정도로 어떤 모습으로 다원적인지를 가늠하기 위해 임직원 수, 임원의 유형 그리고 업무조직 등 세 가지 측면을 살펴보기로 한다.

물론, 그룹 전체의 구조를 정확하게 파악하기 위해서는 40~59개에 이르는 계열회사 전체를 분석해야 마땅하다. 하지만, 분석 대상인 8개 회사는 그룹 내에서 나름대로 중요성을 가지고 있는 회사들이며, 이들의 경영구조 모습을 통해 그룹 전체의 구조를 어느 정도 짐작해 볼 수 있다. SK를 포함하는 한국재벌은 동일인 또는 그룹회장을 중심으로 전체 계열회사가 '하나의 구조'를 형성하고 있으며, 따라서 '중요한 일부'는 전체 구조에 대해 많은 것을 말해 줄 수 있을 것으로 생각된다.

(1) 임직원 수

1) 임원 및 직원 수 : 5천 명 이하이며 각자 비슷한 수준에서 유지되고 있다(<표 11.17>). SK(4,466~5,232명)에서 5천 명 내외, 그리고 SK텔레콤(3,510~4,390명)에서 3천 명 내외로 많은 편이며 최근으로 오면서 조금 증가하였다. 다른 4개 회사에서는 2천 명 내외다. SK건설(1,851~2,200명)에서는 조금 증가하였고, 반면 SK네트웍스(2,471~2,180명)에서는 조금 감소, 그리고 SK케미칼(2,307~1,256명)에서는 절반 정도나 감소하였다. SKC(1,800~2,418명)에서는 감소와 증가가 반복되고 있다. 한편, SK가스의 임직원은 200명을 조금 넘고, 지주회사인 SK엔론은 2003년 69명의 소수 인원만 두고 있다.

2) 임원 수 : 50명 이하가 대부분이며 그 이상인 경우도 있다. SK엔론과 SK가스에서는 10명 미만이다. 대체로 증가 추세를 보이고 있다. 직원이 많은 SK(32~98명)와 SK텔레콤(46~82명)의 임원이 많다. 전자에서는 3배 이상, 후자에서는 2배 가량 늘어나 50명 이하이던 것이 100명 가까이 되었다. 직원이 각각 600명(4,541~5,134명), 900명(3,464~4,308명) 정도 늘어난데 비해서는 임원의 증가 정도는 훨씬 크다.

SKC(12~26명), SK케미칼(11~20명), SK건설(16~40명), SK가스(4~8명) 등에서도 임원이 2배 정도 늘어났다. 특히, SK케미칼에서는 직원(2,296~1,236명)은 절반 가량 줄었음에도 임원은 오히려 2배나 늘어났다. 반면, SK네트웍스(59~41명)에서만 임원이 줄었다.

임원 1명이 담당하는 평균 직원 수는 50~100명 사이가 대부분이며 감소 추세. 임원의 증가 정도가 크기 때문이다. SK(139~52명)와 SK케미칼(209~62명)에서는 1/3 수준으로, 그리고 SKC(166~73명), SK건설(115~54명), SK가스(52~26명) 등에서는 1/2 수준으로 줄었다. SK텔레콤(75~53명)에서는 조금 줄었다. 반면, 임원이 줄어든 SK네트웍스(41~52명)에서만 담당

직원 수가 늘어났다.

<표 11.17> 임원(A) 및 직원(B) 수(명)

년도	SK	SK 가스	SK네트 웍스	SK 케미칼	SK 텔레콤	SKC	SK 건설	SK 엔론
1. A+B								
1998	-	-	-	2,307	3,510	2,003		
2000	4,466	211	2,471	1,210	3,009	1,800	1,851	
2003	4,984	222	1,836	1,047	4,233	2,418	-	69
2005	5,232	213	2,180	1,256	4,390	1,924	2,200	
(A)								
1998	-	-	-	11	46	12		
2000	32	4	59	16	47	17	16	
2003	68	7	33	16	69	32	-	7
2005	98	8	41	20	82	26	40	
(B)								
1998	4,541	220	969	2,296	3,464	1,991		
2000	4,434	207	2,412	1,194	2,962	1,783	1,835	
2003	4,916	215	1,803	1,031	4,164	2,386	1,694	62
2005	5,134	205	2,139	1,236	4,308	1,898	2,160	
2. B÷A								
1998	-	-	-	209	75	166		
2000	139	52	41	75	63	105	115	
2003	72	31	55	64	60	75	-	9
2005	52	26	52	62	53	73	54	

주 : 1) 12월 현재 ; 밑줄 친 회사는 비상장회사.
　　2) SK네트웍스(1998, 2000년)=SK상사, SK글로벌.
출처 : 제15장.

(2) 임원의 유형

1) 등기임원 vs. 미등기임원, 고위임원 vs. 중하위임원 : 등기이사 중 상근이사는 이사회의 구성원으로서 의결과정에 참여하는 한편으로 그 의결사항을 집행하는 실무경영자로서의 역할도 동시에 수행하는 것이 보통이다. 이들의 수는 소수이며 대부분 부사장급 이상의 고위 직책을 가진다. 반면, 전체 임원의 대다수는 실무에만 종사하며 미등기다. 대부분 전무 이하의 중하위직책에 임명되어 고위임원의 지휘를 받는다(<표 11.18>).

임원 규모가 가장 큰 SK의 2005년 경우를 보자. 98명의 임원 중 등기임원은 고작 3명(3%)이며 나머지 95명은 미등기임원이다. 앞의 3명은 모두 고위임원이며, 후자 중에서는 3명(3%)만이 고위임원이다. 이들 6명은 전체의 6%에 해당하는 적은 수이다. 임원이 적은 SK케미칼의 2005년 경우도 크게 다르지 않다. 20명 임원 중 4명(20%)이 등기임원, 17명이 미등기임원이다. 4명 중 3명은 고위임원이며 17명은 모두 중하위임원이다. 고위임원 3명은 전체의 15%

에 해당하는 인원이다.

등기임원은 5명 내외이며 감소 추세를 보이고 있다. 반면, 미등기임원은 증가 추세다. SK의 경우, 등기임원(9~3명)은 1/3로 줄어든 반면 미등기임원(28~95명)은 3배 이상 늘어났다. SK가스(4~1명 vs. 3~7명), SK케미칼(6~4명 vs. 5~16명), SK텔레콤(6~4명 vs. 40~78명), SKC(7~4명 vs. 5~22명) 등에서도 한쪽은 감소하고 다른 쪽은 증가하였다. 한편, SK네트웍스(4~3명 vs. 53~38명)에서는 양쪽 모두 감소하였고, SK건설(5~9명 vs. 11~31명)에서는 모두 증가하였다.

고위임원의 수는 대부분 5명 이하이며 SK(4~6명)에서만 좀 더 많은 편이다. 고위임원직은 대부분 등기임원들이 가지고 있으며, SK와 SK네트웍스 등 2개 회사에서만 꾸준하게 미등기임원이 절반 정도 차지하고 있다.

<표 11.18> 임원의 유형(명) : (1) 등기임원(A1), 미등기임원(A2) ; 고위임원(B1), 중하위임원(B2)

년도	SK	SK가스	SK네트웍스	SK케미칼	SK텔레콤	SKC	SK건설	SK엔론
1. A1+A2 = B1+B2								
(A1,A2)								
1998	9	4	4	6,5	6,40	7,5		
2000	4,28	1,3	6,53	5,11	5,42	3,14	5,11	
2003	4,64	2,5	2,31	7,9	5,64	5,27	9	2,5
2005	3,95	1,7	3,38	4,16	4,78	4,22	9,31	
(B1,B2)								
1998	–	–	–	3,8	2,44	1,11		
2000	6,26	1,3	7,52	2,14	–	2,15	3,13	
2003	4,64	1,6	2,31	2,14	–	4,28	–	2,5
2005	6,92	1,7	2,39	3,17	–	3,23	5,35	
2. A1,A2 중 B1								
1998	5	1	1	2, 1	2	1		
2000	3, 3	1	5, 2	2	3	2	3	
2003	3, 1	1	1, 1	2	3	4	2	2
2005	3, 3	1	1, 1	3	2	3	4, 1	
3. B1,B2의 관련 직책 수(개)								
1998	–	–	–	2, 3	2, 3	1, 3		
2000	5, 3	1,1	3, 4	2, 1	–	2, 3	3, 2	
2003	4, 2	1,1	2, 2	2, 2	–	3, 3	–	1,1
2005	3, 4	1,1	2, 3	3, 2	–	3, 3	2, 3	

주 : 1) 12월 현재 ; 밑줄 친 회사는 비상장회사.
　　2) SK네트웍스(1998, 2000년)=SK상사, SK글로벌.
　출처 : <표 11.19>, 제15장.

2) 고위/중하위임원의 직책 : 고위임원과 중하위임원의 구체적인 직책은 다양하며, 종류는

인원이 적은 전자가 오히려 많다. 각각 9종류, 6종류로 모두 15종류이다(<표 11.18, 11.19>).

  A) 고위임원 : 대표이사, 대표이사회장, 대표이사부회장, 대표이사사장, 대표이사전무, 회장, 부회장, 사장, 부사장.
  B) 중하위임원 : 전무, 상무, 상무대우, 이사, 고문, 자문역.

  등장하는 직책의 유형과 수는 회사에 따라 그리고 시기에 따라 다소 차이가 있지만 2~8종류로 비교적 적은 편이다. SK(6~8종류)에서 가장 많은 유형이 관련되어 있고, SK가스와 SK엔론에서는 2개 유형만 있다. 고위직책과 중하위직책의 등장 정도는 반반으로 비슷하다. SK의 경우, 2000년에는 5개 직책의 6명 고위임원과 3개 직책의 26명 중하위임원이 있었으며, 2005년에는 3개 직책의 6명 고위임원과 4개 직책의 92명 중하위임원이 있었다.
  고위임원 중에서는 부사장이 많고 중하위임원의 대부분은 상무이다. 2005년 SK에서는 전체 임원(3개 직책 6명, 4개 직책 92명) 중 이 2종류의 직책 관련 인원이 80%(4명 67%, 74명 80%)를 차지하였다. 2005년 SK건설에서는 비율이 더 높았다. 2개 직책 5명 고위임원 중 4명(80%)이 부사장이었고, 3개 직책 30명 중하위임원 중에서는 29명(97%)이 상무였다. 고위임원 중에서 부사장이 상대적으로 많기는 하지만, 2000년 SK(5개 직책 6명 중 2명이 부회장), 2003년 SKC(3개 직책 4명 중 2명이 대표이사사장), 2003년 SK엔론(2명 모두 대표이사) 등에서처럼 부사장보다 더 높은 직책의 임원이 많은 경우도 있었다.

<표 11.19> 임원의 유형(명) : (2) 회사별 - 고위임원(B1), 중하위임원(B2) ; 등기임원(A1), 미등기임원(A2)

	1. SK				2. SK가스			
	1998	2000	2003	2005	1998	2000	2003	2005
B1+B2 = A1+A2	–	32	68	98	–	4	7	8
B1	–	6	4	6	–	1	1	1
B2	–	26	64	92	–	3	6	7
관련 직책 수(개)								
B1	–	5	4	3	–	1	1	1
B2	–	3	2	4	–	1	1	1
1. B1	(A1,A2)				(A1,A2)			
	5,–	3,3	3,1	3,3	1,–	1,0	1,0	1,0
대표이사						1	1	1
대표이사회장	1	1	1	1				
대표이사부회장		1	1					
대표이사사장	1	1	1	1				1
부회장		2						
사장			1					
부사장	3	1		1,3				
2. B2	(A1,A2)				(A1,A2)			
	4,–	1,25	1,63	0,92	3,–	0,3	1,5	0,7
전무	3	4	1,5	14	2			
상무	1	21	58	74				
상무대우				3				
이사		1			1	3	1,5	7
고문				1				

	3. SK네트웍스				4. SK케미칼			
	1998	2000	2003	2005	1998	2000	2003	2005
B1+B2 = A1+A2	–	59	33	41	11	16	16	20
B1	–	7	2	2	3	2	2	3
B2	–	52	31	39	8	14	14	17
관련 직책 수(개)								
B1	–	3	2	2	2	2	2	3
B2	–	4	2	3	3	1	2	2
1. B1	(A1,A2)				(A1,A2)			
	1,–	5,2	1,1	1,1	2,1	2,0	2,0	3,0
대표이사						1	1	1
대표이사부회장		1			1,1			
대표이사사장	1		1	1	1			
대표이사전무								1
사장		1						
부사장		3,2	1	1		1	1	1
2. B2	(A1,A2)				(A1,A2)			
	3,–	1,51	1,30	2,37	4,4	3,11	5,9	1,16
전무	3	4	1	4	1		1,1	3
상무		1,20	1,29	33	3,3	3,11	4,8	1,13
상무대우		25						
이사				2	1			
자문역		2						

	5. SK텔레콤				6. SKC			
	1998	2000	2003	2005	1998	2000	2003	2005
B1+B2 = A1+A2	46	47	69	82	12	17	32	26
B1	2	-	-	-	1	2	4	3
B2	44	-	-	-	11	15	28	23
관련 직책 수(개)								
B1	2	-	-	-	1	2	3	3
B2	3	-	-	-	3	3	3	3
1. B1	(A1,A2)				(A1,A2)			
	2,0	3,-	3,-	2,-	1,0	2,0	4,0	3,0
대표이사회장		1	1			1	1	1
대표이사부회장		1	1	1				
대표이사사장		1	1	1	1	1	2	1
회장	1							
사장	1							
부사장							1	1
2. B2	(A1,A2)				(A1,A2)			
	4,40	2,-	2,-	2,-	6,5	1,14	1,27	1,22
전무	2,1	1			3	1,1	2	2
상무	2,24	1			3	12	1,20	1,14
상무대우	15							
상무보					5			
이사			2	2				
고문						1	5	6

	7. SK건설			8. SK엔론
	2000	2003	2005	2003
B1+B2 = A1+A2	16	-	40	7
B1	3	-	5	2
B2	13	-	35	5
관련 직책 수(개)				
B1	3	-	2	1
B2	2	-	3	1
1. B1	(A1,A2)			(A1,A2)
	3,0	2,-	4,1	2,0
대표이사	1			2
대표이사회장		1		
대표이사사장		1	1	
회장	1			
부사장	1		3,1	
2. B2	(A1,A2)			(A1,A2)
	2,11	7,-	5,30	0,5
전무	2,1	4	1	
상무	10	3	2,29	5
이사			3	

주 : 1) 12월 현재 ; SK건설, SK엔론은 비상장회사.
　　 2) SK네트웍스(1998, 2000년)=SK상사, SK글로벌.
　　 3) SK텔레콤 미등기임원 직책 표시 없음－2000년 42명,
　　　　2003년 64명, 2005년 78명.
　출처 : 제15장.

(3) 업무조직

1) 부서의 유형 : 8개 회사의 업무조직을 재구성하기는 쉽지 않다. 무엇보다 관련 정보가 매우 불충분하다. 불확실하거나 애매한 부분들이 많고, 한 회사와 관련해서도 시기에 따라 정보가 불일치하는 경우가 적지 않다. 그럼에도 불구하고, 규모가 상대적으로 큰 SK에서부터 소규모의 SK가스에 이르기까지 지주회사인 SK엔론을 제외한 7개 회사 모두에서 조직이 꽤나 방대하며 매우 체계적으로 정비되어 있음을 확인할 수 있다. 'M-form'으로 불리는 현대적인 다기능, 다원적 경영구조(decentralized, miltidivisional structure)의 모습을 띠고 있는 것으로 판단된다. 그렇다면, SK그룹 전체의 구조도 매우 큰 정도로 다원적인 것으로 짐작할 수 있다.

업무부서의 구체적인 유형은 매우 다양하다(<표 11.20, 11.21>). 같은 이름의 부서라도 회사에 따라 성격이 다른 경우가 적지 않은데, 이 점을 염두에 두면서 본사 중심의 부서를 상위와 중하위의 두 부류로 나누어 보면 각각 9개, 12개로 모두 21개이다.

A) 상위부서 : 부문, 본부, 총괄, 사업부, 사업, 공장, 기술원, 연구원, 연구소.
B) 중하위부서 : 담당, 지역본부, 실, 국, 부, 과, 그룹, 파트, 팀, 연구분소, 센터, Lab.

등장하는 부서의 유형과 수는 회사에 따라 그리고 시기에 따라 다르기 마련인데, 어떤 경우든 수십 개의 부서가 서로 간에 수평적으로 그리고 수직적으로 연결되어 하나의 위계질서(hierarchy)를 형성하고 있다. SK건설(79~136개), SK(68~97개), SK텔레콤(37~76개), SK케미칼(2005년 102개), SKC(2003년 132개) 등에서 많은 편이며, SK네트윅스(20~42개)에서는 상대적으로 적다. 임직원이 200여 명인 SK가스에도 18~22개의 적지 않은 부서들이 있으며, 모회사인 지주회사 SK엔론에는 69명 임직원이 9개 부서로 나뉘어 일하고 있다.

상위의 업무부서 중 몇 개는 각 회사의 핵심부서가 된다.

A) 2개 회사에서는 각각 1종류의 부서가 중심이었다 :
a) SK네트윅스(2~4부문)   b) SK엔론(3담당).
B) 6개 회사에서는 2종류씩의 부서가 관련되어 있다 :
a) SK-2사업과 1부문(1998년), 3~4부문(2000~2005)
b) SK가스-3~4담당(1998~2003), 5본부(2005)
c) SK케미칼-4~6본부(1998~2000), 4부문(2003~2005)
d) SK텔레콤-3~4부문(1998~2003), 2부문과 1총괄(2005)
e) SKC-2~3부문(1998~2003), 1부문과 3본부(2005)

f) SK건설 - 2본부와 1부문(2000), 3~5부문(2003~2005).

<표 11.20> 업무부서(개) : (1) 핵심부서 유형 및 수(A), 총 부서 수(B)

	A	1998년		2000년		2003년		2005년	
		A	B	A	B	A	B	A	B
SK네트웍스	부문	2	20	3	42	3	20	4	35
SK엔론	담당					3	9		
SK	사업	2							
	부문	1	68	3	88	4	97	4	78
SK가스	담당	3	20	4	20	4	22		
	본부							5	18
SK케미칼	본부	4	19	6	30				
	부문					4	28	4	102
SK텔레콤	부문	3	37	3	42	4	71	2	
	총괄							1	76
SKC	부문	3	12	2	7	2	132	1	
	본부							3	41
SK건설	본부			2					
	부문			1	78	3	98	5	136

출처 : <표 11.21>.

<표 11.21> 업무부서(개) : (2) 회사별 – 개관

1. SK

	1998년	2000년	2003년	2005년
사업	2			
부문	1	3	4	4
	석유 화학 / 생산	석유사업 화학사업 생산	화학사업 생산 Resources & International Energy & Marketing사업	화학사업 생산 Resources & International Energy & Marketing사업
본부		8	14	12
부문	1	4	2	1
사업부		16	15	25
기술원	1			1
연구원		1	1	
연구소	2		2	3
지역본부	11	10	14	
담당		2	3	17
실	2		4	4
국				1
부		1		1
센터	2			

Lab				3
그룹	1	1	1	
팀	15	37	26	5
(기타)	30	5	11	1
합	68	88	97	78
(해외)				
법인			1	1
연구소	1	1	1	2
센터			1	

2. SK가스

	1998년	2000년	2003년	2005년
담당	3	4	4	
본부				5
	기술/운영	기술/운영	기술/운영	기술/운영
	LPG영업/업무	영업/업무	영업/업무	영업
	수급	수급	수급	신규사업
		중국사업	신규사업	중국사업
				해외사업
본부				1
연구소	1			
담당	1	1	1	
팀	15	13	17	12
(기타)		2		
합	20	20	22	18
기지	2	2	2	2
지사		5	6	6
사무소	1			
영업소	7			
(해외)				
지사				1
사무소				1

3. SK네트웍스

	1998년	2000년	2003년	2005년
부문	2	3	3	4
	내수사업	상사	상사	무역
	수출사업	정보통신	정보통신	정보통신
		에너지판매	에너지판매	에너지판매
				Customer사업
본부	14	30	10	24
총괄		2		
부문			1	1
사업부		2	3	
실	4	5	3	6
합	20	42	20	35

4. SK케미칼

	1998년	2000년	2003년	2005년
본부	4	6		
부문			4	4
	제1사업	유화사업	유화수지사업	석유화학사업
	제2사업	수지사업	정밀화학사업	정밀화학사업
	직물사업	정밀화학사업	기능성소재사업	기능성소재사업
	정밀화학	Acetate사업	의약사업	생명과학
		생명과학사업		
		정보전자소재사업		
본부	1			6
부문		1	1	2
공장		3	2	3
연구소	4	2	4	4
담당			1	
실	5	4	4	11
과				10
파트	5			
팀		14	12	62
합	19	30	28	102
(해외)				
사무소				3

5. SK텔레콤

	1998년	2000년	2003년	2005년
부문	3	3	4	2
총괄				1
	신규사업	무선인터넷사업	신규사업	신규사업
	무선사업	Network사업	Network	Network /
	마케팅	Marketing사업	Business	Business
			Customer	
본부	12	15	25	27
총괄				1
부문	2	1	4	5
사업부	3			
기술원	1	1		
연구원	1	2	4	4
연구소			1	1
담당			2	
실	6	10	17	20
센터	3			
그룹	5			
팀		9	10	12
(기타)	1	1	4	3
합	37	42	71	76
지사	5	5		
지점	44	43	52	45
영업센터		23	29	29

포스트	7		
위탁대리점	1,132	1,540	1,378

6. SKC

	1998년	2000년	2003년	2005년
부문	3	2	2	1
본부				3
	폴리에스터필름사업	폴리에스터필름사업	정보통신소재	화학사업 /
	가공필름사업	자기미디어사업	화학	정보통신사업
	자기미디어사업			필름사업
				Display소재사업
본부			7	2
공장			2	2
연구소	1	1	3	2
연구분소	2			
담당			17	12
실	4	2	3	7
부	1		19	
그룹			2	
팀	1	2	73	11
(기타)			4	1
합	12	7	132	41

7. SK건설

	2000년	2003년	2005년
본부	2		
부문	1	3	5
	토목사업	토목사업	토목사업
	건축사업 /	건축사업	건축주택사업
	플랜트사업	플랜트사업	화공플랜트
			산업플랜트
			SK임업
본부	5	1	26
부문		1	3
연구소	1	1	2
담당	12	17	1
실	8	11	11
팀	50	64	88
합	79	98	136
(해외)			
법인			1

8. SK엔론

	2003년
담당	3
	IT 및 e-Business
	운영

	관리
팀	6
합	9

주 : 1) 12월 현재 ; SK건설, SK엔론은 비상장회사.
　　2) SK네트웍스(1998, 2000년)=SK상사, SK글로벌.
출처 : 제15장.

　2) 2005년12월 현재의 조직 : 다양한 부서가 상호 간에 체계적으로 연결되어 매우 다원적
이면서도 하나의 구조를 이루고 있음을 확인할 수 있다(<표 11.22>). 전체 부서들은 지원,
생산 및 영업, 기술 등 크게 3개의 분야로 나누어 볼 수 있다. 생산과 영업은 매우 밀접해서
하나의 분야를 형성하는 경향이 있는데, SK, SK케미칼, SKC 등에서는 각자의 분야가 보다
뚜렷한 것으로 보인다. SK가스에는 기술 분야가 없으며, 지주회사인 SK엔론에는 지원 분야
만 있다.
　SK는 4개의 생산 관련 본부(화학사업, 생산, Resources & International, Energy & Marketing사
업)가 중심이며, 이들을 2개의 기술 부서(기술원, Life Science사업본부)가 뒷받침하고 있다. SK
케미칼의 사업도 4개(부문 ; 석유화학사업, 정밀화학사업, 기능성소재사업, 생명과학)로 나뉘
어져 있으며, 관련 17개 팀과 1개 부문이 있고 3개 도시(수원, 울산, 안산)에 공장이 있다.
SKC 역시 4개 사업이 중심이다. 3개 본부(정보통신사업, 필름사업, Display소재사업)과 1개 부
문(화학사업)으로 조직되어 있으며, 각각의 관련 영업팀들(1개, 4개, 3개, 2개)이 따로 구성되
어 활동하고 있다.
　한편, 2005년의 SK건설에는 136개의 굉장히 많은 부서들이 있는데, 5개 부문(SK임업, 토목
사업, 건축주택사업, 화공플랜트, 산업플랜트)을 중심으로 3개의 다른 부문, 26개 본부, 2개
연구소, 1개 담당, 11개 실 등이 있고, 그 산하에 88개 팀이 빼곡히 포진해 있다.

　<표 11.22> 업무부서 : (3) 회사별 - 2005년12월

1. SK

부서 78 : a) 중심부서 - 부문 4 (화학사업, 생산, Resources & International, Energy & Marketing 사업)
　　　　　b) 상위부서 - 본부 12, 부문 1, 사업부 25, 기술원 1, 연구소 3
　　　　　c) 중하위부서 - 담당 17, 실 4, 국 1, 부 1, Lab 3, 팀 5, (기타 1)
　　　　　* 기타 : 해외법인 1, 해외연구소 2

1. 지원
(실 4) 투자회사관리, 사장, 윤리경영, CR전략
(부문 1) 경영지원 : (담당 7) 경영전략, 경영관리, 구매, 자금, 인력, 정보, IR
(국 1) 이사회사무

2. 생산
(부문 4)
화학사업 : (담당 3) 화학사업기획, 화학사업개발, 화학사업운영

(사업부 7) 올레핀, 아로마틱, 폴리머, 특수폴리머, EPDM, I/E소재, Performance Chemical
생산 : (담당 1) 생산지원
    (본부 5) 생산, 생산기술, 설비, 노사협력, No2 FCC사업
Resources & International : (담당 1) R&I전략
                  (본부 1) 중국
                  (사업부 5) 석유개발, 석탄, 윤활유, 석유Trading, 화학Trading
                  해외협력단
Energy & Marketing사업 : (담당 5) CRM, E&M전략, 사업개발, 석유운영, 정책협력
                  (본부 3) 소매영업, 법인영업, 물류
                  (사업부 4) Cashbag, Car Life, 가스, 특수제품

3. 영업
(석유사업영업) : (본부 2) 소매영업, 법인영업
         (사업부 2) 특수제품, 가스
(화학사업영업) : (사업부 5) 올레핀, 아로마틱, 특수폴리머, 폴리머, 용제

4. 기술
(기술원 1) : (부 1) 신기술개발
        (팀 2) 연구기획, 운영지원
        (연구소 3) 에너지, 화학, CRD
(본부 1) Life Science사업 : (팀 1) Life Science기획
                (사업부 2) 신약개발 : (Lab 3) Bio, 합성, 약리
                                 (팀 1) 신약개발사업
                    CMS : (팀 1) CMS생산
                (해외연구소 2) 뉴저지, 상해

SK Energy & Chemical

2. SK가스

부서 18 : a) 중심부서 - 본부 5 (기술/운영, 영업, 신규사업, 중국사업, 해외사업)
        b) 상위부서 - 본부 1
        c) 중하위부서 - 팀 12
        * 기타 : 기지 2, 지사 6, 해외지사 1, 해외사무소 1

1. 지원
(본부 1) 경영지원 : (팀 4) 기획, 재무, 인력, 정보기술

2. 생산/영업
(본부 5) 기술/운영 : (팀 1) 기술안전
                (기지 2) 울산, 평택
        신규사업
        영업 : (팀 3) 정책협력, 영업지원
                영업 : (지사 6) 경북, 경남, 중부, 강원, 호남, 경인
        중국사업 : (팀 2) 중국지원
                  기기사업 : (해외사무소 1) 상해
        해외사업 : (팀 2) Trading, Risk Management
                (해외지사 2) 중동, 런던

3. SK네트웍스

부서 35 : a) 중심부서 – 부문 4 (무역, 정보통신, 에너지판매, Customer사업)
　　　　　 b) 상위부서 – 본부 24, 부문 1
　　　　　 c) 중하위부서 – 실 6

1. 지원
(부문 1) 경영지원 : (실 6) 기획조정, 정책협력, 재무지원, 인력개발, Global사업추진, 홍보

2. 생산/영업
(부문 4) 무역 : (본부 5) 무역전략, 에너지, 화학, 철강, 중국
　　　　　　　　해외지사
　　　　　 정보통신 : (본부 5) 정보통신전략, 네트워크사업, 통신유통사업, 고객지원사업, 시스템사업
　　　　　 에너지판매 : (본부 1) 영업총괄 : (본부 3) 영업개발, 유통사업, Speed Mate사업
　　　　　　　　　　　　　　　　　　 (본부 7) 서울, 경인, 중부, 부산, 경남, 대구경북, 호남
　　　　 Customer사업 : (본부 3) 패션사업, Prestige고객사업, CL고객사업
　　　　　　　　　　　 해외지사

3. 기술
(연구개발) : SK C&C(주)에서 담당 : system integration조직, system management조직,
　　　　　　　　　　　　　　 value added network조직 ; 에너지, 화학, 통신, 유통,
　　　　　　　　　　　　　　 금융, 건설 등 여러 분야별 정보통신 사업 수행

4. SK케미칼

부서 102 : a) 중심부서 – 부문 4 (석유화학사업, 정밀화학사업, 기능성소재사업, 생명과학)
　　　　　　 b) 상위부서 – 본부 6, 부문 2, 공장 3, 연구소 4
　　　　　　 c) 중하위부서 – 실 11, 과 10, 팀 62
　　　　　　 * 기타 : 해외사무소 3

1. 지원
(부문 1) 경영지원 : (실 5) 사장 : (팀 3) 투자사관리, 홍보, SUPEX추진
　　　　　　　　　　　　 전략기획 : (팀 3) 전략, 사업개발, IT System 기획
　　　　　　　　　　　　 (해외사무소 1) 상해
　　　　　　　　　　　　 인력개발 : (팀 1) 인력
　　　　　　　　　　　　 재무지원 : (팀 3) 회계, 금융, 구매
　　　　　　　　　　　　 법무지원 : (팀 1) 법무
　　　　　　　　　 (본부 1) 신규사업

2. 생산
(부문 4)
석유화학사업 : (팀 2) 석유화학기획, SKYPET
　　　　　　　 (실 1) 프로젝트추진 : (팀 2) 기계기술, 전장기술
　　　　　　　 (본부 1) 신소재개발 : (팀 2) 신소재개발, BD사업
　　　　　　　 (해외사무소 1) 동경
정밀화학사업 : (팀 1) 정밀화학기획
　　　　　　　 (본부 2) 정밀화학사업 : (팀 5) SKYBON, SKYTHANE, SKYBIO, SKYGREEN, I&D
　　　　　　　　　　　 IT사업 : (팀 3) CnR, 전자재료, 전자재료생산
　　　　　　　 (해외사무소 2) 프랑크푸르트, 심양
기능성소재사업 : (팀 1) 기능성소재기획
　　　　　　　　 (본부 1) 기능성소재사업 : (팀 3) Acetate마케팅, SKYVIVA
　　　　　　　　　　　　　　　　　　　 SKYFLEX : (과 1) SKYFLEX생산
　　　　　　　　 (실 1) Wellbeing사업 : (팀 2) 유기능, CARA

생명과학 : (실 3) LS전략기획, LS경영지원, 개발
        (본부 1) LS마케팅
(공장 3)
수원 : (팀 6) 경영지원, 설비지원, 정밀화학생산, 전자재료생산, 안전환경
          Acetate생산 : (과 4) FY생산, TOW생산, IDY, 품질보증
울산 : (팀 5) 경영지원, 전자재료생산, 안전환경
          수지생산 : (과 2) 수지생산, 보전
          동력 : (과 2) 동력, 기술
      (과 1) SKYFLEX생산
안산

3. 영업
(수지) : (팀 1) SKYPET수지마케팅
(정밀화학) : (팀 7) SKYBON, SKYTHANE, SKYFLEX, SKYBIO, CnR, 전자재료, Wellbeing사업
        (부문 1) 의약사업
(아세테이트섬유/기타) : (팀 4) Acetate마케팅, TOW마케팅, SKYNOVA, SKYBILTEC
(생명과학) : (팀 5) Medical사업, 서울MR1, 서울MR2, 서울MR3, OTC

4. 기술
(연구소 1) 중앙 : (팀 2) 특허분석, CRD
          (연구소 3) 석유화학, 생명과학
              정밀과학 : (실 1) 환경소재연구

5. SK텔레콤

부서 76 : a) 중심부서 - 부문 2, 총괄 1 (신규사업, Network / Business)
      b) 상위부서 - 본부 27, 총괄 1, 부문 5, 연구원 4, 연구소 1
      c) 중하위부서 - 실 20, 팀 12, (기타 3)
      * 기타 : 지점 45, 영업센터 29, 위탁대리점 1,378

1. 지원
(실 3) 사장, 기업문화, 홍보
(총괄 1) 윤리경영 : (실 3) 윤리경영, 법무1, 법무2
(부문 3) 경영지원 : (실 5) 인력관리, 구매관리, 재무관리, IR, 6시그마추진
                     FMI
      전략기획 : (실 5) 경영전략, 경영기획, 사업전략, CR전략, U-biz개발
      전략기술 : (실 1) 기술전략
           (본부 1) NGM추진
           (연구원 4) 정보기술, Network, Platform, Terminal
(팀 1) GE TF
(연구소 1) 경영경제 : (실 3) 경제연구, 경영연구, 정보통신연구
SK Academy

2. 생산/영업
(부문 2) 신규사업 : (본부 3) 신규사업전략, Global사업, 베트남지역
               (팀 1) R TF
     Network : (본부 8) Network기획, Network구축, Network운용
                Network : 수도권, 부산, 대구, 서부, 중부
(총괄 1) Business : (본부 2) Biz전략, MD
           (부문 2) Business : (본부 5) Contents사업, Data사업, CI사업, Commerce사업, Solution사업

Customer : (본부 8) CRM, CS, 영업, 부산Marketing, 대구Marketing,
서부Marketing, 중부Marketing
수도권Marketing : 법인영업단
영업센터 29, 지점 45, 위탁대리점 1,378

3. 기술
(Network연구원) : (팀 6) Network기술기획, Access망개발, Core망개발1, Core망개발2,
엔지니어링기술개발, 차세대기술개발
(Platform연구원) : (팀 4) Platform기술기획, Solution개발, Infra개발, Application개발

6. SKC

부서 41 : a) 중심부서 - 부문 1, 본부 3 (화학사업 / 정보통신사업, 필름사업, Display소재사업)
b) 상위부서 - 본부 2, 공장 2, 연구소 2
c) 중하위부서 - 담당 12, 실 7, 팀 11, (기타 1)

1. 지원
(실 4) 사장
전략기획 : (담당 1) 전략기획
인력/재무지원 : (담당 2) 인력, 재무
사업개발 : (담당 1) 사업개발

2. 생산
(본부 3) 정보통신사업 : (담당 2) 정보통신판매, H/S생산
필름사업 : (담당 2) PET필름사업 : (담당 1) PET생산
PI필름사업
(공장 1) 수원
Display소재사업 : (담당 2) 가공사업, PDP필터사업
(팀 1) MB사업TF
(공장 1) 천안
(부문 1) 화학사업 : (본부 2) 화학사업생산, 화학사업영업
HPPO증설 Project Manager

3. 영업
(정보통신) : (팀 1) 정보통신사업기획
(필름) : (팀 4) 포장소재, 정보전자소재, 광학소재, PI필름판매
(Display) : (팀 3) 가공소재판매1, 가공소재판매2, PDP Filter사업
(화학) : (팀 2) 화학사업영업1, 화학사업영업2

4. 기술
(연구소 2) 첨단기술중앙 : (담당 1) 연구기획
(실 3) 필름개발, Display소재개발, 신규소재개발
화학사업기술

7. SK엔론 (2003년12월 현재)

부서 9 : a) 중심부서 - 담당 3
b) 중하위부서 - 팀 6

1. 지원
(담당 3) IT 및 e-Business : (팀 1) e-Business TF
운영 (EVP, SVP) : (팀 2) 운영, 기술운영
관리 (EVP, SVP) : (팀 3) 기획개발, 재무, 인사총무

.

8. SK건설

부서 136 : a) 중심부서 - 부문 5 (토목사업, 건축주택사업, 화공플랜트, 산업플랜트, SK임업)
　　　　　 b) 상위부서 - 본부 26, 부문 3, 연구소 2
　　　　　 c) 중하위부서 - 담당 1, 실 11, 팀 88
　　　　　 * 기타 : 해외법인 1

1. 지원
(실 2) 사장, 감사
(부문 1) 경영지원 : (실 7) 기업문화 : (팀 1) 홍보
　　　　　　　　　　　　　 기획 : (팀 4) 기획, IT기획, 경영분석, OG
　　　　　　　　　　　　　 인력 : (팀 3) 인력, 업무지원, 비상계획
　　　　　　　　　　　　　 재무 : (팀 2) 금융, 회계
　　　　　　　　　　　　　 구매/계약 : (팀 2) 구매, 공사계약
　　　　　　　　　　　　　 법무 : (팀 1) 법무
　　　　　　　　　　　　　 변화추진 : (팀 1) 경영혁신

2. 생산/영업
(팀 1) Cadereyta TF
(실 1) 신규사업개발 : (팀 1) 신규사업
　　　　　　　　　 미국현지법인
(부문 5)
SK임업
토목사업 : (본부 5) 토목사업 : (팀 2) 토목사업, 토목PJ
　　　　　　　　　 토목기술 : (팀 2) 토목기술, GEOTASK
　　　　　　　　　 국내토목영업 : (팀 2) 영업기획, 영업관리
　　　　　　　　　 SOC영업 : (팀 1) SOC투자사업
　　　　　　　　　 해외토목영업 : (팀 1) 해외토목영업
　　　　　　　　　　　　　　 (담당 1) GSUC사업 : (팀 1) GSUC
　　　　 (실 1) 토목견적 : (팀 1) 토목견적
건축주택사업 : (본부 8) 건축기획 : (팀 4) 건축기획, Risk관리, 마케팅, 해외건축사업
　　　　　　　　　 건축사업 : (팀 3) 건축사업, 기전사업, 건축PJ
　　　　　　　　　 건축기술 : (팀 4) 건축기술, 건축예산관리, 건축설계, 상품개발
　　　　　　　　　 C/S : (팀 2) C/S기획, C/S지원
　　　　　　　　　 지역센터
　　　　　　　　　 건축영업 : (팀 4) 건축영업1, 건축영업2, 건축영업3, 리모델링
　　　　　　　　　 영남건축영업 : (팀 3) 영남건축영업, 도시정비영업3,관리지원
　　　　　　　　　 주택영업 : (팀 3) 주택영업1, 주택영업2, 특수영업
　　　　　　　　　 도시정비영업 : (팀 2) 도시정비영업1, 도시정비영업2
　　　　　 (연구소 1) 미래주택
화공플랜트 : (팀 1) 화공플랜트기획
　　　　　 (본부 5) 화공영업 : (팀 1) 화공플랜트영업
　　　　　　　　　 화공사업 : (팀 3) 화공플랜트견적, 화공플랜트사업, 화공플랜트PJ
　　　　　　　　　 화공공사 : (팀 1) 화공플랜트공사
　　　　　　　　　 Complex사업 : (팀 1) Complex PJ
　　　　　　　　　 ENG : (팀 8) 기술지원, 프로세스, 기계장치, 배관, 전기, 계측제어,
　　　　　　　　　　　　　 플랜트토목설계, 플랜트건축설계
산업플랜트 : (팀 1) 산업플랜트기획
　　　　　 (본부 3) 전력사업 : (팀 2) 전력사업, 전력PJ

통신사업 : (팀 4) 통신사업1, 통신사업2, Solution사업, 통신PJ
산업환경사업 : (팀 2) 산업환경사업, 산업환경PJ

---

3. 영업
(부문 1) 영업 : (본부 4) 국내영업 : (팀 3) 영업1, 영업2, 영업3
　　　　　　　　　　　해외영업 : (팀 2) 해외사업개발, Global Venture / 해외지사/법인
　　　　　　　　　　　중국 : (팀 1) 중국
　　　　　　　　　　　지역 : 국내 지사

---

4. 기술
(부문 1) 기술 : (본부 1) 품질안전 : (팀 3) QSE지원, 품질기술, 안전환경
　　　　　　　　　(연구소 1) (팀 4) 기획관리, 건축, 토목, 플랜트

주 : SK건설, SK엔론은 비상장회사.
출처 : 제15장.

<부록표 11.1> SK그룹과 개인화된 다원적 경영구조 : 회사별 주요 내용

지분(%)			이사회(명)		(위원회, 명)	집행임원(명)	
최대주주/ 특수관계인	최대주주	주요 주주	등기이사 사내(상근) 사외	최태원 가족구성원	사외이사추천 감사 (사내-사외이사)	총 인원 등기-미등기 고위-중하위	최태원 가족구성원
1. SK							
1998 20.64	SK네트 웍스 13.78	최태원 0.13 최재원 0.08 SK신협 1.9 SK케미칼 2.73	13 10(9) 3	최태원 (대표이사) (손길승, 비상근)	* 감사 3 (상근사내 2, 비상근사내)	? 9-? ?	최태원 (회장)
2000 27.21	SKC&C 10.83	최태원 0.11 최재원 0.07 SK건설 2.37 SK케미칼 2.26 자기주식 10.39	10 5(3) 5	최태원 (대표이사) (손길승, 비상근)	6(3-3) 3(0-3)	32 4-28 6-26	최태원 (회장)
2003 18.2	SKC&C 8.63	최태원 0.6 최재원 0.47 최신원 0.03 SK건설 3.39 SK케미칼 3.28	9 5(4) 4	최태원 (대표이사) (손길승, 비상근)	6(3-3) 2(0-2)	68 4-64 4-64	최태원 (회장)
2005 13.05	SKC&C 11.16	최태원 0.91 최신원 0.01	10 3(3) 7	최태원 (대표이사)	3(1-2) 3(0-3)	98 3-95 6-92	최태원 (회장)
2. SK가스							
1998 41.6	SK 41.29		5 4(4) 1		* 감사 2 (상근사내, 비상근사내)	? 4-? ?	
2000 45.92	SK엔론 45.53		3 2(1) 1		* 감사 2 (상근사내)	4 1-3 1-3	
2003 53.64	SK엔론 45.53	자기주식 8.11	4 3(2) 1		* 감사 1 (상근사내)	7 2-5 1-6	
2005 45.53	SK엔론 45.53		3 2(1) 1		* 감사 1 (상근사내)	8 1-7 1-7	
3. SK네트웍스							
1998 (SK 상사) 11.42	최태원 2.87	최윤원 0.77 최신원 0.61 최창원 0.2 SK텔레콤 3.74 자기주식 2.34	8 6(4) 2	최창원 (상근) 최태원 (비상근)	* 감사 2 (상근사내)	? 4-? ?	최창원 (전무)
2000 (SK 글로벌) 53.54	SK 39.16	최태원 3.29 최윤원 0.31 최신원 0.12 최창원 0.1 SK건설 3.52 SK케미칼 3.52 SKC 3.26	10 7(6) 3	최창원 (상근)	6(3-3) 3(0-3)	59 6-53 7-52	최창원 (부사장)

	지분(%)			이사회(명)		(위원회, 명)	집행임원(명)	
	최대주주/ 특수관계인	최대주주	주요 주주	등기이사 사내(상근) 사외	최태원 가족구성원	사외이사추천 감사 (사내-사외이사)	총 인원 등기-미등기 고위-중하위	최태원 가족구성원
2003	50.39 50.36	SK		8 4(4) 4		6(3-3) 4(1-3)	33 2-31 2-31	
2005	40.98 40.97	SK		7 3(2) 4		6(3-3) 4(1-3)	41 3-38 2-39	
4. SK케미칼								
1998	22.13 7.83	최태원	최윤원 2.12 최신원 0.78 최창원 0.77 한국고등교육 재단 2.26 SKC 7.12	8 6(6) 2	최윤원 (대표이사) 최창원 (상근)	* 감사 1 (상근사내)	11 6-5 3-8	최윤원 (부회장) 최창원 (상무)
2000	37.92 6.84	최태원	최윤원 1.85 최창원 0.67 최신원 0.42 한국고등교육 재단 1.89 SKC 6.2 자기주식 19.73	7 5(5) 2	최창원 (상근)	– 2(0-2)	16 5-11 2-14	최창원 (부사장)
2003	28.43 6.84	최태원	최창원 5.36 최재원 2.27 최영근 1.85 최신원 0.72 한국고등교육 재단 1.89 SKC 6.2	10 7(7) 3	최창원 (상근)	– 3(0-3)	16 7-9 2-14	최창원 (부사장)
2005	28.27 6.84	최태원	최창원 10.32 최영근 1.75 한국고등교육 재단 1.35 SKC 6.2	8 4(4) 4	최창원 (상근)	4(1-3) 3(0-3)	20 4-16 3-17	최창원 (부사장)
5. SK텔레콤								
1998	21.05 19.52	SK	SK케미칼 1.2	12 9(6) 3	표문수 (상근) 최태원 (비상근) (손길승, 상근)	* 감사 3 (상근사내, 비상근사내, 비상근사외)	46 6-40 2-44	표문수 (전무) (손길승, 회장)
2000	34.17 26.81	SK	최태원 0 SK네트웍스 7.29	12 6(5) 6	표문수 (대표이사) 최태원 (비상근) (손길승, 대표이사)	6(3-3) 6(0-6)	47 5-42 ?	표문수 (사장) 최재원 (부사장) (손길승, 회장)

	지분(%)			이사회(명)		(위원회, 명)	집행임원(명)	
		최대주주/ 특수관계인	최대주주 주요 주주	등기이사 사내(상근) 사외	최태원 가족구성원	사외이사추천 감사 (사내-사외이사)	총 인원 등기-미등기 고위-중하위	최태원 가족구성원
2003	24.6	SK 21.47	최태원 0 SK네트웍스 3.06 (자기주식 10.53)	12 6(5) 6	표문수 (대표이사) 최태원 (비상근) (손길승, 대표이사)	4(2-2) 6(0-6)	69 5-64 ?	표문수 (사장) 최재원 (임원) (손길승, 회장)
2005	22.79	SK 21.47	최태원 0 최신원 0 SK네트웍스 1.32 (자기주식 10.53)	12 4(4) 8		4(2-2) 4(0-4)	82 4-78 ?	

6. SKC

	지분(%)			이사회(명)		(위원회, 명)	집행임원(명)	
1998	51.52	최태원 24.81	최재원 6.96 박장석 0 한국고등교육 재단 1.37 SK건설 9.62 SK해운 3.96 SK네트웍스 2.27 자기주식 2.06	10 7(7) 3	최재원 (상근) 박장석 (상근)	* 감사 1 (상근사내)	12 7-5 1-11	최재원 (전무) 박장석 (상무)
2000	59.3	최태원 24.81	최재원 6.96 박장석 0.01 한국고등교육 재단 1.37 SK건설 9.62 SK해운 3.96 자기주식 12.58	5 3(3) 2	최신원 (대표이사) 박장석 (상근)	* 감사 2 (상근사내)	17 3-14 2-15	최신원 (회장) 박장석 (전무) 최재원 (고문)
2003	51.88	SK 47.66	최재원 0.31 최신원 0.08 박장석 0 자기주식 3.15	7 5(5) 2	최신원 (대표이사) 박장석 (상근)	– 3(1-2)	32 5-27 4-28	최신원 (회장) 박장석 (부사장) 최재원 (고문)
2005	48.51	SK 46.22	최신원 1.01 최재원 0.3 박장석 0.3	8 4(3) 4	최신원 (대표이사) 박장석 (대표이사)	– 3(0-3)	26 4-22 3-23	최신원 (회장) 박장석 (사장) 최재원 (고문)

	지분(%) 최대주주/ 특수관계인	최대주주	최대주주 주요 주주	이사회(명) 등기이사 사내(상근) 사외	최태원 가족구성원	(위원회, 명) 사외이사추천 감사 (사내-사외이사)	집행임원(명) 총 인원 등기-미등기 고위-중하위	최태원 가족구성원
7. SK건설								
2000	88.19	SK케미칼 40.67	우리사주조합 14.07 SK해운 30.99 워커힐 2.46	5 5(4) 0	최창원 (상근) 최태원 (비상근)	* 감사 1 (비상근사내)	16 5-11 3-13	최태원 (회장) 최창원 (부사장)
2003	74.12	SK케미칼 40.67	SK해운 30.99 워커힐 2.46 (우리사주조합 14.09)	10 10(9) 0		* 감사 1 (비상근사내)	? 9-? ?	
2005	75.16	SK케미칼 39.4	최태원 1.83 SK해운 30.94 워커힐 2.38 (우리사주조합 13.65)	10 9(8) 1		* 감사 1 (비상근사내)	40 9-31 5-35	최창원 (부사장)
8. SK엔론								
2003	100	SK 50 Enron Korea 50		6 6(2) 0		* 감사 2 (비상근사내)	7 2-5 2-5	

주 : 12월 현재 ; SK건설과 SK엔론은 비상장회사 ; SK엔론(2005년)=SK E&S.

출처 : 제15장.

제12장 현대자동차그룹과 개인화된 다원적 경영구조

현대자동차그룹은 2001년4월 대규모기업집단으로 처음 지정되면서 출발하였다. 동일인 겸 그룹회장은 정몽구이다.

그룹의 중심인 현대자동차는 6개월 전인 2000년8월 이미 기존의 현대그룹으로부터 계열 분리할 수 있는 요건을 갖추고 있었다. 최대주주가 정주영(현대그룹 창업주)에서 현대정공 (이후 현대모비스)으로 바뀐 것이다. 공정거래위원회에는 8월23일 계열분리를 공식 신청하였다. 현대자동차의 최대주주는 원래 현대중공업이었다. '왕자의 난'(제2장 제1절 참조)이 한창 이던 2000년5월 정주영은 현대자동차를 분리시키기 위해 현대중공업이 보유하고 있던 지분을 대거 매입하여 최대주주가 되었으며, 이후 석 달 만에 분리시킨 것이었다.

현대자동차는 1967년 설립되었다. 현대그룹의 시작인 현대건설이 출발한 지 20년이 지난 뒤였다. 현대건설은 1947년 설립된 현대토건사가 그 전신으로, 1950년 현대자동차공업사 (1946년 설립)를 합병하면서 명칭이 변경된 것이었다. 현대자동차는 처음부터 정세영(정주영 동생)이 맡았으며 이후 그룹의 주력회사로 자리잡아갔다. 그는 1987년 그룹회장이 되었다.

하지만, 정세영은 1996년 정몽구(정주영 아들, 1938년생)에게 그룹회장직을 물려주었으며 1998년3월에는 현대자동차에서도 완전히 손을 뗐다. 대신 정몽구가 대표이사회장으로 취임하면서 경영권을 물려받았다. 현대자동차를 책임진 지 2년 반 만에 현대그룹에서 독립한 것이다. 그는 2000년3월 동생 정몽헌에게 밀려나 맡고 있던 공동그룹회장직을 내놓은 상태였다. 현대자동차그룹이 분리된 이후에도 현대그룹은 계속 남아 있지만, 후자는 규모가 급격히 축소되었으며 전자가 높은 순위를 유지하면서 현대그룹의 실질적인 후계자 노릇을 하고 있다.

정주영(1915~2001)은 6남1녀 중 장남이었으며 그 자신 8남1녀의 자녀를 두었다. 이들 형제와 아들들 또는 그 일가들은 각자의 사업을 가지고 있다 : 정인영(첫째 동생)은 한라그룹, 정순영(둘째 동생, 사망)은 성우그룹, 정세영(셋째 동생, 사망)은 현대산업개발그룹, 정상영 (다섯째 동생)은 KCC그룹, 김영주(여동생 정희영 남편)는 한국프랜지공업 ; 정몽구(2남)는 현대자동차그룹, 정몽근(3남)은 현대백화점그룹, 현정은(5남 정몽헌(사망) 부인)은 현대그룹, 정몽준(6남)은 현대중공업그룹, 정몽윤(7남)은 현대화재해상보험, 그리고 정몽일(8남)은 현대파이낸스.

현대자동차그룹은 2001년 16개 계열회사에 36.1조원의 자산을 가지고 재계 5위로 출발하였다. 순위는 성큼성큼 올라 2005년부터는 2위를 지키고 있다. 계열회사도 급증해 2006년 40개까지 늘어났으며 2007년 현재 36개다. 자산은 2001년 36.1조원에서 지속적으로 증가하여 2007년까지 66.2조원으로 2배 가량이 되었다(<표 12.1>).

<표 12.1> 현대자동차그룹, 2001~2007년 : 순위(A, 위), 계열회사 수(B, 개), 자산총액(C, 10억원),
1개 계열회사 평균자산(D, 10억원)

년도	A	B	C	D	년도	A	B	C	D
2001	5	16	36,136	2,259	2004	3	28	52,345	1,869
2002	4	25	41,266	1,651	2005	2	28	56,039	2,001
2003	4	25	44,060	1,762	2006	2	40	62,235	1,556
					2007	2	36	66,225	1,840

주 : 1) 4월 현재 ; 2002~2007년 순위 – 공기업집단 제외.
　　2) 현대자동차그룹은 현대그룹 계열회사 일부가 분리되어 형성되었으며 2001년부터 대규모기업
　　　집단으로 지정됨. 현대그룹의 순위는 다음과 같이 변함 : 1987~2000년 1위, 2001년 2위, 2002
　　　년 8위, 2003년 11위, 2004년 14위, 2005년 15위, 2006년 16위, 2007년 17위.
　　출처 : 공정거래위원회 홈페이지 자료.

1. 정몽구 가족의 소유 및 경영 참여

정몽구의 직계가족은 부인(이정화, 1939년생), 1남(정의선, 1970), 3녀(정성이(1962), 정명이(1964), 정윤이(1968)) 등 모두 5명이다.

분석 대상인 6개의 계열회사에 관한 한 이 6명 중 부인을 제외한 5명, 사위 2명(정태영, 신성재) 그리고 다른 13명 등 모두 20명의 가족구성원들이 소유 또는 경영에 참여하였다. 이들 중 4명(정몽구, 의선, 사위 2명)은 양쪽 모두에, 1명(정몽헌)은 경영에, 그리고 나머지 15명은 소유에 참여하였다. 한편, 그룹 전체로 보면 정몽구 가족구성원들의 참여 범위는 더 광범위할 것으로 추측된다.

(1) 참여 빈도

1) 사람별 : 20명 중에서는 동일인 및 그룹회장인 정몽구의 참여 범위가 제일 넓다(<표 12.2>). 6개 회사 모두에 관여하고 있다. 1개(기아자동차)에는 경영에, 그리고 5개(현대모비스, 현대자동차, 현대하이스코, INI스틸, 현대캐피탈)에는 소유와 경영 모두에 참여하고 있다. 현대모비스와 현대자동차에 대한 참여는 1998년 이후 계속되고 있다. 아직 그룹 출범 초기

여서 '창업주'인 자신이 주요 6개 회사 모두를 직접 챙기고 있는 것으로 해석할 수 있다.

외아들 정의선은 모두 4개 회사와 관련이 있는데 참여 정도가 점점 확대되고 있다. 2001년에는 현대캐피탈의 경영자로서만 활동하다가, 2003년에는 그 회사에는 주주로만 남고 기아자동차와 현대모비스의 경영에 발을 들여 놓았으며, 2005년에는 기아자동차의 주주도 되면서 새로 현대자동차의 주주 겸 경영자가 되었다. 두 사위는 2003년경부터 장인의 구원투수로 나섰다. 정태영(둘째 딸 정명이 남편)은 현대캐피탈을, 그리고 신성재(셋째 딸 정윤이 남편)는 현대하이스코를 책임졌다. 각각 현대자동차와 현대하이스코의 주주이기도 하였다. 경영에 관여한 나머지 1명은 정몽헌으로, 계열분리되기 전인 1998년 현대자동차에 관련된 적이 있었다.

나머지 15명 가족구성원들은 주주들이다. 어머니 변중석은 현대자동차와 현대모비스에 (2005년 ; 2000~2003년에는 현대모비스), 아버지 정주영(1998년)은 INI스틸에, 정몽규(정세영 아들, 1998년)는 현대모비스에, 그리고 딸 3명을 포함한 12명은 현대자동차에 각각 주식을 가졌다. 마지막 12명 중 1명(정세영, 1998년)을 제외하고는 모두 2005년에 주주가 되었다. 정의선과 변중석도 마찬가지였다.

2) 회사별 : 현대자동차에 20명 중 16명이나 참여하였다. 2명(정몽구, 정의선)은 소유 및 경영 모두에, 1명(정몽헌)은 경영에, 그리고 13명은 소유에 참여하였다. 현대모비스에는 5명이 (정몽구는 소유 및 경영, 정의선은 경영, 3명은 소유), 그리고 나머지 4개 회사(기아자동차, 현대하이스코, INI스틸, 현대캐피탈)에는 각각 정몽구 외에 1~2명씩만 관여하였다.

<표 12.2> 정몽구 가족의 소유(O) 및 경영(M) 참여 : (1) 빈도

관계	이름	년도	기아자동차	현대모비스	현대자동차	현대하이스코	INI스틸	현대캐피탈
동일인	정몽구	1998		O M	O M		O M	
		2001	M	O M	O M	O	O	O M
		2003	M	O M	O M	O	O	O M
		2005	M	O M	O M	O M	O M	
아들	정의선	2001						M
		2003	M	M				O
		2005	O M	M	O M			
딸1	정성이	2005			O			
딸2	정명이	2005			O			
딸3	정윤이	2005			O			
사위2	정태영	2001		O				
		2003-5		O				M
사위3	신성재	2003-5				O M		
아버지	정주영	1998					O	
어머니	변중석	2001-3		O				
		2005		O	O			

백부4	정세영	1998	O	
남동생3	정몽헌	1998		M
(백부1)				
아들1	정몽국	2005	O	
아들2	정몽원	2005	O	
손녀1	정지혜	2005	O	
(백부2)				
아들2	정몽석	2005	O	
딸2	정정숙	2005	O	
(백부4)				
아들	정몽규	1998	O	
(백부6)				
아들1	정몽진	2005	O	
아들2	정몽익	2005	O	
아들3	정몽열	2005	O	

주 : 1) 12월 현재 ; 밑줄 친 회사는 비상장회사.
   2) 현대모비스(1998년)＝현대정공 ; INI스틸(1998년)＝인천제철.
   3) 백부1＝정인영 ; 백부2＝정순영 ; 백부6＝정상영.
출처 : <표 12.3>.

(2) 참여 내용

1) 소유 참여 : 가족구성원 20명 중 19명이 주주였는데, 분석 대상 6개 회사에 최대주주 신분을 가지고 있는 사람은 아무도 없다(<표 12.3>).

정몽구는 기아자동차를 제외한 5개 회사에 각각 3~13% 사이의 지분을 가지고 있으며, 최대주주는 아니지만 친족 지분의 거의 대부분을 혼자 가지고 있다 : 현대모비스(7.91~8.58%), 현대자동차(3.39~5.21%), INI스틸(7.16~12.58%), 현대하이스코(3.67~10%) 그리고 현대캐피탈(4.92~8.45%). 앞 3개 회사에서는 1998년 이후 계속 그리고 현대하이스코에서는 2001년부터 주주이며, 현대캐피탈에서는 2001~2003년 사이에 주주였다. 현대자동차 지분은 꾸준히 늘어났으며 현대하이스코 지분은 2배 이상 늘어났다. INI스틸에서는 중간에 좀 줄었다가 다시 12% 이상의 지분을 가지고 있다.

정몽구 외에 18명 가족구성원들이 가지고 있는 주식은 미미하다. 정의선(기아자동차 2005년, 1.99%)과 정주영(INI스틸 1998년, 2.33%) 2명이 상대적으로 많이 가지고 있을 뿐 나머지 16명의 지분은 대부분 0%에 가깝다. 2003~2005년 정태영이 현대모비스에 그리고 신성재가 현대하이스코에 각각 같은 크기(0.04%)의 지분을 가지고 있는 것이 눈에 띈다. 2005년 현대자동차에는 모두 14명의 가족구성원들이 5.23%를 가졌는데 정몽구(5.21%) 혼자 몫이 거의 전부였다.

<표 12.3> 정몽구 가족의 소유 및 경영 참여 : (2) 회사별 - 지분(%) 및 임원 직책

	1998	2001	2003	2005
(1. 기아자동차)				
정몽구		대표이사회장 추천위원	대표이사회장 추천위원	대표이사회장 추천위원
정의선				1.99
			등기부사장	대표이사사장 추천위원
친족				1.99
(2. 현대모비스)				
정몽구	8.09 등기회장	8.58 대표이사회장	7.99 대표이사회장	7.91 대표이사회장
정의선			등기부사장 추천위원	등기사장 추천위원
정태영		0.02	0.04	0.04
변중석		0	0	0
정몽규	0.17			
친족	8.26	8.6	8.03	7.95
(3. 현대자동차)				
정몽구	3.39 대표이사회장	4.08 대표이사회장 추천위원	5.19 대표이사회장 추천위원	5.21 대표이사회장 추천위원
정의선				0 미등기사장
정세영	(지분)			
정몽헌	비상근 등기주주이사			
정윤이				0
변중석				0
정몽익				0
정몽국				0
정몽석				0
정성이				0
정명이				0
정몽원				0
정정숙				0
정몽진				0
정몽열				0
정지혜				0
친족	≤6.83	≤4.09	≤5.21	5.23
(4. 현대하이스코)				
정몽구		3.67	4.1	10 미등기회장
신성재			0.04 등기부사장	0.04 대표이사사장 추천위원
친족		3.67	4.14	10.04

(5. INI스틸)				
정몽구	12.11	7.16	8.8	12.58
	대표이사회장			등기이사
정주영	2.33			
친족	14.44	7.16	8.8	12.58
(6. 현대캐피탈)				
정몽구		4.92	8.45	
		비상근등기이사	등기이사	
정의선			0.42	
		비상근등기이사		
정태영			대표이사사장	대표이사사장
친족		4.92	8.87	

주 : 1) 12월 현재 ; 밑줄 친 회사는 비상장회사.
　　 2) 현대모비스(1998년)=현대정공 ; INI스틸(1998년)=인천제철.
　　 3) 추천위원=사외이사후보추천위원회 위원.
　　 4) 현대자동차(1998년)-정세영 지분 크기 정보 없음.
출처 : 제16장.

2) 경영 참여 : 경영에는 5명이 참여하고 있으며 대부분의 경우 상근임원이다(<표 12.3, 12.4>). 정몽구는 6개 회사 모두에 관여하고 있는데, 2001년의 현대캐피탈에서만 비상근(비상근이사 ; 2003년에는 상근이사)이었고 나머지 경우에는 모두 상근으로 일하였다. 기아자동차, 현대모비스(2001~2005년 ; 1998년에는 등기회장), 현대자동차 등 3개 주력회사는 대표이사회장으로서 직접 챙기고 있다. 현대하이스코에서는 경영에 관여하지 않다가 2005년 회장(미등기)으로 나섰고, INI스틸에서는 1998년 대표이사회장이었는데 이후 경영에서 손을 뗐다가 2005년 이사회 멤버로 복귀하였다.

정의선은 아버지가 대표이사회장으로 있는 3개 회사에서 후계자 수업을 받고 있다. 기아자동차와 현대모비스에서는 2003년 부사장이었다가 2005년 각각 대표이사사장, 등기사장으로 승진하였다. 현대자동차에서는 2005년 미등기사장으로 기용되었다. 정태영은 2003년부터, 그리고 신성재는 2005년부터(2003년에는 등기부사장) 대표이사사장으로서 각각 현대캐피탈과 현대하이스코를 책임졌다. 한편, 6개 회사 중 INI스틸만 전문경영인체제로 운영되고 있으며, 정몽구가 등기이사로서 의결과정만 챙기고 있다.

경영에 참여한 5명 중 3명은 2개 이상의 회사 경영에 관여하였다(<표 12.3, 12.5>). 분석대상 6개 회사 외에 5개 비상장회사가 더 관련되어 있다. 정몽구의 겸직 수는 1998년 3개였다가 2001년 7개로 늘어나 2003년까지 유지되었고, 2005년 현재 6개다. 분석 대상 6개 회사와 3개 비상장회사(로템, 엔지비, 현대파워텍) 등 모두 9개가 관련되어 있으며, 뒤 3개 회사에서는 모두 비상근이사직을 가졌던 것으로 보인다.

한편, 정의선은 2003년과 2005년에 4개씩의 회사에 관여하였다. 관련 회사는 6개로, 분석대상 4개(기아자동차, 현대모비스, 현대자동차, 현대캐피탈)와 2개 비상장회사(오토에버시스템즈, 엔지비)이다. 정태영은 2005년 2개 비상장회사(현대캐피탈, 현대카드)의 대표이사였다.

<표 12.4> 정몽구 가족의 소유 및 경영 참여 : (3) 경영 참여 빈도와 유형
- 총 회사(T), 상장회사(A), 상근임원(a)

	1998년			2001년			2003년			2005년		
	T	A	a	T	A	a	T	A	a	T	A	a
분석된 회사	3	3		6	5		6	5		6	5	
경영 참여 회사	3	3		4	3		5	4		6	5	
정몽구	3	3	3	4	3	3	4	3	4	5	5	5
정의선				1	0	0	2	2	2	3	3	3
정태영							1	0	1	1	0	1
신성재							1	1	1	1	1	1
정몽헌	1	1	0									

출처 : <표 12.2, 12.3>.

<표 12.5> 정몽구 가족의 소유 및 경영 참여 : (4) 겸직(개) - 계열회사(T), 상장회사(A), 비상장회사(B)

1. 합

	1998년			2001년			2003년			2005년		
	T	A	B	T	A	B	T	A	B	T	A	B
총 계열회사				21	6	15	25	6	19	40	10	30
정몽구	3	3	0	7	3	4	7	3	4	6	5	1
상근이사		3			3			3				
비상근이사												
정의선				1	0	1	4	2	2	4	3	1
상근								2			3	
비상근						1						
정태영							1	0	1	2	0	2
상근								1				2
비상근												

2. 회사/사람별 직책

		1998년	2001년	2003년	2005년
기아자동차*	몽구		대표이사회장	대표이사회장	대표이사회장
	의선			등기부사장	대표이사사장
현대모비스*	몽구	등기회장	대표이사회장	대표이사회장	대표이사회장
	의선			등기부사장	등기사장
현대자동차*	몽구	대표이사회장	대표이사회장	대표이사회장	대표이사회장
	의선				사장
	몽헌	비상근등기 주주이사			
현대하이스코*	몽구				회장
INI스틸*	몽구	대표이사회장			등기이사

현대캐피탈*	몽구	비상근이사	등기이사	
	의선	비상근이사		
	태영		대표이사사장	대표이사사장
로템	몽구	이사	이사	
오토에버시스템즈	의선		이사	이사
엔지비	몽구	이사	이사	
	의선			이사
현대카드	태영			대표이사
현대파워텍	몽구	이사	이사	이사

주 : * 분석된 회사 ; 계열회사 수-이듬해 3월 현재 ; 이사-상근/비상근 구분 없음 ; 밑줄 친 회사는 비상장회사.

출처 : 제16장.

3) 그룹 전체에서의 경영 및 소유 참여 : 그룹 전체로 보면 정몽구가족구성원들의 경영 및 소유에의 참여 정도는 위에서 제시한 것보다는 더 광범위할 것으로 짐작된다. 먼저, 경영과 관련해서 다음의 언론보도를 보자 (『조선일보』 2005.2.26).

2005년3월 : 정의선(현대기아자동차 기획총괄본부사장), 정태영(현대캐피탈 사장),
신성재(현대하이스코 사장), 정일선(BNG스틸 사장).

4명 중 3명은 위에서 언급된 사람들이며 1명(정일선)은 새로운 인물이다. 정일선(1970년생)은 정주영의 4남 정몽우(사망)의 장남으로 두 남동생(정문선(1974년생), 정대선(1977))도 BNG스틸(구 삼미특수강)에서 일하고 있다. 정일선은 부사장으로 있다가 2005년3월 35세의 젊은 나이에 대표이사사장으로 발탁되었다. 정문선도 2005년 이사로 경영에 입문하였다.

한편, 가족구성원들의 소유 참여는 경영 참여보다는 훨씬 더 빈번했을 것으로 생각된다. 2004년부터 공정거래위원회는 친족 지분을 4개(배우자/혈족1촌, 혈족2~4촌, 혈족5~8촌, 인척4촌 이내)로 세분화해서 공개하고 있는데 현대자동차그룹의 경우는 다음과 같다. 친족 지분이 급격하게 늘어나고 있으며 3개 유형의 친족 사이에 분포되어 있다. 지분 크기가 LG그룹(3.62~3.97%)보다는 많이 작고, 삼성그룹(0.50~0.90%)과는 비슷하며, SK그룹(0.32~0.68%)보다는 조금 크다 (4월1일 현재, 보통주+우선주 기준 ; 공정거래위원회 홈페이지 자료).

A) (2004년) 0.26% = 0.23 + 0.03 + 0 + 0.01
B) (2005년) 0.55% = 0.49 + 0.05 + 0 + 0.01
C) (2006년) 1.06% = 0.89 + 0.05 + 0 + 0.12
D) (2007년) 1.05% = 0.89 + 0.05 + 0 + 0.12.

2. 소유구조

분석 대상 6개 회사 중 1개(현대캐피탈)를 제외한 5개는 상장회사다. 이들 회사에서는 주주가 많아 소유 분산이 광범위하게 이루어져 있다. 그럼에도 불구하고, 정몽구 가족구성원들은 상당 정도의 주식을 보유하고 있으며, 이들 친족과 다른 특수관계인들(임원, 계열회사, 자기주식, 자사주펀드)이 최대주주를 중심으로 은밀한 금전적 협조 관계를 형성함으로써 안정적으로 소유권을 확보하고 있다.

(1) 주주 수 및 지분

1) 주주 수 : 5개 상장회사 중 2개에서는 주주가 5만 명 이상이고 3개에서는 2만 명 내외이다(<표 12.6>). 주력 2개 자동차 제조회사에서 주주가 매우 많다. 현대자동차에서는 현대그룹 소속이던 1998년(23,291명)에는 2만 명을 좀 넘었는데, 독립된 그룹으로 출범한 첫 해인 2001년(90,481명)에는 4배 정도나 급증해 9만 명을 넘었다. 이후 조금 줄어들어 67,000여 명이 유지되고 있다. 기아자동차의 주주는 2001~2005년 사이 6~7만 명 수준(61,201~69,358명)이 유지되는 가운데 약간 증가하였다.

INI스틸(이전 인천제철 ; 이후 현대제철)에서도, 현대자동차에서처럼, 현대그룹 소속 때인 1998년(8,388명)에는 주주가 1만 명이 안 되었는데, 현대자동차그룹 소속으로 바뀐 2001년(19,458명)에는 2배 이상 늘어나 2만 명 가까이 되었다. 2005년(22,853명)까지는 2만 명을 넘어섰다. 현대하이스코(11,288~20,766명)에서도 2001~2005년 사이 많이 늘어나 2만 명을 넘었다. 반면, 현대모비스(26,965~17,278명)에서는 1998년 27,000명 정도 되던 주주 수가 이후 조금씩 줄어들어 2005년에는 17,000명을 조금 넘는 수준이 되었다. 한편, 비상장회사인 현대캐피탈에는 28~203명의 소수 주주들이 있다.

<표 12.6> 주주 수(명) 및 지분(%) : (1) 총 주주(S), 최대주주(S1), 특수관계인(S2)

년도	기아자동차	현대모비스	현대자동차	현대하이스코	INI스틸	현대캐피탈
1. S (명)						
1998		26,965	23,291		8,388	
2001	63,538	22,025	90,481	13,509	19,458	28
2003	61,201	22,880	67,932	11,288	14,692	203
2005	69,358	17,278	67,265	20,766	22,853	91
2. S1+S2 (명)						
1998		6	27		9	
2001	3	8	19	5	5	2
2003	7	8	20	7	4	3
2005	8	6	20	5	3	2

(S1)						
1998		INI스틸	현대중공업		현대산업개발	
2001	현대자동차	기아자동차	현대모비스	현대자동차	기아자동차	현대자동차
2003	현대자동차	기아자동차	현대모비스	현대자동차	기아자동차	현대자동차
2005	현대자동차	기아자동차	현대모비스	현대자동차	기아자동차	현대자동차
(S2)						
1998		5	26		8	
2001	2	7	18	4	4	1
2003	6	7	19	6	3	2
2005	7	5	19	4	2	1
3. S1+S2 (%)						
1998		30.1	26.74		47.03	
2001	46.56	35.97	20.44	60.8	42.35	90.49
2003	47.76	35.19	24.6	60.96	49.92	93.12
2005	44.63	34.76	25.1	50.12	40.32	56.75
(S1)						
1998		21.12	13.61		15.11	
2001	36.33	17.55	11.49	23.43	11.52	85.57
2003	37.33	18.34	14.53	26.1	18.36	84.24
2005	38.67	18.15	14.56	26.13	21.39	56.12
(S2)						
1998		8.98	13.12		31.93	
2001	10.23	18.41	8.96	37.37	30.83	4.92
2003	10.43	16.84	10.07	34.86	31.55	8.87
2005	5.96	16.63	10.54	23.99	18.93	0.63

주 : 1) 12월 현재 ; 밑줄 친 회사는 비상장회사.
   2) 현대모비스(1998년)=현대정공 ; INI스틸(1998년)=인천제철.
   3) 밑줄 친 지분-S1과 S2 중 큰 지분.
출처 : 제16장.

2) 최대주주 및 특수관계인 수 : 이 주주들 중 정몽구가족의 소유권 장악에 협조하는 '최대주주 및 특수관계인' 수는 5개 회사에서 10명 이하다. 현대모비스(6~8명)와 현대하이스코(5~7명)에서는 5명 이상이고, 비상장회사인 현대캐피탈(2~3명)에서는 5명 이하다. INI스틸(9~3명)에서는 5명 이하로 줄어들었고, 반면 기아자동차(3~8명)에서는 5명 이상으로 늘어났다. 현대자동차(27~20명)에서만 20명 이상으로 인원이 많다. 2001년 분리 독립된 이후 조금 줄어들기는 하였다.

최대주주 신분을 정몽구 자신이나 다른 가족구성원들이 아무도 가지고 있지 않는 점이 독특하다. 대신 6개 계열회사(현대자동차, 기아자동차, 현대모비스, INI스틸, 현대중공업, 현대산업개발)를 내세우고 있다. 뒤의 3개 회사는 현대그룹 시절인 1998년에만 관련되어 있고, 2001년부터는 앞의 3개 회사가 각각 3개, 2개, 1개씩의 회사에서 최대주주 역할을 담당하고 있다. 중요한 점은 이 3개 회사가 차례로 서로의 회사에 최대주주로 참여함으로써 완벽한 순환출자관계를 형성하고 있다는 것이다.

A) 현대모비스는 현대자동차를,

B) 현대자동차는 기아자동차, 현대하이스코, 현대캐피탈을,

C) 기아자동차는 현대모비스와 INI스틸을 각각 책임지고 있다.

3) 최대주주 및 특수관계인 지분 : 5개 상장회사에서 지분이 매우 크다. 소유 분산이 광범위한 중에서도 소수의 주주들을 중심으로 정몽구가족의 소유권 장악이 매우 철저함을 알 수 있다. 현대하이스코(50.12~60.96%)에서 50% 이상으로 가장 크다. 기아자동차(44.63~47.76%)와 INI스틸(40.32~49.92%)에서는 40% 이상, 현대모비스(30.1~35.79%)에서는 30% 이상, 그리고 현대자동차(20.44~26.74%)에서는 20% 이상이다. 2003~2005년 기아자동차와 현대자동차의 주주 수는 6만여 명으로 서로 비슷한데, 최대주주 및 특수관계인 지분은 앞 회사에서 2배 정도나 크다. 한편, 비상장회사인 현대캐피탈(93.12~56.75%)에서는 지분 크기가 50% 이상이며, 90% 이상이었다가 이후 많이 줄어들었다.

총지분 중에서는 최대주주 몫이 특수관계인 몫보다 더 큰 경우가 많으며, 그렇지 않은 경우에는 양자의 차이가 그리 크게 나지 않는다. 현대자동차(최대주주 11.49~14.56% vs. 특수관계인 8.96~13.12%), 기아자동차(36.33~38.67% vs. 5.96~10.43%), 현대캐피탈(56.12~85.57% vs. 0.63~8.87%) 등 3개 회사에서는 최대주주의 몫이 지속적으로 컸으며, 특히 뒤 2개 회사에서는 월등히 컸다. 현대모비스(17.55~21.12% vs. 8.98~18.41%)에서는 최대주주 지분이 좀 더 큰 경우가 상대적으로 빈번했고, 반면 현대하이스코(23.43~26.13% vs. 23.91~37.37%)와 INI스틸(11.52~21.39% vs. 18.93~31.93%)에서는 특수관계인 지분이 더 큰 경우가 상대적으로 더 빈번했다.

(2) 특수관계인의 수 및 지분

1) 특수관계인－유형별 특징 : 최대주주를 중심으로 은밀한 금전적 협조관계를 형성하는 특수관계인에는 모두 6개 유형(친족, 임원, 비영리법인, 계열회사, 자기주식, 자사주펀드)이 있는데, 분석 대상 6개 회사에 관한 한 비영리법인을 제외한 5개 유형이 관련되어 있다(<표 12.7>).

현대모비스와 INI스틸에서 상대적으로 많은 2~4유형의 특수관계인들이 등장하고 있으며 시간이 지남에 따라 그 수가 줄어들고 있다. 현대자동차에서는 1998~2003년 사이 계열회사를 제외한 다른 특수관계인들의 수가 뭉뚱그려 제시되어져 있으며, 2005년에 3개 유형이 등장하는 것으로 보아 이전에도 비슷한 수의 유형이 관련되었던 것으로 보인다. 현대캐피탈에서는 각 년도에 1개씩의 유형만이 주식을 보유하고 있다.

5개 유형 중에서는 '계열회사'의 비중이 단연 크다. 등장하는 빈도도 높고 지분도 크다. 분

석 대상 6개 회사의 최대주주가 모두 계열회사인 점을 감안하면, 정몽구가족의 소유권 장악에 계열회사의 역할이 절대적임을 알 수 있다. 현대하이스코(1~3개 회사, 13.91~33.7%)와 기아자동차(1개, 3.95~10.06%)에서는 계열회사 지분이 다른 특수관계인들 지분보다 내내 컸고, 현대모비스(2001~2005년, 2개, 8.68~9.4%)와 현대자동차(2001, 2005년, 1개, 4.87~5.29%)에서는 4개 년도 중 3~2개 년도에서만 컸다.

INI스틸의 경우 1998년 계열회사(16.81%) 지분이 가장 컸다가 2001~2003년에는 '자기주식'(17.3~22.21%)의 비중이 가장 큰 상황으로 바뀌었다. 자기주식은 계열회사의 부류에 포함시킬 수 있는 특수관계인이다. 한편, '친족' 지분은 1998년의 현대모비스, 2005년의 INI스틸 등 일부 경우에서만 상대적으로 더 컸다. 1998~2003년 사이 현대자동차에서는 계열회사 지분 외의 다른 특수관계인들 지분이 뭉뚱그려져 있는데, 이 지분의 대부분은 친족이 보유하고 있는 것으로 짐작된다. 1998년과 2003년에는 이 지분이 계열회사 지분보다 컸다.

<표 12.7> 주주 수(명) 및 지분(%) : (2) 특수관계인(S2)

– 친족(A), 임원(C), 계열회사(D), 자기주식(E), 자사주펀드(F)

년도	기아자동차	현대모비스	현대자동차	현대하이스코	INI스틸	현대캐피탈
1. 주주 수(명)						
(1998)						
A		2	23*		2	
C		2			2	
D		1	3		3	
F					1	
(2001)						
A		3	17*	1	1	1
C		1				
D	1	2	1	3	1	
E	1	1			1	
F					1	
(2003)						
A		3	18*	2	1	2
C	4	1		2		
D	1	2	1	2	1	
E	1	1				
(2005)						
A	1	3	14	2	1	
C	5		4	1		
D	1	2	1	1	1	
E						1

2. 지분(%)

(1998)						
A		8.26	6.83*		14.44	
C		0			0.03	
D		0.72	6.29		16.81	
F					0.65	
(2001)						
A		8.6	4.09*	3.67	7.16	4.92
C		0.02				
D	9.79	9.4	4.87	33.7	1.04	
E	0.44	0.39			22.21	
F					0.42	
(2003)						
A		8.03	5.21*	4.14	8.8	8.87
C	0.01	0.06		0.02		
D	10.06	8.75	4.86	30.7	5.45	
E	0.36	0			17.3	
(2005)						
A	1.99	7.95	5.22	10.04	12.58	
C	0.02		0.03	0.04		
D	3.95	8.68	5.29	13.91	6.35	
E						0.63

주 : 1) 12월 현재 ; 밑줄 친 회사는 비상장회사.
　　2) 현대모비스(1998년)=현대정공 ; INI스틸(1998년)=인천제철.
　　3) 밑줄 친 지분-A~F 중 가장 큰 지분.
　　4) 현대자동차(*) : 계열회사를 제외한 모든 주주 수 또는 지분 합.
　　출처 : 제16장.

2) 친족 및 계열회사 : 특수관계인 중 친족과 계열회사(최대주주, 자기주식 포함) 등 2개 유형을 다른 각도에서 좀 더 살펴보자(<표 12.8, 12.9>). 앞에서 설명한 대로, 소유에 참여한 '친족'은 정몽구 가족구성원 19명이다. 정몽구는 기아자동차를 제외한 5개 회사의 주주로, 활동범위도 가장 넓고 관련 시기도 가장 길다. 아들 정의선은 3개 회사(기아자동차, 현대자동차, 현대캐피탈)에서, 그리고 어머니 변중석은 2개 회사(현대자동차, 현대모비스)에서 주식을 보유한 적이 있다. 이들 3명을 제외한 16명은 각각 1개 회사의 주식만 소량 보유하였다.

각 년도 각 회사에는 1~3명의 적은 가족구성원들만 주주로 참여하였다. 2005년 현대자동차에서만 14명의 많은 인원이 관련되어 있다. 전체적으로 보면, 19명 가족구성원 중 15명이 현대자동차의 주주였고, 이 중 3명(정몽구, 정의선, 변중석)을 제외한 12명은 현대자동차에서만 주주였다. 그 다음으로 많은 인원인 4명(정몽구, 변중석 포함)은 현대모비스의 주식을 가지고 있다.

분석 대상인 5개 상장회사와 1개 비상장회사에 지분을 가진 적이 있는 '계열회사'는 모두 12개였다. 하지만, 이 중 7개는 1998년도에만 관련되어 있고 현대자동차그룹 계열회사는 아니다. 2001년 이후에는 그룹 계열회사 5개만 지분을 가지고 있다.

참여 회사 수는 2~3개가 대부분이다. 최대주주가 모두 계열회사이므로 '특수관계인' 신분으로서의 계열회사 수는 1~2개인 셈이며, 적지 않은 경우 '자기주식'도 있으므로 이 경우에는 그 수가 더 줄어든다. 2001~2003년 현대모비스(최대주주 기아자동차, 자기주식), 1998년 현대자동차(최대주주 현대중공업), 2001년 현대하이스코(최대주주 현대자동차), 1998년 INI스틸(최대주주 현대산업개발) 등 4개 경우에는 각각 4개 계열회사가 관련되어 있다. 한편, 2001~2003년 현대캐피탈에는 최대주주인 현대자동차가 계열회사로서는 혼자 주식을 가지고 있다.

지분 보유 계열회사 12개 중에서는 상장회사(9개)가 비상장회사(3개)보다 수도 많고 참여도 더 빈번하다. 현대자동차(4개 회사, 1~3개년도 씩), 기아자동차(4개, 2~3개년도), INI스틸(4개, 2~4개년도) 등 3개 상장회사의 참여가 상대적으로 활발하였으며, 뒤 2개 회사는 '자기주식'도 가졌다. 비상장회사인 현대캐피탈(5개 회사, 1~3개년도 씩)도 비슷한 정도로 참여하였다.

<표 12.8> 특수관계인 : (1) 친족 - 년도별, 사람별

1. 년도별

년도	기아 자동차	현대 모비스	현대 자동차	현대 하이스코	INI 스틸	현대 캐피탈
1998		정몽구 정몽규	정몽구 정세영		정몽구 정주영	
2001		정몽구 정태영 변중석	정몽구	정몽구	정몽구	정몽구
2003		정몽구 정태영 변중석	정몽구	정몽구 신성재	정몽구	정몽구 정의선
2005	정의선	정몽구 정태영 변중석	정몽구 정의선 정윤이 변중석 정몽익 정몽국* 정몽석* 정성이** 정명이** 정몽원** 정정숙** 정몽진** 정몽열** 정지혜**	정몽구 신성재	정몽구	

2. 사람별

	기아 자동차	현대 모비스	현대 자동차	현대 하이스코	INI 스틸	현대 캐피탈
정몽구		98 01 03 05	98 01 03 05	01 03 05	98 01 03 05	01 03
정의선	05		05			03
정성이			05			
정명이			05			
정윤이			05			
정태영		01 03 05				
신성재					03 05	
정주영					98	
변중석		01 03 05	05			
정세영			98			
정몽국			05			
정몽원			05			
정몽석			05			
정정숙			05			
정몽규		98				
정몽진			05			
정몽익			05			
정몽열			05			
정지혜			05			

주 : 1) 12월 현재 ; 밑줄 친 회사는 비상장회사.
　　2) 현대모비스(1998년)=현대정공 ; INI스틸(1998년)=인천제철.
　　3) 현대자동차(1998~2003년)－출처에 일부 주주 이름만 있음.
　　4) 년도별 : 순서는 지분크기 순서 ; *, ** 해당 년도의 지분크기가 같음.
　　5) 사람별 : 숫자는 년도.
　출처 : 제16장.

　　<표 12.9> 특수관계인 : ⑵ 계열회사 － 년도별, 회사별

1. 년도별

년도	기아 자동차	현대 모비스	현대 자동차	현대 하이스코	INI 스틸	현대 캐피탈
1998		스틸 니어링	중공업 건설 개발 고려		개발 현대차* 전자* 상사	
2001	현대차 캐피탈 (기아차)	기아차 스틸 캐피탈 (모비스)	모비스 스틸	현대차 기아차 스틸 캐피탈	기아차 캐피탈 (스틸)	현대차

2003	현대차 캐피탈 (기아차)	기아차 스틸 캐피탈 (모비스)	모비스 스틸	현대차 기아차 스틸	기아차 캐피탈 (스틸)	현대차
2005	현대차 캐피탈	기아차 스틸 캐피탈	모비스 스틸	현대차 기아차	기아차 캐피탈	현대차 (캐피탈)

2. 회사별

	기아 자동차	현대 모비스	현대 자동차	현대 하이스코	INI 스틸	현대 캐피탈
(상장회사 9개)						
기아자동차	(01 03)	01 03 05		01 03 05	01 03 05	
현대모비스		(01 03)	01 03 05			
현대자동차	01 03 05			01 03 05	98	01 03 05
INI스틸		98 01 03 05	01 03 05	01 03	(01 03)	
고려산업개발			98			
현대건설			98			
현대산업개발			98		98	
현대전자산업					98	
현대종합상사					98	
(비상장회사 3개)						
현대캐피탈	01 03 05	01 03 05		01	01 03 05	(05)
현대엔지니어링		98				
현대중공업			98			

주 : 1) 12월 현재 ; 분석 대상 회사 중 밑줄 친 회사는 비상장회사.
　　2) 현대모비스(1998년)=현대정공 ; INI스틸(1998년)=인천제철.
　　3) 년도별 : 밑줄 친 주주는 최대주주 ; 괄호 안은 자기주식 ; 순서(자기주식 제외)는 지분크기 순서 ; * 해당 년도의 지분크기 같음.
　　4) 년도별 : 건설=현대건설 ; 고려=고려산업개발 ; 기아차=기아자동차 ; 개발=현대산업개발 ; 니어링=현대엔지니어링 ; 모비스=현대모비스 ; 상사=현대종합상사 ; 스틸=INI스틸 ; 전자=현대전자산업 ; 중공업=현대중공업 ; 캐피탈=현대캐피탈 ; 현대차=현대자동차.
　　5) 회사별 : 숫자는 년도 ; 밑줄 친 년도는 그 년도에 해당 회사가 최대주주임을 의미함 ; 괄호 안 년도는 해당 년도의 자기주식.
　출처 : 제16장.

(3) 계열회사에 대한 출자

1) 출자 빈도 : 분석 대상 6개 회사의 지분에 참여하는 '계열회사' 12개 중에는 앞의 6개 중 5개가 주를 이루고 있다. 지분 참여 대상인 자신들도 서로의 회사에 지분을 갖는다는 말이

다. 지분 보유 회사 수는 2~5개로 서로 차이가 있다 : 현대모비스(2개), 기아자동차(4개), 현대자동차(4개), INI스틸(4개), 그리고 현대캐피탈(5개). 현대자동차를 제외한 4개 회사는 각자 자신의 회사에 대한 자기주식을 가지고 있었다.

이 5개 회사와 분석 대상 중의 나머지 1개 회사(현대하이스코)는 자신들 외에도 그룹 내 다른 많은 계열회사들의 지분을 가지고 있다. 이렇게 하여 계열회사들 사이에 출자관계가 순환적이고 중층적으로 형성되게 된다(<표 12.10>).

주력회사인 현대자동차(10~16개)가 가장 빈번하게 10개 이상의 회사에 출자하였다. 2001~2003년(21~25개 중 13개)에는 전체 계열회사의 절반 이상에, 그리고 2005년(40개 중 16개)에는 40%에 지분을 가졌다. 기아자동차(8~15개)도 2003년 이후 10개 이상의 회사에 출자하였다. 현대모비스의 경우에는, 지분 참여 회사가 1998년 11개였다가 2001년 3개로 뚝 떨어졌으며 다시 2005년까지 10개로 늘어났다. INI스틸(5~6개)과 현대캐피탈(4~5개)은 5개 내외 회사의 주주이고, 현대하이스코는 2005년 겨우 1개 회사의 주주가 되었다.

2001~2005년 현대자동차는 상장회사(2~3개)에 비해 비상장회사(11~13개)에 훨씬 더 빈번하게 투자하였다. 기아자동차(1~3개 vs. 7~12개)와 현대모비스(1~3개 vs. 2~7개)도 마찬가지였다. 반면, INI스틸(3~4개 vs. 1~2개)과 현대캐피탈(3~4개 vs. 1~2개)은 오히려 상장회사에 더 빈번하게 출자하였다. 2001~2003년에는 전체 상장회사 6개 중 3~4개에, 그리고 2005년에는 10개 중 3개에 지분을 가졌다.

2) 출자 지분 : 계열회사들이 보유하는 지분의 크기는 주주가 많은 상장회사에서 더 작기 마련이어서 10% 미만 지분이 많지만 그 이상 되는 경우도 적지 않다. 흥미롭게도, 상장회사에 더 빈번하게 출자한 INI스틸과 현대캐피탈은 대부분 10% 미만의 지분을 보유하고 있고, 반면 상장회사에 대한 출자 빈도가 적은 현대자동차, 현대모비스, 기아자동차 등은 10% 이상이 대부분이고 25% 이상인 경우도 여럿 된다. 2005년 현대모비스는 1개 상장회사(에코플라스틱)에 50% 이상의 지분(65.38%)을 가지기도 하였다.

비상장회사에 대한 지분은 1~100% 사이에서 다양하면서도 25% 이상이 주를 이루고 그중에서도 50% 이상이 상당수를 차지하고 있다. 특히 현대자동차는 50% 이상 지분 보유 비상장회사가 더 많았다(2001년 11개 중 6개, 2003년 11개 중 7개, 2005년 13개 중 8개). 반면, 기아자동차는 50% 이하 지분(2001년 7개 중 5개, 2003년 10개 중 8개, 2005년 12개 중 10개)이 더 많았지만 100% 자회사도 있었다.

<표 12.10> 출자 계열회사 수(개) : 총 회사 수 및 지분 크기별 회사 수 - 상장회사(A), 비상장회사(B)

년도	기아 자동차	현대 모비스	현대 자동차	현대 하이스코	INI 스틸	현대 캐피탈
1. A+B						
1998		11	10		6	
2001	8	3	13	-	5	4
2003	11	5	13	0	5	5
2005	15	10	16	1	5	4
(A,B)						
1998		7,4	5,5		5,1	
2001	1,7	1,2	2,11	-	4,1	4,0
2003	1,10	1,4	2,11	0	4,1	3,2
2005	3,12	3,7	3,13	0,1	3,2	3,1

2. 해당 지분 보유 회사 수

		a(0-9%) b(10-24) c(25-49) d(50-99) e(100)					
		b c d e	a b c d	a b c d	a	a b c d	a b
1998	A		4 2 1	3 2		4 1	
	B		2 1 1	1 2 2		1	
2001	A	1	1	1 1		3 1	4
	B	2 3 1 1	2	1 4 6		1	
2003	A	1	1	2		3 1	2 1
	B	4 4 1 1	3 1	4 7		1	2
2005	A	3	1 1 1	1 2		2 1	3
	B	4 6 1 1	1 5 1	1 4 8	1	1 1	1

주 : 1) 12월 현재 ; 밑줄 친 회사는 비상장회사.
　　 2) 현대모비스(1998년)=현대정공 ; INI스틸(1998년)=인천제철.
　　 3) 현대하이스코(2001년)-지분 정보 없음.
출처 : 제16장.

3) 순환출자의 예 : 계열회사들 간의 출자관계는 매우 복잡하고 다양한데, 공정거래위원회가 발표한 2004~2007년의 주요 출자관계는 다음과 같다 (4월1일 현재, 보통주 기준(%) ; 밑줄 친 회사는 비상장회사 ; 2006~2007년의 경우 지분 수치 없음).

A) 2004년 :

　　a) 현대자동차(37.33) → 기아자동차(18.30) → 현대모비스(14.53) → 현대자동차

　　b) 현대자동차(37.33) → 기아자동차(18.36) → INI스틸(4.86) → 현대자동차.

B) 2005년 :

　　a) 현대자동차(38.67) → 기아자동차(18.19) → 현대모비스(14.59) → 현대자동차

　　b) 현대자동차(38.67) → 기아자동차(19.87) → INI스틸(5.30) → 현대자동차

　　c) 현대자동차(61.08) → 현대캐피탈(5.90) → INI스틸(5.30) → 현대자동차.

C) 2006년 :

   a) 현대자동차 → 기아자동차 → 현대모비스 → 현대자동차

   b) 현대자동차 → 기아자동차 → 현대제철(이전 INI스틸) → 현대자동차

   c) 현대자동차 → 현대캐피탈 → 현대제철 → 현대자동차.

D) 2007년 :

   a) 현대자동차 → 기아자동차 → 현대모비스 → 현대자동차

   b) 현대자동차 → 기아자동차 → 현대제철 → 현대자동차

   c) 현대자동차 → 현대캐피탈 → 현대모비스 → 현대자동차.

3. 경영구조 : 의결 및 감독기구

　회사의 주요 사항은 이사회에서 결정된다. 이사회의 구성원인 이사는 등기임원이다. 일부는 사내이사이고 일부는 사외이사이다. 사외이사는 1997년 IMF외환위기 이후 도입된 새로운 직책으로서 이사회에서의 역할이 점점 커지고 있다. 사외이사는 모두 비상근이다. 반면, 사내이사는 대부분 상근이지만 일부 비상근인 경우도 있다. 비상근사내이사직은 사라지고 있는 추세이다. 이사회 산하에는 사외이사후보추천위원회와 감사위원회 등 2개 위원회가 설치되어 있으며, 후자는 이전의 감사를 대신해 보다 광범위한 감독기능을 수행한다. 이들 위원회의 구성원 중 사외이사의 비중이 커지고 있다.

　(1) 이사회

　1) 이사 수 : 이사회를 구성하는 등기이사의 수는 시기에 따라 그리고 회사에 따라 다소 차이가 있긴 하지만 5~8명 사이에서 서로 엇비슷하다(<표 12.11>). 현대모비스의 이사는 1998년 13명으로 유난히 많았는데 이후 6~8명이 되었고, INI스틸에서는 1998년 8명에서 2001년 10명으로 많아졌다가 이후 다시 이전의 8명으로 되돌아갔다. 현대자동차(6~8명)와 기아자동차(7~8명)에서는 각각 비슷한 수준이 유지되고 있다. 한편, 현대하이스코(8~5명)에서는 이사 수가 약간 감소하였고, 현대캐피탈(5~7명)에서는 약간 증가하였다.

<표 12.11> 이사회 구성(명) : 총 이사(A+B ; 상근, 비상근),
사내이사(A ; 상근, 비상근), 사외이사(B ; 비상근)

년도	기아 자동차	현대 모비스	현대 자동차	현대 하이스코	INI 스틸	현대 캐피탈
(A+B)						
1998		13(8,5)	7(1,6)		8(3,5)	
2001	7(3,4)	8(3,5)	6(2,4)	8(4,4)	10(3,7)	5(2,3)
2003	8(4,4)	6(4,2)	8(3,5)	8(4,4)	8(3,5)	5
2005	8(3,5)	8(3,5)	7(3,4)	5(2,3)	8(3,5)	7(3,4)
(A)						
1998		10(8,2)	4(1,3)		6(3,3)	
2001	3	4(3,1)	2	4	4(3,1)	5(2,3)
2003	4	4	4(3,1)	4	4(3,1)	5
2005	4(3,1)	3	3	2	3	7(3,4)
(B)						
1998		3	3		2	
2001	4	4	4	4	6	0
2003	4	2	4	4	4	0
2005	4	5	4	3	5	0

주 : 1) 12월 현재 ; 밑줄 친 회사는 비상장회사.
　　2) 현대모비스(1998년)=현대정공 ; INI스틸(1998년)=인천제철.
　　3) A-상근, 비상근 구분이 없는 경우는 모두 상근임.
　　4) 현대자동차(1998, 2003년)-비상근사내이사는 '주주이사'임.
출처 : 제16장.

2) 사내이사 vs. 사외이사 : 비상장회사인 현대캐피탈의 이사회는 사내이사로만 구성되었다. 반면, 5개 상장회사에서는 이사회에 사외이사도 함께 참여하고 있으며, 사내이사 수와 같거나 그 보다 더 많은 경우가 늘어나고 있다.

사외이사가 처음 도입된 1998년에는 전체 이사 중에서의 비중이 낮았다. 현대모비스(13명 중 3명, 23%)와 INI스틸(8명 중 2명, 25%)에서는 25% 정도였고, 현대자동차(7명 중 3명, 43%)에서는 절반 가까이 되었다. 그러던 것이 2001년에는 5개 상장회사 모두에서 사외이사가 절반 이상을 차지하게 되었다. 특히, 현대자동차(6명 중 4명, 67%)에서는 전체 이사의 2/3가 사외이사였다. INI스틸(10명 중 6명, 60%)과 기아자동차(7명 중 4명, 57%)에서는 50% 이상이었고, 현대모비스와 현대하이스코(8명 중 4명)에서는 50%였다.

2003년에는 현대하이스코를 제외한 4개 회사에서 사외이사의 비중이 다소 줄어들었다. 그 결과 현대모비스(6명 중 2명, 33%)에서는 1/3 수준으로 떨어졌고, 다른 4개 회사에서는 절반 수준이었다. 하지만, 2005년에는 다시 2001년 수준 이상으로 되돌아갔다. 기아자동차(8명 중 4명, 50%)에서만 사외이사가 절반이었고 다른 4개 회사에서는 모두 그 이상이었다 : 현대모비스와 INI스틸(8명 중 5명, 63%), 현대하이스코(5명 중 3명, 60%), 그리고 현대자동차(7명 중 4명, 57%).

3) 상근이사 vs. 비상근이사 : 사외이사는 각자 자신의 직업을 가지고 있는 외부인사들이며, 모두 비상근으로 근무한다. 반면, 사내이사는 상근직이 많긴 하지만 비상근직이 포함된 경우도 적지 않다. 비상근직은 점점 감소하는 추세를 보이고 있다.

2001~2005년 현대하이스코에서는 사내이사가 전원 상근이었다. 기아자동차에서도 상근직만 있다가 2005년 드물게 비상근직이 뒤늦게 생겼다. 반면, 현대모비스에서는 2000년까지 1~2명의 비상근사내이사가 있다가 이후 없어졌다. 또, INI스틸에서는 1998년 사내이사 6명 중 비상근이 절반이나 되었는데, 이후 4명 중 1명으로 줄어들었다가 2005년에 와서야 없어졌다.

현대자동차에서는 변화가 심하다. 1998년에는 사내이사 4명 중 비상근직이 3명이나 차지했다가 2001년 사내이사 수가 2명으로 줄면서 모두 상근으로 일했다. 2003년 다시 사내이사가 4명으로 늘면서 비상근직이 1명 포함되었고, 2005년에는 사내이사가 3명이 되면서 모두 상근으로 채워졌다. 비상장회사인 현대캐피탈에서도 변화가 심했다. 2001년(5명 중 3명)과 2005년(7명 중 4명)에는 비상근직이 절반 이상이었고 2003년(5명)에는 비상근직이 없었다.

(2) 이사회 산하 위원회 : 종류 및 구성

1) 위원회 : 등기이사 모두는 이사회를 구성한다. 그런 한편으로 그들 중 일부는 사외이사후보추천위원와 감사위원회 등 2개 위원회에 배치되어 이사회를 보완하거나 이사회와는 또 다른 중요한 기능을 수행한다. 이 2개 위원회 외에 기타 위원회는 없었다(<표 12.12>).

1998년에는 이사회 산하에 위원회가 없었다. 2001년 5개 상장회사 모두에 2개 위원회가 설치되었으며 이후 2005년까지 운영되고 있다. 비상장회사인 현대캐피탈은 2005년까지 2개 모두를 두지 않고 있다.

2) 사외이사후보추천위원회 : 거의 대부분 4명의 등기이사로 구성되었다. 사내이사 2명, 사외이사 2명씩이다(<표 12.13>). 증권거래법이 규정하는 '사외이사 절반 이상 포함' 규정을 최소한도로만 지키고 있는 셈이다. 1998년의 현대하이스코와 INI스틸에서만 사외이사(3명 중 2명)가 더 많았다.

사내이사 2명은 거의 대부분 사장, 부회장, 회장 등의 고위임원이며, 이들의 대부분은 대표이사직도 가지고 있다. 정몽구 가족구성원이 3명이나 위원으로 참여하고 있는 점이 이색적이다. 무엇보다, 정몽구 자신이 대표이사회장으로서 현대자동차와 기아자동차의 사외이사 추천 과정에 직접 관여하고 있다. 이 2개 회사에서 다른 1명의 위원은 대표이사 부회장 또는 사장이었으며, 2005년 기아자동차에서의 다른 1명 위원은 부사장에서 대표이사사장으로 승진한 정의선이었다. 그는 2003~2005년 현대모비스의 추천위원이기도 한데, 각각 부사장과 사장의 상대적으로 낮은 직책을 가진 상태에서의 다소 파격적인 참여였다. 1998년에는 위원

1명이 예외적으로 비상근이사였다. 한편, 현대하이스코에서는 2005년 신성재가 부사장에서 대표이사사장으로 승진하면서 추천위원을 겸하였다.

3) 감사위원회 및 감사 : 감사위원회는 2001년 이후 5개 상장회사에 설치되었으며, 비상장회사인 현대캐피탈은 이전의 감사제도를 유지하고 있다(<표 12.14>). 감사위원은 거의 대부분 3명의 사외이사였다. 예외적으로, 2003년 현대모비스의 위원은 2명의 사외이사였고, 2001년 INI스틸의 위원 3명 중 1명은 사내이사인 상근감사위원이었다.

한편, 감사제도가 그대로 있던 1998년의 현대모비스, 현대자동차, INI스틸 등에서는 2명의 감사(상근사내감사, 비상근사외감사)가 업무를 담당하였다. 2001~2005년의 현대캐피탈에는 상근사내감사 1명만 있었다.

<표 12.12> 이사회 산하 위원회 : 사외이사후보추천위원회(A), 감사위원회(B)

년도	기아 자동차	현대 모비스	현대 자동차	현대 하이스코	INI 스틸	현대 캐피탈
1998		−		−		
2001	A B	A B	A B	A B	A B	−
2003	A B	A B	A B	A B	A B	
2005	A B	A B	A B	A B	A B	

주 : 1) 12월 현재 ; 밑줄 친 회사는 비상장회사.
　　2) 현대모비스(1998년)=현대정공 ; INI스틸(1998년)=인천제철.
　　3) 기타 위원회는 없음.
출처 : 제16장.

<표 12.13> 사외이사후보추천위원회 : 총 위원(명) − 사내이사(A), 사외이사(B) ; 사내이사 직책

년도	기아 자동차	현대 모비스	현대 자동차	현대 하이스코	INI 스틸	현대 캐피탈
A+B(A,B)						
1998		−			−	
2001	4(2,2)	4(2,2)	4(2,2)	3(1,2)	3(1,2)	−
2003	4(2,2)	4(2,2)	4(2,2)	4(2,2)	4(2,2)	
2005	4(2,2)	4(2,2)	4(2,2)	4(2,2)	4(2,2)	−
(A)						
2001	대표회장 정몽구 대표사장	대표회장 비상근이사	대표회장 정몽구 대표사장	대표사장	대표사장	
2003	대표회장 정몽구 대표사장	대표회장 부사장 정의선	대표회장 정몽구 대표부회장	부회장 대표사장	대표회장 대표사장	
2005	대표회장 정몽구 대표사장 정의선	대표부회장 사장 정의선	대표회장 정몽구 대표부회장	대표부회장 대표사장 신성재	대표부회장 대표사장	

주 : 1) 12월 현재 ; 밑줄 친 회사는 비상장회사.

2) 현대모비스(1998년)=현대정공 ; INI스틸(1998년)=인천제철.
2) 밑줄 친 사람은 정몽구 가족구성원 ; 별도의 표시가 없으면 상근등기이사 ; 대표=대표이사.
4) 현대모비스(2001년) 비상근이사−정순원(현대자동차 부사장) ; INI스틸(2005년) 대표사장−미등
  기대표이사사장.
출처 : 제16장.

<표 12.14> 감사(명) : 총 수 − 사내(A1/상근 a), 사외(=비상근, B1)
        감사위원회(명) : 총 위원 − 사내이사(=상근감사위원, A2), 사외이사(=비상근, B2)

년도	기아 자동차	현대 모비스	현대 자동차	현대 하이스코	INI 스틸	현대 캐피탈
1. A1+B1(A1/a,B1)						
1998		2(1/1,1)	2(1/1,1)		2(1/1,1)	
2001						1(1/1,0)
2003						1(1/1,0)
2005						1(1/1,0)
2. A2+B2(A2,B2)						
2001	3(0,3)	3(0,3)	3(0,3)	3(0,3)	3(1,2)	
2003	3(0,3)	2(0,2)	3(0,3)	3(0,3)	3(0,3)	
2005	3(0,3)	3(0,3)	3(0,3)	3(0,3)	3(0,3)	

주 : 1) 12월 현재 ; 밑줄 친 회사는 비상장회사.
  2) 현대모비스(1998년)=현대정공 ; INI스틸(1998년)=인천제철.
출처 : 제16장.

(3) 이사회 산하 위원회 : 기능 및 역할

사외이사후보추천위원회는 말 그대로 사외이사 추천을 위한 위원회이며, 감사위원회의 역
할은 대동소이하면서도 회사에 따라 다소 차이가 있다. 현대자동차와 현대모비스의 2005년
도 경우를 중심으로 두 위원회의 성격을 살펴본다. 현대자동차의 경우, 사외이사후보추천위
원회 관련 규정이 없으며 대신 '활동내역'을 소개한다 (현대자동차 『제38기 사업보고서』
(2005.1.1～12.21), 68～69면 ; 현대모비스 『제29기 사업보고서』(2005.1.1～12.21), 91～93면).

현대자동차

1) 사외이사후보추천위원회 : 사외이사 및 감사위원회 위원 추천.
2) 감사위원회
  A) 직무 : a) 회사의 회계와 업무 감사, b) 이사에 대한 영업보고 요구 및 회사 재산상태
    조사, c) 외부감사인의 선임/해임 승인.
  B) 부의사항 : a) 주주총회 사항(임시주주총회 소집 청구, 주주총회 의안/서류에 대한
    진술), b) 이사/이사회 사항(이사회에 대한 보고, 감사보고서 작성/제출, 이사에 대
    한 유지 청구, 이사에 대한 영업보고 요구), c) 감사사항(업무/재산 조사, 자회사에

대한 영업보고 요구 및 보고내용 확인, 이사의 보고 수령, 이사와 회사 간의 소송 대표, 외부감사인 선임/해임, 외부감사인으로부터 이사의 직무수행에 관한 부정행위 또는 법령/정관에 위반되는 중요한 사실의 보고 수령, 외부감사인으로부터 회사가 회계처리 등에 관한 회계처리기준을 위반한 사실 보고 수령).

C) 경영정보 접근을 위한 내부장치 마련 : a) 이사에 대한 영업보고 요구, 회사의 재산상태 조사, b) 임직원 및 외부감사인을 회의에 참석하도록 요구, c) 전문가 자문 요구.

현대모비스

1) 사외이사후보추천위원회 : 주주총회에 사외이사 후보를 추천.

2) 감사위원회

A) 직무와 권한 : a) 회사의 회계와 업무 감사, b) 이사에 대한 영업보고 요구 및 회사 업무/재산상태 조사, c) 자회사에 대한 영업보고 요구, 자회사의 업무/재산상태 조사, d) 외부감사인 선임, e) 임시총회 소집 요구, f) 주주총회에 제출할 의안/서류를 조사하여 법령/정관에 위반하거나 현저하게 부당한 사항이 있는지 그 여부에 대해 주주총회에 의견 진술.

B) 경영정보 접근을 위한 내부장치 마련 : a) 이사에 대한 영업보고 요구, 회사의 재산상태 조사, b) 임직원 및 외부감사인을 회의에 참석하도록 요구, c) 전문가 자문 요구.

4. 경영구조 : 실무경영진 및 업무조직

현대자동차그룹에서의 '개인화된 다원적 경영구조'와 관련하여, 어느 정도로 어떤 모습으로 다원적인지를 가늠하기 위해 임직원 수, 임원의 유형 그리고 업무조직 등 세 가지 측면을 살펴보기로 한다.

물론, 그룹 전체의 구조를 정확하게 파악하기 위해서는 21~40개에 이르는 계열회사 전체를 분석해야 마땅하다. 하지만, 분석 대상인 6개 회사는 그룹 내에서 중요성을 가지고 있는 회사들이며, 이들의 경영구조 모습을 통해 그룹 전체의 구조를 어느 정도 짐작해 볼 수 있다. 현대자동차그룹을 포함하는 한국재벌은 동일인 또는 그룹회장을 중심으로 전체 계열회사가 '하나의 구조'를 형성하고 있으며, 따라서 '중요한 일부'는 전체 구조에 대해 많은 것을 말해 줄 수 있을 것으로 생각된다.

(1) 임직원 수

1) 임원 및 직원 수 : 회사에 따라 차이가 크다(<표 12.15>). 현대자동차에서 5만 명 내외로 제일 많다. 현대그룹 소속이던 1998년 37,815명이던 것이 그룹 창립 첫 해인 2001년(48,963명)에는 1만 명 이상 늘어나 5만 명 가까이 되었고, 2003~2005년(51,632~54,285명)에는 5만 명 이상으로 늘어났다. 기아자동차(29,497~32,884명)에서도 임직원 수가 조금씩 많아져 2003년 이후 3만 명 이상을 유지하고 있다.

나머지 4개 회사는 대부분의 경우 5천 명 이하의 임직원을 가졌다. 현대모비스(7,622~4,312명)에서는 1998년 7천 명을 넘던 것이 이후 5천 명 이하로 줄어들어 2005년까지 절반 정도가 되었다. 반면 INI스틸(2,768~5,197명)에서는 같은 기간 2배 정도 늘어났다. 현대하이스코와 현대캐피탈은 1천 명 남짓의 인원을 가지고 있었다.

2) 임원 수 : 현대자동차와 기아자동차에서 100명 이상이고, 다른 4개 회사에서는 50명 이하다. 현대자동차에서는 직원 수가 늘어나면서 임원 수가 1998년 63명에서 2001년에는 132명으로 2배나 뛰었고 다시 2005년까지 170명으로 늘어났다. 기아자동차에서도 120~139명 사이에서 조금 증가하였다. 직원이 많이 늘어난 INI스틸(18~49명)의 임원도 50명 이하 수준에서 3배 이상 늘어났으며, 직원이 많이 줄어든 현대모비스(32~42명)에서는 임원이 오히려 조금 늘어났다. 현대하이스코와 현대캐피탈에는 각각 12~16명, 28명의 임원이 있었다.

임원 1명이 담당하는 평균 직원 수는 회사에 따라 큰 차이가 있으며 줄어드는 추세를 보이고 있다. 현대자동차에서의 담당 직원 수가 300명 이상으로 가장 큰데, 1998년(599명)에 비해 2001년(370명)에는 거의 절반 수준으로 감소하였으며 이후(320~342명) 조금 더 감소하였다. 규모는 많이 작지만 현대모비스에서도 비슷한 추세를 보여 절반 이하로 되었다(237명, 126명, 98~102명). INI스틸(153~105명)에서는 1/3 가량 줄었고, 기아자동차(245~236명)와 현대하이스코(86~72명)에서는 조금만 줄었다.

<표 12.15> 임원(A) 및 직원(B) 수(명)

년도	기아자동차	현대모비스	현대자동차	현대하이스코	INI스틸	현대캐피탈
1. A+B						
1998		7,622	37,815		2,768	
2001	29,497	4,832	48,963	1,137	4,583	-
2003	31,411	3,868	51,632	1,105	4,365	-
2005	32,884	4,312	54,285	1,162	5,197	1,158

(A)						
1998		32	63		18	
2001	120	38	132	13	30	-
2003	133	39	161	12	38	-
2005	139	42	170	16	49	28
(B)						
1998		7,590	37,752		2,750	
2001	29,377	4,794	48,831	1,124	4,553	961
2003	31,278	3,829	51,471	1,093	4,327	1,091
2005	32,745	4,270	54,115	1,146	5,148	1,130
2. B÷A						
1998		237	599		153	
2001	245	126	370	86	152	-
2003	235	98	320	91	114	-
2005	236	102	342	72	105	40

주 : 1) 12월 현재 ; 밑줄 친 회사는 비상장회사.
  2) 현대모비스(1998년)=현대정공 ; INI스틸(1998년)=인천제철.
출처 : 제16장.

(2) 임원의 유형

1) 등기임원 vs. 미등기임원, 고위임원 vs. 중하위임원 : 등기이사 중 상근이사는 이사회의 구성원으로서 의결과정에 참여하는 한편으로 그 의결사항을 집행하는 실무경영자로서의 역할도 동시에 수행하는 것이 보통이다. 이들의 수는 소수이며 대부분 부사장급 이상의 고위직책을 가진다. 반면, 전체 임원의 대다수는 실무에만 종사하며 미등기다. 대부분 전무 이하의 중하위직책에 임명되어 고위임원의 지휘를 받는다(<표 12.16>).

임원 규모가 가장 큰 현대자동차의 2005년 경우를 보자. 170명 임원 중 등기임원은 고작 3명(2%)이며 나머지 167명은 미등기임원이다. 앞의 3명 중 2명은 고위임원이며, 후자 중에서는 30명(18%)이 고위임원이다. 이들 32명은 전체의 19%에 해당하는 인원이다. 임원 수가 적은 현대모비스의 2005년 경우도 크게 다르지 않다. 42명 중 3명(7%)이 등기임원, 39명이 미등기임원이다. 3명 모두는 고위임원이며, 39명 중에서는 4명(10%)이 고위임원이다. 이들 7명은 전체의 17%에 해당된다.

등기임원은 2~4명으로 소수이며, 미등기임원은 회사마다 차이가 크지만 모두 증가 추세를 보이고 있다. 현대자동차에서는 등기임원은 1~3명뿐이며, 미등기임원은 1998년 62명에서 2001년에는 130명으로 2배 이상 늘었고 2005년까지는 167명으로 3배 가량이 되었다. INI스틸(2~3명 vs. 15~46명)에서도 같은 기간 미등기임원이 3배 늘어났고, 기아자동차(3~4명 vs. 110~124명)에서는 조금 늘어났다. 한편, 현대모비스(8~3명 vs. 24~39명)와 현대하이스코(4~2명 vs. 9~14명)에서도 미등기임원이 조금 늘어났는데, 등기임원은 절반 정도로 줄었다.

　고위임원 수는 현대자동차(11~32명)와 기아자동차(10~15명)에서 10명 이상으로 많다. 특히 전자에서는 1998년 11명에서 2005년에는 32명으로 3배나 많아졌다. 이 2개 회사에서는 등기임원은 5명 이하로 적은 반면 미등기임원은 절대적으로 많고 또 계속 늘어나, 고위임원의 대부분은 미등기임원으로 충당되었다. 현대자동차의 경우, 1998년에는 고위임원 11명 중 등기임원 1명, 미등기임원 10명이었고, 2005년에는 32명 중 각각 2명, 30명이었다. 기아자동차에서도 마찬가지였다. 2001년 10명 중 2명과 8명, 그리고 2005년 15명 중 3명과 12명의 비율이었다. 반면, 임원 규모가 적은 3개 회사(현대모비스, 현대하이스코, INI스틸)에서는 대부분의 경우 고위임원 중 등기임원이 많거나 미등기임원의 수와 같았다.

<표 12.16> 임원의 유형(명) : (1) 등기임원(A1), 미등기임원(A2) ; 고위임원(B1), 중하위임원(B2)

년도	기아 자동차	현대 모비스	현대 자동차	현대 하이스코	INI 스틸	현대 캐피탈
1. A1+A2 = B1+B2						
(A1,A2)						
1998		8,24	1, 62		3,15	
2001	3,117	3,35	2,130	4, 9	2,28	2
2003	4,129	4,35	3,158	4, 8	3,35	5
2005	3,136	3,39	3,167	2,14	3,46	3,25
(B1,B2)						
1998		5,27	11, 52		5,13	
2001	10,110	5,33	18,114	4, 9	6,24	－
2003	13,120	4,35	21,140	4, 8	4,34	－
2005	15,124	7,35	32,138	4,12	7,42	－
2. A1,A2 중 B1						
1998		4, 1	1, 10		3, 2	
2001	2, 8	3, 2	2, 16	3, 1	2, 4	2
2003	4, 9	4	3, 18	4	2, 2	3
2005	3, 12	3, 4	2, 30	2, 2	2, 5	3
3. B1,B2의 관련 직책 수(개)						
1998		4, 4	4, 3		3, 3	
2001	3, 5	3, 3	4, 3	3, 3	3, 3	－
2003	3, 6	3, 3	4, 4	3, 3	3, 3	－
2005	3, 6	4, 5	5, 4	4, 3	3, 4	－

　주 : 1) 12월 현재 ; 밑줄 친 회사는 비상장회사.
　　　2) 현대모비스(1998년)=현대정공 ; INI스틸(1998년)=인천제철.
　출처 : <표 12.17>, 제16장.

　2) 고위/중하위임원의 직책 : 고위임원과 중하위임원의 구체적인 직책은 다양하며, 각각 8종류씩 모두 16종류이다(<표 12.16, 12.17>).

A) 고위임원 : 대표이사회장, 대표이사부회장, 대표이사사장, 대표이사부사장, 회장, 부회
   장, 사장, 부사장.
B) 중하위임원 : 전무, 상무, 이사, 이사대우, 상임위원, 고문, 고문역, 자문역.

등장하는 직책의 유형과 수는 회사에 따라 그리고 시기에 따라 다소 차이가 있지만 6~9
종류로 서로 엇비슷하다. 기아자동차(8~9개 유형), 현대자동차(7~9개), 현대모비스(6~9개)
등에서 상대적으로 다양하고, 현대하이스코(6~7개)와 INI스틸(6~7개)에서는 조금 적다.
　　고위임원직과 중하위임원직의 등장 빈도는 반반 정도로 비슷하다. 중하위임원이 월등히
많은 현대자동차와 기아자동차의 경우, 전자에서는 고위임원직(4~5종류 11~32명)이 중하
위임원직(3~4종류 52~140명)보다 오히려 다양하고, 후자(3종류 10~15명 vs. 5~6종류 110
~124명)에서는 중하위직 종류가 좀 더 많다.
　　고위임원 중에서는 부사장이 가장 많고 중하위직 중에서는 이사와 상무가 대부분이다.
2003년과 2005년의 현대자동차에서는 전체 임원(8개 직책 161명, 9개 직책 170명) 중 이 3종
류 직책이 3/4 이상(126명 78%, 127명 75%)을 차지하고 있다. 부사장이 15명과 20명, 이사가
60명씩, 그리고 상무가 51명과 47명이었다. 이들 외에 부회장 0명과 2명, 사장 4명과 8명, 그
리고 전무 26명과 28명이 있었다. 기아자동차의 경우에는 중하위직 중 이사대우가 제일 많
고, 그 다음으로 이사, 상무, 전무 순이다. 2003~2005년에 각각 43~60명, 32~27명, 23~21
명, 그리고 18~14명이었다.

<표 12.17> 임원의 유형(명) : (2) 회사별 - 고위임원(B1), 중하위임원(B2) ; 등기임원(A1), 미등기임원(A2)

	1. 기아자동차			2. 현대모비스			
	2001	2003	2005	1998	2001	2003	2005
B1+B2 = A1+A2	120	133	139	32	38	39	42
B1	10	13	15	5	5	4	7
B2	110	120	124	27	33	35	35
1. B1	(A1,A2)			(A1,A2)			
	2,8	4,9	3,12	4,1	3,2	4,0	3,4
대표이사회장	1	1	1		2	2	1
대표이사부회장							1
대표이사사장	1	1	2		1	1	
회장				1			
부회장				1			
사장				1			1,1
부사장	8	2,9	12	1,1	2	1	3
2. B2	(A1,A2)			(A1,A2)			
	1,109	0,120	0,124	4,23	0,33	0,35	0,35
전무	1,13	18	14	2,3		7	5
상무	18	23	21	9	5	10	10
이사	32	32	27	2,9	25	18	8

이사대우	45	43	60			11
고문	1	2	1	2	3	1
자문역		2				
상임위원			1			

	3. 현대자동차				4. 현대하이스코		
	1998	2001	2003	2005	2001	2003	2005
B1+B2 = A1+A2	63	132	161	170	13	12	16
B1	11	18	21	32	4	4	4
B2	52	114	140	138	9	8	12
1. B1	(A1,A2)				(A1,A2)		
	1,10	2,16	3,18	2,30	3,1	4,0	2,2
대표이사회장	1	1	1	1			
대표이사부회장			1	1			1
대표이사사장		1			1	1	1
회장					1		1
부회장	1	1		2		1	
사장	4		1,3	8			
부사장	5	15	15	20	1,1	2	1
2. B2	(A1,A2)				(A1,A2)		
	0,52	0,114	0,140	1,137	1,8	0,8	0,12
전무	11	20	26	28	1,1	1	2
상무	14	45	51	47	3	4	4
이사	27	49	60	1,59	4	3	6
고문				3			
고문역			3				

	5. INI스틸				6. 현대캐피탈		
	1998	2001	2003	2005	2001	2003	2005
B1+B2 = A1+A2	18	30	38	49	–	–	28
B1	5	6	4	7	–	–	–
B2	13	24	34	42	–	–	–
1. B1	(A1,A2)				(A1,A2)		
	3,2	2,4	2,2	2,5	2,–	3,–	3,–
대표이사회장	1	1	1		1	1	
대표이사부회장			1				
대표이사사장		1	1	1	1	1	1
대표이사부사장				1		1	
사장	1						
부사장	1,2	4	2	1,4			2
2. B2	(A1,A2)				(A1,A2)		
	0,13	0,24	1,33	1,41		2,–	
전무	2	2	7	6			
상무	5	10	1,10	11			
이사	6	12	16	1,11		2	
이사대우				13			

주 : 1) 12월 현재 ; 현대캐피탈은 비상장회사.

2) 현대모비스(1998년)＝현대정공 ; INI스틸(1998년)＝인천제철.

3) 현대캐피탈(2005년)－미등기임원 25명 직책 구분 없음.

출처 : 제16장.

(3) 업무조직

1) 부서의 유형 : 6개 회사의 업무조직을 재구성하기는 쉽지 않다. 무엇보다 관련 정보가 매우 불충분하다. 불확실하거나 애매한 부분들이 많고, 한 회사와 관련해서도 시기에 따라 정보가 불일치하는 경우가 적지 않다. 그럼에도 불구하고, 규모가 큰 현대자동차에서부터 규모가 작은 비상장회사 현대캐피탈에 이르기까지 6개 회사 모두에서 조직이 꽤나 방대하며 매우 체계적으로 정비되어 있음을 확인할 수 있다. 'M-form'으로 불리는 현대적인 다기능, 다원적 경영구조(decentralized, miltidivisional structure)의 모습을 띄고 있는 것으로 판단된다. 그렇다면, 현대자동차그룹 전체의 구조도 매우 큰 정도로 다원적인 것으로 짐작할 수 있다.

업무부서의 구체적인 유형은 다양하다(<표 12.18, 12.19>). 같은 이름의 부서라도 회사에 따라 성격이 다른 경우가 적지 않은데, 이 점을 염두에 두면서 본사 중심의 부서를 상위와 중하위의 두 부류로 나누어 보면 각각 5개, 6개로 모두 11개이다.

A) 상위부서 : 부문, 본부, 사업부, 공장, 연구소.
B) 중하위부서 : 담당, 지역본부, 센터, 실, 부, 팀.

등장하는 부서의 유형과 수는 회사에 따라 그리고 시기에 따라 다르기 마련인데, 어떤 경우든 수십 개의 부서가 서로 간에 수평적으로 그리고 수직적으로 연결되어 하나의 위계질서(hierarchy)를 형성하고 있다. INI스틸(64~163개), 기아자동차(110~113개), 현대자동차(43~95개) 등에서 많으며, 현대하이스코(30~47개)와 현대모비스(23~30개)에서는 상대적으로 적다.

상위의 업무부서 중 몇 개는 각 회사의 핵심부서가 된다.

A) 현대캐피탈(1~4본부)에서는 1종류의 부서가 시기에 따라 몇 개로 조정되었다.
B) 5개 회사에서는 2~3종류의 부서가 관련되었다 :
  a) 기아자동차-3본부(2001년), 3공장과 4본부(2003~2005)
  b) 현대모비스-6본부와 2부문(1998), 3본부(2001~2005)
  c) 현대하이스코-2~3공장과 1본부(2001~2005)
  d) 현대자동차-3본부(1998), 1부문과 5본부(2001), 3공장과 3~5본부(2003~2005)
  e) INI스틸-3본부(1998), 1부문과 2공장(2001~2003), 1본부와 3공장(2005).

<표 12.18> 업무부서(개) : (1) 핵심부서 유형 및 수(A), 총 부서 수(B)

	A	1998년		2001년		2003년		2005년	
		A	B	A	B	A	B	A	B
현대캐피탈	본부			1	51	2	–	4	–
기아자동차	본부			3	112	4	110	4	113
	공장					3		3	
현대모비스	본부	6		3	28	3	23	3	28
	부문	2	30						
현대하이스코	공장			2		2		3	
	본부			1	52	1	43	1	57
현대자동차	본부	3	43	5	81	5	95	3	73
	부문			1					
	공장					3		3	
INI스틸	본부	3	64					1	
	부문			1		1			
	공장			2	128	2	120	3	163

출처 : <표 12.19>.

<표 12.19> 업무부서(개) : (2) 회사별 – 개관

1. 기아자동차

	2001년	2003년	2005년
공장	(3)	3	3
본부	3	4	4
	생산 (소하리, 화성, 광주)	소하리 화성 광주 /	소하리 화성 광주 /
	국내영업 해외영업	마케팅총괄 A/S총괄 국내영업 해외영업	마케팅총괄 A/S총괄 국내영업 해외영업
본부	3	2	2
사업부	2	3	8
연구소	1	1	2
지역본부	25	25	18
담당		1	
실	20	21	20
센터	2	2	1
팀	51	48	55
(기타)	2		
합	112	110	113
직영지점	342	343	340
판매점	578	?	444
(해외)			
지역본부	7	4	4

2. 현대모비스

	1998년	2001년	2003년	2005년
본부	6	3	3	3
부문	2			
	자재	A/T사업	A/T사업	모듈사업
	철차사업	중기사업	구매	자재개발
	중기사업	부품구매	품질	품질
	플랜트환경사업			
	중국사업			
	해외사업 /			
	차량사업			
	공작기계사업			
본부	2	3	3	2
부문	15	7	3	
사업부			1	1
공장	2	2	4	9
연구소	1	1	2	1
부	2	6	4	10
팀		4	3	2
(기타)		2		
합	30	28	23	28
영업장		82		
영업소	30			
부품사업소			11	11
물류센터		9	9	10
부품센터			25	23
부품팀				39
대리점	?	1,720	1,860	1,970
(해외)				
법인	1		6	10
지사	2			
지역사무소			2	2
지역본부		2		
물류센터			4	
대리점		470	460	420
딜러		8,200	8,200	7,600

3. 현대자동차

	1998년	2001년	2003년	2005년
공장	(3)	(3)	3	3
부문		1		
본부	3	5	5	3
	생산 (울산,	생산 (울산,	울산	울산
	전주,	전주,	전주	아산
	아산)	아산) /	아산 /	전주 /
	국내영업	공작기계사업	마케팅총괄	국내영업
	해외영업	자재	국내영업	상용사업
		국내영업	상용사업	해외영업

	A/S사업 해외영업	A/S총괄 해외영업	
본부	4	5	7	3
사업부	5	6	4	4
연구소	5	5	3	4
지역본부		30		29
담당			1	
실	3	3	16	17
센터	2	1	9	5
팀	17	21	19	5
(기타)	1	1	28	
합	43	81	95	73
영업소	258			
출고센터	13	14	13	
배송센터		1	1	

4. 현대하이스코

	2001년	2003년	2005년
공장	2	2	3
본부	1	1	1
	강관 냉연 / 영업	강관 냉연 / 영업	당진 순천 울산 / 영업
본부	1	1	3
연구소	1	1	1
담당	13		1
실	4	4	1
팀	30	34	47
합	52	43	57

5. INI스틸

	1998년	2001년	2003년	2005년
본부	3			1
부문		1	1	
공장		2	2	3
	생산 주강사업 영업	영업 / 인천 포항	영업 / 인천 포항	영업총괄 / 인천 포항 당진
본부	3	12	14	20
부문		2	2	1
연구소	1	1	1	
담당		1	2	
실		6	2	2
부	11	21	21	24
팀	45	82	75	112
(기타)	1			

합	64	128	120	163
영업소	4			

6. 현대캐피탈

	2001년	2003년	2005년
본부	1	2	4
	영업총괄	리스크총괄	리스크
		마케팅총괄	금융사업
			마케팅
			AUTO영업
본부	4	3	1
지역본부		?	
영업지역본부			?
채권지역본부			?
실	10	10	17
팀	34		
(기타)	2	2	2
합	51	(17)	(24)
지역실	4		
채권센터		?	
지점	34	?	
출장소	14		

주 : 1) 현대캐피탈은 비상장회사임.
　　 2) '?'-해당 조직은 있으나 개수 관련 정보가 없는 경우임.
출처 : 제16장.

2) 2005년12월 현재의 조직 : 다양한 부서가 상호 간에 체계적으로 연결되어 매우 다원적이면서도 하나의 구조를 이루고 있음을 확인할 수 있다 (<표 12.20>). 전체 부서들은 지원, 생산, 영업, 기술 등 크게 4개 분야로 나눌 수 있으며, 금융업을 하는 현대캐피탈에는 지원과 영업 2개만 있다. 5개 제조회사의 경우에는 생산 분야에서 공장이 주요 부서인 점이 특징이다.

현대자동차의 중심부서는 3개 공장(울산, 아산, 전주)과 3개 영업 본부(국내영업, 상용사업, 해외영업)이다. 2개 지원 본부(경영지원, 재경)와 1개 기술 본부(연구개발총괄)가 이를 뒷받침한다. 영업 관련 3개 본부 산하에는 3개 사업부, 13개 실, 5개 팀, 29개 지역본부 등 50개 부서들이 조직화되어 있으며, 회사 전체로는 73개의 부서가 있다. 기아자동차에서도 비슷하다. 3개 공장(소하리, 화성, 광주)과 4개 영업 본부(마케팅총괄, A/S총괄, 국내영업, 해외영업; 산하 부서 70개), 그리고 2개 지원 본부(경영지원, 재경)와 1개 연구소(기술) 등을 중심으로 모두 113개의 부서가 수직적, 수평적으로 체계화되어 있다.

한편, INI스틸에는 163개의 부서들이 빼곡히 들어서 있다. 3개 공장(인천, 포항, 당진)과 1개 영업 본부(영업총괄)를 비롯하여 팀이 112개나 된다. 현대하이스코에서도 3개 공장(당진,

순천, 울산)과 1개 영업 관련 본부(영업)가 중심이며 47개 팀을 포함해 모두 57개의 부서가 있다. 현대모비스와 현대캐피탈의 중심부서는 각각 3개의 생산 본부(모듈사업, 자재개발, 품질)와 4개의 영업 본부(리스크, 금융사업, 마케팅, AUTO영업)이다.

<표 12.20> 업무부서 : (3) 회사별 – 2005년12월

1. 기아자동차

부서 113 :	a) 중심부서 - 공장 3, 본부 4 (소하리, 화성, 광주 / 마케팅총괄, A/S총괄, 국내영업, 해외영업)
	b) 상위부서 - 본부 2, 사업부 8, 연구소 2
	c) 중하위부서 - 지역본부 18, 실 20, 센터 1, 팀 55
	* 기타 : 직영지점 340, 판매점 444, 해외지역본부 4

1. 지원
(실 1) 기획
(본부 2) 경영지원, 재경
(사업부 3) 품질, 특수, A/S

2. 생산
(공장 3) 소하리, 화성, 광주

3. 영업
(본부 4)
마케팅총괄 : (사업부 1) 국내마케팅 : (실 2) 국내마케팅 : (팀 4) 시장전략, AM기획, 기아국내마케팅, 현대국내마케팅
　　　　　　　　　　　　　　　　　　국내상품 : (팀 2) 기아국내상품, 현대국내상품
A/S총괄 : (사업부 1) 기아A/S : (실 2) A/S지원, A/S판촉
국내영업 : (사업부 2) 영업지원 : (실 2) 영업지원 : (팀 3) 판매지원, 판매지도, 물류운영
　　　　　　　　　　　　　　대리점지원 : (팀 2) 대리점기획, 대리점운영
　　　　　　　　　　판촉 : (실 2) 판매추진 : (팀 3) 판매추진, 계출운영, 특판
　　　　　　　　　　　　　판매전략 : (팀 3) 판매기획, CS추진, 커뮤니케이션
　　　　　　(실 1) 렌트카사업
　　　　　　지역본부 18, 직영지점 340, 판매점 444
해외영업 : (팀 1) 법인관리
　　　　　　(사업부 1) 수출 : (실 3) 수출1 : (팀 3) 서유럽, 동유럽, 아중동
　　　　　　　　　　　　　　　수출2 : (팀 2) 아태, 미주
　　　　　　　　　　　　　　　수출3 : (팀 2) 상용/중국, KD프로젝트
　　　　　　(실 3) 수출기획 : (팀 3) 수출기획, 수출시장전략, 수출마케팅
　　　　　　　　　　수출관리 : (팀 2) 수출업무, 고객PDI
　　　　　　　　　　해외써비스 : (팀 2) 해외써비스, 해외보상
　　　　　　((해외)지역본부 4) 중남미, 동구/CIS, 아태, 아중동

4. 기술
(센터 1) 생기
(연구소 1) 기술 : (팀 4) 기술관리, 행정지원, 인증, 특허
　　　　　　(실 3) : 프로젝트추진3 : (팀 3) 프로젝트3, 설계원가3, 제품개발3
　　　　　　　　　　승용설계3 : (팀 5) 차체설계3, 의장설계3, 샤시설계3, 전자설계3, 설계개선3
　　　　　　　　　　승용평가3 : (팀 3) 차량시험3, 기능시험3, 시화시작
　　　　　　　　　(연구소 1) 디자인 : (팀 4) 내외장1, 내외장2, 칼라, 기획/선행/CE
(실 1, 광주) 특수차량연구 : (팀 4) 특수설계, 특수ILS, 특수차량평가, 특수개발

2. 현대모비스

부서 28 :	a) 중심부서 - 본부 3 (모듈사업, 자재개발, 품질)
	b) 상위부서 - 본부 2, 사업부 1, 공장 9, 연구소 1
	c) 중하위부서 - 부 10, 팀 2
	* 기타 : 부품사업소 11, 물류센터 10, 부품센터 23, 부품팀 39, 대리점 1,970,
	해외법인 10, 해외지역사무소 2, 해외대리점 420, 해외딜러 7,600

1. 지원
(본부 1) 경영지원

2. 생산
(본부 3) 품질, 모듈사업, 자재개발
(사업부 1) 환경
(공장 9) 울산1, 울산2, 천안, 포승, 이화, 서산, 아산, 아산플라스틱, 광주

3. 영업
(본부 1) 부품영업 : 부품사업소 11, 물류센터 10, 부품센터 23, 부품팀 39, 대리점 1,970
현지법인 10, 지역사무소 2, 대리점 420, 딜러 7,600

4. 기술
(연구소 1) 기술 : (부 10) 연구개발, 시작개발, 샤시모듈연구, 의장모듈연구, 선행연구,
시험연구, 안전시스템연구, 응용기술연구, 제동연구, 제동시험
(팀 2) 디자인, MDPS

3. 현대자동차

부서 73 :	a) 중심부서 - 공장 3, 본부 3 (울산, 아산, 전주 / 국내영업, 상용사업, 해외영업)
	b) 상위부서 - 본부 3, 사업부 4, 연구소 4
	c) 중하위부서 - 지역본부 29, 실 17, 센터 5, 팀 5

1. 지원
(본부 2) 경영지원, 재경
(실 2) 홍보, 기획

2. 생산
(공장 3) 울산, 아산, 전주

3. 영업
(본부 3)
국내영업 : (실 1) 판매전략
(사업부 2) 영업지원 : (실 2) 운영지원, 대리점운영
판매 : (실 2) 판매추진, 판매지원
(지역본부 25) 중앙, 동부, 서부, 남부, 동북부, 서북부, 인천, 택시경인, 경기남부, 경기서부,
강원, 충북, 대전, 충남, 전북, 전남, 광주, 대구, 경북동부, 경북서부, 부산,
경남동부, 경남서부, 울산, 제주
상용사업 : (사업부 1) 상용판매 : (실 2) 상용수출
상용국내영업 : (팀 5) 상용판촉, 상용특판, 특장,
상용영업지원, 상용써비스
(지역본부 4) 트럭경인, 버스경인,
충청호남상용, 영남상용
해외영업 : (실 6) 수출기획, 수출1, 수출2, 수출3, 수출지원, 해외써비스

4. 기술
(본부 1) 연구개발총괄 : (사업부 1) 연구개발지원
(실 3) 연구개발, 기획조정, 하이브리드개발
(센터 5) 제품개발1, 시험, 설계, 선행개발, 자동차전자개발
(연구소 4) 소하리, 파워트레인, 디자인, 상용

4. 현대하이스코

부서 57 : a) 중심부서 - 공장 3, 본부 1 (당진, 순천, 울산 / 영업)
       b) 상위부서 - 본부 3, 연구소 1
       c) 중하위부서 - 담당 1, 실 1, 팀 47

1. 지원
(실 1) 전략기획 : (팀 1) 경영기획
(담당 1) PCI : (팀 1) PCI
(팀 1) 업무개선
(본부 3) 경영지원 : (팀 3) 경영지원, 인재개발, 정보기술
        구매 : (팀 3) 전략구매, 원료, 자재
        재경 : (팀 3) 재정, 회계, 경영분석

2. 생산
(공장 3) 당진 : (팀 8) 업무지원, 생산지원, 품질보증, 설비관리, 시스템개발, 공정기술, 냉연, 표면처리
        순천 : (팀 8) 업무지원, 생산지원, 품질보증, 설비관리, 냉연, 표면처리, TWB, 공정기술
        울산 : (팀 6) 업무지원, 생산지원, 품질보증, 설비, 생산, AP

3. 영업
(본부 1) 영업 : (팀 9) 영업기획, 마케팅, 냉연영업, 국내자동차영업, 해외자동차영업,
        강관영업1, 강관영업2, 해외영업1, 해외영업2

4. 기술
(연구소 1) 기술 : (팀 4) 연구개발 (서울, 당진, 순천, 울산)

5. 현대캐피탈

부서 (24) : a) 중심부서 - 본부 4 (리스크, 금융사업, 마케팅, AUTO영업)
        b) 상위부서 - 본부 1
        c) 중하위부서 - 영업지역본부, 채권지역본부, 실 17, (기타 2)

1. 지원
(본부 1) 경영지원 : (실 7) 전략기획, 경영지원, 재무지원, IT지원, 경영정보, 경영관리, CS
(실 1) 홍보
리스크관리위원회, 소비자보호위원회

2. 영업
(본부 4) 리스크 : (실 2) Credit관리, Collection관리
            채권지역본부
        금융사업 : (실 3) PL영업, Cross-Sell영업, 주택금융사업
        마케팅 : (실 2) 마케팅, Fleet사업
        AUTO영업 : (실 2) Auto영업1, Auto영업2
            영업지역본부

6. INI스틸

부서 163 : a) 중심부서 - 본부 1, 공장 3 (영업총괄 / 인천, 포항, 당진)
        b) 상위부서 - 본부 20, 부문 1
        c) 중하위부서 - 실 2, 부 24, 팀 112

1. 지원
(부문 1) 지원 : (본부 5) 전략기획 : (팀 4) 사업전략, 시장분석, 경영정보, 경영정보 (포항)
                경영지원 : (팀 5) 인사, 총무, 홍보기획, 홍보, 사회공헌
                구매 : (팀 5) 구매기획, 설비구매, 일반구매, 자재관리1, 자재관리2
                원료구매 : (팀 2) 국내원료구매, 수입원료구매
                재경 : (팀 7) 회계, 경영분석, 재정, IR, 원가관리 (인천, 포항, 당진)
        (실 1) IT : (팀 2) 정보기획, 정보기술 (당진)
        (팀 1) 감사

2. 생산
(공장 3)
인천 : (본부 2) 지원 : (팀 4) 인력운영, 제품출하, 비상계획, 총무
             생산 : (팀 11) 생산공정, 품질보증, 원료, 토건, 환경안전, 기계, 설비,
                     전기, STS공정, 로재, ROLL설계
             (부 11) 대형제강, 중형제강, 소형제강, 철근제강, 대형압연, 중형압연, 소형압연,
                     철근압연, 주강생산, 주단강제강, STS생산
포항 : (본부 2) 지원 : (팀 3) 인력운영, 제품출하, 총무
             생산 : (팀 9) 생산공정, 품질보증, 원료, 환경안전, 기계, 설비, 전기, 로재, ROLL설계
             (부 9) 대형제강, 중형제강, 소형제강, 대형압연, 중형압연,
                   철근압연, ROLL제조, 기계생산, 중기생산
당진 : (본부 3) 지원 : (팀 8) 인력운영, 총무, 관재, 시설관리, 홍보, 환경안전, 제품출하, 원료
             생산 : (팀 2) 기계, 전기
             (부 4) 철근제강, 철근압연, A열연제강, A열연압연
        B열연건설 : (팀 8) 건설관리, 품질기술, 생산기획, 품질보증, 유틸리티합리화,
                    B열연제강기계, B열연압연기계, B열연전기
                (부 2) B열연제강, B열연압연

3. 영업
(본부 1) 영업총괄 : (실 1) 마케팅전략 : (팀 3) 마케팅전략, 마케팅관리, 고객관계
              (본부 5) 철근영업 : (팀 6) 철근1, 철근2, 철근3, 관수, 부산영업2, 대구영업
                   형강영업 : (팀 7) 형강1, 형강2, 원형강, 부산영업1, 대전영업, 광주영업, 인천영업
                   중기계영업 : (팀 4) 중기영업, 기계영업, 주강영업, ROLL영업
                   판재영업 : (팀 6) STS국내영업, STS해외영업, 열연영업1,
                          열연영업2, 열연수출, 열연기획
                   해외영업 : (팀 4) 해외영업1, 해외영업2, 해외영업3, 통상전략

4. 기술
(본부 1) 기술 : (본부 2) 생산기술 : (팀 6) 생산기술, 특수강기술, 품질경영, 환경기술, 상품개발, 생산기획
                 기술개발 : (팀 5) 시설개발1, 시설개발2, 사업기획, 제강연구, 압연연구

주 : 현대캐피탈은 비상장회사임.
출처 : 제16장.

<부록표 12.1> 현대자동차그룹과 개인화된 다원적 경영구조 : 회사별 주요 내용

	지분(%) 최대주주/ 특수관계인	최대주주	주요 주주	이사회(명) 등기이사 사내(상근) 사외	정몽구 가족구성원	(위원회, 명) 사외이사추천 감사 (사내-사외이사)	집행임원(명) 총 인원 등기-미등기 고위-중하위	정몽구 가족구성원
1. 기아자동차								
2001	46.56	현대 자동차 36.33	현대캐피탈 9.79	7 3(3) 4	정몽구 (대표이사)	4(2-2) 3(0-3)	120 3-117 10-110	정몽구 (회장)
2003	47.76	현대 자동차 37.33	현대캐피탈 10.06	8 4(4) 4	정몽구 (대표이사) 정의선 (상근)	4(2-2) 3(0-3)	133 4-129 13-120	정몽구 (회장) 정의선 (부사장)
2005	44.63	현대 자동차 38.67	정의선 1.99 현대캐피탈 3.95	8 4(3) 4	정몽구 (대표이사) 정의선 (대표이사)	4(2-2) 3(0-3)	139 3-136 15-124	정몽구 (회장) 정의선 (사장)
2. 현대모비스								
1998 (현대 정공)	30.1	INI스틸 21.12	정몽구 8.09 정몽규 0.17	13 10(8) 3	정몽구 (상근)	* 감사 2 (상근사내, 비상근사외)	32 8-24 5-27	정몽구 (회장)
2001	35.97	기아 자동차 17.55	정몽구 8.58 정태영 0.02 INI스틸 6.97 현대캐피탈 2.43	8 4(3) 4	정몽구 (대표이사)	4(2-2) 3(0-3)	38 3-35 5-33	정몽구 (회장)
2003	35.19	기아 자동차 18.34	정몽구 7.99 정태영 0.04 INI스틸 6.49 현대캐피탈 2.26	6 4(4) 2	정몽구 (대표이사) 정의선 (상근)	4(2-2) 2(0-2)	39 4-35 4-35	정몽구 (회장) 정의선 (부사장)
2005	34.76	기아 자동차 18.15	정몽구 7.91 정태영 0.04 INI스틸 6.44 현대캐피탈 2.24	8 3(3) 5	정몽구 (대표이사) 정의선 (상근)	4(2-2) 3(0-3)	42 3-39 7-35	정몽구 (회장) 정의선 (사장)
3. 현대자동차								
1998	26.74	현대 중공업 13.61	정몽구 3.39 현대건설 5.22 현대산업개발 1.07	7 4(1) 3	정몽구 (대표이사) 정몽헌 (주주이사)	* 감사 2 (상근사내 비상근사외)	63 1-62 11-52	정몽구 (회장)
2001	20.44	현대 모비스 11.49	정몽구 4.08 INI스틸 4.87	6 2(2) 4	정몽구 (대표이사)	4(2-2) 3(0-3)	132 2-130 18-114	정몽구 (회장)
2003	24.6	현대 모비스 14.53	정몽구 5.19 INI스틸 4.86	8 4(3) 4	정몽구 (대표이사)	4(2-2) 3(0-3)	161 3-158 21-140	정몽구 (회장)
2005	25.1	현대 모비스 14.56	정몽구 5.2 INI스틸 5.29	7 3(3) 4	정몽구 (대표이사)	4(2-2) 3(0-3)	170 3-167 32-138	정몽구 (회장)

지분(%)			이사회(명)		(위원회, 명)	집행임원(명)	
최대주주/ 특수관계인	최대주주	주요 주주	등기이사 사내(상근) 사외	정몽구 가족구성원	사외이사추천 감사 (사내-사외이사)	총 인원 등기-미등기 고위-중하위	정몽구 가족구성원
4. 현대 　하이스코							
2001 60.8	현대 자동차 23.43	정몽구 3.67 기아자동차 21.57 INI스틸 7.59 현대캐피탈 4.54	8 4(4) 4		3(1-2) 3(0-3)	13 4-9 4-9	
2003 60.96	현대 자동차 26.1	정몽구 4.1 신성재 0.04 기아자동차 24.1 INI스틸 6.6	8 4(4) 4	신성재 (상근)	4(2-2) 3(0-3)	12 4-8 4-8	신성재 (부사장)
2005 50.12	현대 자동차 26.13	정몽구 10 신성재 0.04 기아자동차 13.91	5 2(2) 3	신성재 (대표이사)	4(2-2) 3(0-3)	16 2-14 4-12	신성재 (사장)
5. INI스틸							
1998 47.03 (인천 제철)	현대산업 개발 15.11	정몽구 12.11 정주영 2.33 현대자동차 7.82 현대전자산업 　　7.82	8 6(3) 2	정몽구 (대표이사)	* 감사 2 (상근사내 비상근사외)	18 3-15 5-13	정몽구 (회장)
2001 42.35	기아 자동차 11.52	정몽구 7.16 자기주식 22.21	10 4(3) 6		3(1-2) 3(1-2)	30 2-28 6-24	
2003 49.92	기아 자동차 18.36	정몽구 8.8 현대캐피탈 5.45 자기주식 17.3	8 4(3) 4		4(2-2) 3(0-3)	38 3-35 4-34	
2005 40.32	기아 자동차 21.39	정몽구 12.58 현대캐피탈 6.35	8 3(3) 5		4(2-2) 3(0-3)	49 3-46 7-42	
6. 현대캐피탈							
2001 90.49	현대 자동차 85.57	정몽구 4.92	5 5(2) 0	정몽구 (비상근) 정의선 (비상근)	* 감사 1 (상근사내)	? 2-? ?	
2003 93.12	현대 자동차 84.24	정몽구 8.45 정의선 0.42	5 5(5) 0	정몽구 (상근) 정태영 (대표이사)	* 감사 1 (상근사내)	? 5-? ?	정태영 (사장)
2005 56.75	현대 자동차 56.12		7 3(3) 4	정태영 (대표이사)	* 감사 1 (상근사내)	28 3-25 ?	정태영 (사장)

주 : 12월 현재 ; 현대캐피탈은 비상장회사.

출처 : 제16장.

제5부

4대 재벌과 개인화된 다원적 경영구조,
1998~2005년 : (3) 회사별 자료

<표 목차>

년.월	1998.12	2000.12	2001.3	2001.12	2002.12	2003.12	2004.3	2005.12	2006.3
(제13장 삼성그룹)									
1. 삼성물산(주)	13.1.1	13.1.2				13.1.3		13.1.4	
2. 삼성전자(주)	13.2.1	13.2.2				13.2.3		13.2.4	
3. 삼성중공업(주)	13.3.1	13.3.2				13.3.3		13.3.4	
4. 삼성SDI(주)	13.4.1	13.4.2				13.4.3		13.4.4	
5. (주)제일기획	13.5.1	13.5.2				13.5.3		13.5.4	
6. 삼성생명보험(주)			13.6.1				13.6.2		13.6.3
7. 삼성에버랜드(주)		13.7.1				13.7.2		13.7.3	
8. 삼성카드(주)		13.8.1				13.8.2		13.8.3	
(제14장 LG그룹)									
1. LG건설(주)	14.1.1	14.1.2				14.1.3		14.1.4	
2. (주)LG상사	14.2.1	14.2.2				14.2.3		14.2.4	
3. LG전선(주)	14.3.1	14.3.2				14.3.3		14.3.4	
4. LG전자(주)	14.4.1	14.4.2			14.4.3	14.4.4		14.4.5	
5. (주)LGEI					14.5				
6. (주)LG텔레콤		14.6.1				14.6.2		14.6.3	
7. (주)LG화학	14.7.1	14.7.2		14.7.3		14.7.4		14.7.5	
8. (주)LGCI				14.8					
9. (주)LG						14.9.1		14.9.2	
10. LG-Caltex정유(주)		14.10.1				14.10.2			
(제15장 SK그룹)									
1. SK(주)	15.1.1	15.1.2				15.1.3		15.1.4	
2. SK가스(주)	15.2.1	15.2.2				15.2.3		15.2.4	
3. SK네트웍스(주)	15.3.1	15.3.2				15.3.3		15.3.4	
4. SK케미칼(주)	15.4.1	15.4.2				15.4.3		15.4.4	
5. SK텔레콤(주)	15.5.1	15.5.2				15.5.3		15.5.4	
6. SKC(주)	15.6.1	15.6.2				15.6.3		15.6.4	
7. SK건설(주)		15.7.1				15.7.2		15.7.3	
8. SK엔론(주)						15.8			
(제16장 현대자동차그룹)									
1. 기아자동차(주)				16.1.1		16.1.2		16.1.3	
2. 현대모비스(주)	16.2.1			16.2.2		16.2.3		16.2.4	
3. 현대자동차(주)	16.3.1			16.3.2		16.3.3		16.3.4	
4. 현대하이스코(주)				16.4.1		16.4.2		16.4.3	
5. INI스틸(주)	16.5.1			16.5.2		16.5.3		16.5.4	
6. 현대캐피탈(주)				16.6.1		16.6.2		16.6.3	

주 : 1) 밑줄 친 회사는 비상장회사.

　　 2) 삼성SDI(1998년)=삼성전관 ; LG건설(2005년)=GS건설, LG전선(2005년)=LS전선 ; SK네트웍스(1998,
　　　 2000년)=SK상사, SK글로벌 ; 현대모비스(1998년)=현대정공, INI스틸(1998년)=인천제철.

제13장 삼성그룹

<목차>

1. 삼성물산(주)

<표 13.1.1> 삼성물산(주), 1998년12월

주주총회	주주	- 42,927명
(지분)	최대주주 및 특수관계인	- 9명 (10.94%)
	최대주주 (삼성전관)	1 (2.98)
	특수관계인	8 (7.96)
	친족	1 (2.02 ; **이건희**)
	비영리법인	3 (0.27)
	계열회사	2 (2.57)
	자기주식	1 (1.31)
	자사주펀드	1 (1.79)
이사회	이사 (등기임원)	- 12명 : 상근 4=사내이사
		회장 (**이건희**)
		대표이사부회장
		대표이사사장
		대표이사부사장
		비상근 8=사내이사 3
		사외이사 5
감사	(등기임원)	- 3명 (상근사내, 비상근사내, 비상근사외)
		* 상시감사보조요원 5명 (감사팀)
집행임원	117명 :	
		등기 4 - 회장 (**이건희**), 부회장 (대표이사), 사장 (대표이사), 부사장 (대표이사)
		미등기 113 - 부사장 13 / 전무 13, 상무 19, 이사 35, 이사대우 3, 이사보 24 / 상담역 1, 고문 5
직원	5,823명 : 관리사무직 2,976, 생산직 2,571, 기타 276	

업무부서	(실 2) 전략기획 : (팀 4) 기획, 경영관리, 인사, 홍보
	해외사업개발
	(팀 3) 산업개발, 금융, 감사
	(부문 4)
	상사 : (팀 2) 기획, 경영지원
	(사업부 11) 금속1, 금속2, 철강, 기계, 스프링베일, 석유화학, 화학,
	섬유원료, 생활자원, 정보통신, 프로젝트
	해외업무
	(지사 1) 부산
	해외조직
	건설 : (실 3) 경영지원, 통합구매, 수주영업
	(팀 1) 품질안전
	(본부 7) 토목사업, 건축사업, 주택사업, 플랜트/발전사업, 개발사업, 기술, 해외사업
	T-project건설단
	의류 : (팀 2) 경영지원, 마케팅
	(사업부 11) 특약, 직판, 신사복, 간이복, 아스트라, 빌트모아,
	스포츠, C/D, 브랜드, 제품, 특수
	물류센터 1
	유통 : (실 2) 기획, 경영지원
	(본부 1) 유통 : 신용판매영업, 개발, 국제사업, HOME PLUS 대구점, UTOO ZONE
	(총괄) 분당/종로/삼성플라자 : MEGAPORT분당점, MEGAPORT종로점,
	SAMSUNG PLAZA
출자 계열회사 (지분)	15개 :
	상장 4 - 삼성전자 (3.5%), 삼성정밀화학 (5.9), 삼성항공 (10.1), 제일기획 (1.8)
	비상장 11 - 대경빌딩 (43.6), 삼성경제연구소 (2), 삼성라이온즈 (7.5), 삼성석유화학 (10),
	삼성선물 (10), 삼성에버랜드 (1.8), 삼성종합화학 (36.2),
	삼성증권 (1.3), 삼성카드 (10.8), 삼성할부금융 (20), 삼성SDS(25.3)

주 : 1) 지분은 보통주 기준, 주주는 보통주/우선주 기준, 1998년12월31일 현재.

2) 삼성전관－1999년11월 삼성SDI로 바뀜. 비영리법인－삼성복지재단(0.17%), 삼성문화재단 (0.07), 삼성공제회(0.03). 계열회사－삼성전기(2.49), 제일모직(0.08). 5% 이상 지분 소유 주주 없음.

3) **이건희**는 삼성그룹 '지배자'임.

4) 등기임원 표시 없음(다른 경우에 비추어 등기 임원 수 판단함). 비상근감사－직책 표시 없음. 업무부서는 1997년12월 현재(1998년 자료가 있으나 판독하기 어려움).

5) 1998년12월31일 현재 그룹 계열회사는 61개(상장 14, 비상장 47).

6) a) 1997년12월31일 현재 지분 : 최대주주 및 특수관계인(4.79%) ; 최대주주－**이건희**(2.29), 특수 관계인 5명(2.5) ; 비영리법인 3개(0.41 ; 삼성복지재단 0.26, 삼성문화재단 0.11, 삼성공제회 0.04), 계열회사－제일모직(0.09), 자기주식(2).

　　b) 1997년12월31일 현재 이사/임원 : **이건희**－'상임, 그룹회장'으로 표시되어 있음 ; 이필곤－ 대표이사회장 ; 사외이사 없음, 감사는 비상근 2명.

출처 : 삼성물산(주), 『제48기 사업보고서』(1998.1.1~12.31) ; 『제47기 사업보고서』(1997.1.1~12.31).

<표 13.1.2> 삼성물산(주), 2000년12월

주주총회	주주	– 119,792명
(지분)	최대주주 및 특수관계인	– 7명 (8%)
	최대주주 (삼성SDI)	1 (4.52)
	특수관계인	6 (3.48)
	친족	1 (1.38 ; **이건희**)
	비영리법인	3 (0.22)
	자기주식	1 (0.83)
	자사주펀드	1 (1.06)
이사회	이사 (등기임원)	– 12명 : 상근 6=사내이사
		회장 1 (**이건희**)
		대표이사회장 1
		대표이사사장 2
		사장 1
		부사장 1
		비상근 6=사외이사
위원회	사외이사후보	– 4명 : 사내이사 2 (대표이사회장, 부사장)
		사외이사 2
	감사	– 3명 : 사외이사 (1명은 위원장)
		* 상시감사보조요원 5명 (감사팀)
	집행	– 6명 : 사내이사 (회장 **이건희**)
집행임원	101명 :	
		등기 6 – 회장 1 (**이건희**), 회장 1 (대표이사), 사장 2 (대표이사),
		사장 1, 부사장 1
		미등기 95 – 사장 2, 부사장 4 / 전무 16, 상무 39, 상무대우 2,
		상무보 31, 상무보대우 1
직원	4,740명 : 관리사무직 2,265, 생산직 2,355, 기타 120	
업무부서	(실 1) 경영지원	
	(팀 2) 감사, IR	
	플라자사업 : (담당 3) 지원, 마케팅, 영업	
	(팀 1) 해외명품TF	
	(사업부 1) 인터넷쇼핑몰	
	(부문 3)	
	상사 : (팀 3) 기획, 경영지원, 인사	
	(Div. Co 4) 화학 : (unit 9) 합성수지, 비료, 일반화학, 전자재료, 바이오, 정밀화학,	
	석유제품, 석유화학, 로지스틱스	
	기계플랜트 : (사업부 3) 플랜트1, 플랜트2, 기계전자	
	정보통신 : (사업부 3) 정보통신, 정보미디어, 정보시스템	
	금속자원 : (사업부 2) 금속, 철강	
	(팀 2) 에너지사업, GSX	
	까작무스사업	
	(사업부 1) 생활산업	
	(팀 2) 섬유, 수산	
	Golden Gate	
	주택 : (실 3) 경영지원, 마케팅, 상품개발	
	(사업부 5) CS, 주택개발1, 주택개발2, 주택, 개발	
	(총괄 1) 기술 : (실 1) 기술	
	PM	

건설 : (실 3) 경영지원, 구매지원, 도곡동사업추진
　　　　(본부 1) 품질경영
　　　　(팀 1) 감사
　　　　사장보좌역
　　　　(본부 4) 건축사업 : (팀 1) 기술
　　　　　　　　토목사업 : (팀 1) 기술
　　　　　　　　플랜트사업 : (팀 1) 기술
　　　　　　　　해외영업
　　　　(총괄 1) 국내영업 : (실 2) 영업기획, 사업개발
　　　　　　　　　　　　　　(팀 1) SOC사업
　　　　(연구소 2) 삼성건설기술, 장비

출자	19개 :
계열회사	상장 4 – 삼성전자 (3.9%), 삼성정밀화학 (5.6), 삼성테크윈 (3.9), 제일기획 (12.6)
(지분)	비상장 15 – 삼성경제연구소 (1), 삼성라이온즈 (7.5), 삼성석유화학 (10), 삼성선물 (4), 삼성에버랜드 (1.5), 삼성종합화학 (37.5), 삼성증권 (0.2), 삼성카드 (9.4), 삼성캐피탈 (15.2), 삼성SDS (22.2), 유니텔 (24.5), 씨브이네트 (99.9), 에치티에치 (59), 케어캠프닷컴 (72.3), 하나로쇼핑넷 (51)

주 : 1) 지분은 보통주 기준, 주주는 보통주/우선주 기준, 2000년12월31일 현재.
　　2) 비영리법인－삼성복지재단(0.14%), 삼성문화재단(0.06), 삼성공제회(0.02). 5% 이상 지분 소유 주주－우리사주조합(5.39), CMB-TEMP GTH FDS INC(5), CMB-TEMP FDS/TEM FRN(5). 집중투표제 없음.
　　3) **이건희**는 삼성그룹 '지배자'임.
　　4) 이사회의장은 대표이사. 집행위원회 위원 명단 없음('1998년5월 구성, 상근사내이사로 구성, 의장은 대표이사'라고 되어 있음). 겸직 : 회장(**이건희**)－삼성전자 대표이사, 삼성전기, 삼성코닝, 삼성SDI, 삼성SDS 이사, 삼성문화재단, 삼성복지재단 이사장.
　　5) 2000년12월31일 현재 그룹 계열회사는 60개(상장 14, 비상장 46).
출처 : 삼성물산(주), 『제50기 사업보고서』(2000.1.1~12.31).

<표 13.1.3> 삼성물산(주), 2003년12월

주주총회 (지분)	주주	- 76,427명
	최대주주 및 특수관계인	- 6명 (8.08%)
	최대주주 (삼성SDI)	1 (4.52)
	특수관계인	5 (3.56)
	친족	1 (1.38 ; **이건희**)
	비영리법인	2 (0.22)
	자기주식	1 (0.83)
	자사주펀드	1 (1.14)
이사회	이사 (등기임원)	- 10명 : 상근 5=사내이사
		회장 1 (**이건희**)
		대표이사사장 2 (1명은 의장)
		사장 1
		부사장 1
		비상근 5=사외이사
위원회	사외이사후보추천	- 4명 : 사내이사 2 (대표이사사장, 부사장)
		사외이사 2
	감사	- 3명 : 사외이사 (1명은 위원장)
		* 상시감사보조요원 있음 (감사팀)
	집행	- 5명 : 사내이사 (회장 **이건희**)
집행임원	118명 : 등기 5 - 회장 1 (**이건희**), 사장 2 (대표이사), 사장 1, 부사장 1 미등기 113 - 회장 1, 부사장 7 / 전무 14, 상무 40, 상무대우 6, 상무보 43, 상무보대우 2	
직원	4,231명 : 관리사무직 1,861, 생산직 2,284, 기타 86	
업무부서	(실 1) 전략기획 (팀 1) 감사 (부문 2) 상사 : (팀 3) 기획, 경영지원, 인사 　　　　보좌역 　　　(사업부 10) 석유화학, 기능화학, 정밀화학, 프로젝트, 가계전자, 　　　　　　　정보통신, 브랜드제품, 철강, 생활산업, 자원 　　　(본부 1) 유통 : (팀 1) 유통지원 　　　　　　　삼성플라자 : (담당 2) 마케팅, 영업 　　　　　　　　　　　쇼핑몰사업 　　　(그룹 1) B1 　　　해외지사/지점/법인 49 : 일본 3 : 일본본사 　　　　　　　　　　중국 10 : (총괄 1) 중국 　　　　　　　　　　중동/아프리카 6 : (총괄 1) 중동 　　　　　　　　　　미주 10, 동남아 10, 구주 10 　　건설 : (실 3) 경영지원, 구매지원, 프로젝트추진 　　　(팀 1) 홍보 　　　(본부 8) 주택기술, 주택영업, 건축사업, 토목사업, 플랜트사업, 　　　　　　　품질경영, 수주영업, 해외영업 　　　(총괄 1) 동남아 　　　해외지사/지점/법인 15 　　　(연구소 2) 삼성건설기술, 장비재료	

출자 계열회사 (지분)	19개 : 상장 4 - 삼성전자 (3.9%), 삼성정밀화학 (5.6), 삼성테크윈 (3.9), 제일기획 (12.6) 비상장 15 - 삼성경제연구소 (1), 삼성네트웍스 (19.5), 삼성라이온즈 (7.5), 삼성석유화학 (13.1), 삼성에버랜드 (1.5), 삼성종합화학 (38.7), 삼성증권 (0.3), 삼성카드 (9.4), 삼성캐피탈 (15.2), 삼성SDS (18), 써브이네트 (40.1), 아이마켓코리아 (13.9), 에치티에치 (78.3), 엠포스 (15), 케어캠프닷컴 (54.3)

주 : 1) 지분은 보통주 기준, 주주는 보통주/우선주 기준, 2003년12월31일 현재.

2) 비영리법인－삼성복지재단(0.14%), 삼성문화재단(0.08). 5% 이상 지분 소유 주주－삼성생명보험(4.67). 집중투표제 없음.

3) **이건희**는 삼성그룹 '지배자'임.

4) 집행위원회 위원 명단 없음－'1998년5월 구성, 상근사내이사로 구성, 의장은 대표이사'라고 되어 있음.

5) 미등기회장－비상근. 겸직 : 회장(**이건희**)－삼성전자 대표이사, 삼성에버랜드, 삼성전기, 삼성코닝, 삼성SDI, 제일모직, 호텔신라 이사, 삼성문화재단, 삼성복지재단 이사장 ; 등기부사장(지성하)－삼성아토피나 이사.

6) 2003년12월31일 현재 그룹 계열회사는 64개(상장 14, 비상장 50).

출처 : 삼성물산(주), 『제53기 사업보고서』(2003.1.1~12.31).

<표 13.1.4> 삼성물산(주), 2005년12월

주주총회 (지분)	주주	- 45,610명
	최대주주 및 특수관계인	- 9명 (13.88%)
	최대주주 (삼성SDI)	1 (7.39)
	특수관계인	8 (6.49)
	친족	1 (1.41 ; **이건희**)
	비영리법인	2 (0.23)
	임원	3 (0.06)
	계열회사	2 (4.79)
이사회	이사 (등기임원)	- 8명 : 상근 3=사내이사 　　　　대표이사사장 2 (1명은 의장) 　　　　부사장 1 　　　　비상근 5=사외이사
위원회	사외이사후보추천	- 4명 : 사내이사 2 (대표이사사장, 부사장) 　　　　사외이사 2
	감사	- 3명 : 사외이사 (1명은 위원장)
	집행	- 3명 : 사내이사
집행임원	126명 :	
	등기 3 - 사장 2 (대표이사), 부사장 1	
	미등기 123 - 회장 1, 부사장 9 / 전무 17, 상무 96	
직원	4,228명 : 사무직 522, 기술직 3,581, 기타 125	
업무부서	(실 1) 전략기획	
	(팀 5) 재무, 금융, 인사, 홍보, 감사	
	(부문 2)	
	상사 : (팀 4) 기획, 경영지원, 인사, RM	
	(사업부 10) 석유화학, 기능화학, 무기화학, 전자재료, 부품소재, 　　　　플레오맥스, 금속, 철강, 생활물자, 자원	
	(총괄 1) 프로젝트 : (사업부 2) 프로젝트1, 프로젝트2	
	(본부 1) 유통 : (팀 1) 경영지원 　　　　　　삼성플라자, 인터넷쇼핑몰	
	해외영업 : 거점 74	
	건설 : (실 3) 경영지원, 프로젝트추진, 구매지원	
	(본부 10) 주택기술, 주택영업, 건축사업, 토목사업, 플랜트사업, 　　　　품질경영, 기술, 국내영업, 해외영업, 전략사업추진	
	(지사 4) 중부, 경북, 영남, 호남	
	해외영업 : 지점 11, 법인 5	
	(연구소 2) 삼성건설기술, 장비재료	
출자 계열회사 (지분)	17개 :	
	상장 4개 - 삼성전자 (4%), 삼성정밀화학 (5.6), 삼성테크윈 (4.3), 제일기획 (12.6)	
	비상장 13 - 삼성경제연구소 (1), 삼성네트웍스 (19.5), 삼성라이온즈 (7.5), 　　　삼성석유화학 (13.1), 삼성에버랜드 (1.5), 삼성종합화학 (38.7), 　　　삼성증권 (0.3), 삼성카드 (3.2), 삼성SDS (18), 씨브이네트 (40.1), 　　　아이마켓코리아 (14.1), 에치티에치 (78.3), 케어캠프닷컴 (54.3)	

주 : 1) 지분은 보통주 기준, 주주는 보통주/우선주 기준, 2005년12월31일 현재.

　　2) 비영리법인-삼성복지재단(0.15%), 삼성문화재단(0.08). 계열회사-삼성생명보험(4.79), 삼성증권(0). 5% 이상 지분 소유 주주-삼성SDI(7.39), Platinum Asset Management Limited(7.49). 집중투표제 없음.

　　3) **이건희**는 삼성그룹 '지배자'임.

4) 등기회장(**이건희**)−2005년 1분기에 사임함. 집행위원회−1998년5월 구성. 겸직 : 등기부사장 (지성하)−삼성토탈 이사 ; 미등기부사장(송문헌)−씨브이네트 대표이사 ; 미등기전무(정기철)− 씨브이네트 이사 ; 미등기상무(김창현)−에치티에치 이사, 케어캠프 감사 ; 미등기상무(배동기) −씨브이네트 이사 ; 미등기상무보(추교인)−에치티에치 이사 ; 미등기상무보(이성만)−케어캠 프 이사 ; 미등기상무보(최범호)−씨브이네트 감사.

5) 출처의 업무부서 정보 내용은 불명확하며, 2004년12월 현재의 업무부서를 참고함. 일부 부서 는 확인이 어려워 누락되었으며 일부는 실제 명칭과 다소 다를 수 있음.

6) 2005년12월31일 현재 그룹 계열회사는 59개(상장 14, 비상장 45).

출처 : 삼성물산(주), 『제55기 사업보고서』(2005.1.1~12.31) ; 『제55기 분기보고서』(1분기, 2005.1.1~ 3.31 ; 3분기, 2005.1.1~9.30) ; 『제54기 사업보고서』(2004.1.1~12.31).

2. 삼성전자(주)

<표 13.2.1> 삼성전자(주), 1998년12월

주주총회	주주	- 90,575명
(지분)	최대주주 및 특수관계인	- 6명 (8.3%)
	최대주주 (**이건희**)	1 (2.4)
	특수관계인	5 (5.9)
	친족	2 (1.65)
	비영리법인	2 (0.09)
	계열회사	1 (4.16)
이사회	이사 (등기임원)	- 25명 : 상근 17=사내이사
		대표이사회장 1 (**이건희**)
		대표이사사장 4
		대표이사부사장 2
		부사장 4
		전무 3
		상무 2
		이사 1
		비상근 8=사내이사 4
		사외이사 4
감사	(등기임원)	- 3명 (상근사내, 비상근사내, 비상근사외)
		* 상시감사보조요원 10명 (감사팀)

집행임원 304명 :

　　　　등기 17 - 회장 1 (대표이사, **이건희**), 사장 4 (대표이사),
　　　　　　부사장 2 (대표이사), 부사장 4 / 전무 3, 상무 2, 이사 1
　　　　미등기 287 - 사장 2, 대표부사장 1, 부사장 3 / 전무 20, 상무 26, 상무대우 1, 이사 71,
　　　　　　이사대우 5, 이사보 57, 이사보대우 2, 연구위원 73 / 상담역 1, 경영고문 1,
　　　　　　고문 10, 자문역 12, 이사보대우 (자문역) 1, 연구위원 (자문역) 1

직원 42,154명 : 관리사무직 9,434, 생산직 13,546, 기타 19,174

업무부서
　(총괄 1) 전략기획 : (실 3) 해외협력, 경영기획, 경영지원
　(총괄 4) 정보가전, 정보통신, 반도체, 기술
　(사업부 1) 국내판매
　지사 9, 지점 116, 영업소 27, 기타 9, 대리점 3,564
　해외 : 생산법인 33, 판매법인 54, 기타 41
　정보가전총괄 : (연구소 2) 정보기기, 디지털
　정보통신총괄 : (연구소 6) 통신, 네트웍, 정보컴퓨터, C, OA, 무선통신
　반도체총괄 : (연구소 6) 반도체, LSI, AMLCD, MOS, 선행기술, PKG
　(연구소 3) 중앙 : (연구소 3) 종합, 멀티미디어, 생명과학
　　　　　디자인, 정보미디어
　(센터 1) 생산기술 : (연구소 1) 자동화

출자 계열회사 (지분)	27개 :
	상장 7 - 삼성전관 (12.9%), 삼성전기 (22), 삼성정밀화학 (8.8), 삼성중공업 (17.7), 삼성항공산업 (8.1), 제일기획 (3.6), 호텔신라 (5.2)
	비상장 20 - 광주전자 (95), 노비타 (100), 삼성경제연구소 (29.8), 삼성라이온즈 (27.5), 삼성석유화학 (9.9), 삼성시계 (100), 삼성전자서비스 (100), 삼성자동차 (21.1), 삼성종합화학 (3.7), 삼성카드 (58.7), 삼성코닝 (48.4), 삼성코닝정밀유리 (2.6), 삼성할부금융 (73.1), 삼성GE의료기기 (34), 삼성SDS (29.9), 서울통신기술 (33.3), 스테코 (51), 아산전자 (60), 한국DNS (43.7), IPC (51)

주 : 1) 지분은 보통주 기준, 주주는 보통주/우선주 기준, 1998년12월31일 현재.

2) 친족-**이재용**(0.82%), 홍라희(0.83). 비영리법인-삼성복지재단(0.06), 삼성공제회(0.03). 계열회사-삼성물산. 5% 이상 지분 소유 주주-삼성생명보험(8.21), Citibank N.A.(7.95).

3) **이건희**는 삼성그룹 '지배자'임.

4) 사외이사 1명은 외국인. 비상근감사 : 사내(김석)-삼성그룹 기업구조조정본부 구조조정 T/F팀, 사외(임성락)-한국장기신용은행 상무. 업무부서 중 '전략기획총괄'에서 '기술총괄'까지는 1997년12월 현재(1998년 출처에 관련 자료 없음).

5) 1998년12월31일 현재 그룹 계열회사는 61개(상장 14, 비상장 47).

6) a) 1997년12월31일 현재 지분 : 최대주주 및 특수관계인(11.21%) ; 최대주주-**이건희**(3.51), 특수관계인 9명(7.7) ; 친족 2명(1.9 ; **이재용** 0.92, 홍라희 0.98), 비영리법인 3개(0.13 ; 삼성문화재단 0.01, 삼성복지재단 0.08, 삼성공제회 0.04), 계열회사 4개(5.66 ; 삼성물산 4.45, 제일모직 0.61, 삼성에버랜드 0.15, 중앙일보 0.45).

b) 1997년12월31일 현재 이사/임원 : **이건희**-대표이사회장, 비상근사내이사 6명, 사외이사 없음 ; 감사는 비상근사내 2명.

출처 : 삼성전자(주), 『제30기 사업보고서』(1998.1.1~12.31) ; 『제29기 사업보고서』(1997.1.1~12.31).

<표 13.2.2> 삼성전자(주), 2000년12월

주주총회 (지분)	주주	- 158,088명
	최대주주 및 특수관계인	- 6명 (7.45%)
	최대주주 (**이건희**)	1 (2.01)
	특수관계인	5 (5.44)
	친족	2 (1.48)
	비영리법인	2 (0.08)
	계열회사	1 (3.88)
이사회	이사 (등기임원)	- 20명 : 상근 14=사내이사
		대표이사회장 1 (**이건희**)
		대표이사부회장 1
		대표이사사장 3
		대표이사부사장 7
		전무 1
		감사위원 1
		비상근 6=사외이사
위원회	사외이사후보추천	- 4명 : 사내이사 2 (대표이사부회장, 대표이사부사장)
		사외이사 2
	감사	- 3명 : 상근감사위원 1, 사외이사 2
		(1명은 위원장)
		* 상시감사보조요원 20명 (감사팀)
집행임원	349명 :	
		등기 13 - 회장 1 (대표이사, **이건희**), 부회장 1 (대표이사),
		사장 3 (대표이사), 부사장 7 (대표이사) / 전무 1
		미등기 336 - 회장 1, 사장 1, 부사장 1 (대표이사), 부사장 15 / 전무 21, 상무 56,
		상무대우 4, 이사 68, 이사대우 6, 이사보 66, 이사보대우 6,
		연구위원 77 / 고문 13, 자문역 1
직원	43,996명 : 관리사무직 10,989, 생산직 13,676, 기타 19,331	
업무부서	(총괄 1) 경영지원	
	CTO	
	(센터 1) 수원지원	
	(총괄 4) 디지털미디어 : (사업부 6) 디지털영상, 디지털비데오, 컴퓨터시스템, 디스플레이,	
	디지털프린팅, ODD	
	생활가전 : (사업부 2) 냉공조, 리빙	
	정보통신 : (사업부 2) 네트웍, 무선	
	반도체 : MEMORY, SYS-LSI, AM-LCD	
	(사업부 1) 스토리지	
	(사업부 1) 국내판매	
	(실 1) 글로벌마케팅	
	지사 12, 지점 119, 영업소 8, 대리점 3,452	
	해외 : 생산법인 21, 판매법인 31, 기타법인 9, 기타 28	
	디지털미디어총괄 : (연구소 2) 정보기기, 디지털	
	정보통신총괄 : (연구소 6) 통신, 네트워크, 정보컴퓨터, C&C, OA통신, 무선통신	
	반도체총괄 : (연구소 7) 반도체, LSI, AMLCD, MOS, 선행기술, PKG, 메모리	
	(연구소 3) 중앙 : (연구소 2) 종합, 멀티미디어	
	디자인, 정보미디어	
	(센터 1) 생산기술 : (연구소 1) 생산기술	
	(기술원 1) 종합	

출자 계열회사 (지분)	25개 :
	상장 7 - 삼성전기 (22.8%), 삼성정밀화학 (8.4), 삼성중공업 (17.6), 삼성테크윈 (22.9), 삼성SDI (19.3), 제일기획 (2.6), 호텔신라 (5) 비상장 18 - 노비타 (96.1), 삼성광주전자 (94.3), 삼성경제연구소 (29.8), 삼성라이온즈 (27.5), 삼성벤처투자 (16.3), 삼성석유화학 (9.9), 삼성전자서비스 (83.3), 삼성종합화학 (3.8), 삼성카드 (56.6), 삼성코닝 (45.3), 삼성코닝정밀유리 (41.9), 삼성캐피탈 (75), 삼성SDS (26.3), 서울통신기술 (30.3), 스테코 (51), 유니텔 (29.1), 톰슨CSF (50), 한국DNS (61.1)

주 : 1) 지분은 보통주 기준, 주주는 보통주/우선주 기준, 2000년12월31일 현재.

2) 친족-**이재용**(0.77%), **홍라희**(0.71). 비영리법인-삼성복지재단(0.06), 삼성공제회(0.02). 계열회사-삼성물산. 5% 이상 지분 소유 주주-Citibank N.A.(10.68), 삼성생명보험 (6.97). 집중투표제 없음.

3) **이건희**는 삼성그룹 '지배자'임.

4) 사외이사 2명은 외국인. 겸직 : 대표이사회장(**이건희**)-삼성물산 상근이사, 삼성경제연구소, 삼성라이온즈, 삼성생명보험, 삼성에버랜드, 삼성엔지니어링, 삼성전기, 삼성정밀화학, 삼성카드, 삼성코닝, 삼성화재보험, 삼성SDI, 삼성SDS, 제일기획, 제일모직, 호텔신라 비상근이사 ; 대표이사부회장(윤종용)-삼성전자서비스 비상근이사 ; 대표이사부사장(이상현)-삼성전자서비스 비상근이사 ; 대표이사부사장(최도석)-삼성광주전자 비상근감사.

5) 2000년12월31일 현재 그룹 계열회사는 60개(상장 14, 비상장 46).

출처 : 삼성전자(주), 『제32기 사업보고서』(2000.1.1~12.31).

<표 13.2.3> 삼성전자(주), 2003년12월

주주총회 (지분)	주주	- 82,810명
	최대주주 및 특수관계인	- 7명 (7.35%)
	최대주주 (**이건희**)	1 (1.85)
	특수관계인	6 (5.5)
	친족	2 (1.34 ; **이재용** 0.63)
	비영리법인	3 (0.25)
	계열회사	1 (3.89)
이사회	이사 (등기임원)	- 13명 : 상근 6=사내이사
		대표이사회장 1 (**이건희**)
		대표이사부회장 3
		대표이사사장 1
		사장 1
		비상근 7=사외이사
위원회	사외이사후보추천	- 4명 : 사내이사 2 (대표이사부회장, 대표이사사장)
		사외이사 2
	감사	- 3명 : 사외이사 (1명은 위원장)
		* 상시감사보조요원 30명 (감사팀)
집행임원	578명 :	
		등기 6 - 회장 1 (대표이사, **이건희**), 부회장 3 (대표이사),
		사장 1 (대표이사), 사장 1
		미등기 572 - 회장 1, 사장 9, 부사장 35 / 전무 32, 전무대우 4,
		상무 128 (**이재용**), 상무대우 9, 상무보 167,
		상무보대우 11, 연구위원 152 / 고문 17, 자문역 7
직원	55,379명 : 관리사무직 8,276, 생산직 15,149, 기타 31,954	
업무부서	(총괄 1) 경영지원	
	CTO	
	(센터 5) Digital Solution, 디자인경영, CS경영, 메카트로닉스, 수원지원	
	(총괄 4) Digital Media Network : (사업부 4) 영상디스플레이, 컴퓨터시스템,	
	디지털비데오, 디지털프린팅	
	Telecommunication Network : (사업부 2) 무선, 네트워크	
	Digital Appliance Network : (사업부 2) 시스템가전, 리빙	
	Device Solution Network : (사업부 5) 메모리, System LSI, AMLCD, OMS, 스토리지	
	(사업부 1) 국내영업	
	(실 1) Global마케팅	
	지사 12, 지점 132, 대리점 2,882	
	해외법인 42 : 북미 5, 구주 13, 동남아 8, 중국 7, 일본 1, CIS 2, 중아 2, 중남미 4	
	Digital Media Network 총괄 : (연구소 10) 컴퓨터시스템, 멀티미디어, 디지털미디어, 디지털영상,	
	디스플레이, 프린팅, 통신시스템, KDC, DVS, 연구소 1	
	Telecommunication Network 총괄 : (연구소 7) C&C, 통신, 정보컴퓨터,	
	네트워크, 무선통신, 광소재, 광전자	
	Digital Appliance Network 총괄 : (연구소 3) 생활가전1, 생활가전2, 리빙	
	Device Solution Network 총괄 : (연구소 12) 반도체, LSI, MOS, AMLDCD, 선행기술, 메모리,	
	패키지, LCD개발, LCD생산기술, HDD,	
	스토리지, ODD	

(기술원 1) 종합
(연구소 6) 정보미디어 : (센터 1) DS
          디자인 : (센터 1) 디자인
          메카트로닉스 : (센터 1) 메카
          생명공학, 연구소 2

출자 계열회사 (지분)	32개 :
	상장 7 - 삼성전기 (23.7%), 삼성정밀화학 (8.4), 삼성중공업 (17.6), 삼성테크윈 (22.9), 삼성SDI (20), 제일기획 (2.6), 호텔신라 (5.1)
	비상장 25 - 노비타 (96.1), 리빙프라자 (100), 블루텍 (90), 삼성광주전자 (94.3), 삼성경제연구소 (29.8), 삼성네트웍스 (23.1), 삼성라이온즈 (27.5), 삼성벤처투자 (16.3), 삼성석유화학 (13), 삼성전자로지텍 (100), 삼성전자서비스 (83.3), 삼성종합화학 (3.9), 삼성카드 (56.1), 삼성코닝 (48.4), 삼성코닝마이크로옵틱스 (50), 삼성코닝정밀유리 (42.6), 삼성캐피탈 (75), 삼성탈레스 (50), 삼성SDS (21.3), 서울통신기술 (30.3), 세크론 (50.6), 스테코 (51), 아이마켓코리아 (13.9), 엠피온 (50.2), 한국DNS (62.4)

주 : 1) 지분은 보통주 기준, 주주는 보통주/우선주 기준, 2003년12월31일 현재.
　　2) 친족-홍라희(0.71%). 비영리법인-삼성장학재단(0.17), 삼성복지재단(0.06), 삼성문화재단(0.02). 계열회사-삼성물산. 5% 이상 지분 소유 주주-Citibank N.A.(9.91), 삼성생명보험(6.99). 집중투표제 없음.
　　3) **이건희**는 삼성그룹 '지배자'임.
　　4) 사외이사 3명은 외국인. 미등기상무(**이재용**)-경영기획팀 경영전략담당. 겸직 : 대표이사회장 (**이건희**)-삼성물산 상근이사, 삼성전기, 삼성에버랜드, 삼성SDI, 제일모직, 호텔신라 비상근 이사.
　　5) 출처의 연구개발조직 명칭이 불명확하게 표시되어 있어 위의 표기가 사실과 다를 수 있음.
　　6) 2003년12월31일 현재 그룹 계열회사는 64개(상장 14, 비상장 50).
출처 : 삼성전자(주), 『제35기 사업보고서』(2003.1.1~12.31).

<표 13.2.4> 삼성전자(주), 2005년12월

주주총회 (지분)	주주	– 87,507명
	최대주주 및 특수관계인	– 18명 (16.08%)
	최대주주 (**이건희**)	1 (1.91)
	특수관계인	17 (14.19)
	친족	2 (1.39 ; **이재용** 0.65)
	비영리법인	3 (0.21)
	임원	8 (0.05)
	계열회사	4 (12.54)
이사회	이사 (등기임원)	– 13명 : 상근 6=사내이사 　　　　대표이사회장 1 (**이건희**) 　　　　대표이사부회장 3 　　　　대표이사사장 1 　　　　사장 1 　　　　비상근 7=사외이사
위원회	사외이사후보추천	– 4명 : 사내이사 2 (대표이사부회장, 대표이사사장) 　　　　사외이사 2 (1명은 위원장)
	감사	– 3명 : 사외이사 (1명은 위원장) 　　* 상시감사보조요원 42명 (감사팀)
	경영	– 3명 : 사내이사 (대표이사부회장 2, 대표이사사장)
	내부거래	– 3명 : 사외이사
집행임원	767명 :	
		등기 6 – 회장 1 (대표이사, **이건희**) , 부회장 3 (대표이사), 　　　사장 1 (대표이사), 사장 1 　미등기 761 – 사장 14, 사장대우 1, 부사장 37, 부사장대우 2 / 　　　전무 67, 전무대우 7, 상무 143 (**이재용**), 상무대우 12, 　　　상무보 217, 상무보대우 18, 연구위원 202 / 　　　고문 25, 상담역 3, 자문역 13
직원	80,594명 : 관리사무직 10,151, 생산직 26,451, 기타 43,992	
업무부서	(총괄 1) 경영지원	
	(센터 4) Digital Solution, 디자인경영, CS경영, 수원지원	
	(총괄 5) 디지털미디어 : (사업부 4) 영상디스플레이, 컴퓨터시스템, 　　　　　　　　　　　디지털비데오, 디지털프린팅	
	정보통신 : (사업부 2) 무선, 네트워크	
	생활가전 : (사업부 1) 시스템가전	
	반도체 : (사업부 3) 메모리, System LSI, 스토리지	
	LCD	
	(사업부 1) 국내영업	
	(실 1) Global마케팅	
	지사 14, 지점 160, 대리점 2,493 (종합점 518, 전문점 822, 이동체 844, 일반점 309)	
	해외판매법인 38 : 미주 10, 구주 12, 아주 8, 중국 4, 일본 1, CIS 1, 중아 2	

(총괄 1) 기술 : (실 1) CTO전략
             (연구소 5) 시스템, 메카트로닉스, 정보응용, 생명과학, 생명공학
디지털미디어총괄 : (연구소 10) 종합, 컴퓨터시스템, 멀티미디어, KDC, DVS,
                 디지털미디어, 디지털영상, 디스플레이, 프린팅, 통신시스템
정보통신총괄 : (연구소 6) 무선, 통신, 네트워크, 무선통신, 광전자, Internet Infra
생활가전총괄 : (연구소 4) 생활가전1, 생활가전2, 리빙, DA
반도체총괄 : (연구소 9) 반도체, LSI, MOS, 선행기술, 메모리, 패키지, HDD, tm토리지, SOC
LCD총괄 : (연구소 3) AMLCD, LCD개발, LCD생산기술
(기술원 1) 종합
(연구소 3) 정보미디어 : (센터 1) DSC
        디자인 : (센터 1) 디자인
        신뢰성 : (센터 1) CS

출자 계열회사 (지분)	30개 : 상장 7 - 삼성전기 (23.7%), 삼성정밀화학 (8.4), 삼성중공업 (17.6), 삼성테크윈 (25.5), 삼성SDI (20.4), 제일기획 (2.6), 호텔신라 (5.1) 비상장 23 - 리빙프라자 (100), 블루텍 (100), 삼성광주전자 (94.3), 삼성경제연구소 (29.8), 삼성네트웍스 (23.1), 삼성라이온즈 (27.5), 삼성벤처투자 (16.3), 삼성석유화학 (13), 삼성전자로지텍 (100), 삼성전자서비스 (83.3), 삼성종합화학 (3.9), 삼성카드 (46.9), 삼성코닝 (48.4), 삼성코닝정밀유리 (42.6), 삼성탈레스 (50), 삼성SDS (21.3), 서울통신기술 (35.8), 세메스 (63.1), 세크론 (50.6), 스테코 (51), 아이마켓코리아 (14.1), 에스엘시디 (50), 인터내셔널사이버마케팅 (45)

주 : 1) 지분은 보통주 기준, 주주는 보통주/우선주 기준, 2005년12월31일 현재.
   2) 친족-홍라희(0.74%) ; 비영리법인-삼성장학재단(0.12), 삼성복지재단(0.06), 삼성문화재단(0.0
      3) ; 계열회사-삼성생명보험(7.26), 삼성물산(4.02), 삼성화재(1.26), 삼성증권(0). 5% 이상 지분
      소유 주주-Citibank N.A.(9.95), 삼성생명보험(7.26). 집중투표제 없음.
   3) 이건희는 삼성그룹 '지배자'임.
   4) 사외이사 3명은 외국인. 미등기상무(이재용)-경영기획팀 경영전략담당. 겸직 : 대표이사부회
      장(이윤우)-에스엘시디 비상근이사.
   5) 2005년12월31일 현재 그룹 계열회사는 59개(상장 14, 비상장 45).
출처 : 삼성전자(주), 『제37기 사업보고서』(2005.1.1~12.31).

3. 삼성중공업(주)

<표 13.3.1> 삼성중공업(주), 1998년 12월

주주총회 (지분)	주주 최대주주 및 특수관계인 　최대주주 (삼성전자) 　특수관계인 　계열회사	- 63,270명 - 7명 (26%) 1 (17.69) 6 (8.31) 6 (8.31)
이사회	이사 (등기임원)	- 12명 : 상근 9=사내이사 대표이사 3 전무이사 1 상무이사 2 이사 3 비상근 3=사외이사
감사	(등기임원)	- 3명 (상근사내, 비상근사내, 비상근사외) * 상시감사보조요원 7명 (감사팀)
집행임원	(9명) :	등기 9 - 대표이사 3 / 전무이사 1, 상무이사 2, 이사 3 미등기 ?
직원	8,501명 : 관리사무직 2,079, 기술직 1,855, 기능직 4,567	
업무부서	(실 1) 경영지원 : (팀 4) 경영기획, 인사, 홍보, 채권회수 (부문 3) 조선플랜트 : (실 3) 경영기획, 조선영업, 운기철구영업 　　　　　　　　(조선소 1) 　　　　기전 : (팀 2) 경영기획, 인사 　　　　　　(실 1) 기전영업 　　　　　　(공장 1) 창원 　　　　건설 : (팀 1) 경영기획팀 　　　　　　(사업부 2) 건축, 토목 　　　　　　(실 1) 건설영업 (연구소 4) 중앙 : (센터 3) 선박연구, 메카트로개발, 에너지환경 　　　　조선, 기전, 건설기술	
출자 계열회사 (지분)	4개 : 　비상장 - 삼성경제연구소 (2%), 삼성상용차 (100), 삼성자동차 (2.5), 　　삼성할부금융 (0.2)	

주 : 1) 지분은 보통주 기준, 주주는 보통주/우선주 기준, 1998년 12월 31일 현재.

2) 계열회사 - 삼성생명(4.66%), 삼성전기(2.4), 제일모직(0.91), 삼성엔지니어링(0.13), 제일기획(0.13), 삼성항공(0.07). 5% 이상 지분 소유 주주 - 삼성전자(17.69), 우리사주조합(14.24).

3) **이건희**는 삼성그룹 '지배자'임.

4) 이사/집행임원은 1999년 3월 31일 현재. 등기임원 표시 없음(출처에 있는 상근 9명을 모두 등기임원으로 간주함). 비상근감사 : 사내(이학수) - 삼성화재 대표이사, 사외(양승우) - 안진회계법인 대표.

5) 1998년 12월 31일 현재 그룹 계열회사는 61개(상장 14, 비상장 47).

6) a) 1997년 12월 31일 현재 지분 : 최대주주 및 특수관계인(27.42%) ; 최대주주 - 삼성전자(18.95), 특수관계인 7명(8.47) ; 비영리법인 - 삼성문화재단(0.02), 계열회사 6개(8.45 ; 삼성생명 4.92, 삼성전기 2.57, 제일모직 0.6, 삼성엔지니어링 0.14, 제일기획 0.14, 삼성항공 0.08).

b) 1997년12월31일 현재 이사/임원 : **이건희**─비상근사내이사 ; 비상근사내이사 7명, 사외이사 없음 ; 감사는 비상근(사내, 사외) 2명 ; 1998년3월31일 현재 사외이사 2명 선임, 상근사내감사 1명 추가 선임.

출처 : 삼성중공업(주), 『제25기 사업보고서』(1998.1.1~12.31), 『제24기 사업보고서』(1997.1.1~12.31).

<표 13.3.2> 삼성중공업(주), 2000년12월

주주총회 (지분)	주주	- 92,862명
	최대주주 및 특수관계인	- 9명 (24.79%)
	최대주주 (삼성전자)	1 (17.61)
	특수관계인	8 (7.18)
	계열회사	8 (7.18)
이사회	이사 (등기임원)	- 6명 : 상근 3=사내이사
		대표이사 2
		이사 1
		비상근 3=사외이사
위원회	사외이사후보추천	- 4명 : 사내이사 2 (미등기부회장, 등기이사)
		사외이사 2
	감사	- 3명 : 사외이사 (1명은 위원장)
		* 상시감사보조요원 5명 (감사팀)
	집행	- 3명 : 사내이사
집행임원	49명 :	
	등기 3 - 대표이사 2 / 이사 1	
	미등기 46 - 부회장 1 / 전무 4, 상무 10, 상무보 17 /	
	촉탁임원 5, 상담역 1, 고문 4, 자문역 4	
직원	7,257명 : 관리사무직 1,698, 생산직 4,080, 기타 1,479	
업무부서	(실 1) 경영지원 : (팀 4) 경영기획, 구매, 정보기술, 인사	
	(사무소 1) 서울	
	(부문 2) 조선플랜트 : (사업부 2) 플랜트, 디지털	
	(실 1) 조선영업	
	조선설계, 일반선생산, 특수선생산	
	건설 : (팀 2) 경영기획, 프로젝트관리	
	(본부 2) 건축사업, 토목사업	
	(연구소 4) 조선플랜트, 산업전자, 환경, 중건설	
	(센터 1) 선박연구	
출자 계열회사 (지분)	5개 :	
	비상장 - 삼성경제연구소 (1%), 삼성벤처투자 (17), 삼성캐피탈 (0.2),	
	삼성투자신탁운용 (3.9), 이누카 (10)	

주 : 1) 지분은 보통주 기준, 주주는 보통주/우선주 기준, 2000년12월31일 현재.

　　2) 계열회사-삼성생명(3.9%), 삼성전기(2.38), 제일모직(0.42), 삼성에버랜드(0.13), 삼성엔지니어링 (0.13), 제일기획(0.13), 삼성테크윈(0.07), 삼성증권(0). 5% 이상 지분 소유 주주-삼성전자 (17.61), 우리사주조합(5.87). 집중투표제 없음.

　　3) **이건희**는 삼성그룹 '지배자'임.

　　4) 사외이사후보추천위원회는 2001년1월16일에 구성됨, 집행위원회의 활동 내역은 있으나 위원 명단은 없음(상근사내이사 3명으로 구성된 것으로 보임).

　　5) 2000년12월31일 현재 그룹 계열회사는 60개(상장 14, 비상장 46).

출처 : 삼성중공업(주), 『제27기 사업보고서』(2000.1.1~12.31).

<표 13.3.3> 삼성중공업(주), 2003년 12월

주주총회 (지분)	주주	- 75,443명
	최대주주 및 특수관계인	- 8명 (24.78%)
	최대주주 (삼성전자)	1 (17.61)
	특수관계인	7 (7.17)
	계열회사	7 (7.17)
이사회	이사 (등기임원)	- 5명 : 상근 3=사내이사
		대표이사 1
		부사장 2
		비상근 2=사외이사
위원회	사외이사후보추천	- 4명 : 사내이사 2 (대표이사, 부사장)
		사외이사 2
	감사	- 2명 : 사외이사 (1명은 위원장)
	집행	- 3명 : 사내이사
집행임원	50명 :	
	등기 3 - 대표이사 1, 부사장 2	
	미등기 47 - 부사장 3 / 전무 4, 상무 11, 상무보 23 / 촉탁임원 2, 상담역 1, 고문 2, 자문 1	
직원	7,918명 : 관리사무직 1,552, 생산직 4,388, 기타 1,978	
업무부서	기획, 경영지원, 인사	
	(사무소 1) 서울	
	(실 1) 조선해양영업 : (팀 4) 영업1, 영업2, 영업3, 해양영업	
	영업기획	
	해외사무소	
	(조선소 1) : 생산 1, 생산2, 생산지원, 해양사업	
	(사업부 1) 건설 : (사업 2)	
	토목 : (파트 1) 토목기술 : (파트 3) 업무, 토목영업, 토목기술	
	건축 : (팀 1) 건축영업 : (파트 4) 영업1, 영업2, 기술영업, 특화상품영업	
	(총괄 1) 기술 : 설계	
	(연구소 3) 산업전자, 건설기술	
	조선플랜트 : (센터 1) 선박연구	
	(파트 1) 메카트로연구	
출자 계열회사 (지분)	5개 :	
	비상장 - 삼성경제연구소 (1%), 삼성벤처투자 (17), 삼성캐피탈 (0.2), 　　　　삼성투자신탁운용 (3.9), 아이마켓코리아 (9.5)	

주 : 1) 지분은 보통주 기준, 주주는 보통주/우선주 기준, 2003년 12월 31일 현재.
2) 계열회사-삼성생명(3.9%), 삼성전기(2.38), 제일모직(0.42), 삼성에버랜드(0.13), 삼성엔지니어링(0.13), 제일기획(0.13), 삼성테크윈(0.07). 5% 이상 지분 소유 주주-삼성전자(17.61). 집중투표제 없음.
3) **이건희**는 삼성그룹 '지배자'임.
4) 2004년 3월 30일 현재 사외이사 1명 추가 선임됨. 집행위원회는 '활동 내용 없음'이라고 되어 있음(사내이사 3명으로 구성된 것으로 보임).
5) 2003년 12월 31일 현재 그룹 계열회사는 64개(상장 14, 비상장 50).
출처 : 삼성중공업(주), 『제30기 사업보고서』(2003.1.1~12.31).

<표 13.3.4> 삼성중공업(주), 2005년12월

주주총회 (지분)	주주	- 61,468명
	최대주주 및 특수관계인	- 10명 (24.27%)
	최대주주 (삼성전자)	1 (17.61)
	특수관계인	9 (6.66)
	임원	2 (0.02)
	계열회사	7 (6.64)
이사회	이사 (등기임원)	- 7명 : 상근 3=사내이사
		대표이사
		부사장
		전무
		비상근 4=사외이사
위원회	사외이사후보추천	- 4명 : 사내이사 2 (대표이사, 부사장)
		사외이사 2
	감사	- 3명 : 사외이사 (1명은 위원장)
		* 상시감사보조요원 5명
	집행	- 3명 : 사내이사
집행임원	56명 :	
	등기 3 - 대표이사, 부사장 / 전무	
	미등기 53 - 부사장 4 / 전무 5, 상무 15, 상무보 26 / 촉탁임원 1, 고문 2	
직원	8,581명 : 관리사무직 1,601, 생산직 4,755, 기타 2,225	
업무부서	(담당 2) 경영지원 : (팀 2) 기획, 경영지원	
	(사무소 1) 서울	
	인사 : (팀 2) 인사관리, 총무	
	(실 1) 조선해양영업 : (팀 4) 영업1, 영업2, 영업3, 해양영업	
	영업기획	
	해외사무소	
	(조선소 1) : (담당 5) 생산1, 생산2, 생산지원, 해양사업, 안전공무	
	(사업부 1) 건설 : (파트 1) 토목기술 : (파트 4) 업무, 토목영업1, 토목영업2, 토목기술	
	토목견적, 기술연구	
	(팀 1) 건축영업 : (파트 4) 영업1, 영업2, 기술영업, 특화상품영업	
	(총괄 1) 기술 : 설계	
	(연구소 4) 조선해양, 산업전자, 건설기술	
	생산기술 : (센터 2) 선박연구, 기술연구	
	(파트 1) 메카트로연구	
출자 계열회사 (지분)	5개 :	
	비상장 - 삼성경제연구소 (1%), 삼성벤처투자 (17), 삼성카드 (0),	
	삼성투자신탁운용 (3.9), 아이마켓코리아 (9.7)	

주 : 1) 지분은 보통주 기준, 주주는 보통주/우선주 기준, 2005년12월31일 현재.
  2) 계열회사―삼성생명보험(3.38%), 삼성전기(2.38), 제일모직(0.42), 삼성에버랜드(0.13), 삼성엔지니어링(0.13), 제일기획(0.13), 삼성테크윈(0.07). 5% 이상 지분소유 주주―삼성전자(17.61). 집중투표제 없음.
  3) 집행위원회―'2004년2월27일 구성, 이사회에서 선임한 상임이사로 구성 (의장은 대표이사)'라고 되어 있음(사내이사 3명으로 구성된 것으로 보임).
  4) 2005년12월31일 현재 그룹 계열회사는 59개(상장 14, 비상장 45).
출처 : 삼성중공업(주), 『제32기 사업보고서』(2005.1.1~12.31).

4. 삼성SDI(주)

<표 13.4.1> 삼성SDI(주), 1998년 12월

주주총회 (지분)	주주	- 22,312명
	최대주주 및 특수관계인	- 4명 (16.24%)
	최대주주 (삼성전자)	1 (13.29)
	특수관계인	3 (2.95)
	비영리법인	1 (0.95)
	계열회사	1 (0.03)
	자기주식	1 (1.97)
이사회	이사 (등기임원)	- 12명 : 상근 6=사내이사
		대표이사 1
		이사 5
		비상근 6=사내이사 3 (**이건희**)
		사외이사 3
감사	(등기임원)	- 3명 (상근사내, 비상근사내, 비상근사외)
집행임원	(6명) :	
	등기 6 - 대표이사 1 / 이사 5	
	미등기 ?	
직원	8,454명 : 관리사무직 3,656, 생산직 4,698, 기타 100	
업무부서	(팀 7) 경영혁신, 품질경영, 구매전략, 인력개발, 기획홍보, 감사	
	경영지원 : 홍콩법인	
	(실 1) 브라운관개발 : (팀 1) 개발	
	(팀 1) 브라운관제조기술	
	(본부 1) 평판사업=(사업장 1) 천안 : (팀 5) 경영지원 LCD사업, VFD사업,	
	컬러필터사업, 전지사업	
	(사업장 2) 수원 : (팀 2) 경영지원, 브라운관제조	
	부산 : (팀 2) 경영지원, 전자총사업	
	(사업 1) 브라운관제조	
	해외법인 7 : 말레이시아, 독일, 멕시코, 브라질, LA, 심천, 천진	
	(팀 1) 동관사업	
	(본부 1) 브라운관영업 : (팀 3) 마케팅, CPT판매, CDT판매	
	((해외) 지점 1) 대만	
	(본부 1) 기술 : (실 1) 기술개발 : (팀 1) PDP	
	(LAB 3) 소재응용, FLAT DISPLAY, 에너지	
	(센터 1) 생산기술 : (팀 1) 생산기술	
	(연구소 2) 종합, 생산기술	
출자 계열회사 (지분)	10개 :	
	상장 5 - 삼성물산 (3%), 삼성엔지니어링 (5.7), 삼성정밀화학 (12.1),	
	에스원 (11.2), 호텔신라 (0.1)	
	비상장 5 - 대경빌딩 (6.4), 대한정밀 (50), 삼성경제연구소 (24.6),	
	삼성자동차 (7.5), 삼성종합화학 (10)	

주 : 1) 1999년 11월 삼성전관(주)가 삼성SDI(주)로 바뀜.
    2) 지분은 보통주 기준, 주주는 보통주/우선주 기준, 1998년 12월 31일 현재.
    3) 비영리법인 - 삼성문화재단. 계열회사 - 삼성카드. 5% 이상 지분 소유 주주 - 삼성전자(13.29), NEC(6.41), CAP RE EM GT H FD(5.3).

4) **이건희**는 삼성그룹 '지배자'임.

5) 이사는 1999년3월31일 현재, 비상근사내이사 2명은 일본인. 비상근감사 : 사내(이학수)-삼성
화재 대표이사, 사외(한평철)-삼일경영연구원 대표.

6) 1998년12월31일 현재 그룹 계열회사는 61개(상장 14, 비상장 47).

7) a) 1997년12월31일 현재 지분 : 최대주주 및 특수관계인(16.52%) ; 최대주주-삼성전자(10.87),
특수관계인 4명(5.65) ; 비영리법인-삼성문화재단(2.44), 계열회사 2개(0.31 ; 에버랜드 0.28,
삼성카드 0.03), 자기주식(2.89).

　b) 1998년3월31일 현재 이사/임원 : **이건희**-비상근사내이사 ; 비상근사내이사 6명(4명은 일
본인), 비상근사외이사 2명 ; 감사는 상근사내 1명, 비상근사내 2명(1명은 일본인), 비상근
사외 1명 ; 비상근사외이사, 사외감사는 1997년12월 현재에는 없음.

출처 : 삼성전관(주), 『제29기 사업보고서』(1998.1.1~12.31) ; 『제28기 사업보고서』(1997.1.1~12.31).

<표 13.4.2> 삼성SDI(주), 2000년12월

주주총회 (지분)	주주	- 23,541명
	최대주주 및 특수관계인	- 5명 (20.82%)
	최대주주 (삼성전자)	1 (20.01)
	특수관계인	4 (0.81)
	비영리법인	1 (0.74)
	계열회사	3 (0.07)
이사회	이사 (등기임원)	- 12명 : 상근 7=사내이사
		대표이사 1 (의장)
		이사 5
		감사위원 1
		비상근 5=사내이사 1 (**이건희**)
		사외이사 4
위원회	사외이사후보추천	- 4명 : 사내이사 2 (대표이사, 상근이사)
		사외이사 2
	감사	- 3명 : 상근감사위원 1
		사외이사 2
	경영	- 6명 : 상근사내이사
집행임원	63명 :	
	등기 6 - 대표이사 1 / 이사 5	
	미등기 57 (**홍석준**)	
직원	8,189명 : 관리사무직 3,856, 생산직 4,289, 기타 44	
업무부서	(팀 7) 경영기획, 경영지원, 인력개발, 경영홍보, 감사, 경영구매, Digital Components사업	
	(본부 2) 품질경영, 기술	
	(본부 3) PDP, Mobile, Digital Display 영업	
	(사업장 3) 수원, 부산, 천안	
	(센터 2) Corporate Research, Advanced Engineering	
	(팀 2) Product Design, Manufacturing Technology	
출자 계열회사 (지분)	9개 :	
	상장 5 - 삼성물산 (4.7%), 삼성엔지니어링 (5.1),	
	삼성정밀화학 (11.5), 에스원 (10.6), 호텔신라 (0.1)	
	비상장 4 - 삼성경제연구소 (28.6), 삼성벤처투자 (16.3),	
	삼성에버랜드 (4), 삼성종합화학 (10.3)	

주 : 1) 지분은 보통주 기준, 주주는 보통주/우선주 기준, 2000년12월31일 현재.

　　2) 비영리법인-삼성문화재단. 계열회사-삼성투자신탁운용(0.05%), 삼성생명보험(0.02), 삼성증권(0.00). 5% 이상 지분 소유 주주-삼성전자(20.01), CMB-CAP RE EM GTH FD (6.94). 집중투표제 없음.

　　3) **이건희**는 삼성그룹 '지배자'임.

　　4) 미등기임원-직책 구분 없음, 2001년3월 주주총회에서 선임된 임원도 포함됨 ; **홍석준**-경영기획팀장.

　　5) 2000년12월31일 현재 그룹 계열회사는 60개(상장 14, 비상장 46).

　출처 : 삼성SDI(주), 『제31기 사업보고서』(2000.1.1~12.31).

<표 13.4.3> 삼성SDI(주), 2003년12월

주주총회 (지분)	주주	- 24,027명
	최대주주 및 특수관계인	- 3명 (27.06%)
	최대주주 (삼성전자)	1 (19.97)
	특수관계인	2 (7.09)
	비영리법인	1 (0.22)
	자기주식	1 (6.87)
이사회	이사 (등기임원)	- 9명 : 상근 3=사내이사
		대표이사사장 1 (의장)
		부사장 2
		비상근 6=사내이사 1 (**이건희**)
		사외이사 5
위원회	사외이사후보추천	- 4명 : 사내이사 2 (대표이사사장, 부사장)
		사외이사 2
	감사	- 3명 : 사외이사
	경영	- 6명 : 상근사내이사
집행임원	82명 :	
	등기 3 - 사장 1 (대표이사), 부사장 2	
	미등기 79 - 부사장 2 (**홍석준**) / 전무 5, 연구위원 (전무급) 1, 상무 20,	
	연구위원 (상무급) 1, 상무대우 1, 상무보 24,	
	연구위원 (상무보급) 5 / 고문/자문역 20	
직원	8,140명 : 관리사무직 1,732, 연구직 1,304, 기능직 3,934, 기술직 1,170	
업무부서	(실 2) 경영기획, 경영지원,	
	(본부 3) 경영혁신, 전략구매, 기술지원	
	(팀 3) 품질경영, 감사, 핵심인재TF	
	(본부 4) MD, PDP, ME, DD영업	
	(팀 2) DC사업, VFD사업	
	(공장 2) 수원, 부산	
	(연구소 2) 중앙, 생산기술	
출자 계열회사 (지분)	12개 :	
	상장 5 - 삼성물산 (4.7%), 삼성엔지니어링 (5.1),	
	삼성정밀화학 (11.5), 에스원 (11), 호텔신라 (0.1)	
	비상장 7 - 삼성경제연구소 (28.6), 삼성벤처투자 (16.3), 삼성에버랜드 (4),	
	삼성종합화학 (10.7), 아이마켓코리아 (7.3), 이삼성인터내셔널 (11.3),	
	NEC모바일 (51)	

주 : 1) 지분은 보통주 기준, 2004년3월29일 현재 ; 주주는 보통주/우선주 기준, 2003년12월31일 현재.
　　2) 비영리법인-삼성문화재단. 5% 이상 지분 소유 주주(2003년12월31일 현재)-삼성전자(19.97),
　　　국민연금(6.54). 집중투표제 없음.
　　3) **이건희**는 삼성그룹 '지배자'임.
　　4) 상근사내이사 1명은 부사장인 것으로 보임.
　　5) 미등기임원-2004년3월 현재 ; **홍석준**-경영기획실장.
　　6) 2003년12월31일 현재 그룹 계열회사는 64개(상장 14, 비상장 50).
출처 : 삼성SDI(주), 『제34기 사업보고서』(2003.1.1~12.31).

<표 13.4.4> 삼성SDI(주), 2005년12월

주주총회 (지분)	주주	- 43,744명
	최대주주 및 특수관계인	- 3명 (20.42%)
	최대주주 (삼성전자)	1 (20.38)
	특수관계인	2 (0.04)
	계열회사	2 (0.04)
이사회	이사 (등기임원)	- 8명 : 상근 3=사내이사
		대표이사사장 1 (의장)
		부사장 2
		비상근 5=사외이사
위원회	사외이사후보추천	- 4명 : 사내이사 2 (대표이사사장, 부사장)
		사외이사 2
	감사	- 3명 : 사외이사
	경영	- 3명 : 사내이사
집행임원	87명 :	
	등기 3 - 사장 1 (대표이사), 부사장 2	
	미등기 84 - 부사장 6 (**홍석준**) / 전무 6, 연구위원 (전무급) 2,	
	상무 25, 연구위원 (상무급) 3, 상무대우 1, 상무보 25,	
	연구위원 (상무보급) 10 / 상담역 2, 촉탁임원 3, 자문역 1	
직원	9,819명 : 사무직 2,243, 연구직 1,697, 생산직 4,684, 기타 1,195	
업무부서	(실 2) 경영기획 : (팀 1) 전략마케팅	
	경영지원	
	(팀 2) 감사, 구매전략	
	(본부 1) 경영혁신	
	(센터 1) 품질경영	
	(본부 4) 브라운관 : (팀 5) 마케팅, CPT영업, CDT영업, 중국영업, 개발	
	PDP : (팀 3) 마케팅, 영업, 개발	
	Mobile Display : (팀 3) 마케팅, 영업, 개발	
	전지 : (팀 2) 영업, 개발	
	(팀 2) VFD사업 : (파트 1) 영업	
	AM사업화	
	(연구소 1) 중앙	
	(센터 1) 생산기술 : (연구소 1) 생산기술	
출자 계열회사 (지분)	11개 :	
	상장 5 - 삼성물산 (7.4%), 삼성엔지니어링 (5.1),	
	삼성정밀화학 (11.5), 에스원 (11), 호텔신라 (0.1)	
	비상장 6 - 삼성경제연구소 (28.6), 삼성벤처투자 (16.3), 삼성에버랜드 (4),	
	삼성종합화학 (10.7), 아이마켓코리아 (7.4), 이삼성인터내셔널 (11.3)	

주 : 1) 지분은 보통주 기준, 주주는 보통주/우선주 기준, 2005년12월31일 현재.
　　2) 계열회사-삼성생명보험(0.04%), 삼성증권(0). 5% 이상 지분 소유 주주-삼성전자(20.38). 집중
　　　투표제 없음.
　　3) 비상근사내이사(**이건희**)-2005년3월31일 사임함 ; **홍석준**-경영기획실장.
　　4) 2005년12월31일 현재 그룹 계열회사는 59개(상장 14, 비상장 45).
　　출처 : 삼성SDI(주), 『제36기 사업보고서』(2005.1.1~12.31).

5. (주)제일기획

<표 13.5.1> (주)제일기획, 1998년12월

주주총회 (지분)	주주	- 4,259명
	최대주주 및 특수관계인	- 5명 (9.29%)
	최대주주 (삼성전자)	1 (3.56)
	특수관계인	4 (5.73)
	계열회사	4 (5.73)
이사회	이사 (등기임원)	- 8명 : 상근 6명=사내이사 5
		대표이사사장 1
		부사장 1
		상무 2
		이사 1
		사외이사 1
		비상근 2=사내이사 (**이건희**)
		사외이사
감사	(등기임원)	- 3명 (상근사내, 비상근사내, 비상근사외)
		* 상시감사보조요원 4명 (감사팀)
집행임원	(5명) :	
	등기 5 - 사장 1 (대표이사), 부사장 1 / 상무 2, 이사 1	
	미등기 ?	
직원	744명 : 관리사무직	
업무부서	(실 3) 경영지원 : (팀 5)	
	매체지원 : (팀 5)	
	영업지원 : (팀 5)	
	(본부 1) 제작 : (팀 2)	
	(사업부 7) 광고1 : (팀 2)	
	광고2 : (팀 2)	
	광고3 : (팀 2)	
	광고4 : (팀 2)	
	광고5 : (팀 3)	
	국제 : (팀 3)	
	프로모션 : (팀 4)	
	(연구소 1) 마케팅 : (팀 1)	
출자 계열회사 (지분)	4개 :	
	상장 1 - 삼성중공업 (0.1%)	
	비상장 3 - 삼성라이온즈 (3), 삼성종합화학 (0.3), 제일보젤 (70)	

주 : 1) 지분과 주주는 보통주 기준, 1998년12월31일 현재.
　　2) 계열회사-제일모직(1.92%), 삼성물산(1.8), 중앙일보(1.04), 삼성생명보험(0.96). 5% 이상 지분 소유 주주-삼성화재해상보험(9.72). 1998년 초의 최대주주는 **이재용**(29.75%)임.
　　3) **이건희**는 삼성그룹 '지배자'임.
　　4) 상근사외이사(김종건) : 국제경제법률연구원장, 담당업무 표시 없음, 2000년에는 '비상근사외이사'로 되어 있음.
　　5) 비상근감사 : 사내(이학수)-삼성그룹 비서실장, 사외(임진택)-삼일회계법인 전무.
　　6) 1998년12월31일 현재 그룹 계열회사는 61개(상장 14, 비상장 47).
출처 : (주)제일기획, 『제26기 사업보고서』(1998.1.1~12.31).

<표 13.5.2> (주)제일기획, 2000년12월

주주총회 (지분)	주주	- 4,825명
	최대주주 및 특수관계인	- 3명 (18.5%)
	최대주주 (삼성물산)	1 (12.64)
	특수관계인	2 (5.86)
	계열회사	1 (3.26)
	자기주식	1 (2.6)
이사회	이사 (등기임원)	- 8명 : 상근 5명=사내이사
		대표이사사장 1
		전무 1
		상무 3
		비상근 3=사내이사 (**이건희**)
		사외이사 2
위원회	경영	- 5명 : 상근사내이사
감사	(등기임원)	- 2명 (상근사내, 비상근사외)
		* 상시감사보조요원 2명 (감사팀)
집행임원	15명 :	
	등기 5 - 사장 1 (대표이사) / 전무 1, 상무 3	
	미등기 10 - 전무 1, 상무 2, 이사 7	
직원	771명 : 관리사무직	
업무부서	(실 2) 경영지원 : (팀 6) 전략기획, 인사, 총무, 정보전략, 여신분석	
	재무 : (센터 1) 소액주주고충처리	
	(센터 1) COOK	
	삼성무용단	
	영업기획 : (팀 3) 영업기획, 홍보, AP	
	(연구소 1) 브랜드마케팅	
	(팀 2) 경영진단, 팀 1	
	(본부 12) 1 : (팀 2) 광고1, 광고2	
	2 : (팀 2) 광고3, 광고4	
	3 : (팀 3) 광고5, 광고6, 광고7	
	4 : (팀 2) 광고8, 광고9	
	5 : (팀 2) 광고10, 광고11	
	6 : (팀 3) 광고12, 광고13, 광고14	
	7 : (팀 4) Global1, Global2, Global3, Global지원	
	해외 : 법인 2, 지점 3, 사무소 9	
	제작 : (팀 1) 제작기획	
	CD/CW+ART	
	프로모션 : (팀 6) 프로모션기획, 프로모션CR, PR, SP, 스포츠사업, 스페이스사업	
	인터넷 : (팀 2) 인터넷마케팅1, 인터넷마케팅2	
	미디어 : (팀 4) 전파미디어, 인쇄미디어, SP미디어사업, 팀 1	
	SBC	
출자 계열회사 (지분)	5개 :	
	상장 1 - 삼성중공업 (0.1%)	
	비상장 4 - 삼성라이온즈 (3), 삼성생명보험 (0.2),	
	삼성종합화학 (0.5), 오픈타이드코리아 (10)	

주 : 1) 지분과 주주는 보통주 기준, 2000년12월31일 현재.

　　2) 계열회사-삼성전자. 5% 이상 지분 소유 주주-삼성물산(12.64), SSB-Artisan(6.38), Putnam International Voyager Fund(5.82). 집중투표제 없음.

3) **이건희**는 삼성그룹 '지배자'임.

4) 비상근감사 : 사외(임진택)-삼일회계법인 부대표.

5) 업무부서-출처의 관련 정보 글씨가 명확하지 않아 원래 명칭과 다소 다를 수 있음. 사장 직속, 미디어본부에 각각 1개부서가 더 있음.

6) 2000년12월31일 현재 그룹 계열회사는 60개(상장 14, 비상장 46).

출처 : (주)제일기획, 『제28기 사업보고서』(2000.1.1~12.31).

<표 13.5.3> (주)제일기획, 2003년12월

주주총회 (지분)	주주	- 2,871명
	최대주주 및 특수관계인	- 4명 (26.55%)
	최대주주 (삼성물산)	1 (12.64)
	특수관계인	3 (13.91)
	계열회사	2 (5.65)
	자기주식	1 (8.26)
이사회	이사 (등기임원)	- 7명 : 상근 5=사내이사
		대표이사사장 1
		부사장 1
		전무 3
		비상근 2=사외이사
위원회	경영	- 5명 : 사내이사
감사	(등기임원)	- 2명 (상근사내, 비상근사외)
		* 상시감사보조요원 3명 (감사팀)
집행임원	15명 :	
	등기 5 - 사장 1 (대표이사), 부사장 1 / 전무 3	
	미등기 10 - 전무 1, 상무 5, 상무보 4	
직원	737명 : 관리사무직	
업무부서	(실 1) 경영지원 : (팀 6) 전략기획, 인사, 총무, 정보전략, 여신분석	
	재무 : (센터 1) 소액주주고충처리	
	(센터 1) COOK	
	(팀 1) 글로벌인프라구축TF	
	(팀 2) 경영진단, 제작기획	
	(본부 7) 1 : (팀 3) 광고1, 광고2, 광고3	
	2 : (팀 5) 광고4, 광고5, 광고6, 광고7, 광고8	
	3 : (팀 3) 광고9, 광고10, 광고11	
	4 : (팀 4) 광고12, 광고13, 광고14, 광고15	
	Global : (팀 4) Global지원, Global1, Global2, Global3	
	(그룹 1) 글로벌마케팅 : (팀 2) 글로벌전략서비스, 글로벌브랜드커뮤니케이션	
	해외 : 법인 7, 지점 1, 사무소 10	
	마케팅전략 : (팀 4) 영업기획, 홍보, 인터랙티브마케팅, AP	
	(연구소 1) 브랜드마케팅	
	프로모션 : (팀 6) 이벤트, PR, 스포츠사업, 스페이스사업, 프로모션CR, 프로모션기획	
	(그룹 5) C1 : CD, CW+Art	
	C2 : CD, CW+Art	
	C3 : CD, CW+Art	
	C4 : CD, CW+Art	
	CCM : (팀 3) 전파미디어, 인쇄미디어, SP미디어사업	
	(연구소 1) 미디어전략	
출자	7개 :	
계열회사	상장 1 - 삼성중공업 (0.1%)	
(지분)	비상장 6 - 삼성라이온즈 (3), 삼성생명보험 (0.2), 삼성종합화학 (0.3),	
	오픈타이드코리아 (10), 이삼성 (75), 엠포스 (15)	

주 : 1) 지분과 주주는 보통주 기준, 2003년12월31일 현재.
　　2) 계열회사-삼성카드(3.04%), 삼성전자(2.61). 5% 이상 지분 소유 주주-삼성물산(12.64), Capital Group International Inc.(8.4), 제일기획(8.26). 집중투표제 없음.
　　3) **이건희**는 삼성그룹 '지배자'임.

4) 비상근감사 : 사외(임진택) – 삼일회계법인 부대표.

5) 2003년12월31일 현재 그룹 계열회사는 64개(상장 14, 비상장 50).

출처 : (주)제일기획, 『제31기 사업보고서』(2003.1.1~12.31).

<표 13.5.4> (주)제일기획, 2005년 12월

주주총회 (지분)	주주	- 2,358명
	최대주주 및 특수관계인	- 6명 (18.3%)
	최대주주 (삼성물산)	1 (12.64)
	특수관계인	5 (5.66)
	임원	2 (0.01)
	계열회사	3 (5.65)
이사회	이사 (등기임원)	- 7명 : 상근 5=사내이사
		대표이사 1
		부사장 2
		전무 1
		상무 1
		비상근 2=사외이사
위원회	경영	- 5명 : 사내이사
감사		- 2명 (등기상근사내, 미등기비상근사외)
		* 상시감사보조요원 3명 (감사팀)
집행임원	21명 :	
	등기 5 - 대표이사 1, 부사장 2 / 전무 1, 상무 1	
	미등기 16 - 상무 6, 상무보 10	
직원	695명 : 관리사무직	
업무부서	(HQ 1) GRS : (팀 6) 전략기획, 경영지원, 인사, 정산지원, INFRA지원	
	재무 : (센터 1) 소액주주고충처리	
	(센터 1) COOK	
	(팀 1) 경영진단	
	(본부 4) CS1 : (팀 4) CS1, CS2, CS3, CS4	
	(그룹 1) C2	
	CS2 : (팀 3) CS5, CS6, CS7	
	(그룹 1) 애니콜 : (팀 2) 애니콜CS, 애니콜AP	
	애니콜제작CD	
	CS3 : (팀 3) CS8, CS9, CS10	
	GCS : GBMG : GBST, GSC	
	(그룹 1) AS : (팀 3) GCS1, GCS2, GCS3	
	(팀 1) GCS기획	
	해외 : 법인 8, 지점 4, 사무소 11	
	(HQ 4) GIS : (팀 4) GIS HQ기획, 홍보, 인터랙티브마케팅, BTL전략	
	(그룹 1) AP : (팀 2) AP1, AP2	
	(연구소 1) 브랜드마케팅	
	GBS : (팀 6) GBS HQ기획, 이벤트, PR, 스포츠사업, 스페이스사업, 프로모션CR	
	GCR : (팀 1) GCR HQ기획	
	(그룹 4) C1 (2CD 3PAIR, 2CD 3PAIR)	
	C2 (2CD 3PAIR, 2CD 3PAIR)	
	C3 (2CD 3PAIR, 2CD 3PAIR)	
	GCR (PAIR(CW+ART))	
	GMS : (팀 4) GMS HQ기획, 전파미디어, 인쇄미디어, SP미디어사업	
	(연구소 1) 미디어전략	

출자	6개 :
계열회사	상장 1 - 삼성중공업 (0.1%)
(지분)	비상장 5 - 삼성라이온즈 (3), 삼성생명보험 (0.2),
	삼성종합화학 (0.3), 오픈타이드코리아 (10), 크레듀 (36.2)

주 : 1) 지분과 주주는 보통주 기준, 2005년12월31일 현재.

2) 계열회사 – 삼성카드(3%), 삼성전자(2.6), 삼성증권(0). 5% 이상 지분 소유 주주 – 삼성물산(12.64). 집중투표제 없음.

3) **이건희**는 삼성그룹 '지배자'임.

4) 비상근감사 : 사외(임진택) – 삼일회계법인 부대표.

5) 12월 현재 업무부서 정보 글씨가 명확하지 않으며 원래 명칭과 다소 다를 수 있음. 9월 현재 업무부서 참고함.

6) 2005년12월31일 현재 그룹 계열회사는 59개(상장 14, 비상장 45).

출처 : (주)제일기획, 『제33기 사업보고서』(2005.1.1~12.31) ;『제33기 분기보고서』(3분기, 2005.1.1~9.30).

6. 삼성생명보험(주)

<표 13.6.1> 삼성생명보험(주), 2001년3월

주주총회 (지분)	주주	- 1,014명
	최대주주 및 특수관계인	- 15명 (44.73%)
	최대주주 (**이건희**)	1 (4.83)
	특수관계인	14 (39.9)
	비영리법인	1 (4.68)
	임원/계열회사임원	7 (13.57)
	계열회사	6 (21.63)
이사회	이사 (등기임원)	- 10명 : 상근 5=사내이사
		회장 1
		사장 2
		전무 1
		감사위원 1
		비상근 5=사외이사
위원회	사외이사후보추천	- 4명 : 사내이사 2 (사장, 전무)
		사외이사 2
	감사	- 3명 : 상근감사위원 1
		사외이사 2 (1명은 위원장)
		* 상시감사보조요원 27명 (경영감사팀)
	경영	- 4명 : 사내이사 (회장, 사장 2, 전무)
집행임원	61명 :	
		등기 4 - 회장 1, 사장 2 / 전무 1
		미등기 57 - 부사장 1 / 전무 8, 상무 12, 상무보 36
직원	8,026명 : 관리사무직	
업무부서	(실 3) 기획관리 : (팀 4) 기획, 경영관리, 정보전략, 경쟁력강화TF	
	홍보 : (팀 1) 홍보	
	고객지원 : (팀 3) 상품개발, 업무지원, 지급심사	
	의무실	
	(팀 2) 인사, E비즈니스	
	(센터 1) 휴먼	
	(연구소 1) 금융	
	준법감시인, 사회봉사단	
	(본부 2) 자산운용 : (그룹 1) IF운용 : (팀 2) PF운용, RM	
	(팀 7) 재무지원, 재무심사, 주식운용, 채권운용,	
	해외전략, 특별계정, 개발사업	
	(사업부 1) 융자 : (팀 3) 융자마케팅, 융자심사, 채권관리	
	법인영업 : (팀 1) 법인기획	
	(사업부 5) 법인1, 법인2, 법인3, 법인4, 단체	
	(부문 1) 보험영업 : (팀 2) 마케팅, 영업교육	
	(사업부 3) LT, AM, 신채널	
	(지역단 7) 동부, 강남, 경인, 충청, 부산, 대구, 호남	

출자 계열회사 (지분)	13개 :
	상장 8 - 삼성물산 (4.8%), 삼성전자 (7), 삼성중공업 (3.9), 삼성증권 (9), 삼성테크윈 (1.2), 삼성화재해상보험 (9.9), 에스원 (5.3), 호텔신라 (7.3) 비상장 5 - 삼성경제연구소 (14.8), 삼성선물 (80), 삼성생명서비스 (100), 삼성코닝 (1), 삼성투자신탁운용 (3.6)

주 : 1) 지분과 주주는 보통주 기준, 2001년3월31일 현재.

2) 비영리법인-삼성문화재단. 계열회사-삼성에버랜드(19.34%), 삼성광주전자(0.66), 삼성전기(0.6), 삼성정밀화학(0.47), 삼성SDS(0.35), 제일기획(0.21). 5% 이상 지분 소유 주주-삼성에버랜드 (19.34), 신세계백화점(13.57), 제일제당(9.51), 우리사주조합(5.76). 집중투표제 없음.

3) **이건희**는 삼성그룹 '지배자'임.

4) 대표이사 표시 없음. 이사회 의장은 대표이사. 업무부서, 직원 수는 2001년6월 현재.

5) 2001년3월31일 현재 그룹 계열회사는 65개(상장 14, 비상장 51).

출처 : 삼성생명보험(주), 『제45기 사업보고서』(2000.4.1~2001.3.31).

<표 13.6.2> 삼성생명보험(주), 2004년3월

주주총회 (지분)	주주	- 3,698명
	최대주주 및 특수관계인	- 12명 (36.94%)
	최대주주 (**이건희**)	1 (4.54)
	특수관계인	11 (32.4)
	비영리법인	1 (4.68)
	임원/계열회사임원	4 (6.08)
	계열회사	6 (21.64)
이사회	이사 (등기임원)	- 10명 : 상근 5=사내이사 　　대표이사사장 2 (1명은 의장) 　　부사장 2 　　감사위원 (부사장급) 1 　　비상근 5=사외이사
위원회	사외이사후보추천	- 4명 : 사내이사 2 (대표이사사장 2) 　　사외이사 2
	감사	- 3명 : 상근감사위원 1 　　사외이사 2 (1명은 위원장) 　* 상시감사보조요원 49명 (경영감사팀)
	경영	- 4명 : 사내이사 (대표이사사장 2, 부사장 2)
	평가보상	- 3명 : 사내이사 2 (대표이사사장 2) 　　사외이사 1
	리스크관리	- 4명 : 사내이사 (대표이사사장 2, 부사장 2)
집행임원	64명 : 　등기 4 - 사장 2 (대표이사), 부사장 2 　미등기 60 - 회장 1, 부사장 2 / 전무 6, 상무 23, 상무보 28	
직원	6,244명 : 관리사무직	
업무부서	(실 3) 기획관리 : (팀 6) 경영기획, 전략지원, 경리, 경영관리, 정보전략, 전사RM 　　인사지원 : (팀 2) 인사, 인재개발 　　고객지원 : (팀 2) CS기획, 고객지원 (팀 3) 경영혁신, 법무, 홍보 (사업부 1) 부동산 (연구소 1) 금융	
	준법감시인 (BU 3) 자산운용 : (팀 4) 재무심사, 자산PF운용, 재무전략, 특별계정 　　　(사업부 2) 투자, 소매금융 　상품 : (팀 6) 상품기획, 보험심사, 변액상품, 보장성상품, 건강상품, 법인단체상품 　　(센터 1) 고객검진 　법인 : (팀 1) 법인기획 　　(사업부 4) 법인1, 법인2, 법인3, GFC (부문 1) 채널 : (팀 4) 채널기획, 채널지원, 채널교육, SSP추진 　　(사업부 6) LT, WLT, TC, AM, 방카슈랑스 　　　FC : 지역사업부 1 　　(센터 1) FP	

출자 계열회사 (지분)	15개 :	
	상장 10 -	삼성물산 (4.8%), 삼성전자 (7.1), 삼성중공업 (3.9), 삼성증권 (11.4), 삼성테크윈 (1.4), 삼성화재해상보험 (10), 삼성SDI (0), 에스원 (5.3), 제일모직(0), 호텔신라 (7.3)
	비상장 5 -	삼성경제연구소 (14.8), 삼성선물 (41), 삼성코닝 (1), 삼성투자신탁운용 (5.5), 생보부동산신탁 (50)

주 : 1) 지분과 주주는 보통주 기준, 2004년3월31일 현재.

2) 비영리법인 - 삼성문화재단. 계열회사 - 삼성에버랜드(19.34%), 삼성광주전자(0.66), 삼성전기(0.6), 삼성정밀화학(0.47), 삼성SDS(0.36), 제일기획(0.21). 5% 이상 지분 소유 주주 - 삼성에버랜드 (19.34), (주)신세계(13.57), 제일제당(주)(7.99). 집중투표제 없음.

3) **이건희**는 삼성그룹 '지배자'임.

4) 2004년3월31일 현재 그룹 계열회사는 63개(상장 14, 비상장 49).

출처 : 삼성생명보험(주), 『제48기 사업보고서』(2003.4.1~2004.3.31).

<표 13.6.3> 삼성생명보험(주), 2006년3월

주주총회 **(지분)**	주주	- 4,151명
	최대주주 및 특수관계인	- 12명 (30.94%)
	최대주주 (**이건희**)	1 (4.54)
	특수관계인	11 (26.4)
	비영리법인	1 (4.68)
	임원/계열회사임원	4 (6.08)
	계열회사	6 (15.64)
이사회	이사 (등기임원)	- 10명 : 상근 5=사내이사 대표이사사장 1 (의장) 부사장 3 감사위원 (부사장) 1 비상근 5=사외이사
위원회	사외이사후보추천	- 4명 : 사내이사 2 (대표이사사장, 부사장) 사외이사 2
	감사	- 3명 : 상근감사위원 1 사외이사 2 (1명은 위원장) * 상시감사보조요원 52명 (경영감사팀)
	경영	- 4명 : 사내이사 (대표이사사장, 부사장 3)
	평가보상	- 3명 : 사내이사 2 (대표이사사장, 부사장) 사외이사 1
	리스크관리	- 4명 : 사내이사 (대표이사사장, 부사장 3)
	내부거래	- 3명 : 사외이사
집행임원	67명 :	
	등기 4 - 사장 1 (대표이사), 부사장 3	
	미등기 63 - 회장 1, 사장 1, 부사장 6 / 전무 7, 상무 18, 상무보 30	
직원	6,237명 : 관리사무직	
업무부서	(실 4) 기획관리 : (팀 7) 경영기획, 경영혁신, 경영관리, 정보전략, 경리, 전사RM, 홍보	
	인사지원 : (팀 2) 인사, 인재개발	
	(담당 1) 인사지원	
	고객지원 : (팀 2) CS혁신, 고객지원	
	경영전략	
	(팀 1) 법무	
	(연구소 1) 금융	
	준법감시인	
	(BU 3) 자산운용 : (팀 2) 재무심사, 자산PF운용	
	(사업부 5) 투자, 소매금융, 특별계정, 기업금융, 부동산	
	상품 : (팀 2) 상품기획, 보험심사	
	(담당 1) 상품개발	
	(센터 1) 고객검진	
	법인 : (팀 1) 법인기획	
	(사업부 4) 법인1, 법인2, 법인3, GFC	
	(부문 1) 채널 : (팀 3) 채널교육, 채널기획, 채널지원	
	(사업부 4) LT, AM, 방카슈랑스	
	FC : 지역사업부 7	
	(센터 1) FP	

출자 계열회사 (지분)	16개 :
	상장 10 – 삼성물산 (4.8%), 삼성전자 (7.3), 삼성중공업 (3.4), 삼성증권 (11.4), 삼성테크윈 (0.6), 삼성화재해상보험 (10), 삼성SDI (0), 에스원 (5.3), 제일모직(0), 호텔신라 (7.3)
	비상장 6 – 삼성경제연구소 (14.8), 삼성선물 (41), 삼성카드 (35.1), 삼성코닝 (1), 삼성투자신탁운용 (5.5), 생보부동산신탁 (50)

주 : 1) 지분과 주주는 보통주 기준, 2006년3월31일 현재.

　　2) 비영리법인-삼성문화재단. 계열회사-삼성에버랜드(13.34%), 삼성광주전자(0.66), 삼성전기 (0.6), 삼성정밀화학(0.47), 삼성SDS(0.36), 제일기획(0.21). 5% 이상 지분 소유 주주-삼성에버 랜드(13.34), (주)신세계(13.57), (주)CJ(7.99), 제일은행신탁(6). 집중투표제 없음.

　　3) 2006년3월31일 현재 그룹 계열회사는 59개(상장 14, 비상장 45).

출처 : 삼성생명보험(주), 『제50기 사업보고서』(2005.4.1~2006.3.31).

7. 삼성에버랜드(주)

<표 13.7.1> 삼성에버랜드(주), 2000년 12월

주주총회 (지분)	주주	- 34명
	최대주주 및 특수관계인	- 14명 (95.44%)
	최대주주 (**이재용**)	1 (25.1)
	특수관계인	13 (70.34)
	친족	5 (30.35 ; **이건희** 3.72)
	비영리법인	1 (0.88)
	계열회사임원	1 (0.2)
	계열회사	6 (39.12)
이사회	이사 (등기임원)	- 7명 : 상근 6=사내이사 (1명은 의장)
		사장 1
		부사장 1
		전무 1
		상무 3
		비상근 1=사내이사 (**이건희**)
감사	(등기임원)	- 1명 (비상근사내)
집행임원	14명 :	
	등기 6 - 사장 1, 부사장 1 / 전무 1, 상무 3	
	미등기 8 - 이사	
직원	1,783명 : 관리사무직 1,330, 생산직 371, 기타 82	
업무부서	(실 1) 경영지원	
	(사업부 5) 빌딩엔지니어 : 용역, 후생, 엔지니어링	
	리조트 : 관광, 식음, 상품	
	골프문화 : 운영, 수탁	
	유통 : 급식, 식자재	
	환경개발 : 공사, 관리	
	영업 : 각 사업부별로 담당	
	(연구소 3) 빌딩과학, 잔디환경, 식품	
출자 계열회사 (지분)	11개 :	
	상장 3 - 삼성엔지니어링 (1.1%), 삼성중공업 (0.1), 삼성테크윈 (0.3)	
	비상장 8 - 가치네트 (19), 삼성라이온즈 (2), 삼성생명보험 (19.3), 시큐아이닷컴 (9.5), 　　　　엔포에버 (15), 올앳 (30), 이삼성 (25), 이삼성인터내셔널 (25)	

주 : 1) 지분과 주주는 보통주 기준, 2000년 12월 31일 현재.
　　2) 친족-**이부진**(8.37%), **이서현**(8.37), 이윤형(8.37), 이재현(1.52). 비영리법인-삼성문화재단. 계
　　　열회사-삼성카드(14), 삼성캐피탈(11.64), 삼성전기(4), 삼성SDI(4), 제일모직(4), 삼성물산(1.48).
　　　5% 이상 지분 소유 주주-**이재용**(25.1), 삼성카드(14), 삼성캐피탈(11.64), **이부진**(8.37), **이서현**
　　　(8.37), 이윤형(8.37). 집중투표제 없음.
　　3) **이건희**는 삼성그룹 '지배자'임.
　　4) 등기임원 표시 없음(2003년의 경우를 참고로 하여 추측함).
　　5) 2000년 12월 31일 현재 그룹 계열회사는 60개(상장 14, 비상장 46).
　출처 : 삼성에버랜드(주), 『제37기 사업보고서』(2000.1.1~12.31).

<표 13.7.2> 삼성에버랜드(주), 2003년12월

주주총회 (지분)	주주	- 34명
	최대주주 및 특수관계인	- 13명 (95.44%)
	최대주주 (**이재용**)	1 (25.1)
	특수관계인	12 (70.34)
	친족	5 (30.35 ; **이건희** 3.72)
	비영리법인	1 (0.88)
	계열회사	6 (39.12)
이사회	이사 (등기임원)	- 9명 : 상근 8=사내이사 (1명은 의장)
		사장 1
		전무 2
		상무 5
		비상근 1=사내이사 (**이건희**)
감사	(등기임원)	- 1명 (비상근사내)
집행임원	(8명) :	
	등기 8 - 사장 1 / 전무 2, 상무 5	
	미등기 ?	
직원	1,568명 : 관리사무직 1,255, 생산직 311, 기타 2	
업무부서	(실 1) 경영지원	
	(사업부 4) 자산관리 : 용역, 후생, 엔지니어링	
	레져 : 관광, 식음, 상품, 골프운영, 골프수탁	
	유통 : 급식, 식자재	
	환경개발 : 공사, 관리	
	영업 : 각 사업부별로 담당	
	(연구소 2) 잔디환경, 식품	
	(팀 1) 환경사업	
출자 계열회사 (지분)	12개 :	
	상장 3 - 삼성엔지니어링 (1.1%), 삼성중공업 (0.1), 삼성테크윈 (0.3)	
	비상장 9 - 가치네트 (18.7), 삼성라이온즈 (2), 삼성생명보험 (19.3),	
	시큐아이닷컴 (8.9), 아이마켓코리아 (3.7), 올앳 (30),	
	이삼성 (25), 이삼성인터내셔널 (25), 엠포스 (15)	

주 : 1) 지분은 보통주 기준, 2003년12월31일 현재 ; 주주는 보통주 기준, 2003년9월30일 현재.
　　2) 친족-**이부진**(8.37%), **이서현**(8.37), 이윤형(8.37), 이재현(1.52). 비영리법인-삼성문화재단. 계
　　　열회사-삼성카드(14), 삼성캐피탈(11.64), 삼성전기(4), 삼성SDI(4), 제일모직(4), 삼성물산(1.48).
　　　5% 이상 지분 소유 주주-**이재용**(25.1), 삼성카드(14), 삼성캐피탈(11.64), **이부진**(8.37), **이서현**
　　　(8.37), 이윤형(8.37). 집중투표제 없음.
　　3) **이건희**는 삼성그룹 '지배자'임.
　　4) 2003년12월31일 현재 그룹 계열회사는 64개(상장 14, 비상장 50).
　　출처 : 삼성에버랜드(주), 『제40기 사업보고서』(2003.1.1~12.31).

<표 13.7.3> 삼성에버랜드(주), 2005년 12월

주주총회 (지분)	주주	- 32명
	최대주주 및 특수관계인	- 13명 (94.48%)
	최대주주 (삼성카드)	1 (25.64)
	특수관계인	12 (68.85)
	친족	7 (54.49 ; **이재용** 25.1, **이건희** 3.72)
	비영리법인	1 (0.88)
	계열회사	4 (13.48)
이사회	이사 (등기임원)	- 8명 : 상근=사내이사 (1명은 의장)
		사장 1
		부사장 2
		전무 5
감사	(등기임원)	- 1명 (비상근사내)
		* 상시감사보조요원 4명 (감사팀)
집행임원	(8명) :	
	등기 8 - 사장 1, 부사장 2 / 전무 5	
	미등기 ?	
직원	1,545명 : 관리사무직 1,425, 생산직 112	
업무부서	(실 1) 경영지원	
	(사업부 4) 자산관리 : 용역, 후생, 엔지니어링	
	레져 : 관광, 식음, 상품, 골프운영, 골프수탁	
	유통 : 급식, 식자재	
	환경개발 : 공사, 관리	
	영업 : 각 사업부별로 담당	
	(연구소 2) 잔디환경, 식품	
	(팀 1) 환경사업	
출자 계열회사 (지분)	11개 :	
	상장 3 - 삼성엔지니어링 (1.1%), 삼성중공업 (0.1), 삼성테크원 (0.3)	
	비상장 8 - 가치네트 (18.7), 삼성라이온즈 (2), 삼성생명보험 (13.3),	
	시큐아이닷컴 (8.9), 아이마켓코리아 (3.7), 올앳 (30),	
	이삼성인터내셔널 (25), 크레듀 (12.1)	

주 : 1) 지분과 주주는 보통주 기준, 2005년 12월 31일 현재.

　　2) 친족-**이부진**(8.37%), **이서현**(8.37), 이윤형(8.37), 이종기(0.48), 조운해(0.08). 비영리법인-삼성
　　　 문화재단. 계열회사-삼성전기(4), 삼성SDI(4), 제일모직(4), 삼성물산(1.48). 5% 이상 지분 소유
　　　 주주-삼성카드(25.64), **이재용**(25.1), **이부진**(8.37), **이서현**(8.37), 이윤형(8.37). 집중투표제 없
　　　 음.

　　3) **이건희**는 삼성그룹 '지배자'임.

　　4) 2005년 12월 31일 현재 그룹 계열회사는 59개(상장 14, 비상장 45).

　출처 : 삼성에버랜드(주), 『제42기 사업보고서』(2005.1.1~12.31).

8. 삼성카드(주)

<표 13.8.1> 삼성카드(주), 2000년12월

주주총회 **(지분)**	주주	– 48명
	최대주주 및 특수관계인	– 3명 (88.34%)
	최대주주 (삼성전자)	1 (56.59)
	특수관계인	2 (31.75)
	계열회사	2 (31.75)
이사회	이사 (등기임원)	– 5명 : 상근＝사내이사
		대표이사사장 1
		부사장 1
		전무 1
		상무 2
감사	(등기임원)	– 1명 (비상근사내)
집행임원	(5명) :	
	등기 5 – 사장 1 (대표이사), 부사장 1 / 전무 1, 상무 2	
	미등기 ?	
직원	1,867명 : 관리사무직	
업무부서	사업부 13, 담당 2, 팀 32	
출자 **계열회사** **(지분)**	7개 :	
	상장 4 – 삼성증권 (2.4%), 삼성화재해상보험 (4.3), 제일모직 (1), 호텔신라 (0.5)	
	비상장 3 – 삼성에버랜드 (14), 올앳 (30), 이누카 (1.6)	

주 : 1) 지분과 주주는 보통주 기준, 2000년12월31일 현재.
　　2) 계열회사–삼성전기(22.31%), 삼성물산(9.44). 5% 이상 지분 소유 주주–삼성전자(56.59), 삼성
　　　　전기(22.31), 삼성물산(9.44).
　　3) 등기임원 표시 없음(상근 5명을 등기임원으로 간주함). 출처의 '임원의 현황'에는 감사 없음.
　　　　비상근감사 : 사내(신응환)–삼성전자 이사. 업무부서의 자세한 내용 없음.
　　4) 2000년12월31일 현재 그룹 계열회사는 63개(상장 14, 비상장 49).
　출처 : 삼성카드(주), 『제18기 사업보고서』(2000.1.1～12.31).

<표 13.8.2> 삼성카드(주), 2003년12월

주주총회 (지분)	주주	– 2,301명
	최대주주 및 특수관계인	– 3명 (87.6%)
	최대주주 (삼성전자)	1 (56.1)
	특수관계인	2 (31.5)
	계열회사	2 (31.5)
이사회	이사 (등기임원)	– 6명 : 상근 3=사내이사
		대표이사사장 (의장)
		상무
		감사위원
		비상근 3=사외이사
위원회	사외이사후보추천	– 4명 : 사내이사 2 (대표이사사장, 상무)
		사외이사 2
	감사	– 3명 : (1명은 위원장)
		상근감사위원 1
		사외이사 2
		* 상시감사보조요원 있음 (감사팀)
	경영	– 2명 : 사내이사 (대표이사사장, 상무)
집행임원	28명 :	
	등기 2 – 사장 (대표이사) / 상무	
	미등기 26 – 부사장 1 / 전무 2, 상무 11, 상무보 12	
직원	2,940명 : 관리사무직 985, 기타 1,955	
업무부서	(실 3) 경영지원 : TCT	

업무부서 (실 3) 경영지원 : TCT
　　　　　　　(담당 5) 인사 : (팀 4) 인사, 인력개발, 총무, 문화
　　　　　　　　　　　경영지원 : (팀 4) 경영지원, 경리, 법무, 세무혁신T/F
　　　　　　　　　　　자금 : (팀 2) 자금기획, 자금
　　　　　　　　　　　정보전략 : (팀 1) 정보기획
　　　　　　　　　　　　　(실 1) IS
　　　　　　　　　　　경영혁신 : (팀 2) 경영혁신, PI T/F
　　　　　　　준법감시 : (팀 2) 준법감시, 법무
　　　　　　　RM : (팀 7) RM기획, 신용관리, 신용정보, 신용DS, PRP, 회원심사1, 회원심사2
　　　　　(담당 2) 경영정보 : (팀 2) 경영정보1, 경영정보2
　　　　　　　　　홍보 : (팀 2) 홍보, BM
　　　(팀 1) 감사
　　　(본부 2)
　　　영업 : (사업부 4) 신판 : (팀 6) 마케팅, 프로모션, 상품개발, 신사업, 영업개발, e-BIZ
　　　　　　　　　　　금융 : (팀 2) 금융, 리스
　　　　　　　　　　　법인 : (팀 3) 법인지원, 법인1, 법인2
　　　　　　　　　　　영업 : (팀 1) 지점지원
　　　　　　　　　　　지점 17
　　　　　(담당 2) 마케팅전략 : (팀 3) 마케팅전략, 마케팅지원, 마케팅DS
　　　　　　　　　CRM센터 : (팀 4) CRM인력, CRM운영, 소비자보호, 팩토링지원
　　　　　　　　　　　(센터 6) CRM : 서울, 부산, 대전
　　　　　　　　　　　팩토링 : 서울, 부산, 대전

```
채권관리 : (담당 1) 채권지원 : (팀 2) 채권기획, 채권지원
          (사업부 3) 서울채권 : (팀 1) 지원
                             채권지점 8
              중부채권 : (팀 1) 지원
                      채권지점 6
              영남채권 : (팀 1) 지원
                      채권지점 10
```

출자 계열회사 (지분)	9개 :
	상장 5 – 삼성증권 (3.6%), 삼성화재해상보험 (3.2), 제일기획 (3), 제일모직 (4), 호텔신라 (0.5)
	비상장 4 – 가치네트 (1.7), 삼성에버랜드 (14), 올앳 (30), 엠포스 (4.9)

주 : 1) 지분과 주주는 보통주 기준, 2003년12월31일 현재.

2) 계열회사–삼성전기(22.1%), 삼성물산(9.4). 5% 이상 지분 소유 주주–삼성전자(56.1), 삼성전기(22.1), 삼성물산(9.4). 집중투표제 없음.

3) **이건희**는 삼성그룹 '지배자'임.

4) 전무 1명은 비상근. 출처의 업무부서 정보 글씨가 명확하지 않아 원래 명칭과 다소 다를 수 있음.

5) 2003년12월31일 현재 그룹 계열회사는 64개(상장 14, 비상장 50).

출처 : 삼성카드(주), 『제21기 사업보고서』(2003.1.1~12.31).

<표 13.8.3> 삼성카드(주), 2005년12월

주주총회 (지분)	주주	- 19,053명
	최대주주 및 특수관계인	- 6명 (89.9%)
	최대주주 (삼성전자)	1 (46.85)
	특수관계인	5 (43.05)
	임원	1 (0)
	계열회사	4 (43.05)
이사회	이사 (등기임원)	- 6명 : 상근 3=사내이사
		대표이사사장
		이사
		감사위원
		비상근 3=사외이사 (1명은 의장)
위원회	사외이사후보추천	- 4명 : 사내이사 2 (대표이사사장, 상근이사)
		사외이사 2
	감사	- 3명 : (1명은 위원장)
		상근감사위원 1
		사외이사 2
	경영	- 2명 : 사내이사 (대표이사사장, 이사)
집행임원	23명 :	
	등기 2 - 사장 (대표이사) / 이사	
	미등기 21 - 부사장 1 / 전무 1, 상무 12, 상무보 7	
직원	2,829명 : 관리사무직 1,237, 기타 1,592	

업무부서 (실 5)
    경영지원 : (담당 4) 경영지원 : (팀 4) 경영기획, 경영지원, 경리, 업무
           자금 : (팀 3) 자금기획, 자금1, 자금2
             정보전략 : (팀 1) 정보기획
                 (실 1) IS
             경영혁신 : (팀 1) 경영혁신
    인사지원 : (팀 3) 인사, 신문화, 총무
    준법감시 : (팀 2) 준법감시, 법무
    RM : (팀 5) RM기획, 신용관리1, 신용관리2, PRP, 심사
        (담당 1) 신용분석 : (팀 2) 차세대신용T/F, 신유DS
    기획홍보 : (팀 1) 홍보
        (담당 1) 기획조사 : (팀 2) 기획조사1, 기획조사2
    (본부 2)
    영업 : (담당 2) 영업지원 : (팀 2) 영업기획, 영업지원
          CRM센터 : (팀 3) CRM인력, CRM운영, 소비자보호
             (센터 3) CRM : 서울, 부산, 대전
      (사업부 7) 신 : (팀 2) 신사업운영, 신사업개발
          카드 : (팀 4) : 마케팅1, 마케팅2, 마케팅지원, 상품전략
            (담당 1) 채널전략 : (팀 3) 가맹점전략, 제휴전략, 회원전략
          법인 : (팀 4) 법인지원, 법인1, 법인2, 론영업
            (담당 1) 할부영업 : (팀 3) 자동차, 리스, 할부영업
          강남영업 : (팀 1) 지점지원
            (센터 3) 마케팅
            지점 4

<pre>
    강북영업 : (팀 1) 지점지원
             (센터 3) 마케팅
             지점 4
    중부영업 : (팀 1) 지점지원
             (센터 2) 마케팅
             지점 2
    영남영업 : (팀 1) 지점지원
             (센터 3) 마케팅
             지점 3
콜렉션관리 : (담당 1) 콜렉션지원 : (팀 4) 콜렉션기획, 콜렉션지원, 콜렉션운영1, 콜렉션운영2
                               (센터 1) 해피콜
      (사업부 2) 서울콜렉션 : (팀 1) 지원
                          콜렉션지점 9
             남부콜렉션 : (팀 1) 지원
                      콜렉션지점 8
</pre>

출자	11개 :	
계열회사		상장 8 - 삼성엔지니어링 (1.8%), 삼성정밀화학 (3.1),
(지분)		삼성증권 (4.7), 삼성화재해상보험 (4.7), 에스원 (1.9),
		제일기획 (3), 제일모직 (4.9), 호텔신라 (1.3)
	비상장 3 - 가치네트 (3.3), 삼성에버랜드 (25.6), 올앳 (30)	

주 : 1) 지분과 주주는 보통주 기준, 2005년12월31일 현재.

2) 계열회사 - 삼성생명보험(35.06%), 삼성전기(4.77), 삼성물산(3.18), 삼성중공업(0.04). 5% 이상 지분 소유 주주 - 삼성전자(46.85), 삼성생명보험(35.06). 집중투표제 없음.

3) **이건희**는 삼성그룹 '지배자'임.

4) 2005년9월 현재 이사회의장은 대표이사사장임. 겸직 : 대표이사사장(유석렬) - 삼성라이온즈 비상근이사 ; 미등기상무(김효구) - 올앳 비상근이사.

5) 12월 현재 업무부서 정보 글씨가 명확하지 않으며 원래 명칭과 다소 다를 수 있음. 9월 현재 업무부서 참고함.

6) 2005년12월31일 현재 그룹 계열회사는 59개(상장 14, 비상장 45).

출처 : 삼성카드(주), 『제23기 사업보고서』(2005.1.1~12.31) ; 『제23기 분기보고서』(3분기, 2005.1.1~ 9.30).

제14장 LG그룹

1. LG건설(주)

<표 14.1.1> LG건설(주), 1998년 12월

주주총회 (지분)	주주	– 8,041명
	최대주주 및 특수관계인	– 64명 (26.26%)
	최대주주 (LG화학)	1 (12.65)
	특수관계인	63 (13.61)
	친족	57 (3.31 ; 구자엽 0.04)
	비영리법인	1 (0.03)
	임원	1 (0)
	계열회사	1 (9.68)
	자사주펀드	3 (0.59)
이사회	이사 (등기임원)	– 8명 : 상근 4=사내이사 대표이사사장 부사장 (구자엽) 상무 이사 비상근 4=사내이사 3 사외이사 1
감사	(등기임원)	– 2명 (상근사내, 비상근사내)
집행임원	(4명) :	등기 4 – 사장 (대표이사), 부사장 (구자엽) / 상무, 이사 미등기 ?
직원	2,179명 : 관리사무직 535, 생산직 1,609, 기타 35	

업무부서	(팀 2) 실행예산심의, 경영지도
	(본부 2) 관리지원 : 총무/인사/홍보, 전략기획, 재정, 공무, 개발, 법제
	업무 : 업무
	(사업부 3) 주택 : 자체사업, 수주사업, 주택업무, 주택시공
	주택영업I, 주택영업II, 주택영업III, 주택영업IV
	건축 : 건축시공, 기전사업, GLOUF/해외
	건축영업I, 건축영업II, 그룹영업
	토목 : 토목공사I, 토목공사II, 에너지/환경, SOC
	토목영업
	(본부 1) 해외영업 : 해외사업지원
	해외영업
	(본부 1) 기술 : (팀 2) 기술관리, 플랜트ENG
	토목ENG : (팀 4) 토목구조, 토질/기초, 도로/도시계획, 항만/상하수도
	건축ENG : (팀 4) 건축구조, CM, 품질환경, 안전
	(연구소 1) 기술 : (팀 2) 연구기획, 연구개발
출자 계열회사 (지분)	13개 : 상장 7 - LG금속 (0.31%), LG산전 (0.04), LG상사 (1), LG전선 (2.84), LG종합금융 (5.08), LG증권 (3.43), LG화재해상보험 (0.83) 비상장 6 - 한무개발 (50), LG백화점 (10.80), LG스포츠 (6.25), LG신용카드 (10.55), LG에너지 (5), LG엔지니어링 (2.47)

주 : 1) 지분과 주주는 보통주 기준, 1998년12월31일 현재.

2) 비영리법인-LG연암학원. 계열회사-LG전자. 5% 이상 지분 소유 주주-LG화학(12.65), LG전자(9.68), 우리사주조합(7.06).

3) **구본무**는 LG그룹 '계열주'임.

4) 이사 8명-등기 표시는 없으나 등기임원인 것으로 보임.

5) 겸직 : 대표이사사장(민수기)-한무개발, LG레져, LG엔지니어링 이사 ; 비상근사내이사(이수호)-LG상사 사장, LG백화점, LG유통 이사 ; 비상근사내이사(변규칠)-LG상사 회장 ; 비상근사내이사(김갑렬)-구조조정본부 전무. 비상근감사 : 사내(김정만)-LG화학 전무.

6) 그룹 계열회사는 48개(상장 14, 비상장 34).

7) a) 1997년12월31일 현재 지분 : 최대주주 및 특수관계인(25.68%) ; 최대주주-LG화학(12.65), 특수관계인 63명(13.03) ; 계열회사-LG전자(9.68), 기타 LG연암학원외 60명(3.35) ; **구자엽** (0.04).

   b) 1997년12월31일 현재 이사/임원 : **구본무**-회장, **구자학**-회장, 신승교-대표이사사장, **구자엽**-전무 ; 비상근이사 4명, 사외이사 없음, 감사는 비상근 2명.

출처 : LG건설(주), 『제30기 사업보고서』(1998.1.1~12.31) ; 『제29기 사업보고서』(1997.1.1~12.31).

<표 14.1.2> LG건설(주), 2000년12월

주주총회	주주	- 22,703명
(지분)	최대주주 및 특수관계인	- 19명 (31.89%)
	최대주주 (<u>LG화학</u>)	1 (10.74)
	특수관계인	18 (21.15)
	친족	4 (0.12 ; <u>구자엽</u> 0.01)
	비영리법인	1 (0.02)
	임원	5 (0.12)
	계열회사	4 (18.8)
	자기주식	1 (1.96)
	자사주펀드	3 (0.14)
이사회	이사 (등기임원)	- 8명 : 상근 4=사내이사
		대표이사부회장
		대표이사사장
		대표이사부사장 (<u>구자엽</u>)
		부사장
		비상근 4=사외이사
위원회	사외이사후보추천	- 2명 : 사내이사 (대표이사부회장)
		사외이사
	감사	- 3명 : 사외이사 (1명은 위원장)
		* 상시감사보조요원 10명 (경영지도팀)

집행임원	56명 :
	등기 4 - 부회장 (대표이사), 사장 (대표이사),
	부사장 (대표이사, **구자엽**), 부사장
	미등기 52 - 부사장 6 / 상무 46
직원	2,819명 : 관리사무직 563, 생산직 2,220, 기타 36
업무부서	(부문 2)

　　건설 : (팀 2) 실행예산심의, 경영지도
　　　(본부 4) 재경 : 재경, 국제금융, 법제
　　　　　관리지원 : 총무, 인사, 홍보, 전략기획, 공무, 개발,
　　　　　　　해외토건영업
　　　　　영업지원 : 영업지원I, 영업지원II
　　　　　기술 : 토목ENG : (팀 4) 토목구조, 토질/기초, 도로/도시계획, 항만/상수도
　　　　　　　기술관리 : (팀 5) 기술기획관리, CM, 품질환경, 안전, 지식경영TF
　　　　　　(연구소 1) 기술 : (팀 2) 연구기획, 연구개발
　　　　(사업부 3) 주택 : 주택기술, 주택시공, 고객서비스
　　　　　　　주택영업I, 주택영업II, 주택영업III, 주택영업IV, 주택영업V
　　　　　　건축 : 건축공사I, 건축공사II, 기전사업, 기술지원
　　　　　　　건축영업I, 건축영업II, 건축영업III, 건축영업IV
　　　　　　토목 : 토목I, 토목II, 토목III, 에너지/환경
　　　　　　　토목영업
　　엔지니어링 : (팀 1) 경영기획
　　　　(담당 4) 경영지원, 조달, 설계, 기술
　　　　(사업부 2) 플랜트 : 발전, 국내사업, 해외사업I, 해외사업II,
　　　　　　　　GOD, CPC RFCC
　　　　　　NODCO
　　　　(본부 1) 해외영업 : 해외영업I, 해외영업II, 해외영업III
　　　　(연구원 1) 환경안전

출자	6개 :
계열회사	상장 1 - LG투자증권 (4.35%)
(지분)	비상장 5 - 한무개발 (67.56), LG백화점 (10.94), LG스포츠 (6.25),
	LG에너지 (10), LG-EDS시스템 (10)

주 : 1) 지분과 주주는 보통주 기준, 2000년12월31일 현재.
   2) 비영리법인-LG연암학원. 계열회사-LG전자(8.56%), LG전선(4.81), LG산전(4.81), LG상사(0.62).
     5% 이상 지분 소유 주주-LG화학(10.74), LG전자(8.56), 우리사주조합(6.91), 국민연금기금출납
     원(6.47). 집중투표제 없음.
   3) **구본무**는 LG그룹 '계열주'임.
   4) 사외이사 1명은 2001년3월2일 선임.
   5) 겸직 : 대표이사부회장(민수기) - 한무개발, LG화학 이사.
   6) 2001년3월 현재 그룹 계열회사는 43개(상장 11, 비상장 32).
출처 : LG건설(주), 『제32기 사업보고서』(2000.1.1~12.31).

<표 14.1.3> LG건설(주), 2003년12월

주주총회 (지분)	주주	- 10,529명
	최대주주 및 특수관계인	- 21명 (32.47%)
	최대주주 (**허창수**)	1 (12.95)
	특수관계인	20 (19.52)
	친족	14 (17.07 ; **허명수** 3.61)
	비영리법인	1 (0.01)
	임원	1 (0.02)
	자기주식	1 (2.32)
	자사주펀드	3 (0.1)
이사회	이사(등기임원)	- 8명 : 상근 4=사내이사
		대표이사회장 (**허창수**)
		대표이사사장
		대표이사부사장
		부사장 (**허명수**)
		비상근 4=사외이사
위원회	사외이사후보추천	- 2명 : 사내이사 (대표이사회장 **허창수**)
		사외이사
	감사	- 3명 : 사외이사 (1명은 위원장)
		* 상시감사보조요원 22명 (경영진단팀)
집행임원	54명 :	
	등기 4 - 회장 (대표이사, **허창수**), 사장 (대표이사),	
	부사장 (대표이사), 부사장 (**허명수**)	
	미등기 50 - 부회장 1, 부사장 4 / 상무 45	
직원	3,190명 : 관리사무직 867, 생산직 2,150, 기타 173	
업무부서	경영진단, 인사/총무, 실행예산심의	
	(사업부 1) LPL건설	
	(본부 2) 재경 : 전략기획, 사업관리, 재경, 국제금융/IR, IT, 강촌리조트/엘리시안	
	영업지원 : 업무/홍보, 영업지원, 법제, 구매, 공무	
	(팀 2) 수주영업1, 수주영업2	
	(본부 5)	
	주택사업 : 주택CS, 주택기술, 주택시공	
	주택영업I, 주택영업II, 주택개발I, 주택개발II, 주택영남사업	
	건축사업 : 건축I, 건축II, 건축III, 건축IV, 기전사업, LCD공사	
	건축기술영업, 건축영업PM, 건축공공영업, 건축민간영업I,	
	건축민간영업II, 건축민간영업III	
	(팀 4) 특수영업, 그룹영업1, 그룹영업2, 그룹영업3	
	토목사업 : 토목I, 토목II, 토목III, 토목IV, 토목V, SOC	
	토목기술영업	
	플랜트사업 : 기획관리, 국내플랜트, 발전/에너지, 설계, 기술, 플랜트공사,	
	SP 9-10, OCR, 이란	
	해외사업I, 해외사업II, 해외사업III	
	환경사업 : 환경	
	환경기술영업	

(본부 1) 기술 : (팀 2) 기술전략, 기술기획관리
　　　　　　토목기술I, 토목기술II : (팀 5) 토목구조, 토질/기초, 도로/도시계획,
　　　　　　　　　　　　　　　　항만/상수도, 지하공간
　　　　　건축기술 : (팀 1) 건축구조
　　　　　　건축기술지원
　　　　(연구소 1) 기술 : (팀 1) 연구개발

출자 계열회사 (지분)	5개 : 상장 1 - LG투자증권 (4.36%) 비상장 4 - 한무개발 (67.56), LG유통 (1.75), LG에너지 (15.1), LG CNS (9.08)

주 : 1) 지분과 주주는 보통주 기준, 2003년12월31일 현재.
　　2) 비영리법인-LG연암학원. 5% 이상 지분 소유 주주-**허창수**(12.95), **허진수**(6.37), 국민연금기
　　　금출납원(6.26), Emerging Markets Growth(5.08), **허정수**(5.02), Capital Income Builder Inc(5), **허명
　　　수**(3.61). 집중투표제 없음.
　　3) 사외이사 3명은 2004년3월17일 선임.
　　4) 그룹 계열회사는 46개(상장 10, 비상장 36).
출처 : LG건설(주),『제35기 사업보고서』(2003.1.1~12.31).

<표 14.1.4> GS건설(주), 2005년 12월

주주총회 (지분)	주주	- 6,392명
	최대주주 및 특수관계인	- 16명 (30.38%)
	최대주주 (**허창수**)	1 (12.66)
	특수관계인	15 (17.72)
	친족	12 (17.39 ; **허명수** 3.62)
	임원	2 (0.01)
	계열회사	1 (0.32)
이사회	이사 (등기임원)	- 9명 : 상근 4=사내이사
		대표이사회장 (**허창수**)
		대표이사사장
		대표이사부사장
		부사장 (**허명수**)
		비상근 5=사외이사
위원회	사외이사후보추천	- 2명 : 사내이사 (대표이사회장 **허창수**)
		사외이사
	감사	- 3명 : 사외이사 (1명은 위원장)
		* 상시감사보조요원 18명 (경영진단 1, 2 팀)
집행임원	64명 :	
	등기 4 - 회장 (대표이사, **허창수**), 사장 (대표이사),	
	부사장 (대표이사), 부사장 (**허명수**)	
	미등기 60 - 부사장 5 / 전무 6, 상무 38, 상무보 11	
직원	3,778명 : 관리사무직 964, 생산직 2,576, 기타 238	
업무부서	경영진단, HSE	
	(본부 2) 경영지원 : (담당 1) 인사총무	
	경영혁신, 전략기획, 재경, 국제금융/IR, IT, 강촌/엘리시안	
	영업지원 : (팀 2) 수주영업1, 수주영업2	
	업무/홍보, 법제, 구매, 공무	
	(본부 6)	
	주택사업 : (총괄 2) 주택기획, 주택CS	
	(팀 1) 주택특수영업	
	주택기술, 주택시공	
	(사업 6) 주택북부 : (팀 4) 영업1, 영업2, 재개발1, 재개발2	
	주택남부 : (팀 1) 영업/재개발	
	주택경기서부 : (팀 2) 영업, 재개발	
	주택경기남부 : (팀 2) 영업, 재개발	
	주택영남 : (팀 2) 부산영업/재개발, 대구영업/재개발	
	주택중부 : (팀 1) 영업/재개발	
	(팀 1) 호남영업/재개발	
	건축사업 : (팀 3) 건축공공영업I담당, 건축공공영업II담당, FED	
	그룹사업I, 그룹사업II, 건축민간영업, 건축시공, 기술영업, 기전사업, LPL	
	중국지역	
	토목사업 : (담당 4) 토목영업I, 토목영업II, 토목영업III, 토목영업IV	
	(팀 1) 항만	
	SOC, 토목시공, 기술영업, 고하-죽교, 토목해외	

플랜트사업 : 플랜트기획관리, 플랜트견적/예산, 플랜트설계, 플랜트기술,
　　　　　　　플랜트공사, 국내정유플랜트, 국내화학플랜트, LNG, SP9-10, 발전-에너지
　　　　　　　(담당 3) 해외사업I, 해외사업II, 해외사업III
　　　　　　　러시아, 이란
환경사업 : (팀 1) 환경기술영업
　　　　　　환경영업, 환경시공
개발사업 : (팀 3) 개발1, 개발2, 개발3
　　　　　　H사업
(본부 1) 기술 : (팀 4) 기술기획전략, 기술안전지원, 기술정보, 연구개발
　　　　　　토목기술I, 토목기술II : (팀 5) 토목구조, 토질/기초, 도로/도시계획, 지하공간,
　　　　　　　　　　　　　　　　　　　항만상하수도
　　　　　　건축기술 : 건축구조/건축기술지원
　　　　　　(연구소 1) 기술

출자 계열회사 (지분)	6개 : 　　　　비상장 - 이지빌 (32%), 에스텍적산 (100), 위드서비스 (100), 　　　　　　　의정부경전철 (47.54), 한무개발 (67.56), GS리테일 (1.75)

주 : 1) 2005년1월27일 LG그룹으로부터 계열 분리, 3월18일 상호를 LG건설에서 GS건설로 변경, 4월
　　　　GS그룹이 기업집단으로 지정됨.
　　2) 지분과 주주는 보통주 기준, 2005년12월31일 현재.
　　3) 친족-**허정수**(4.44%) ; 계열회사-GS네오텍. 5% 이상 지분 소유 주주-**허창수**(12.66), NPC고
　　　　유주식(6.35), **허진수**(5.8), Capital Income Builder Inc.(5). 집중투표제 없음.
　　4) 겸직 : 대표이사회장(**허창수**)-GS홀딩스 대표이사회장, GS스포츠 이사 ; 대표이사사장(김갑렬)
　　　　-한무개발 이사 ; 등기부사장(**허명수**)-한무개발 이사.
　　5) 2005년12월31일 현재 GS그룹 계열회사는 49개(상장 5(1개는 코스닥등록), 비상장 44).
출처 : GS건설(주), 『제37기 사업보고서』(2005.1.1~12.31).

2. (주)LG상사

<표 14.2.1> (주)LG상사, 1998년12월

주주총회 (지분)	주주	- 20,474명
	최대주주 및 특수관계인	- 67명 (10.82%)
	최대주주 (**구본무**)	1 (0.1)
	특수관계인	66 (10.72)
	친족	55 (3.01)
	비영리법인	1 (0)
	임원	5 (0.37)
	계열회사	4 (3.26)
	자기주식	1 (3.99)
이사회	이사 (등기임원)	- 8명 : 상근 3=사내이사
		대표이사부회장
		대표이사
		이사
		비상근 5=사내이사 3 (**구자홍**)
		사외이사 2
감사	(등기임원)	- 2명 (상근사내, 비상근사내)
		* 상시감사보조요원 없음
집행임원	(3명) :	
	등기 3 - 부회장 (대표이사), 대표이사 / 이사	
	미등기 ?	
직원	2,288명 : 관리사무직 1,422, 생산직 483, 기타 383	
업무부서	(CU 2)	
	국내 : (부문 3) 무역 : (사업부 6) 금속석탄, 기계항공, 석유화학, 식량자원, 정보시스템, 플랜트	
	의류 : (사업부 2) 해외, 패션	
	마트 : 고양점, 시화점, 금정점	
	해외 : (부문 1) 지원	
	(지역 7) 일본, 중국, 동남아, 중동, 중구, 북미, 중남미	
출자 계열회사 (지분)	14개 :	
	상장 7 - 극동도시가스 (8.54%), LG반도체 (4.87), LG전선 (3.21), LG전자 (0.35), LG종합금융 (8.02), LG증권 (0.51), LG화재해상보험 (0.11)	
	비상장 7 - LG마이크론 (25.25), LG백화점 (18.50), LG선물 (20), LG스포츠 (5), LG에너지 (30), LG엔지니어링 (4.27), LG-Caltex정유 (3.07)	

주 : 1) 지분은 보통주 기준, 시점 표시 없음 ; 주주는 보통주 기준, 1998년12월31일 현재.

2) 비영리법인-연암학원. 계열회사-LG산전(1.75%), LG건설(1), 호유해운(0.41), LG정밀(0.1). 5% 이상 지분 소유 주주-증시안정기금(6.22).

3) 겸직 : 비상근사내이사(성재갑)-LG화학 대표이사 ; 비상근사내이사(**구자홍**)-LG전자 대표이사 ; 비상근사내이사(강유식)-LG구조조정본부 사장. 비상근감사 : 사내(신용삼)-LG화재해상보험 경영지원팀장.

4) 1998년12월31일 현재 그룹 계열회사는 50개(상장 13, 비상장 37).

5) a) 1997년12월31일 현재 지분 : 최대주주 및 특수관계인(6.84%) ; 최대주주-**구본무**(0.1), 특수관계인 65명(6.74) ; 계열회사 4개(3.26 ; LG산전 1.75, LG건설 1, 호유해운 0.41, LG정밀 0.

　　　1) ; **구자극**(0.14), **허창수**(0.09).

　　b) 1997년12월31일 현재 이사/임원 : **구자극**－상근이사, **구본무**－비상근이사, **허창수**(LG전선 회장)－비상근이사 ; 비상근이사 3명, 사외이사 없음, 감사는 비상근 2명.

출처 : (주)LG상사, 『제46기 사업보고서』(1998.1.1~12.31) ; 『제45기 사업보고서』(1997.1.1~12.31).

<표 14.2.2> (주)LG상사, 2000년12월

주주총회 (지분)	주주	- 54,277명
	최대주주 및 특수관계인	- 12명 (24.19%)
	최대주주 (LG화학)	1 (4.18)
	특수관계인	11 (20.01)
	친족	2 (0.07)
	비영리법인	1 (0.04)
	임원	3 (0.08)
	계열회사	4 (4.94)
	자기주식	1 (14.86)
이사회	이사 (등기임원)	- 7명 : 상근 2=사내이사
		대표이사부회장
		이사
		비상근 5=사내이사 3 (구자홍)
		사외이사 2
감사	(등기임원)	- 2명 (상근사내, 비상근사내)
		* 상시감사보조요원 5명
집행임원	(2명) :	
	등기 2 - 부회장 (대표이사) / 이사	
	미등기 ?	
직원	2,801명 : 관리사무직 1,277, 기타 1,524	
업무부서	(CU 2)	
	국내 : (부문 3) 무역 : (사업부 6) 철강에너지, 플랜트항공, 석유화학, 생활자원, IT-1, IT-2	
	패션 : (사업부 1) 패션 : 지방지점 7, 매장 223	
	마트 : 고양점, 시화점, 춘천점, 성동점, 송파점, 금정점	
	해외 : (부문 1) 지원	
	(지역 7) 일본, 중국, 동남아, 중동, 중구, 북미, 중남미	
출자 계열회사 (지분)	10개 :	
	상장 5 - 극동도시가스 (23%), 데이콤 (0.18), LG건설 (0.62),	
	LG마이크론 (17.42), LG투자증권 (5.96)	
	비상장 5 - LG니꼬동제련 (15), LG백화점 (18.74), LG선물 (20),	
	LG스포츠 (6.25), LG에너지 (70)	

주 : 1) 지분은 보통주 기준, 2001년3월 현재 ; 주주는 보통주 기준, 2000년12월31일 현재.

    2) 비영리법인-연암학원. 계열회사-LG전자(2.94%), LG캐피탈(0.88), LG홈쇼핑(0.88), LG정유(0.24). 5% 이상 지분 소유 주주 없음. 집중투표제 없음.

    3) 겸직 : 비상근사내이사(성재갑)-LG화학 대표이사 ; 비상근사내이사(구자홍)-LG전자 대표이사 ; 비상근사내이사(강유식)-LG구조조정본부 사장. 비상근감사 : 사내(이찬호)-LG Philips LCD 전무.

    4) 2001년3월 현재 그룹 계열회사는 43개(상장 11, 비상장 32).

출처 : (주)LG상사, 『제48기 사업보고서』(2000.1.1~12.31).

<표 14.2.3> (주)LG상사, 2003년12월

주주총회	주주	- 31,471명
(지분)	최대주주 및 특수관계인	- 15명 (17.29%)
	최대주주 (**구본걸**)	1 (7.52)
	특수관계인	14 (9.77)
	친족	10 (7.45)
	비영리법인	1 (0.04)
	임원	2 (0.09)
	자기주식	1 (2.19)
이사회	이사 (등기임원)	- 5명 : 상근 2=사내이사
		대표이사
		이사
		비상근 3=사내이사 1
		사외이사 2
감사	(등기임원)	- 1명 (상근)
		* 상시감사보조요원 5명
집행임원	(2명) :	
	등기 2 - 대표이사 / 이사	
	미등기 ?	
직원	900명 : 관리사무직	
업무부서	(담당 2)	
	국내 : (실 1) 전략지원 : 인재개발, 경영기획	
	(부문 4) 경영지원 : 재경, 업무, 법무, 감사	
	에너지&물자 : (사업부 3) 석유화학, 생활자원, 에너지	
	산업재&IT : (사업부 3) 플랜트항공, IT-1, IT-2	
	패션&어패럴 : (사업부 1) 패션 : 서울지점 2, 지방지점 3	
	매장 305 : 직영점 106, 특약점 199	
	해외 : (부문 1) 경영지원	
	(지역 7) 일본, 중국, 동남아, 중동, 유럽, 북미, 러시아	
출자	2개 : (비상장)	
계열회사	1차피투자/연결대상 : LG에너지 (70%)	
(지분)	1차피투자/지분법적용 : LG유통 (31.97)	

주 : 1) 지분과 주주는 보통주 기준, 2003년12월31일 현재.

　　2) 비영리법인-연암학원. 5% 이상 지분 소유 주주-**구본걸**(7.52), GMO(5.30), 국민연금(5.28). 집중투표제 없음.

　　3) 겸직 : 비상근사내이사(성재갑)-LG석유화학회장.

　　4) 그룹 계열회사는 45개(상장 11, 비상장 34).

출처 : (주)LG상사, 『제51기 사업보고서』(2003.1.1~12.31).

<표 14.2.4> (주)LG상사, 2005년12월

주주총회 (지분)	주주	- 19,411명
	최대주주 및 특수관계인	- 72명 (32.78%)
	최대주주 (**구본걸**)	1 (9)
	특수관계인	71 (23.78)
	친족	67 (23.67)
	비영리법인	1 (0.04)
	임원	3 (0.07)
이사회	이사 (등기임원)	- 7명 : 상근 3=사내이사
		대표이사 1
		이사 2 (**구본걸**)
		비상근 4=사내이사 1
		사외이사 3
위원회	감사	- 3명 : 사외이사 (1명은 위원장)
		* 상시감사보조요원 4명 (경영진단팀)
집행임원	34명 : 등기 3 - 대표이사 1 / 이사 2 (**구본걸**)	
	미등기 31 - 집행임원 25 / 고문 2, 자문 4	
직원	998명 : 관리사무직	
업무부서	(부문 2)	
	무역 : (실 1) 전략지원	
	(사업부 7) 석유화학, 금속석탄, 에너지, 기계항공, IT, 디지털영상, 프로젝트	
	CFO	
	해외지사	
	패션 : (실 1) 경영지원	
	(사업부 8) 닥스, 마에스트로, 숙녀복, 아웃도어 & 스포츠, 유통영업,	
	액세서리, 헤지스, Value Zone	
	(팀 1) 상설할인사업	
	서울지점 2, 지방지점 3	
	매장 354 (직영점 126, 특약점 228)	
출자 계열회사 (지분)	(없음)	

주 : 1) 지분과 주주는 보통주 기준, 2005년12월31일 현재.

2) 친족-**구본무**(0.1%). 비영리법인-연암학원. 5% 이상 지분 소유 주주-**구본걸**(9), 국민연금 기금(8.42). 집중투표제 없음.

3) 사외이사후보추천위원회 없음, 감사위원회 2004년3월16일 설치함 ; '집행임원' 직책 표시 없음, 고문 1명, 자문 4명은 비상근. 겸직 : 비상근사내이사(정일재)-(주)LG부사장.

4) 2005년12월31일 현재 그룹 계열회사는 36개(상장 11(2개는 코스닥등록), 비상장 25).

출처 : (주)LG상사, 『제53기 사업보고서』(2005.1.1~12.31).

3. LG전선(주)

<표 14.3.1> LG전선(주), 1998년 12월

주주총회 (지분)	주주	- 9,101명
	최대주주 및 특수관계인	- 76명 (20.59%)
	최대주주 (LG증권)	1 (4.03)
	특수관계인	75 (16.56)
	친족 등	68 (2.47)
	비영리법인	1 (0.06)
	계열회사	4 (7.04)
	자기주식	1 (6.67)
	자사주펀드	1 (0.32)
이사회	이사 (등기임원)	- 12명 : 상근 8=사내이사
		대표이사회장 1 (허창수)
		대표이사사장 2
		전무 3
		상무 1
		이사 1
		비상근 4= 사내이사 3 (구자홍)
		사외이사 1
감사	(등기임원)	- 2명 (상근사내, 비상근사내)
		* 상시감사보조요원 5명
집행임원	(8명) :	
	등기 8 - 회장 1 (대표이사, 허창수), 사장 2 (대표이사) / 전무 3, 상무 1, 이사 1 미등기 ?	
직원	4,801명 : 관리사무직 2,030, 생산직 2,763, 기타 8	
업무부서	(부문 2) 전선 : 통신, 전력, 전선, 부품, 기타	
	기계 : (부문 4) 공조, 사출, 농기, 특수	
	기타	
	(연구소 4) 전선, 광통신, 전력, 메카트로닉스	
	(센터 1) 생산기술	
출자 계열회사 (지분)	?	

주 : 1) 지분과 주주는 보통주 기준, 1998년 12월 31일 현재 ; 계열회사에 대한 지분 정보 없음.
　　2) '친족 등'-'구자경 외 67명'이라고만 되어 있음. 비영리법인-LG연암학원. 계열회사-LG상사
　　　 (3.21%), LG건설(2.84), LG산전(0.5), LG화학(0.49). 5% 이상 지분 소유 주주-히다찌전선(9.86),
　　　 사주조합(5.56).
　　3) 겸직 : 비상근사내이사(구자홍)-LG전자 대표이사. 비상근감사 : 사내(김정만)-LG화학 상무이
　　　 사.
　　4) 업무부서 중 '부문'은 출처의 '공시대상 사업부문의 구분'의 내용임('조직도', '판매조직' 관련
　　　 정보 파일을 열어볼 수가 없음).
　　5) 그룹 계열회사는 50개(상장 14, 비상장 36).
출처 : LG전선(주), 『제30기 사업보고서』(1998.1.1~12.31).

<표 14.3.2> LG전선(주), 2000년12월

주주총회 (지분)	주주	– 11,410명
	최대주주 및 특수관계인	– 16명 (19.42%)
	최대주주 (LG투자증권)	1 (3.97)
	특수관계인	15 (15.45)
	친족 등	9 (0.12)
	비영리법인	1 (0.05)
	계열회사	3 (9.51)
	자기주식	1 (4.13)
	자사주펀드	1 (1.65)
이사회	이사 (등기임원)	– 7명 : 상근 2=사내이사 대표이사회장 (허창수) 대표이사 비상근 5=사내이사 3 사외이사 2
감사	(등기임원)	– 2명 (상근사내, 비상근사내) * 상시감사보조요원 5명
집행임원	25명 :	등기 2 – 회장 (대표이사, 허창수), 대표이사 미등기 23
직원	3,606명 : 관리사무직 1,475, 생산직 2,131	
업무부서	(부문 2) 전선 : 통신, 전력, 전선, 부품, AL 기계 : (부문 5) 공조, 사출, 트랙터, 주단부품, 펌프 (연구소 4) 전선, 광통신, 전력, 기계 (센터 1) 생산기술	
출자 계열회사 (지분)	?	

주 : 1) 지분과 주주는 보통주 기준, 2000년12월31일 현재 ; 계열회사에 대한 지분 정보 없음.
   2) '친족 등'–'구동범 외 8명'이라고만 되어 있음'. 비영리법인–LG연암학원. 계열회사–LG전자 (5.95%), LG석유화학(3.08), LG화학(0.48). 5% 이상 지분 소유 주주–히다찌전선(10.02), LG전자 (5.95), 현대투자신탁운용(5.56). 집중투표제 없음.
   3) 미등기임원–'집행이사'라고만 되어 있으며 직책 구분 없음. 겸직 : 비상근사내이사(조석제)– LG화학 상무. 비상근감사 : 사내(이경지)–LG전자 전무.
   4) 업무부서 중 '부문'은 출처의 '공시대상 사업부문의 구분'의 내용임('조직도', '판매조직' 관련 정보 없음).
   5) 그룹 계열회사는 43개(상장 13(3개는 코스닥등록), 비상장 30).
출처 : LG전선(주), 『제32기 사업보고서』(2000.1.1~12.31).

<표 14.3.3> LG전선(주), 2003년12월

주주총회 (지분)	주주	- 9,920명
	최대주주 및 특수관계인	- 40명 (42.72%)
	최대주주 (**구자열**)	1 (2.95)
	특수관계인	39 (39.77)
	친족	35 (25.76 ; **구자명** 1.87)
	임원	3 (0.03)
	자사주 및 펀드	1 (13.98)
이사회	이사 (등기임원)	- 7명 : 상근 3=사내이사
		대표이사 2 (**구자열**)
		이사 1
		비상근 4=사내이사 1 (**구자명**)
		사외이사 3
위원회	감사	- 3명 : 사외이사
		* 상시감사보조요원 5명
집행임원	24명 : 등기 3 - 대표이사 2 (**구자열**) / 이사 1	
	미등기 21 - 상무 1, 집행이사 20	
직원	3,266명 : 관리사무직 1,422, 생산직 1,844	
업무부서	(본부 1) 재경 : (담당 2) 경영관리, 금융/IR	
	(부문 3) 전략기획, 사업지원, 경영혁신	
	(본부 2) 전선사업 : (사업부 2) 전선, 특수선	
	(영업소 4) 부산, 대전, 대구, 광주	
	기계사업 : (사업부 3) 사출시스템, 트렉터, 공조	
	(팀 1) 특수사업	
	(영업소 5) 경상, 전라, 충청, 경기/강원, 창원	
	(사업부 3) 전력, 통신, 부품	
	(팀 1) 해외수출	
	(본부 1) 기술개발 : (연구소 5) 전선 : (실 1) 종합분석	
	(그룹 2) 금속기술, 고분자기술	
	광통신 : (그룹 3) 광소재, 광부품, 광시스템	
	전력 : (그룹 2) 전력시스템, 초고압	
	부품 : (그룹 2) 전자소재, 전자부품	
	기계 : (그룹 3) 사출성형, 냉동공조, 냉각시스템	
	(센터 1) 생산기술 : (실 1) I.E	
	(그룹 3) CAE기술, 설비기술, 설비합리화	
출자 계열회사 (지분)	2개 :	
	상장 1 - LG산전 (46%)	
	비상장 1 - LG니꼬동제련 (50)	

주 : 1) 2003년11월11일 LG그룹으로부터 계열 분리 ; 2004년4월1일 LG전선그룹이 대규모기업집단으로 지정됨 ; 2005년3월 집단명이 LS그룹으로 변경, 2005년3월11일 LG전선의 상호가 LS전선으로 변경.

　　2) 지분과 주주는 보통주 기준, 2003년12월31일 현재.

　　3) 친족-**구자홍**(2.82), **구자엽**(1.83). 5% 이상 지분 소유 주주-국민연금(8.75), J.P. Morgan Fleming A.M.(8.16). 집중투표제 없음.

　　4) 미등기임원 중 '집행이사'의 직책 구분 없음.

　　5) 2004년5월 현재 LG전선그룹 계열회사는 13개(상장 5, 비상장 8).

출처 : LG전선(주), 『제35기 사업보고서』(2003.1.1~12.31) ; 『제36기 분기보고서』(1분기, 2004.1.1~3.31) ; 『제36기 사업보고서』(2004.1.1~12.31).

<표 14.3.4> LS전선(주), 2005년 12월

주주총회 (지분)	주주	– 5,669명
	최대주주 및 특수관계인	– 38명 (33.42%)
	최대주주 (**구자열**)	1 (3.55)
	특수관계인	37 (29.87)
	친족	36 (29.87 ; **구자은** 3.93, **구자홍** 3.13, **구태회** 0.46, **구평회** 0.3)
	임원	1 (0)
이사회	이사 (등기임원)	– 7명 : 상근 3=사내이사 대표이사 1 (**구자열**) 이사 2 (**구자홍**, 의장) 비상근 4=사외이사
위원회	사외이사후보	– 2명 : 사내이사 (대표이사, **구자열**) 사외이사
	감사	– 3명 : 사외이사 (1명은 위원장) * 상시감사보조요원 7명

집행임원 41명 :
　등기 3 – 대표이사 1 (**구자열**) / 이사 2 (**구자홍**)
　미등기 38 – 집행이사 28 (**구자은**) /
　　명예회장 1 (비상근, **구태회**), 고문 2 (비상근, **구평회**), 자문 7 (비상근)

직원 2,989명 : 관리사무직 1,530, 생산직 1,459

업무부서 (본부 1) 재경 : (담당 3) 재경, 경영기획, 경영관리
(부문 3) 전략기획, 경영혁신
　사업지원 : (담당 1) 홍보
(팀 1) 경영진단
(본부 3) 전선사업 : (사업부 3) 전선, 특수선, 권선
　　(영업소 4) 부산, 대전, 대구, 광주
　기계사업 : (사업부 3) 사출시스템, 트렉터, 공조
　　(영업소 4) 부산, 대전, 대구, 광주
　해외사업 : (사업부 1) 전력 : (담당 1) 전력생산
　　(담당 1) 중국지역
　　OPGr
(사업부 2) 통신 : (담당 1) 통신생산
　부품 : (담당 1) 회로소재사업
(본부 1) 기술개발 : (팀 3) 연구지원, 기술기획, 지적재산
　　(연구소 5) 중앙 : (실 1) 종합분석
　　　　(그룹 2) 금속기술, 고분자기술
　　통신 : (그룹 3) 광소재, 광부품, 통신시스템
　　전력 : (그룹 2) 전력시스템, 초고압
　　부품 : (그룹 2) 전자소재, 전자부품
　　기계 : (그룹 3) 사출트랙터, 냉동공조, 냉각시스템
　　(센터 1) 생산기술 : (그룹 3) CAE기술, 설비기술, 설비관리
　　SHMO : (팀 2) SHMO지원, SHMO TF

출자 계열회사 (지분) 10개 :
　상장 1 – LS산전 (46%)
　비상장 9 – 네옵텍 (44.41), 알루텍 (100), 진로산업 (95.49), 카보닉스 (73.53), 코스페이스 (87.14), 캐스코 (50), 파운텍 (51), GCI (92.31), LS니꼬동제련 (50.1)

주 : 1) 2003년11월11일 LG그룹으로부터 계열 분리 ; 2004년4월1일 LG전선그룹이 기업집단으로 지정
됨 ; 2005년3월 집단명이 LS그룹으로 변경, 2005년3월11일 LG전선의 상호가 LS전선으로 변경.
2) 지분과 주주는 보통주 기준, 2005년12월31일 현재.
3) 친족-**구자명**(2.02), **구자엽**(1.91). 5% 이상 지분 소유 주주-Capital Group International Inc.
(9.48). 집중투표제 없음.
4) 2005년9월 현재 사회이사후보추천위원회 없음. 감사위원회 위원 1명은 2005년6월30일 사임.
5) 미등기임원 중 '집행이사'의 직책 구분 없음. 겸직 : 대표이사(**구자열**)-LS니꼬동제련 이사 ;
등기이사(**구자홍**)-LS산전 대표이사 ; 등기이사(이철우)-네옵텍 이사, LS니꼬동제련 감사.
6) 2005년12월31일 현재 LS그룹 계열회사는 18개(상장 5, 비상장 13).
출처 : LS전선(주), 『제37기 사업보고서』(2005.1.1~12.31) ; 『제37기 분기보고서』(3분기, 2005.1.1~9.3
0) ; LG전선(주), 『제36기 분기보고서』(1분기, 2004.1.1~3.31) ; 『제36기 사업보고서』(2004.1.1~
12.31).

4. LG전자(주)

<표 14.4.1> LG전자(주), 1998년12월

주주총회 (지분)	주주	– 96,247명
	최대주주 및 특수관계인	– 104명 (18.1%)
	최대주주 (<u>LG화학</u>)	1 (5.5)
	특수관계인	103 (12.6)
	계열회사	6 (4.7)
	그 외	97 (7.9 ; <u>**구본무**</u> 0.31, <u>**구자홍**</u> 0.13, <u>**허창수**</u> 0.41)
이사회	이사 (등기임원)	– 8명 : 상근 3=사내이사 　　　대표이사회장 (<u>**구본무**</u>) 　　　대표이사부회장 (<u>**구자홍**</u>) 　　　대표이사사장 　　비상근 5=사내이사 3 (<u>**허창수**</u>) 　　　사외이사 2
감사	(등기임원)	– 2명 (상근사내, 비상근사내) * 상시감사보조요원 15명 (감사팀)

집행임원　130명 :
　　　　등기 3 – 회장 (대표이사, **구본무**), 부회장 (대표이사, **구자홍**),
　　　　　　　사장 (대표이사)
　　　　미등기 127 – 사장 4, 부사장 4 / 전무 13, 상무 25, 상무보 81

직원　25,791명 : 관리사무직 12,947, 생산직 11,930, 기타 914

업무부서　(총괄 1) 관리
　　　　(부문 1) HR
　　　　(담당 1) 고객서비스
　　　　(본부 4) 홈어플라이언스사업, 디스플레이사업, 멀티미디어사업, LCD사업
　　　　중국지주회사
　　　　(본부 1) 영업 : (담당 2) 경영기획, 특기영업
　　　　　　　　　가전 : (담당 1) 영업 : 서울, 중부, 서부, 남부, 신유통
　　　　해외판매법인 51
　　　　(기술원 2) 서울 : LG종합
　　　　　　　　평택 : LG생산
　　　　(연구소 11) 서울 : 디지털미디어, 디스플레이, DTV, LSR, 홈어플라이언스, 디자인
　　　　　　　　안양 : LCD
　　　　　　　　청주 : 마그네테크
　　　　　　　　구미 : 디스플레이제품, 디스플레이device
　　　　　　　　창원 : 홈어플라이언스
　　　　(센터 1) 서울 : 품질
　　　　((해외) 연구소 11) 미국 2, 아일랜드 1, 독일 1, 러시아 1, 일본 4, 중국 1, 인도 1

출자
계열회사
(지분)　13개 : (상장 3, 비상장 10)
　　　　1차피투자/연결대상 : 상장 1 – LG반도체
　　　　　　　　　　　　　비상장 5 – LG정밀, LG히다찌, LG C, LG인터넷, LG LCD
　　　　1차피투자/지분법대상 : 상장 2 – 극동도시가스, LG산전
　　　　　　　　　　　　　비상장 3 – LG마이크론, LG창업투자, LG하니웰
　　　　2차피투자/연결대상 : 비상장 2 – LG스포츠, LG에너지

주 : 1) 지분은 보통주 기준, 주주는 보통주/우선주 기준, 1998년12월31일 현재.

2) '그 외'−'LG연암문화재단 외'라고 되어 있음. 계열회사−LG전선(2.5%), 호유해운(1.2), LG상사 (0.4), LG화재해상보험(0.3), LG종합금융(0.2), LG금속(0.1). 5% 이상 지분 소유 주주−LG화학 (5.5).

3) 등기임원−1999년3월31일 현재. 전무−수석연구위원 1명 포함, 상무−연구위원 1명 포함, 상 무보−연구위원/전문위원 14명 포함. 겸직 : 비상근사내이사(**허창수**)−LG전선 회장 ; 비상근사 내이사(손기락)−구조조정본부 부회장 ; 비상근사내이사(강유식)−구조조정본부 사장. 비상근 감사 : 사내(여성구)−LG상사 지원부문장.

4) 계열회사 지분 자료 없음. 주요 투자회사−LG신용카드, LG IBM PC(2개 회사 모두 1차피투 자/지분법대상).

5) 1999년2월1일 현재 그룹 계열회사는 50개(상장 14, 비상장 36).

6) a) 1997년12월31일 현재 지분 : 최대주주 및 특수관계인(16.7%) ; 최대주주−LG화학(7.1), 특수 관계인 수 표시 없음(9.6) ; 계열회사 5개(4.1 ; LG화재 2.1, 호유해운 1.3, LG상사 0.4, LG전 선 0.1, LG종금 0.2), 기타 LG연암문화재단 외(5.6) ; 개인지분 표시 없음.

   b) 1997년12월31일 현재 이사/임원 : **구본무**−대표이사회장, **구자홍**−대표이사사장, **허창수** (LG전선 회장)−비상근이사, **구자학**(LG반도체 회장)−비상근이사 ; 비상근이사 4명, 사외 이사 없음, 감사는 비상근 2명.

출처 : LG전자(주), 『제40기 사업보고서』(1998.1.1～12.31).

<표 14.4.2> LG전자(주), 2000년12월

주주총회 (지분)	주주	- 123,208명
	최대주주 및 특수관계인	- 83명 (37.3%)
	최대주주 (LG화학)	1 (5.4)
	특수관계인	82 (31.9)
	친족/임원	77 (10 ; **구본무** 1.38, **구자홍** 0.27, **허창수** 0.87)
	비영리법인	2 (1)
	계열회사	2 (1.7)
	자기주식	1 (19.2)
이사회	이사 (등기임원)	- 8명 : 상근 3=사내이사
		대표이사회장 (**구본무**)
		대표이사부회장 (**구자홍**)
		대표이사사장
		비상근 5=사내이사 1 (**허창수**)
		사외이사 4
위원회	사외이사후보추천	- 2명 : 계열회사 임원
		사외이사
	감사	- 3명 : 사외이사
		* 상시감사보조요원 11명 (경영진단팀)
집행임원	208명 :	
		등기 3 - 회장 (대표이사, **구본무**), 부회장 (대표이사, **구자홍**), 사장 (대표이사)
		미등기 205 - 부회장 1, 사장 4, 부사장 22 / 상무 178
직원	31,774명 : 관리사무직 18,298, 생산직 13,476	
업무부서	(총괄 1) 본사 : (부문 1) 고객서비스 HR	
	(총괄 3) 전자 : (본부 3) 디지털어플라이언스사업, 디지털디스플레이사업, 디지털미디어사업	
	정보통신 : (본부 3) 디지털시스템사업, 이동단말사업, 디지털네트워크사업	
	북미지역 : CTO 겸임	
	중국지주회사	
	(부문 1) 영업 : 가전, 특기, 정보통신	
	(기술원 2) LG종합, LG생산	
	(연구소 18) 디지털미디어, 디지털디스플레이, 디지털TV, 디지털어플라이언스, 디지털디자인, LSR, Recording Media, 디지털미디어신기술, 디지털어플라이언스사업본부, 디스플레이device, 통신네트워크, 생산기술, 디지털네트워크, 디지털S/W, CDMA단말, 유무선단말, GSM단말	
	중앙 : (연구소 4) 차세대통신, 핵심망, 디지털전송, 디지털이동통신	
	(센터 1) 품질	
	((해외) 연구소 11) 미국 3, 아일랜드 1, 독일 1, 러시아 1, 일본 2, 중국 1, 인도 1, 이스라엘 1	
출자 계열회사 (지분)	18개 : (상장 6, 비상장 12)	
	1차피투자/연결대상 : 상장 2 - 데이콤 (49.1%), LG산전 (41.5)	
	비상장 5 - LG마이크론 (17.2), LG백화점 (57.7), LG스포츠 (39.3), LG유통 (50), LG이노텍 (53.4)	

1차피투자/지분법대상 : 상장 4 - LG상사 (2.9), LG전선 (5.9),
　　　　　　　　　　　　　　LG투자증권 (7.2), LG텔레콤 (28.1)
　　　　　　　　　　비상장 4 - LG캐피탈 (6.2), LG-Caltex정유 (3.1),
　　　　　　　　　　　　　　LG-IBM PC (49), LG Philips LCD (50)
2차피투자/연결대상 : 비상장 2 - 데이콤 새틀라이트 멀티미디어시스템 (100),
　　　　　　　　　　　　　　데이콤인터내셔날 (92.7)
2차피투자/지분법대상 : 비상장 1 - 데이콤시스템테크놀로지 (50)

주 : 1) 지분은 보통주 기준, 주주는 보통주/우선주 기준, 2000년12월31일 현재.
　　2) 비영리법인-LG연암학원(1%), LG연암문화재단(0). 계열회사-LG전선(1.7%), LG투자증권(0). 5%
　　　이상 지분 소유 주주-Credit Suisse Financial(6.95), LG화학(5.4). 집중투표제 없음.
　　3) 사외이사후보추천위원회의 '계열회사 임원'은 강유식-LG전자 임원이 아님, LG-Caltex정유 이
　　　사, 구조조정본부장임.
　　4) 부사장-연구위원 1명 포함, 상무-연구위원/전문위원 51명 포함.
　　5) 겸직 : 비상근사내이사(**허창수**)-LG전선 회장.
　　6) 주요 투자회사 : LG히다찌(49%, 1차피투자/지분법대상).
　　7) 2001년3월2일 현재 그룹 계열회사는 43개(상장 11, 비상장 32).
출처 : LG전자(주), 『제42기 사업보고서』(2000.1.1~12.31) ; (주)LG화학, 『제39기 사업보고서』(2000.1.
　　1~12.31).

<표 14.4.3> LG전자(주), 2002년12월

주주총회 (지분)	주주	- 106,067명
	최대주주 및 특수관계인	- 9명 (36.22%)
	최대주주 (LGEI)	1 (30.71)
	특수관계인	8 (5.51)
	친족/임원	5 (0.02)
	계열회사	2 (5.35)
	자기주식	1 (0.14)
이사회	이사 (등기임원)	- 6명 : 상근 2=사내이사
		대표이사부회장 (구자홍)
		대표이사사장
		비상근 4=사내이사 1
		사외이사 3
위원회	사외이사후보추천	- 2명 : 사내이사 (대표이사부회장 구자홍)
		사외이사
	감사	- 3명 : 사외이사
		* 상시감사보조요원 18명 (경영진단팀)
집행임원	230명 :	
		등기 2 - 부회장 (대표이사, 구자홍), 사장 (대표이사)
		미등기 228 - 부회장 1, 사장 3, 부사장 24 / 상무 156 / 고문 8, 자문역 36
직원	25,024명 : 관리사무직 16,168, 생산직 8,856	
업무부서	(부문 3) 재경, 고객서비스, HR	
	(본부 3) 디지털어플라이언스사업, 디지털디스플레이&미디어사업, 정보통신사업	
	중국지주회사	
	(부문 1) 한국마케팅	
	(기술원 2) LG전자, LG생산	
	(연구소 17) 디지털미디어, 디지털TV, 디지털디스플레이, 디지털어플라이언스,	
	디지털영상제품, 디지털어플라이언스창원, Recording Media, UMTS시스템,	
	기간망, CDMA시스템, 통신운영, 생산기술, CDMA단말,	
	차세대단말, WLL단말, GSM단말, 기업통신	
	(센터 3) 시스템ICR, 디자인경영, 품질	
	((해외) 연구소 13)	
출자 계열회사 (지분)	7개 : (상장 1, 비상장 6)	
	1차피투자/연결대상 : 비상장 4 - 하이프라자 (100%), LG스포츠 (39.25),	
	LG이노텍 (69.8), LG-Philips LCD (50)	
	1차피투자/지분법대상 : 상장 1 - LG투자증권 (7.02)	
	비상장 2 - LG마이크론 (17.24), LG-IBM PC (49)	

주 : 1) 2002년4월1일 (주)LG전자가 2개 기업으로 분할됨 : (주)LGEI-기존법인(4월1일 상호 변경, 분할 직후 공정거래위원회에 순수지주회사로의 전환 신고, 4월22일 증권거래소에 재상장) ; (주)LG전자-신설법인(사업자회사).

　　 2) 지분은 보통주 기준, 주주는 보통주/우선주 기준, 2002년12월31일 현재.

　　 3) 계열회사-LGCI(5.35%), LG투자증권(0). 5% 이상 지분 소유 주주-LGEI(30.71), LGCI(5.35). 집중투표제 없음.

　　 4) 부사장-수석연구위원 1명 포함 ; 상무-연구위원/전문위원 54명 포함.

　　 5) 겸직 : 대표이사사장(정병철)-LG산전, LG CNS, LG엔시스 이사 ; 비상근사내이사(강유식)-LG텔레콤, LG정유, LG화학, LG경영개발원 이사.

　　 6) 2003년3월6일 현재 그룹 계열회사는 49개(상장 14, 비상장 35).

　 출처 : LG전자(주), 『제1기 사업보고서』(2002.4.1~12.31).

<표 14.4.4> LG전자(주), 2003년12월

주주총회 (지분)	주주	- 96,531명
	최대주주 및 특수관계인	- 7명 (36.22%)
	최대주주 (LG)	1 (36.06)
	특수관계인	6 (0.16)
	친족	3 (0.01)
	임원	1 (0.02)
	계열회사	1 (0)
	자기주식	1 (0.13)
이사회	이사 (등기임원)	- 7명 : 상근 2=사내이사
		대표이사부회장
		부사장
		비상근 5=사내이사 1
		사외이사 4
위원회	사외이사후보추천	- 1명 : 사외이사
	감사	- 3명 : 사외이사
		* 상시감사보조요원 24명 (경영진단팀)
집행임원	231명 :	
	등기 2 - 부회장 (대표이사), 부사장	
	미등기 229 - 부회장 1, 사장 4, 부사장 25 / 상무 156 / 고문 1, 자문 42	
직원	27,683명 : 관리사무직 17,258, 생산직 9,923, 기타 502	
업무부서	(부문 3) 재경, 고객서비스, HR	
	CTO	
	(본부 3) 디지털어플라이언스사업, 디지털디스플레이&미디어사업, 정보통신사업	
	(총괄 2) 북미지역, 유럽지역	
	중국지주회사	
	(부문 1) 한국마케팅	
	(기술원 2) 서울 : LG전자	
	평택 : LG생산	
	(연구소 11) 서울 : 디지털미디어, 디지털TV, 시스템IC, 디지털디스플레이,	
	디지털어플라이언스, CDMA단말	
	안양 : UMTS단말, 시스템, 이동통신기술	
	구미 : 디지털영상제품	
	창원 : 디지털어플라이언스본부	
	(센터 2) 서울 : 디자인경영, 품질	
	((해외) 연구소 11) 미국 3, 독일 1, 러시아 1, 일본 1, 중국 3, 인도 1, 이스라엘 1	
출자 계열회사 (지분)	7개 : (상장 1, 비상장 6)	
	1차피투자/연결대상 : 비상장 4 - 하이프라자 (100%), LG마이크론 (37.41),	
	LG이노텍 (69.80), LG-Philips LCD (50)	
	1차피투자/지분법대상 : 상장 1 - LG투자증권 (7.17)	
	비상장 2 - LG스포츠 (25), LG-IBM PC (49)	

주 : 1) 지분은 보통주 기준, 주주는 보통주/우선주 기준, 2003년12월31일 현재.
　　2) 계열회사-LG투자증권. 5% 이상 지분 소유 주주-(주)LG(36.06). 집중투표제 없음.
　　3) 사외이사후보추천위원회 : 사내이사 1명(대표이사부회장, **구자홍**)은 2003년9월에 사임 ; 2004
　　　 년2월에 사내이사 1명(비상근이사), 사외이사 1명 새로 선임.
　　4) 부사장-수석연구위원 1명 포함 ; 상무-연구위원/전문위원 59명 포함.
　　5) 겸직 : 사내이사부사장(권영수)-LG이노텍, LG MRO 이사 ; 비상근사내이사(강유식)-(주)LG 부
　　　 회장, LG텔레콤, LG정유, LG화학, LG경영개발원 이사.

  6) 직원 수는 2003년12월31일 현재, 업무부서는 2004년2월1일 현재.
  7) 2003년12월31일 현재 그룹 계열회사는 45개(상장 11, 비상장 34).
출처 : LG전자(주),『제2기 사업보고서』(2003.1.1~12.31).

<표 14.4.5> LG전자(주), 2005년12월

주주총회 (지분)	주주	- 69,818명
	최대주주 및 특수관계인	- 4명 (35.26%)
	최대주주 (LG)	1 (35.24)
	특수관계인	3 (0.02)
	친족	1 (0)
	임원	2 (0.02)
이사회	이사 (등기임원)	- 7명 : 상근 2=사내이사
		대표이사부회장
		이사
		비상근 5=사내이사 1
		사외이사 4
	사외이사후보추천	- 2명 : 사내이사 (비상근이사)
		사외이사
	감사	- 3명 : 사외이사 (1명은 위원장)
		* 상시감사보조요원 30명 (경영진단팀)
	경영	- 3명 : 사내이사
집행임원	243명 :	
	등기 2 - 부회장 (대표이사) / 이사	
	미등기 241 - 사장 8, 부사장 31 / 상무 173 / 고문 2, 자문 27	
직원	31,633명 : 관리사무직 20,446, 생산직 10,641, 기타 546	
업무부서	(부문 3) 재경, 고객서비스, HR	
	CTO	
	(본부 4) 디지털어플라이언스사업, 디지털디스플레이사업, 디지털미디어사업,	
	정보통신사업	
	(총괄 2) 북미지역, 유럽지역	
	(지역대표 5) 서남아, 브라질, CIS, 중아, 중남미	
	중국지주회사	
	(부문 1) 한국마케팅	
	(기술원 2) 서울 : LG전자	
	평택 : LG생산	
	(연구소 11) 서울 : 디지털미디어, 디지털TV, 시스템IC, 디지털디스플레이,	
	단말, 디지털어플라이언스	
	분당 : 디지털스토리지	
	안양 : 이동통신기술	
	평택 : 미디어	
	구미 : 디스플레이	
	창원 : 디지털어플라이언스	
	(센터 3) 서울 : 디자인경영, 품질, 소프트웨어	
	((해외) 연구소 14) 미국 3, 독일 1, 이탈리아 1, 러시아 1, 일본 2, 중국 4, 인도 1, 이스라엘 1	
출자 계열회사 (지분)	5개 :	
	상장 1 - LG필립스LCD (37.9%)	
	비상장 4 - 하이비즈니스로지스틱스 (100), 하이프라자 (100),	
	LG마이크론 (36), LG이노텍 (69.8)	

주 : 1) 지분은 보통주 기준, 주주는 보통주/우선주 기준, 2005년12월31일 현재.
　　2) 5% 이상 지분 소유 주주-(주)LG(35.24). 집중투표제 없음.
　　3) 상무-연구위원/전문위원 41명 포함. 고문, 자문은 비상근. 겸직(상근/비상근, 이사/감사 표시
　　　없음) : 사내이사(권영수)-LG이노텍, LG CNS ; 비상근사내이사(강유식)-(주)LG, LG화학, LG경

영개발원.

4) 2005년12월31일 현재 그룹 계열회사는 36개(상장 11(2개는 코스닥등록), 비상장 25).

출처 : LG전자(주), 『제4기 사업보고서』(2005.1.1~12.31).

5. (주)LGEI

<표 14.5> (주)LGEI, 2002년 12월

주주총회 (지분)	주주	- 70,868명
	최대주주 및 특수관계인	- 77명 (53.8%)
	최대주주 (<u>LGCI</u>)	1 (0.9)
	특수관계인	76 (52.9)
	친족	71 (39.2 ; <u>**구본무**</u> 5.52)
	비영리법인	2 (4.3)
	계열회사	2 (7.6)
	자기주식	1 (1.8)
이사회	이사 (등기임원)	- 6명 : 상근 2=사내이사
		대표이사회장 (<u>**구본무**</u>)
		대표이사사장 (<u>**구본준**</u>)
		비상근 4=사내이사 1 (<u>**허창수**</u>)
		사외이사 3
위원회	사외이사후보추천	- 2명 : 사내이사 (대표이사사장 <u>**구본준**</u>)
		사외이사
	감사	- 3명 : 사외이사
		* 상시감사보조요원 없음.
집행임원	3명 :	
	등기 2 - 회장 (대표이사, <u>**구본무**</u>), 사장 (대표이사, <u>**구본준**</u>)	
	미등기 1 - 상무	
직원	?	
업무부서	(부문 3) 주식관리	
	자금/회계	
	기타 지원 : 법무, 총무, 인사 등	
	(LG전자와의 업무대행 용역계약을 통하여 수행)	
출자 계열회사 (지분)	18개 : (상장 5, 비상장 13)	
	1차피투자/연결대상 : 상장 4 - 데이콤 (30.1%), LG산전 (51.7),	
	LG전자 (30.8), LG텔레콤 (35.6)	
	비상장 5 - 곤지암레저 (50), LG유통 (36.8), LG엔시스 (100),	
	LG CNS (31.8), LG MRO (50)	
	1차피투자/지분법대상 : 비상장 1 - LG-Caltex정유 (3.1)	
	2차피투자/연결대상 : 비상장 5 - 데이콤크로싱 (51), 하이프라자 (100), LG스포츠 (39.3),	
	LG이노텍 (69.8), LG-Philips LCD (50)	
	2차피투자/지분법대상 : 상장 1 - LG투자증권 (7.2)	
	비상장 2 - LG마이크론 (17.2), LG-IBM (49)	

주 : 1) 2002년 4월 1일 (주)LG전자가 2개 기업으로 분할됨 : (주)LGEI-기존법인(4월 1일 상호 변경, 분할 직후 공정거래위원회에 순수지주회사로의 전환 신고, 4월 22일 증권거래소에 재상장) ; (주)LG전자-신설법인(사업자회사).

2) 지분은 보통주 기준, 주주는 보통주/우선주 기준, 2002년 12월 31일 현재.

3) 비영리법인-LG연암학원(4.1%), LG연암재단(0.2). 계열회사-LG전선(7.6%), LG투자증권(0). 5% 이상 지분 소유 주주-LG전선(7.6), **구본무**(5.52). 집중투표제 없음.

4) 겸직 : 비상근사내이사(**허창수**)-LG전선 회장.

5) '직원 수' 정보 없음.

6) 2003년2월28일 현재 그룹 계열회사는 50개(상장 16, 비상장 34).
출처 : (주)LGEI, 『제44기 사업보고서』(2002.1.1~12.31).

6. (주)LG텔레콤

<표 14.6.1> (주)LG텔레콤, 2000년 12월

주주총회 (지분)	주주	- 22,570명
	최대주주 및 특수관계인	- 51명 (28.7%)
	최대주주 (LG전자)	1 (28.14)
	특수관계인	50 (0.56)
	친족	9 (0.16)
	임원/계열회사임원	41 (0.4)
이사회	이사 (등기임원)	- 7명 : 상근 2=사내이사 대표이사회장 대표이사사장 비상근 5=사내이사 3 사외이사 2
감사	(등기임원)	- 2명 (상근사내, 비상근사외)
집행임원	30명 : 　　등기 2 - 회장 (대표이사), 사장 (대표이사) 　　미등기 28 - 부사장 3 / 상무 25	
직원	1,253명 : 관리사무직 205, 생산직 409, 기타 639	
업무부서	(담당 1) Corporate T/A (실 3) 전략개발, 전략경영, 경영지원 (실 2) 마케팅, 사업개발 (본부 5) 고객서비스, Data 개발 　　　　수도권사업 : (팀 1) 법인영업 　　　　　　지점 13 　　　　동부사업 : (팀 1) 법인영업 　　　　　　지점 10 　　　　서부사업 : (팀 1) 법인영업 　　　　　　지점 9 (실 1) 기술전략 : (담당 1) Network기술 : (팀 5) N/W계획, 망설계, 망운영, 　　　　　　　　　　기술협력, 품질보증 　　　　(연구소 1) 기술 : (팀 3) 시스템개발, 전파기술개발, 망진화연구 (기술원 1) 정보 : (팀 5) 정보전략, CSBS개발, IT인프라, 고객정보, 경영정보	
출자 계열회사 (지분)	?	

주 : 1) 지분과 주주는 보통주 기준, 2000년 12월 31일 현재 ; 계열회사에 대한 지분 정보 없음.
　　2) 친족-**구자홍**(0.05%), **허창수**(0.02), **구자엽**(0.01). 5% 이상 지분 소유 주주-LG전자(28.14), BT(Netherlands) Holdings B.V.(24.12). 집중투표제 없음.
　　3) 비상근사외이사 2명은 외국인. 겸직 : 비상근사내이사(이문호)-LG캐피탈 대표이사 ; 비상근사내이사(강유식)-구조조정본부 사장 ; 비상근사내이사(서평원)-LG전자 사장. 비상근감사 : 사외(조용호)-김&장 회계사.
　　4) 그룹 계열회사는 43개(상장 11, 비상장 32).
출처 : (주)LG텔레콤, 『제5기 사업보고서』(2000.1.1~12.31).

<표 14.6.2> (주)LG텔레콤, 2003년12월

주주총회 (지분)	주주	- 39,273명
	최대주주 및 특수관계인	- 6명 (37.53%)
	최대주주 (LG)	1 (37.37)
	특수관계인	5 (0.18)
	친족	1 (0.03)
	임원/계열회사임원	3 (0.06)
	계열회사	1 (0.09)
이사회	이사 (등기임원)	- 6명 : 상근 1=사내이사 대표이사사장 비상근 5=사내이사 2 사외이사 3
위원회	사외이사후보추천	- 2명 : 사내이사 (대표이사사장) 사외이사
	감사	- 3명 : 사외이사
집행임원	25명 : 등기 1 - 사장 (대표이사) 미등기 24 - 부사장 3 / 상무 21	
직원	1,706명 : 관리사무직 1,075, 생산직 252, 기타 379	
업무부서	(담당 2) CA, 이사회지원 (실 5) 경영지원, 경영관리, 홍보, 고객서비스 　　전략개발 : (담당 1) 대외협력 (실 2) 마케팅 : (담당 3) 마케팅전략, CRM, 영업추진 　　서비스개발 : (담당 4) Data사업, Platform, m Commerce, 단말 (본부 2) 제1사업 : (담당 1) 제1N/W운영 　　　　　　(사업부 3) 강남, 강북 　　　　　　　법인 : (담당 1) 법인지원 　　　제2사업 : (담당 1) 제2N/W운영 　　　　　　(사업부 4) 경남, 경북, 호남, 충청 (실 2) N/W기술 : (담당 3) 기술표준, Data기술 　　　　　　Network기술 : (팀 5) 무선설계, 망설계, 망운영, 　　　　　　　　　기술협력, 품질보증 　　　(연구소 1) 기술 : (팀 6) 연구기획, Core망 개발, MS 개발, Service망 개발, 　　　　　　　　Access망 개발, RF Skill 개발 　　　정보기술 : (팀 7) 정보전략, CSBS개발, CSBS운영, IT인프라, 경영정보, 　　　　　CRM시스템, 정보보안	
출자 계열회사 (지분)	?	

주 : 1) 지분과 주주는 보통주 기준, 2003년12월31일 현재 ; 계열회사에 대한 지분 정보 없음.

　2) 친족-**구자홍**. 계열회사-데이콤. 5% 이상 지분 소유 주주-(주)LG(37.37), BT(16.59). 집중투표제 없음.

　3) 비상근사외이사 2명은 외국인. 겸직 : 비상근사내이사(강유식)-(주)LG 대표이사 ; 비상근사내이사(박운서)-데이콤, 파워콤 대표이사.

　4) 그룹 계열회사는 46개(상장 13(3개는 코스닥등록), 비상장 33).

출처 : (주)LG텔레콤, 『제8기 사업보고서』(2003.1.1~12.31).

<표 14.6.3> (주)LG텔레콤, 2005년 12월

주주총회 (지분)	주주	– 30,719명
	최대주주 및 특수관계인	– 7명 (37.5%)
	최대주주 (<u>LG</u>)	1 (37.37)
	특수관계인	6 (0.13)
	임원/계열회사임원	5 (0.04)
	계열회사	1 (0.09)
이사회	이사 (등기임원)	– 5명 : 상근 1=사내이사
		대표이사사장
		비상근 4=사내이사 2
		사외이사 2
위원회	사외이사후보추천	– 3명 : 사내이사 1 (대표이사사장)
		사외이사 2
	감사	– 2명 : 사외이사
		* 상시감사보조요원 3명 (감사팀)

집행임원   29명 :
　　　등기 1 – 사장 (대표이사)
　　　미등기 28 – 부사장 2 / 상무 26

직원   2,027명 : 관리사무직 1,053, 생산직 557, 기타 417

업무부서   (팀 1) 전사프로젝트
(담당 1) 경영진단 : (팀 3) 이사회지원, 경영지원, 법무
(실 6) 경영지원 : (팀 5) 부동산관리, 인사, 인사개발, 자산운용·FET, 총무
　　　경영관리 : (팀 4) 경영기획, 금융, 회계, IR
　　　홍보 : (팀 1) 홍보
　　　고객서비스 : (팀 5) 고객만족, Billing, CS기획, CS운영, Quality Audit
　　　전략개발 : (팀 3) 전략개발, Corporate Audit, FET
　　　　(센터 1) 가치혁신
　　　정책협력 : (팀 1) 정책개발
　　　　(담당 1) 대외협력 : (팀 1) 대외협력
(실 1) 마케팅 : (팀 1) 마케팅기획지원
　　　　(담당 3) 마케팅전략 : (팀 4) 마케팅분석, 마케팅상품기획, 브랜드기획, IMC
　　　　CRM : (팀 2) CRM분석, CRM운영
　　　　영업전략 : (팀 3) 신유통기획, 영업정책, 유통관리
　　(본부 4) 단말/데이터사업 : (팀 2) 단말데이터기획, 단말데이터품질
　　　　(사업부 3) 뮤직 : (팀 3) 뮤직상품개발, 뮤직전략, 채널개발
　　　　데이터 : (팀 4) 데이터영업전략, 컨버전스사업,
　　　　　　컨텐츠사업, DMB사업
　　　　단말 : (팀 3) 단말개발, 단말상품기획, 단말운영
　　　　(담당 1) 플랫폼 : (팀 4) 단말기술, 멀티미디어개발,
　　　　　　애플리케이션개발, 플랫폼기술
　　제1사업 : (팀 2) 제1기획지원, 제1CS
　　　　(사업부 4) 강남 : (팀 2) 강남직판영업, 강남판매추진
　　　　　지점 6, ez-Post 76, 폰앤펀 12
　　　　강북 : (팀 2) 강북직판영업, 강북판매추진
　　　　　지점 7, ez-Post 63, 폰앤펀 10
　　　　강동 : (팀 2) 강동직판영업, 강동판매추진
　　　　　지점 6, ez-Post 49, 폰앤펀 10
　　　　폰앤펀 : (팀 2) 폰앤펀기획, 폰앤펀운영
　　(담당 1) 제1N/W운영 : N/W운영센터 5

제2사업 : (팀 2) 제2기획지원, 제2CS
   (사업부 4) 경남 : (팀 2) 경남직판영업, 경남판매추진
         지점 7, ez-Post 60, 폰앤펀 6
      경북 : (팀 2) 경북직판영업, 경북판매추진
         지점 4, ez-Post 23, 폰앤펀 8
      호남 : (팀 2) 호남직판영업, 호남판매추진
         지점 4, ez-Post 26, 폰앤펀 7
      충청 : (팀 2) 충청직판영업, 충청판매추진
         지점 4, ez-Post 34, 폰앤펀 3
  (담당 1) 제2N/W운영 : N/W운영센터 4
법인사업 : (팀 1) 법인기획지원
   (사업부 2) 법인 : (팀 7) 공공단체, 기업, 법인기술, 법인마케팅,
         법인판매추진, 솔루션영업, 커뮤니티
    Bank ON : (팀 4) BankON개발, BankON운영,
         BankON제휴, BankON판매추진
   (담당 1) 프로젝트 : (팀 1) 프로젝트기획
(실 2) N/W기술 : (팀 2) 건설지원, PRM
   (담당 1) N/W기술 : (팀 11) 구매, 기술협력, 시설계획, 품질보증,
         Access망기술, Core망기술, N/W계획,
         N/W기획관리, N/W기획전략, N/W품질관리,
         N/W품질기술
   (연구소 1) 기술 : (팀 3) Access망 개발, Core망 개발, OSS개발
정보기술 : (팀 6) 고객정보, 빌링정보, 정보전략, 정보보안, IT기술구조, IT솔루션
   (담당 1) 데이터기술 : (팀 3) 데이터운영, 데이터품질기술, NMS개발

출자 계열회사 (지분)	3개 : 비상장 - 씨에스리더 (100%), 인터내셔널텔레드림 (100), 테카스 (100)

주 : 1) 지분과 주주는 보통주 기준, 2005년12월31일 현재.
  2) 계열회사-데이콤. 5% 이상 지분 소유 주주-(주)LG(37.37). 집중투표제 없음.
  3) 2005년9월 현재 사외이사는 4명이며 이 중 2명은 외국인임. 이들은 12월 이전에 사임함. 겸
   직 : 비상근사내이사(정일재)-(주)LG 부사장 ; 비상근사내이사(정홍식)-데이콤 부회장.
  4) 2005년12월31일 현재 그룹 계열회사는 36개(상장 11(2개는 코스닥등록), 비상장 25).
출처 : (주)LG텔레콤, 『제10기 사업보고서』(2005.1.1~12.31) ; 『제10기 분기보고서』(3분기, 2005.1.1~
  9.30).

7. (주)LG화학

<표 14.7.1> (주)LG화학, 1998년12월

주주총회 (지분)	주주	- 30,299명
	최대주주 및 특수관계인	- 103명 (17.7%)
	최대주주 (연암학원)	1 (1.88)
	특수관계인	102 (15.82)
	친족	92 (7.73 ; **구본무** 0.58, **허창수** 0.14, **허동수** 0.07)
	비영리법인	1 (0.34)
	임원	3 (0)
	계열회사	4 (4.31)
	자기주식	1 (3.31)
	자사주펀드	1 (0.13)
이사회	이사 (등기임원)	- 8명 : 상근 3=사내이사 대표이사회장 (**구본무**) 대표이사부회장 대표이사사장 비상근 5=사내이사 3 (**허창수, 허동수**) 사외이사 2
감사	(등기임원)	- 2명 (상근사내, 비상근사내)
집행임원	(3명) :	
	등기 3 - 회장 (대표이사, **구본무**), 부회장 (대표이사), 　사장 (대표이사) 미등기 ?	
직원	11,654명 : 관리사무직 6,549, 생산직 5,105	
업무부서	(CU 2) 화학 : (본부 5) 유화사업, 기능수지사업, 산업재사업, 정밀화학사업, 건장재사업 　생활건강 : (본부 4) 생활용품사업, 화장품사업, 신유통사업, 의약품사업 (센터 1) VALUE (공장 6) 여천, 청주, 울산, 온산, 나주, 익산 물류센터 17, 지방영업소 40, 지방출장소 (부문 1) 대덕 : R&D지원 (연구소 15) 대덕 : 신소재, 바이오텍1, 바이오텍2, 밧데리, 화학공정, 생활과학, 화장품 　　　　　여천 : SR, PVC, Polylefin, 석유화학생산기술 　　　　　청주 : 식품, 산업건재 　　　　　온산 : 염료 　　　　　나주 : 화성품기술 (센터 4) 대덕 : 분석, 농약연구, Tech 　　　　울산 : 산업건재생산기술	
출자 계열회사 (지분)	5개 : (비상장) 　연결대상 : LG석유화학 (100%), LG오웬스코닝 (62.08), LG MMA (50) 　지분법적용 : 실트론 (28.79), LG스포츠 (25)	

주 : 1) 지분은 보통주 기준, 주주는 보통주/우선주 기준, 1998년12월31일 현재.
　　2) 비영리법인 - 연암재단. 계열회사 - LG화재(2.03%), 호유해운(1.21), LG산전(1), LG기공(0.07). 5%
　　　이상 지분 소유 주주 - 중안기금(4.56), 서울은행(4.20), 교보생명(2.68).
　　3) **구본무**는 LG그룹 '지배자'임.

4) 겸직 : 대표이사부회장(성재갑) - LG석유화학 회장 ; 비상근사내이사(**허창수**) - LG전선 회장 ; 비상근사내이사(**허동수**) - LG-Caltex정유 부회장 ; 비상근사내이사(강유식) - 구조조정본부장. 비상근감사 : 사내(안덕환) - LG캐피탈 전무.

5) CU(Culture Unit) - 사업상의 시너지효과를 극대화하기 위하여 유사한 사업특성 또는 고객을 기준으로 분류한 사업단위. 각 CU는 자율적이고 독립적인 경영을 영위함.

6) 1998년12월31일 현재 그룹 계열회사는 50개(상장 13, 비상장 37).

7) a) 1997년12월31일 현재 지분 : 최대주주 및 특수관계인(11.49%) ; 최대주주 - 연암학원(1.88), 특수관계인 97명(9.61) ; 계열회사 5개(4.32 ; LG화재 1.86, 호유해운 1.21, LG산전 1, LG상사 0.18, LG기공 0.07), 기타 구본무 외 91명(5.29) ; **구본무**(0.26), **허창수**(0.14), **허동수**(0.06).

b) 1997년12월31일 현재 이사/임원 : **구본무** - 대표이사회장, **허창수** - 비상근이사 ; 사외이사 없음, 감사는 비상근 2명.

출처 : (주)LG화학, 『제37기 사업보고서』(1998.1.1~12.31) ; 『제36기 사업보고서』(1997.1.1~12.31).

<표 14.7.2> (주)LG화학, 2000년 12월

주주총회	주주	- 63,745명
(지분)	최대주주 및 특수관계인	- 93명 (17.91%)
	최대주주 (LG연암학원)	1 (1.57)
	특수관계인	92 (16.34)
	친족	88 (8.26 ; **구본무** 0.69, **허창수** 0.86)
	비영리법인	1 (0.28)
	임원	1 (0)
	계열회사	1 (1.14)
	자기주식	1 (6.66)
이사회	이사 (등기임원)	- 9명 : 상근 3=사내이사
		대표이사회장 (**구본무**, 의장)
		대표이사부회장
		대표이사사장
		비상근 6=사내이사 3 (**허창수**, **허동수**)
		사외이사 3
위원회	사외이사후보추천	- 2명 : 사내이사 (비상근이사)
		사외이사
	감사	- 3명 : 사외이사 (1명은 위원장)
		* 상시감사보조요원 없음
집행임원	(3명) :	
		등기 3 - 회장 (대표이사, **구본무**), 부회장 (대표이사),
		사장 (대표이사)
		미등기 ?
직원	12,257명 : 관리사무직 6,858, 생산직 5,399	
업무부서	(본부 6) 유화사업, 기능수지사업, 산업재사업, 정보전자소재사업, 생명과학사업, 생활건강사업	
	(센터 1) VALUE	
	(공장 6)	
	물류센터 17, 지방영업소 40, 지방출장소	
	(연구원 1) 대덕기술 : (부문 1) 지원	
	승부사업분야 : (연구소 4) 바이오텍, 신소재, 정보전자소재, 밧데리	
	(센터 1) 농약연구	
	현업지원분야 : (연구소 3) SR, PVC, Polylefin	
	(센터 1) 화학공정연구	
	공통지원분야 : (센터 2) 분석, 기술정보	
	(연구소 7) 대전 : 생활과학, 화장품	
	여수 : LG석유화학기술	
	서울 : 디자인	
	청주 : 산업재	
	온산 : 염료	
	구미 : 실트론	
	(센터 1) 대전 : Tech	
출자	12개 : (상장 5, 비상장 7)	
계열회사	연결대상 : 비상장 4 - LG석유화학 (30%), LG-Caltex정유 (31),	
(지분)	LG DOW (50), LG MMA (50)	
	지분법적용 : 상장 5 - LG건설 (10.74), LG상사 (4.18), LG전선 (0.48),	
	LG전자 (5.35), LG투자증권 (5.37)	
	비상장 3 - 실트론 (28.79), LG스포츠 (25), LG유통 (50)	

주 : 1) 지분은 보통주 기준, 2001년3월29일 현재 ; 주주는 보통주/우선주 기준, 2000년12월31일 현재.

2) 비영리법인-LG연암재단. 계열회사-LG캐피탈. 5% 이상 지분 소유 주주 없음. 집중투표제 없음.

3) **구본무**는 LG그룹 '지배자'임.

4) 등기임원 중 대표이사사장, 비상근사내이사 2명(**허동수**, 0.67%)은 '등기' 표시가 없으나 등기 임원인 것으로 보임. 이 3명은 2001년3월16일의 정기주총에서 물러남.

5) 겸직 : 대표이사부회장(성재갑)-LG-Caltex정유 이사 ; 비상근사내이사(**허창수**)-LG전선 회장 ; 비상근사내이사(**허동수**)-LG-Caltex정유 대표이사부회장 ; 비상근사내이사(강유식)-LG-Caltex정유 이사, 구조조정본부장.

6) 주요 투자회사-한국오웬스코닝(29%, 지분법적용).

7) 2001년3월7일 현재 그룹 계열회사는 43개(상장 11, 비상장 32).

출처 : (주)LG화학, 『제39기 사업보고서』(2000.1.1~12.31).

<표 14.7.3> (주)LG화학, 2001년12월

주주총회 (지분)	주주	- 36,169명
	최대주주 및 특수관계인	- 3명 (23.36%)
	최대주주 (LGCI)	1 (23.34)
	특수관계인	2 (0.02)
	친족	1 (0)
	자기주식	1 (0.02)
이사회	이사 (등기임원)	- 8명 : 상근 3=사내이사
		대표이사사장 1 (의장)
		이사 2
		비상근 5=사내이사 2
		사외이사 3
위원회	사외이사후보추천	- 2명 : 사내이사 (비상근이사)
		사외이사
	감사	- 3명 : 사외이사 (1명은 위원장)
		＊ 상시감사보조요원 없음
집행임원	(3명) :	
		등기 3 - 사장 1 (대표이사) / 이사 2
		미등기 ?
직원	7,866명 : 관리사무직 3,518, 생산직 4,348	
업무부서	(본부 4) 유화사업, 기능수지사업, 산업재사업, 정보전자소재사업	
	(센터 1) VALUE	
	(공장 7) 여수, 청주, 울산, 온산, 나주, 익산, 대전	
	물류센터 17, 지방영업소 40, 지방출장소	
	(연구원 1) 대덕기술 : (부문 1) 지원	
	승부사업분야 : (연구소 3) 신소재, 정보전자소재, 밧데리	
	현업지원분야 : (연구소 3) SR, PVC, Polyolefin	
	(센터 1) 화학공정연구	
	공통지원분야 : (센터 2) 분석, 기술정보	
	(연구소 5) 여수 : LG석유화학기술	
	서울 : 디자인	
	청주 : 산업재	
	온산 : 염료	
	구미 : 실트론	
	(센터 1) 대전 : Tech	
출자 계열회사 (지분)	2개 : (비상장)	
	연결대상 : LG석유화학 (26.02%)	
	지분법적용 : LG스포츠 (20)	

주 : 1) 2001년4월1일 (주)LG화학이 3개 기업으로 분할됨 : (주)LGCI－기존법인(투자자산법인 ; 4월3일
　　　상호를 (주)LGCI로 변경, 4월17일 공정거래위원회에 지주회사로의 전환 신고) ; (주)LG화학－
　　　신설법인(화학법인) ; (주)LG생활건강(생활건강법인).
　　2) 지분은 보통주 기준, 2002년3월13일 현재 ; 주주는 보통주/우선주 기준, 2001년12월31일 현재.
　　3) 5%이상 지분 소유 주주－(주)LGCI(23.34). 집중투표제 없음.
　　4) **구본무**는 LG그룹 '지배자'임.
　　5) 등기임원 중 상근사내이사 1명, 비상근사내이사 1명은 '등기' 표시가 없으나 등기임원인 것
　　　으로 보임. 이 2명은 2002년3월8일 정기주총에서 물러남.
　　6) 겸직 : 대표이사사장(노기호)－LG석유화학 이사 ; 비상근사내이사(강유식)－LG구조조정본부 사
　　　장, LG텔레콤, LG정유, LG경영개발원, LG전자(신설법인) 이사 ; 상근사내이사(조한용)－LG석

유화학, LG CNS 이사.
7) 2002년2월1일 현재 그룹 계열회사는 50개.
출처 : (주)LG화학, 『제1기 사업보고서』(2001.4.1〜12.31).

<표 14.7.4> (주)LG화학, 2003년 12월

주주총회 (지분)	주주	- 31,221명
	최대주주 및 특수관계인	- 5명 (34.24%)
	최대주주 (LG)	1 (34.03)
	특수관계인	4 (0.21)
	친족	1 (0)
	임원	2 (0.01)
	자기주식	1 (0.2)
이사회	이사 (등기임원)	- 6명 : (1명은 의장)
		상근 2=사내이사
		대표이사
		이사
		비상근 4=사내이사 1
		사외이사 3
위원회	사외이사후보추천	- 2명 : 사내이사 (비상근이사)
		사외이사
	감사	- 3명 : 사외이사 (1명은 위원장)
		* 상시감사보조요원 없음
집행임원	(2명) :	
	등기 2 - 대표이사 / 이사	
	미등기 ?	
직원	9,097명 : 관리사무직 4,295, 생산직 4,802	
업무부서	(본부 1) 공통지원	
	(본부 4) 유화사업, 기능수지사업, 산업재사업, 정보전자소재사업	
	(공장 6)	
	물류센터 5, 지방영업소 40, 지방출장소	
	(연구원 1) 대덕기술 : (부문 1) 지원	
	Corporate R&D : (연구소 1) 신소재	
	(센터 2) 공정기술, 분석	
	정보전자소재분야 : (연구소 2) 정보전자소재, 배터리	
	(센터 1) 베터리테크	
	산업재분야 : (연구소 1) 산업재	
	석유화학분야 : (연구소 2) 유화, 기능수지	
	공통지원분야 : (센터 1) 기술정보	
	(연구소 1) 서울 : 디자인	
	(센터 1) 대덕 : Tech	
출자 계열회사 (지분)	4개 : (비상장)	
	연결대상 : LG석유화학 (40%), LG DOW 폴리카보네이트 (50)	
	지분법적용 : 현대석유화학 (50), LG스포츠 (20)	

주 : 1) 지분은 보통주 기준, 주주는 보통주/우선주 기준, 2003년 12월 31일 현재.
2) 5%이상 지분 소유 주주-(주)LG(30). 집중투표제 없음.
3) **구본무**는 LG그룹 '지배자'임.
4) 겸직 : 대표이사(노기호)-LG석유화학 이사 ; 비상근사내이사(강유식)-(주)LG 대표이사부회장, LG텔레콤, LG-Caltex정유, LG경영개발원, LG전자 이사 ; 상근사내이사(조한용)-LG MRO 이사.
5) 연구조직은 2002년 12월 현재(2003년 출처에는 관련 정보 없음).
6) 2003년 12월 31일 현재 그룹 계열회사는 45개.
출처 : (주)LG화학, 『제3기 사업보고서』(2003.1.1~12.31) ; 『제2기 사업보고서』(2002.1.1~12.31).

<표 14.7.5> (주)LG화학, 2005년12월

주주총회 (지분)	주주	- 20,565명
	최대주주 및 특수관계인	- 2명 (34.03%)
	최대주주 (<u>LG</u>)	1 (34.03)
	특수관계인	1 (0)
	임원	1 (0)
이사회	이사 (등기임원)	- 7명 : 상근 2=사내이사
		대표이사
		이사
		비상근 5=사내이사 1 (의장)
		사외이사 4
위원회	사외이사후보추천	- 2명 : 사내이사 (비상근이사)
		사외이사
	감사	- 3명 : 사외이사 (1명은 위원장)
		＊ 상시감사보조요원 있음 (재무회계팀, 경영진단팀)
집행임원	65명 :	
	등기 2 - 대표이사 / 이사	
	미등기 63 - 사장 2, 부사장 9 / 상무 52	
직원	10,063명 : 관리사무직 5,170, 생산직 4,893	
업무부서	(본부 1) 공통지원	
	(본부 3) 화성사업, 산업재사업, 정보전자소재사업	
	(공장 8)	
	물류센터, 지방영업소 40, 지방출장소	
	(연구원 1) 기술 : (부문 1) 경영지원	
	Corporate R&D : (연구소 1) CRD : (센터 1) 나노	
	석유화학 : (연구소 3) 유화, 기능수지, 폴리올레핀	
	산업재 : (연구소 1) 산업재 : (센터 1) 중국산업재테크	
	정보전자소재 : (연구소 3) 배터리, ME	
	정보전자소재 : 미국 CPI	
	서울분원	
	해외위성Lab 4 : 미국, 독일, 중국, 러시아 소재 대학	
출자 계열회사 (지분)	4개 :	
	상장 1 - LG석유화학 (40%)	
	비상장 3 - 씨텍 (50), LG다우폴리카보네이트 (50), LG대산유화 (100)	

주 : 1) 지분은 보통주 기준, 주주는 보통주/우선주 기준, 2005년12월31일 현재.
　　2) 5%이상 지분 소유 주주-(주)LG(34.03). 집중투표제 없음.
　　3) 겸직 (2006년3월 현재) : 비상근사내이사(강유식)-(주)LG, LG전자 이사 ; 상근사내이사(조석제)
　　　-LG석유화학 이사.
　　4) 2005년12월31일 현재 그룹 계열회사는 36개(상장 11(2개는 코스닥등록), 비상장 25).
　출처 : (주)LG화학, 『제5기 사업보고서』(2005.1.1~12.31) ; 『제5기 분기보고서』(3분기, 2005.1.1~9.30).

8. (주)LGCI

<표 14.8> (주)LGCI, 2001년12월

주주총회	주주	- 48,579명
(지분)	최대주주 및 특수관계인	- 97명 (45.85%)
	최대주주 (**구본무**)	1 (4.62)
	특수관계인	96 (41.23)
	친족	91 (32 ; **허창수** 3.92)
	비영리법인	2 (4.85)
	임원	1 (0)
	계열회사	1 (3.13)
	자기주식	1 (1.25)
이사회	이사 (등기임원)	- 6명 : 상근 2=사내이사
		대표이사회장 (**구본무**, 의장)
		대표이사부회장
		비상근 4=사내이사 1 (**허창수**)
		사외이사 3
위원회	사외이사후보추천	- 2명 : 사내이사 (대표이사부회장)
		사외이사
	감사	- 3명 : 사외이사 (1명은 위원장)
		* 상시감사보조요원 없음
집행임원	(2명) :	
	등기 2 - 회장 (대표이사, **구본무**), 부회장 (대표이사)	
	미등기 ?	
직원	950명 : 관리사무직 774, 생산직 176	
업무부서	(부문 1) 공통	
	(사업부 2) 의약품, 농화학	
	(공장 2) 익산, 온산	
	물류센터, 지방영업소 8, 지방출장소 3	
	(연구원 1) 대덕생명과학기술 : 기획	
	(연구소 7) 신약, 농약, 의약개발, 동물의학, 바이오텍, 공정,	
	LG Biomedical Institute	
	(센터 1) 안정성	
출자	13개 :	
계열회사	상장 6 - LG건설 (10.99%), LG상사 (4.56), LG생활건강 (28.75),	
(지분)	LG전선 (0.48), LG전자 (6.02), LG화학 (23.34)	
	비상장 7 - 실트론 (28.79), LG백화점 (7.49), LG유통 (50), LG홈쇼핑 (30),	
	LG-Caltex정유 (30.98), LG DOW PC (50), LG MMA (50)	

주 : 1) 2001년4월1일 (주)LG화학이 3개 기업으로 분할됨 : (주)LGCI-기존 법인(투자자산법인) ; 4월3
　　　일 상호를 (주)LGCI로 변경, 4월17일 공정거래위원회에 지주회사로의 전환 신고 ; (주)LG화학
　　　-신설법인(화학법인) ; (주)LG생활건강(생활건강법인).
　　2) 지분은 보통주 기준, 2002년3월31일 현재 ; 주주는 보통주/우선주 기준, 2001년12월31일 현재.
　　3) 비영리법인-LG연암학원(4.11%), LG연암재단(0.74). 계열회사-LG카드. 5% 이상 지분 소유
　　　주주 없음. 집중투표제 없음.
　　4) **구본무**는 LG그룹의 '지배자'임.
　　5) 겸직 : 대표이사회장(**구본무**)-LG전자, LG캐피탈, LG-Caltex정유, LG스포츠, LG경영개발원 이

사 ; 대표이사부회장(성재갑)-LG-Caltex정유, LG석유화학, LG상사 이사 ; 비상근사내이사(**허창
수**)-LG전선 회장.

6) 주요 투자회사 : 한국오웬스코닝(29.18%), 한국오웬스코닝(-우-)(100), LG CNS(35).

7) 2002년2월1일 현재 그룹 계열회사는 50개.

출처 : (주)LGCI, 『제40기 사업보고서』(2001.1.1~12.31).

9. (주)LG

<표 14.9.1> (주)LG, 2003년12월

주주총회 (지분)	주주	– 74,624명
	최대주주 및 특수관계인	– 62명 (50.37%)
	최대주주 (**구본무**)	1 (5.46)
	특수관계인	61 (44.91)
	친족	55 (32.95 ; **허창수** 3.47)
	비영리법인	2 (2.46)
	임원	2 (0)
	계열회사	1 (1.03)
	자기주식	1 (8.47)
이사회	이사 (등기임원)	– 8명 : 상근 2=사내이사
		대표이사회장 (**구본무**, 의장)
		대표이사부회장
		비상근 6=사내이사 2 (**허창수**)
		사외이사 4
위원회	사외이사후보추천	– 2명 : 사내이사 (대표이사부회장)
		사외이사
	감사	– 3명 : 사외이사 (1명은 위원장)
		* 상시감사보조요원 없음
집행임원	(2명) :	
	등기 2 – 회장 (대표이사, **구본무**), 부회장 (대표이사)	
	미등기 ?	
직원	72명 : 관리사무직 71, 기타 1	
업무부서	(부문 5) 경영관리 : 출자 포트폴리오 관리	
	인사 : 자회사 성과 관리 및 경영자 육성	
	재경 : 지주회사의 회계, 세무, 금융	
	사업개발 : M&A, 신사업 발굴	
	경영지원 : 지주회사의 인사, 총무, 법무 등	
출자 계열회사 (지분)	17개 :	
	상장 7 – 데이콤 (30.1%), LG생명과학 (30.5), LG생활건강 (34), LG전자 (36.1),	
	LG텔레콤 (37.4), LG홈쇼핑 (30.1), LG화학 (34)	
	비상장 10 – 곤지암레저 (100), 실트론 (51), LG경영개발원 (100),	
	LG스포츠 (50), LG유통 (65.8), LG–Caltex정유 (49.8),	
	LG CNS (63.3), LG MMA (50), LG MRO (100), LG Nsys (100)	

주 : 1) 2002년8월1일 (주)LGCI의 생명과학사업부문이 분할되어 (주)LG생명과학 신설됨. 2003년3월 (주)LGCI가 (주)LG로 상호 변경되면서 LG그룹의 통합지주회사로 전환됨 – 전자부문 지주회사 (주)LGEI를 합병하고 (주)LG MRO의 일부 사업부문(부동산임대부문 일부 및 출자부문)을 분할 합병함.

2) 지분은 보통주 기준, 주주는 보통주/우선주 기준, 2003년12월31일 현재.

3) 비영리법인 – LG연암학원(2.13%), LG연암문화재단(0.33). 계열회사 – LG전선. 5% 이상 지분 소유 주주 – **구본무**(5.46), (주)LG(8.47). 집중투표제 없음.

4) **구본무**는 LG그룹의 '지배자'임.

5) 겸직 : 비상근사내이사(성재갑) – LG석유화학 회장 ; 비상근사내이사(**허창수**) – LG건설 회장.

6) 주요 투자회사 : 한국오웬스코닝(29.2%), 한국전기초자(20), LG산전(2.9), LG오티스엘리베이터 (19.9).

7) 2003년12월31일 현재 그룹 계열회사는 45개.

출처 : (주)LG, 『제42기 사업보고서』(2003.1.1~12.31).

<표 14.9.2> (주)LG, 2005년12월

주주총회 (지분)	주주	- 39,574명
	최대주주 및 특수관계인	- 49명 (51.31%)
	최대주주 (**구본무**)	1 (10.33)
	특수관계인	48 (40.98)
	친족	44 (38.52)
	비영리법인	2 (2.46)
	임원	2 (0)
이사회	이사 (등기임원)	- 7명 : 상근 3=사내이사
		대표이사회장 (**구본무**, 의장)
		대표이사부회장
		이사
		비상근 4=사외이사
위원회	사외이사후보추천	- 2명 : 사내이사 (대표이사부회장)
		사외이사
	감사	- 3명 : 사외이사 (1명은 위원장)
집행임원	13명 :	
	등기 3 - 회장 (대표이사, **구본무**), 부회장 (대표이사) / 이사	
	미등기 10	
직원	64명 : 관리사무직 63, 기타 1	
업무부서	(팀 5) 경영관리 : 출자 포트폴리오 관리	
	인사 : 자회사 성과 관리 및 경영자 육성	
	재경 : 지주회사의 회계, 세무, 금융	
	브랜드관리 : LG브랜드 육성전략 수립, CI관리 등 브랜드관리업무	
	법무 : 지주회사 법률업무	
출자 계열회사 (지분)	15개 :	
	상장 6 - 데이콤 (31.3%), LG생명과학 (30.4), LG생활건강 (34),	
	LG전자 (35.2), LG텔레콤 (37.4), LG화학 (34)	
	비상장회사 9 - 곤지암레저 (100), 루셈 (64.8), 서브원 (100), 실트론 (51),	
	LG경영개발원 (100), LG스포츠 (100), LG CNS (65.8), LG MMA (50),	
	LG Nsys (100)	

주 : 1) 2002년8월1일 (주)LGCI의 생명과학사업부문이 분할되어 (주)LG생명과학 신설됨. 2003년3월 (주)LGCI가 (주)LG로 상호 변경되면서 LG그룹의 통합지주회사로 전환됨-전자부문 지주회사 (주)LGEI를 합병하고 (주)LG MRO의 일부 사업부문(부동산임대부문 일부 및 출자부문)을 분할 합병함. 2004년7월 (주)LG의 일부 출자부분이 분할되어 (주)GS홀딩스 설립됨. 2005년1월27일 (주)홀딩스 등 14개 회사 계열 분리됨.

2) 지분은 보통주 기준, 주주는 보통주/우선주 기준, 2005년12월31일 현재.

3) 비영리법인-LG연암학원(2.13%), LG연암문화재단(0.33). 5% 이상 지분 소유 주주-**구본무** (10.33), **구본준**(7.5). 집중투표제 없음.

4) 미등기임원-'집행임원'이라고만 되어 있고 직책 표시 없음. 겸직 : 대표이사회장(**구본무**)-서 브원 대표 겸 의장, LG스포츠, LG경영개발원 의장 ; 대표이사부회장(강유식)-LG전자, LG화학 의장, LG경영개발원 대표.

5) 2005년9월 현재 업무부서는 4개 부문으로 되어 있음 : 경영관리(출자 포트폴리오 관리), 인사 (자회사 성과 관리 및 경영자 육성), 재경(지주회사의 회계, 세무, 금융), 경영지원(지주회사의 인사, 총무, 법무 등).

6) 2005년12월31일 현재 그룹 계열회사는 36개(상장 11(2개는 코스닥등록), 비상장 25).

출처 : (주)LG, 『제44기 사업보고서』(2005.1.1~12.31) ; 『제44기 분기보고서』(3분기, 2005.1.1~9.30).

10. LG-Caltex정유(주)

<표 14.10.1> LG-Caltex정유(주), 2000년12월

주주총회
(지분)
	주주
	최대주주 및 특수관계인
	    최대주주 (Caltex(Overseas) Ltd.)
	    특수관계인
	    계열회사
		– 7명
		– 2명 (50%)
		1 (40)
		1 (10)
		1 (10)

이사회	이사 (등기임원)	– 20명 : 상근 10=사내이사 대표이사부회장 1 (**허동수**) 부사장 5 이사 4 (외국인) 비상근 10=사내이사 내국인 4 (**구본무, 허창수**) 외국인 6
감사	(등기임원)	– 2명 (비상근사내, 1명은 외국인) * 상시감사보조요원 11명
집행임원	(11명) : 　　　등기 11 – 회장 1 (비상근, **구본무**), 부회장 1 (대표이사, **허동수**), 　　　　　부사장 5 / 이사 4 (외국인) 　　미등기 ?	
직원	2,675명 : 관리사무직 1,540, 생산직 1,053, 기타 82	
업무부서	(실 2) 감사, 구조조정/변화지원 (부문 2) 인사, 홍보 (팀 2) ERP추진, 6시그마추진 (본부 4) 기획/재무 : (부문 3) 경리, 자금 　　　　　　　　　　경영기획 : (팀 1) 경영기획팀 　　　관리 : (부문 2) 정보시스템, 총무/자재 　　　　　　(팀 2) 환경/안전기획, 법무 　　　신규사업추진 : (부문 2) 사업기획 　　　　　　　　　사업관리 : (팀 2) 건설, 기전 　　　원유수급 : (부문 1) 수급 　　　　　　싱가폴현지법인 (본부 1) 생산 : (부문 5) 경영지원, 석유화학생산, 기술지원, 공무지원, 생산관리 　　　　(팀 1) 공장MIP (본부 3) 소비영업 : (부문 3) 영업기획, 영업지원, 부대사업 　　　　　(팀 1) 영업MP 　　　　　(지역본부 6) 서울, 경기/강원, 대전/충청, 호남, 대구/경북, 부산/경남 　　　특수영업 : (부문 3) 직매, 운영, 윤활유 　　　석유화학영업 : (부문 2) 방향족영업, 폴리프로필렌영업 (연구원 1) 중앙기술 : (팀 4) 기술개발, 제품기술연구, 고분자연구, 공정연구 (연구소 1) 기술 : (과 1) 연구지원 　　　　　(실 4) 정유생산연구, 고분자생산연구, 제품연구, 공정개발지원	

출자	4개 :	(상장 2, 비상장 2)
계열회사		1차피투자/연결대상 : 상장 1 - LG-Caltex가스 (36.4%)
(지분)		비상장 2 - 서라벌도시가스 (100), LG파워 (26)
		1차피투자/지분법대상 : 상장 1 - 극동도시가스 (18.5)

주 : 1) 지분과 주주는 보통주 기준, 2000년12월31일 현재.

2) 계열회사-Caltex Corp. 5% 이상 지분 소유 주주-Caltex(Overseas) Ltd.(40), LG화학(30.98), LG유통(15.78), Caltex Corp.(10). 집중투표제 없음.

3) **구본무**는 LG그룹의 '지배자'임.

4) 겸직 : 비상근회장(**구본무**)-LG그룹 회장 ; 비상근이사(**허창수**)-LG전선 회장 ; 비상근이사(성재갑)-LG석유화학 회장 ; 비상근이사(강유식)-LG구조조정본부장. 비상근감사 : 사내(변규칠)-LG텔레콤 회장.

5) 업무부서 중 부서명은 1999년12월 현재(2000년12월 현재의 부서명은 출처에 있으나 판독이 어려움).

6) 그룹 계열회사는 42개(상장 14, 비상장 28).

출처 : LG-Caltex정유(주), 『제34기　사업보고서』(2000.1.1~12.31) ; 『제33기　사업보고서』(1999.1.1~12.31).

<표 14.10.2> LG-Caltex정유(주), 2003년12월

주주총회 (지분)	주주 최대주주 및 특수관계인 　최대주주 (Caltex(Overseas) Ltd.) 　특수관계인 　계열회사	- 5명 - 2명 (50%) 1 (40) 1 (10) 1 (10)
이사회	이사 (등기임원)	- 20명 : 상근 10=사내이사 　대표이사회장 1 (**허동수**) 　사장 2 　부사장 3 (**허진수**) 　이사 4 (외국인) 　비상근 10=사내이사 　내국인 4 (**구본무, 허창수**) 　외국인 6
감사	(등기임원)	- 2명 (비상근사내, 1명은 외국인) * 상시감사보조요원 12명 (경영진단팀)
집행임원	50명 : 　등기 10 - 회장 1 (대표이사, **허동수**), 사장 2, 부사장 3 (**허진수**) / 　이사 4 (외국인) 　미등기 40 - 부사장 5 / 상무 35	
직원	2,854명 : 관리사무직 1,484, 생산직 1,076, 기타 294	
업무부서	(실 1) 경영진단 (부문 1) 인사 (본부 4) 경영혁신 : (부문 4) 사업전략, 변화지원, 전략구매, 정보시스템 　재무 : (부문 4) 경영관리, 경리, 자금, 관리 　경영지원 : (부문 3) 업무/홍보, 환경안전기획, 총무 　원유/수급 : (부문 3) 수급, 물류운영, 원유/제품 　　　　　　　싱가폴현지법인 (본부 3) 생산 : (부문 2) 공무, 노경지원 　(공장 1) : (부문 5) 정유생산, 석유화학생산, 생산운영, 　　　　　　　기술, 생산지원 　가스/전력사업 : (부문 2) 가스사업, 전력/자원개발 　석유화학사업 : (부문 2) 방향족사업 : (팀 2) 방향족영업 　　　　　　　　　　용제 : (영업소 1) 부산 　폴리프로필렌사업 : (팀 1) 영업 : (사무소 1) 서울 　　　　　　　　　　　　(사업소 1) 영남 (본부 1) 정유영업 : (부문 6) 영업기획, 고객지원 　CR사업 : (팀 2) CR영업1, CR영업2 　법인영업 : (팀 3) 특수영업, 산업체영업, 대리점영업 　LPG : 수도권, 서부, 영남제주 　윤활유 : (팀 4) 윤활유특수영업, 수도권, 서부, 영남제주 　(지역본부 3) 수도권 : (팀 1) 수도권특수영업 　　　　　　　지사 11 　서부 : 지사 9 　영남/제주 : 지사 9 (연구소 1) 기술 : (과 1) 연구지원 　(실 4) 정유생산연구, 고분자생산연구, 제품연구, 공정개발지원	

출자	5개 :
계열회사 (지분)	비상장 - 서라벌도시가스 (100%), 해양도시가스 (100), LG파워 (100), CETI (58.7), Oil Chain (31.3)

주 : 1) 지분과 주주는 보통주 기준, 2003년12월31일 현재.

2) 계열회사-Chevron Texaco Global Energy Inc. 5% 이상 지분 소유 주주-(주)LG(49.83), Caltex (Overseas) Ltd.(40), Chevron Texaco Global Energy Inc.(10). 집중투표제 없음.

3) 겸직 : 대표이사회장(**허동수**)-LG에너지, LG파워, 한무개발 이사 ; 등기부사장(나완배)-서라벌도시가스, 해양도시가스 이사 ; 비상근이사(**구본무**)-(주)LG 대표이사, LG스포츠, LG경영개발원 이사 ; 비상근이사(**허창수**)-LG건설 대표이사, (주)LG, LG스포츠 이사 ; 비상근이사(성재갑)-(주)LG, LG상사, LG석유화학 이사 ; 비상근이사(강유식)-(주)LG 대표이사, LG경영개발원, LG전자, LG텔레콤, LG화학 이사. 비상근감사 : 사내(이문호)-LG경영개발원 대표이사, 한무개발 이사.

4) 2004년3월30일 현재 그룹 계열회사는 46개(상장 10, 비상장 36).

* 2007년4월 현재 금융감독원 전자공시시스템(http : //dart.fss.or.kr)에는 『제38기 반기보고서』(2004.1.1~6.30)까지만 있음. 2005년1월27일 다른 13개 회사와 함께 LG그룹에서 계열 분리, 상호는 GS칼텍스정유로 변경, 4월 GS그룹이 기업집단으로 지정됨.

출처 : LG-Caltex정유(주), 『제37기 사업보고서』(2003.1.1~12.31).

제15장 SK그룹

<표 목차>

1. SK(주)

<표 15.1.1> SK(주), 1998년12월

주주총회	주주	– 29,278명
(지분)	최대주주 및 특수관계인	– 18명 (20.64%)
	최대주주 (SK상사)	1 (13.78)
	특수관계인	17 (6.86)
	친족	2 (0.21 ; **최태원** 0.13)
	비영리법인	1 (1.9)
	임원	11 (0.1)
	계열회사	3 (4.64)
이사회	이사 (등기임원)	– 13명 : 상근 9=사내이사
		대표이사회장 1 (**최태원**)
		대표이사사장 1
		부사장 3
		전무 3
		상무 1
		비상근 4=사내이사 1 (손길승)
		사외이사 3
감사	(등기임원)	– 3명 (상근사내 2, 비상근사내 1)
		* 상시감사보조요원 16명 (감사팀)
집행임원	(9명) :	
	등기 9 – 회장 1 (대표이사, **최태원**), 사장 1 (대표이사),	
	부사장 3 / 전무 3, 상무 1	
	미등기 ?	
직원	4,541명 : 관리사무직 2,077, 생산직 2,441, 기타 23	

업무부서	(실 2) 사장
	종합기획 : 기획, 정보통신, 석유개발, 해외지사 등
	재무 : 회계, 경리, 금융, 재정, 관재
	인사총무 : 인력, 총무, 법무 등
	<u>기술개발</u> : (팀 2) 기술개발기획, 상품개발
	(사업 2) 석유 : 석유, 석탄, 윤활유, 가스, 원유 등
	화학 : 기초유화사업, 폴리머사업 등
	(부문 1) 생산 : 정유, HOU/FCC, 석유화학, 합성수지, 윤활유공장 등
	울산complex
	(석유사업영업) : 본사
	(지역본부 10) 서울1, 서울2, 인천경기, 강원, 대전충청, 광주전남, 전북,
	부산경남, 대구경북, 유외사업
	(화학사업영업) : (기초유화영업) : 본사 : (팀 4) 올레핀영업, 아로마틱영업,
	솔벤트영업, 기초유화사업지원
	(폴리머영업) : 본사 : (팀 4) 폴리머영업, 폴리머해외영업,
	특수폴리머사업, 폴리머영업지원
	(지역본부 1) : (팀 2) 영남영업, 중부영업
	(부문 1) 기술개발 : (기술원 1) 대덕 : (연구소 2) 에너지환경, 화학
	(그룹 1) 제품기술 : (팀 3) 연구지원, 분석지원, 공정개발
	((해외) 연구소 1) 뉴저지
	(센터 2) 의약개발, 생산기술

출자
계열회사
(지분)
	7개 :
	  상장 1 - SK텔레콤 (19.52%)
	  비상장 6 - 대구전력 (35), SK옥시케미칼 (100), SK엔론 (50),
	      SK제약 (49), SK에너지판매 (99.69), SK해운 (34.39)

주 : 1) 지분은 보통주 기준, 1998년12월31일 현재 ; 계열회사에 대한 지분은 1999년3월15일 현재 ;
      주주는 보통주/우선주 기준, 1998년12월31일 현재.

   2) 상호 변경 : 1998년3월 SK(주)(구 (주)유공) ; 1998년3월 SK상사(주)(구 (주)선경), 2000년5월 SK
      글로벌(주), 2003년9월 SK네트웍스(주).

   3) 친족-**최재원**(0.08%). 비영리법인-SK신협. 계열회사-SK케미칼(2.73), (주)SKC(0.97), SK건설
      (0.94). 5% 이상 지분 소유 주주-SK상사(13.78), 삼성생명보험(4.57).

   4) 겸직 : 대표이사회장(**최태원**)-워커힐, SK건설, SK상사, SK텔레콤, SKC&C 이사 ; 부사장(황두
      열)-SK에너지판매 대표이사 ; 부사장(유승렬)-대구전력, SK상사, SKC&C 이사, 워커힐, SK건
      설 감사 ; 비상근사내이사(**손길승**)-SK텔레콤, SK해운 대표이사회장. 비상근감사 : 사내(송우
      희)-SK상사 부사장.

   5) 1999년3월2일 현재 그룹 계열회사는 40개(상장 9, 비상장 31).

   6) a) 1997년12월31일 현재 지분 : 최대주주 및 특수관계인(18.34%) ; 최대주주-SK상사(13.41), 특
      수관계인 23명(4.93) ; 친족 3명(0.21 : **최종현** 0.06, **최태원** 0.07, **최재원** 0.08), 임원 17명
      (0.2), 계열회사 3개(4.52 ; SK케미칼 2.66, SKC 0.94, SK건설 0.92).

     b) 1997년12월31일 현재 이사/임원 : 남창우-대표이사사장, **최태원**-대표이사부사장, **손길승**
      -비상근이사 ; 사외이사 없음, 감사는 2명(상근, 비상근).

출처 : SK(주), 『제37기 사업보고서』(1998.1.1~12.31) ; 『제36기 사업보고서』(1997.1.1~12.31).

<표 15.1.2> SK(주), 2000년12월

주주총회 (지분)	주주	- 37,532명
	최대주주 및 특수관계인	- 13명 (27.21%)
	최대주주 (SKC&C)	1 (10.83)
	특수관계인	12 (16.38)
	친족	2 (0.18 ; **최태원** 0.11)
	비영리법인	1 (0.67)
	임원	5 (0.02)
	계열회사	3 (5.12)
	자기주식	1 (10.39)
이사회	이사 (등기임원)	- 10명 : 상근 3=사내이사
		대표이사회장 (**최태원**)
		대표이사부회장
		대표이사사장
		비상근 7=사내이사 2 (손길승)
		사외이사 5
위원회	사외이사후보추천	- 6명 : 사내이사 3 (대표이사회장 **최태원**,
		대표이사부회장, 대표이사사장)
		사외이사 3
	감사	- 3명 : 사외이사
		* 상시감사보조요원 17명 (감사팀)
집행임원	32명 :	
	등기 4 - 회장 (대표이사, **최태원**), 부회장 (대표이사),	
	사장 (대표이사) / 비상근이사	
	미등기 28 - 부회장 2, 부사장 1 / 전무 4, 상무 21	
직원	4,434명 : 관리사무직 1,783, 생산직 2,394, 기타 257	
업무부서	(부문 4) 경영지원 : (팀 8) 인력, 총무, 홍보, 법무, 전략기획, 경영관리,	
	IT기획지원, IT운영개발	
	재무지원 : (팀 7) 회계, 경리, 재정, 전략재무, 구매, 전략구매, IR	
	고객사업 : (사업부 3) 운전고객, Internet, DB	
	사업개발 : (부 1) 사업개발	
	(사업부 5) 윤활유, 석탄, 석유개발, 상품Trading, 전력LNG	
	(부문 3) 석유사업 : (본부 3) 석유사업지원, 석유제품영업, 물류	
	(사업부 1) 특수제품	
	화학사업 : (본부 1) 화학사업지원	
	(사업부 5) 올레핀, 아로마틱, 폴리머, 특수폴리머, 용제	
	생산 : (본부 4) 생산 : (팀 5) 운영, 정유생산, 중질유분해,	
	석유화학생산, 합성수지생산	
	기술 : (팀 2) 기술, 안전환경	
	설비 : (팀 1) 설비지원	
	생산지원 : (팀 2) 인사, 관리기획	
	(석유사업영업) : 본사	
	(지역본부 10) 서울1, 서울2, 인천경기, 강원, 대전충청, 광주전남, 전북,	
	부산경남, 대구경북, 사업개발	
	(팀 1) 지역본부지원	

(화학사업영업) : (기초유화영업) : 본사 : (팀 3) 올레핀영업, 아로마틱영업, 솔벤트영업
　　　　　　　　　　　　　　　(담당 1) 화학제품Trading기초유화
　　　　　　　　　　　　지방 : 부산
　　　　(폴리머영업) : 본사 : (팀 2) 폴리머영업, 특수폴리머사업
　　　　　　　　　　　　　　　(담당 1) 화학제품Trading폴리머
　　　　　　　　　　　　지방 : 부산, 대구, 중부
　　(연구원 1) 대덕 : (팀 6) 에너지환경연구, 석유제품기술, 화학제품기술,
　　　　　　　　　　　 정밀화학연구, 생명과학연구, 신기술Incubation
　　(사업부 2) CMS : ((해외) 연구소 1) 뉴저지
　　　　　　　　신약개발 : (그룹 1) Discovery

출자	10개 :
계열회사	상장 2 - SK글로벌 (39.16%), SK텔레콤 (19.61)
(지분)	비상장 8 - 대구전력 (35), 빌플러스 (20), 아이윙즈 (86), 엔카네트워크 (50),
	SK에버텍 (100), SK엔론 (50), SK제약 (49), SK해운 (35.47)

주 : 1) 지분은 보통주 기준, 2001년3월30일 현재 ; 계열회사에 대한 지분은 2001년3월2일 현재 ; 주
　　　주는 보통주/우선주 기준, 2000년12월31일 현재.
　　2) 친족-**최재원**(0.07%). 비영리법인-SK신협. 계열회사-SK건설(2.37), SK케미칼(2.26), SKC(0.49).
　　　5% 이상 지분 소유 주주-SKC&C(10.83), Janus Investment Fund(7.21). 집중투표제 없음.
　　3) 대표이사부회장-김한경(2000년12월31일 현재), 황두열(2001년3월30일 현재, 사외이사후보추
　　　천위원회 위원 명단에 있음). 겸직(2001년3월30일 현재) : 대표이사회장(**최태원**)-워커힐, SK건
　　　설, SK텔레콤, SKC 이사 ; 비상근사내이사(**손길승**)-SK건설, SK글로벌, SK텔레콤, SK해운 대
　　　표이사회장. 비등기임원-2001년3월30일 현재.
　　4) 2001년3월 현재 그룹 계열회사는 53개(상장 9, 비상장 44).
　　출처 : SK(주), 『제39기 사업보고서』(2000.1.1~12.31).

<표 15.1.3> SK(주), 2003년12월

주주총회 (지분)	주주	- 26,955명
	최대주주 및 특수관계인	- 12명 (18.2%)
	최대주주 (SKC&C)	1 (8.63)
	특수관계인	11 (9.57)
	친족	3 (1.1 ; **최태원** 0.6)
	임원	3 (0.02)
	계열회사	4 (7.71)
	자기주식	1 (0.74)
이사회	이사 (등기임원)	- 9명 : 상근 4=사내이사
		대표이사회장 (**최태원**)
		대표이사부회장
		대표이사사장
		전무
		비상근 5=사내이사 1 (손길승)
		사외이사 4
위원회	사외이사후보추천	- 6명 : 사내이사 3 (대표이사회장 **최태원**,
		대표이사부회장, 대표이사사장)
		사외이사 3
	감사	- 2명 : 사외이사 (1명은 위원장)
		* 상시감사보조요원 17명 (감사팀)
집행임원	68명 :	
	등기 4 - 회장 (대표이사, **최태원**), 부회장 (대표이사),	
	사장 (대표이사) / 전무	
	미등기 64 - 사장 1 / 전무 5, 상무 58	
직원	4,916명 : 관리사무직 1,997, 생산직 2,601, 기타 318	
업무부서	(실 3) 투자회사관리, 사장, 비서	

업무부서 내용:

(실 3) 투자회사관리, 사장, 비서
(팀 1) 감사
(부문 1) 경영지원 : (담당 3) 인력 : (팀 3) 인력, 조직개발, 총무
                  재무 : (팀 6) 회계, 경리, 금융, 자금, 구매, 전략구매
                  기획 : (팀 4) 전략기획, IT기획, eSK운영개발, KM추진
                        PRG
        (실 1) CR전략
        홍보총무 : (팀 3) 홍보, IR, 법무
                  (그룹 1) Legal Advisory
(사업부 1) 윤활유
(부문 4) 화학사업 : (본부 2) 화학사업개발, 화학사업기획
                (사업부 5) 올레핀, 아로마틱, 폴리머, 특수폴리머, Performance Chemical
        생산 : (본부 4) 생산, 기술설비, 생산지원, 노사협력
            (사업부 1) 기술
    Resources & International : (본부 2) R&I전략, 석유개발
                (사업부 4) 전력/LNG, 석탄, 석유Trading, 화학Trading
    Energy & Marketing사업 : (본부 6) E&M전략, 석유운영, 소매영업, 법인영업, 물류
                고객사업 : (사업부 2) 운전고객, cashbag
                (사업부 2) 가스, 특수제품

```
(석유사업영업) : 본사
                (지역본부 14) 서울북부, 서울동부, 서울서부, 경기, 인천, 강원, 대전, 충청,
                             전남, 전북, 부산, 경남, 대구, 경북
                (팀 1) 특수영업
(화학사업영업) : 올레핀, 아로마틱, 용제, 특수폴리머 (본사)
                폴리머 (본사, 부산, 대구, 대전)
(부문 1) 기술사업개발 : (연구원 1) 대덕 : (팀 1) R&D관리
                                    (연구소 2)
                                    에너지 : (팀 2) 석유제품기술, 에너지환경연구
                                    화학 : (팀 2) 화학제품기술, 정밀화학연구
                (사업부 1) CMS
                SK E&C : 뉴저지 소재 미국법인, 신약 및 정밀화학연구
(사업부 1) Bio-Pharm : (팀 3) 상품화사업개발, Discovery, 의약개발
                ((해외) 연구소 1) 상해신약개발
                ((해외) 센터 1) NJ의약개발 : SK E&C 내 사업부, 신약개발연구
```

출자	13개 :
계열회사	상장 3 - SK네트웍스 (50.36%), SK텔레콤 (21.47), SKC (47.66)
(지분)	비상장 10 - 대한송유관공사 (29.43), 스마틱 (75), 아이윙즈 (66.15),
	오일체인 (31.25), 엔카네트워크 (50), 엔트로 E&M (50),
	케이파워 (65), SK엔론 (50), SK해운 (72.13), IACC (100)

주 : 1) 지분은 보통주 기준, 2003년12월31일 현재 ; 계열회사에 대한 지분은 2004년3월17일 현재 ; 주주는 보통주/우선주 기준, 2003년12월31일 현재.
  2) 친족－**최재원**(0.47%), **최신원**(0.03). 계열회사－SK건설(3.39), SK케미칼(3.28), SK생명(0.95), SK 증권(0.09). 5% 이상 지분 소유 주주－Crest Securities Limited(14.99), SKC&C(8.63). 집중투표제 없음.
  3) 겸직 : 대표이사회장(**최태원**)－와이더덴닷컴, 워커힐, 이노에이스, SK임업, SKC&C 이사 ; 등기 전무(유정준)－SK엔론 이사.
  4) 2004년3월12일 현재 그룹 계열회사는 59개(상장 11, 비상장 48).
출처 : SK(주),『제42기 사업보고서』(2003.1.1~12.31).

<표 15.1.4> SK(주), 2005년12월

주주총회 (지분)	주주	– 30,586명
	최대주주 및 특수관계인	– 10명 (13.05%)
	최대주주 (SKC&C)	1 (11.16)
	특수관계인	9 (1.88)
	친족	3 (0.93 ; **최태원** 0.91)
	임원	4 (0.02)
	계열회사	2 (0.93)
이사회	이사 (등기임원)	– 10명 : 상근 3=사내이사
		대표이사회장 (**최태원**)
		대표이사사장
		부사장
		비상근 7=사외이사
위원회	사외이사후보추천	– 3명 : 사내이사 1 (대표이사사장)
		사외이사 2
	감사	– 3명 : 사외이사 (1명은 대표위원)
		＊ 상시감사보조요원 15명 (감사팀)
	전략	– 3명 : 사내이사 1 (대표이사회장 **최태원**)
		사외이사 2
	인사	– 4명 : 사내이사 2 (대표이사회장 **최태원**,
		대표이사사장)
		사외이사 2
	제도개선	– 3명 : 사내이사 1 (대표이사회장 **최태원**)
		사외이사 2
	투명경영	– 3명 : 사내이사 1 (미등기전무)
		사외이사 2
집행임원	98명 :	
	등기 3 – 회장 (대표이사, **최태원**), 사장 (대표이사), 부사장	
	미등기 95 – 부사장 3 / 전무 14, 상무 74, 상무대우 3 / 고문 1	
직원	5,134명 : 관리사무직 2,220, 생산직 2,621, 기타 293	
업무부서	(실 4) 투자회사관리, 사장, 윤리경영, CR전략	

(부문 1) 경영지원 : (담당 7) 경영전략, 경영관리, 구매, 자금, 인력, 정보, IR
(국 1) 이사회사무
(부문 4)
화학사업 : (담당 3) 화학사업기획, 화학사업개발, 화학사업운영
　　　　　(사업부 7) 올레핀, 아로마틱, 폴리머, 특수폴리머, EPDM, I/E소재,
　　　　　　　　　　Performance Chemical
생산 : (담당 1) 생산지원
　　　(본부 5) 생산, 생산기술, 설비, 노사협력, No2 FCC사업
Resources & International : (담당 1) R&I전략
　　　　　　　　　　　　(본부 1) 중국
　　　　　　　　　　　　(사업부 5) 석유개발, 석탄, 윤활유, 석유Trading, 화학Trading
　　　　　　　　　　　　해외협력단
Energy & Marketing사업 : (담당 5) CRM, E&M전략, 사업개발, 석유운영, 정책협력
　　　　　　　　　　　　(본부 3) 소매영업, 법인영업, 물류
　　　　　　　　　　　　(사업부 4) Cashbag, Car Life, 가스, 특수제품

     (석유사업영업) : (본부 2) 소매영업, 법인영업
                    (사업부 2) 특수제품, 가스
    (화학사업영업) : (사업부 5) 올레핀, 아로마틱, 특수폴리머, 폴리머, 용제
    (기술원 1) : (부 1) 신기술개발
             (팀 2) 연구기획, 운영지원
             (연구소 3) 에너지, 화학, CRD
  (본부 1) Life Science사업 : (팀 1) Life Science기획
                   (사업부 2) 신약개발 : (Lab 3) Bio, 합성, 약리
                                   (팀 1) 신약개발사업
                        CMS : (팀 1) CMS생산
             ((해외) 연구소 2) 뉴저지, 상해

SK Energy & Chemical

출자
계열회사
(지분)
	13개 :
	    상장 3 - SK네트웍스 (40.97%), SK텔레콤 (21.47), SKC (46.22)
	    비상장 10 - 대한송유관공사 (32.38), 오일체인 (50), 오케이캐쉬백서비스 (89.18),
	         엔카네트워크 (50), 케이파워 (65), SK모바일에너지 (88.34),
	         SK인천정유 (90.63), SK해운 (72.13), SKCTA (50), SK E&S (51)

주 : 1) 지분은 보통주 기준, 주주는 보통주/우선주 기준, 2005년12월31일 현재 ; 계열회사에 대한 지
      분은 2006년3월1일 현재.
   2) 친족-**최신원**(0.01%), 노소영(0.01). 계열회사-SK케미칼(0.83%), SK증권(0.1). 5% 이상 지분
      소유 주주-SKC&C(11.16), Templeton(5.47). 집중투표제 없음.
   3) 2006년3월1일 현재 그룹 계열회사는 56개(상장 11, 비상장 45). SK E&S는 SK엔론의 새 상호
      임.
  출처 : SK(주), 『제44기 사업보고서』(2005.1.1~12.31).

2. SK가스(주)

<표 15.2.1> SK가스(주), 1998년12월

주주총회 (지분)	주주	– 29,773명
	최대주주 및 특수관계인	– 5명 (41.6%)
	최대주주 (SK)	1 (41.29)
	특수관계인	4 (0.31)
	임원	4 (0.31)
이사회	이사 (등기임원)	– 5명 : 상근 4=사내이사
		대표이사 1
		전무 2
		이사 1
		비상근 1=사외이사
감사	(등기임원)	– 2명 (상근사내, 비상근사내)
		* 상시감사보조요원 없음
집행임원	(4명) :	
	등기 4 – 대표이사 1 / 전무 2, 이사 1	
	미등기 ?	
직원	220명 : 관리사무직 146, 생산직 74	
업무부서	(담당 1) 사장실/관리 : (팀 5) 기획, 재무, 인력관리, 경영지원, 정보기술	
	(담당 3) 기술/운영 : (팀 2) 기술, 평택기지project	
	(사무소 1) 평택기지건설	
	(기지 2) 울산, 평택	
	(연구소 1) 대덕 : (팀 3) 연구관리, 제품시험, 기술개발	
	LPG영업/업무 : (팀 2) 업무, LPG영업	
	(영업소 4) 중부, 경남, 경북, 강원	
	수급 : (팀 3) 사업개발, 수급, 기기사업	
	(영업소 4) 중부, 경남, 경북, 강원	
출자 계열회사 (지분)	4개 :	
	상장 1 – SK증권 (8.7%)	
	비상장 3 – 국일에너지 (100), SK생명보험 (8.81), SK해운 (14.68)	

주 : 1) 지분과 주주는 보통주 기준, 1998년12월31일 현재.
2) 5% 이상 지분 소유 주주－SK(주)(41.29), 삼성증권(10.5), 현대중공업(8.4), LG-Caltex정유(8.8), 쌍용정유(6.6). 1999년1월13일 SK(주) 보유 지분을 SK엔론에 현물출자하여 최대주주가 변경됨.
3) 비상근감사 : 사내(장경준)－SK(주) 이사.
4) 1999년3월 현재 그룹 계열회사는 41개(상장 8, 비상장 33).
5) a) 1997년12월31일 현재 지분 : 최대주주 및 특수관계인(39.31%) ; 최대주주－유공(1998년3월부터 SK(주), 38.9), 특수관계인 7명－임원(0.41).
   b) 1997년12월31일 현재 이사/임원 : 사외이사 없음, 감사는 2명(상근, 비상근).
출처 : SK가스(주), 『제14기 사업보고서』(1998.1.1~12.31) ; 『제13기 사업보고서』(1997.1.1~12.31).

<표 15.2.2> SK가스(주), 2000년12월

주주총회 **(지분)**	주주	- 13,212명
	최대주주 및 특수관계인	- 2명 (45.92%)
	최대주주 (<u>SK엔론</u>)	1 (45.53)
	특수관계인	1 (0.35)
	계열회사	1 (0.35)
이사회	이사 (등기임원)	- 3명 : 상근 1=사내이사
		대표이사
		비상근 2=사내이사
		사외이사
감사	(등기임원)	- 2명 (상근사내)
		* 상시감사보조요원 없음
집행임원	4명 :	
	등기 1 - 대표이사	
	미등기 3 - 이사	
직원	207명 : 관리사무직 137, 생산직 70	
업무부서	(담당 1) 관리 : (팀 5) 기획, 재무, 인력관리, SUPEX추진, 정보기술	
	(담당 4) 기술/운영 : (팀 2) 사업개발, 기술안전	
	(기지 2) 울산, 평택	
	영업/업무 : (팀 4) 정책협력, 기기사업, LPG영업I, LPG영업II	
	(지사 5) 경북, 경남, 중부, 강원, 호남	
	중국사업 : 중국사업운영	
	수급 : 중국사업개발	
	(팀 2) 수급I, 수급II	
출자 **계열회사** **(지분)**	3개 :	
	상장 1 - SK증권 (3.79%)	
	비상장 2 - SK생명보험 (4.26), SK해운 (12.1)	

주 : 1) 지분과 주주는 보통주 기준, 2000년12월31일 현재.
　　 2) 계열회사-SK글로벌(2003년9월부터 SK네트웍스). 5% 이상 지분 소유 주주-SK엔론(45.53),
　　　　 LG-Caltex정유(8.14), S-Oil(6.12), 신영투신(5.36). 집중투표제 없음.
　　 3) 겸직 : 대표이사(조재수)-SK엔론 대표이사 ; 비상근사내이사(A. Dorazio)-SK엔론 임원.
　　 4) 2001년3월30일 현재 그룹 계열회사는 53개(상장 9, 비상장 44).
　 출처 : SK가스(주), 『제16기 사업보고서』(2000.1.1~12.31).

<표 15.2.3> SK가스(주), 2003년12월

주주총회 (지분)	주주	– 8,325명
	최대주주 및 특수관계인	– 2명 (53.64%)
	최대주주 (SK엔론)	1 (45.53)
	특수관계인	1 (8.11)
	자기주식	1 (8.11)
이사회	이사 (등기임원)	– 4명 : 상근 2＝사내이사 　　　　대표이사 　　　　이사 　　비상근 2＝사내이사 　　　　사외이사
감사	(등기임원)	– 1명 (상근사내) ＊ 상시감사보조요원 없음
집행임원	7명 : 　　등기 2 – 대표이사 / 이사 　　미등기 5 – 이사	
직원	215명 : 관리사무직 157, 생산직 56, 기타 2	
업무부서	(담당 1) 관리 : (팀 5) 기획, 재무, 인력관리, SUPEX추진, 정보기술 (담당 4) 기술/운영 : (팀 2) AUTO GAS, 기술안전 　　　　　　　　(기지 2) 울산, 평택 　　　영업/업무 : (팀 5) 정책협력, 영업기획, 영업관리, 기기사업, 영업 　　　　　　　　(지사 6) 경북, 경남, 중부, 강원, 호남, 경인 　　　신규사업 : (팀 2) 중국사업, 신규사업 　　　수급 : (팀 3) 수급I, 수급II, 수급개발TF	
출자 계열회사 (지분)	(없음)	

주 : 1) 지분과 주주는 보통주 기준, 2003년12월31일 현재.
　　2) 5% 이상 지분 소유 주주－SK엔론(45.53), LG-Caltex정유(8.14), SK가스(8.11), S-Oil(6.12). 집중투
　　　　표제 없음.
　　3) 겸직 : 비상근사내이사(스티브 엠 호퍼)－SK엔론 공동대표이사(2004년1월 선임).
　　4) 2004년3월29일 현재 그룹 계열회사는 59개(상장 11, 비상장 48).
출처 : SK가스(주), 『제19기 사업보고서』(2003.1.1～12.31).

<표 15.2.4> SK가스(주), 2005년12월

주주총회 (지분)	주주 최대주주 및 특수관계인 최대주주 (SK E&S)	- 5,605명 - 1명 (45.53%) 1 (45.53)
이사회	이사 (등기임원)	- 3명 : 상근 1=사내이사 대표이사사장 비상근 2=사내이사 사외이사
감사	(등기임원)	- 1명 (상근사내)

집행임원	8명 :
	    등기 1 - 사장 (대표이사)
	    미등기 7 - 이사	

직원	205명 : 관리사무직 153, 생산직 50, 기타 2	

업무부서	(본부 1) 경영지원 : (팀 4) 기획, 재무, 인력, 정보기술
	(본부 5) 기술/운영 : (팀 1) 기술안전
	                  (기지 2) 울산, 평택
	    신규사업
	    영업 : (팀 3) 정책협력, 영업지원
	            영업 : (지사 6) 경북, 경남, 중부, 강원, 호남, 경인
	    중국사업 : (팀 2) 중국지원
	            기기사업 : ((해외) 사무소 1) 상해
	    해외사업 : (팀 2) Trading, Risk Management
	            ((해외) 지사 2) 중동, 런던	

출자 계열회사 (지분)	(없음)	

주 : 1) 지분과 주주는 보통주 기준, 2005년12월31일 현재.
   2) 5% 이상 지분 소유 주주-SK E&S(45.53), GS칼텍스(8.14), SK가스(8.11), S-Oil(6.12), 국민은행 (5.55). 집중투표제 없음.
   3) 2006년3월 대표이사(부회장) 1명 추가됨(**최재원** SK E&S 대표이사부회장). 겸직 : 비상근사내 이사(이종순)-SK E&S 대표이사.
   4) 2006년3월1일 현재 그룹 계열회사는 56개(상장 11, 비상장 45). 2005년11월 SK엔론이 SK E&S 로 상호 변경됨.
출처 : SK가스(주), 『제21기 사업보고서』(2005.1.1~12.31).

3. SK네트웍스(주)

<표 15.3.1> SK네트웍스(주), 1998년12월

주주총회 (지분)	주주	– 17,362명
	최대주주 및 특수관계인	– 15명 (11.42%)
	최대주주 (**최태원**)	1 (2.87)
	특수관계인	14 (8.55)
	친족	8 (1.98 ; **최창원** 0.2)
	비영리법인	1 (0.47)
	임원	3 (0.02)
	계열회사	1 (3.74)
	자기주식	1 (2.34)
이사회	이사 (등기임원)	– 8명 : 상근 4=사내이사
		대표이사사장 1
		전무 3 (**최창원**)
		비상근 4=사내이사 2 (**최태원**)
		사외이사 2
감사	(등기임원)	– 2명 (상근사내)
		* 상시감사보조요원 6명 (감사팀)
집행임원	(4명) :	
	등기 4 – 사장 1 (대표이사) / 전무 3 (**최창원**)	
	미등기 ?	
직원	969명 : 관리사무직 958, 기타 11	
업무부서	(실 3) 사장, 기획조정, 재무지원	
	(부문 2) 내수사업 : (본부 3) 신규사업, 패션, 광학전자	
	수출사업 : (실 1) 사업지원	
	(본부 6) 섬유, 일반상품, 에너지, 화학, 철강, 플랜트	
	(본부 5) 미주, 중국, 구주중아, 아주, 일본	
	(연구개발) : SK C&C(주)에서 담당 : system integration조직, system management조직, value added network조직 ; 에너지, 화학, 통신, 유통, 금융, 건설 등 여러 분야별 정보통신사업 수행	
출자 계열회사 (지분)	9개 :	
	상장 2 – SK (13.78%), SKC (2.27)	
	비상장 7 – 마이티브이 (51), 워커힐 (1.59), SK건설 (25.97), SK생명 (4.19), SK유통 (9.64), SK임업 (0.41), SK해운 (11.2)	

주 : 1) 상호 변경 : 1998년3월 SK상사(주)(구 (주)선경), 2000년5월 SK글로벌(주), 2003년9월 SK네트웍스(주).

2) 지분은 보통주 기준, 1998년12월31일 현재 ; 계열회사에 대한 지분은 1999년3월 현재, 주주는 보통주/우선주 기준, 1998년12월31일 현재.

3) 친족 – **최윤원**(0.77%), **최신원**(0.61), 최정원(0.1), 최혜원(0.1), 최지원(0.1), 최예정(0.1), 노순애 (0). 비영리법인 – 한국고등교육재단. 계열회사 – SK텔레콤. 5% 이상 주식 소유 주주 없음.

4) 임원은 1999년3월31일 현재.

5) 1999년3월31일 현재 그룹 계열회사는 40개(상장 9, 비상장 31).

6) a) 1997년12월31일 현재 지분 : 최대주주 및 특수관계인(12.15%) ; 최대주주 – **최종현**(2.85), 특수관계인 22명(9.3) ; 친족 9명(1.98 ; **최윤원** 0.77, **최신원** 0.61, **최창원** 0.2, **최태원** 0.01),

비영리법인－한국고등교육재단(0.47), 임원 10명(0.74), 계열회사－SK텔레콤(3.74), 자기주식 (2.37).

b) 1997년12월31일 현재 이사/임원 : **최종현**－대표이사회장 ; 사외이사 없음, 감사는 2명(상 근, 비상근).

출처 : SK상사(주), 『제46기 사업보고서』(1998.1.1~12.31) ; 『제45기 사업보고서』(1997.1.1~12.31).

<표 15.3.2> SK네트웍스(주), 2000년12월

주주총회 (지분)	주주	- 14,807명
	최대주주 및 특수관계인	- 16명 (53.54%)
	최대주주 (SK)	1 (39.16)
	특수관계인	15 (14.38)
	친족	6 (3.83 : **최창원** 0.1)
	비영리법인	1 (0.18)
	임원	4 (0.02)
	계열회사	3 (10.3)
	자기주식	1 (0.05)
이사회	이사 (등기임원)	- 10명 : 상근 6=사내이사
		대표이사부회장 1
		사장 1
		부사장 3 (**최창원**)
		상무 1
		비상근 4=사내이사 1 (사장)
		사외이사 3
위원회	사외이사후보추천	- 6명 : 사내이사 3 (대표이사부회장, 사장, 비상근사장)
		사외이사 3
	감사	- 3명 : 사외이사
		* 상시감사보조요원 7명
	운영	- 6명 : 사내이사 (**최창원** 제외)
집행임원	59명 :	
	등기 6 - 부회장 1 (대표이사), 사장 1, 부사장 3 (**최창원**) / 상무 1	
	미등기 53 - 부사장 2 / 전무 4, 상무 20, 상무대우 25 / 자문역 2	
직원	2,412명 : 관리사무직 2,339, 기타 73	
업무부서	(부문 3)	

상사 : (실 3) 사장, 기획조정, 재무지원
　　　(총괄 2) 국내마케팅사업 : (본부 2) 패션, 내수
　　　　　　　(사업부 1) 디투디
　　　　　　글로벌사업 : (실 1) 사업지원
　　　　　　　(본부 7) 인터넷사업, 일반상품, 에너지, 화학, 철강, 사업개발
　　　　　　　섬유 : (사업부 1) 의류수출
　　　　　　　(본부 5) 미주, 중국, 구아, 아주, 일본
정보통신 : (실 1) 경영지원
　　　　　(본부 4) 신규사업, 통신사업, 컴퓨터system, W/H사업
에너지판매 : (본부 3) 경영지원, 기획재무, 사업개발
　　　　　　(본부 9) 서울1, 서울2, 인천경기, 강원, 대전충청, 광주전남, 전북,
　　　　　　　부산경남, 대구경북
(연구개발) : SK C&C(주)에서 담당 : system integration조직, system management조직,
　　　　　　　value added network조직 ; 에너지, 화학, 통신,
　　　　　　　유통, 금융, 건설 등 여러 분야별 정보통신사업 수행

출자 계열회사 (지분)	14개 :	
	상장 3 - SK가스 (0.35%), SK증권 (14.5), SKC (10.5)	
	비상장 11 - 데일리시큐어 (33.25), 메디온 (20), 삼화석유 (26.67), 이로지스틱스 (29.41), 인터베스트 (38), 엠알오코리아 (51), 케어베스트 (51.56), 워커힐 (1.59), SK생명 (71.72), SK임업 (0.41), SK해운 (33.01)	

주 : 1) 상호 변경 : 1998년3월 SK상사(주)(구 (주)선경), 2000년5월 SK글로벌(주), 2003년9월 SK네트웍스(주).
2) 지분은 보통주 기준, 2000년12월31일 현재 ; 계열회사에 대한 지분은 2001년3월2일 현재 ; 주주는 보통주/우선주 기준, 2000년12월31일 현재.
3) 친족－**최태원**(3.29%), **최윤원**(0.31), **최신원**(0.12), 최예정(0.01), 노순애(0). 비영리법인－한국고등교육재단. 계열회사－SK건설(3.52), SK케미칼(3.52), SKC(3.26). 5% 이상 지분 소유 주주－SK(주)(39.16). 집중투표제 없음.
4) 등기비상근사장－황두열(담당업무는 없으며 'SK Corp 사장'으로 되어 있음. 하지만, SK(주)의 사업보고서에 의하면, 2000년12월31일 현재에는 임원이 아니며 2001년3월30일 현재에는 대표이사부회장임). 자문역 1명은 비상근. 겸직 : 부사장(**최창원**)－워커힐, SK건설, SK케미칼 전무.
5) 2001년3월2일 현재 그룹 계열회사는 53개(상장 9, 비상장 44).
출처 : SK글로벌(주), 『제48기 사업보고서』(2000.1.1~12.31) ; SK(주), 『제39기 사업보고서』(2000.1.1~12.31).

<표 15.3.3> SK네트웍스(주), 2003년12월

주주총회 (지분)	주주	- 9,867명
	최대주주 및 특수관계인	- 3명 (50.39%)
	최대주주 (SK)	1 (50.36)
	특수관계인	2 (0.03)
	비영리법인	1 (0.01)
	계열회사	1 (0.02)
이사회	이사 (등기임원)	- 8명 : 상근 4=사내이사 대표이사사장 상무A (사내이사) 상무B 이사 (감사위원) 비상근 4=사외이사
위원회	사외이사후보추천	- 6명 : 사내이사 3 (대표이사사장, 상무B, 이사) 사외이사 3
	감사	- 4명 : 상근감사위원 1 사외이사 3
	운영	- 3명 : 사내이사 (대표이사사장, 상무B, 이사)
집행임원	33명 :	등기 2 - 사장 (대표이사) / 상무B 미등기 31 - 부사장 1 / 전무 1, 상무 29
직원	1,803명 : 관리사무직 1,659, 기타 144	
업무부서	(부문 1) 경영지원 : (실 3) 기획조정, 재무지원, 인력개발 (부문 3) 상사 : (본부 4) 에너지, 화학, 철강, 패션 　　정보통신 : (본부 4) 네트워크사업, 통신유통사업, 고객지원사업, 시스템사업 　　에너지판매 : (본부 2) 영업 　　　　　　　Retail사업 : (사업부 3) Speed Mate, 유통, Motors (연구개발) : SK C&C(주)에서 담당 : system integration조직, system management조직, 　　value added network조직 ; 에너지, 화학, 통신, 금융 등 　　여러 분야별 정보통신지원사업 수행	
출자 계열회사 (지분)	12개 :	상장 2 - SK증권 (14.47%), SK텔레콤 (2.55) 비상장 10 - 대한송유관공사 (4.61), 베넥스인터내셔널 (66.67), 세계물산 (28.97), 　엠알오코리아 (51), 워커힐 (9.68), SK디투디 (90.94), 　SK생명 (71.72), SK임업 (0.41), SK해운 (17.71), SKC&C (10.5)

주 : 1) 상호 변경 : 1998년3월 SK상사(주)(구 (주)선경), 2000년5월 SK글로벌(주), 2003년9월 SK네트웍스(주).
2) 지분은 보통주 기준, 2003년12월31일 현재 ; 계열회사에 대한 지분은 2004년3월17일 현재 ; 주주는 보통주/우선주 기준, 2003년12월31일 현재.
3) 비영리법인-한국고등교육재단. 계열회사-SK투자신용. 5% 이상 지분 소유 주주-SK(주)(50.36), 한국산업은행(10.97), 신한은행(5.11), 하나은행(4.96). 집중투표제 없음.
4) 상무(사내이사)-최광식(담당업무는 없으며, SK(주)의 미등기상무로서 투자회사관리실장임) ; 이사(감사위원)-김훈규(담당업무는 감사이며, 사외이사후보추천위원회와 운영위원회의 구성원임).
5) 2004년3월12일 현재 그룹 계열회사는 59개(상장 11, 비상장 48).
출처 : SK네트웍스(주), 『제51기 사업보고서』(2003.1.1~12.31).

<표 15.3.4> SK네트웍스(주), 2005년 12월

주주총회 (지분)	주주	- 7,637명
	최대주주 및 특수관계인	- 4명 (40.98%)
	최대주주 (SK)	1 (40.97)
	특수관계인	3 (0.02)
	친족	1 (0)
	비영리법인	1 (0.01)
	임원	1 (0.01)
이사회	이사 (등기임원)	7명 : 상근 2=사내이사
		대표이사사장
		이사 (감사위원)
		비상근 5= 사내이사 1
		사외이사 4
위원회	사외이사후보추천	- 6명 : 사내이사 3 (대표이사사장, 상근이사, 비상근이사)
		사외이사 3
	감사	- 4명 : 상근감사위원 1
		사외이사 3
		* 상시감사보조요원 16명 (감사팀)
	운영	- 3명 : 사내이사 (대표이사사장, 상근이사, 비상근이사)
집행임원	41명 :	
	등기 3 - 사장 1 (대표이사) / 이사 2	
	미등기 38 - 부사장 1 / 전무 4, 상무 33	
직원	2,139명 : 관리사무직	
업무부서	(부문 1) 경영지원 : (실 6) 기획조정, 정책협력, 재무지원, 인력개발, Global사업추진, 홍보	
	(부문 4) 무역 : (본부 5) 무역전략, 에너지, 화학, 철강, 중국	
	해외지사	
	정보통신 : (본부 5) 정보통신전략, 네트워크사업, 통신유통사업,	
	고객지원사업, 시스템사업	
	에너지판매 : (본부 1) 영업총괄 : (본부 3) 영업개발, 유통사업, Speed Mate사업	
	(본부 7) 서울, 경인, 중부, 부산, 경남, 대구경북, 호남	
	Customer사업 : (본부 3) 패션사업, Prestige고객사업, CL고객사업	
	해외지사	
	(연구개발) : SK C&C(주)에서 담당 : system integration조직, system management조직,	
	value added network조직 ; 에너지, 화학, 통신, 유통,	
	금융, 건설 등 여러 분야별 정보통신사업 수행	
출자 계열회사 (지분)	8개 :	
	상장 2 - SK증권 (22.71%), SK텔레콤 (1.32)	
	비상장 6 - 대한송유관공사 (4.61), 엠알오코리아 (51), 워커힐 (9.68),	
	SK건설 (0.02), SK해운 (17.71), SKC&C (15)	

주 : 1) 상호 변경 : 1998년 3월 SK상사(주)(구 (주)선경), 2000년 5월 SK글로벌(주), 2003년 9월 SK네트웍스(주).
　　2) 지분은 보통주 기준, 주주는 보통주/우선주 기준, 2005년 12월 31일 현재 ; 계열회사에 대한 지분은 2006년 3월 1일 현재.
　　3) 친족-**최신원**. 비영리법인-한국고등교육재단. 5% 이상 지분 소유 주주-SK(주)(40.97), 한국산업은행(12.55), 신한은행(5.85), 하나은행(5.68), 한국수출입은행(5.37). 집중투표제 없음.
　　4) 상근사내이사(김훈규)-담당업무는 상근감사위원이며, 감사위원회, 사외이사후보추천위원회, 운영위원회 구성원임 ; 비상근사내이사(김명곤)-계열회사 겸직 없음, 사외이사후보추천위원회, 운영위원회 구성원임.

5) 2006년3월1일 현재 그룹 계열회사는 56개(상장 11, 비상장 45).
출처 : SK네트웍스(주), 『제53기 사업보고서』(2005.1.1~12.31).

4. SK케미칼(주)

<표 15.4.1> SK케미칼(주), 1998년 12월

주주총회 (지분)	주주	- 7,011명
	최대주주 및 특수관계인	- 20명 (22.13%)
	최대주주 (**최태원**)	1 (7.83)
	특수관계인	19 (14.32)
	친족	10 (4.48 ; **최윤원** 2.12, **최창원** 0.77)
	비영리법인	1 (2.26)
	임원/계열회사 임원	6 (0.46)
	계열회사	1 (7.12)
	자기주식	1 (0)
이사회	이사 (등기임원)	- 8명 : 상근 6=사내이사
		대표이사부회장 1 (**최윤원**)
		대표이사사장 1
		전무 1
		상무 3 (**최창원**)
		비상근 2=사외이사
감사	(등기임원)	- 1명 (상근사내)
		* 상시감사보조요원 없음
집행임원	11명 :	
		등기 6 - 부회장 1 (대표이사, **최윤원**), 사장 1 (대표이사) /
		전무 1, 상무 3 (**최창원**)
		미등기 5 - 부회장 1 (대표이사) / 상무 3, 이사 1
직원	2,296명 : 관리사무직 738, 생산직 1,491, 기타 67	
업무부서	(실 2) 사장, 홍보	
	(본부 1) 경영지원 : (실 3) 전략기획, 인력관리, 재무관리	
	(본부 4) 제1사업, 제2사업, 직물사업, 정밀화학	
	(파트 5) 판매1, 판매2, 마케팅, 기획, 원사수출	
	(연구소 4) 중앙, 제1, 제2, 정밀화학	
출자 계열회사 (지분)	8개 :	
		상장 2 - SK (2.73%), SK텔레콤 (1.2)
		비상장 6 - 워커힐 (0.25), SK건설 (25.73), SK유통 (25.61),
		SK제약 (51), SK-NJC (33.33), SK-ucb (50)

주 : 1) 상호 변경 : 1988년 5월 1일 (주)선경인더스트리(구 선경합섬(주)), 1998년 3월 27일 SK케미칼(주).
   2) 지분은 보통주 기준, 1998년 12월 31일 현재 ; 계열회사에 대한 지분은 1997년 12월 31일 현재 ; 주주는 보통주/우선주 기준, 1998년 12월 31일 현재.
   3) 친족 - **최신원**(0.78%), 최정원(0.15), 최혜원(0.15), 최지원(0.15), 최예정(0.15), 고광천(0.07), 한상구(0.07), 이동욱(0.07). 비영리법인 - 한국고등교육재단. 계열회사 - SKC. 5% 이상 주식 소유 주주 - **최태원**(7.83), SKC(7.12).
   4) 비상근대표이사회장(**최종현**) - 1998년 8월 사망 ; 등기상무(**최창원**) - 경영지원본부장.
   5) 그룹 계열회사는 40개(상장 8, 비상장 32).
출처 : SK케미칼(주), 『제30기 사업보고서』(1998.1.1~12.31).

<표 15.4.2> SK케미칼(주), 2000년12월

주주총회 (지분)	주주	- 19,953명
	최대주주 및 특수관계인	- 14명 (37.92%)
	최대주주 (**최태원**)	1 (6.84)
	특수관계인	13 (31.09)
	친족	6 (3.06 ; **최창원** 0.67)
	비영리법인	1 (1.89)
	임원/계열회사임원	4 (0.21)
	계열회사	1 (6.2)
	자기주식	1 (19.73)
이사회	이사 (등기임원)	- 7명 : 상근 5=사내이사
		대표이사 1
		부사장 1 (**최창원**)
		상무 3
		비상근 2=사외이사
위원회	감사	- 2명 : 사외이사
집행임원	16명 :	
	등기 5 - 대표이사 1, 부사장 1 (**최창원**) / 상무 3	
	미등기 11 - 상무	
직원	1,194명 : 관리사무직 345, 기술직 650, 연구직 199	
업무부서	(실 1) 사장	
	(부문 1) 경영지원 : (실 3) 전략기획, 인력개발, 재무지원	
	(본부 6) 유화사업, 수지사업, 정밀화학사업, Acetate사업, 생명과학사업, 　　　　　정보전자소재사업	
	(공장 3) 수원, 울산, 직물	
	(영업) : (석유화학) : (팀 1) 유화사업	
	(수지) : (팀 2) SKYPET마케팅, SKYGREEN	
	(정밀화학) : (팀 5) SKYBON, SKYTHANE, SKYFLEX, SKYBIO, 　　　　　　　　　　정보전자소재	
	(아세테이트섬유/기타) : (팀 4) Acetate마케팅, TOW마케팅, 　　　　　　　　　　　Fabric마케팅, SKYVIVA	
	(폴리에스터섬유) : (팀 2) PFY마케팅, PSF마케팅	
	(연구소 2) 화학, 생명과학	
출자 계열회사 (지분)	7개 :	
	상장 2 - SK (2.26%), SK글로벌 (3.52)	
	비상장 5 - 워커힐 (0.25), SK건설 (40.21), SK제약 (51), SK-NJC (60), SK-ucb (50)	

주 : 1) 상호 변경 : 1988년5월1일 (주)선경인더스트리(구 선경합섬(주)), 1998년3월27일 SK케미칼(주).

　　2) 지분은 보통주 기준, 주주는 보통주/우선주 기준, 2000년12월31일 현재.

　　3) 친족-**최윤원**(1.85%), **최신원**(0.42), 최정원(0.04), 최지원(0.04), 최예정(0.04). 비영리법인-한국 고등교육재단. 계열회사-SKC. 5% 이상 주식 소유 주주-SK케미칼(19.73), **최태원**(6.84), SKC(6.2). 집중투표제 없음.

　　4) 임원은 2001년3월16일 현재. 등기부사장(**최창원**)-경영지원부문장.

　　5) 2001년5월2일 현재 그룹 계열회사는 63개(상장 9, 비상장 54).

　출처 : SK케미칼(주), 『제32기 사업보고서』(2000.1.1∼12.31).

<표 15.4.3> SK케미칼(주), 2003년 12월

주주총회 (지분)	주주	- 14,392명
	최대주주 및 특수관계인	- 16명 (28.43%)
	최대주주 (**최태원**)	1 (6.84)
	특수관계인	15 (21.58)
	친족	7 (12.45 ; **최창원** 5.36)
	비영리법인	1 (1.89)
	임원/계열회사임원	5 (0.19)
	계열회사	1 (6.2)
	자기주식	1 (0.85)
이사회	이사 (등기임원)	- 10명 : 상근 7=사내이사
		대표이사 1
		부사장 1 (**최창원**)
		전무 1
		상무 4
		비상근 3=사외이사
위원회	감사	- 3명 : 사외이사
집행임원	16명 :	
	등기 7 - 대표이사 1, 부사장 1 (**최창원**) / 전무 1, 상무 4	
	미등기 9 - 전무 1, 상무 8	
직원	1,031명 : 관리사무직 319, 생산직 505, 기타 207	
업무부서	(부문 1) 경영지원 : (실 3) 전략기획, 인력개발, 재무지원	
	(담당 1) 기업문화	
	(부문 4) 유화수지사업, 정밀화학사업, 기능성소재사업, 의약사업	
	(실 1) 프로젝트추진	
	(공장 2) 수원, 울산	
	(영업) : (석유화학) : (팀 1) 유화사업	
	(수지) : (팀 2) SKYPET마케팅, SKYGREEN	
	(정밀화학) : (팀 5) SKYBON, SKYTHANE, SKYFLEX, SKYBIO, 정보전자소재	
	(아세테이트섬유/기타) : (팀 4) Acetate마케팅, TOW마케팅, Fabric마케팅, SKYVIVA	
	(연구소 1) 중앙 : (연구소 3) 화학, 생명과학, 환경소재	
출자 계열회사 (지분)	7개 :	
	상장 2 - 동신제약 (7.92%), SK (3.28)	
	비상장 5 - 워커힐 (0.25), SK건설 (40.67), SK제약 (100), SK-NJC (60), SK-ucb (50)	

주 : 1) 상호 변경 : 1988년 5월 1일 (주)선경인더스트리(구 선경합섬(주)), 1998년 3월 27일 SK케미칼(주).
　　2) 지분은 보통주 기준, 2004년 3월 30일 현재 ; 계열회사에 대한 지분은 2004년 3월 17일 현재 ; 주주는 보통주/우선주 기준, 2003년 12월 31일 현재.
　　3) 친족-**최재원**(2.27%), 최영근(1.85), 최예정(0.77), 최정원(0.75), 최지원(0.73), **최신원**(0.72). 비영리법인-한국고등교육재단. 계열회사-SKC. 5% 이상 주식 소유 주주-**최태원**(6.84), SKC(6.2), **최창원**(5.36). 집중투표제 없음.
　　4) 등기부사장(**최창원**)-경영지원부문장.
　　5) 2004년 3월 29일 현재 그룹 계열회사는 59개(상장 11, 비상장 48).
　　출처 : SK케미칼(주), 『제35기 사업보고서』(2003.1.1~12.31).

<표 15.4.4> SK케미칼(주), 2005년12월

주주총회 (지분)	주주	- 11,787명
	최대주주 및 특수관계인	- 9명 (28.27%)
	최대주주 (**최태원**)	1 (6.84)
	특수관계인	8 (21.43)
	친족	5 (13.85 ; **최창원** 10.32)
	비영리법인	1 (1.35)
	임원	1 (0.03)
	계열회사	1 (6.2)
이사회	이사 (등기임원)	- 8명 : 상근 4=사내이사
		대표이사부회장
		대표이사전무
		부사장 (**최창원**)
		상무
		비상근 4=사외이사
위원회	사외이사후보추천	- 4명 : 사내이사 1 (대표이사부회장)
		사외이사 3
	감사	- 3명 : 사외이사
	운영	- 3명 : 사내이사 (대표이사부회장, 대표이사전무, 상무)
집행임원	20명 :	
	등기 4 - 부회장 (대표이사), 부사장 (**최창원**), 전무 (대표이사) / 상무	
	미등기 16 - 전무 3, 상무 13	
직원	1,236명 : 관리사무직 848, 생산직 388	
업무부서	(부문 1) 경영지원 : (실 5) 사장 : (팀 3) 투자사관리, 홍보, SUPEX추진	
	전략기획 : (팀 3) 전략, 사업개발, IT System 기획	
	((해외) 사무소 1) 상해	
	인력개발 : (팀 1) 인력	
	재무지원 : (팀 3) 회계, 금융, 구매	
	법무지원 : (팀 1) 법무	
	(본부 1) 신규사업	
	(부문 4) 석유화학사업 : (팀 2) 석유화학기획, SKYPET	
	(실 1) 프로젝트추진 : (팀 2) 기계기술, 전장기술	
	(본부 1) 신소재개발 : (팀 2) 신소재개발, BD사업	
	((해외) 사무소 1) 동경	
	정밀화학사업 : (팀 1) 정밀화학기획	
	(본부 2) 정밀화학사업 : (팀 5) SKYBON, SKYTHANE, SKYBIO,	
	SKYGREEN, I&D	
	IT사업 : (팀 3) CnR, 전자재료, 전자재료생산	
	((해외) 사무소 2) 프랑크프루트, 심양	
	기능성소재사업 : (팀 1) 기능성소재기획	
	(본부 1) 기능성소재사업 :	
	(팀 3) Acetate마케팅, SKYVIVA	
	SKYFLEX : (과 1) SKYFLEX생산	
	(실 1) Wellbeing사업 : (팀 2) 유기능, CARA	
	생명과학 : (실 3) LS전략기획, LS경영지원, 개발	
	(본부 1) LS마케팅	

(공장 3) 수원 : (팀 6) 경영지원, 설비지원, 정밀화학생산, 전자재료생산, 안전환경
　　　　　　　　　Acetate생산 : (과 4) FY생산, TOW생산, IDY, 품질보증
　　　　　　울산 : (팀 5) 경영지원, 전자재료생산, 안전환경
　　　　　　　　수지생산 : (과 2) 수지생산, 보전
　　　　　　　　동력 : (과 2) 동력, 기술
　　　　　　(과 1) SKYFLEX생산
　　　　안산
(영업) : (수지) : (팀 1) SKYPET수지마케팅
　　　　(정밀화학) : (팀 7) SKYBON, SKYTHANE, SKYFLEX, SKYBIO, CnR,
　　　　　　　　전자재료, Wellbeing사업
　　　　　　(부문 1) 의약사업
　　　　(아세테이트섬유/기타) : (팀 4) Acetate마케팅, TOW마케팅, SKYNOVA, SKYBILTEC
　　　　(생명과학) : (팀 5) Medical사업, 서울MR1, 서울MR2, 서울MR3, OTC
(연구소 1) 중앙 : (팀 2) 특허분석, CRD
　　　　(연구소 3) 석유화학, 생명과학
　　　　　　정밀과학 : (실 1) 환경소재연구

출자 계열회사 (지분)	9개 : 상장 2 - 동신제약 (40.14%), SK (0.83) 비상장 7 - 인투젠 (45.03), 워커힐 (0.25), SK건설 (39.4), SK사이텍 (50), 　　　　SK유티스 (60), SK유화 (100), SK-NJC (60)

주 : 1) 상호 변경 : 1988년5월1일 (주)선경인더스트리(구 선경합섬(주)), 1998년3월27일 SK케미칼(주).
　　2) 지분은 보통주 기준, 2006년3월 현재 ; 주주는 보통주/우선주 기준, 2005년12월31일 현재.
　　3) 친족-최영근(1.75%), 최예정(0.74), 최정원(0.53), 최지원(0.51). 비영리법인-한국고등교육재단.
　　　계열회사-SKC. 5% 이상 주식 소유 주주-**최창원**(10.32), **최태원**(6.84), SKC(6.2). 집중투표제
　　　없음.
　　4) 등기부사장(**최창원**)-경영지원부문장.
　　5) 2006년3월1일 현재 그룹 계열회사는 56개(상장 11, 비상장 45).
출처 : SK케미칼(주), 『제37기 사업보고서』(2005.1.1~12.31).

5. SK텔레콤(주)

<표 15.5.1> SK텔레콤(주), 1998년12월

주주총회 (지분)	주주	- 4,099명
	최대주주 및 특수관계인	- 12명 (21.05%)
	최대주주 (SK)	1 (19.52)
	특수관계인	11 (1.53)
	임원	8 (0.01)
	계열회사	3 (1.52)
이사회	이사 (등기임원)	- 12명 : 상근 6=사내이사
		회장 1 (손길승)
		사장 1
		전무 2 (**표문수**)
		상무 2
		비상근 6=사내이사 3 (**최태원**)
		사외이사 3
감사	(등기임원)	- 3명 (상근사내, 비상근사내, 비상근사외)
		* 상시감사보조요원 10명
집행임원	46명 :	
	등기 6 - 회장 1 (손길승), 사장 1 / 전무 2 (**표문수**), 상무 2	
	미등기 40 - 전무 1, 상무 24, 상무대우 15	
직원	3,464명 : 관리사무직	
업무부서	(실 3) 회장비서, 사장, 홍보	
	(부문 2) 전략지원 : (실 3) 전략기획, 재무관리, 인력관리	
	전략기술 : (기술원 1) 정보	
	회장직속 경영전략위원회	
	(부문 3) 신규사업 : (사업부 2) 정보, 해외	
	무선사업 : (본부 7) 마케팅전략, 상품기획, 법인영업, 무선호출사업,	
	생산전략, 운용지원, 개발	
	(사업부 1) 이리듐	
	(본부 5) 수도권생산, 부산생산, 대구생산, 서부생산, 중부생산	
	마케팅 : (지사 5) 수도권, 부산, 대구, 서부, 중부	
	지점 44, 위탁대리점	
	(연구원 1) 중앙 : (그룹 5) 상품고도화, 신기술, 요소기술개발, 연구기획지원, 운용지원	
	(센터 3) 망관리, 서울 R&D, 시험검정	
출자 계열회사 (지분)	9개 :	
	상장 2 - 대한도시가스 (9.92%), SK상사 (4.06)	
	비상장 7 - 대구전력 (34), 양산국제물류 (6.35), 이리듐코리아 (100),	
	SK캐피탈 (100), SK텔레링크 (100), SK텔레텍 (72.52), SKC&C (30)	

주 : 1) 지분과 주주는 보통주 기준, 1998년12월31일 현재 ; 계열회사에 대한 지분은 1999년3월 현재.

　　2) 계열회사-SK케미칼(1.2%), SKC(0.21), SK옥시케미칼(0.11). 5% 이상 지분 소유 주주-SK (주)(19.52), 한국통신공사(18.28), Citibank ADR(10.31), TEI FUND PLC(타이거펀드 ; 6.66).

　　3) 대표이사 표시 없음. 겸직 : 비상근사내이사(**최태원**)-SK(주) 회장. 비상근감사 : 사내(강홍신) -SK(주) 상무, 사외(김건식)-서울대법대 교수.

　　4) 1999년3월 현재 그룹 계열회사는 40개(상장 9, 비상장 31).

　　5) a) 1997년12월31일 현재 지분 : 최대주주 및 특수관계인(21.25%) ; 최대주주-SK(주)(18.53), 특

수관계인 6명(2.72) ; 임원 3명(0.01), 계열회사 3개(2.71 ; SK케미칼 1.64, SK에너지판매 1.06, SK옥시케미칼 0.01).

   b) 1997년12월31일 현재 이사/임원 : <u>손길숭</u>－대표이사부회장, **표문수**－등기전무이사, **최태원** 은 임원 아님 ; 사외이사 없음(1998년3월에 3명 선임) ; 감사 1명(상근 ; 1998년3월에 비상 근사내, 비상근사외 등 2명 추가 선임).

출처 : SK텔레콤(주), 『제15기 사업보고서』(1998.1.1-12.31) ;『제14기 사업보고서』(1997.1.1-12.31).

<표 15.5.2> SK텔레콤(주), 2000년12월

주주총회 (지분)	주주	- 16,902명
	최대주주 및 특수관계인	- 7명 (34.17%)
	최대주주 (SK)	1 (26.81)
	특수관계인	6 (7.36)
	친족	1 (0 ; **최태원**)
	임원	1 (0)
	계열회사	4 (7.36)
이사회	이사 (등기임원)	- 12명 : 상근 5=사내이사
		대표이사회장 (손길승)
		대표이사부회장
		대표이사사장 (**표문수**)
		전무
		상무
		비상근 7=사내이사 1 (**최태원**)
		사외이사 6
위원회	사외이사후보추천	- 6명 : 사내이사 3 (대표이사부회장,
		대표이사사장 **표문수**, 상무)
		사외이사 3
	감사	- 6명 : 사외이사 (1명은 대표위원)
		* 상시감사보조요원 6명
집행임원	47명 :	
	등기 5 - 회장 (대표이사, 손길승), 부회장 (대표이사),	
	사장 (대표이사, **표문수**) / 전무, 상무	
	미등기 42 - (**최재원**)	
직원	2,962명 : 관리사무직	
업무부서	(실 3) 회장비서, 사장, 기업문화	
	(부문 1) 전략지원 : (실 7) 기획조정, 전략개발, 홍보, IR, 재무관리, 인력관리, 법무	
	(본부 1) 해외사업	
	(팀 1) 신사옥건축TF	
	(기술원 1) 정보	
	부회장직속　IMT2000사업추진단	
	(부문 3) 무선인터넷사업 : (본부 3) 무선인터넷전략, n.Top 전략, M파이낸스사업	
	Network사업 : (본부 8) Network전략, Network구축, Network운용, 수도권Network,	
	부산Network, 대구Network, 서부Network, 중부Network	
	Marketing사업 : (본부 3) Marketing전략, 영업, CS	
	(지사 5) 수도권, 부산, 대구, 서부, 중부	
	영업센터 23, 포스트 7, 지점 43, 위탁대리점 1,132	
	(연구원 2) Network : (팀 5) 연구기획, Access망개발, Core망개발, 엔지니어링기술개발, 4G개발	
	Flatform : (팀 3) 연구기획, 기술, 구축	
출자 계열회사 (지분)	13개 :	
	비상장 - 넷츠고 (96.54%), 대구전력 (34), 빌플러스 (60), 신세기통신 (51.19),	
	이노에이스 (14), 이리듐코리아 (100), 이오넥스 (39.56), 엔카네트워크 (50),	
	SK와이번스 (100), SK캐피탈 (100), SK텔링크 (90.77), SK텔레텍 (61.66),	
	SKC (30)	

주 : 1) 지분과 주주는 보통주 기준, 2000년12월31일 현재 ; 계열회사에 대한 지분은 2001년3월2일
　　　현재.
　　2) 계열회사-SK글로벌(2003년9월부터 SK네트웍스 ; 7.29%), SK투자신탁운용(0.05), SK생명(0.01),

SK증권(0). 5% 이상 지분 소유 주주 — SK(주)(26.81), SK글로벌(7.29), Citibank ADR(15.80), 한국 통신공사(13.39), 포항종합제철(6.50). 집중투표제 — 2003년 정기주주총회 전일까지 배제함.

3) 이사회, 집행임원 — 2001년3월26일 현재 ; 손길승 — 대표이사회장 ; 미등기임원 — 직책 구분 없음, **최재원** — 부사장 겸 전략지원부문장.

4) 겸직 : 대표이사회장(손길승) — SK글로벌, SK해운 대표이사회장, SK(주), SK건설, SK임업 이사 ; 대표이사사장(**표문수**) — 이리듐코리아 대표이사, SK텔레텍 이사 ; 비상근사내이사(**최태원**) — SK(주) 대표이사회장, 더컨텐츠컴퍼니, 와이더덴닷컴 대표이사, 워커힐, SK건설, SK임업, SKC 이사 ; 등기전무이사(손관호) — SK캐피탈 대표이사 ; 미등기부사장(**최재원**) — SKC 이사.

5) 업무부서 — 2001년1월3일 현재 ; 지점은 2000년11월 회사조직에서 분리됨.

6) 2001년3월2일 현재 그룹 계열회사는 53개(상장 9, 비상장 44).

출처 : SK텔레콤(주), 『제17기 사업보고서』(2000.1.1~12.31).

<표 15.5.3> SK텔레콤(주), 2003년12월

주주총회	주주	- 22,532명
(지분)	최대주주 및 특수관계인	- 8명 (24.6%)
	최대주주 (SK)	1 (21.47)
	특수관계인	7 (3.13)
	친족	1 (0 ; **최태원**)
	임원	2 (0)
	계열회사	4 (3.13)
이사회	이사 (등기임원)	- 12명 : 상근 5=사내이사
		대표이사회장 1 (**손길승**)
		대표이사부회장 1
		대표이사사장 1 (**표문수**)
		이사 2
		비상근 7=사내이사 1 (**최태원**)
		사외이사 6
위원회	사외이사후보추천	- 4명 : 사내이사 2 (대표이사사장 **표문수**=위원장,
		상근이사A)
		사외이사 2
	감사	- 6명 : 사외이사 (1명은 대표위원)
		* 상시감사보조요원 6명
	보상심의	- 3명 : 사외이사
	투자심의	- 4명 : 사내이사 1 (상근이사A)
		사외이사 3
집행임원	69명 :	
	등기 5 - 회장 1 (대표이사, **손길승**), 부회장 1 (대표이사),	
	사장 1 (대표이사, **표문수**) / 이사 2	
	미등기 64 - (**최재원**)	
직원	4,164명 : 관리사무직	
업무부서	(실 2) 사장, 기업문화	
	(부문 4) 경영지원 : (실 4) 인력관리, 구매관리, 윤리경영, 법무	
	CR : (실 3) CR전략, 정책협력, 홍보	
	전략기획 : (실 4) 경영전략, 경영기획, 재무관리, IR	
	전략기술 : (실 1) 기술전략	
	(연구원 1) 정보기술	
	(연구원 1) 미래경영 : CFM, CFL	
	(연구소 1) 경영경제 : (실 3) 경제연구, 경영연구, 정보통신연구	
	SK Academy	
	(부문 4) 신규사업 : (본부 2) 신규사업추진, Global사업	
	Network : (본부 8) Network기획, Network구축, Network운용, 수도권Network,	
	부산Network, 대구Network, 서부Network, 중부Network	
	Business : (본부 5) Business전략, Portal사업, MONETA사업,	
	Solution사업, 복합Network사업	
	Customer : (본부 10) Customer기획, Customer Marketing, CRM, Mobile Device,	
	NGM추진, 수도권Marketing, 부산Marketing, 대구Marketing,	
	서부Marketing, 중부Marketing	
	영업센터 29, 지점 52, 위탁대리점 1,540	

차세대무선 인터넷사업추진단 : (담당 2) 사업전략, 기술
(연구원 2) Network : (팀 5) Network기술기획, Access망개발, Core망개발,
엔지니어링기술개발, 차세대기술개발
Platform : (팀 5) Platform기술기획, Solution개발, Infra개발,
Application개발, Terminal개발

출자 계열회사 (지분)	14개 :
	비상장 - 글로벌신용정보 (50%), 더컨텐츠컴퍼니 (14.99), 아이윙즈 (12.15), 와이더덴닷컴 (20), 이노에이스 (13.13), 에어크로스 (38.1), 티유미디어 (32.05), 팍스넷 (67.10), SK와이번스 (99.99), SK커뮤니케이션즈 (89.1), SK캐피탈 (100), SK텔링크 (90.77), SK텔레텍 (61.66), SKC&C (30)

주 : 1) 지분과 주주는 보통주 기준, 2003년12월31일 현재 ; 계열회사에 대한 지분은 2004년3월17일
현재.
2) 계열회사-SK네트웍스(3.06%), SK투자신탁운용(0.06), SK생명(0.01), SK증권(0.01). 5% 이상 지
분 소유 주주-SK(주)(21.47), SK텔레콤(10.53 ; 출처의 '최대주주 및 그 특수관계인의 주식소유
현황'에는 없음), Citibank ADR(19.78). 집중투표제-정관상으로 배제되어 있지 않음.
3) 사외이사후보추천위원회-2004년2월22일 현재. 미등기임원-직책 구분 없음. 미등기임원(**최
재원**)-Corporate Center장. 겸직 : 비상근사내이사(**최태원**)-SK(주) 회장.
4) 2004년3월12일 현재 그룹 계열회사는 59개(상장 11, 비상장 48).
출처 : SK텔레콤(주), 『제20기 사업보고서』(2003.1.1~12.31).

<표 15.5.4> SK텔레콤(주), 2005년12월

주주총회 (지분)	주주	– 26,589명
	최대주주 및 특수관계인	– 9명 (22.79%)
	최대주주 (SK)	1 (21.47)
	특수관계인	8 (1.32)
	친족	2 (0)
	임원	5 (0)
	계열회사	1 (1.32)
이사회	이사 (등기임원)	– 12명 : 상근 4=사내이사 대표이사부회장 1 대표이사사장 1 이사 2 비상근 8=사외이사
위원회	사외이사후보추천	– 4명 : 사내이사 2 (대표이사부회장=위원장, 이사) 사외이사 2
	감사	– 4명 : 사외이사 (1명은 대표위원) * 상시감사보조요원 6명
	보상심의	– 3명 : 사외이사
	투자심의	– 5명 : 사내이사 2 (이사) 사외이사 3
	Global	– 4명 : 사내이사 1 (이사) 사외이사 3
집행임원	82명 : 등기 4 – 부회장 1 (대표이사), 사장 1 (대표이사) / 이사 2 미등기 78	
직원	4,308명 : 관리사무직	
업무부서	(실 3) 사장, 기업문화, 홍보 (총괄 1) 윤리경영 : (실 3) 윤리경영, 법무1, 법무2 (부문 3) 경영지원 : (실 5) 인력관리, 구매관리, 재무관리, IR, 6시그마추진 　　　　　　　　　　　FMI 　　　　　　전략기획 : (실 5) 경영전략, 경영기획, 사업전략, CR전략, U–biz개발 　　　　　　전략기술 : (실 1) 기술전략 　　　　　　　　　　　(본부 1) NGM추진 　　　　　　　　　　　(연구원 4) 정보기술, Network, Platform, Terminal (팀 1) GE TF (연구소 1) 경영경제 : (실 3) 경제연구, 경영연구, 정보통신연구 SK Academy (부문 2) 신규사업 : (본부 3) 신규사업전략, Global사업, 베트남지역 　　　　　　　　　　(팀 1) R TF 　　　　Network : (본부 8) Network기획, Network구축, Network운용 　　　　　　　　　　Network : 수도권, 부산, 대구, 서부, 중부 (총괄 1) Business : (본부 2) Biz전략, MD 　　　　　　(부문 2) Business : (본부 5) Contents사업, Data사업, CI사업, 　　　　　　　　　　　　　　　　　Commerce사업, Solution사업 　　　　　　　　Customer : (본부 8) CRM, CS, 영업, 부산Marketing, 　　　　　　　　　　　　　　　대구Marketing, 서부Marketing, 중부Marketing 　　　　　　　　　　　　　수도권Marketing : 법인영업단 　　　　　영업센터 29, 지점 45, 위탁대리점 1,378	

	(Network연구원) : (팀 6) Network기술기획, Access망개발, Core망개발1, 　　　　　　　　　　　　Core망개발2, 엔지니어링기술개발, 차세대기술개발 (Platform연구원) : (팀 4) Platform기술기획, Solution개발, Infra개발, Application개발
출자 계열회사 (지분)	13개 : 　　　　비상장 - 글로벌신용정보 (50%), 서울음반 (60), 오케이캐쉬백서비스 (3.86), 　　　　　　　와이더댄 (10.1), 이노에이스 (14.25), 에어크로스 (38.1), 　　　　　　　티유미디어 (29.58), 팍스넷 (67.1), SK와이번스 (99.99), 　　　　　　　SK커뮤니케이션즈 (91.12), SK캐피탈 (100), 　　　　　　　SK텔링크 (90.77), SKC&C (30)

주 : 1) 지분과 주주는 보통주 기준, 2005년12월31일 현재 ; 계열회사에 대한 지분은 2006년3월1일
　　　현재.
　　2) 친족-**최태원**, **최신원**. 계열회사-SK네트웍스. 5% 이상 지분 소유 주주-Citibank
　　　ADR(27.33), SK(주)(21.47), SK텔레콤(10.53 ; 출처의 '최대주주 및 그 특수관계인의 주식소유
　　　현황'에는 없음). 집중투표제 있음-정관상 2003년 정기주주총회부터 채택함.
　　3) 미등기임원-직책 구분 없음.
　　4) 2006년3월1일 현재 그룹 계열회사는 56개(상장 11, 비상장 45).
　출처 : SK텔레콤(주), 『제22기 사업보고서』(2005.1.1~12.31).

6. SKC(주)

<표 15.6.1> SKC(주), 1998년12월

주주총회 (지분)	주주	– 56,360명
	최대주주 및 특수관계인	– 11명 (51.52%)
	최대주주 (**최태원**)	1 (24.81)
	특수관계인	10 (26.71)
	친족	2 (6.96 ; **최재원** 6.96, **박장석** 0)
	비영리법인	1 (1.37)
	임원	3 (0.47)
	계열회사	3 (15.85)
	자기주식	1 (2.06)
이사회	이사 (등기임원)	– 10명 : 상근 7=사내이사
		대표이사사장 1
		전무 3 (**최재원**)
		상무 3 (**박장석**)
		비상근 3=사외이사
감사	(등기임원)	– 1명 (상근사내)
		* 상시감사보조요원 3명 (감사팀)
집행임원	12명 :	
	등기 7 – 사장 1 (대표이사) / 전무 3 (**최재원**), 상무 3 (**박장석**)	
	미등기 5 – 상무보	
직원	1,991명 : 관리사무직 543, 생산직 1,282, 기타 166	
업무부서	(부문 3) 폴리에스터필름사업, 가공필름사업, 자기미디어사업	
	(연구소 1) 중앙 : (실 4) 필름개발, 코팅개발, 신규개발, 박막개발	
	(부 1) 연구기획	
	(팀 1) LB제품개발	
	(연구분소 2) 필름연구, 자기연구	
출자 계열회사 (지분)	7개 :	
	상장 4 – SK (0.97%), SK증권 (10.02), SK케미칼 (7.12), SK텔레콤 (0.21)	
	비상장 3 – 워커힐 (7.5), SK생명 (4.19), SK유통 (23.72)	

주 : 1) 상호 변경 : 1987년1월1일 (주)SKC (구 선경화학(주)), 1998년3월27일 SKC(주).
　　2) 지분과 주주는 보통주 기준, 1998년12월31일 현재.
　　3) 1998년12월 최대주주가 **최태원**으로 변경됨(**최종현**의 사망으로 인한 상속). 비영리법인 – 한
　　　국고등교육재단. 계열회사 – SK건설(9.62%), SK해운(3.96), SK상사(2.27). 5% 이상 지분 소유 주
　　　주 – **최태원**(24.81), SK건설(9.62), **최재원**(6.96).
　　4) 등기전무(**최재원**) – 경영지원본부장 ; 등기상무(**박장석**) – 기획부문 겸 구매담당.
　　5) 업무부서 중 ‘부문’은 출처의 ‘공시대상 사업부문의 구분’의 내용임(‘조직도’ 관련 정보 파일
　　　은 열어볼 수가 없음).
　　6) 그룹 계열회사는 40개(상장 9, 비상장 31).
　출처 : SKC(주), 『제26기 사업보고서』(1998.1.1~12.31).

<표 15.6.2> SKC(주), 2000년12월

주주총회 (지분)	주주	- 28,587명
	최대주주 및 특수관계인	- 7명 (59.3%)
	최대주주 (**최태원**)	1 (24.81)
	특수관계인	6 (34.5)
	친족	2 (6.97 ; **최재원** 6.96, **박장석** 0.01)
	비영리법인	1 (1.37)
	계열회사	2 (13.58)
	자기주식	1 (12.58)
이사회	이사 (등기임원)	- 5명 : 상근 3=사내이사
		대표이사회장 (**최신원**)
		대표이사사장
		전무 (**박장석**)
		비상근 2=사외이사
감사	(등기임원)	- 2명 (상근사내)
		* 상시감사보조요원 없음
집행임원	17명 :	
	등기 3 - 회장 (대표이사, **최신원**), 사장 (대표이사) / 전무 (**박장석**)	
	미등기 14 - 전무 1, 상무 12, 고문 1 (**최재원**)	
직원	1,783명 : 관리사무직 449, 생산직 1,296, 기타 38	
업무부서	(부문 2) 폴리에스터필름사업, 자기미디어사업	
	(연구소 1) 중앙 : (실 2) 필름개발, 미디어개발	
	(팀 2) Corp. R Project, LB개발	
출자 계열회사 (지분)	8개 :	
	상장 4 - SK (0.46%), SK글로벌 (3.26), SK증권 (5.22), SK케미칼 (6.2)	
	비상장 4 - 인포섹코리아 (86.21), 엔시테크놀리지 (54.63),	
	워커힐 (7.5), SK생명 (2.03)	

주 : 1) 상호 변경 : 1987년1월1일 (주)SKC (구 선경화학(주)), 1998년3월27일 SKC(주).

2) 지분과 주주는 보통주 기준, 2001년3월20일 현재.

3) 비영리법인 - 한국고등교육재단. 계열회사 - SK건설(9.62%), SK해운(3.96). 5% 이상 지분 소유 주주 - **최태원**(24.81), SKC(12.58), SK건설(9.62), **최재원**(6.96). 집중투표제 없음.

4) 등기전무(**박장석**) - 경영지원본부장 겸 구매담당, 사장실장, 전략기획 및 정보담당. 임원의 등기/미등기 표시 없음, 출처의 '최대주주 및 그 특수관계인의 주식 소유 현황'에 이름이 있는 임원을 등기로 간주함.

5) 업무부서 중 '부문'은 출처의 '공시대상 사업부문의 구분'의 내용임('조직도' 관련 정보 파일은 열어볼 수가 없음).

6) 2001년3월2일 현재 그룹 계열회사는 53개(상장 9, 비상장 44).

출처 : SKC(주), 『제28기 사업보고서』(2000.1.1~12.31).

<표 15.6.3> SKC(주), 2003년12월

주주총회 (지분)	주주	– 22,000명
	최대주주 및 특수관계인	– 6명 (51.88%)
	최대주주 (SK)	1 (47.66)
	특수관계인	5 (4.21)
	친족	3 (0.39 ; **최신원** 0.08, **최재원** 0.31, **박장석** 0)
	비영리법인	1 (0.67)
	자기주식	1 (3.15)
이사회	이사 (등기임원)	– 7명 : 상근 5=사내이사
		대표이사회장 1 (**최신원**)
		대표이사사장 2
		부사장 1 (**박장석**)
		상무 1
		비상근 2=사외이사
위원회	감사	– 3명 : 사내이사 1 (상무)
		사외이사 2 (1명은 위원장)
		* 상시감사보조요원 2명 (경영감사팀)
집행임원	32명 :	
	등기 5 – 회장 1 (대표이사, **최신원**), 사장 2 (대표이사),	
	부사장 1 (**박장석**) / 상무 1	
	미등기 27 – 전무 2, 상무 20, 고문 5 (**최재원**)	
직원	2,386명 : 관리사무직 577, 생산직 1,776, 기타 33	
업무부서	(부문 2) 정보통신소재, 화학	

I. 정보통신소재부문
(실 1) 사장 : (팀 4) SUPEX지원, 홍보, 경영감사, 정보기획
(본부 1) 경영지원 : (담당 4) 전략기획 : (팀 2) 전략기획, 중국사업
        사업개발 : (실 1) 사업개발 : (팀 3) 사업개발1, 사업개발2, 사업개발3
        인력 : (팀 3) 인력관리, 총무, 구매
        재무 : (팀 3) 자금, 재무기획, 회계
(본부 3)
정보통신사업 : (담당 2) H/S생산 : (부 2) H/S생산, H/S기술지원
      정보통신판매 : (팀 1) 정보통신사업기획
필름사업 : (팀 1) 필름마케팅
    (담당 1) 필름판매 : (팀 4) 전자소재, 포장소재, 산업소재, 신규소재
    (공장 1) 수원 : (담당 1) 관리 : (부 2) 관리지원, 안전환경
          (부 5) 생산1, 생산2, 제막기술, 공무, 품질보증
    (연구소 1) 필름 : (팀 3) PET필름개발, 신규필름개발, 공정기술개발
미디어가공사업 : (팀 1) 미디어가공마케팅
    (담당 4) 미디어가공판매 : (팀 7) 미디어해외사업1, 미디어해외사업2,
                미디어해외사업3, 미디어국내사업,
                미디어신규사업, 가공소재사업, PDP필터사업
      LB생산 : (부 2) LB생산, LB품질보증
      LB판매 : (팀 3) LB사업1, LB사업2, LB마케팅
      LB개발 : (팀 2) LB개발1, LB개발2
    (공장 1) 천안 : (부 8) 관리지원, 안전환경, 생산1, 생산2, 공무,
          품질보증, 가공소재생산, 생산기술

(연구소 1) 미디어가공 : (팀 2) 가공소재개발, 박막기록개발

(연구소 1) 중앙 : (팀 9) 연구기획, 광통신소재개발1, 광통신소재개발2, Disp소재개발1,
　　　　　　　　Disp소재개발2, 유기EL개발, 전지개발, 신소재개발, 광소재부품개발

II. 화학부문
(본부 1) 경영지원 : (담당 2) 재무/인력 : (팀 2) 재무 : (팀 1) 관리
　　　　　　　　　　　　　　　　　　인력
　　　　　　　　기획 : (팀 2) 기획 : (그룹 1) SUPEX2000추진
　　　　　　　　　　　　　　　e-Management
(실 1) 사업개발 : (팀 2) 사업개발, 정보소재사업
(본부 2) 영업 : (팀 4) 영업기획, PO/PG영업, Polyol영업, 중국
　　　　생산 : (팀 1) 인력총무
　　　　　　(담당 3) Risk Management
　　　　　　　　생산 : (팀 3) 생산관리, 기술
　　　　　　　　　　생산 : (팀 3) PO/SM생산, Polyol생산, 동력
　　　　　　설비 : (팀 2) 설비 : (팀 2) 계전, 기계장치
　　　　　　　　　　(그룹 1) 공무
　　　　　　　　안전환경 : (팀 2) 안전, 환경
(연구소 1) 기술 : (팀 1) Polyol기술개발

출자	7개 :
계열회사	상장 2 - SK증권 (12.41%), SK케미칼 (6.2)
(지분)	비상장 5 - 인포섹 (20.68), 워커힐 (7.5), SK생명 (16.1), SK텔레시스 (77.13), SK해운 (10.16)

주 : 1) 상호 변경 : 1987년1월1일 (주)SKC (구 선경화학(주)), 1998년3월27일 SKC(주).

2) 지분은 보통주 기준, 2004년3월24일 현재 ; 계열회사에 대한 지분은 2004년3월17일 현재 ; 주 주는 보통주 기준, 2003년12월31일 현재.

3) 비영리법인 − 한국고등교육재단. 5% 이상 지분 소유 주주 − SK(주)(47.66). 집중투표제 없음.

4) 임원은 2003년12월31일 현재. 등기부사장(**박장석**) − 총괄부사장, 경영지원본부장, 화학부문 경 영지원본부장 ; 등기상무(박복수) − 화학부문 기획담당임원.

5) 2004년3월12일 현재 그룹 계열회사는 59개(상장 11, 비상장 48).

출처 : SKC(주), 『제31기 사업보고서』(2003.1.1~12.31).

<표 15.6.4> SKC(주), 2005년12월

주주총회 (지분)	주주	- 18,601명
	최대주주 및 특수관계인	- 6명 (48.51%)
	최대주주 (SK)	1 (46.22)
	특수관계인	5 (2.29)
	친족	3 (1.61 ; **최신원** 1.01, **최재원** 0.3, **박장석** 0.3)
	비영리법인	1 (0.65)
	임원	1 (0.03)
이사회	이사 (등기임원)	- 8명 : 상근 3=사내이사
		대표이사회장 (**최신원**)
		대표이사사장 (**박장석**)
		부사장
		비상근 5=사내이사 (상무) 1
		사외이사 4
위원회	감사	- 3명 : 사외이사 (1명은 위원장)
		* 상시감사보조요원 3명 (경영감사팀)
집행임원	26명 :	
	등기 4 - 회장 (대표이사, **최신원**), 사장 (대표이사, **박장석**), 부사장, / 상무	
	미등기 22 - 전무 2, 상무 14, 고문 6 (**최재원**)	
직원	1,898명 : 관리사무직 470, 생산직 1,413, 기타 15	
업무부서	(실 4) 사장	
	전략기획 : (담당 1) 전략기획	
	인력/재무지원 : (담당 2) 인력, 재무	
	사업개발 : (담당 1) 사업개발	
	(본부 3) 정보통신사업 : (담당 2) 정보통신판매, H/S생산	
	필름사업 : (담당 2) PET필름사업 : (담당 1) PET생산	
	PI필름사업	
	(공장 1) 수원	
	Display소재사업 : (담당 2) 가공사업, PDP필터사업	
	(팀 1) MB사업TF	
	(공장 1) 천안	
	(부문 1) 화학사업 : (본부 2) 화학사업생산, 화학사업영업	
	HPPO증설 Project Manager	
	(영업) : (정보통신) : (팀 1) 정보통신사업기획	
	(필름) : (팀 4) 포장소재, 정보전자소재, 광학소재, PI필름판매	
	(Display) : (팀 3) 가공소재판매1, 가공소재판매2, PDP Filter사업	
	(화학) : (팀 2) 화학사업영업1, 화학사업영업2	
	(연구소 2) 첨단기술중앙 : (담당 1) 연구기획	
	(실 3) 필름개발, Display소재개발, 신규소재개발	
	화학사업기술	
출자 계열회사 (지분)	8개 :	
	상장 2 - SK증권 (12.41%), SK케미칼 (6.2)	
	비상장 6 - 인포섹 (20.63), 워커힐 (7.5), SK모바일에너지 (11.66),	
	SK텔레시스 (77.13), SK해운 (10.16), SKC미디어 (100)	

주 : 1) 상호 변경 : 1987년1월1일 (주)SKC (구 선경화학(주)), 1998년3월27일 SKC(주).
　　2) 지분은 보통주 기준, 2006년3월1일 현재 ; 주주는 보통주 기준, 2005년12월31일 현재.
　　3) 비영리법인 - 한국고등교육재단. 5% 이상 지분 소유 주주 - SK(주)(46.22). 집중투표제 없음.

4) 비상근사내이사(김헌표)—SK(주) 투자회사관리실 재무개선2팀장.
5) 2006년3월1일 현재 그룹 계열회사는 56개(상장 11, 비상장 45).
출처 : SKC(주), 『제33기 사업보고서』(2005.1.1~12.31).

7. SK건설(주)

<표 15.7.1> SK건설(주), 2000년 12월

주주총회 **(지분)**	주주	- 76명
	최대주주 및 특수관계인	- 4명 (88.19%)
	최대주주 (SK케미칼)	1 (40.67)
	특수관계인	3 (47.52)
	비영리법인	1 (14.07)
	계열회사	2 (33.45)
이사회	이사 (등기임원)	- 5명 : 상근 4=사내이사
		대표이사 1
		부사장 1 (**최창원**)
		전무 2
		비상근 1=사내이사
		회장 (**최태원**)
감사	(등기임원)	- 1명 (비상근사내)
집행임원	16명 :	
	등기 5 - 회장 1 (**최태원**), 대표이사 1, 부사장 1 (**최창원**) / 전무 2	
	미등기 11 - 전무 1, 상무 10	
직원	1,835명 : 관리사무직 312, 생산직 1,523	
업무부서	(실 4) 변화추진, 감사, 영업	

업무부서 (이어서):

(실 4) 변화추진, 감사, 영업
  사장 : (팀 1) 홍보
(본부 3) 회장직속 구조조정추진
  품질안전 : (팀 2) 품질보증, 안전환경
  경영지원 : (실 4) 기획 : (팀 2) 기획, IT기획
               인력 : (팀 4) 인력, 업무지원, 비상계획, 법무
               구매 : (팀 3) 구매, 검사, 공사계약
               재무 : (팀 3) 경리, 금융, 경영분석
(본부 2) 토목사업 : (팀 1) 토목기획
         (담당 3) 토목사업 : (팀 2) 토목사업, PJ
              토목기술 : (팀 1) 토목기술
              토목영업 : (팀 3) 토목영업, 토목견적, 토목T/K
        건축사업 : (팀 2) 건축기획, 건축영업지원
         (담당 3) 건축사업 : (팀 2) 건축사업, PJ
              건축영업 : (팀 1) 건축영업
              주택영업 : (팀 2) 주택영업, 재개발영업
(부문 1) 플랜트사업 :
  (본부 2) 플랜트사업 : (팀 1) 플랜트기획
              (담당 4) 플랜트사업 : (팀 4) 플랜트사업, 플랜트공사,
                                       자동화사업, PJ
               통신사업 : (팀 2) 통신사업, PJ
               해외영업 : (팀 1) 해외영업
                    해외지사/법인
               P국내영업 : (팀 1) P국내영업

기술 : (팀 1) 기술기획
(담당 2) P-ENG : (팀 5) 프로세스, 기계장치, 전기,
배관, 계측제어
P-토건ENG : (팀 2) P토목설계, P건축설계
(연구소 1) : (팀 4) 기획관리, 건축, 토목, 플랜트

출자	5개 :	
계열회사	상장 4 - SK글로벌 (3.52%), SK증권 (14.52), SK (2.37), SKC (9.62)	
(지분)	비상장 1 - SK임업 (23.74)	

주 : 1) 지분과 주주는 보통주 기준, 2000년12월31일 현재 ; 계열회사에 대한 지분은 2001년3월2일 현재.

2) 비영리법인-우리사주조합. 계열회사-SK해운(30.99%), 워커힐(2.46). 5% 이상 지분 소유 주 주-SK케미칼(40.67), SK해운(30.99), 우리사주조합(14.07). 2000년 초에는 **최태원** 지분이 4.95% 였음. 집중투표제 없음.

3) 비상근감사 : 사내(유승렬)-SK(주) 대표이사사장. 업무부서는 2001년2월19일 현재.

4) 2001년3월 현재 그룹 계열회사는 53개(상장 9, 비상장 44).

출처 : SK건설(주), 『제39기 사업보고서』(2000.1.1~12.31).

<표 15.7.2> SK건설(주), 2003년12월

주주총회 **(지분)**	주주	- 76명
	최대주주 및 특수관계인	- 3명 (74.12%)
	최대주주 (SK케미칼)	1 (40.67)
	특수관계인	2 (33.45)
	계열회사	2 (33.45)
이사회	이사 (등기임원)	- 10명 : 상근 9=사내이사
		대표이사부회장 1
		대표이사사장 1 (의장)
		전무 4
		상무 3
		비상근 1=사내이사
감사	(등기임원)	- 1명 (비상근사내)
집행임원	(9명) :	
	등기 9 - 회장 1 (대표이사), 사장 1 (대표이사) / 전무 4, 상무 3	
	미등기 ?	
직원	1,694명 : 관리사무직 284, 생산직 1,410	
업무부서	(실 3) 사장, 감사, 영업	
	(팀 1) Cadereyta TF	
	(본부 1) 품질안전 : (팀 2) 품질보증, 안전환경	
	경영지원 : (실 7) 홍보 : (팀 1) 홍보	
	기획 : (팀 4) 기획, IT기획, 신사업개발, Global Biz	
	(연구소 1) : (팀 3) 건축, 토목, 플랜트	
	인력 : (팀 3) 인력, 업무지원, 비상계획	
	재무 : (팀 2) 경리, 금융	
	PJT지원 : (팀 4) OG, 경영분석, 구매, 공사계약	
	법무 : (팀 1) 법무	
	자산관리 : (팀 1) 자산관리	
	(부문 3)	
	토목사업 : (담당 4) SOC사업 : (팀 1) SOC사업	
	토목사업 : (팀 2) 토목사업, 토목PJ	
	토목기술 : (팀 2) 토목기술, GEOTASK	
	토목견적 : (팀 1) 토목견적	
	(실 1) 토목T/K : (팀 2) T/K영업, T/K지원	
	건축사업 : (담당 8) 건축기획 : (팀 4) 건축기획, 건축예산관리, 마케팅, 고객서비스	
	신규사업 : (팀 2) 리모델링, 특수사업	
	건축사업1 (수도권/중부지역) : (팀 3) 건축사업1, 발전공사, 건축PJ	
	건축사업2 (영남/호남지역) : (팀 4) 건축사업2, 영업지원, 관리지원, 건축PJ	
	건축기술 : (팀 2) 건축기술, 상품기획	
	건축영업 : (팀 1) 건축영업	
	주택영업 : (팀 1) 주택영업	
	재건축영업 : (팀 2) 재건축영업1, 재건축영업2	
	플랜트사업 : (담당 5) 플랜트사업 : (팀 3) 플랜트사업, 플랜트견적, 플랜트PJ	
	발전사업 : (팀 2) 발전사업, 발전PJ	
	통신사업 : (팀 3) 통신사업1, 통신사업2, 통신PJ	
	ENG : (팀 6) 기술지원, 프로세스, 기계장치, 계전, 배관, 플랜트토건	
	플랜트영업 : (팀 1) 플랜트영업	
	해외지사/법인	

출자	4개 :
계열회사	상장 2 - SK증권 (14.49%), SK (3.39)
(지분)	비상장 2 - 정지원 (18), SK임업 (23.74)

주 : 1) 지분과 주주는 보통주 기준, 2003년12월31일 현재 ; 계열회사에 대한 지분은 2004년3월17일 현재.

2) 계열회사−SK해운(30.99%), 워커힐(2.46). 5% 이상 지분 소유 주주−SK케미칼(40.67), SK해운(30.99), 우리사주조합(14.09 ; 출처의 '최대주주 및 그 특수관계인의 주식소유 현황'에는 없음). 집중투표제 없음.

3) 겸직 : 비상근사내이사(박찬중)−SK케미칼 전략기획실장. 비상근감사 : 사내(최병도)−SK케미칼 재무지원실장. 업무부서는 2004년3월1일 현재

4) 2004년3월29일 현재 그룹 계열회사는 59개(상장 11, 비상장 48).

출처 : SK건설(주), 『제42기 사업보고서』(2003.1.1~12.31).

<표 15.7.3> SK건설(주), 2005년12월

주주총회 (지분)	주주	- 77명
	최대주주 및 특수관계인	- 9명 (75.16%)
	최대주주 (SK케미칼)	1 (39.4)
	특수관계인	8 (35.76)
	친족	1 (1.83 ; **최태원**)
	비영리법인	1 (0.36)
	임원	3 (0.23)
	계열회사	3 (33.34)
이사회	이사 (등기임원)	- 10명 : 상근 8=사내이사
		대표이사사장 1 (의장)
		부사장 3
		상무 2
		이사 2
		비상근 2= 사내이사
		사외이사
위원회	이사후보추천	- 3명 : 사내이사 (대표이사사장, 상무, 비상근이사)
감사	(등기임원)	- 1명 (비상근사내)
집행임원	40명 :	
	등기 9 - 사장 1 (대표이사), 부사장 3 / 상무 2, 이사 3	
	미등기 31 - 부사장 1 (**최창원**) / 전무 1, 상무 29	
직원	2,160명 : 관리사무직 353, 생산직 1,807	
업무부서	(실 2) 사장, 감사	
	(부문 1) 경영지원 : (실 7) 기업문화 : (팀 1) 홍보	
	기획 : (팀 4) 기획, IT기획, 경영분석, OG	
	인력 : (팀 3) 인력, 업무지원, 비상계획	
	재무 : (팀 2) 금융, 회계	
	구매/계약 : (팀 2) 구매, 공사계약	
	법무 : (팀 1) 법무	
	변화추진 : (팀 1) 경영혁신	
	(팀 1) Cadereyta TF	
	(실 1) 신규사업개발 : (팀 1) 신규사업	
	미국현지법인	
	(부문 5)	
	SK임업	
	토목사업 : (본부 5) 토목사업 : (팀 2) 토목사업, 토목PJ	
	토목기술 : (팀 2) 토목기술, GEOTASK	
	국내토목영업 : (팀 2) 영업기획, 영업관리	
	SOC영업 : (팀 1) SOC투자사업	
	해외토목영업 : (팀 1) 해외토목영업	
	(담당 1) GSUC사업 : (팀 1) GSUC	
	(실 1) 토목견적 : (팀 1) 토목견적	
	건축주택사업 : (본부 8) 건축기획 : (팀 4) 건축기획, Risk관리, 마케팅, 해외건축사업	
	건축사업 : (팀 3) 건축사업, 기전사업, 건축PJ	
	건축기술 : (팀 4) 건축기술, 건축예산관리, 건축설계, 상품개발	
	C/S : (팀 2) C/S기획, C/S지원	
	지역센터	

건축영업 : (팀 4) 건축영업1, 건축영업2, 건축영업3, 리모델링
영남건축영업 : (팀 3) 영남건축영업, 도시정비영업3, 관리지원
주택영업 : (팀 3) 주택영업1, 주택영업2, 특수영업
도시정비영업 : (팀 2) 도시정비영업1, 도시정비영업2
(연구소 1) 미래주택
화공플랜트 : (팀 1) 화공플랜트기획
(본부 5) 화공영업 : (팀 1) 화공플랜트영업
화공사업 : (팀 3) 화공플랜트견적, 화공플랜트사업, 화공플랜트PJ
화공공사 : (팀 1) 화공플랜트공사
Complex사업 : (팀 1) Complex PJ
ENG : (팀 8) 기술지원, 프로세스, 기계장치, 배관, 전기, 계측제어,
플랜트토목설계, 플랜트건축설계
산업플랜트 : (팀 1) 산업플랜트기획
(본부 3) 전력사업 : (팀 2) 전력사업, 전력PJ
통신사업 : (팀 4) 통신사업1, 통신사업2, Solution사업, 통신PJ
산업환경사업 : (팀 2) 산업환경사업, 산업환경PJ
(부문 1) 영업 : (본부 4) 국내영업 : (팀 3) 영업1, 영업2, 영업3
해외영업 : (팀 2) 해외사업개발, Global Venture
해외지사/법인
중국 : (팀 1) 중국
지역 : 국내지사
(부문 1) 기술 : (본부 1) 품질안전 : (팀 3) QSE지원, 품질기술, 안전환경
(연구소 1) : (팀 4) 기획관리, 건축, 토목, 플랜트

출자	1개 :
계열회사 (지분)	비상장 - 정지원 (18%)

주 : 1) 지분은 보통주 기준, 주주는 보통주/우선주 기준, 2005년12월31일 현재 ; 계열회사에 대한 지
분은 2006년3월1일 현재.
2) 비영리법인-한국고등교육재단. 계열회사-SK해운(30.94%), 워커힐(2.38), SK네트웍스(0.02).
5% 이상 지분 소유 주주-SK케미칼(39.4), SK해운(30.94), 우리사주조합(13.65 ; 출처의 '최대주
주 및 그 특수관계인의 주식소유 현황'에는 없음). 집중투표제 없음.
3) 미등기부사장(**최창원**)-사장실장. 겸직 : 비상근사내이사(박찬중), 비상근감사(최병도)-SK케미
칼 임원.
4) 2006년3월1일 현재 그룹 계열회사는 56개(상장 11, 비상장 45).
출처 : SK건설(주), 『제44기 사업보고서』(2005.1.1~12.31).

8. SK엔론(주)

<표 15.8> SK엔론(주), 2003년12월

주주총회 (지분)	주주 최대주주 및 특수관계인 　최대주주	- 2명 - 2명 (100%) 　2 (100 ; SK 50, 　　　Enron Korea Ltd. 50)
이사회	이사 (등기임원)	- 6명 : 상근 2=사내이사 　　공동대표이사 (CEO) 　　공동대표이사 (COO) 　　비상근 4=사내이사
감사	(등기임원)	- 2명 (비상근사내, 1명은 외국인) 　* 상시감사보조요원 없음
집행임원	7명 : 　　등기 2 - 공동대표이사 　　미등기 5 - 상무	
직원	62명 : 관리사무직 61, 기타 1	
업무부서	(담당 3) IT 및 e-Business : (팀 1) e-Business TF 　　　운영 (EVP, SVP) : (팀 2) 운영, 기술운영 　　　관리 (EVP, SVP) : (팀 3) 기획개발, 재무, 인사총무	
출자 계열회사 (지분)	11개 : 　상장 3 - 대한도시가스 (40%), 부산도시가스 (40), SK가스 (45.53) 　비상장 8 - 강원도시가스 (86.50), 구미도시가스 (100), 익산도시가스 (51), 　　　익산에너지 (86.84), 전남도시가스 (100), 청주도시가스 (100), 　　　충남도시가스 (100), 포항도시가스 (100)	

주 : 1) 지분과 주주는 보통주 기준, 2003년12월31일 현재 ; 계열회사에 대한 지분은 2004년3월17일
　　현재.

　2) 집중투표제 없음.

　3) 임원은 2004년3월29일 현재. SK(주)측 : 공동대표이사(CEO) 1명 ; 비상근이사 2명-SK(주) 등기
　　전무 겸 R&I부문장, SK(주) 미등기상무 겸 인력담당 및 투자회사관리실 임원 ; 비상근사내감
　　사 1명-SK(주) 미등기상무 겸 재무담당 ; 미등기상무 3명. Enron측 : 공동대표이사(COO) 1명,
　　비상근이사 2명, 비상근사내감사 1명, 미등기상무 2명.

　4) 겸직 : 공동대표이사(Steven M. Hopper)-강원도시가스, 구미도시가스, 대한도시가스, 부산도시
　　가스, 익산도시가스, 익산에너지, 전남도시가스, 청주도시가스, 충남도시가스, 포항도시가스,
　　SK가스 이사 ; 공동대표이사(이종순)-강원도시가스, 구미도시가스, 대한도시가스, 부산도시가
　　스, 익산도시가스, 익산에너지, 전남도시가스, 청주도시가스, 충남도시가스, 포항도시가스 이
　　사 ; 미등기상무(김중호)-부산도시가스 감사 ; 미등기상무(신평건)-강원도시가스, 구미도시가
　　스, 부산도시가스개발, 익산도시가스, 익산에너지, 전남도시가스, 청주도시가스, 충남도시가스,
　　포항도시가스 감사.

　5) 2004년3월29일 현재 그룹 계열회사는 59개(상장 11, 비상장 48).

　* 2007년4월 현재 금융감독원 전자공시시스템(http ://dart.fss.or.kr)에는 『제6기 분기보고서』(1분
　　기, 2004.1.1~3.31)까지만 있음. 2005년11월 SK E&S(에스케이이엔에스)로 상호 변경됨.

출처 : SK엔론(주), 『제5기 사업보고서』(2003.1.1~12.31) ; SK엔론(주), 『Annual Report 2003』; SK엔론
　　(주) 홈페이지 (www.sk-enron.com).

제16장 현대자동차그룹

<목차>

1. 기아자동차(주)

<표 16.1.1> 기아자동차(주), 2001년12월

주주총회 (지분)	주주	- 63,538명
	최대주주 및 특수관계인	- 3명 (46.56%)
	최대주주 (현대자동차)	1 (36.33)
	특수관계인	2 (10.23)
	계열회사	1 (9.79)
	자기주식	1 (0.44)
이사회	이사 (등기임원)	- 7명 : 상근 3=사내이사 대표이사회장 (**정몽구**) 대표이사사장 전무 비상근 4=사외이사
위원회	사외이사후보추천	- 4명 : 사내이사 2 (대표이사회장 **정몽구**, 대표이사사장) 사외이사 2
	감사	- 3명 : 사외이사 (1명은 위원장) * 상시감사보조요원 5명
집행임원	120명 : 등기 3 - 회장 (대표이사, **정몽구**), 사장 (대표이사) / 전무 미등기 117 - 부사장 8 / 전무 13, 상무 18, 이사 32, 이사대우 45 /고문 1	
직원	29,377명 : 관리사무직 6,382, 생산직 22,625, 영업직 3,492, 기타 370	
업무부서	(실 1) 기획 (본부 3) 경영지원, 재경, 품질사업 (본부 1) 생산 : (공장 3) 소하리, 화성, 광주	

(본부 2)

국내영업 : (실 6) 영업지원 : (팀 5) 판매지원, 물류운영, 판매점운영, 판매교육, 채권관리

승용판촉 : (팀 3) 승용판촉, RV판촉, 특판

마케팅 : (팀 2) 판매기획, 광고

승용상품전략, 상용상품전략

CS추진 : (팀 1) CS추진

(센터 1) 고객

렌터카사업

상용판촉 : (팀 2) 상용판촉, 특장업무

(사업부 1) A/S : (실 2) A/S지원, A/S기술

(지역본부 25) : 직영지점 342, 판매점 578

해외영업 : (사업부 1) 수출지원 :

(실 6) 수출지원 : (팀 3) 수출기획, 해외법인운영, 수출업무

수출마케팅 : (팀 2) 수출상품전략, 수출판촉

수출1 : (팀 3) 중남미, 구주, 아태

수출2 : (팀 2) 아중동, 상용특장수출

KD수출 : (팀 2) KD수출, KD프로젝트

KD지원 : (팀 2) KD지원, KD운영

(실 1) 해외써비스 : (팀 3) 해외써비스, 해외보상, 고객PDI

((해외) 지역본부 7) 북미, 중남미, 유럽, 동구/CIS, 아태, 중동, 아프리카

(센터 1) 생기

(연구소 1) 기술 : (팀 3) 기술관리, 행정지원, 연구소IQS개선TF

(실 4) 디자인3 : (팀 2) 디자인1, 디자인2

프로젝트추진3 : (팀 4) 프로젝트1, 프로젝트2, 설계원가3, 제품개발3

승용설계3 : (팀 6) 승용차체설계3, 승용의장설계3, 승용샤시설계3,

승용전자설계3, 승용기술지원3, 남양설계TF

승용평가3 : (팀 4) 차량시험3, 기능시험3, 성능시험3, 시화시작

출자	8개 :
계열회사	상장 1 – 현대하이스코 (21.6%)
(지분)	비상장 7 – 기아타이거즈 (100), 오토에버 (20), 엔지비 (24.4),
	제주다이너스티 (40), 한국DTS (30.1), 현대파워텍 (50), e-HD.com (27)

주 : 1) 1998년12월1일 현대자동차에 인수(보통주 지분 51%) 결정됨. 최대주주가 1998년12월 포드자
동차에서 JP Morgan Securities Ltd로, 1999년3월에는 다시 현대자동차로 바뀜 ; 2000년9월1일
현대그룹으로부터 계열 분리 ; 2001년4월2일 현대자동차그룹이 대규모기업집단으로 지정됨.

2) 지분과 주주는 보통주 기준, 2001년12월31일 현재.

3) 계열회사 – 현대캐피탈. 5% 이상 지분 소유 주주 – 현대자동차(36.33), 한빛증권(13.94), 현대캐
피탈(9.79), 한국산업은행(4.94). 집중투표제 없음.

4) 겸직 : 대표이사회장(**정몽구**) – 현대자동차, 현대모비스 대표이사, 현대캐피탈, 로템, 엔지비,
현대파워텍 이사 ; 대표이사사장(김뇌명) – 현대파워텍 이사.

5) 2002년3월30일 현재 그룹 계열회사는 21개(상장 6, 비상장 15).

6) a) 2000년12월31일 현재 지분 : 최대주주 및 특수관계인(58.06%) ; 최대주주 – 현대자동차
(30.15), 특수관계인 5명(27.91) ; 계열회사 2개(19.5 ; 인천제철 9.74, 현대캐피탈 9.76), 임원
2명(0), 자기주식(8.41).

b) 2000년12월31일 현재 이사/임원 : **정몽구** – 대표이사회장 겸 사외이사후보추천위원회 위
원 ; 사외이사후보추천위원회는 사내이사 2명(대표이사회장, 대표이사사장), 사외이사 2명
으로 구성.

출처 : 기아자동차(주), 『제58기 사업보고서』(2001.1.1~12.31) ; 『제57기 사업보고서』(2000.1.1~12.31).

<표 16.1.2> 기아자동차(주), 2003년12월

주주총회 **(지분)**	주주	- 61,201명
	최대주주 및 특수관계인	- 7명 (47.76%)
	최대주주 (현대자동차)	1 (37.33)
	특수관계인	6 (10.43)
	임원	4 (0.01)
	계열회사	1 (10.06)
	자기주식	1 (0.36)
이사회	이사 (등기임원)	- 8명 : 상근 4=사내이사 　　대표이사회장 1 (**정몽구**) 　　대표이사사장 1 　　부사장 2 (**정의선**) 　비상근 4=사외이사
위원회	사외이사후보추천	- 4명 : 사내이사 2 (대표이사회장 **정몽구**, 　　　　　　　대표이사사장) 　사외이사 2
	감사	- 3명 : 사외이사 (1명은 위원장) * 상시감사보조요원 20명
집행임원	133명 :	
	등기 4 - 회장 1 (대표이사, **정몽구**), 사장 1 (대표이사), 　　부사장 2 (**정의선**) 　미등기 129 - 부사장 9 / 전무 18, 상무 23, 이사 32, 이사대우 43 / 　　　고문 2, 자문역 2	
직원	31,278명 : 관리사무직 6,235, 생산직 19,305, 기술직 1,687, 영업직 3,626, 기타 425	
업무부서	(실 1) 기획 (본부 2) 경영지원, 재경 (사업부 1) 품질 (공장 3) 소하리, 화성, 광주 (본부 4) 마케팅총괄 : (사업부 1) 국내마케팅 : 　　　　　　　　　(실 2) 국내마케팅 : (팀 3) 판매전략, CRM, 커뮤니케이션2 　　　　　　　　국내상품 : (팀 1) 국내상품 A/S총괄 : (사업부 1) A/S : (실 2) A/S지원, A/S기술 국내영업 : (실 6) 영업지원 : (팀 4) 판매지원, 물류운영, 판매교육, 채권관리 　　　　　　　(담당 1) 채권/교육 　　　　승용판촉 : (팀 3) 승용판촉, RV판촉, 특판 　　　　상용판촉 : (팀 2) 상용판촉, 특장업무 　　　　CS판촉 : (팀 2) 판촉추진, CS추진 　　　　　　(센터 1) 고객 　　　　판매점지원 : (팀 2) 판매점기획, 판매점운영 　　　　렌터카사업 　　　　(지역본부 25) : 직영지점 343, 판매점 해외영업 : (실 6) 수출기획 : (팀 2) 수출기획, 수출지원 　　　　수출관리 : (팀 2) 수출업무, 고객PDI 　　　　수출1 : (팀 3) 서유럽, 동유럽, 아중동 　　　　수출2 : (팀 3) 아태, 미주, KD프로젝트 　　　　수출3 : (팀 2) 중국, 상용특장수출 　　　　해외써비스 : (팀 2) 해외써비스, 해외보상	

	((해외) 지역본부 4) 중남미, 동구/CIS, 아태, 아중동
	(센터 1) 생기
	(연구소 1) 기술 : (팀 4) 기술관리, 행정지원, 인증, 특허
	(실 4) 프로젝트추진3 : (팀 3) 프로젝트3, 설계원가3, 제품개발3
	승용설계3 : (팀 5) 차체설계3, 의장설계3,
	샤시설계3, 전자설계3, 설계개선3
	승용평가3 : (팀 3) 차량시험3, 기능시험3, 시화시작
	디자인3 : (팀 2) 디자인1, 디자인2

출자	11개 :
계열회사	상장 1 – 현대하이스코 (24.1%)
(지분)	비상장 10 – 기아타이거즈 (100), 다이모스 (27.3), 본텍 (39), 오토에버시스템즈 (20),
	위아 (45.3), 엔지비 (24.4), 현대카드 (20.7), 현대파워텍 (50),
	해비치리조트 (40), e-HD.com (22.8)

주 : 1) 1998년12월1일 현대자동차(보통주 지분 51%)에 인수 결정됨. 최대주주가 1998년12월 포드자동차에서 JP Morgan Securities Ltd로, 1999년3월에는 다시 현대자동차로 바뀜 ; 2000년9월1일 현대그룹으로부터 계열 분리 ; 2001년4월2일 현대자동차그룹이 대규모기업집단으로 지정됨.

2) 지분과 주주는 보통주 기준, 2003년12월31일 현재.

3) 계열회사－현대캐피탈. 5% 이상 지분 소유 주주－현대자동차(37.33), 현대캐피탈(10.06), Credit Suisse Financial(7.7). 집중투표제 없음.

4) 집행임원은 2004년3월15일 현재. 자문역은 비상근. 겸직 : 대표이사회장(**정몽구**)－현대자동차, 현대모비스 대표이사, 현대캐피탈, 로템, 엔지비, 현대파워텍 이사 ; 등기부사장(**정의선**)－현대자동차 비등기부사장, 현대모비스, 현대캐피탈, 오토에버 이사 ; 등기부사장(구태환)－기아타이거즈, 해비치리조트 이사, 현대파워텍 감사.

5) 2004년3월30일 현재 그룹 계열회사는 25개(상장 6, 비상장 19).

출처 : 기아자동차(주), 『제60기 사업보고서』(2003.1.1~12.31).

<표 16.1.3> 기아자동차(주), 2005년12월

주주총회 (지분)	주주	- 69,358명
	최대주주 및 특수관계인	- 8명 (44.63%)
	최대주주 (현대자동차)	1 (38.67)
	특수관계인	7 (5.96)
	친족	1 (1.99 ; **정의선**)
	임원	5 (0.02)
	계열회사	1 (3.95)
이사회	이사 (등기임원)	- 8명 : 상근 3=사내이사 대표이사회장 1 (**정몽구**, 의장) 대표이사사장 2 (**정의선**) 비상근 5=사내이사 (고문) 1 사외이사 4
위원회	사외이사후보추천	- 4명 : 사내이사 2 (대표이사회장 **정몽구**, 대표이사사장 **정의선**) 사외이사 2
	감사	- 3명 : 사외이사 (1명은 위원장) * 상시감사보조요원 17명
집행임원	139명 : 　등기 3 - 회장 1 (대표이사, **정몽구**), 사장 2 (대표이사, **정의선**) 　미등기 136 - 부사장 12 / 전무 14, 상무 21, 이사 27, 이사대우 60 / 　　고문 1, 상임위원 1	
직원	32,745명 : 관리사무직 5,997, 생산직 21,519, 기술직 1,659, 영업직 3,235, 기타 335	
업무부서	(실 1) 기획 (본부 2) 경영지원, 재경 (사업부 3) 품질, 특수, A/S (공장 3) 소하리, 화성, 광주 (본부 4) 마케팅총괄 : (사업부 1) 국내마케팅 : 　　　　　　　　　　(실 2) 국내마케팅 : (팀 4) 시장전략, AM기획, 기아국내마케팅, 　　　　　　　　　　　　　　현대국내마케팅 　　　　　　　　　　국내상품 : (팀 2) 기아국내상품, 현대국내상품 A/S총괄 : (사업부 1) 기아A/S : (실 2) A/S지원, A/S판촉 국내영업 : (사업부 2) 영업지원 : (실 2) 영업지원 : (팀 3) 판매지원, 판매지도, 물류운영 　　　　　　　　　　대리점지원 : (팀 2) 대리점기획, 대리점운영 　　　　판촉 : (실 2) 판매추진 : (팀 3) 판매추진, 계출운영, 특판 　　　　　　　　판매전략 : (팀 3) 판매기획, CS추진, 커뮤니케이션 　　(실 1) 렌트카사업 　　지역본부 18, 직영지점 340, 판매점 444 해외영업 : (팀 1) 법인관리 　　(사업부 1) 수출 : (실 3) 수출1 : (팀 3) 서유럽, 동유럽, 아중동 　　　　　　　　　수출2 : (팀 2) 아태, 미주 　　　　　　　　　수출3 : (팀 2) 상용/중국, KD프로젝트 　　(실 3) 수출기획 : (팀 3) 수출기획, 수출시장전략, 수출마케팅 　　　　　수출관리 : (팀 2) 수출업무, 고객PDI 　　　　　해외써비스 : (팀 2) 해외써비스, 해외보상 　　((해외) 지역본부 4) 중남미, 동구/CIS, 아태, 아중동	

(센터 1) 생기
(연구소 1) 기술 : (팀 4) 기술관리, 행정지원, 인증, 특허
　　　　　　　(실 3) : 프로젝트추진3 : (팀 3) 프로젝트3, 설계원가3, 제품개발3
　　　　　　　　　　승용설계3 : (팀 5) 차체설계3, 의장설계3, 샤시설계3,
　　　　　　　　　　　　　　　　　　전자설계3, 설계개선3
　　　　　　　　　　승용평가3 : (팀 3) 차량시험3, 기능시험3, 시화시작
　　　　　　(연구소 1) 디자인 : (팀 4) 내외장1, 내외장2, 칼라, 기획/선행/CE
(실 1, 광주) 특수차량연구 : (팀 4) 특수설계, 특수ILS, 특수차량평가, 특수개발

출자 계열회사 (지분)	15개 : 상장 3 - 현대모비스 (18.15%), 현대하이스코 (13.91), INI스틸 (21.39) 비상장 12 - 기아타이거즈 (100), 다이모스 (45.37), 본텍 (39.72), 　　　　　오토에버시스템즈 (20), 위아 (39.33), 엔지비 (24.39), 　　　　　엠코 (19.99), 파텍스 (31), 현대카드 (11.31), 　　　　　현대파워텍 (50), 해비치리조트 (40), 해비치레저 (25)

주 : 1) 1998년12월1일 현대자동차(보통주 지분 51%)에 인수 결정됨. 최대주주가 1998년12월 포드자
　　　동차에서 JP Morgan Securities Ltd로, 1999년3월에는 다시 현대자동차로 바뀜 ; 2000년9월1일
　　　현대그룹으로부터 계열 분리 ; 2001년4월2일 현대자동차그룹이 대규모기업집단으로 지정됨.
　　2) 지분과 주주는 보통주 기준, 2005년12월31일 현재.
　　3) **정몽구**는 현대자동차그룹 '지배자'임.
　　4) 계열회사-현대캐피탈. 5% 이상 지분 소유 주주-현대자동차(38.67), Credit Suisse Financial
　　　(6.43). 집중투표제 없음.
　　5) 임원은 2006년3월31일 현재. 대표이사사장(**정의선**)-2005년3월11일 대표이사로 선임, 2006년
　　　3월17일 사외이사후보추천위원으로 선임. 겸직 : 대표이사회장(**정몽구**)-현대자동차, 현대모비
　　　스 대표이사, 현대제철, 현대파워텍 이사 ; 대표이사사장(**정의선**)-현대자동차 미등기사장, 현
　　　대모비스, 엔지비, 오토에버시스템즈 이사 ; 대표이사사장(조남홍)-기아타이거즈 대표이사,
　　　현대파워텍 이사 ; 미등기부사장(김치웅)-로템, 기아타이거즈 이사.
　　6) 2006년3월31일 현재 그룹 계열회사는 40개(상장 10(1개는 코스닥등록), 비상장 30). 2006년3월
　　　INI스틸이 현대제철로 상호가 변경됨.
출처 : 기아자동차(주), 『제62기 사업보고서』(2005.1.1-12.31).

2. 현대모비스(주)

<표 16.2.1> 현대모비스(주), 1998년12월

주주총회 (지분)	주주	– 26,965명
	최대주주 및 특수관계인	– 6명 (30.1%)
	최대주주 (인천제철)	1 (21.12)
	특수관계인	5 (8.98)
	친족	2 (8.26 ; **정몽구** 8.09)
	계열회사임원	2 (0)
	계열회사	1 (0.72)

이사회	이사 (등기임원)	– 13명 : 상근 8=사내이사
		회장 1 (**정몽구**)
		부회장 1
		사장 1
		부사장 1
		전무 2
		이사 2
		비상근 5=사내이사 2
		사외이사 3

감사	(등기임원)	– 2명 (상근사내, 비상근사외)
		* 상시감사보조요원 4명

집행임원	32명 :
	등기 8 – 회장 1 (**정몽구**), 부회장 1, 사장 1, 부사장 1 / 전무 2, 이사 2
	미등기 24 – 부사장 1 / 전무 3, 상무 9, 이사 9 / 고문 2

직원	7,590명 : 관리사무직 2,919, 생산직 4,622, 기타 49

업무부서	(본부 1) 경영지원
	(본부 6) 자재, 철차사업, 중기사업, 플랜트환경사업, 중국사업, 해외사업
	(부문 2) 차량사업, 공작기계사업
	(공장 2) 울산 : (본부 1) 공작기계사업
	(부문 4) 경영지원, 자재, 컨테이너생산, 차량생산
	창원 : (부문 5) 경영지원, 자재, 철차생산, 산기생산, 중기생산
	(판매) : 차량 : 현대자동차써비스(주)에서 위탁 판매
	냉동C/T : (부 1) 수출
	((해외) 지사 2) 미주, 런던
	공작기, 사출기 : 영업소 30, 대리점, 시카고법인
	기타 제품 : (부 1) 영업
	(연구소 1) 기술 : (부문 6) 연구지원, 철차, 방산, 차량, 공작기계, 기타

출자 계열회사 (지분)	11개 :
	상장 7 – 고려산업개발 (1.74%), 대한알루미늄 (10.56), 울산종합금융 (0.23),
	현대강관 (12.59), 현대산업개발 (29.84), 현대자동차써비스 (8.71),
	현대전자 (4.97)
	비상장 4 – 현대경제사회연구원 (10), 현대석유화학 (0.62),
	현대우주항공 (29.39), 현대정유 (3.05)

주 : 1) 2000년9월1일 현대그룹으로부터 계열 분리 ; 2000년10월21일 현대정공(주)가 현대모비스(주)로
　　　상호 변경됨 ; 2001년4월2일 현대자동차그룹이 대규모기업집단으로 지정됨.
　　2) 지분은 보통주 기준, 주주는 보통주/우선주 기준, 1998년12월31일 현재.

3) 친족-**정몽규**(0.17%). 계열회사-현대엔지니어링. 5% 이상 지분 소유 주주-인천제철(2001년 7월부터 INI스틸, 21.1), **정몽구**(8.09).

4) 대표이사 표시 없음. 상근등기이사 8명 중 회장, 사장을 제외한 6명의 직책이 표시되어 있지 않으며 1997년의 출처에 있는 것을 취함. 비상근등기이사 5명 중 3명은 회사/계열회사 외부 인사이며 '사외이사'로 보임, 나머지 2명은 계열회사임원임. 비상근감사 : 사외(김연규)-산동 회계법인 변호사.

5) 현대그룹 계열회사는 56개(상장 19, 비상장 37).

6) a) 1997년12월31일 현재 지분 : 최대주주 및 특수관계인(29.01%) : 최대주주-현대중공업(11.41), 특수관계인 8명(17.59) ; 친족 2명(9.52 ; **정몽구** 8.71, **정몽규** 0.81), 계열회사임원 4명(0), 계열 회사 2개(8.07 ; 인천제철 6.91, 현대엔지니어링 1.16).

   b) 1997년12월31일 현재 이사/임원 : **정몽구**-회장 ; 사외이사 없음(1998년3월 현재에도 없음) ; 감사는 비상근 1명(1998년3월 상근사내감사 1명 추가 선임).

출처 : 현대정공(주), 『제22기 사업보고서』(1998.1.1~12.31) ;『제21기 사업보고서』(1997.1.1~12.31).

<표 16.2.2> 현대모비스(주), 2001년12월

주주총회	주주	– 22,025명
(지분)	최대주주 및 특수관계인	– 8명 (35.97%)
	최대주주 (기아자동차)	1 (17.55)
	특수관계인	7 (18.41)
	친족	3 (8.6 ; **정몽구** 8.58)
	계열회사임원	1 (0.02)
	계열회사	2 (9.4)
	자기주식	1 (0.39)
이사회	이사 (등기임원)	– 8명 : 상근 3 = 사내이사
		대표이사회장 2 (**정몽구**)
		대표이사사장 1
		비상근 5 = 사내이사 1
		사외이사 4
위원회	사외이사후보추천	– 4명 : 사내이사 2 (대표이사회장, 비상근이사)
		사외이사 2
	감사	– 3명 : 사외이사
		* 상시감사보조요원 4명
집행임원	38명 :	
	등기 3 – 회장 2 (대표이사, **정몽구**), 사장 1 (대표이사)	
	미등기 35 – 부사장 2 / 상무 5, 이사 25 / 고문 3	
직원	4,794명 : 관리사무직 1,967, 생산직 2,407, 연구직 420	
업무부서	(본부 1) 경영지원	
	(본부 3) A/T사업, 중기사업, 부품구매	
	플랜트/환경	
	(공장 2) 울산 : (부 1) 생산지원	
	(부문 1) A/T사업	
	창원 : (팀 1) 공장지원	
	(부문 2) 플랜트생산, 중기생산	
	(본부 2) 국내부품영업 : (부 4) : (팀 2)	
	영업장 82, 물류센터 9, 대리점 1,720	
	해외영업 : 지역본부 2, 대리점 470, 딜러 8,200,	
	현대자동차 현지법인 7, 기아자동차 현지법인 4	
	(연구소 1) 기술 : (팀 1) 연구지원	
	(부문 4) 중기연구, 응용연구, A/T연구, 우주사업	
	(부 1) 플랜트/환경연구	
	카트로닉스	
출자	3개 :	
계열회사	상장 1 – 현대자동차 (11.49%)	
(지분)	비상장 2 – 오토에버닷컴 (20), 제주다이너스티 (10)	

주 : 1) 2000년9월1일 현대그룹으로부터 계열 분리 ; 2000년10월21일 현대정공(주)가 현대모비스(주)로
　　　상호 변경됨 ; 2001년4월2일 현대자동차그룹이 대규모기업집단으로 지정됨.
　　2) 지분은 보통주 기준, 주주는 보통주/우선주 기준, 2001년12월31일 현재.
　　3) 친족 - **정태영**(0.02), 변중석(0). 계열회사 - INI스틸(6.97), 현대캐피탈(2.43). 5% 이상 지분 소유
　　　주주 - 기아자동차(17.54), **정몽구**(8.58), INI스틸(6.97). 집중투표제 없음.
　　4) 겸직 : 대표이사회장(**정몽구**) - 현대자동차, 기아자동차 회장, 현대캐피탈, 로템, 엔지비, 현대
　　　파워택 이사 ; 대표이사회장(박정인) - 한국철도차량 이사 ; 비상근사내이사(정순원) - 현대자동
　　　차 부사장, 오토에버닷컴 대표이사. 집행임원 중 미등기임원은 2000년12월31일 현재(이사 중

　　　　1명은 비상근 ; 2001년 출처에 관련 정보 없음).

　　5) 2001년12월31일 현재 그룹 계열회사는 21개(상장 6, 비상장 15).

　　6) a) 2000년12월31일 현재 지분 : 최대주주 및 특수관계인(35.87%) : 최대주주-기아자동차(19.99),
　　　　　특수관계인 8명(15.88) ; 친족 3명(8.6 ; **정몽구** 8.59, **정태영** 0.01), 계열회사임원 3명(0.06), 계
　　　　　열회사-인천제철(2001년7월부터 INI스틸, 7.22), 자기주식(0).

　　　　b) 2000년12월31일 현재 이사/임원 : **정몽구**-대표이사회장, **정태영**-등기전무 겸 사외이사
　　　　　후보추천위원회 위원 ; 사외이사는 3명 ; 사외이사후보추천위원회는 사내이사 2명(대표이
　　　　　사사장, 등기전무)과 사외이사 2명으로 구성, 감사위원회는 상근감사위원(사내이사) 1명과
　　　　　비상근사외이사 2명으로 구성.

　출처 : 현대모비스(주), 『제25기 사업보고서』(2001.1.1~12.31) ; 『제24기 사업보고서』(2000.1.1~12.31).

<표 16.2.3> 현대모비스(주), 2003년12월

주주총회 **(지분)**	주주	- 22,880명
	최대주주 및 특수관계인	- 8명 (35.19%)
	최대주주 (<u>기아자동차</u>)	1 (18.34)
	특수관계인	7 (16.84)
	친족	3 (8.03 ; **정몽구** 7.99)
	계열회사임원	1 (0.06)
	계열회사	2 (8.75)
	자기주식	1 (0)
이사회	이사 (등기임원)	- 6명 : 상근 4=사내이사
		대표이사회장 2 (**정몽구**)
		대표이사사장 1
		부사장 1 (**정의선**)
		비상근 2=사외이사
위원회	사외이사후보추천	- 4명 : 사내이사 2 (대표이사회장, 부사장 **정의선**)
		사외이사 2
	감사	- 2명 : 사외이사
		* 상시감사보조요원 4명
집행임원	39명 :	
		등기 4 - 회장 2 (대표이사, **정몽구**), 사장 1 (대표이사),
		부사장 1 (**정의선**)
		미등기 35 - 전무 7, 상무 10, 이사 18
직원	3,829명 : 관리사무직 2,020, 생산직 1,252, 연구직 557	
업무부서	(본부 1) 경영지원	
	(본부 3) A/T사업, 구매, 품질	
	(사업부 1) 환경	
	(공장 4) 울산, 천안, 포승, 이화	
	(본부 2) 국내부품영업 : (부 4) : (팀 3)	
	부품사업소 11, 물류센터 9, 부품센터 25, 대리점 1,860	
	해외영업 : 현지법인 6, 지역사무소 2, 물류센터 4, 대리점 460, 딜러 8,200	
	(연구소 2) 기술 : (부문 3) 모듈 및 부품제조, 환경사업, 기타	
	카트로닉스	
출자 **계열회사** **(지분)**	5개 :	
	상장 1 - 현대자동차 (13.18%)	
	비상장 4 - 오토에버시스템즈 (20), 에코에너지 (74.5), 엠코 (19.99), 해비치리조트 (10)	

주 : 1) 2000년9월1일 현대그룹으로부터 계열 분리 ; 2000년10월21일 현대정공(주)가 현대모비스(주)로 상호 변경됨 ; 2001년4월2일 현대자동차그룹이 대규모기업집단으로 지정됨.

2) 지분은 보통주 기준, 주주는 보통주/우선주 기준, 2003년12월31일 현재.

3) 친족-**정태영**(0.04%), 변중석(0). 계열회사-INI스틸(6.49), 현대캐피탈(2.26). 5% 이상 지분 소유 주주-기아자동차(18.34), **정몽구**(7.99), INI스틸(6.49). 집중투표제 없음.

4) 겸직 : 대표이사회장(**정몽구**)-현대자동차, 기아자동차 회장, 현대캐피탈, 로템, 엔지비, 현대파워택 이사 ; 대표이사회장(박정인)-현대자동차 이사 ; 대표이사사장(한규환)=본텍 이사 ; 등기부사장(**정의선**)-기아자동차, 오토에버시스템즈 이사. 사외이사 2명은 2003년6월, 9월에 각각 사임함, 감사위원인 사외이사 1명은 2003년6월에 사임함.

5) 그룹 계열회사는 25개(상장 6, 비상장 19).

출처 : 현대모비스(주), 『제27기 사업보고서』(2003.1.1～12.31).

<표 16.2.4> 현대모비스(주), 2005년12월

주주총회 (지분)	주주	- 17,278명
	최대주주 및 특수관계인	- 6명 (34.76%)
	최대주주 (기아자동차)	1 (18.15)
	특수관계인	5 (16.63)
	친족	3 (7.95 ; **정몽구** 7.91)
	계열회사	2 (8.68)
이사회	이사 (등기임원)	- 8명 : 상근 3=사내이사 대표이사회장 (**정몽구**) 대표이사부회장 사장 (**정의선**) 비상근 5=사외이사
위원회	사외이사후보추천	- 4명 : 사내이사 2 (대표이사부회장, 사장 **정의선**) 사외이사 2
	감사	- 3명 : 사외이사 (1명은 위원장) * 상시감사보조요원 4명
집행임원	42명 :	
		등기 3 - 회장 (대표이사, **정몽구**), 부회장 (대표이사), 사장 (**정의선**) 미등기 39 - 사장 1, 부사장 3 / 전무 5, 상무 10, 이사 8, 이사대우 11 / 고문 1
직원	4,270명 : 관리사무직 2,246, 생산직 1,271, 연구직 753	
업무부서	(본부 1) 경영지원	
	(본부 3) 품질, 모듈사업, 자재개발	
	(사업부 1) 환경	
	(공장 9) 울산1, 울산2, 천안, 포승, 이화, 서산, 아산, 아산플라스틱, 광주	
	(본부 1) 부품영업 : 부품사업소 11, 물류센터 10, 부품센터 23, 부품팀 39, 대리점 1,970 현지법인 10, 지역사무소 2, 대리점 420, 딜러 7,600	
	(연구소 1) 기술 : (부 10) 연구개발, 시작개발, 샤시모듈연구, 의장모듈연구, 선행연구, 시험연구, 안전시스템연구, 응용기술연구, 제동연구, 제동시험 (팀 2) 디자인, MDPS	
출자 계열회사 (지분)	10개 :	
	상장 3 - 에코플라스틱 (65.38%), 카스코 (38.3), 현대자동차 (14.56) 비상장회사 7 - 만도맵앤소프트 (6.02), 오토에버시스템즈 (20), 에코에너지 (50.1), 엠코 (19.99), 파텍스 (13), 해비치리조트 (10), 해비치레저 (10)	

주 : 1) 2000년9월1일 현대그룹으로부터 계열 분리 ; 2000년10월21일 현대정공(주)이 현대모비스(주)로
　　상호 변경됨 ; 2001년4월2일 현대자동차그룹이 대규모기업집단으로 지정됨.
　　2) 지분은 보통주 기준, 주주는 보통주/우선주 기준, 2005년12월31일 현재.
　　3) 친족-**정태영**(0.04), 변중석(0). 계열회사-INI스틸(6.44), 현대캐피탈(2.24). 5% 이상 지분 소유
　　주주-기아자동차(18.15), **정몽구**(7.91), INI스틸(6.44). 집중투표제 없음.
　　4) 등기사장(**정의선**)-기획/정보기술 담당.
　　5) 2006년3월31일 현재 그룹 계열회사는 40개(상장 10(1개는 코스닥등록), 비상장 30). 2006년3월
　　INI스틸이 현대제철로 상호 변경됨.
　　출처 : 현대모비스(주), 『제29기 사업보고서』(2005.1.1~12.31).

3. 현대자동차(주)

<표 16.3.1> 현대자동차(주), 1998년12월

주주총회 (지분)	주주	- 23,291명
	최대주주 및 특수관계인	- 27명 (26.74%)
	최대주주 (현대중공업)	1 (13.61)
	특수관계인	26 (13.12)
	계열회사	3 (6.29)
	기타	23 (6.83 ; **정몽구** 3.39)
이사회	이사 (등기임원)	- 7명 : 상근 1=사내이사
		대표이사회장 (**정몽구**)
		비상근 6=주주이사 3 (**정몽헌**)
		사외이사 3
감사	(등기임원)	- 2명 (상근사내, 비상근사외)
		* 상시감사보조요원 21명 (업무개선실)
집행임원	63명 :	
	등기 1 - 회장 (대표이사, **정몽구**)	
	미등기 62 - 부회장 1, 사장 4, 부사장 5 / 전무 11, 상무 14, 이사 27	
직원	37,752명 : 관리사무직 6,512, 생산직 27,574, 영업직 3,666	
업무부서	(본부 3) 기획, 인사총무, 재경	
	(본부 1) 생산 : (공장 3) 울산, 전주, 아산	
	(본부 2) 국내영업 : (실 1) 영업지원 : (팀 5) 판매지원, 물류운영, 판매정보운영, 대리점지원, 중고차사업	
	출고센터 13	
	(팀 1) 채권관리 : (팀 1) 채권관리	
	채권관리영업실 주재	
	(사업부 3) 승용 : (팀 2) 승용판촉, 승용특판	
	(실 1) 영업 : 중부, 동부, 서부, 남부, 북부, 인천, 택시	
	영업소 197	
	상용 : (팀 4) 상용판촉, 상용특판, 특장업무, 특장설계	
	(실 1) 영업 : 강남상용, 강북상용, 인천상용, 버스, 트럭	
	영업소 61	
	써비스 : (팀 5) 써비스지원, 써비스교육, 고객써비스1, 고객써비스2, 상용써비스	
	해외영업 : (사업부 1) 부품	
	(센터 2) 생산기술, 정보기술	
	(본부 1) 연구개발 : (연구소 5) 중앙, 승용제품개발1, 승용제품개발2, 상용제품개발, 디자인	
	(사업부 1) 부품개발	
출자 계열회사 (지분)	10개 :	
	상장 5 - 고려산업개발 (10.04%), 대한알루미늄공업 (12.01), 인천제철 (7.82), 현대전자산업 (7.46), 현대종합상사 (6.49)	
	비상장 5 - 현대경제연구원 (20), 현대석유화학 (12.66), 현대유니콘스 (25), 현대정유 (6.43), 현대할부금융 (36.12)	

주 : 1) 2000년8월 최대주주가 정주영에서 현대정공(주)(2000년10월21일부터 현대모비스(주))로 변경 ; 2000년9월1일 현대그룹으로부터 계열 분리 ; 2001년4월2일 현대자동차그룹이 대규모기업

집단으로 지정됨.

2) 지분은 보통주 기준, 주주는 보통주/우선주 기준, 1998년12월31일 현재 ; 계열회사에 대한 지분은 보통주/우선주 기준.

3) 계열회사－현대건설(5.22%), 현대산업개발(1.07), 고려산업개발(0). 기타(23명)는 출처에 '정세영 외 22명'으로 표시되어 있음. 5% 이상 지분 소유 주주－현대중공업(13.61), 미쓰비시상사(6.49), 미쓰비시자동차(5.33), 현대건설(5.22).

4) 출처의 '임원의 현황'에 등기임원 표시 없음, 등기임원 수는 출처의 다른 정보와 일반적인 관행을 바탕으로 추측한 것임. 주주이사 1명은 일본인. 비상근감사 : 사외(박병일)－직업 표시 없음.

5) 현대그룹 계열회사는 57개(상장 21, 비상장 36).

6) a) 1997년12월31일 현재 지분 : 최대주주 및 특수관계인(27.59%) ; 최대주주－현대중공업(13.98), 특수관계인 27명(13.61) ; 계열회사 3개(7.16 ; 현대건설 5.36, 현대산업개발 1.1, 고려산업개발 0.7) ; 정세영 외 23명(6.45 ; **정세영** 3.77, **정몽규** 2.28).

   b) 1997년12월31일 현재 이사/임원 : **정세영**－명예회장, **정몽규**－회장 ; 비상근사내이사 3명 (**정몽헌**(현대그룹회장), 일본인 1명), 비상근사외이사 3명은 1998년3월에 선임된 것으로 보임 ; 감사 1명(상근 ; 비상근사외감사 1명이 1998년3월에 추가 선임된 것으로 보임).

출처 : 현대자동차(주), 『제31기 사업보고서』>(1998.1.1~12.31) ; 『제30기 사업보고서』(1997.1.1~12.31).

<표 16.3.2> 현대자동차(주), 2001년12월

주주총회 (지분)	주주	- 90,481명
	최대주주 및 특수관계인	- 19명 (20.44%)
	최대주주 (현대모비스)	1 (11.49)
	특수관계인	18 (8.96)
	계열회사	1 (4.87)
	기타	17 (4.09 ; **정몽구** 4.08)
이사회	이사 (등기임원)	- 6명 : 상근 2=사내이사 　　　　대표이사회장 (**정몽구**, 의장) 　　　　대표이사사장 　　　　비상근 4=사외이사
위원회	사외이사후보추천	- 4명 : 사내이사 2 (대표이사회장 **정몽구**, 　　　　　　　　대표이사사장) 　　　　사외이사 2
	감사	- 3명 : 사외이사 * 상시감사보조요원 41명
집행임원	132명 : 　　등기 2 - 회장 (대표이사, **정몽구**), 사장 (대표이사) 　　미등기 130 - 부회장 1, 부사장 15 / 전무 20, 상무 45, 이사 49	
직원	48,831명 : 일반사무직 13,601, 정비생산직 28,673, 영업직 6,557	
업무부서	(본부 4) 기획, 지원, 재경, 품질관리 (부문 1) 생산 : (공장 3) 울산, 전주, 아산 (본부 2) 공작기계사업 　　　　자재 : (사업부 2) 자재, 부품개발 (본부 3) 국내영업 : (실 3) 영업지원 : (팀 7) 판매지원, 업무지도, 물류운영, 판매정보운영, 　　　　　　　　　　대리점지원, 판매교육, 중고차사업 　　　　　　　출고센터 14, 배송센터 1 　　　RV판촉 : (팀 1) RV판촉 　　　　　(지역본부 1) 경인 　　　국내마케팅 : (팀 4) 기획조사, 승용상품전략, 상용상품전략, 광고 　　(팀 1) 채권관리 : (팀 2) 채권관리1, 채권관리2 　　　　　채권관리지역사업실 주재 　　(사업부 2) 승용 : (팀 2) 승용판촉, 승용특판 　　　　　　(지역본부 22) 중부, 동부, 서부, 남부, 북부, 인천, 택시경인, 경기남부, 　　　　　　　경기서부, 강원, 충북, 대전, 충남, 전북, 전남, 대구, 　　　　　　　경북동부, 경북서부, 부산, 경남, 울산, 제주 　　　　　상용 : (팀 5) 소상판촉, 대상판촉, 상용특판, 특장업무, 특장설계 　　　　　　(지역본부 7) 강남상용, 강북상용, 인천상용, 트럭경인, 　　　　　　　버스경인, 경북상용, 부산상용 　A/S사업 : (사업부 2) 써비스, 부품 　해외영업 　(센터 1) 생산기술 　(본부 1) 연구개발 : (연구소 5) 울산, 남양, 선행, 상용, 디자인	

출자 계열회사 (지분)	13개 : 상장 2 - 기아자동차 (34.47%), 현대하이스코 (23.43) 비상장 11 - 다임러현대상용차 (50), 로템 (78.36), 엔지비 (43.9), 제주다이너스티 (50), 케피코 (50), 퍼스트씨알비 (20), 한국DTS (49.93), 현대캐피탈 (85.57), 현대파워텍 (50), autoever.com (25), e-HD.com (49.3)

주 : 1) 2000년8월 최대주주가 정주영에서 현대정공(주)(2000년10월21일부터 현대모비스(주))로 바뀜 ; 2000년9월1일 현대그룹으로부터 계열 분리 ; 2001년4월2일 현대자동차그룹이 대규모기업집단으로 지정됨.

2) 지분은 보통주 기준, 주주는 보통주/우선주 기준, 2001년12월31일 현재 ; 계열회사에 대한 지분은 보통주/우선주 기준.

3) 계열회사-INI스틸. 기타(17명)는 출처에 '정몽구외 16명'으로 표시되어 있음. 5% 이상 지분 소유 주주-현대모비스(11.49), 다임러크라이슬러(10.46). 집중투표제 없음.

4) 출처의 '임원의 현황'에 등기임원 표시 없음, 등기임원 수는 출처의 다른 정보를 바탕으로 추측한 것임. 사외이사 1명은 일본인.

5) 그룹 계열회사는 21개, 출자 계열회사 중 상장회사는 2003년 기준임.

6) a) 2000년12월31일 현재 지분 : 최대주주 및 특수관계인(15.19%) ; 최대주주-현대모비스(10.99), 특수관계인 23명(4.2) ; 주주회사-현대중공업(0.29), 기타 22명(3.91 ; **정몽구** 3.89).

b) 2000년12월31일 현재 이사/임원 : **정몽구**-대표이사회장, 이사회 의장, 사외이사후보추천위원회 위원 ; 사외이사후보추천위원회는 사내이사 2명(대표이사회장, 대표이사사장)과 사외이사 2명으로 구성.

출처 : 현대자동차(주), 『제34기 사업보고서』(2001.1.1~12.31) ; 『제33기 사업보고서』(2000.1.1~12.31) ; 『제36기 사업보고서』(2003.1.1~12.31).

<표 16.3.3> 현대자동차(주), 2003년12월

주주총회 **(지분)**	주주	- 67,932명
	최대주주 및 특수관계인	- 20명 (24.6%)
	최대주주 (**현대모비스**)	1 (14.53)
	특수관계인	19 (10.07)
	계열회사	1 (4.86)
	기타	18 (5.21 ; **정몽구** 5.19)
이사회	이사 (등기임원)	- 8명 : 상근 3=사내이사 　대표이사회장 (**정몽구**, 의장) 　대표이사부회장 　사장 비상근 5=주주이사 1 　사외이사 4
위원회	사외이사후보추천	- 4명 : 사내이사 2 (대표이사회장 **정몽구**, 　대표이사부회장) 　사외이사 2
	감사	- 3명 : 사외이사 ＊ 상시감사보조요원 37명
집행임원	161명 : 　등기 3 - 회장 (대표이사, **정몽구**), 부회장 (대표이사), 사장 　미등기 158 - 사장 3, 부사장 15 / 전무 26, 상무 51, 이사 60 / 고문역 3	
직원	51,471명 : 일반사무직 14,415, 정비생산직 30,269, 영업직 6,728, 기타 59	
업무부서	(본부 6) 경영지원, 기획총괄, 재경, 품질총괄, 구매총괄, 생산개발총괄 (실 4) 기획관리, 기획, 감사, 홍보 (센터 1) 인재개발 (사업부 1) 공작기계 (담당 1) 중국사업 (공장 3) 울산, 아산, 전주 (본부 5) 마케팅총괄 국내영업 : (사업부 1) 영업지원 : 　　　　　　　　　(실 2) 운영지원 : (팀 5) 영업운영, 업무지도, 대리점지원, 판매교육, 　　　　　　　　　　　　　물류운영 　　　　　　　　　출고센터 13, 배송센터 1 　　　　　CS추진 : (팀 1) CS기획 　　　　　　　　　(센터 1) 고객 　　　(실 3) 승용판촉 : (팀 3) 승용판촉, RV판촉, 특판 　　　　　소상판촉 : (팀 3) 소상판촉, 소상특장, 특수영업 　　　　　지역사업 : (28) 중앙, 동부, 서부, 남부, 동북부, 서북부, 인천동부, 인천서부, 　　　　　　　　　택시경인, 경기남부, 경기서부, 강원, 충북, 대전, 충남, 전북, 　　　　　　　　　전남, 광주, 대구동부, 대구서부, 경북동부, 경북서부, 　　　　　　　　　부산중부, 부산동부, 경남동부, 경남서부, 울산, 제주 　　상용사업 : (사업부 1) 상용판매 : 　　　　　　　　　(실 2) 상용국내영업 : (팀 5) 상용판촉, 상용특판, 특장, 상용서비스, 　　　　　　　　　　　　　상용채권관리 　　　　　　　　　　(실 2) 트럭경인지역사업, 버스경인지역사업 　　　　　상용수출 : (팀 2) 상용상품, 상용판매기획 　　A/S총괄	

해외영업
(센터 1) 정보기술
(본부 1) 연구개발 : (실 3) 연구개발기획조정, 설계원가, VE추진
(사업부 1) 연구개발지원
(센터 6) 파이롯트, 제품개발1, 시험, 설계, 선행개발, 자동차전자개발
(연구소 3) 소하리, 파워트레인, 디자인

출자 계열회사 (지분)	13개 :
	상장 2 - 기아자동차 (37.33%), 현대하이스코 (26.13)
	비상장 11 - 다이모스 (47.27), 다임러현대상용차 (50), 로템 (78.36),
	오토에버시스템즈 (25), 위아 (45.30), 엔지비 (53.66),
	케피코 (50), 현대카드 (56.89), 현대캐피탈 (84.24),
	현대파워텍 (50), e-HD.com (41.56)

주 : 1) 2000년8월 최대주주가 정주영에서 현대정공(주)(2000년10월21일부터 현대모비스(주))로 바뀜 ; 2000년9월1일 현대그룹으로부터 계열 분리 ; 2001년4월2일 현대자동차그룹이 대규모기업집단으로 지정됨.

2) 지분은 보통주 기준, 2004년3월30일 현재 ; 계열회사에 대한 지분은 2004년 2월말 현재 ; 주주는 보통주/우선주 기준, 2003년12월31일 현재.

3) 계열회사-INI스틸. 기타(18명)는 출처에 '정몽구외 17명'으로 표시되어 있음. 5% 이상 지분 소유 주주-현대모비스(14.53), 다임러크라이슬러(10.44), 캐피탈그룹 인터내셔널 인코포레이티드(5.59), **정몽구**(5.19). 집중투표제 없음.

4) 주주이사는 독일인, 사외이사 1명은 일본인. 겸직(2004년3월30일 현재) : 대표이사회장(**정몽구**)-현대모비스, 기아자동차 대표이사, 현대캐피탈, 로템, 엔지비, 현대파워텍 이사 ; 대표이사부회장(김동진)-e-HD.com 대표이사, 현대파워텍, 다임러현대상용차 이사 ; 사외이사(김광년)-현대하이스코 이사. **정의선**-2004년3월 현대자동차 미등기부사장, 기아자동차 등기부사장으로 선임됨.

5) 2004년3월30일 현재 그룹 계열회사는 25개(상장 6, 비상장 19).

출처 : 현대자동차(주), 『제36기 사업보고서』(2003.1.1~12.31) ; 기아자동차(주), 『제60기 사업보고서』(2003.1.1~12.31).

<표 16.3.4> 현대자동차(주), 2005년12월

주주총회 (지분)	주주	- 67,265명
	최대주주 및 특수관계인	- 20명 (25.1%)
	최대주주 (현대모비스)	1 (14.56)
	특수관계인	19 (10.54)
	친족	14 (5.22 ; **정몽구** 5.2, **정의선** 0)
	임원	4 (0.03)
	계열회사	1 (5.29)
이사회	이사 (등기임원)	- 7명 : 상근 3=사내이사 대표이사회장 (**정몽구**) 대표이사부회장 이사 비상근 4=사외이사
위원회	사외이사후보추천	- 4명 : 사내이사 2 (대표이사회장 **정몽구**, 대표이사부회장) 사외이사 2
	감사	- 3명 : 사외이사 * 상시감사보조요원 43명
집행임원	170명 :	
	등기 3 - 회장 (대표이사, **정몽구**), 부회장 (대표이사) / 이사	
	미등기 167 - 부회장 2, 사장 8 (**정의선**), 부사장 20 / 전무 28, 상무 47, 이사 59 / 고문 3	
직원	54,115명 : 일반사무직 16,222, 정비생산직 31,398, 영업직 6,447, 기타 48	

업무부서	(본부 2) 경영지원, 재경
	(실 2) 홍보, 기획
	(공장 3) 울산, 아산, 전주
	(본부 3)
	국내영업 : (실 1) 판매전략
	    (사업부 2) 영업지원 : (실 2) 운영지원, 대리점운영
	      판매 : (실 2) 판매추진, 판매지원
	    (지역본부 25) 중앙, 동부, 서부, 남부, 동북부, 서북부, 인천, 택시경인,
	      경기남부, 경기서부, 강원, 충북, 대전, 충남, 전북, 전남, 광주,
	      대구, 경북동부, 경북서부, 부산, 경남동부, 경남서부, 울산, 제주
	  상용사업 : (사업부 1) 상용판매 :
	    (실 2) 상용수출
	      상용국내영업 : (팀 5) 상용판촉, 상용특판, 특장, 상용영업지원,
	      상용써비스
	      (지역본부 4) 트럭경인, 버스경인,
	      충청호남상용, 영남상용
	  해외영업 : (실 6) 수출기획, 수출1, 수출2, 수출3, 수출지원, 해외써비스
	  (본부 1) 연구개발총괄 : (사업부 1) 연구개발지원
	    (실 2) 연구개발기획조정, 하이브리드개발
	    (센터 5) 제품개발1, 시험, 설계, 선행개발, 자동차전자개발
	    (연구소 4) 소하리, 파워트레인, 디자인, 상용	

출자	16개 :	
계열회사	상장 3 - 기아자동차 (38.67%), 현대오토넷 (21.62), 현대하이스코 (26.13)	
(지분)	비상장 13 - 다이모스 (47.27), 로템 (78.36), 만도맵앤소프트 (13.97),	
	오토에버시스템즈 (25), 위아 (39.46), 엔지비 (53.66),	
	카네스 (50), 케피코 (50), 파텍스 (56), 현대카드 (31.04),	
	현대캐피탈 (56.12), 현대파워텍 (50), 해비치레저 (50)	

주 : 1) 2000년8월 최대주주가 정주영에서 현대정공(주)(2000년10월21일부터 현대모비스(주))로 바
    뀜 ; 2000년9월1일 현대그룹으로부터 계열 분리 ; 2001년4월2일 현대자동차그룹이 대규모기업
    집단으로 지정됨.
  2) 지분은 보통주 기준, 주주는 보통주/우선주 기준, 2005년12월31일 현재.
  3) 친족-정윤이(0%), 변중석(0), 정몽익(0), 정몽국(0), 정몽석(0), 정성이(0), 정명이(0), 정몽원(0),
    정정숙(0), 정몽진(0), 정몽열(0), 정지혜(0) (보유 주식 수가 조금 차이가 나거나 같음). 계열회
    사-현대제철. 5% 이상 지분 소유 주주-현대모비스(14.56), 캐피탈리서치 앤 매니지먼트 컴
    퍼니(6), 현대제철(5.29), **정몽구**(5.2), 캐피탈그룹 인터내셔널 인코포레이티드(5.61). 집중투표제
    없음.
  4) 사외이사 1명은 일본인. 미등기사장(**정의선**)-기획총괄본부 경영기획담당. 겸직 : 대표이사회
    장(**정몽구**)-현대모비스, 기아자동차 대표이사회장, 현대제철, 현대파워텍 이사 ; 대표이사부
    회장(김동진)-현대파워텍 이사 ; 등기이사(전천수)-현대파워텍 대표이사부회장 ; 사외이사(김
    광년)-현대하이스코 사외이사.
  5) 2006년3월31일 현재 그룹 계열회사는 40개(상장 10(1개는 코스닥등록), 비상장 30). 2006년3월
    INI스틸이 현대제철로 상호 변경됨.
출처 : 현대자동차(주), 『제38기 사업보고서』(2005.1.1~12.31) ; 『제38기 분기보고서』(3분기, 2005.1.1~
    9.30).

4. 현대하이스코(주)

<표 16.4.1> 현대하이스코(주), 2001년12월

주주총회 (지분)	주주	– 13,509명
	최대주주 및 특수관계인	– 5명 (60.8%)
	최대주주 (현대자동차)	1 (23.43)
	특수관계인	4 (37.37)
	친족	1 (3.67)
	계열회사	3 (33.7)
이사회	이사 (등기임원)	– 8명 : 상근 4=사내이사
		회장
		대표이사사장
		부사장
		전무
		비상근 4=사외이사
위원회	사외이사후보추천	– 3명 : 사내이사 1 (대표이사사장)
		사외이사 2
	감사	– 3명 : 사외이사
		* 상시감사보조요원 3명

집행임원 13명 :
　등기 4 – 회장, 사장 (대표이사), 부사장 / 전무
　미등기 9 – 부사장 1 / 전무 1, 상무 3, 이사 4

직원 1,124명 : 관리사무직 495, 생산직 615, 기타 14

업무부서
(팀 1) 업무개선
(본부 1) 관리 : (팀 1) 재정
　　　　　　　(담당 4) 기획 : (팀 1) 경영기획
　　　　　　　　　　　경영지원 : (팀 1) 관리지원
　　　　　　　　　　　원료 : (팀 1) 원료
　　　　　　　　　　　경리 : (팀 4) 경리 (울산, 순천)
　　　　　　　　　　　　　　　정보기술 (울산, 순천)
　(공장 2) 강관 : (담당 3) 경리 : (팀 1) 업무지원
　　　　　　　　　　생산지원 : (팀 3) 자재구매, 생산관리, 품질보증
　　　　　　　　　　생산기술 : (팀 3) 강관생산, 공정기술, 설비관리
　　　　　　　냉연 : (담당 3) 생산지원 : (팀 2) 업무지원, 품질보증
　　　　　　　　　　자재설비 : (팀 2) 자재관리, 설비관리
　　　　　　　　　　생산기술 : (팀 5) 냉연, 표면처리, TWB, 공정기술, 생산관리
　　　(연구소 1) 기술 : (실 4) 연구관리, 표면처리연구,
　　　　　　　　　　　　　자동차강판연구, 소성가공연구
　(본부 1) 영업 : (팀 1) 영업관리
　　　　　　　(담당 3) 냉연영업 : (팀 1) 냉연영업
　　　　　　　　　　　강관영업 : (팀 2) 강관영업1 (서울), 강관영업2 (울산)
　　　　　　　　　　　해외영업 : (팀 1) 해외영업

출자 계열회사 (지분) ?

주 : 1) 2000년9월1일 현대그룹으로부터 계열 분리 ; 2001년2월1일 현대강관(주)가 현대하이스코(주)로

상호 변경됨 ; 2001년4월2일 현대자동차그룹이 대규모기업집단으로 지정됨.
2) 지분과 주주는 보통주 기준, 2001년12월31일 현재 ; 계열회사에 대한 지분 정보 없음.
3) 친족-**정몽구**. 계열회사-기아자동차(21.57%), INI스틸(7.59), 현대캐피탈(4.54). 5% 이상 지분 소유 주주-현대자동차(23.43), 기아자동차(21.57), Northport Capital International Limited(16.63), Kawasaki Steel Corporation(12.98), INI스틸(7.59). 집중투표제 없음.
4) 사내이사 : 2001년12월31일 회장, 전무 사임 ; 2002년3월15일 전무 2명(**신성재**) 선임.
5) 그룹 계열회사는 22개(상장 6, 비상장 16).
출처 : 현대하이스코(주), 『제27기 사업보고서』(2001.1.1~12.31).

<표 16.4.2> 현대하이스코(주), 2003년12월

주주총회 (지분)	주주	– 11,288명
	최대주주 및 특수관계인	– 7명 (60.96%)
	최대주주 (현대자동차)	1 (26.1)
	특수관계인	6 (34.86)
	친족	2 (4.14 ; **신성재** 0.04)
	임원	2 (0.02)
	계열회사	2 (30.7)
이사회	이사 (등기임원)	– 8 : 상근 4=사내이사
		부회장 1
		대표이사사장 1
		부사장 2 (**신성재**)
		비상근 4=사외이사
위원회	사외이사후보추천	– 4명 : 사내이사 2 (부회장, 대표이사사장)
		사외이사 2
	감사	– 3명 : 사외이사
		* 상시감사보조요원 4명
집행임원	12명 :	
	등기 4 – 부회장 1, 사장 1 (대표이사), 부사장 2 (**신성재**)	
	미등기 8 – 전무 1, 상무 4, 이사 3	
직원	1,093명 : 관리사무직 479, 생산직 599, 기타 15	
업무부서	(팀 2) 업무개선, PCI추진	
	(본부 1) 관리 : (팀 6) 경영기획, 관리지원, 정보기술,	
	재정 (서울), 경리 (울산, 순천)	
	(공장 2) 강관 : (팀 8) 업무지원, 외주관리, 물류관리, 생산관리, 품질보증,	
	강관생산, 공정기술, 설비관리	
	냉연 : (팀 10) 업무지원, 품질보증, 자재관리, 설비관리,	
	냉연, 표면처리, TWB, 공정기술, 생산관리, #2 CGL건설	
	(연구소 1) 기술 : (실 4) 연구관리, 표면처리연구,	
	자동차강관연구, 소성가공연구	
	(본부 1) 영업 : (팀 8) 영업관리, 구매, 냉연영업, 자동차영업,	
	강관영업1 (서울), 강관영업2 (울산),	
	해외영업, 해외사업지원	
출자 계열회사 (지분)	(없음)	

주 : 1) 2000년9월1일 현대그룹으로부터 계열 분리 ; 2001년2월1일 현대강관(주)가 현대하이스코(주)로
　　　상호 변경됨 ; 2001년4월2일 현대자동차그룹이 대규모기업집단으로 지정됨.
　　 2) 지분과 주주는 보통주 기준, 2003년12월31일 현재.
　　 3) 친족 – **정몽구**(4.1%). 계열회사 – 기아자동차(24.1), INI스틸(6.6). 5% 이상 지분 소유 주주 – 현
　　　대자동차(26.1), 기아자동차(24.1), Kawasaki Steel(14.5), INI스틸(6.6). 집중투표제 없음.
　　 4) 등기부사장(**신성재**) – 영업본부장.
　　 5) 2004년1월5일 현재 그룹 계열회사는 25개(상장 6, 비상장 19).
　　 출처 : 현대하이스코(주), 『제29기 사업보고서』(2003.1.1～12.31).

<표 16.4.3> 현대하이스코(주), 2005년12월

주주총회	주주	- 20,766명
(지분)	최대주주 및 특수관계인	- 5명 (50.12%)
	최대주주 (현대자동차)	1 (26.13)
	특수관계인	4 (23.99)
	친족	2 (10.04 ; **정몽구** 10, **신성재** 0.04)
	임원	1 (0.04)
	계열회사	1 (13.91)
이사회	이사 (등기임원)	- 5명 : 상근 2=사내이사
		대표이사부회장
		대표이사사장 (**신성재**)
		비상근 3=사외이사
위원회	사외이사후보추천	- 4명 : 사내이사 2 (대표이사부회장,
		대표이사사장 **신성재**)
		사외이사 2
	감사	- 3명 : 사외이사
		* 상시감사보조요원 2명
집행임원	16명 :	
		등기 2 - 부회장 (대표이사), 사장 (대표이사, **신성재**)
		미등기 14 - 회장 1 (**정몽구**), 부사장 1 / 전무 2, 상무 4, 이사 6
직원	1,146명 : 관리사무직 611, 생산직 512, 기타 23	
업무부서	(실 1) 전략기획 : (팀 1) 경영기획	
	(담당 1) PCI : (팀 1) PCI	
	(팀 1) 업무개선	
	(본부 3) 경영지원 : (팀 3) 경영지원, 인재개발, 정보기술	
	구매 : (팀 3) 전략구매, 원료, 자재	
	재경 : (팀 3) 재정, 회계, 경영분석	
	(공장 3) 당진 : (팀 8) 업무지원, 생산지원, 품질보증, 설비관리, 시스템개발,	
	공정기술, 냉연, 표면처리	
	순천 : (팀 8) 업무지원, 생산지원, 품질보증, 설비관리,	
	냉연, 표면처리, TWB, 공정기술	
	울산 : (팀 6) 업무지원, 생산지원, 품질보증, 설비, 생산, AP	
	(본부 1) 영업 : (팀 9) 영업기획, 마케팅,	
	냉연영업, 국내자동차영업, 해외자동차영업,	
	강관영업1, 강관영업2,	
	해외영업1, 해외영업2	
	(연구소 1) 기술 : (팀 4) 연구개발 (서울, 당진, 순천, 울산)	
출자 계열회사 (지분)	1개 :	
	비상장 - 해비치레저 (5%)	

주 : 1) 2000년9월1일 현대그룹으로부터 계열 분리 ; 2001년2월1일 현대강관(주)가 현대하이스코(주)로
　　　상호 변경됨 ; 2001년4월2일 현대자동차그룹이 대규모기업집단으로 지정됨.
　　2) 지분과 주주는 보통주 기준, 2005년12월31일 현재.
　　3) 계열회사-기아자동차. 5% 이상 지분 소유 주주-현대자동차(26.13), 기아자동차(13.91), JFE
　　　Steel (12.98), **정몽구**(10). 집중투표제 없음.
　　4) 임원은 2006년3월31일 현재. 미등기회장(**정몽구**)-비상근.
　　5) 업무부서는 사업보고서 내용을 중심으로 하면서 분기보고서 내용을 참조함.
　　6) 2006년3월31일 현재 그룹 계열회사는 40개(상장 10(1개는 코스닥등록), 비상장 30).

출처 : 현대하이스코(주), 『제31기 사업보고서』(2005.1.1~12.31) ; 『제31기 분기보고서』(3분기, 2005.1.
1~9.30).

5. INI스틸(주)

<표 16.5.1> INI스틸(주), 1998년12월

주주총회 (지분)	주주	- 8,388명
	최대주주 및 특수관계인	- 9명 (47.03%)
	최대주주 (현대산업개발)	1 (15.11)
	특수관계인	8 (31.93)
	친족	2 (14.44 ; **정몽구** 12.11)
	계열회사임원	2 (0.03)
	계열회사	3 (16.81)
	자사주펀드	1 (0.65)
이사회	이사 (등기임원)	- 8명 : 상근 3=사내이사
		대표이사회장 (**정몽구**)
		사장
		부사장
		비상근 5=사내이사 3
		사외이사 2
감사	(등기임원)	- 2명 (상근사내, 비상근사외)
집행임원	18명 :	
	등기 3 - 회장 (대표이사, **정몽구**), 사장, 부사장	
	미등기 15 - 부사장 2 / 전무 2, 상무 5, 이사 6	
직원	2,750명 : 관리사무직 526, 생산직 2,130, 기타 103	
업무부서	(본부 2) 지원 : (팀 3) 인사, 총무, 비상계획	
	인재개발원	
	기획재경구매 : (팀 6) 경영기획, 정보기술, 업무개선, 원료구매, 내자구매, 외자구매	
	(부 2) 재정, 경리	
	(본부 2) 생산 : (팀 10) 제품출하, 생산관리, 품질보증, 환경안전, 기계,	
	설비, 전기, 로재, STS지원, 3TOP추진	
	(부 8) 대형제강, 소형제강, 120톤제강, 대형압연, 철근압연,	
	중형1압연, 중형2압연, STS생산	
	주강사업 : (팀 2) 주강생산, 주강영업	
	(부 1) 40톤제강	
	(본부 1) 영업 : (팀 12) 영업기획, 시장개발, 그룹영업, STS영업, 관수,	
	강남철근, 강남형강, 강북철근, 강북형강, 인천영업,	
	해외영업1, 해외영업2	
	(영업소 4) 대전, 광주, 대구, 부산	
	(본부 1) 기술 : (연구소 1) 기술 : (팀 4) 연구, 기술, 제품개발, 시험분석	
출자 계열회사 (지분)	6개 :	
	상장 5 - 고려산업개발 (5.22%), 대한알루미늄 (1.82), 현대건설 (1.58),	
	현대정공 (21.1), 현대차써비스 (1.13)	
	비상장 1 - 현대정유 (5.51)	

주 : 1) 2000년9월1일 현대그룹으로부터 계열 분리 ; 2001년4월2일 현대자동차그룹이 대규모기업집단으로 지정됨 ; 2001년7월27일 인천제철(주)가 INI스틸(주)로 상호 변경됨.
2) 지분은 보통주 기준, 1999년3월19일 현재(1999년2월27일 유상증자) ; 계열회사에 대한 지분은 1998년12월31일 현재 ; 주주는 보통주 기준, 1998년12월31일 현재.
3) 친족-**정주영**(2.33%). 계열회사-현대자동차(7.82), 현대전자산업(7.82), 현대종합상사(1.17). 5%

이상 지분 소유 주주(1999년2월27일 현재) – 현대산업개발(15.11), **정몽구**(12.11), 현대자동차(7.82), 현대전자산업(7.82).

4) 비상근감사 : 사외(장영) – 증권감독원 외부감사심의위원회 심의위원보. 이사/집행임원과 업무부서는 1999년3월19일 현재. 직원 수는 1998년12월31일 현재,

5) 현대그룹 계열회사는 57개(상장 22, 비상장 35).

6) a) 1998년12월31일 현재 주요 주주 지분 : **정몽구**(22.2%), 현대산업개발(5), 현대자동차, 현대전자산업, 현대종합상사, **정주영** 지분은 1999년3월19일 현재와 같음.

   b) 1997년12월31일 현재 지분 : 최대주주 및 특수관계인(41.37%) ; 최대주주 – 현대중공업(22.2), 특수관계인 13명(19.17) ; **정주영**(2.33), 계열회사 임원 9명(0.03), 계열회사 3개(16.81 ; 현대자동차 7.82, 현대전자 7.82, 현대종합상사 1.17).

   c) 1997년12월31일 현재 이사/임원 : **정몽구**(그룹회장) – 회장, 노관호 – 대표이사사장 ; 비상근사내이사, 사외이사 없음(1998년3월 각각 2명 선임) ; 감사는 상근 1명(1998년3월 비상근사외감사 1명 추가 선임).

출처 : 인천제철(주), 『제34기 사업보고서』(1998.1.1~12.31) ; 『제33기 사업보고서』(1997.1.1~12.31).

<표 16.5.2> INI스틸(주), 2001년12월

주주총회 (지분)	주주	- 19,458명
	최대주주 및 특수관계인	- 5명 (42.35%)
	최대주주 (기아자동차)	1 (11.52)
	특수관계인	4 (30.83)
	친족	1 (7.16)
	계열회사	1 (1.04)
	자기주식	1 (22.21)
	자사주펀드	1 (0.42)
이사회	이사 (등기임원)	- 10명 : 상근 3=사내이사
		대표이사회장
		대표이사사장
		감사위원
		비상근 7=사내이사 1
		사외이사 6
위원회	사외이사후보추천	- 3명 : 사내이사 1 (대표이사사장)
		사외이사 2
	감사	- 3명 : 상근감사위원 1
		사외이사 2
		* 상시감사보조요원 5명
집행임원	30명 :	
	등기 2 - 회장 (대표이사), 사장 (대표이사)	
	미등기 28 - 부사장 4 / 전무 2, 상무 10, 이사 12	
직원	4,553명 : 관리사무직 915, 생산직 3,534, 기타 104	
업무부서	(부문 1) 지원 : (본부 4) 전략기획 : (팀 4) 전략기획, 정보기획, 경영혁신, 포항공장혁신	
	경영지원 : (팀 3) 인사, 총무, 인재개발	
	구매 : (팀 5) 구매기획, 내자, 외자, 원료구매, 자재 (포항)	
	재경 : (팀 4) 경리, 재정, IR, 재경 (포항)	
	(공장 2) 인천 : (본부 2) 지원 : (팀 3) 인력운영, 제품출하, 비상계획	
	생산 : (팀 10) 생산공정, 품질보증, 원료, 환경안전, 기계, 설비,	
	전기, STS공정, 로재, ROLL설계	
	(부 10) 대형제강, 중형제강, 소형제강, 철근제강, 대형압연,	
	중형압연, 철근압연, 주강생산, 주단강제강, STS생산	
	포항 : (본부 2) 지원 : (팀 4) 인력운영, 제품출하, 비상계획, 총무	
	생산 : (팀 9) 생산공정, 품질보증, 원료, 환경안전,	
	기계, 설비, 전기, 로재, ROLL설계	
	(부 11) 대형제강, 중형제강, 소형제강, 대형압연, 중형압연,	
	철근압연, ROLL제조, 기계생산, 중기생산,	
	철구생산, 주조	
	(부문 1) 영업 : (실 1) 영업기획 : (팀 2) 영업기획, C/S	
	(본부 3) 국내영업 : (팀 15) 철근1, 철근2, 특판, 형강1, 형강2, 원형강, 관수,	
	STS, 시장개발, 대전영업, 광주영업, 대구영업,	
	인천영업, 부산형강, 부산철근특수강	
	중공업영업 : (팀 5) 중공업관리, 중기영업,	
	기계영업, 주강영업, ROLL영업	
	해외영업 : (팀 4) 해외영업1, 해외영업2, 수출관리, STS수출	

```
        (부문 1) 기술 : (담당 1) 생산기획 : (팀 1) 생산기획
            (본부 1) 기술 : (연구소 1) 기술 : (팀 3) 기술전략, 기술, IE추진
                            (실 5) 조강연구, 제강연구, 압연연구,
                                Roll연구, 시험분석
```

출자	5개 :	
계열회사		상장 4 – 삼미특수강 (68.42%), 현대모비스 (6.98), 현대자동차 (4.87),
(지분)		현대하이스코 (7.59)
	비상장 1 – 한국DTS (19.95)	

주 : 1) 2000년9월1일 현대그룹으로부터 계열 분리 ; 2001년4월2일 현대자동차그룹이 대규모기업집단
으로 지정됨 ; 2001년7월27일 인천제철(주)가 INI스틸(주)로 상호 변경됨.

2) 지분은 보통주 기준, 주주는 보통주/우선주 기준, 2001년12월31일 현재.

3) 친족－**정몽구**. 계열회사－현대캐피탈. 5% 이상 지분 소유 주주－기아자동차(11.52), 한국산업
은행(8.28), **정몽구**(7.16).

4) 대표이사회장 박세용은 2001년12월22일 사임, 유인균이 2002년3월8일 선임됨. 업무부서는
2002년3월31일 현재.

5) 그룹 계열회사는 21개(상장 6, 비상장 15).

6) a) 2000년12월31일 현재 지분 : 최대주주 및 특수관계인 (34.48%) : 최대주주－**정몽구**(7.16), 특
수관계인 3명(27.33) ; 계열회사－현대자동차(4.7), 자사주펀드(0.42), 자기주식(22.21).

b) 2000년12월31일 현재 이사/임원 : 사외이사후보추천위원회는 사내이사 2명(대표이사회장,
대표이사사장)과 사외이사 2명으로 구성 ; 감사위원회는 상근감사위원 1명과 비상근사외
이사 2명으로 구성.

출처 : INI스틸(주), 『제37기 사업보고서』(2001.1.1～12.31) ; 『제36기 사업보고서』(2000.1.1～12.31).

<표 16.5.3> INI스틸(주), 2003년12월

주주총회 (지분)	주주	– 14,692명
	최대주주 및 특수관계인	– 4명 (49.92%)
	최대주주 (기아자동차)	1 (18.36)
	특수관계인	3 (31.55)
	친족	1 (8.8)
	계열회사	1 (5.45)
	자기주식	1 (17.3)
이사회	이사 (등기임원)	– 8명 : 상근 3=사내이사
		대표이사회장
		대표이사사장
		상무
		비상근 5=사내이사 1
		사외이사 4
위원회	사외이사후보추천	– 4명 : 사내이사 2 (대표이사회장, 대표이사사장)
		사외이사 2
	감사	– 3명 : 사외이사 (1명은 위원장)
		* 상시감사보조요원 5명
집행임원	38명 :	
	등기 3 – 회장 (대표이사), 사장 (대표이사) / 상무	
	미등기 35 – 부사장 2 / 전무 7, 상무 10, 이사 16	
직원	4,327명 : 관리사무직 903, 생산직 3,332, 기타 92	
업무부서	(부문 1) 지원 : (본부 4) 전략기획 : (팀 4) 전략기획, 경영혁신, 물류혁신, 포항공장혁신	
	경영지원 : (팀 3) 인사, 총무, 홍보	
	구매 : (팀 4) 내자, 외자, 원료구매, 자재 (포항)	
	재경 : (팀 5) 회계, 경영분석, 재정, IR, 재경 (포항)	
	(실 1) IT : (팀 1) 정보기획	
	(공장 2) 인천 : (본부 2) 지원 : (팀 3) 인력운영, 제품출하, 비상계획	
	생산 : (팀 11) 생산기획, 생산공정, 품질보증, 원료, 환경안전,	
	기계, 설비, 전기, STS공정, 로재, ROLL설계	
	(부 11) 대형제강, 중형제강, 소형제강, 철근제강, 대형압연,	
	중형압연, 소형압연, 철근압연, 주강생산,	
	주단강제강, STS생산	
	포항 : (본부 2) 지원 : (팀 4) 인력운영, 제품출하, 비상계획, 총무	
	생산 : (팀 9) 생산공정, 품질보증, 원료, 환경안전,	
	기계, 설비, 전기, 로재, ROLL설계	
	(부 10) 대형제강, 중형제강, 소형제강, 대형압연, 중형압연,	
	철근압연, ROLL제조, 기계생산, 중기생산, 주조	
	(부문 1) 영업 : (본부 5) 철근영업 : (팀 5) 철근1, 철근2, 철근3, 부산영업, 대구영업	
	형강영업 : (팀 6) 형강1, 형강2, 원형강, 대전영업, 광주영업, 인천영업	
	중공업영업 : (팀 4) 중기영업, 기계영업, 주강영업, ROLL영업	
	STS영업 : (팀 3) STS국내영업, STS해외영업, STS마케팅	
	해외영업 : (팀 3) 해외영업1, 해외영업2, 통상전략	
	(실 1) 마케팅 : (팀 4) 마케팅전략, 영업관리, 업무개선, C/S	

```
   (부문 1) 기술 : (본부 1) 기술 :
                    (연구소 1) 기술 :
                        (담당 2) 생산개발 : (팀 3) 제강기술, 압연기술, 공정기술
                            제품연구 : (팀 2) 재료연구, 특수강연구
                        (팀 1) 응용연구
```

출자	5개 :
계열회사	상장 4 - 현대모비스 (6.49%), 현대자동차 (4.87), 현대하이스코 (6.24), BNG스틸 (57.63)
(지분)	비상장 1 - 다이모스 (18.08)

주 : 1) 2000년9월1일 현대그룹으로부터 계열 분리 ; 2001년4월2일 현대자동차그룹이 대규모기업집단
　　　　으로 지정됨 ; 2001년7월27일 인천제철(주)이 INI스틸(주)로 상호 변경됨.
　　2) 지분은 보통주 기준, 주주는 보통주/우선주 기준, 2003년12월31일 현재.
　　3) 친족-**정몽구**. 계열회사-현대캐피탈. 5% 이상 지분 소유 주주-기아자동차(18.36), Isc
　　　　Cayman Ltd(17.3), **정몽구**(8.8), 현대캐피탈(5.45). 집중투표제 없음.
　　4) 사외이사 2명은 '상근감사위원'으로 되어 있음. 업무부서는 2004년3월18일 현재.
　　5) 그룹 계열회사는 26개(상장 6, 비상장 20).
출처 : INI스틸(주), 『제39기 사업보고서』(2003.1.1~12.31).

<표 16.5.4> INI스틸(주), 2005년12월

주주총회 **(지분)**	주주	- 22,853명
	최대주주 및 특수관계인	- 3명 (40.32%)
	최대주주 (기아자동차)	1 (21.39)
	특수관계인	2 (18.93)
	친족	1 (12.58 ; **정몽구**)
	계열회사	1 (6.35)
이사회	이사 (등기임원)	- 8명 : 상근 3 = 사내이사
		대표이사부회장
		부사장
		이사 (**정몽구**)
		비상근 5 = 사외이사
위원회	사외이사후보추천	- 4명 : 사내이사 2 (대표이사부회장,
		미등기대표이사사장)
		사외이사 2
	감사	- 3명 : 사외이사 (1명은 위원장)
		* 상시감사보조요원 79명
집행임원	49명 :	
	등기 3 - 부회장 (대표이사), 부사장 / 이사 (**정몽구**)	
	미등기 46 - 사장 (대표이사) 1, 부사장 4 /	
	전무 6, 상무 11, 이사 11, 이사대우 13	
직원	5,148명 : 관리사무직 1,158, 생산직 3,888, 기타 102	
업무부서	(부문 1) 지원 :	

(본부 5) 전략기획 : (팀 4) 사업전략, 시장분석, 경영정보, 경영정보 (포함)
　　　　　경영지원 : (팀 5) 인사, 총무, 홍보기획, 홍보, 사회공헌
　　　　　구매 : (팀 5) 구매기획, 설비구매, 일반구매, 자재관리1, 자재관리2
　　　　　원료구매 : (팀 2) 국내원료구매, 수입원료구매
　　　　　재경 : (팀 7) 회계, 경영분석, 재정, IR, 원가관리 (인천, 포항, 당진)
　　(실 1) IT : (팀 2) 정보기획, 정보기술 (당진)
　　(팀 1) 감사
(공장 3)
인천 : (본부 2) 지원 : (팀 4) 인력운영, 제품출하, 비상계획, 총무
　　　　　생산 : (팀 11) 생산공정, 품질보증, 원료, 토건, 환경안전,
　　　　　　　　기계, 설비, 전기, STS공정, 로재, ROLL설계
　　　　　(부 11) 대형제강, 중형제강, 소형제강, 철근제강, 대형압연, 중형압연,
　　　　　　　　소형압연, 철근압연, 주강생산, 주단강제강, STS생산
포항 : (본부 2) 지원 : (팀 3) 인력운영, 제품출하, 총무
　　　　　생산 : (팀 9) 생산공정, 품질보증, 원료, 환경안전, 기계, 설비,
　　　　　　　　전기, 로재, ROLL설계
　　　　　(부 9) 대형제강, 중형제강, 소형제강, 대형압연, 중형압연,
　　　　　　　　철근압연, ROLL제조, 기계생산, 중기생산
당진 : (본부 3) 지원 : (팀 8) 인력운영, 총무, 관재, 시설관리, 홍보,
　　　　　　　　환경안전, 제품출하, 원료
　　　　　생산 : (팀 2) 기계, 전기
　　　　　(부 4) 철근제강, 철근압연, A열연제강, A열연압연
　　　　　B열연건설 : (팀 8) 건설관리, 품질기술, 생산기획, 품질보증, 유틸리티합리화,
　　　　　　　　B열연제강기계, B열연압연기계, B열연전기
　　　　　(부 2) B열연제강, B열연압연

(본부 1) 영업총괄 :
        (실 1) 마케팅전략 : (팀 3) 마케팅전략, 마케팅관리, 고객관계
        (본부 5) 철근영업 : (팀 6) 철근1, 철근2, 철근3, 관수, 부산영업2, 대구영업
        형강영업 : (팀 7) 형강1, 형강2, 원형강, 부산영업1,
                대전영업, 광주영업, 인천영업
        중기계영업 : (팀 4) 중기영업, 기계영업, 주강영업, ROLL영업
        판재영업 : (팀 6) STS국내영업, STS해외영업, 열연영업1,
                열연영업2, 열연수출, 열연기획
        해외영업 : (팀 4) 해외영업1, 해외영업2, 해외영업3, 통상전략
(본부 1) 기술 : (본부 2) 생산기술 : (팀 6) 생산기술, 특수강기술, 품질경영,
                      환경기술, 상품개발, 생산기획
            기술개발 : (팀 5) 시설개발1, 시설개발2, 사업기획, 제강연구, 압연연구

출자	5개 :
계열회사	상장 3 - 현대모비스 (6.42%), 현대자동차 (5.29), BNG스틸 (49.54)
(지분)	비상장 2 - 현대카드 (5.36), 해비치레저 (10)

주 : 1) 2000년9월1일 현대그룹으로부터 계열 분리 ; 2001년4월2일 현대자동차그룹이 대규모기업집단
     으로 지정됨 ; 2001년7월27일 인천제철(주)이 INI스틸(주)로 상호 변경됨, 2006년3월10일 현대
     제철(주)로 상호 변경됨.
   2) 지분은 보통주 기준, 주주는 보통주/우선주 기준, 2005년12월31일 현재.
   3) 계열회사 - 현대캐피탈. 5% 이상 지분 소유 주주 - 기아자동차(21.39), **정몽구**(12.58), 현대캐피
     탈(6.35). 집중투표제 없음.
   4) 등기이사(**정몽구**) - 2005년3월11일 선임. 겸직 : 등기이사(**정몽구**) - 현대자동차, 기아자동차,
     현대모비스 대표이사회장, 현대파워텍 이사 ; 미등기전무(한정건) - BNG스틸 감사.
   5) 2006년3월31일 현재 그룹 계열회사는 40개(상장 10(1개는 코스닥등록), 비상장 30).
출처 : 현대제철(주), 『제41기 사업보고서』(2005.1.1~12.31).

6. 현대캐피탈(주)

<표 16.6.1> 현대캐피탈(주), 2001년 12월

주주총회 (지분)	주주	- 28명
	최대주주 및 특수관계인	- 2명 (90.49%)
	최대주주 (현대자동차)	1 (85.57)
	특수관계인	1 (4.92)
	친족	1 (4.92. **정몽구**)
이사회	이사 (등기임원)	- 5명 : 상근 2=사내이사
		대표이사회장
		대표이사사장
		비상근 3=사내이사 (**정몽구, 정의선**)
감사	(등기임원)	- 1명 (상근사내)
집행임원	(2 명)	
	: 등기 2 - 회장 (대표이사), 사장 (대표이사)	
	미등기 ?	
직원	961명 : 관리사무직	
업무부서	(실 6) 감사, 홍보	
	리스크관리 : (팀 2) R/M, 법인심사	
	경영지원 : (팀 3) 경영혁신, 인사지원, 총무	
	전략기획 : (팀 3) 전략기획, 법무, 금융연구	
	IT지원 : (팀 3) IT운영, IT지원1, IT지원2	
	(본부 1) 재경 : (팀 3) 재무, 회계, 해외금융	
	(팀 1) 준법감시	
	Risk관리위원회	
	(본부 1)	
	영업총괄 : (본부 3) 할부금융 : (팀 3) 금융마케팅, 영업운용, 영업지원	
	기업금융 : (팀 3) 오토리스운용, 오토리스영업, 영업지원	
	론패스 : (팀 2) 패스영업, 패스발급	
	(실 4) E-biz사업 : (팀 2) e-biz기획, e-biz영업	
	통합정보IT	
	고객지원 : (팀 3) CS기획, 고객만족, 고객정산	
	신용관리 : (팀 3) 채권기획, 채권관리, 단기채권	
	신용분석 : (팀 3) 심사기획, 론패스신용분석, CSS	
	지역실 4, 지점 34, 출장소 14	
출자 계열회사 (지분)	4개 :	
	상장 - 기아자동차 (9.79%), 현대모비스 (2.43), 현대하이스코 (4.54),	
	INI스틸 (1.04)	

주 : 1) 1998년 12월 30일 현대할부금융(주)가 현대캐피탈(주)로 상호 변경됨 ; 2000년 9월 1일 현대그룹으
로부터 계열 분리 ; 2001년 4월 2일 현대자동차그룹이 대규모기업집단으로 지정됨.

2) 지분과 주주는 보통주 기준, 2001년 12월 31일 현재 ; 출처에는 계열회사에 대한 지분 정보 없
음, 위 지분은 다른 계열회사의 부표에 있는 내용임.

3) 5% 이상 지분 소유 주주-현대자동차(85.57), 우리사주조합(5.28). 집중투표제 없음.

4) 겸직 : 비상근사내이사(**정몽구**)-현대기아차 회장 ; 비상근사내이사(채양기)-현대자동차 상
무 ; 비상근사내이사(**정의선**)-현대자동차 전무.

5) 업무부서 관련 정보의 표기가 명확하지 않아 일부는 사실과 다소 다를 수 있음. 계열회사

수 관련 정보 없음.

출처 : 현대캐피탈(주), 『제9기 사업보고서』(2001.1.1~12.31).

<표 16.6.2> 현대캐피탈(주), 2003년12월

주주총회 (지분)	주주	– 203명
	최대주주 및 특수관계인	– 3명 (93.12%)
	최대주주 (현대자동차)	1 (84.24)
	특수관계인	2 (8.87)
	친족	2 (8.87 ; **정몽구** 8.45)
이사회	이사 (등기임원)	– 5명 : 상근=사내이사
		대표이사회장 1
		대표이사사장 1 (**정태영**)
		대표이사부사장 1
		이사 2 (**정몽구**)
감사	(등기임원)	– 1명 (상근사내)
집행임원	(5명) :	
	등기 5 – 회장 1 (대표이사), 사장 1 (대표이사, **정태영**), 부사장 1 (대표이사) / 이사 2 (**정몽구**)	
	미등기 ?	
직원	1,091명 : 관리사무직	
업무부서	(실 7) 전략기획, 경영지원, 재무지원, IT지원, 경영정보, 감사, 홍보 리스크관리위원회, 소비자보호위원회	
	(본부 2) 리스크총괄 : (실 1) Credit관리 (본부 1) Collection관리 마케팅총괄 : (실 2) 마케팅, 고객지원 (본부 2) Auto사업, Loan사업	
	지역본부, 채권센터, 지점	
출자 계열회사 (지분)	5개 : 상장 3 – 기아자동차 (10.06%), 현대모비스 (2.26), INI스틸 (5.45) 비상장 2 – 오토에버시스템즈 (4.9), e-HD.com (3.72)	

주 : 1) 1998년12월30일 현대할부금융(주)가 현대캐피탈(주)로 상호 변경됨 ; 2000년9월1일 현대그룹으로부터 계열 분리 ; 2001년4월2일 현대자동차그룹이 대규모기업집단으로 지정됨.

2) 지분과 주주는 보통주 기준, 2003년12월31일 현재 ; 계열회사에 대한 지분은 2월 말 현재.

3) 친족-**정의선**(0.42%). 5% 이상 지분 소유 주주-현대자동차(84.24), **정몽구**(8.45), 우리사주조합(6). 집중투표제 없음.

4) 겸직 : 이사(**정몽구**)-현대기아차 회장 ; 이사(채양기)-현대자동차 부사장.

5) 2003년12월31일 현재 그룹 계열회사는 24개(상장 5, 비상장 19).

출처 : 현대캐피탈(주), 『제11기 사업보고서』(2003.1.1~12.31) ; 현대자동차(주), 『제36기 사업보고서』(2003.1.1~12.31).

<표 16.6.3> 현대캐피탈(주), 2005년12월

주주총회 (지분)	주주	- 91명
	최대주주 및 특수관계인	- 2명 (56.75%)
	최대주주 (현대자동차)	1 (56.12)
	특수관계인	1 (0.63)
	자기주식	1 (0.63)
이사회	이사 (등기임원)	- 7명 : 상근 3=사내이사
		대표이사사장 1 (**정태영**)
		부사장 2
		비상근 4=사내이사
감사	(등기임원)	- 1명 (상근사내)
집행임원	28명 :	
	등기 3 - 사장 1 (대표이사, **정태영**), 부사장 2	
	미등기 25	
직원	1,130명 : 관리사무직	
업무부서	(본부 1) 경영지원 : (실 7) 전략기획, 경영지원, 재무지원, IT지원, 경영정보, 경영관리, CS	
	(실 1) 홍보	
	리스크관리위원회, 소비자보호위원회	
	(본부 4) 리스크 : (실 2) Credit관리, Collection관리	
	채권지역본부	
	금융사업 : (실 3) PL영업, Cross-Sell영업, 주택금융사업	
	마케팅 : (실 2) 마케팅, Fleet사업	
	AUTO영업 : (실 2) Auto영업1, Auto영업2	
	영업지역본부	
출자 계열회사 (지분)	4개 :	
	상장 3 - 기아자동차 (3.95%), 현대모비스 (2.25), INI스틸 (6.35)	
	비상장 1 - 오토에버시스템즈 (4.9)	

주 : 1) 1998년12월30일 현대할부금융(주)이 현대캐피탈(주)로 상호 변경됨 ; 2000년9월1일 현대그룹으로부터 계열 분리 ; 2001년4월2일 현대자동차그룹이 대규모기업집단으로 지정됨.

2) 지분은 보통주 기준, 2006년1월10일 현재 ; 계열회사에 대한 지분은 2005년12월31일 현재 ; 주주는 보통주 기준, 2005년12월31일 현재.

3) 5% 이상 지분 소유 주주 - 현대자동차(56.12), GE Capital Internaional Holdings Corporation(43.03). 집중투표제 없음.

4) 부사장 1명, 비상근이사 2명은 외국인. 미등기임원 직책 구분 없음. 겸직 : 대표이사사장(**정태영**) - 현대카드 대표이사 ; 부사장(제갈걸) - 현대카드 부사장 ; 비상근이사(이정대) - 현대자동차 부사장 ; 비상근이사(채양기) - 현대자동차 사장 ; 미등기임원 11명 - '현대카드 겸임'이라고 되어 있음.

5) 2006년3월31일 현재 그룹 계열회사는 40개(상장 10(1개는 코스닥등록), 비상장 30).

출처 : 현대캐피탈(주), 『제13기 사업보고서』(2005.1.1~12.31).

참고문헌

I. 공정거래위원회 홈페이지(www.ftc.go.kr) 자료

'1. 대규모기업집단 소속회사 수 현황(1987~1999)'.
'2. 대규모기업집단 자산총액 현황(1987~1999)'.
'3. 대규모기업집단 자본총액, 자본금 등 현황(1987~1999)'.
'4. 대규모기업집단 내부지분율 현황(1987~1999)'.
'5. 대규모기업집단 기업공개 현황(1992~1999)'.
'6. 대규모기업집단 영위업종 수 현황(1987~1999)'.
'7. 대규모기업집단 출자 현황(1987~1999)'.

'99년도 대규모기업집단 지정'(1999.4.6).
'2000년도 대규모기업집단 지정'(2000.4.17).
'2001년도 대규모기업집단 지정'(2001.4.2).
'2002년도 출자총액제한대상 기업집단 지정'(2002.4.3).
'2003년도 상호출자제한기업집단 등 지정'(2003.4.2).
'2004년도 상호출자제한기업집단 등 지정'(2004.4.2).
'2005년도 상호출자제한기업집단 등 지정'.
'2006년도 상호출자제한기업집단 등 지정'(2006.4.14).
'2007년도 상호출자제한기업집단 등 지정'(2007.4.13).

'대규모기업집단 소속회사 현황-1987'.
'대규모기업집단 소속회사 현황-1988'.
'대규모기업집단 소속회사 현황-1989'.
'대규모기업집단 소속회사 현황-1990'.
'대규모기업집단 계열회사 현황-1991.4.1'.
'대규모기업집단 계열회사 현황-1992.4.1'.
'대규모기업집단 계열회사 현황-1993.4.1'.
'대규모기업집단 및 소속회사 현황-1994.4.1'.
'대규모기업집단 및 소속회사 현황-1995.4.1'.
'대규모기업집단 및 소속회사 현황-1996.4.12'.
'대규모기업집단 및 소속회사 현황-1997.4.1'.
'98 대규모기업집단 소속 회사 현황-1998.4.15'.
'1999년도 대규모기업집단 소속 회사 현황-1999.4.1'.

'2000년도 대규모기업집단 소속 회사 현황-2000.4.15'.

'94 대규모기업집단 주식소유현황 분석'(1994.6.16).
'95년 대규모기업집단 주식소유현황'(1995.6.30).
'96년 대규모기업집단 주식소유 현황'(1996.8.1).
'97년도 대규모기업집단 주식소유 현황'(1997.7.2).
'99년도 대규모기업집단 주식소유 현황'(1999.6.18).
'2000년 대규모기업집단 주식소유 현황'(2000.7.20).
'2001년 대규모기업집단 주식소유 현황'(2001.7.26).
'2002년 출자총액제한기업집단 주식소유 현황'(2002.8.1).
'2003년 출자총액제한기업집단 주식소유 현황'(2003.7.4).
'대기업집단의 소유지분구조 공개'(2004.12.28).
'2005년 대기업집단의 소유지배구조에 관한 정보 공개'(2005.7.13).
'2006년 대규모기업집단 소유지배구조에 대한 정보 공개'(2006.7.31).
'2007년 대규모기업집단 소유지분구조에 대한 정보 공개'(2007.9.3).

'94 대규모기업집단의 채무보증 현황 분석'(1994.9.5).
'95년도 대규모기업집단 및 채무보증제한 대규모기업집단 지정'(1995.4.1).
'96년도 대규모기업집단 및 채무보증제한 대규모기업집단의 지정과 소유분산 우량회사
    선정'(1996.4.13).
'96 대규모기업집단 채무보증 현황'(1996.7.27).
'97년도 대규모기업집단 및 채무보증제한 대규모기업집단의 지정'(1997.4.1).

'독점규제 및 공정거래에 관한 법률'(1980.12.31제정 ; 1986.12.31, 1990.1.13, 1992.12.8, 1994.12.22,
    1996.12.30, 1998.2.24, 1999.2.5, 1999.12.28, 2001.1.16, 2002.1.26, 2004.12.31, 2005.3.31, 2007.4.13
    개정).
'독점규제 및 공정거래에 관한 법률시행령'(1981.4.1 제정 ; 1984.7.21, 1987.4.1, 1990.4.14, 1993.2.20,
    1995.4.1, 1997.3.31, 1998.4.1, 1999.3.31, 1999.12.31, 2000.4.1, 2001.3.27, 2001.7.24, 2002.4.1,
    2004.4.1, 2005.3.31, 2006.4.14, 2007.7.13 개정).

'공정거래법-1차'(1986.12.31 시행분 신구조문대비).
'공정거래법-2차'(1990.1.13 시행분 신구조문대비).
'공정거래법-3차'(1992.12.8 시행분 신구조문대비).
'공정거래법-4차'(1994.12.22 시행분 신구조문대비).
'공정거래법-5차'(1996.12.30 시행분 신구조문대비).
'공정거래법-6차'(1998.2.24 시행분 신구조문대비).
'공정거래법-7차'(1999.2.5 시행분 신구조문대비).
'공정거래법-8차'(1999.12.28 시행분 신구조문대비).
'공정거래법률-2002.4.1 시행분 신구조문대비'.
'신구조문대비표'(법률, 2007.4.13).

'공정거래법시행령-1차'(1984.7.21 시행분 신구조문대비).

'공정거래법시행령-2차'(1987.4.1 시행분 신구조문대비).

'공정거래법시행령-3차'(1990.4.14 시행분 신구조문대비).

'공정거래법시행령-4차'(1993.2.20 시행분 신구조문대비).

'공정거래법시행령-5차'(1995.4.1 시행분 신구조문대비).

'공정거래법시행령-6차'(1997.3.31 시행분 신구조문대비).

'공정거래법시행령-7차'(1998.4.1 시행분 신구조문대비).

'공정거래법시행령-8차'(1999.3.1 시행분 신구조문대비).

'공정거래법시행령-9차'(1999.12.31 시행분 신구조문대비).

'공정거래법시행령-10차'(2000.4.1 시행분 신구조문대비).

'공정거래법률시행령-2002.4.1 시행분 신구조문대비'.

'신구조문대비표'(법률시행령, 2007.7.14).

'지주회사 설립동향'(2000.3.10).

'지주회사 설립동향'(2000.5.31).

'지주회사 전환, 설립 신고현황'(2001.5.11).

'지주회사 설립, 전환 신고동향'(2001.8.7).

'지주회사 설립, 전환 신고현황(2003년1월 현재)'.

'지주회사 설립, 전환 신고현황(2003.7.31 현재)'.

'2003년 지주회사 현황'(2003.8.15).

'지주회사 설립, 전환 신고현황(2003.12.31 현재)'.

'2004년 지주회사 현황'(2004.7.1).

'2005년 8월말 현재 지주회사 현황'(2005.9.30).

'2006년 공정거래법상 지주회사 현황 분석(06.8 현재)'(2006.10).

『공정거래백서』(2001~2007).

II. 금융감독원 전자공시시스템(dart.fss.or.kr) 자료

(* 다른 언급이 없으면 사업보고서의 시기는 1월1일~12월31일임.)

1. 삼성그룹

1) 삼성물산(주) 『사업보고서』 제47기(1997), 제48기(1998), 제50기(2000), 제53기(2003), 제54기(2004), 제55기(2005년).

　　　　　　　『분기보고서』 제55기(2005) 제1분기(1.1~3.31), 제3분기(1.1~9.30).

2) 삼성전자(주) 『사업보고서』 제29기(1997), 제30기(1998), 제32기(2000), 제35기(2003), 제37기(2005).

3) 삼성중공업(주) 『사업보고서』 제24기(1997), 제25기(1998), 제27기(2000), 제30기(2003), 제32기(2005).

4) 삼성전관(주) 『사업보고서』 제28기(1997), 제29기(1998).

　　삼성SDI(주) 『사업보고서』 제31기(2000), 제34기(2003), 제36기(2005).

5) (주)제일기획 『사업보고서』 제26기(1998), 제28기(2000), 제31기(2003), 제33기(2005).

　　　　　　　『분기보고서』 제33기(2005) 제3분기(1.1~9.30).

6) 삼성생명보험(주) 『사업보고서』 제45기(2000.4.1~2001.3.31), 제48기(2003.4.1~2004.3.31), 제50기(2005.4.1~2006.3.31).

7) 삼성에버랜드(주)『사업보고서』제37기(2000), 제40기(2003), 제42기(2005).
8) 삼성카드(주)『사업보고서』제18기(2000), 제21기(2003), 제23기(2005).
　　　　　　『분기보고서』제23기(2005) 제3분기(1.1~9.30).

2. LG그룹

1) LG건설(주)『사업보고서』제29기(1997), 제30기(1998), 제32기(2000), 제35기(2003).
　GS건설(주)『사업보고서』제37기(2005).
2) (주)LG상사『사업보고서』제45기(1997), 제46기(1998), 제48기(2000), 제51기(2003), 제53기(2005).
3) LG전선(주)『사업보고서』제30기(1998), 제32기(2000), 제35기(2003), 제36기(2004), 제37기(2005).
　　　　　　『분기보고서』제36기(2004) 제1분기(1.1~3.31).
　LS전선(주)『사업보고서』제37기(2005).
　　　　　　『분기보고서』제37기(2005) 제3분기(1.1~9.30).
4) LG전자(주)『사업보고서』제40기(1998), 제42기(2000), 제43기(2001), 제1기(2002), 제2기(2003), 제4기
　　　　　　(2005).
5) (주)LGEI『사업보고서』제44기(2002).
6) (주)LG텔레콤『사업보고서』제5기(2000), 제8기(2003), 제10기(2005).
　　　　　　　　『분기보고서』제10기(2005) 제3분기(1.1~9.30).
7) (주)LG화학『사업보고서』제36기(1997), 제37기(1998), 제39기(2000), 제1기(2001), 제2기(2002), 제3기
　　　　　　(2003), 제5기(2005).
　　　　　　『분기보고서』제5기(2005) 제3분기(1.1~9.30).
8) (주)LGCI『사업보고서』제40기(2001).
9) (주)LG『사업보고서』제41기(2002), 제42기(2003), 제44기(2005).
　　　　　『분기보고서』제44기(2005) 제3분기(1.1~9.30).
10) LG-Caltex정유『사업보고서』제33기(1999), 제34기(2000), 제37기(2003).

3. SK그룹

1) SK(주)『사업보고서』제36기(1997), 제37기(1998), 제39기(2000), 제42기(2003), 제44기(2005).
2) SK가스(주)『사업보고서』제13기(1997), 제14기(1998), 제16기(2000), 제19기(2003), 제21기(2005).
3) SK상사(주)『사업보고서』제45기(1997), 제46기(1998).
　SK글로벌(주)『사업보고서』제48기(2000).
　SK네트웍스(주)『사업보고서』제51기(2003), 제53기(2005).
4) SK케미칼(주)『사업보고서』제30기(1998), 제32기(2000), 제35기(2003), 제37기(2005).
5) SK텔레콤『사업보고서』제14기(1997), 제15기(1998), 제17기(2000), 제20기(2003), 제22기(2005).
6) SKC(주)『사업보고서』제26기(1998), 제28기(2000), 제31기(2003), 제33기(2005).
7) SK건설(주)『사업보고서』제39기(2000), 제42기(2003), 제44기(2005).
8) SK엔론(주)『사업보고서』제5기(2003).

4. 현대자동차그룹

1) 기아자동차(주)『사업보고서』제57기(2000), 제58기(2001), 제60기(2003), 제62기(2005).
2) 현대정공(주)『사업보고서』제21기(1997), 제22기(1998).

현대모비스(주)『사업보고서』제24기(2000), 제25기(2001), 제27기(2003), 제29기(2005).

3) 현대자동차(주)『사업보고서』제30기(1997), 제31기(1998), 제33기(2000), 제34기(2001), 제36기(2003),
　　　　　제38기(2005).
　　　　　　『분기보고서』제38기(2005) 제3분기(1.1~9.30).

4) 현대하이스코(주)『사업보고서』제27기(2001), 제29기(2003), 제31기(2005).
　　　　　　『분기보고서』제31기(2005) 제3분기(1.1~9.30).

5) 인천제철(주)『사업보고서』제33기(1997), 제34기(1998).
　　INI스틸(주)『사업보고서』제36기(2000), 제37기(2001), 제39기(2003).
　　현대제철(주)『사업보고서』제41기(2005).

6) 현대캐피탈(주)『사업보고서』제9기(2001), 제11기(2003), 제13기(2005).

5. 기타

(주)대우『사업보고서』제37기(2000).
대우자동차『사업보고서』제34기(2005).
S-Oil『사업보고서』제26기(2000).
SK엔론(주)『Annual Report 2004』.
한진중공업『사업보고서』제37기(1998).
현대오일뱅크『사업보고서』제43기(2006).

III. 저자(김동운) 발표 문헌

A Study of British Business History(수서원, 2004).
『박승직상점, 1882~1951년』(혜안, 2001).
「LG그룹 지주회사체제의 성립과정과 의의」,『경영사학』22-1(2007).
「한국재벌의 변모, 1987~2004년 - 순위, 계열회사 수, 자산을 중심으로」,『기업경영연구』12-2(2005).
「경영구조」, 김동운, 김덕민, 백운광, 정재현, 백영현, 유태현,『재벌의 경영지배구조와 인맥 혼맥』(나
　　남출판, 2005).
'Interlocking Ownership in the Korean Chaebol', *Corporate Governance : An International Review* 11-2(2003).
「지배,경영구조」, 참여연대 참여사회연구소 경제분과,『한국 5대 재벌 백서, 1995~1997』(나남출판,
　　1999).
「한국재벌의 지배구조」, 김대환, 김균 공편,『한국재벌개혁론』(나남출판, 1999).
「박승직상점, 1882~1925년」,『경제학논집』6-2(1997).
「한국재벌의 초기 형성 과정 : 두산그룹의 1대 박승직상점, 1925~1945년」,『경제학연구』44-3(1996).
「대규모사기업집단에서의 소유 및 경영 승계」(한국기업경영학회 추계학술발표대회, 2007.11).
「한국재벌과 개인적 경영자본주의」(한국경영사학회 추계학술발표회, 2007.11).
「LG그룹 지주회사체제의 성립과정과 의의」(한국경영사학회 춘계학술발표회, 2007.5).
'Personal and Managerial Capitalism : Evidence from Management in the Korean Chaebol'(제14회 세계경제사학
　　　회(International Economic History Congress), 2006.8).
「삼성그룹의 경영지배구조」(한국경제통상학회 춘계학술발표대회, 2005.5).
'Korean Big Business : A Profile, 1987~2004'(영국기업사학회(Association of Business Historians) 정기학술대
　　　회, 2005.5).

「한국식 개인적 자본주의-4대 재벌의 경영지배구조와 관련하여」(한국기업경영학회 춘계학술발표대회, 2005.4).

「LG그룹의 경영지배구조, 1998~2004년」(한국경제연구학회 정기학술대회, 2004.12).

「5대 재벌의 개인화된 경영구조, 1995~2004년」(한국국민경제학회/한국경상학회 추계공동학술발표대회, 2004.10).

「30대 대규모집단의 부침, 1987~2004년」(한국경제학회 제11차 국제학술대회, 2004.8).

「한국재벌의 경영구조-최근의 동향」(한국국민경제학회 추계학술대회, 2001.11).

'The Korean Personal Capitalism : Evidence on Ownership'(영국기업사학회 정기학술대회, 2000.6).

'The Ownership Structure in the Korean Chaebol, c1990'(한국경제학회 정기학술대회, 1999.2).

「두산그룹의 형성과정, 1952~1996년」(한국경영사학회 제5회 국제학술심포지움, 1998.11).

IV. 국내 문헌

『동아일보』 2003.3.26.

『삼성60년사』(1998).

『세계일보』 2002.11.28, 2003.3.25.

『매일경제』 2003.3.26.

『선경40년사』(1993).

『LG그룹50년사』(1997).

『조선일보』 1998.1.7, 1.14, 2.26, 4.5, 4.10, 8.27, 12.8 ; 1999.8.26, 10.19 ; 2000.3.24, 3.25, 3.27, 3.28, 4.1, 4.21, 4.22, 5.26, 6.2, 8.14, 8.22, 8.31, 9.1, 12.21 ; 2002.3.4 ; 2003.3.1, 10.1, 11.25 ; 2004.4.14, 5.4, 7.1, 7.22 ; 2005.1.13, 1.25, 1.26, 2.26, 4.26, 7.19, 7.20, 7.22, 7.23, 7.25, 7.26, 8.9, 8.11, 8.12, 8.13, 10.19, 10.21, 11.5, 11.11, 11.15, 11.30, 12.29 ; 2006.1.20, 2.9, 3.18, 4.6, 7.22, 11.27 ; 2007.1.18, 1.20, 2.14, 2.24, 3.16, 3.17, 4.12, 4.19, 5.1, 8.7, 8.30, 8.31.

『주간조선』 2000.4.6.

『중앙이코노미스트』 2000.4.4.

『파이낸셜 뉴스』 2003.3.26.

『한국일보』 2003.3.26.

『현대그룹50년사』(1997).

홈페이지 : 경제협력개발기구(OECD ; www.oecd.org), 두산그룹(www.doosan.com), SK엔론(www.sk-enron.com), (주)LG(www.lgcorp.com), GM대우(www.gmdaewoo.co.kr), 한국기업지배구조개선지원센터(www.cgs.or.kr).

강동수, 김준경, 최용석, 『국내 기업구조조정 성과에 대한 실증분석』(한국개발연구원, 2004).

강명헌, 『재벌과 한국경제』(나남, 1996).

강명헌, 「공정거래제도 20년의 평가 및 과제」, 『산업조직연구』 10-3(2002).

강신준, 김성희, 허민영, 김상조, 홍덕률, 강병구, 이재희, 『재벌의 노사관계와 사회적 쟁점』(나남출판, 2005).

강철규, 최정표, 장지상, 『재벌-성장의 주역인가, 탐욕의 화신인가』(비봉출판사, 1991).

강호진, 『한국의 경제력집중-문제점과 과제』(국민경제교육연구소, 1992).

고승희, 「LG정신과 기업문화」, 『경영사학』 15-1(2000).

공병호, 「한국재벌의 소유구조에 관한 연구」, 『경제학연구』 42-3(1995).

공정거래위원회, 『공정거래년보』(1992~1996).

공정거래위원회, 『공정거래백서』(1997~2000).

기업구조연구회 편, 『한국의 대기업—누가 소유하며 어떻게 지배되는가』(포스코경영연구소, 1995).

기업지배구조개선위원회, 「기업지배구조모범규준」(2003.2).

김동운, 김덕민, 백운광, 정재현, 백영현, 유태현, 『재벌의 경영지배구조와 인맥 혼맥』(나남출판, 2005).

김대환, 김균 공편, 『한국재벌개혁론』(나남출판, 1999).

김성수, 「연암 구인회와 상남 구자경의 생애와 경영이념」, 『경영사학』 15-1(2000).

김성은, 정기식, 「사외이사제도 개선에 관한 연구」, 『규제연구』 13-1(2004).

김시래, 『비운의 황태자 정몽헌의 탄식 "나는 박수 받을 줄 알았다" : (상) 왕자의 난』(세상의 창, 2005).

김시래, 『비운의 황태자 정몽헌의 탄식 "나는 박수 받을 줄 알았다" : (하) 가신의 난』(세상의 창, 2005).

김영욱, 「삼성의 다각화 과정과 지배구조에 관한 연구」(서울대 박사논문, 1993).

김용열, 『IMF체제 이후 기업지배제도의 전개방향—한국과 일본의 제도 개선 논의를 중심으로』(산업연구원, 1998).

김용열, 진태홍, 『기업지배구조 개혁의 성과에 관한 연구』(산업연구원, 2003).

김인영, 『재벌 때문에 나라 망하겠소 : 비록 6공 경제』(한국문원, 1995).

김진방, 『재벌의 소유구조』(나남출판, 2005).

김찬동, 『독점규제와 공정거래』(법경출판사, 1986).

김찬동, 『독과점 규제정책 연구』(한국방송통신대학출판부, 1994).

매일경제산업부, 한국경제연구원 편, 『한국재벌 미래는 있는가 : 포스트 재벌 보고서』(매일경제신문사, 2000).

백승열, 『재벌가의 사람들 : 22대 재벌그룹의 창업, 성장, 현황, 인맥, 혼맥 스토리』(영웅, 1991).

서울경제신문 산업부, 『재벌 : 그 실상과 허상, 실체를 벗긴다』(한국문원, 1995).

서울신문사 산업부, 『재벌家 맥(脈) : 누가 한국을 움직이는가』(무한, 2005).

설봉식, 「LG그룹의 성장과 경제발전의 기여도」, 『경영사학』 15-1(2000).

소일섭, 『경제력집중 억제시책과 기업지배구조 개선방안』(한국경제연구원, 1996).

손주찬, 『경제법』(법경출판사, 1993).

송원근, 이상호, 『재벌의 사업구조와 경제력집중』(나남출판, 2005).

신유근, 한정화, 김용준, 권석균, 박준성, 조영호, 『한국대기업의 경영 특성—5대 그룹의 주요 기업 연구』(세경사, 1996).

신장철, 「일본의 순수지주회사 부활」, 『경영사학』 13-1(1998).

안상인, 「금융지주회사제도의 도입에 관한 연구」, 『산업경제연구』 13-6(2000).

양원근, 『대기업집단의 효율성 분석』(산업연구원, 1992).

유병주, 「LG그룹의 한국경영사학에서의 위치」, 『경영사학』 15-1(2000).

이건희, 「LG그룹의 발전과 경영전략」, 『경영사학』 15-1(2000).

이규억・이재형, 『기업집단과 경제력집중』(한국개발연구원, 1990).

이남기, 『신공정거래법』(학연사, 1987).

이병기, 『한국 기업집단의 채무보증』(한국경제연구원, 1998).

이선 외 엮음, 『한국기업지배구조의 현재와 미래』(미래경영연구원, 2000).

이순우, 『부실기업정리 그 후』(진리탐구, 1995).

이영기, 『글로벌경쟁시대의 한국 기업소유지배구조』(한국개발연구원, 1996).

이영렬, 『DJ vs 재벌 : 빅딜 게임—밀실협상, 그 숨가빴던 1년 6개월 추적 보고서』(중앙일보 J&P, 1999).

이윤호, 『재벌의 재무구조와 자금조달』(나남출판, 2005).

이은정, 「지주회사 LG의 설립과정 및 특징 : 소유구조를 중심으로」, 『기업지배구조연구』 8(2003).

이인권 외, 「한국재벌의 이해와 과제 : 인식과 정책의 전환」, 『규제연구』 12-1(2003).

이인원, 「한국기업의 나이별 성장, 생존 및 성장가변도」, 『한국경제연구』 7(2001).

이재우, 『공정거래정책 공정한가 : 기업집단정책의 신화와 현실』(한국경제연구원, 1997).

이철송, 『경제력집중 억제제도의 법리적 반성』(한국경제연구원, 1995).

이학종, 『한국의 기업문화』(박영사, 1993).

이학종 외, 『한국기업의 구조와 전략』(법문사, 1989).

임영완, 「금융지주회사제도 도입에 따른 금융산업 재편 방향」, 『무역학회지』 26-2(2001).

위평량, 「주주소유와 기업가치 관계에 대한 실증분석(1990~2000년)」, 『경제학연구』 52-1(2004).

장대홍, 김우택, 김경수, 박상수, 『재벌의 효율성 - 소유지배구조와 재무행태, 효율성에 관한 실증적 탐색』(소화, 2001).

전삼현, 「지주회사에 대한 법적 재검토」, 『상장협』 47(2003).

전삼현, 「지주회사의 주식소유 규제」, 『규제연구』 13-2(2004).

전인우, 『출자제도의 비판적 검토』(한국경제연구원, 1998).

전인우, 공병호, 『한국기업의 지배구조』(한국경제연구원, 1995).

정광선, 『기업경쟁력과 지배구조』(한국금융연구원, 1994).

정구현, 『한국기업의 성장전략과 경영구조』(대한상공회의소, 1987).

정병휴, 양영식, 『한국 재벌부문의 경제분석』(한국개발연구원, 1992).

정쾌영, 「지주회사에 관한 입법론적 과제」, 『산업경제연구』 14-5(2001).

조동성, 『한국재벌연구』(매일경제신문사, 1991).

조일흠, 이성규, 『한국 기업그룹의 다각화전략 연구』(한국경제연구원, 1987).

중앙일보 경제2부, 『재계를 움직이는 사람들 : 30대 재벌그룹의 인맥 분석』(중앙일보사, 1996).

중앙일보 경제2부, 『떠오르는 재계 새별 : 36개 중견 그룹의 인맥과 창업사』(중앙 M&B, 1997).

중앙일보사 이코노미스트국, 『기업가 36선 - 우리는 이렇게 창업해서 수성했다』(중앙일보사, 1992).

참여연대 경제민주화위원회, 『공익법인 백서』(1998).

참여연대 참여사회연구소 경제분과, 『한국 5대 재벌 백서, 1995~1997』(나남출판, 1999).

최승노, 『1995년 30대 기업집단』(한국경제연구원, 1995).

최승노, 『1996년 30대 기업집단』(한국경제연구원, 1996).

최승노, 『1997년 한국의 대규모기업집단』(자유기업센터, 1997).

최정표, 「그룹식 기업경영의 전략적 역할에 관한 실증연구 : 한국의 재벌기업을 중심으로」, 『경제학연구』 48-2(2000).

최정표, 「기업그룹의 다각화 전략과 그 효과에 관한 실증분석」, 『국제경제연구』 8-2(2002).

최정표, 「기업집단지정제도의 유효성에 관한 실증분석」, 『산업조직연구』 11-3(2003).

최정표, 『한국재벌의 이론과 현실』(건국대학교출판부, 2004).

최정표, 함시창, 김희탁, 「우리 기업들의 소유구조와 기업가치, 부채수준, 투자수준과의 관계에 대한 연구」, 『한국경제연구』 11(2003).

최종태, 「연암 구인회와 상남 구자경의 사회적 책임과 사회복지사업」, 『경영사학』 15-1(2000).

파이낸셜뉴스신문사 산업부, 『집념과 도전의 역사 100년 : 한국의 대표하는 9대 그룹의 어제와 오늘 그리고 내일』(아테네, 2004).

한국경제연구원, 『한국의 기업집단 - 30대 기업집단의 형성과 성장요인』(한국경제연구원, 1995).

한국기업지배구조개선지원센터, 「주권상장법인 사외이사의 이사회 참석률 현황 분석」(2007.8).

한국법제연구원, 『대한민국법률연혁집 14』(1995).
한국법제연구원, 『대한민국법률연혁집 21』(1997).
한국산업조직학회 편, 『한국경제의 진로와 대기업집단』(기아경제연구소, 1996).
핫도리 다미오(服部民夫), 유한성, 국중호 역, 『일본이 본 한국의 기업경영과 재벌』(화평사, 1991).
황승화, 「현행 지주회사제도의 문제점과 개선방안 연구」, 『상장협』 48(2003).
황인학, 『경제력집중, 한국적 인식의 문제점 – 경제력 일반집중을 중심으로』(한국경제연구원, 1997).
황인학 외, 『재벌구조의 특징과 쟁점』(한국경제연구원, 2002).

V. 외국 문헌

1. 한국 관련

服部民夫, 「韓國財閥の株式所有について」, 『社會科學』 30(同志社大學人文科學硏究所, 1982).
服部民夫, 「現代韓國企業の所有と經營 – 財閥系企業を 中心として」, 『アシア經濟』 25-5/6(1984).
服部民夫, 「現代韓國企業の株主 構成, 1982-1983」, 『アシア經濟』 25-7(1984).
服部民夫, 『韓國の經營 發展』(文眞堂, 1988).
服部民夫, 大道康則, 『韓國の企業 – 人と經營』(日本經濟新聞社, 1985).

A.H. Amsden, 'South Korea : Enterprising Groups and Entrepreneurial Government' in Chandler, Amatori and Hikino(1997).

J. Bae, C. Rowley and T.W. Shon, 'Conclusion : Knowledge, Learning and Change in Korean Management', *Asia Pacific Business Review* 7-4(2001).

K.H. Bae, J.K. Kang and J.M. Kim, 'Tunneling or Value Added? Evidence from Mergers by Korean Business Groups', *Journal of Finance* 57-6(2002).

J.J. Chang and H.H. Shin, 'Governance System Effectiveness Following the Crisis : The Case of Korean Business Group Headquarters', *Corporate Governance : An International Review* 14-2(2006).

J.P. Choi and T.G. Cowing, 'Diversification, Concentration and Economic Performance : Korean Business Groups', *Review of Industrial Organization* 21-3(2002).

K.H. Chung and H.C. Lee (eds.), *Korean Managerial Dynamics*(New York, 1989).

T. Doh and K. Ryu, 'Analysis of Loan Guarantees among the Korean Chaebol Affiliates', *International Economic Journal* 18-2(2004).

R.C. Feenstra et al, 'Chaebol and Catastrophe : A New View of the Korean Business Groups and Their Role in the Financial Crisis', *Asian Economic Papers* 1-2(2002).

S.P. Ferris, K.A. Kim and P. Kitsabunnarat, 'The Cost (and Benefits?) of Diversified Business Groups : The Case of Korean Chaebols', *Journal of Banking & Finance* 27-2(2003).

F.A. Gul and B.T. Kealey, 'Chaebol, Investment Opportunity Set and Corporate Debt and Dividend Policies of Korean Companies', *Review of Quantitative Finance and Accounting* 13-4(1999).

J.H. Hahm and F.S. Mishkin, 'The Korean Financial Crisis : An Asymmetric Information Perspective', *Emerging Markets Review* 1(2000).

M. Hart-Landsberg and P. Burkett, 'Economic Crisis and Restructuring in South Korea : Beyond the Free Market-Statist Debate', *Critical Asian Studies* 33-3(2001).

T. Hattori, 'The Relationship between Zaibatsu and Family Structure : The Korean Case' in Okochi and Yasuoka(1984).

T. Hattori, 'Japanese Zaibatsu and Korean Chaebol' in Chung and Lee(1989).

686

H. Jang and J. Kim, 'Nascent Stages of Corporate Governance in an Emerging Market : Regulatory Change, Shareholder Activism and Samsung Electronics', *Corporate Governance : An International Review* 10-2(2002).

L.P. Jones, 'Big Business Groups in South Korea : Causation, Growth and Policies' in L.J. Cho and Y.H. Kim (eds.), *Korea's Political Economy : An Institutional Perspective*(Oxford : Westview Press, 1994).

K. Jung and S.Y. Kwon, 'Ownership Structure and Earnings Informativeness : Evidence from Korea', *International Journal of Accounting* 37-3(2002).

J.K. Kim, 'An Estimation of the Productive Efficiency of Chaebols of Korea and Their Reform', *International Journal of Social Economics* 29-3(2002).

S. Kim, 'Currency Crisis in Korea—When and Why It Happened', *Asia-Pacific Financial Markets* 7-1(2000).

S.R. Kim, 'The Korean System of Innovation and the Semiconductor Industry : A Governance Perspective', *Industrial and Corporate Change* 7(1998).

Y, Kim, 'Technological Capabilities and Samsung Electronics' International Production Network in East Asia', *Management Decision* 36-8(1998).

Y.M. Kim, 'Board Network Characteristics and Firm Performance in Korea', *Corporate Governance : An International Review* 13-6(2005).

J. Koo and S. Shin, 'Financial Liberalization and Corporate Investments : Evidence from Korean Firm Data', *Asian Economic Journal* 18-3(2004).

C.H. Lee, K. Lee and K. Lee, 'Chaebols, Financial Liberalization and Economic Crisis : Transformation of Quasi-Internal Organization in Korea', *Asian Economic Journal* 16-1(2002).

C.K. Lee, 'Overcoming the Crisis : Korean Corporate Restructuring Law in the Context of Chaebol Reform', *International and Comparative Corporate Law Journal* 3-4(2001).

J.W. Lee, Y.S. Lee and B.S. Lee, 'The Determination of Corporate Debt in Korea', *Asian Economic Journal* 14-4(2000).

T. Morden and D. Bowles, 'Management in South Korea : A Review', *Management Decision* 36-5(1998).

I. Oh and H.J. Park, 'Shooting at a Moving Target : Four Theoretical Problems in Explaining the Dynamics of the Chaebol', *Asia Pacific Business Review* 7-4(2001).

H.J. Park, 'The Chaebol and Economic Growth in Korea', PhD thesis(University of London, 1999).

V. Pucik and J.C. Lim, 'Transforming Human Resource Management in a Korean Chaebol : A Case Study of Samsung', *Asia Pacific Business Review* 7-4(2001).

T.N. Puri, C. Kuan and K. Maskooki, 'An Analysis of Currency Crisis in South Korea', *Global Finance Journal* 13(2002).

W.S. Shim and R.M. Steers, 'The Entrepreneurial Basis of Korean Enterprise : Past Accomplishments and Future Challenges', *Asia Pacific Business Review* 7-4(2001).

H.H. Shin and Y.S. Park, 'Financial Constraints and Internal Capital Markets : Evidence from Korean Chaebols', *Journal of Corporate Finance* 5-2(1999).

K. Shin, 'The Treatment of Market Power in Korea', *Review of Industrial Organization* 21-2(2002).

J. Solomon et al, 'A Conceptual Framework for Corporate Governance Reform in South Korea', *Corporate Governance : An International Review* 10-1(2002).

J. Solomon et al, 'The Evolving Role of Institutional Investors in South Korean Corporate Governance : Some Empirical Evidence', *Corporate Governance : An International Review* 10-3(2002).

R.M. Steers, *Made In Korea : Chung Ju Yung and the Rise of Hyundai*(London : Routledge, 1998).

J.H. Yoo and C.W. Moon, 'Korean Financial Crisis During 1997~1998 : Causes and Challenges', *Journal of Asian*

Economics 10-2(1999).

2. 일반 문헌

Business Week(22 January 1996).

M. Ackrill, 'British Managers and the British Economy, 1870s to the 1980s', *Economic Affairs* 9(1989).

D.H. Aldcroft, 'The Entrepreneur and the British Economy, 1870~1914', *Economic History Review* 17(1964).

B.W.E. Alford, 'The Study of Big Business : Lessons from the Past', *Business History* 41-1(1999).

F. Barca and S. Trento, 'State Ownership and the Evolution of Italian Corporate Governance', *Industrial and Corporate Change* 6(1997).

H. Berghoff and R. Moller, 'Tired Pioneers and Dynamic Newcomers? A Comparative Essay on English and German Entrepreneurial History, 1870~1914', *Economic History Review* 47(1994).

K.D. Brown, 'Models in History : A Micro-Study of Late Nineteenth-Century British Entrepreneurship', *Economic History Review* 42-4(1989).

A.D. Chandler Jr., *Strategy and Structure : Chapters in the History of the American Industrial Enterprise*(Cambridge, MA : MIT Press, 1962).

A.D. Chandler Jr., 'The Development of Modern Management Structure in the US and UK' in Hannah(1976).

A.D. Chandler Jr., *The Visible Hand : The Managerial Revolution in American Business*(Cambridge, MA : Belknap Press of Harvard University Press, 1977).

A.D. Chandler Jr., 'The United States : Seedbed of Managerial Capitalism' in Chandler and Daems(1980).

A.D. Chandler Jr., 'The Emergence of Managerial Capitalism', *Business History Review* 58(1984).

A.D. Chandler Jr., *Scale and Scope : The Dynamics of Industrial Capitalism*(Cambridge, Massachusetts : The Belknap Press of Harvard University Press, 1990).

A.D. Chandler Jr., 'Response to the Contributors to the Review Colloquium of *Scale and Scope*', *Business History Review* 64(1990).

A.D. Chandler Jr., 'The Enduring Logic of Industrial Success', *Harvard Business Review* 90(1990).

A.D. Chandler Jr., 'Corporate Strategy, Structure and Control Methods in the United States during the 20th Century', *Industrial and Corporate Change* 1(1992).

A.D. Chandler Jr., 'Managerial Enterprise and Competitive Capabilities', *Business History* 34-1(1992).

A.D. Chandler Jr., 'Organizational Capabilities and the Economic History of the Industrial Enterprise', *Journal of Economic Perspectives* 6(1992).

A.D. Chandler Jr., 'The Competitive Performance of US Industrial Enterprise since the Second World War', *Business History Review* 68(1994).

A.D. Chandler Jr., 'The United States : Engines of Economic Growth in the Capital-intensive and Knowledge-intensive Industries' in Chandler, Amatori and Hikino(1997).

A.D. Chandler Jr., F. Amatori and T. Hikino (eds.), *Big Business and the Wealth of Nations*(Cambridge : Cambridge University Press, 1997).

A.D. Chandler Jr., F. Amatori and T. Hikino, 'Historical and Comparative Contours of Big Business' in Chandler, Amatori and Hikino(1997).

A.D. Chandler Jr. and H. Daems, 'Introduction - The Rise of Managerial Capitalism and Its Impact on Investment Strategy in the Western World and Japan' in Daems and Van der Wee(1974).

A.D. Chandler Jr. and H. Daems, 'Structure and Investment Decisions in the United States' in Daems and Van der Wee(1974).

A.D. Chandler Jr. and H. Daems, *Managerial Hierarchies : Comparative Perspectives on the Rise of the Modern Industrial Enterprise*(Harvard, 1980).

A.D. Chandler Jr. and T. Hikino, 'The Large Industrial Enterprise and the Dynamics of Modern Economic Growth' in Chandler, Amatori and Hikino(1997).

M. Chen, 'Post-Crisis Trends in Asian Management', *Asian Business & Management* 1-1(2002).

R. Church, 'The Limitations of the Personal Capitalism Paradigm', *Business History Review* 64(1990).

R. Church, 'The Family Firm in Industrial Capitalism : International Perspectives on Hypotheses and History', *Business History* 35-4(1993).

R. Church, 'New Perspectives on the History of Products, Firms, Marketing, and Consumers in Britain and the United States since the Mid-Nineteenth Century', *Economic History Review* 52-3(1999).

R. Church, 'Ossified or Dynamic? Structure, Markets and the Competitive Process in the British Business System of the Nineteenth Century', *Business History* 42-1(2000).

D.C. Coleman, 'Gentlemen and Players', *Economic History Review* 26(1973).

A. Colli, *The History of Family Business 1850-2000*(Cambridge, Cambridge University Press, 2003).

A. Colli and M.B. Rose, 'Families and Firms : The Culture and Evolution of Family Firms in Britain and Italy in the Nineteenth and Twentieth Centuries', *Scandinavian Economic History Review* 47-1(1999).

J. Cubbin and D. Leech, 'The Effect of Shareholding Dispersion on the Degree of Control in British Companies : Theory and Measurement', *Economic Journal* 93(1983).

H. Daems and H. Van der Wee (eds.), *The Rise of Managerial Capitalism*(Leuven, 1974).

M.J. Daunton, 'Gentlemanly Capitalism and British Industry 1820~1914', *Past and Present* 122(1989).

B. Elbaum, 'Why Apprenticeship Persisted in Britain But Not in the United States', *Journal of Economic History* 49-2(1989).

S. Estrin, 'Does Ownership Always Matter?', *International Journal of Industrial Organization* 9-1(1991).

P.Y. Gomez and H. Korine, 'Democracy and the Evolution of Corporate Governance', *Corporate Governance : An International Review* 13-6(2005).

T. Gourvish, 'A British Business Elite : The Chief Executive Managers of the Railway Industry, 1850~1922', *Business History Review* 47(1973).

L. Hannah (ed.), *Management Strategy and Business Development*(Macmillan, 1976).

L. Hannah, 'Scale and Scope : Towards a European Visible Hand', *Business History* 33-2(1991).

C.K. Ho, 'Corporate Governance and Corporate Competitiveness : An International Analysis', *Corporate Governance : An International Review* 13-2(2005).

J. Hudson, 'The Birth and Death of Firms in England and Wales During the Inter-War Years', *Business History* 31-3(1989).

H. Ingham, 'Organisational Structure and Firm Performance : An Intertemporal Perspective', *Journal of Economic Studies* 19-51(1992).

G. Jackson and A. Moerke, 'Continuity and Change in Corporate Governance : Comparing Germany and Japan', *Corporate Governance : An International Review* 13-3(2005).

T. Jenkinson and C. Mayer, 'The Assessment : Corporate Governance and Corporate Control', *Oxford Review of Economic Policy* 8(1992).

D.J. Jeremy, 'The Hundred Largest Employers in the United Kingdom, in Manufacturing and Non-Manufacturing Industries, in 1907, 1935 and 1955', *Business History* 33-1(1991).

D.J. Jeremy and D.A. Farnie, 'The Ranking of Firms, the Counting of Employees, and the Classification of Data : A Cautionary Note', *Business History* 43(2001).

F. Jesover and G. Kirkpatrick, 'The Revised OECD Principles of Corporate Governance and their Relevance to Non-OECD Countries', *Corporate Governance : An International Review* 13-2(2005).

R.R. John, 'Elaborations, Revisions, Dissents : Alfred D. Chandler, Jr.'s *The Visible Hand* after Twenty Years', *Business History Review* 71-2(1997).

L. Johnman, 'The Largest Manufacturing Companies of 1935', *Business History* 28(1986).

G. Jones, 'Corporate Governance and British Industry', *Entreprises et Histoire* 21(1999).

G. Jones and M.B. Rose, 'Family Capitalism', *Business History* 35-4(1993).

J. Kay and A. Silberston, 'Corporate Governance', *National Institute Economic Review* 151(1995).

N.M. Kay, 'Chandlerism in Post-war Europe : Strategic and Structural Change in France, Germany and the United Kingdom, 1950~1993 : A comment', *Industrial and Corporate Change* 11(2002).

W.C. Kester, 'Industrial Groups as Systems of Contractual Governance', *Oxford Review of Economic Policy* 8(1992).

P. Klein, D. Shapiro and J. Young, 'Corporate Governance, Family Ownership and Firm Value : the Canadian Evidence', *Corporate Governance : An International Review* 13-6(2005).

B. Kogut and D. Parkinson, 'Adoption of the Multidivisional Structure : Analyzing History from the Start', *Industrial and Corporate Change* 7(1998).

D.M. Kreps, 'Markets and Hierarchies and (Mathematical) Economic Theory', *Industrial and Corporate Change* 5(1996).

R. Lloyd-Jones and M.J. Lewis, 'Personal Capitalism and British Industrial Decline : The Personally Managed Firm and Business Strategy in Sheffield, 1880~1920', *Business History Review* 68(1994).

R. Lloyd-Jones and M. Lewis, 'British Industrial Capitalism During the Second Industrial Revolution : A Neo-Schumpeterian Approach', *Journal of Industrial History* 1-1(1998).

R. Lloyd-Jones and M. Lewis, 'The Long Wave and Turning Points in British Industrial Capitalism : A Neo-Schumpeterian Approach', *Journal of European Economic History* 23-2/3(2000).

M.C.J. Mayer and R. Whittington, 'Strategy, Structure and Systemness : National Institutions and Corporate Change in France, Germany and the UK, 1950~1993', *Organization Studies* 20-6(1999).

S.M. Mintz, 'Corporate Governance in an International Context : Legal Systems, Financing Patterns and Cultural Variables', *Corporate Governance : An International Review* 13-5(2005).

P.W. Moerland, 'Corporate Ownership and Control Structures : An International Comparison', *Review of Industrial Organization* 10-4(1995).

D.C. Mowery, 'Firm Structure, Government Policy, and the Organization of Industrial Research : Great Britain and the United States, 1900~1950', *Business History Review* 58(1984).

D.C. Mowery, 'Finance and Corporate Evolution in Five Industrial Economies, 1900~1950', *Industrial and Corporate Change* 1(1992).

T. Nicholas, 'Clogs to Clogs in Three Generations? Explaining Entrepreneurial Performance in Britain since 1850', *Journal of Economic History* 59-3(1999).

OECD, 'OECD Principles of Corporate Governance'(1999, 2004).

A. Okochi and S. Yasuoka (eds), *Family Business in the Era of Industrial Growth—Its Ownership and Management*(Tokyo : University of Tokyo Press, 1984).

R. Romano, 'Corporate Law and Corporate Governance', *Industrial and Corporate Change* 5(1996).

M.B. Rose, 'Networks, Values and Business : The Evolution of British Family Firms from the Eighteenth to the

690

Twentieth Century', *Enterprises et Histoire* 22(1999).

C.J. Schmitz, *The Growth of Big Business in the United States and Western Europe, 1850~1939*(Basingstoke, Hampshire : Macmillan, 1993).

C. Schmitz, 'The World's Largest Industrial Companies of 1912', *Business History* 37-4(1995).

C. Shaw, 'The Large Manufacturing Employers of 1907', *Business History* 25(1983).

B. Supple, 'Scale and Scope : Alfred Chandler and the Dynamics of Industrial Capitalism', *Economic History Review* 44-3(1991).

L.A.A. Van den Berghe and A. Levrau, 'Evaluating Boards of Directors : What Constitutes a Good Corporate Board?', *Corporate Governance : An International Review* 12-4(2004).

P. Wardley, 'The Anatomy of Big Business : Aspects of Corporate Development in the Twentieth Century', *Business History* 33-2(1991).

P. Wardley, 'The Emergence of Big Business : The Largest Corporate Employers of Labour in the United Kingdom, Germany and the United States, c.1907', *Business History* 41-4(1999).

P. Wardley, 'On the Ranking of Firms : A Response to Jeremy and Farnie', *Business History* 43(2001).

J.F. Wilson, *British Business History, 1720-1994*(Manchester : Manchester University Press, 1995).

R. Whittington and M. Mayer, 'Response to Kay : "Chandlerism in Post-war Europe : Strategic and Structural Change in France, Germany and the United Kingdom, 1950~1993 : A comment"', *Industrial and Corporate Change* 11-1(2002).

R. Whittington, M. Mayer and F. Curto, 'Chandlerism in Post-war Europe : Strategic and Structural Change in France, Germany and the UK, 1950~1993', *Industrial and Corporate Change* 8-3(1999).

김동운

1958년 부산 출생.

고려대학교 경제학과 학사, 석사, 박사.

영국 Oxford University (Harris Manchester College) 교환교수.

현재 동의대학교 경제학과 부교수.

E-mail : dongwoon@deu.ac.kr

저서 : *A Study of British Business History*(수서원, 2004).

　　　『박승직상점, 1882~1951년』(혜안, 2001).

논문 : 'Samsung Electronics', 'LG', 'SK' in J. Katz(ed.), *The Encyclopedia of Global Business* (Thousand Oaks, CA : SAGE Publication, 2009(예정)).

　　　「LG그룹 지주회사체제의 성립과정과 의의」, 『경영사학』 22-1(2007).

　　　「동국제강의 성장과정에 관한 사적 고찰」, 『경영사학』 21-2(2006).

　　　'J. & P. Coats in Europe before 1914', *Business Archives* 92(2006).

　　　「한국재벌의 변모, 1987~2004년-순위, 계열회사 수, 자산을 중심으로」, 『기업경영연구』 12-2(2005).

　　　「경영구조 분석」, 김동운, 김덕민, 백운광, 정재현, 백영현, 유태현, 『재벌의 경영지배구조와 인맥 혼맥』(나남출판, 2005).

　　　'The British Multinational Enterprise in Latin America before 1945 : The Case of J. & P. Coats', *Textile History* 36-1(2005).

　　　'Interlocking Ownership in the Korean Chaebol', *Corporate Governance : An International Review* 11-2(2003).

　　　'Coats Family' in J. Mokyr (ed.), *Oxford Encyclopedia of Economic History*(New York : Oxford University Press, 2003).

　　　'Social Characteristics of British Businessmen, c1800~1960', *Korean Economic Review* 18-1(2002).

　　　'The Industrial Revolution in Scotland', *Journal of Business History* 2-1(2001).

　　　'A History of the Cotton Manufacturing Industry in Russia to 1917', *Journal of Business History* 1-1(2000).

　　　'Board Minutes as a Source for the Study of a Multinational Enterprise : The Case Study of J. & P. Coats before 1914', *Business Archives* 80(2000).

한국재벌과 개인적 경영자본주의

김 동 운 지음

2008년 1월 31일 초판 1쇄 발행

펴낸이·오일주
펴낸곳·도서출판 혜안
등록번호·제22-471호
등록일자·1993년 7월 30일

✉ 121-836 서울시 마포구 서교동 326-26번지 102호
전화·3141-3711~2 / 팩시밀리·3141-3710
E-Mail hyeanpub@hanmail.net

ISBN 978-89-8494-334-6 93320

값 50,000 원